Gerhard Schweizer

Iran verstehen

Geschichte, Gesellschaft, Religion

Klett-Cotta

Das vorliegende Buch ist die überarbeitete, korrigierte und ergänzte Neuausgabe des Titels von Gerhard Schweizer: »Iran. Drehscheibe zwischen Ost und West«, Stuttgart, Klett-Cotta 2005.

Die vorliegende Ausgabe wurde 2024 aktualisiert und erweitert.

MIX
Papier | Fördert gute Waldnutzung
FSC® C019821
FSC www.fsc.org

Klett-Cotta
www.klett-cotta.de
J. G. Cotta'sche Buchhandlung Nachfolger GmbH
Rotebühlstraße 77, 70178 Stuttgart
Fragen zur Produktsicherheit: produktsicherheit@klett-cotta.de

Cover: Rothfos & Gabler, Hamburg
unter Verwendung einer Abbildung
von © mauritius images/Jose Fuste Raga
Karten: Rudolf Hungreder, Leinfelden-Echterdingen
Gesetzt von Eberl & Koesel Studio, Kempten
Gedruckt und gebunden von Druckerei C.H.Beck, Nördlingen
ISBN 978-3-608-98834-5
E-Book ISBN 978-3-608-12328-9

Sechste Auflage, 2026

Bibliografische Information der Deutschen Nationalbibliothek:
Die Deutsche Nationalbibliothek verzeichnet diese Publikation in der Deutschen Nationalbibliografie; detaillierte bibliografische Daten sind im Internet über http://dnb.d-nb.de abrufbar.

Für Hossein Pur Khassalian
meine Frau Brigitte
und meine Reisefreunde
Gisela Kerntke
Dieter Dumont

Inhalt

Einleitung Der unbekannte Iran 19
Bilder im Kopf 19
Fanatismus? Toleranz? Erste Fragen 22
Aktuelle Überraschungen 27
Irans Geschichte und westliche Vorurteile 31
Die einigende Klammer über 2500 Jahre 35

PROPHETEN UND GOTTKÖNIGE 41

1. Also sprach Zarathustra 43
Eine Sternstunde der Religionsgeschichte 43
Einfluss auf Judentum, Christentum und Islam 50
Der jüdische Prophet Daniel lernt von Zarathustra 58
Mani und Mazdak als Revolutionäre 63
Die Wende zum Islam 73
Nietzsche deutet Zarathustra um 75

2. Glanz und Elend der persischen Antike 79
Der Aufstieg der Achämeniden 79
Das erste Weltreich der Geschichte 83
Die zukunftsweisende Ordnung des Dareios 88
Susa und Persepolis, die Residenzen 93
Der Ursprung des Gottkönigtums 97
Die Griechen besiegen einen »Gott« 103
Griechenland lernt von Persien 108

3. Modell für ein Jahrtausend 115
Zeit des Umbruchs 115
Die wegweisende Kultur der Sassaniden 119
Das böse Erbe des Gottkönigtums 126

IRAN UND ISLAM 131

1. Mohammed und die Folgen 133
Die Botschaft des Propheten 133
Der Schah weicht dem Kalifen 142
Die Perser gewinnen an Einfluss 146

2. Bagdad: Das Persische an der »Hauptstadt der Welt« . 150
Die Abbasiden – in der Nachfolge der Gottkönige 150
Harun al-Raschid – Legende und Wahrheit 158
Kalif Mamun träumt von Aristoteles 164
Mutaziliten, die ersten modernen Kritiker
des orthodoxen Glaubens 170

3. Die iranische Drehscheibe der Kulturen 175
Al-Chwarizmi, der persische Wissenschaftler
und die »arabische« Mathematik 175
Firdausi und das »Buch der Könige« 179
Die Folgen eines kulturellen Umbruchs 187
Avicenna, das Universalgenie aus Buchara 189
Avicenna, der umstrittene Wegbereiter
einer »islamischen Aufklärung« 199
Ablehnung und Anerkennung – Avicennas
ambivalenter Nachruhm 203
Erste Anzeichen einer islamischen Stagnation 206
Seldschuken und Perser – eine neue kulturelle Dynamik 210
Omar Chayyam: Mathematiker, Dichter, Mystiker –
und »Ketzer« 215

Dschelaleddin Rumi, der persische Mystiker
in Anatolien 222
Jenseits aller Dogmen – die Grenzüberschreitung
bei Rumi 228
Der ambivalente Nachruhm des Sufismus 232

4. Die Mongolenherrschaft 235
Die Zerstörung Bagdads beendet eine Epoche 235
Saadi und Hafis, Persiens große Dichter in Schiras 240
Täbris, Samarkand und andere neue Kulturzentren 247

SCHIITEN UND SUNNITEN 253

1. Die Tragödie der Religionsspaltung 255
Mit Mohammeds Tod beginnen die Konflikte 255
Kalif Ali, der Ahnherr der Schiiten 259
Das Martyrium Husseins 265
Der Streit um den richtigen Weg 266
Die »unfehlbaren« Imame der Schiiten 270
Die Siebener-Schiiten als sozial-religiöse Revolutionäre 276
Die Assassinen, Terroristen im Namen der Schia 281
Die Zwölfer-Schiiten und ihr Mythos vom
»Verborgenen Imam« 284

2. Der schiitische Glaube wird Staatsreligion im Iran .. 292
Der Derwischstaat von Ardebil 292
Schah Ismail schafft ein schiitisches Großreich 298
Die schiitische Dynastie der Safawiden 300
Die folgenreiche Schlacht von Tschaldiran 302
Schiitische Perser, sunnitische Türken –
Beginn einer tiefen Feindschaft 307
Krisen gefährden das »neue« Persien 310

3. »Gottkönige« im Namen der Schia 315
Schah Abbas, das skrupellose Genie 315
Meschcd, Ghom, Schiras – der Aufstieg schiitischer Wallfahrtszentren im Iran 321
Isfahan, »Spiegel des Paradieses« 325
Dekadenz am Hof des Großkönigs 330
Mullah, Modschtahed, Ajatollah – die neue Hierarchie . . 334

DIE VERWESTLICHUNG UND DER GEGENSCHLAG 339

1. Zwischen Fortschritt und Rückschritt 341
Die Kolonialmächte kommen 341
Die Kadscharen, eine Dynastie ohne Glanz 346
Bab – das »Tor« zu einer neuen Religion 348
Die »ketzerische« Lehre der Baha'i 352
Die Kadscharen-Schahs als »Lakaien im Dienst der Ungläubigen« 357
Aufstieg und Krise der Dynastie Pahlevi 361
1935 – aus »Persien« wird »Iran« 367
Der folgenreiche Zwischenfall von Ghom 371
Der junge Schah Mohammad Reza Pahlevi 374
Mossadeghs gescheiterte Revolution 376
Despotie im Namen des Fortschritts 378

2. Khomeini und die Islamische Revolution 382
Kindheit und Jugend des Revolutionsführers 382
Vom Ajatollah zum Politiker 386
Die wachsende soziale Krise und die »Weiße Revolution« 390
Der Volksaufstand von 1963 396
Die düstere Bilanz der »Weißen Revolution« 402
Die fehlgeschlagene Modernisierung 405
Ursprung des islamischen Fundamentalismus 408

Khomeinis extreme Position 413
Ali Schariati, der Revolutionär zwischen den Fronten .. 418
Ashura – ein schiitischer Mythos als Motor der Revolution 423

FUNDAMENTALISTEN UND REFORMER 431

1. Die »Islamische Republik« und erste Probleme 433
Gottesstaat oder Republik? Die Streitfrage 433
Toleranz? Intoleranz? Die Duldung religiöser Minderheiten 437
Khomeini und »Islamische Demokratie« 439
Widerstand bei säkularen und islamistischen Mitkämpfern der Revolution 443
Taleghani und Schariat-Madari – Widerstand von ranghohen Geistlichen 450
Der Krieg mit dem Irak – und die Dynamik des Märtyrerkults 456
Die sozialen Probleme bleiben ungelöst 460
Khomeini – historisch eingeordnet 466

2. Politische und kulturelle Umbrüche nach Khomeinis Tod 476
Montaseri und Khamenei – die Konflikte bei der Nachfolge des Imam 476
Rafsandschani, der wendige Pragmatiker 480
Khatami, der gefährdete Hoffnungsträger 487
Khatami im wachsenden Konflikt mit Reformgegnern 496
Montaseri und andere Kritiker in Gefahr 499
»Keine Religion verfügt über die absolute Wahrheit« ... 504
Sorusch, der unbequeme Denker 508
Doulatabadi, der Dichter zwischen allen Fronten 514
Terror und Bildungspolitik im Widerstreit 526

Filmregisseure in der »Islamischen Republik« 529
Frauenemanzipation und »Islamische Republik« 533
Der mühsame Fortschritt für Frauen 540
Tschador und andere »islamische« Kleidung 543

3. Muslimische Nachbarn und die ungelösten Probleme 550
Iran und Irak – die Spannung bleibt 550
Iran und Afghanistan – zwei islamistisch regierte Staaten im Konflikt 556

4. Zugespitzte Gegensätze 562
Ein weiterer Vormarsch der Reformer? 562
Hafis, Goethe – und Khatami 568
Aghadscheri fordert einen »islamischen Protestantismus« 576
Khamenei und Montaseri – ein neuer Konflikt 582
Der Pyrrhussieg der Konservativen 586
Krisen mit immer neuen Facetten 591
Ein »schamloser« Film und der große Publikumserfolg . 595
Ahmadinedschad und der neue Vorstoß der Konservativen 599
Mesbah Yazdi, der radikale Mentor Ahmadinedschads . . 605
Atombombe? Antisemitismus? Fragen zur iranischen Außenpolitik 610
Ein »Glaubenskrieg« zwischen Schiiten und Sunniten im Nahen Osten? 615
Die Ursachen der »Grünen Revolution« 619
Das vorläufige Scheitern einer Rebellion? 625

5. Eine ungewisse Zukunft 629
Rohani, ein neuer Hoffnungsträger? 629
Khamenei und Rafsandschani – eine ambivalente Beziehung bis zuletzt 634

Die Präsidentschaftswahl von 2017 636
Eine iranische Zivilgesellschaft – unterwegs mit einem Aktivisten 643
Islam? Republik? Überraschende Kommentare 648
Die Herausforderung der westlichen Moderne – ein Dialog auf Augenhöhe? 654
Reformen? Die weiterhin ungelösten Probleme 662
Aufstände gegen soziale und politische Fehlentwicklungen 668
Präsident Raisi und die Kritik an »Islamischer Demokratie« 677
Die bisher größte Rebellion gegen das Regime 686
Warum Sorusch und viele andere modern denkende Theologen im Exil leben 692
Warum Aghadscheri, der »islamische Protestant«, nicht im Exil ist 700
Vom theokratischen zum säkularen Staat? 2023 die aktuelle Frage 705
Die weiter drohenden Konflikte mit anderen Staaten . . . 711
Das folgenschwere Attentat in Kerman. Seit 3. Januar 2024 eine weitere Krise 715
Die sich weiter zuspitzende Krise 720

ANHANG 727

Zeittafel 729
Literaturhinweise 775
Personenregister 779

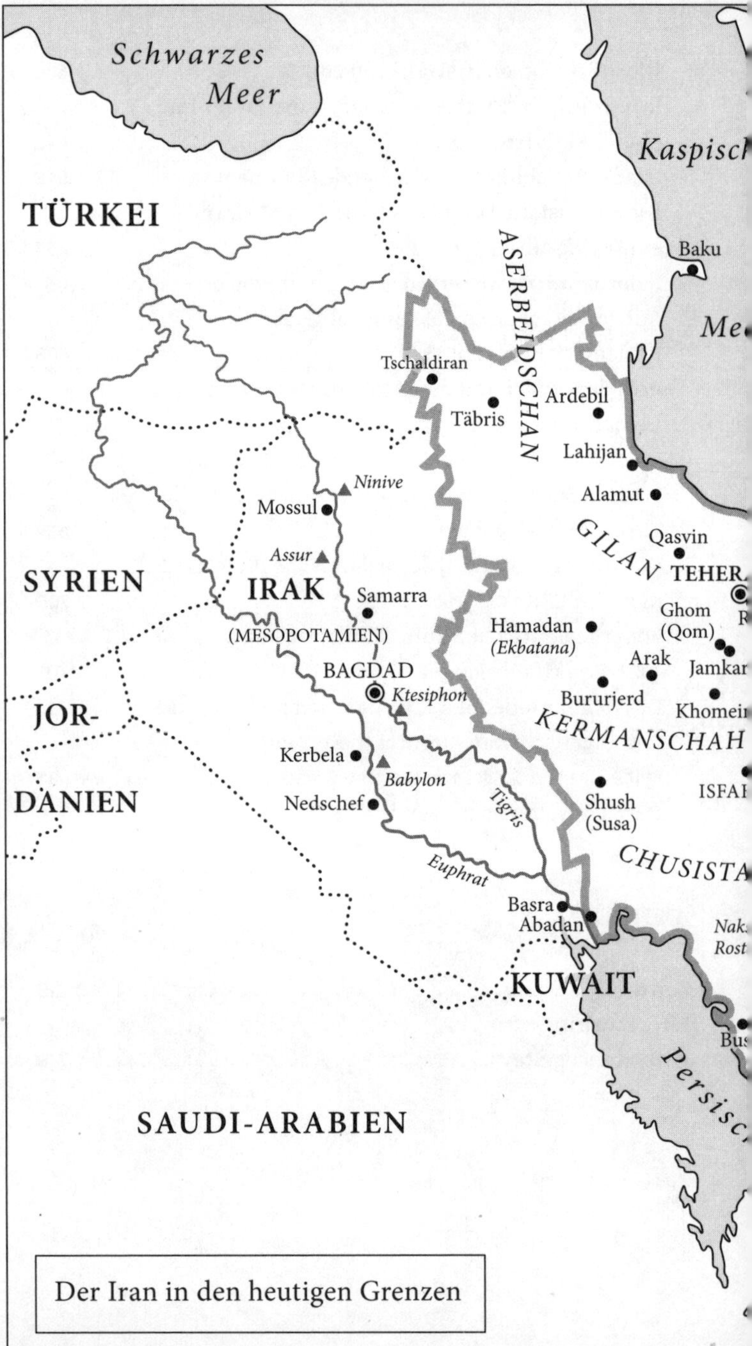

Der Iran in den heutigen Grenzen

Aralsee
TASCHKENT
Chiwa
USBEKISTAN
Amu Darja (Oxus)
Samarkand
Buchara
TURKMENISTAN
Mary (Merw)
MASANDERAN
CHORASSAN
Balch
(Baktra)
Mazar-e Scharif
Tus
MESCHED
Neischapur
Keschmar
Herat
Bamiyan
Ghazni
RAN
ERSIEN)
AFGHANISTAN
Ardakan
Yazd
SISTAN
Rafsandjan
Kandahar
Persepolis
Kerman
Bam
FARS
KERMAN
PAKISTAN
Bandar Abbas
BELUTSCHISTAN
Indischer Ozean

Historische Karte des Iran

Ausdehnung des Sassaniden-Reiches vom 3. bis zum 6. Jahrhundert.

Diese Grenzen decken sich *ungefähr* mit den Einflussgebieten persisch geprägter Gesellschaft und Kultur über viele Jahrhunderte der islamischen Epoche

Aral-
see
CHINA
Chiwa
Amu Darja (Oxus)
Buchara
Samarkand
Mary (Merw)
Tus
MESCHED
Neischapur
Keschmar
Balch
(Baktra)
Mazar-e
Scharif
Herat
Bamiyan
Ghazni
IRAN
(PERSIEN)
AFGHANISTAN
Lahore
Yazd
Kerman
Indus
PAKISTAN
Bam
INDIEN
Indischer Ozean
Bombay

Einleitung
Der unbekannte Iran

Bilder im Kopf

Die Moscheen von Isfahan, Yazd, Schiras und Kerman mit ihren bunt gekachelten, ornamentübersäten Wänden, dominiert von leuchtendem Blau … Die dreitausend Jahre alten Ruinen von Persepolis mit ihren kunstvollen Figurenreliefs …

Es sind diese Bilder, die jeder Reisende im Kopf hat, bevor er überhaupt das erste Mal den Iran betritt. Es sind diese Bilder, die besonders zu einer Reise in das Land mit seiner lang zurückreichenden, vielschichtigen Kultur animieren.

Aber dann die Bilder aus der unmittelbaren politischen Gegenwart: überlebensgroße Porträts des Revolutionsführers Ajatollah Khomeini und seines Nachfolgers Ajatollah Khamenei, wie sie von den Fassaden der Moscheen, Regierungsgebäude, Bahnhöfe und Banken auf die Passanten herabsehen, mal mit aggressiv kontrollierendem Blick, mal mit überraschender Milde. Und auf den Straßen bewegen sich verhüllte Frauen, viele davon im schwarzen Tschador, der nur das Gesicht freigibt. Zwischendurch finden sich zwar auch Frauen in westlicher Kleidung, das bunte Kopftuch nach hinten geschoben, so dass demonstrativ eine Haarsträhne sichtbar wird. Aber trotz solch starker Kontraste im Erscheinungsbild bleibt der Eindruck strenger Reglementierung bis in Details des Alltags hinein bestehen.

Wie fremd ist der Iran für unser westliches Empfinden? Wie unnahbar? Oder anders gefragt: Wie stark sind westliche Beobachter der Versuchung ausgesetzt, angesichts der Übermacht solcher Bilder die fremde Kultur von vornherein nur sehr eingeschränkt, sehr eindimensional wahrzunehmen?

Der westliche Blick auf den Iran war – und ist – belastet durch die »Islamische Revolution« von 1979. Damals war es für viele Europäer und Amerikaner ein Schock, dass es Vorkämpfern eines politischen Islam gelang, Schah Mohammad Reza Pahlevi zu stürzen und anstelle eines säkularen Staatswesens einen »Gottesstaat« zu errichten – nach westlicher Logik also das Rad der Geschichte von der Moderne ins Mittelalter zurückzudrehen. Auch wenn damals schon für aufmerksame politische Beobachter deutlich war, wie brutal diktatorisch der Schah regierte, so schien er als »säkularer«, »prowestlicher« Despot doch nach landläufigem westlichen Verständnis das kleinere Übel im Vergleich zu einem »islamischen« und »antiwestlichen« Despoten zu sein.

»Gottesstaat« ... Kein Schlagwort kann allerdings missverständlicher sein als dieses. Denn es verleitet dazu, den politischen Islam des Iran ideologisch undifferenziert auf eine Ebene mit dem engstirnigen Denken wahhabitischer Fundamentalisten zu rücken, so etwa jenem in Saudi-Arabien oder gar jenem von islamistischen Terror-Organisationen wie al-Qaida und dem »Islamischen Staat«. Noch stärker zur undifferenzierten Einstufung verleitet schließlich ein Schlagwort, das US-Präsident George W. Bush am 9. Januar 2002 in Umlauf brachte. Bush behauptete, der »Gottesstaat Iran« würde, zusammen mit der Diktatur Saddam Husseins im Irak und der Diktatur der Kim-Dynastie in Nordkorea eine »Achse des Bösen« bilden und die größte Bedrohung für den Weltfrieden überhaupt darstellen. Und dies äußerte Bush ausgerechnet zu dem Zeitpunkt, als der iranische Staatspräsident Mohammad Khatami nicht nur einen Dialog mit westlichen Staaten anstrebte, sondern auch innenpolitisch Reformen gegen ideologische Hardliner des eigenen Systems durchzusetzen versuchte.

Mehr als drei Jahrzehnte dominierte in europäischen wie amerikanischen Medien die Befürchtung, dass es dem Iran gelingen könne, seine Form von »islamischer Revolution« in andere Länder zu exportieren – und damit würde das »Mullah-Regime« den gesamten Nahen und Mittleren Osten in einen explosiven Unruheherd verwandeln. Die Auswirkungen könnten letztlich auch die Stabilität westlicher Staaten erschüttern.

Seit dem Einmarsch amerikanischer und britischer Truppen in den Irak (2003) und vollends seit dem Ausbruch des Bürgerkriegs in Syrien (2011) ist im Nahen Osten tatsächlich ein Unruheherd entstanden, dessen weltweite Auswirkungen noch nicht abzusehen sind. Und der Iran ist in die Bürgerkriegswirren beider Staaten verwickelt, ja, er versucht die Krise zu nutzen, um seinen Einfluss in der Region auszuweiten. Aber der Iran hat die Krise nicht verursacht. Wesentlich mehr als der vielgeschmähte »Gottesstaat Iran« trugen das irakische wie das syrische Regime und erst recht radikal-sunnitischer Fundamentalismus der Terror-Organisationen al-Qaida und »Islamischer Staat« zu den verheerenden Zerstörungen nahöstlicher Strukturen bei, nicht zu vergessen auch die kurzsichtige Politik der USA und anderer westlicher Staaten.

Der westliche Blick auf den Iran hat sich im Verlauf der Jahrzehnte mehrmals geändert. So etwa als die ideologisch moderaten Staatspräsidenten Rafsandschani und Khatami im Konflikt mit dem religiös-politischen Staatsoberhaupt Khamenei Reformen durchzusetzen versuchten. Sie haben damit einen Iran vorstellbar gemacht, dessen System politisch wie kulturell vielschichtig ist. Anders dann, als der ideologisch radikale Nachfolger Ahmadinedschad exakt den gegenteiligen Eindruck einer nicht reformierbaren Diktatur erweckte. Und wiederum mit einer neuen Variante, seit 2013 der ideologisch moderate Hassan Rohani Staatspräsident geworden ist und der Iran sich 2014 dem Tourismus stärker geöffnet hat. Seither häufen sich die Kommentare von Journalisten wie auch von Reisenden über eine »Liberalisierung« in dem islamistisch regierten Land. Gleichzeitig erreichen uns jedoch Nachrichten von Amnesty International, wonach die Zahl der Hinrichtungen – ausgerechnet unter der Regierung von Rohani – rasant gestiegen sind, ebenso die Repressalien von »Revolutionswächtern« gegen die Bevölkerung. Muss man also nicht doch von einer »rigiden Diktatur« sprechen?

Die Begegnungen mit dem Iran der Gegenwart bieten für den westlichen Besucher zahlreiche Eindrücke, die in ihrer Gegensätzlichkeit nicht sofort auf einen Nenner zu bringen sind. Umso größer erscheint die geistige Herausforderung, den Iran zu verstehen.

Fanatismus? Toleranz? Erste Fragen

Bei meiner Reise durch den Iran im November 2016 hatte ich ein Erlebnis, das besonders geeignet erscheint, den Eindruck einer nicht leicht zugänglichen Kultur zu vermitteln. Und bereits damit verknüpfen sich eine Reihe Fragen.

Fremdartiger hätte die Atmosphäre nicht sein können. Hunderte Männer, völlig in Schwarz gekleidet, schlugen sich monoton rhythmisch mit der rechten Hand auf die Brust. »Ya Hussein … ya Hussein«, »oh Hussein … oh Hussein …« Hunderte Männer bewegten sich im großen Kreis und schlugen sich mit Eisenketten, die sie in der linken Hand hielten, auf den Rücken. Ein Prozessionswagen folgte, auf dem ein Sänger stand, der mit einem Megaphon das »ya Hussein, ya Hussein« im Tonfall steigerte, begleitet vom dumpfen Schlag einer Trommel. Hunderte Männer reihten sich als Zuschauer hinter metallenen Absperrgittern, viele von ihnen schlugen sich im gleichen Takt mit der rechten Hand auf die Brust, manche hatten die Augen andächtig geschlossen. Und in der zweiten Reihe drängten sich Hunderte Frauen, nahezu alle im tiefschwarzen Tschador. »Ya Hussein … ya Hussein …« Der rhythmische Klang der Sprechchöre, das rhythmische Klatschen von Händen und Ketten, das rhythmische Schlagen der Trommel, die gedehnten Vokale im Gesang, das alles war geeignet, bei den Versammelten eine Art Trance zu erzeugen.

Es war eine Prozession zu Ehren des Prophetenenkels Hussein, der als Märtyrer zu einer überragenden Symbolfigur des schiitischen Islam geworden ist. Das Schlagen mit Fäusten und Ketten steht symbolisch für die Geißelung der Sünder, die im Jahr 680 unserer Zeitrechnung den Enkel des Propheten Mohammed im Kampf gegen seine »ungläubigen« Feinde im Stich gelassen hatten. Husseins Todestag am zehnten Tag des islamischen Monats Muharram wird unter dem arabischen Namen *Ashura* »der Zehnte« von Schiiten in aller Welt durch mehr oder weniger große Prozessionen begangen. In geringerem Umfang gilt dies auch für den Abschluss des Trauergedenkens am vierzigsten Tag unter dem arabischen Namen *Arbain* »der Vierzigste«. Am intensivsten werden solche Rituale im Iran praktiziert, wo rund 90 Prozent der Bevölkerung Schiiten sind.

Die Trauerprozession, die ich beobachtete, bewegte sich im weitverzweigten Gebäudekomplex des Schreins der Fatemeh Masoumeh. Die dort verehrte Tote ist eine Schwester von Ali Reza, des achten Imam in der Reihe der zwölf heiligen schiitischen Imame. Der Schrein gilt als eine der wichtigsten Pilgerstätten des Iran und befindet sich in der Stadt Ghom, dem bedeutendsten Zentrum religiöser Hochschulen des Landes. Gerade in den Höfen des Schreins mit den bunt ornamentierten Wänden, Torbögen, Minaretten und den goldenen Kuppeln sammelt sich an hohen Feiertagen eine unübersehbare Menschenmenge.

Ghom ... Der Name verbindet sich in den westlichen Medien vor allem mit der Tatsache, dass in dieser heiligen Stadt Khomeini mehrere Jahrzehnte lebte und als Professor für Theologie und islamisches Recht lehrte. Als ich dort sein ehemaliges Wohnhaus besuchte und das Arbeitszimmer mit Schreibtisch und Bücherregalen besichtigte, erklärte mir mein iranischer Begleiter stolz: Hier sei die »Islamische Revolution« geboren worden. Ghom ... Der Name verbindet sich in der Tat mit dem Beginn des Umsturzes gegen den Schah. In den Straßen Ghoms haben im Januar 1978 Demonstrationen gegen die säkular orientierte Diktatur der Pahlevi-Dynastie ihren Anfang genommen, mit radikalen Parolen auch gegen den Einfluss der »zersetzenden« Ideologien und Lebensformen des Westens.

Aber die Unruhen, die in Ghom begonnen haben, sind auch nicht zu trennen von den Prozessionen zu Ehren des Prophetenenkels Hussein. Die Unruhen gegen den Schah wurden entfacht während des Trauermonats, in dem sich die Gläubigen besonders leicht zu religiös-politischen Aktionen motivieren ließen. Und mehr noch: Gegen Ende desselben Jahres 1978, als die Revolution den gesamten Iran erfasst hatte, nutzte Khomeini den Todestag Husseins, den Tag der »Ashura«, für eine besonders wirksame Agitation. Er rief die vielen Tausend Demonstranten in iranischen Großstädten dazu auf, todesmutig in das Gewehrfeuer der Schah-Soldaten zu rennen und zu sterben wie der »heilige Märtyrer Hussein«, denn nur durch eine derartige Opferbereitschaft lasse sich die Herrschaft des »ungläubigen Tyrannen« brechen. Die Bilder von Demonstranten, die zu Tausenden mit dem Ruf »ya Hussein, ya Hussein« religiös aufgeputscht tatsächlich dem Aufruf Khomeinis folgten und ihr Leben opferten – eine solch explosive Dynamik hat viele europäische und amerikanische Beobachter darin bestärkt, dass wir es mit einer sehr fremden, für das westliche Denken letztlich nur schwer zugänglichen Mentalität zu tun haben.

Und doch: Ausgerechnet in Ghom, dem Geburtsort der Ideologie der »Islamischen Revolution«, hatte ich ein Gespräch, das wenig zu einer solch fanatischen Abwehrhaltung gegenüber einer säkularen, pluralistischen Weltordnung zu passen schien.

Ich war unterwegs mit meiner Frau und Freunden durch das Gelände des Schreins der Fatemeh Masoumeh. Uns begleitete durch das Gedränge im heiligen Bezirk eine Frau, die uns als obligate Führerin zugeordnet war. Sie, von Beruf Englischlehrerin, sprach perfektes Englisch. Bekleidet war sie mit einem schwarzen Tschador, der den ganzen Körper verhüllte und nur das Gesicht freigab. Ein schmales, ernstes, nahezu feierliches Gesicht, das zusammen mit der dunklen Farbe des Tschadors die Aura eines düsteren Engels ausstrahlte. Als sie jedoch zu reden anfing, wurde ihre Miene weich und freundlich, und das Gespräch brachte eine Überraschung. Wir diskutierten anfangs über den Islam, dann über Christentum und Judentum. Und sie erklärte: Sie respektiere alle Religionen. Entscheidend sei, dass in jeder Religion Humanität praktiziert werde. Im Vergleich dazu seien die dogmatischen Unterschiede unwichtig.

Wie war ein solches Bekenntnis zu Toleranz und religiöser Vielfalt vereinbar mit dem Absolutheitsanspruch der »Islamischen Revolution«? Wie mit dem unanfechtbaren Primat einer islamischen Staatsordnung?

Eine nahezu deckungsgleiche Aussage erhielten wir jedoch auch in Schiras vom obligaten Fremdenführer im Schah-Tscheragh-Heiligtum, einer weiteren zentralen Pilgerstätte des Iran. Und zusätzlich noch von Familien, die uns zum Essen eingeladen hatten. Aber unsere Gesprächspartner bejahten ausdrücklich den Sturz des Schahs und die Notwendigkeit einer »islamischen Revolution«.

Nur wenige Wochen später ergab sich ein weiterer Anstoß für Fragen. Zurück aus dem Iran, erreichte uns eine E-Mail mit der Überschrift »Ein muslimischer Gruß zum Advent und zum bevorstehenden Weihnachten«. Abgeschickt hatte die Nachricht ein muslimischer Freund, der Deutsch-Iraner Dr. Hossein Pur Khassalian, der in Bonn wohnt und uns auf der mehrwöchigen Reise fünf Tage lang begleitet hatte. Er schrieb unter anderem: »Es gehört zum gut Integriertsein, sich über die Feste zu freuen, die im Gastland gefeiert werden. Auch ich freue mich über die Advents- und Weihnachtszeit. Nicht zuletzt, weil Jesus einen überragenden Stellenwert im Koran hat. Zu diesem Anlass möchte ich einige meiner Lieblingsverse aus dem Koran, Sure 3, übermitteln, dort, wo es um die Geburt Jesu geht. Möge dies als ein Beitrag zum besseren Verständnis und gegenseitigen Vertrauen verstanden werden.« Wenige Tage später erreichte uns eine Mail seines Bruders Abbas Pur Khassalian aus Teheran, der uns im Namen seiner ganzen Familie ebenfalls schöne Weihnachten wünschte. Beide Grüße stammen von Muslimen, die unter dem Schah verfolgt wurden, den Umsturz unter Khomeini begrüßt hatten und die »Islamische Revolution« nach Jahrzehnten im Prinzip immer noch bejahen, allerdings entschieden Reformen im Iran von heute wünschen.

Sind solche Muslime Einzelfälle?

Anlass zu weiteren Fragen bietet erst recht ein Weihnachtsgruß, wie ihn ein hochrangiges Mitglied der iranischen Regierung, nämlich Staatspräsident Mohammad Khatami, 1998 an den damaligen deutschen Bundespräsidenten Roman Herzog gesandt hat: »Zur gesegneten Geburt des hochangesehenen Propheten Jesus Christus, Geist und Wort Gottes, übermittle ich Ihnen, der deutschen Regierung und dem deutschen Volk die besten Glückwünsche.«

Was bedeutet das? Staatspräsident Khatami ist wenige Jahre nach seiner Amtszeit (1997–2005) wegen kritischer Äußerungen politisch geächtet worden, und seither darf im Iran keiner seiner Aussprüche mehr veröffentlicht werden. Auch dürfen keine Bilder mehr von ihm gezeigt werden. Welche Rückschlüsse lässt dies auf die ideologischen, religiös-politischen Spannungen in der »Islamischen Republik Iran« zu? Auf meiner Reise im November 2016 entdeckte ich zu meiner Überraschung aber in Moscheen und in Basaren der Stadt Yazd, in deren Nähe Khatami geboren wurde, immer wieder Porträts von ihm, und die Einheimischen nickten mir freundlich zu, wenn ich diese Porträts fotografierte. Welche Rückschlüsse lässt dies auf die politische Situation im Iran der Gegenwart zu?

Auf westliche Besucher warten vielfältige Eindrücke, die einerseits die oft negativen Medienberichte in Europa und Amerika voll bestätigen - aber andererseits auch solche, die ihnen widersprechen. Es ergeben sich zahlreiche Überraschungen, die sich nicht in die sattsam bekannten Schemen fügen lassen. Dies sind Erfahrungen, wie ich sie bei meinen Reisen in den Iran seit 1964, als noch Schah Mohammad Reza Pahlevi regierte, in immer neuen Variationen erlebt habe. Ich biete zur Einführung noch einige weitere Beispiele meiner Begegnungen im November 2016 - mit vielen offenen Fragen.

Aktuelle Überraschungen

»Welcome to Iran.« Eine Gruppe junger Frauen im dunklen Tschador umringte uns. Sie seien Studentinnen und wollten ihr Englisch üben, ob sie mit uns ein paar Minuten sprechen dürften? Sie seien sehr erfreut, dass wir ihr Land besuchten. Wie wir die Menschen, wie wir die Kultur beurteilten? In westlichen Medien würde immer nur schlecht über den Iran berichtet. Weshalb wir trotzdem in den Iran kämen? Die Frauen baten um ein Gruppenfoto und zückten ihre Digitalkameras. - Ein Gruppenfoto! An manchen Tagen wiederholte sich eine derartige Bitte bis zu zwanzig Mal. Etliche der Männer legten hierbei vertraulich den Arm auf meine Schulter, als seien wir befreundet, die Frauen stellten sich dicht neben meine Frau. Sie alle schienen großen Wert darauf zu legen, zusammen mit Besuchern aus dem Westen auf einem Foto vereint zu sein und hierbei den Anschein von »Nähe« zu erwecken. Ob sie uns zu einer Tasse Tee einladen dürften? Ob wir Hilfe brauchten? Wir könnten gerne ihre Telefonnummer haben und notfalls anrufen. Wie passt dies zu einem Land, das seit der »Islamischen

Revolution« 1979 weitgehend gegen das westliche Ausland abgeschottet war? Mussten die Iraner nicht durch eine nahezu drei Jahrzehnte dauernde antiwestliche Propaganda die Abneigung gegen die Fremden aus dem »ungläubigen«, »islamfeindlichen«, »imperialistischen« Ausland zutiefst verinnerlicht haben?

Shakespeare ... An der Vorderfront eines Theaters in Teheran sah ich *Romeo und Julia* angekündigt, in Isfahan *Othello* ... Wiederum in Teheran: Arthur Millers *Tod eines Handlungsreisenden* ...

Immanuel Kant, Sören Kierkegaard, Friedrich Nietzsche, Aristoteles ... In etlichen akademischen Buchhandlungen von Ghom, Isfahan und Schiras entdeckte ich Titel mit den Porträts europäischer Denker, die für das Religionsverständnis einer islamistischen Regierung eine Herausforderung darstellen müssen. Weshalb trotzdem die Präsenz? Für westliche Besucher ergibt sich die Schlussfolgerung: Auf welche Weise iranische Autoren sich auch immer mit solchen Geistesgrößen der fremden Kultur auseinandersetzen – offensichtlich ist, dass diese herausragenden abendländischen Denker in der »Islamischen Republik Iran« wichtig genug für eine Veröffentlichung erscheinen.

Maria Montessori ... Eine Überraschung auch dies: eine Diskussion mit Lehrerinnen in Teheran. Die Frauen in weiten, körperverhüllenden Mänteln und mit Kopftüchern erklärten, dass sie in ihrer Freizeit sozial verwahrloste Jugendliche betreuten und sie nach dem Prinzip der italienischen Pädagogin Montessori erziehen würden. Nein, sie würden dabei nicht von der Regierung finanziell unterstützt und sie wollten das auch nicht, denn dann müssten sie sich dem Diktat konservativer Bürokraten beugen, die das Ziel einer individuellen freien Erziehung ablehnten. Die Gelder würden sie aus dem Ausland von fortschrittlich denkenden Iranern beziehen. – Ob sie die gegenwärtige Regierung ablehnten? Diese Frage stellte ich in den geschlossenen Räumen einer Wohnung, wo wir vor unerwünschten Zuhörern sicher waren. Die Frauen antworteten: Die »Islamische Revolution« sei im Prinzip notwendig gewesen, sie müsse sich allerdings im Sinn einer islamischen Moderne weiterentwickeln, sie dürfe nicht erstarren.

Die Frauen hatten uns Männern zur Begrüßung in der Wohnung die Hand gegeben, was einen demonstrativen Verstoß gegen den offiziellen »islamischen« Verhaltenskodex bedeutete. Als uns aber eine Frau vor die Haustür begleitete und ich ihr im Reflex zum Abschied die Hand reichen wollte, hob sie, fremden Blicken ausgesetzt, erschrocken beide Arme: »No! No!«

Persepolis? Der Taxifahrer, der uns von Schiras in die rund 40 Kilometer entfernte altpersische Ruinenstätte brachte, antwortete auf meine Frage: Es gebe kaum einen Iraner, der nicht stolz auf die dreitausend Jahre alte Kultur sei. Und es sei gut, dass die islamische Regierung die Erhaltung der vorislamischen Ruinen intensiv fördere, das unterscheide sie von den engstirnigen Dogmatikern in Saudi-Arabien, auch von den Muslimbrüdern, erst recht von den Fanatikern der al-Qaida und des »Islamischen Staates«.

Persepolis? Wenige Tage später erklärte mir ein Lehrer in Yazd: Persepolis und die ganze altpersische Kultur bedeute eine Provokation für das engstirnige Geschichtsverständnis der radikal-islamischen Regierung. Am liebsten würde die verbieten, dass in Restaurants, in Busbahnhöfen und in Flughäfen Reliefs altpersischer Gottkönige, Drachen und Fabelwesen abgebildet seien. Nur habe die Regierung nicht genug Macht, das zu verbieten, was im Volk populär sei.

Diktatur? Theokratie? Republik? Demokratie – spezifisch islamisch? Manche meiner Gesprächspartner zuckten betont ironisch die Achseln. Das alles seien Begriffe, die irgendwie zuträfen und andererseits auch wieder nicht. Die »Islamische Republik« sei von allem etwas. Religiöse Fanatiker, jawohl, die gebe es. Kritische, unorthodoxe Denker, die gebe es auch. Brutale Zensur, Gefängnisstrafen, Hinrichtungen ... oh ja. Aber genauso künstlerisch interessante Bücher und Spielfilme, offene Diskussionen mit sozial und religiös kritischem Inhalt. Das alles existiere nebeneinander, und niemand wisse, wohin die Entwicklung gehe.

Die Meinungen im Spezifischen fächerten sich vor allem in drei vorherrschende Richtungen auf. Manche Gesprächspartner identifizierten sich mit den Idealen der »Islamischen Revolution« und meinten, man solle die Krisen in ihrer Bedeutung nicht überschätzen. Andere bekannten sich zwar im Prinzip zur Revolution, identifizierten sich jedoch nicht mit dem gegenwärtigen Staat, sondern wünschten sich nachhaltige Reformen. Andere wiederum lehnten die sogenannte »Islamisierung« grundsätzlich ab, ohne allerdings eine Rückkehr zur säkularen Diktatur des Schahs zu wünschen.

Meine Gesprächspartner, Männer und Frauen des iranischen Bildungsbürgertums, traf ich, von der Öffentlichkeit abgeschirmt, in Wohnungen oder war mit ihnen in Taxis unterwegs. Oder es waren Taxifahrer, etliche von ihnen arbeitslose Akademiker, begierig darauf, mit Ausländern zu reden. Aber gemeinsam war ihnen allen die Grundhaltung, man solle die »Islamische Republik Iran« bitte nicht mit Regimes wie denen in Saudi-Arabien, den Golf-Emiraten, dem sogenannten »Islamischen Staat«, den Taliban auf eine Ebene rücken. In westlichen Medien werde das ja immer wieder getan. Für jeden Iraner sei das eine Beleidigung. Und viele der Gesprächspartner legten Wert auf die Feststellung, dass sich in der »Islamischen Republik« die Alphabetisierung sowie die soziale Lage erheblich gebessert haben, trotz der massiven wirtschaftlichen Sanktionen durch westliche Staaten.

Es sind ambivalente, offensichtlich widersprüchliche Auskünfte, von denen ich nur einige aus der Vielzahl meiner Begegnungen aus dem Jahr 2016 zitiere. Die Überraschung war, dass derartige Gespräche teilweise wenig von denen abwichen, die ich mit iranischen Männern und Frauen im Ausland führen konnte. Dass ich aber bei persönlichen Begegnungen nur auf Iraner einer gehobenen Bildungsschicht hinweisen kann, macht allerdings auch etwas anderes deutlich: Es ist erst recht schwierig, den Iran jenseits dieser Bildungsschicht – in seinen traditionell voneinander abgeschlossenen Strukturen – zu verstehen.

Irans Geschichte und westliche Vorurteile

Iran verstehen. Geschichte, Gesellschaft, Religion. Das vorliegende Buch konzentriert sich, wie schon der Titel vermuten lässt, nicht nur auf die politischen und religiösen Konflikte der »Islamischen Republik Iran«. Vielmehr geht die Darstellung weit zurück in die Vergangenheit, ja, bis hin zu den Anfängen iranischer Geschichte zur Zeit Zarathustras und der altpersischen Gottkönige. Denn nur mit einer derartigen Spannweite lassen sich die Konfliktursachen von heute in ihrer ganzen Vielfalt begreifen. Und erst dann wird auch deutlich, welch ungeheure Bedeutung der Iran als Kulturraum seit nahezu drei Jahrtausenden hat – eine Bedeutung, die der westliche Besucher selbst bei einer eiligen Reise in Städten wie Isfahan, Yazd und Schiras ebenso wie in der vorislamischen Ruinenstätte von Persepolis erahnen kann. Ich greife in den Ausführungen auf mein schon in den 1990er-Jahren veröffentlichtes Buch *Iran. Drehscheibe zwischen Ost und West* zurück, das bis 2005 in fünf Auflagen erschien. Aber hierbei setze ich neue Akzente nicht nur in Bezug auf die Gegenwart, sondern auch im Rückblick auf die reichhaltige kulturelle Tradition.

Über 2500 Jahre lang ist der Iran ein exemplarischer Schauplatz kultureller, religiöser und politischer Veränderungen und Aufbrüche gewesen. Schon in vorislamischer Zeit besaß die iranische Kultur weit über die eigenen Grenzen hinaus Ausstrahlung und wurde schließlich eine jener Kernregionen, von der maßgebende Einflüsse auf die islamische Hochkultur und weiter auf Europa ausgegangen sind. Die Geschichte des Iran bietet nicht nur aufschlussreiche Einblicke in großräumige Zusammenhänge islamischer Kultur, sondern auch in den fruchtbaren kulturellen Austausch zwischen Islam und christlichem Abendland. Immer wieder hat der Iran für religiöse, kulturelle und politische Entwicklungen eine Drehscheibe zwischen Orient und Okzident gebildet. Die Nachwirkungen auf unsere Gegenwart sind beträchtlich.

Ein solcher Iran ist bei uns im Westen weitgehend unbekannt. Diese Informationslücke will das vorliegende Buch schließen – um dann den Bogen zu der aktuellen Frage zu spannen, ob der Iran seine moderne Krise überwinden und zukünftig wieder eine wesentliche Rolle im kulturellen Diskurs spielen kann.

Natürlich wissen wir alle, dass der Iran schon bessere Zeiten gesehen hat. Die Ruinen von Persepolis mit ihren äußerst kunstvollen Figurenreliefs, die prächtigen Moscheen mit ihren bunt gekachelten, ornamentübersäten Wänden, dominiert von leuchtendem Blau – dies schon gibt uns einen eindrucksvollen Hinweis auf vergangene Größe, und kaum jemand, der die Monumente durch persönlichen Besuch oder auch nur anhand von Fotos kennenlernte, wird sich der Faszination entziehen können. Aber den Iran deshalb zu den bedeutsamsten und genialsten Kulturnationen der Menschheit zu zählen – da beginnt unser Zögern.

Stets haben wir dazu geneigt, den Iran zu unterschätzen, selbst die größten Leistungen innerhalb seiner 2500-jährigen Geschichte haben wir nie uneingeschränkt anerkennen wollen. Zwar verschweigt heutzutage keines unserer Geschichtsbücher, wie bedeutsam doch die Kultur zur Zeit eines Großkönigs Kyros oder Dareios gewesen ist, im selben Atemzug wird aber auf die »überlegene Kultur« ihrer gewichtigen Rivalen, der Griechen, verwiesen. Athen und das hellenistische Alexandria zählen für uns mehr als Susa, Persepolis und Ktesiphon, jene großen kosmopolitischen Metropolen eines asiatischen Weltreiches. Ein Sokrates, Platon und Aristoteles bedeuten uns erheblich mehr als Zarathustra, jener wegweisende Religionsstifter aus dem östlichen Iran. Die Griechen haben das erste Perserreich vernichtet, und wir stützen uns vor allem auf die Geschichtsschreibung der Sieger.

Nicht weniger einseitig beurteilen wir den islamischen Iran, selbst dessen vielgerühmte klassische Epoche. Wir bezeugen zwar Respekt vor den kunstvollen Moscheen, und zumindest unvoreingenommene Europäer scheuen sich nicht, manche dieser Bauwerke im Rang unseren Kathedralen gleichzustellen; auch sind uns zumindest dem Namen nach etliche muslimische Geistesgrößen geläufig, so etwa Avicenna, Omar Chayyam, Firdausi, Dschelaleddin Rumi, Saadi und Hafis, aber wer von uns wollte einer solchen Epoche schon eine zentrale Stellung in der Geistesgeschichte der Menschheit zubilligen?

Islam und Kultur … Wir tun uns ohnehin noch schwer damit, unvoreingenommen die Leistungen muslimischer Völker, von den Iranern über die Araber bis hin zu den Türken, zu bewerten. Wir sind belastet von der Erinnerung an »Heilige Kriege«, die im Namen Allahs gegen das christliche Abendland geführt wurden, wir denken zuerst einmal an fanatische Glaubenskrieger und grausame Eroberer, bevor uns Bedeutsames zu muslimischen Wissenschaftlern, Philosophen, Dichtern und Künstlern einfällt. Was uns heute in der Engstirnigkeit mancher Fanatiker entgegentritt, bestätigt vielen von uns die Vorstellung vom Muslim, wie er angeblich immer schon war. Aber: Um das Jahr 1000 unserer Zeitrechnung mussten sich die meisten europäischen Staaten als »Entwicklungsländer« betrachten, nicht der Orient. Damals stellten islamische Völker die führenden Mächte innerhalb der Weltzivilisation – und der Iran beziehungsweise Persien galt über Jahrhunderte hinweg als das geistige Zentrum dieser überaus schöpferischen, weltoffenen Kultur.

Inzwischen sind wir zwar dabei, uns von den gröbsten Vorurteilen zu lösen. Wir beginnen zu akzeptieren, dass Europa sehr viel an kultureller Anregung gerade der islamischen Welt verdankt. Mit dieser geänderten Einstellung verfangen wir uns aber oft genug in neuen Einseitigkeiten. Bei aller Aufgeschlossenheit lassen wir gerne außer Acht, wie vielfältig und unterschiedlich diese fremden Einflüsse ihrer Herkunft nach sind. Nicht selten setzen wir die Hochleistungen der klassischen islamischen Epoche mit »arabisch« gleich und vernachlässigen, welche Rolle in der Kulturvermittlung zur selben Zeit die Perser (in späteren Jahrhunderten dann die Türken) gespielt haben. Wir sprechen von »arabischen Zahlen«, obwohl diese von persischen Mathematikern aus Indien übernommen wurden. Wir bezeichnen die Algebra und das Rechnen mit Logarithmen gerne als arabische Erfindungen, obwohl ihr Begründer al-Chwarizmi Perser war. Wir neigen dazu, die Märchen aus 1001 Nacht für arabisch zu halten, obwohl viele von ihnen iranischen Ursprungs sind. Wir nennen Bagdad in seiner kulturellen Hochblüte vom 8. bis zum 13. Jahrhundert meist ein arabisches Zentrum, obwohl Perser diese Kultur wesentlich mitgestalteten.

Woher das Missverständnis? Die arabischen Eroberer hatten im persischen Kulturraum ihre Sprache als Herrschaftssprache eingeführt, sie ist über Jahrhunderte auch Kultursprache der Perser beziehungsweise der Iraner gewesen. Manche iranischen Gelehrten erscheinen uns bei flüchtiger Kenntnis als Araber, nur weil sie dem Brauch ihrer Zeit gemäß nicht persisch, sondern arabisch schrieben. Das berühmteste Missverständnis liefern in dieser Hinsicht die arabisch geschriebenen Werke der persisch geprägten Universalgelehrten Avicenna und Omar Chayyam aus dem 11. Jahrhundert. Ein ähnliches Missverständnis gibt es oft bei dem großen persischen Dichter und Mystiker Dschelaleddin Rumi, den viele für einen Türken halten, nur weil er nahezu fünf Jahrzehnte in Anatolien gelebt hat und dort 1273 gestorben ist. Nichts kann die Iraner von heute mehr irritieren, als wenn wir im Westen »arabisch«, »türkisch« und »persisch« nicht auseinanderhalten oder wenn wir behaupten, da gebe es keine großen Unterschiede. Deutsche würden sich schließlich auch missverstanden fühlen, falls Ausländer ihre Kultur gedankenlos mit der der Engländer, Franzosen, Italiener gleichsetzten.

Die Orientalistik selber trägt zeitweise zu dem Missverständnis bei. In diesem Zusammenhang ist sogar eines der herausragenden populärwissenschaftlichen Standardwerke zu nennen, das detailreich und exakt beschreibt, welches Kulturgut das Abendland dem islamischen Raum verdankt: *Allahs Sonne über dem Abendland* von Sigrid Hunke. Das Buch trägt den Untertitel: »Unser arabisches Erbe«. Korrekter, weil neutraler, müsste es heißen: unser islamisches Erbe (»islamisch« als ein umfassender Kulturbegriff).

Anhand von 2500 Jahren iranischer Geschichte lässt sich zeigen, wie groß neben dem arabischen Transport östlicher Kultur ins Abendland der Anteil an persischem, iranischem Erbe ist.

Die einigende Klammer über 2500 Jahre

Die Geschichte des Iran ist von Extremen geprägt, weshalb es der Betrachter von heute schwer hat, über 2500 Jahre hinweg eine einheitliche Grundlinie aus der vielschichtigen Vergangenheit herauszuarbeiten. Der Iran wurde nicht nur von Iranern regiert, sondern jahrhundertelang auch von Arabern, Turkvölkern und Mongolen, sie alle brachten fremde Denkweisen mit und setzten alten Traditionen oft jäh ein Ende. Es musste daher als Geschichtsfälschung anmuten, dass der letzte Schah, Mohammad Reza Pahlevi, im Oktober 1971 vor den imposanten Ruinen von Persepolis prunkvoll das 2500-jährige Bestehen der »iranischen« Monarchie feiern ließ. Denn eine bruchlose Kontinuität von Kyros bis zur Dynastie Pahlevi gibt es nicht, über Epochen hinweg fehlte der einheimische Monarch. Aber man muss auch an der Betrachtungsweise orthodoxer Muslime zweifeln, wenn sie, wie etwa Khomeini es tat, die Geschichte des Iran erst mit dem Auftreten islamischer Eroberer beginnen lassen wollen und alle vorhergehenden Epochen als für die Gegenwart bedeutungslos abtun.

Der Iran von heute deckt sich nicht mit den früheren Grenzen. Während einiger seiner glanzvollsten Epochen hatte der Iran nahezu die Ausdehnung von Westeuropa; dagegen ist der heutige Staat an Ausdehnung »nur« noch etwa viermal so groß wie Deutschland (weite Flächen sind Steppe und Wüste, während sich die Menschen in wenigen fruchtbaren Regionen zusammendrängen). Manche Städte, deren Namen mit Höhepunkten persischer Geschichte verknüpft sind, befinden sich außerhalb der heutigen Staatsgrenzen: Ktesiphon und Bagdad im Irak, Buchara und Samarkand in Usbekistan, Balch (das antike Baktra) und Ghazni in Afghanistan.

»Persien« oder »Iran«? Hier stoßen wir auf eine weitere Schwierigkeit. Auch diese Namen sind nicht deckungsgleich, selbst wenn wir sie zuweilen wie austauschbar verwenden. Der Begriff »Iran« war ursprünglich umfassender. Er leitet sich von »Aryanam« ab und bedeutet so viel wie »Land der Arier«. Arische Stämme hatten diesen Namen für ihr Herrschaftsgebiet aufgebracht, nachdem sie aus der innerasiatischen Steppe in die weiten Hochlandgebiete zwischen den Flüssen Indus im Osten und Euphrat im Westen eingewandert waren. Parsa – in späterer europäischer Umformung »Persia« – war nur eine dieser Stammesregionen und erstreckte sich um das heutige Schiras. Aber von dort aus unterwarfen die Perser alle übrigen iranischen Stämme, regierten und prägten sie. Und so war es kein Zufall, dass schließlich Griechen und Römer sämtliche

Iraner für Perser hielten und sie so nannten – die Griechen haben damit begonnen, und die übrigen Europäer hielten bis in das 20. Jahrhundert ungebrochen an der international geläufigen Bezeichnung fest. Dagegen beharrten die Einheimischen über die vielen Jahrhunderte auf dem ursprünglichen Namen »Iran« und nannten sich selbst »Irani«.

Allerdings liegt in dem Missverständnis von abendländischer Seite viel Wahrheit, denn die Perser sind lange Zeit für den iranischen Raum so beherrschend gewesen, dass sie das gesamte Erbe zu sammeln vermochten, es mit eigener Schöpferkraft umformten und so an die Nachwelt – besonders an die islamischen Völker – weitergaben. Die gemeinsame, alle ethnischen Grenzen überschreitende Kultursprache der Iraner ist über lange Zeiträume hinweg das Persische gewesen, von einer Zwischenphase abgesehen, in der das Arabische dominierte. »Farsi« nennen die Iraner heute ihre Staats- und Amtssprache und leiten den Namen doch nur von der Provinz Fars ab, wie die einstige Provinz Parsa seit Jahrhunderten von den Einheimischen genannt wird. Mit gutem Recht können wir demnach weiterhin von »persischer« Kultur reden und schreiben.

»Persia« lautete der international eingebürgerte Staatsname bis zum Jahr 1935. Diesen Namen benutzten genauso die Einheimischen, wenn sie mit Ausländern aus Europa und Amerika verkehrten, auch nannten sie sich dann, westlichen Gewohnheiten angepasst, »Perser« anstatt »Irani«. Reza Pahlevi, der Vater des letzten Schahs, hat 1935 offiziell mit der doppelten Namensführung Schluss gemacht und »Iran« auch auf internationaler Ebene verbindlich eingeführt. Hierbei ließ er sich einerseits von einem fanatischen Nationalismus leiten, indem er eine Rückbesinnung auf »iranische« Tradition jenseits aller »Überfremdung« forderte. Andererseits besaß seine Entscheidung eine nachvollziehbare politische Logik: Da innerhalb der modernen Staatsgrenzen nur etwa 51 Prozent der Einwohner Perser sind, war es sinnvoll, für den Vielvölkerstaat einen übergreifend neutralen Namen, eben »Iran«, zu wählen. 24 Prozent der Bevölkerung sind Aserbeidschaner, 8 Prozent Masanderaner und Gilaner, 7 Prozent Kurden, 3 Prozent Araber, hinzukommen noch eine Reihe kleinerer ethnischer Minderheiten von Turkmenen, Bachtiaren, Luren, Belutschen und Armeniern.

Ein paradoxer Sachverhalt ist es allerdings, dass ausgerechnet die Aserbeidschaner als die zweitgrößte Volksgruppe keine iranische, sondern eine türkische Sprache sprechen. Sie sind ein Turkvolk und haben nichts mit den arischen Stämmen aus dem iranischen Kernland gemeinsam. Aber von eben diesem Turkvolk der Aserbeidschaner ging zu Beginn des 16. Jahrhunderts der Anstoß aus, den Iran in ein straff zentral regiertes Reich mit mehrheitlich schiitischer Glaubensrichtung zu verwandeln. Der erste schiitische Schah des Iran, Ismail I. von der Dynastie der Safawiden, sprach das Persische nur gebrochen, doch gerade er hat die festumrissene, überdauernde Form geschaffen, auf der der heutige Nationalstaat Iran beruht.

Auf solch ethnische wie historische Verwerfungen abgehoben, besitzt sowohl die Bezeichnung »Perser« als auch »Iraner« eine unsichere Grundlage. Bei »Iran« handelt es sich um eine moderne Sprachregelung, die angesichts der komplizierten Situation von heute politisch Sinn macht. Wenn aber im vorliegenden Buch – besonders im historischen Teil bis zu eben jenem Jahr 1935 – meist von »Persien« oder von »Persern« geschrieben ist, hat auch dieser Sprachgebrauch viel für sich.

Mehr Widersprüchliches, mehr Trennendes als Gemeinsames scheint die Geschichte des Iran zu bestimmen. Aber hinter den Gegensätzen und Umbrüchen findet sich eine Klammer, die nicht nur vorislamische und islamische Epochen zusammenhält, sondern auch Verbindungen zu anderen Kulturen aufweist. So sind etwa Zarathustra und Mohammed geistig verwandter, als es uns auf den ersten Blick erscheinen mag – ja, Zarathustra, der Religionsstifter aus dem östlichen Iran, hat gar dem Islam, Judentum und Christentum entscheidende Grundlagen geliefert. Und die altpersischen Gottkönige haben Wesentliches von ihrem Regierungsstil an islamische Kalifen und christliche Kaiser des Byzantinischen Reiches weitergegeben, im Guten wie im Bösen. Ein besonders wichtiges, bisher stets unterschätztes Erbe haben uns bereits die vorislamischen Perser mit ihrem Prinzip einer »Weltkultur« hinterlassen. In ihrem Großreich der verschiedensten Völker und Traditionen sammelten sich wie sonst in keinem damaligen Staat der Erde Wissenschaftler, Philosophen und Künstler aus Ost und West; über den iranischen Raum flossen Kulturströme von China und Indien bis in den Vorderen Orient und weiter nach Europa, ebenso umgekehrt. Für beide Richtungen sind meist Perser, Iraner die entscheidenden Vermittler gewesen. Persien beziehungsweise der Iran bildete die erste Nation der Menschheitsgeschichte, die zu einem Ort des geistigen Austausches großen Stils wurde, zu einer Drehscheibe der Kulturen zwischen Ost und West – und diese Funktion hat das Land über Jahrhunderte auch noch in seiner islamischen Zeit beibehalten; es hat gegensätzlichste Einflüsse miteinander verschmolzen und daraus oft genug etwas bahnbrechend Neues hervorgehen lassen. Vieles keimte auf persischem Hoheitsgebiet, was grundlegend für die spätere Menschheit geworden ist, grandiose Schöpfungen, die wir heute nicht selten für europäisch halten, ohne ihren eigentlichen Ursprung zu ahnen.

Vor diesem historischen Hintergrund nehmen sich der letzte Schah des Iran wie auch Khomeini grotesk aus. Beide demonstrierten zwar messianisches Sendungsbewusstsein, beide handelten in dem Glauben, einer außerordentlichen Kulturnation anzugehören, die der Menschheit schon sehr viel gegeben hat – beide aber waren zu sehr vom Niedergang der vorhergehenden Jahrhunderte geprägt, als dass sie ihren laut verkündeten Aufbruch in eine große Zukunft hätten wahrmachen können.

Wie aber ist es heute um den Iran bestellt, und was wird

morgen sein? Um dies zu beantworten, müssen wir, zumindest in Grundzügen, zunächst Höhen und Tiefen iranischer Geschichte betrachten.

Meine Darstellung wendet sich allerdings nicht nur an westliche Leser, sondern auch an Iraner. Zahlreiche Gespräche haben mir im Verlauf von Jahrzehnten vor Augen geführt, dass gerade gebildete Iraner mit ausgeprägtem Interesse für historische Zusammenhänge sich der Schwierigkeit bewusst sind, die vielfältigen Brüche und gegenläufigen Bewegungen in der dreitausendjährigen Geschichte ihres Landes zu deuten. Das jüngste Beispiel für dieses Problembewusstsein bot sich mir im Frühjahr 2017, als mich ein E-Mail aus Teheran erreichte. Abbas Pur Khassalian, der mir bereits an Weihnachten 2016 in deutscher Sprache Grüße gesandt hatte, kommentierte den Titel meines Buches *Iran verstehen* folgendermaßen: »Zugegeben, es ist schwer, den Iran zu verstehen.« Seit sieben Jahrhunderten verstünden die Iraner selbst nicht mehr, was Iran eigentlich sei. Im 20. Jahrhundert seien sie zwar aufgewacht, aber was sie wahrnähmen, sei unglaublich und schwer nachvollziehbar. Die Iraner sähen sich teilweise bis heute damit konfrontiert, geistig durch eine riesige Kluft von ihrer Vergangenheit getrennt zu sein, eine Kluft, die sie vorerst weder überbrücken noch überspringen könnten. Allmählich nur komme ein Prozess der Selbstfindung in Gang.

Was diese Aussagen im Einzelnen bedeuten, lässt sich erst ermessen, wenn wir uns auf die Vielfalt iranischer Geschichte einlassen. Aber dies wird ebenso deutlich an der Zuspitzung der religiös-politischen Krise, wie ich sie in der weiteren Neuauflage des Buches in der Zeitspanne von 2017 bis 2023 schildere.

Propheten und Gottkönige

1. Also sprach Zarathustra

Eine Sternstunde der Religionsgeschichte

Die Geschichte des Iran begann bei Baktra. Heute heißt die Stadt Balch und liegt in einer fruchtbaren Ebene des nördlichen Afghanistan, rund 20 Kilometer von der schiitischen Pilgerstadt Mazar-e Scharif entfernt. In Balch leben rund 87000 Einwohner (so die Zahl im Jahr 2012), es gibt eine große Moschee, außerdem vorislamische Mauerreste, zwischen Erdhügeln halb verschüttet und unkrautüberwuchert. Die heute unscheinbar wirkende, durch Landflucht rasch gewachsene Stadt hatte vor 2500 Jahren als Handelszentrum an der sogenannten Seidenstraße überragende Bedeutung. Aber: Noch bevor dort ein Statthalter im Namen der ersten persischen Gottkönige regierte, lebte dort ein Mann, der wie kaum ein anderer entscheidend für den Nachruhm der persischen Kultur werden sollte. Er war ein Religionsstifter und hat Persien, das zu seinen Lebzeiten noch eine unbedeutende Provinz war, den geistigen Halt gegeben. Mehr noch: Er hat ein Weltbild geschaffen, das selbst auf unsere Kultur eingewirkt, ja sie in wichtigen Teilen mitgeformt hat. Dieser Mann war Zarathustra.

Im Iran leben heute noch an die 40000 Anhänger seiner Religion, in Indien sind es dreimal so viele – eine mehr als bescheidene Schar, die nicht einmal mit der Einwohnerzahl einer mittleren Großstadt konkurrieren kann. Wer mag da schon an die welthistorische Bedeutung ihres Begründers denken? Als die Araber Persien eroberten und den Islam verbreiteten, verschwand die altiranische Religion fast gänzlich aus ihrem Kernland, weshalb Zarathustra für die Nachwelt lange Zeit nur als ein Prophet galt, dessen Lehre von gewichtigeren Religionsstiftern – Jesus Christus, Mohammed, Buddha – übertroffen und verdrängt wurde. Ein Mann also, den die Geschichte unwiderruflich überrollt hat. Aber manche wegweisenden Ideen, deren Ursprung wir bislang bei jüdischen Propheten suchten, sind bereits in Zarathustras Schriften vorgeformt. Das ist Grund genug, zu fragen, ob die jüdische Religion – und in der Nachfolge das Christentum und der Islam – nicht wesentlich von ihm beeinflusst wurden.

Über den Menschen Zarathustra wissen wir nach wie vor wenig. Lange genug stritten sich die Historiker, wann er geboren wurde, wo er gelebt und gewirkt hat. Verlässliche Hinweise gibt es kaum, denn fast alle Lehren wurden erst Jahrhunderte nach seinem Tod schriftlich gefasst – mit Ausnahme der *Gathas*, der Verspredigten, die man Zarathustra selbst zuschreibt; aber auch sie schildern nur in vagen Umrissen die Lebensgeschichte des Propheten. In späteren Schriften regiert die Legende. Stützt man sich auf sie, so muss Zarathustra irgendwann zwischen 1000 und 500 vor unserer Zeitrechnung gelebt haben und irgendwo im östlichen Teil des Iran geboren worden sein. Damit bleibt die Gestalt mehr in mythisches Dunkel getaucht als selbst so legendenumwobene Religionsstifter wie Jesus oder Buddha. Heute – nach mühsamen Sprachstudien und Textvergleichen aller altiranischen Schriften – sind die meisten Forscher zu dem Schluss gekommen, Zarathustra müsse um das Jahr 630 vor unserer Zeitrechnung bei Baktra geboren worden sein.

Er war demnach kein Perser, sondern Baktrier, wie man damals die Bewohner seines Landstrichs nannte. Aber er gehörte wie die Perser zu den *Ariya*, einem großen Stammesverband, der seit dem dritten Jahrtausend vor unserer Zeitrechnung aus den Steppen Innerasiens unaufhaltsam nach Süden vorgerückt war. Ariya war ein Name, den sich diese kriegerischen Nomaden selbst gegeben hatten, er bedeutet so viel wie »die Edlen« und sollte den Abstand deutlich machen, mit dem sie sich von den unterworfenen Völkern absetzen wollten. Einige Stämme waren um das Jahr 1900 vor unserer Zeitrechnung nach Indien eingedrungen und hatten dort im Verlauf der nächsten zehn Generationen die Kastenordnung der Hindus errichtet, andere waren zur selben Zeit in die fast menschenleeren Hochebenen mit ihren Steppen, Wüsten, Gebirgen und fruchtbaren Tälern geströmt, die sie schließlich »Iran«, »Land der Arier«, nannten.

Als Zarathustra 630 vor unserer Zeitrechnung bei Baktra geboren wurde, waren 1500 Kilometer westlich die Meder zum mächtigsten Stamm der Iraner aufgestiegen. Sie herrschten von den gebirgigen Hochebenen südwestlich des heutigen Teheran bis an die Grenzen des Zweistromlandes von Euphrat und Tigris, im Süden dehnten sie ihre Herrschaft bis in die dünnbesiedelte Steppe aus. Sie hatten auch die Gebiete um das heutige Schiras unterworfen und deren Bewohner – den iranischen Stamm der Perser – zu Vasallen gemacht. Nichts deutete zu jener Zeit darauf hin, dass nur noch acht Jahrzehnte zu vergehen brauchten, bis der persische Provinzfürst Kyros einen Stamm nach dem andern unterwarf und so die Herrschaft Persiens bis Baktra ausdehnte.

Die Iraner lebten damals überwiegend in unscheinbaren Lehmdörfern oder gar noch in Nomadenzelten, die meisten trieben Ackerbau und Viehzucht. Städte gab es allein in ein paar fruchtbaren Hochebenen des sonst kahlen Steppen- und Wüstenlandes. Einige von ihnen besaßen allerdings schon ein hohes zivilisatorisches Niveau, besonders Ekbatana, die Residenz der Meder, die nach dem Vorbild babylonischer und assyrischer Metropolen gebaut war.

Wie Baktra zu Lebzeiten des Zarathustra ausgesehen hat, wissen wir nicht. Zu weit entfernt von Babylon, Ninive und Ekbatana lag dieser Ort, als dass man dort in ähnlicher Art gebaut haben dürfte. Das Industal mit seinen uralten Lehmziegelstädten lag näher. Baktra war wohl eine Siedlung nach indischem Muster, allerdings viel bescheidener in den Ausmaßen, ein Handelszentrum eben, das den Vorzug hatte, an der belebten Karawanenstraße von Ostasien nach dem Vorderen Orient zu liegen. Es wird etliche große Karawansereien gegeben haben, in denen Kaufleute aus Indien und China ebenso nächtigten wie solche aus Babylon und Damaskus. Eine weltoffene Stadt also, in die mit den vielen Fremden immer wieder neue Ideen gelangten und die Baktrier beschäftigten. Und doch war Baktra auch wieder eine sehr ländliche, bäuerliche Siedlung, denn in der fruchtbaren Ebene lebten vor allem Bauern und viehzüchtende Nomaden. Zarathustras Name deutet darauf hin, dass er selber aus einer Familie reicher Viehzüchter stammte, er lautet übersetzt: »Der, der mit Kamelen zu tun hat«. Sein Vater hieß Porushaspa, »Der mit Falben-Rossen«, so berichten uns die noch erhaltenen Bruchstücke des *Awesta*, der zarathustrischen Bibel. Wenn man der legendären Überlieferung aus dem Awesta glauben möchte, dann kam Zarathustra als dritter Sohn von fünf Kindern zur Welt, Spross einer damals sehr angesehenen Adelsfamilie, der Spitama. Der Vater scheint Priester eines Stammes von viehzüchtenden Nomaden gewesen zu sein, die keinen Tempel kannten, sondern unter dem freien Himmel der Steppe ihre Opferriten vollzogen. Große Viehherden, Nomadenzelte, Weideland, Berge – dies dürfte der vertraute Anblick für den heranwachsenden Zarathustra gewesen sein. Und immer wieder besuchte er das nahe Baktra mit seinen weitgereisten Kaufleuten. Geistig von der Nomadentradition seines Stammes und dem Stadtleben Baktras geprägt, war er schon sehr früh dazu ausersehen, in die Fußstapfen seines Vaters zu treten und ebenfalls Priester zu werden. Priester aber welcher Religion?

Schriftliche Überlieferungen aus dieser Zeit finden sich nur spärlich, aber sie genügen, um uns ein ungefähres Bild zu machen. Die Iraner – von den Baktriern über die Meder bis zu den Persern – teilten ihre Götter in zwei Klassen: in erhabene Lichtgestalten, die im Kosmos wohnten, *Ahuras*, und in niedere Geisterwesen, die in der Erde, im Wind, im Wasser und im Feuer hausten, *Daevas*. Aber kein Mensch fühlte sich in der Lage, das Walten dieser Götter zu durchschauen, man empfand sie das eine Mal ohne erkennbaren Grund als freundlich und helfend, das andere Mal als grausam und vernichtend. Noch fehlte der Prophet, der mit seiner Botschaft eine tiefer greifende, erklärende Ordnung hätte stiften können. Die Iraner konnten nur darauf hoffen, die rätselhaften, unheimlichen Götter durch Lobgesänge und Opfergaben gnädig zu stimmen. Bei diesen kultischen Feiern musste reichlich das Blut von Stieren zu Ehren höherer Wesen fließen, um die Angst vor dem unberechenbaren Schicksal zu dämpfen. Priester und Volk tranken zu bestimmten Anlässen ein berauschendes Getränk, das sie nach dem Namen ihres Ekstasegottes *Haoma* nannten, und steigerten sich durch endlosen rhythmischen Tanz in Trance, um wenigstens für kurze Momente wie die Götter das beglückende Gefühl der Unsterblichkeit zu haben.

Zarathustra empfand schon sehr früh ein Ungenügen an diesen Ritualen und ihrem Sinn, denn – so berichtet uns knapp eine Textstelle aus den Gathas, seinen Verspredigten – im Alter von zwanzig Jahren verließ er seine Heimat und wanderte in die Einsamkeit. Er, der sich selber einen *Zaotar*, einen sakralen Dichter und Prediger, nannte, kehrte dem Priesterberuf den Rücken. Zehn bis zwanzig Jahre dürften die Wanderjahre des religiösen Suchers gedauert haben. Wie und wo er meditierte, ob er fastete und sich meist von den Menschen fernhielt, ob er ins nahe afghanische Bergland zog oder in der turkmenischen Ebene blieb, wissen wir nicht. Im Awesta heißt es nur, schließlich habe sich ihm am Fluss Daitya ein Engel offenbart. Dies könnte am Ufer des Amu Darja gewesen sein, des weitaus größten Flusses in der Nähe Baktras, der mit seinem Oberlauf die heutige Grenze zwischen Afghanistan und Usbekistan bildet. Dort, in der weiten Ebene mit ihrem fruchtbaren Weideland, ihren Nomadenzelten und den kahlen Bergen als ferner Kulisse, dort hätte sich demnach eines der folgenreichsten Ereignisse der Religionsgeschichte vollzogen. Zarathustra empfing die Vision vom kosmischen Kampf guter und böser Mächte, von Gott und Satan, von der Auferstehung der Toten am Tag des Jüngsten Gerichts, vom Weiterleben nach dem Tod im Paradies oder in der Hölle – lange bevor Propheten anderer Religionen solche Gedanken verkündeten. Es ist in den Jahren 610 bis 590 vor unserer Zeitrechnung geschehen, falls die Vermutungen der Historiker stimmen. Dies wäre also 600 Jahre vor Jesus Christus gewesen, 1200 Jahre vor Mohammed; aber 600 Jahre nach Moses.

Am Fluss Daitya erschien – so berichten die Gathas – dem religiösen Sucher nach langer Meditation der Engel *Vohu Manu* (»Gute Gesinnung«) im strahlenden Lichtgewand und führte ihn vor den Thron des Gottes *Ahura Masda* (»Weiser Herr«). Zarathustra begrüßte den Gott mit einer Hymne, die in den Worten gipfelte: »… Ich erstrebe damit, Dich zu erkennen, Allweiser, den Schöpfer aller Dinge durch den Heiligen Geist.«

Noch Jahre dauerte es, bis Zarathustra nach dieser Vision aus der Einsamkeit zurückkehrte und in der Hauptstadt seines Heimatlandes zu predigen anfing. Das Volk hörte ihm nur mit mäßigem Interesse zu, die Priester und die Adligen lehnten ihn gar heftig ab, so erfahren wir aus den Gathas. In seinen Verspredigten schlägt die Enttäuschung heftig durch. »Fern von Adel und Priesterschaft hält man mich«, so liest sich dort seine Klage, »nicht stellen mich zufrieden die Landgemeinden, um die ich mich mühe, / noch gar des Landes lügenknechtische Gewalthaber. / Wie soll ich da nur Dich, Allweiser Herr, zufriedenstellen? …« Wenige Anhänger scharten sich um ihn und begleiteten ihn auf seinen Predigtreisen zu städtischen Marktplätzen, zu Dörfern und Nomadenzelten. Auf Zarathustra traf –

wie später auf Jesus und Mohammed – das Bibelwort zu, dass ein Prophet im Heimatland nichts gelte. Nach Jahren der Enttäuschung und Verfolgung – Genaueres wissen wir nicht – verließ er schließlich Baktrien und kam mit seinen wenigen Schülern in das Königreich Chorasmien. König Vishtaspa nahm ihn freundlich auf, pflegte lange Gespräche mit ihm und bekehrte sich zu dem neuen Glauben: ein entscheidender Durchbruch. Dem Beispiel des Königs folgten bald die Adligen am Hof, schließlich auch etliche Priester. Zarathustra konnte mit seinem Aufbauwerk beginnen. Unter der Schutzherrschaft des Königs errichtete er vor den Toren des Städtchens Keschmar sein berühmtes Feuerheiligtum, an dessen Altar nun die Priester unter freiem Himmel ihre Gesänge anstimmten und das Volk lehrten. Keine blutigen Tieropfer waren mehr nötig, um die Götter gnädig zu stimmen. Wer nach den Geboten des »Allweisen Herrn«, des Ahura Masda, handelte – rechtschaffen, arbeitsam und ehrlich zu sein –, durfte fortan auf die Gnade Gottes hoffen. Keschmar wurde Zarathustras Wohnsitz, dorthin strömten Neugierige, um ihn predigen zu hören, von dort aus zogen seine Schüler als Missionare in ferne Provinzen und Königreiche.

Chorasmien – Zarathustras legendäre zweite Heimat. Die Historiker haben lange gerätselt, wo dieses Königreich nun tatsächlich gelegen haben mag. Heute neigt man zu der Ansicht, es müsse sich um jene Landschaft handeln, die später die muslimischen Perser *Chorassan*, »Land des Ostens«, nennen sollten. Keschmar, wo Zarathustra sein zentrales Heiligtum errichtet haben soll, erklären viele Historiker identisch mit jenem Städtchen Keschmar, das etwa 100 Kilometer südwestlich von Mesched, der heutigen Hauptstadt der iranischen Provinz Chorassan, liegt. Dieses Keschmar unserer Tage ist eine unscheinbare Ortschaft mit Lehmziegelbauten, die so gelbgrau wirken wie die umgebende Landschaft. Nichts mehr deutet auf die einstige Bedeutung hin.

Zarathustra kehrte nicht mehr nach Baktrien zurück. Er blieb am Ort seiner Erfolge, heiratete eine vornehme Adlige und lebte in bescheidenem Wohlstand, ein häufiger Gast am Königshof. Aber unangefochten lebte er dennoch nicht. Der alteingesessene Priesteradel hielt hartnäckig an der bisherigen Religion fest und verbündete sich mit den Fürsten benachbarter Staaten gegen den Neuerer. Krieg sollte den Religionsstifter und seinen Schutzherrn, König Vishtaspa, beseitigen. Zarathustra antwortete seinen Gegnern nicht minder kriegerisch, wie eine Stelle seiner überlieferten Verspredigten zeigt: »Keiner von euch horche hinfort auf die Sprüche und Unterweisungen des Lügenknechtes! / Denn dieser stürzt Haus und Dorf, Gau und Land / in Elend und Verderben. Darum wehret ihm mit der Waffe!« Es kam zum ersten Religionskrieg auf persischem Boden. Für Zarathustra endete er mit einer Katastrophe. Als die feindlichen Truppen in die Hauptstadt eindrangen, erschlugen sie den 77-jährigen Greis, bevor sie sich wieder fluchtartig zurückziehen mussten. Zarathustra starb als Märtyrer – wie so viele Religionsstifter. Dies geschah um das Jahr 553 vor unserer Zeitrechnung.

Einfluss auf Judentum, Christentum und Islam

Der Legende nach wurde Zarathustras Lehre noch zu seinen Lebzeiten mit goldener Tinte auf 12 000 Ochsenhäute geschrieben und später in der Königsbibliothek von Persepolis aufbewahrt. Von diesem Original ist uns nichts mehr überliefert, es soll angeblich im Jahr 330 vor unserer Zeitrechnung verbrannt sein, als Soldaten Alexanders des Großen die Brandfackel in die eroberte Stadt schleuderten. Was uns blieb, sind Abschriften, wie sie an die 600 Jahre später Priester aus anderen Exemplaren des Awesta anfertigten, aber auch sie sind nur noch in Bruchstücken erhalten, weil die Araber auf ihrem Eroberungszug Teile davon vernichteten. Diese Reste jedoch geben uns genug Aufschluss über die Lehre. Nur: Handelt es sich tatsächlich immer um Zarathustras ursprüngliche Ideen? Angeblich soll sich seit den 1000 Jahren der ersten Niederschrift wenig geändert haben, aber für den kritischen Religionsforscher bieten solche Auskünfte von Priestern wenig Sicherheit. Ungewiss bleibt es bis heute, was der Prophet selber lehrte und was spätere Anhänger hinzufügten. Zarathustra hat – wie viele Religionsstifter – wenig Geschriebenes hinterlassen. Von dem, was uns erhalten ist, dürften allein die Gathas (Verspredigten) in den Büchern *Yasna* (Opferriten) auf ihn direkt zurückgehen, sind sie doch in einem dem Sanskrit ähnlichen Dialekt geschrieben, wie er damals in Baktrien üblich war. Dies sind spärliche Anhaltspunkte. Trotz allem lässt sich bereits aus den Gathas ungefähr rekonstruieren, was das Grandiose und Einmalige seiner Lehre ausmacht.

Zarathustra wandte sich gegen den Glauben seiner Väter, die eine Vielzahl von Ahuras, Lichtgestalten, und Daevas, Dämonen, kannten. Er erklärt einen dieser Ahuras zum alleinigen Gott: Ahura Masda, den »Weisen Herrn«. Ahura Masda tritt den Menschen nicht mehr wie die bisherigen Ahuras zuweilen in sichtbarer Gestalt entgegen, heiratet keine Göttinnen und zeugt keine Kinder, er ist auch keine launische Gottheit mehr, die undurchschaubar den Menschen mal Gutes, mal Böses beschert. Sein Ahura Masda ist gestaltlos, allgegenwärtig, abstrakt und ewig; weit entfernt von allen menschlichen Leidenschaften verkörpert er ein klar durchschaubares Prinzip: das Gute. Aber dieser alleinige Gott besitzt einen Widersacher mit dem Namen *Angra Mainyu*, »Böser Geist«. Dieser Gegenspieler, seiner Herkunft nach ein Daeva, lässt nichts unversucht, um die Menschen vom Glauben an das Gute abzubringen.

Die gute und die böse Macht besitzen Helfer; es sind Geister und Dämonen, in ihren Eigenschaften bisherigen Gottheiten nachgebildet. Auf Ahura Masdas Seite steht vorrangig *Spenta Mainyu*, der »Heilige Geist«; er tritt zuweilen als Verkörperung des alleinigen Gottes auf, manchmal auch als ein von ihm verschiedenes Wesen, als bedeutsamster Verkünder göttlichen Willens. Diener dieses »Heiligen Geistes« sind Lichtgestalten, *Amesha Spentas*, »Unsterbliche Geister« – Engel; sie werden gewöhnlich ausgesandt, um den Menschen Botschaften zu überbringen. *Vohu Manu*, »Die gute Gesinnung«, ist ein solcher Engel; er ist Zarathustra erschienen, um ihn vor den Thron Gottes zu geleiten. Auf der Seite des »Bösen Geistes« Angra Mainyu stehen die Daevas, die Dämonen. Zu ihnen gehört die Mehrzahl jener Götter, die von Zarathustras Zeitgenossen verehrt wurden; sie sind nun dumpfe Geister im Dienst des Bösen.

Gott ist ewig, aber der Kampf zwischen Gut und Böse, Licht und Dunkel hat nur eine begrenzte Dauer, so lehrte Zarathustra. Seiner Überzeugung nach begann der Kampf, nachdem Gott eine sündenlose Welt mit einem Idealmenschen und einem Idealtier geschaffen hatte. Damals trat in das Lichtreich Ahura Masdas der Widersacher Angra Mainyu, der Gottes Idealschöpfung verneinte und nach seinen Bedürfnissen umformen wollte. 30 000 Jahre verstrichen, bis es dem Bösen Geist gelang, in die sündenlose Welt einzudringen und den Idealmenschen wie das Idealtier zu erschlagen. Von nun an verbreiteten sich die von Angra Mainyu geschaffenen niederen Dämonen über die Erde. Aber der Böse Geist erreichte es nicht, den Einfluss des Guten aus der Welt zu drängen, denn der erschlagene Idealmensch wie das Idealtier hatten ihren Samen hinterlassen, und aus diesen Samen entstanden auf wunderbare Weise das erste Menschenpaar wie die ersten Tiergattungen. Nur: In diesen neuen Lebewesen sind Gut und Böse vermischt, das Goldene Zeitalter des kampflosen, sündenlosen Paradieses ist vorbei. Damit begann die Weltgeschichte mit ihren dramatischen Konflikten und Verstrickungen, nun war und ist der Mensch dazu aufgerufen, sich in die Heerschar des Guten oder des Bösen Geistes einzureihen. 30 000 Jahre dauerte auch diese Epoche. Dann beschloss Gott, den Menschen zu helfen und ihnen einen Propheten zu senden: Zarathustra. Aber dieser Prophet wird nur von einem Teil der Menschen anerkannt, und je länger seine Zeit zurückliegt, desto mehr werden die Gläubigen sich von Moral und guter Sitte abwenden. Dann wird Gott die irdische Welt in einer Katastrophe von Überschwemmungen, Feuersbrünsten und Kriegen zugrunde gehen lassen, dann blasen seine Engel die Posaunen des Jüngsten Gerichts. Nun stehen alle Menschen aus ihren Gräbern auf und müssen sich vor dem Thron des Allerhöchsten verantworten, ob sie die Verkündigung des Propheten angenommen oder verweigert haben. Während für die Gläubigen ein »Ewiges Leben« im Gottesreich beginnt, wartet auf die anderen die »Ewige Qual« der Hölle.

Manches an dieser Lehre war neu, bisher noch von keinem Menschen gedacht und gepredigt. Dabei handelt es sich oft genug um Ideen, die den Christen, Juden und Muslimen, bei allen Abweichungen im Detail, sehr vertraut, ja selbstverständlich sind. Aber all dies wurde 600 Jahre vor Christi Geburt verkündet! Allerdings: Die Lehre entstand ein halbes Jahrtausend nach Moses und gut ein Jahrhundert nach dem Auftreten der großen jüdischen Propheten Jesaja, Jeremia und Elia.

Wie schöpferisch war Zarathustra wirklich? Und wie folgenreich? Was hat er von fremden Vorbildern übernommen, was an spätere Weltreligionen weitergegeben? Bis heute streiten sich die Religionswissenschaftler darum, ob Zarathustra Vorgefundenes nur deutlicher ausformte oder radikal Neues schuf. Manches an ihren Forschungen kann aber bereits als gesichert gelten, und dem wollen wir uns im Folgenden zuwenden.

Beginnen wir mit dem Glauben an den *einen* und alleinigen Gott. Zarathustra hat eine monotheistische Religion begründet – aber er war keinesfalls der erste Verkünder eines Eingottglaubens. Juden, Christen und Muslime schreiben diesen Rang dem hebräischen Stammesführer Abraham zu, der um das Jahr 2100 vor unserer Zeitrechnung von Mesopotamien nach Kanaan einwanderte. Abraham lebte eineinhalb Jahrtausende vor Zarathustra, aber auch Moses und Jesaja, weitere große Verkünder des Eingottglaubens, sind zeitlich vor dem Religionsstifter aus dem östlichen Iran aufgetreten. Hat sich Zarathustra von diesen jüdischen Propheten beeinflussen lassen?

Baktra war immerhin eine Handelsstadt an einer belebten Karawanenstraße, auf der Kaufleute von den Mittelmeerländern bis nach Indien und China zogen. Eine weltoffene Stadt also, wo Ideen aus West und Ost zusammentrafen. Doch ist es kaum wahrscheinlich, dass jüdisches Gedankengut bis nach Baktra gedrungen ist, zeigten doch die Juden damals wenig Neigung, derart weit zu reisen und gar ihre Religion fremden Völkern zu predigen. Zarathustra muss seine Anregungen aus einer anderen Richtung empfangen haben. Aber aus welcher? Außer den Juden glaubte kein Volk seiner Zeit an einen einzigen Gott für alle Menschen. Doch ein Volk hatte bereits vorbereitende Schritte in diese Richtung unternommen: die arischen Inder.

Die Inder hatten schon ein Jahrhundert vor Zarathustra im philosophischen Teil ihres *Weda,* den *Upanischaden* (»Geheimlehren«), eine neue Form der Religion zu entwickeln begonnen. Nicht wenige ihrer wegweisenden Denker nahmen an, dass hinter der verwirrenden Göttervielfalt eine magische Urkraft, eine alles schaffende »Weltseele« steht, und nannten dieses Urprinzip *Brahman.* Es ist ein abstraktes Prinzip, für die Volksmassen kaum greifbar. Die einfachen Bauern und Handwerker glaubten weiterhin nur an *Schiwa, Wischnu* und tausend andere Gottheiten – für die intellektuellen Priester aber bedeuteten diese Götter nur Erscheinungsformen des unerschöpflichen Brahman. Einheit hinter all der Vielfalt! In vagen Umrissen zeichnete sich bei den Indern schon die Idee des einen Gottes ab. Kannte Zarathustra diese Schriften? Es ist zu vermuten; gar zu sehr, so gibt der amerikanische Orientalist Richard Frye zu bedenken, erinnern seine Verspredigten, die Gathas, in Wortwahl und Rhythmus an das Weda der indischen Brahmanen. Selbst der Titel des Gesamtwerkes *Awesta* (»Wissen«) ist dem indischen religiösen Sammelwerk *Weda* (»Wissen«) nachempfunden. Unnötig zu betonen, dass es nicht schwergefallen sein dürfte, die »heilige Sprache« der arischen Inder, das Sanskrit, zu lesen, war es doch seinem eigenen Dialekt sehr verwandt. Es muss zu jener Zeit noch eine innige Verbindung zwischen den arischen Priestern des östlichen Iran und Nordindiens bestanden haben. Demnach hat Zarathustra konsequent weiterentwickelt, was bei hinduistischen Gelehrten aufkeimte, er hat – unabhängig von jüdischen Propheten, mit Blick nach Indien – der Idee eines »Urprinzips«, einer »Weltseele«, eine neue Richtung gegeben. Bei Baktra, weit entfernt von Palästina, der Heimstatt hebräischer Gottesverkünder, formte sich noch einmal in einem genialen Schöpfungsakt der Glaube an einen einzigen Gott.

Zu einem überragenden Genie der Religionsgeschichte musste Zarathustra deshalb allerdings noch nicht werden. Er dachte nur, was die Juden ähnlich ohnehin schon besaßen. Hätte er nicht gelebt, so würde sich die Idee vom Glauben an den einen Gott bei anderen Völkern nicht langsamer durchgesetzt haben. Wo lag dann das Einmalige, das vor ihm noch kein Prophet verkündet hatte? Wo das Neue, das entscheidend auf spätere Weltreligionen einwirken konnte?

Heute ist sich ein Großteil der quellenkritischen Religionswissenschaftler mit ihrem Urteil in einem Punkt einig: Sie sehen Zarathustra als den ersten Propheten an, der neben dem alleinigen Gott den Satan als selbständige Macht kannte. Erst Zarathustra hat die irdische Welt als einen Kampfplatz von Gut und Böse angesehen, und niemand vor ihm hat die Menschen dazu aufgerufen, zwischen diesen beiden allumfassenden Mächten frei zu entscheiden. Zarathustra hat, wie es einmal sein späterer Bewunderer und Kritiker Friedrich Nietzsche in *Ecce homo* ausdrückte, »zuerst im Kampf des Guten und des Bösen das eigentliche Rad im Getriebe der Dinge gesehen – die Übersetzung der Moral ins Metaphysische«. Zwar besitzt dieses Weltbild Vorläufer – arische Inder und Iraner schieden schon früh zwischen guten und bösen Göttern, ja teilten das ganze Universum in zwei entgegengesetzte Welten –, aber es blieb Zarathustra vorbehalten, in dieser noch vagen Ordnung klare Linien zu ziehen. Er erst predigte eine Auferstehung der Toten am Tag des Jüngsten Gerichts, wo der Mensch sich vor dem Thron Gottes für seine guten und bösen Taten zu verantworten habe. Den Gedanken an ein Jenseits, an ein Paradies für die Rechtschaffenen, an eine Hölle für die Schlechten, hat es vor Zarathustra nicht gegeben. Auch bei den Juden nicht. Was viele von uns für eine jüdische Schöpfung halten, wurde nicht in den Wüsten Judäas und nicht am Jordan visionär gedacht, sondern in den Bergen und Steppen des nördlichen Afghanistan und an den Ufern des Amu Darja.

Die Juden zu Lebzeiten Zarathustras kannten zwar die Zehn Gebote des Moses und glaubten, dass ein Sünder den Zorn Gottes heraufbeschwört. Aber die Strafe drohte im Diesseits durch einen Richter, und manchmal kam es vor, so berichten legendär die älteren Teile des Alten Testaments, dass Gott selbst eingriff und in seinem Zorn die Frevler mit Krieg und Seuchen heimsuchte. Eine ausgleichende Gerechtigkeit im Jenseits war unbekannt. Auch noch den Propheten Jesaja und Hesekiel, die fast schon Zeitgenossen Zarathustras waren. Zwar findet sich in ihren Schriften bereits die Verheißung, Tote würden wieder lebendig, doch diese Propheten verkündeten bildhaft eine Auferstehung des Staates Israel nach einer Zeit des Niedergangs, sie dachten diesseitsbezogen und politisch. In der Phantasie der Juden existierte nur ein Schattenreich, wo alle Toten dahindämmerten, nicht geschieden nach Verdienst und Strafe, nicht aufgeteilt in ein Paradies und die Hölle. Ein solches Schattenreich war dem Hades der Griechen verwandt.

Auch kannten die Juden noch nicht den Teufel als mächtigsten Gegenspieler Gottes. In den biblischen Schriften jener Zeit trat Satan nur als Vollzugsperson Jahves als strafender Geist auf und musste stets den Anordnungen seines höchsten Herrn Folge leisten. Noch war der Teufel nicht der eigenwillige Dämon, der mit Hilfe der Menschen über Gott zu triumphieren versucht. Auch stellten sich die Juden noch nicht die Menschheitsgeschichte als einmaligen Ablauf vor. Noch gab es für sie nicht das erste Menschenpaar Adam (hebräisch: »Mensch«) und Eva (hebräisch: »Leben«), noch nicht die dramatische Wende durch das Auftreten des Teufels, noch nicht den Sündenfall, noch nicht die zielgerichtete Entwicklung des Weltgeschehens auf das Gericht am Ende aller Tage hin. Die Juden hielten die Menschheitsgeschichte für eine endlose Wiederholung ähnlicher Ereignisse, ohne erkennbaren Zweck. Sie lebten zu jener Zeit in den Vorstellungen wie alle damals hochentwickelten Völker, angefangen von den Indern und Chinesen über die Babylonier und Ägypter bis hin zu den Griechen und Römern.

Drei Jahrhunderte nach Zarathustras Tod allerdings dachten die Juden anders. Dann waren in ihren biblischen Schriften alle jene Ideen zu finden, die wir heute so selbstverständlich als jüdisch, im übertragenen Sinn als christlich und letztlich als europäisch ansehen. Aber bis Zarathustras Ideen so umfassend wirken konnten, musste sich erst eine politische Macht finden, die stark genug war, die neue Religion auf Dauer wirksam gegen ihre Widersacher zu schützen. Erst dann war die Chance gegeben, dass Zarathustra über die iranischen Grenzen hinaus bekannt wurde und gar andere Religionen maßgebend beeinflussen konnte – zuerst das Judentum.

Diese Macht war zu Zarathustras Lebzeiten bereits im Entstehen: das Reich der Perser.

Der jüdische Prophet Daniel lernt von Zarathustra

Im Jahr 539 vor unserer Zeitrechnung, vierzehn Jahre nach Zarathustras mutmaßlichem Tod, eroberte der Perserkönig Kyros II. das Babylonische Reich. Kyros – ich werde an anderer Stelle noch ausführlich auf ihn und seine Nachfolger zurückkommen – war damit zum mächtigsten Herrscher des Vorderen Orients aufgestiegen. Nichts jedoch deutet darauf hin, dass dieser Perser selbst schon von dem Propheten aus Baktra gewusst hätte. Auch sein Nachfolger Kambyses II. scheint Zarathustras Lehre noch nicht gekannt zu haben, zumindest wissen wir von keiner Inschrift, die das Gegenteil beweisen würde. Wir können nur mutmaßen, wann etwa die Perser die neue Lehre annahmen.

Erste Anzeichen kennen wir aus der Zeit des Großkönigs Dareios I., denn an seinem Grab, der Felswand von Naksch-e Rostam nahe der Residenz von Persepolis, finden sich zwei gut erhaltene, aufschlussreiche Inschriften. Die eine lautet: »Ein großer Gott ist Ahura Masda, der die Erde hier schuf, der den Himmel dort schuf, der den Dareios zum König machte, den Einen zum König über viele.« Und in der zweiten Inschrift heißt es: »So sagt der König Dareios: Was von mir getan wurde, das alles tat ich nach Ahura Masdas Willen. Ahura Masda gab mir Beistand, bis ich es ausführte. Möge mich Ahura Masda schützen vor dem, was widerwärtig ist, ebenso mein Geschlecht und dieses Land.« Von demselben König aber kennen wir auch eine unter den Trümmern von Persepolis gefundene Steintafel mit den Worten: »... Ahura Masda ..., der größte der Götter.« Der größte! Nicht der einzige! Dareios hat wahrscheinlich nicht ausschließlich an den einen Gott geglaubt.

Auf den ersten Blick anders erscheint es bei Xerxes I., seinem Sohn und Nachfolger. Ein Dokument aus dem Jahr 480 vor unserer Zeitrechnung ist uns erhalten, in dem der Großkönig über seine eroberten Provinzen sagt: »Stätten gab es, da man ehedem die Daevas (falsche Götter) anbetete. Aber nach dem Willen Ahura Masdas rottete ich diesen Daeva-Kult aus, und ich erließ ein Edikt und befahl: Betet nicht mehr zu den Daevas!« Aber auch hier melden nicht wenige Religionswissenschaftler ihre Zweifel an. Besonders einer der profiliertesten Kenner der altiranischen Religionen, Geo Widengren, bestreitet, dass die Großkönige des ersten persischen Weltreiches ernsthaft an Zarathustras Lehre geglaubt hätten. Diese Könige, mehr Politiker als religiöse Menschen, hätten von der neuen Religion höchstens den einen oder anderen Glaubenssatz übernommen, im Übrigen sich aber gehütet, allzu sehr in Konflikt mit bestehenden Traditionen zu kommen.

Also wieder einmal eine ungeklärte Frage. Wie so oft, wenn es um die frühe persische Geschichte geht. Nur eines ist sicher: Zarathustras Lehre hat sich während der folgenden Zeit im Iran ausgebreitet, und mehr noch: Mancher persische Statthalter und Staatsbeamte förderte die neue Religion in den eroberten Provinzen, im Osten bis hin zum Industal, im Westen bis hin in das Zweistromland von Euphrat und Tigris, nach Kleinasien, Syrien, Palästina und Ägypten. Nirgendwo zwangen die Perser zwar ein unterworfenes Volk, Zarathustras Lehre anzunehmen, im Gegenteil, sie ließen jedermann den eigenen Glauben – aber allen Untertanen stand es frei, sich mit der neuen Religion zu beschäftigen. Und dies sollte weitreichende, damals kaum absehbare Folgen haben. Besonders für eines der unterworfenen Völker sollte die Begegnung mit Zarathustra zu einem religiösen Wandel großen Ausmaßes führen – für die Juden. Die Folgen waren welthistorisch.

Die Juden jener Zeit durchlebten die größte Krise ihrer Geschichte. Im Jahr 587 vor unserer Zeitrechnung hatte Nebukadnezar, König von Babylon, die jüdische Hauptstadt Jerusalem bis auf die Grundmauern zerstören lassen und einen Großteil der Bevölkerung, vor allem Schriftgelehrte, Priester, Verwaltungsbeamte, Kaufleute und Soldaten, gefangen ins Zweistromland von Euphrat und Tigris geführt. Nun gab es keinen jüdischen Staat mehr, die gesamte geistige Elite und mit ihr viel Volk lebte unter der Herrschaft fremder Vögte, weit weg von der angestammten Heimat. Diese Epoche – unter dem Namen »Babylonische Gefangenschaft« in die Geschichte eingegangen – fand ein Ende durch Kyros, den Großkönig der Perser; er entließ die Juden wieder in das Land ihrer Väter, nachdem er das babylonische Königreich erobert hatte. Aber die Heimgekehrten waren im Denken und Fühlen anders als ihre Vorfahren, sie waren geprägt durch das Leben in der Fremde, durch den Zusammenprall mit einer völlig andersartigen und doch faszinierenden Kultur. Herausgefordert und zutiefst verunsichert begannen ihre Priester, intensiv wie schon lange nicht mehr nach dem Sinn des Daseins zu fragen; auch zeigte sich das Volk empfänglicher für neue Botschaften von Propheten. Während jener Zeit entstanden wesentliche Teile des Alten Testaments, inspiriert durch fremdes Ideengut. Zuerst einmal durch Babylon: Von dorther nahmen die Juden den Mythos von der Erschaffung des ersten Menschenpaares aus Lehm und die Sintflutsage. Dann aber lernten sie auch von Persien.

Wie aber können wir wissen, dass sich die Juden wirklich durch Zarathustras Lehre beeinflussen ließen? Darüber besitzen wir ein sehr aufschlussreiches Dokument. Es findet sich im Alten Testament: das Buch Daniel. Die Verfasser kennen wir nicht, wahrscheinlich ist das Buch erst ein oder mehrere Jahrhunderte nach dem Tod des jüdischen Propheten abgefasst worden. Legendäres mag sich hier mit tatsächlichen Geschehnissen mischen, trotzdem können wir daraus einige wichtige Schlüsse ziehen. Sehen wir uns den Lebenslauf des Propheten Daniel einmal an – soweit er sich aus der biblischen Überlieferung rekonstruieren lässt –, so werden wir stutzig. Daniel wuchs am Hof des babylonischen Königs Nebukadnezar auf; dorthin hatten ihn hohe Verwaltungsbeamte geholt, die nach dem Auftrag handelten, unter den gefangenen Juden die klügsten und verständigsten für den Königsdienst auszuwählen. Daniel machte Karriere am Königshof, denn er verstand es, die Träume Nebukadnezars überzeugend zu deuten, und dies hieß viel in einem Land, wo man aus Träumen die Zukunft abzulesen pflegte. Er stieg zum hohen Verwaltungsbeamten auf. Als Kyros Babylon eroberte, wechselte der geschätzte Fachmann an den persischen Hof der persischen Residenzstadt Susa und wurde dort Jahrzehnte später ein wichtiger Berater des Großkönigs Dareios. So weit sein Lebenslauf. Angeblich ist Daniel in persischen Diensten gestorben.

Es findet sich bis heute nahe den antiken Ruinen von Susa ein sogenanntes »Grab des Daniel» (persisch: *Maqbar-e Dianal Nabi*), das iranische Fremdenführer gerne den Touristen zeigen. Aber das Mausoleum, überragt von einem zuckerhutähnlichen weißen Turm, ist bis heute weniger ein touristisches Ziel als vielmehr ein Pilgerort für Juden und Muslime. Die Letzteren verehren den jüdischen Propheten als einen wichtigen Verkünder des »einen Gottes«. Errichtet wurde der Gebäudekomplex im 12. Jahrhundert und ist seither mehrmals erweitert und restauriert worden – zuletzt nach dem epochalen Umbruch der »Islamischen Revolution« von 1979. Zu beiden Seiten des buntgefliesten Portals sind überlebensgroße Porträts von Revolutionsführer Khomeini und dessen Nachfolger Khamenei platziert – eine Botschaft, dass auch die Machthaber der »Islamischen Republik Iran« sich zu diesem Pilgerort bekennen.

Es ist allerdings ausgeschlossen, dass orthodox gläubige Muslime, Juden und Christen den Stellenwert des Propheten Daniel in jener Richtung bewerten, wie es westliche Religionswissenschaftler mit historisch-kritischer Perspektive tun.

Im religionsgeschichtlichen Kontext bedeuten die Worte, die die biblischen Autoren dem Propheten Daniel zugeschrieben haben, eine wichtige Zäsur für die Entwicklung des Judentums, des Christentums und des Islam. Im zwölften Kapitel des nach ihm benannten Buches ist zu lesen: »Und viele, so unter der Erde schlafend liegen, werden aufwachen, etliche zum ewigen Leben, etliche zu ewiger Schmach und Schande ... Du aber, Daniel (spricht Gott), gehe hin, bis dass das Ende komme; und ruhe, dass du aufstehest zu deinem Erbteil am Ende der Tage.« Solche Sätze hatten sich bisher noch nicht in den Schriften des Alten Testaments gefunden. Einem Juden in persischen Diensten werden diese Gedanken zugeschrieben, ihm, der in Susa wohl täglich mit Anhängern Zarathustras zu tun hatte. Zum ersten Mal hat ein Jude die Auferstehung der Toten am Tag des Jüngsten Gerichts verkündet. Im selben Buch liest man erstmals auch von einem zielgerichteten Ablauf der Geschichte auf ein Ende hin: vom zwangsläufigen Untergang unserer unvollkommenen Welt und vom strahlenden Beginn eines ewigen Gottesreiches.

Das Buch Daniel beweist den Einfluss der Zarathustra-Religion auf das jüdische Denken. Es sollte nicht der letzte Einfluss sein. Während des dritten und zweiten Jahrhunderts vor unserer Zeitrechnung griffen die Juden auch die Lehre von den Engeln und Dämonen, von Gott und Satan als den universalen Widersachern in dieser irdischen Welt auf. Nun glaubten die Juden nicht mehr, dass Gutes und Böses gleichermaßen von Gott ausgehe und hingenommen werden müsse; nun begannen sie, alles Böse teuflischen Mächten zuzuschreiben, die aus einem eigenständigen Reich der Finsternis heraus wirkten und gegen die man tatkräftig Widerstand leisten müsse.

Im zweiten Jahrhundert vor unserer Zeitrechnung war die jüdische Religion dann weitgehend so geformt, wie Jesus sie antraf. Wesentliches dieser neuen Ideen hat er dann übernommen. Und nicht nur er. 600 Jahre nach ihm schuf Mohammed aus jüdischem und christlichem Erbe den Islam, und auch dieser Prophet predigte, die Menschen seien in die Welt gestellt, um zwischen Gott und Satan zu wählen; auch er lehrte eine Auferstehung der Toten am Tag des Jüngsten Gerichts, auch er verkündete das Paradies als Lohn für die Rechtschaffenen und die Hölle als Strafe für die Frevler.

Es ist paradox: Zarathustrier bilden in unserer heutigen Welt eine verschwindende Minderheit von nicht einmal 200 000 Menschen, aber das Denken ihres Stifters hat die Weltreligionen entscheidend mitgeformt – und deren Anhänger zählen zusammen mehr als die Hälfte der Erdbevölkerung. Dies macht Zarathustra unsterblich!

Mani und Mazdak als Revolutionäre

»Mögen mich Ahura Masda, Anahita und Mithras vor allem Bösen bewahren!« Diesen Spruch finden wir an der Wand einer Palastruine von Susa eingemeißelt; er stammt von Großkönig Artaxerxes II., der im Jahr 404 vor unserer Zeitrechnung gekrönt wurde.

Was hätte Zarathustra zu solch einem Spruch gesagt? Er hätte dagegen protestiert, denn seiner Lehre nach hätte es neben dem alleinigen Gott nur noch dienstbare Geister geben dürfen. Nun aber kehrte Mithras auf seinen einstigen Platz als Sonnengott und Schirmherr aller Vertragsabschließenden zurück, ja mehr noch als Gott des Kriegsglücks und oberster Beschützer aller Iraner. Auch Anahita, früher als Erd- und Fruchtbarkeitsgöttin verehrt, nahm ihren alten Platz wieder ein. Und sie waren nicht die einzigen Gottheiten, die ihre Tempel gebaut bekamen. Schon vier Jahrzehnte zuvor hatte Artaxerxes I. einen neuen persischen Kalender einführen und dabei die zwölf Monate nach Göttern benennen lassen. Ahura Masda galt zwar als der oberste Herr, aber nicht als der alleinige Beherrscher des Universums.

Während wir über die Religiosität der Großkönige Dareios und Xerxes nur mutmaßen können, wissen wir es bei ihren Nachfolgern genau: Sie hatten Zarathustras Lehre im Kern nicht angenommen, sie zeigten sich nicht bereit, sich völlig den Visionen des Religionsstifters zu beugen. Und das nicht ohne Grund. Eine Reihe einflussreicher Priester, mächtige Adlige und erst recht das Volk hatten sich geweigert, alle Brücken zu jahrhundertealtem Glauben abzubrechen, und die Könige passten sich dem an. Wo nach Zarathustras Willen nur Altäre unter freiem Himmel zu stehen hatten und allein die Flamme als Symbol des gestaltlosen Ahura Masda zu verehren war, entstanden nun wie in früheren Jahrzehnten Tempel mit einer Vielzahl von Götterstandbildern. Zarathustras Lehre drohte im althergebrachten Heidentum zu versinken. Es sei denn, es kämen Erneuerer.

Und die Erneuerer traten seit dem dritten Jahrhundert unserer Zeitrechnung auf!

Es begann damit, dass um das Jahr 225 nach Christi Geburt das Persergeschlecht der Sassaniden den Iran eroberte und ein »Neupersisches Reich« gründete. Sie brachten Zarathustras Religion entschiedener als frühere Herrscher zu Ehren. Deutlich setzte ihr erster großer König Ardaschir I. ein Zeichen, indem er an seinen Hof Zarathustrapriester rief, die seiner Ansicht nach an der »reinen Lehre« festhielten, und sie beauftragte, die Tempel zu »säubern«. Götterbilder verschwanden. Unter seinen Nachfolgern wurden die Texte des Awesta neu geordnet, bisher mündlich überlieferte Verse aufgezeichnet und mit Kommentaren ergänzt. Unter dem Namen *Zend Awesta* (»kommentiertes Awesta«) entstand jene heilige Schrift, deren Bruchstücke uns überliefert sind.

Die Verse und Kommentare waren allerdings nicht mehr in der Sprache des Propheten verfasst, denn Zarathustras Dialekt, dem indischen Sanskrit verwandt, galt damals bereits als altertümlich und wurde von den meisten Iranern nicht mehr verstanden. Man schrieb jetzt in Pahlevi, einem Dialekt, der sich aus dem Altpersischen des Achämenidenreiches, der Zeit des Dareios, entwickelt hatte. Zarathustra hieß in den neuen Schriften *Zardoscht*, Ahura Masda *Ormazd*, Angra Mainyu *Ahri-*

man. Aber trotz dieser Abweichungen konnten die Priester für sich in Anspruch nehmen, die Lehre gereinigt zu haben. Von nun an wurde streng monotheistisch geglaubt – ähnlich wie in anderen maßgebenden Religionen dieser Zeit, dem Judentum und Christentum.

Im *Zend Awesta* finden sich allerdings auch Gedanken, wie sie nach Ansicht vieler Religionswissenschaftler kaum schon von Zarathustra selber verkündet sein konnten, etwa die Verheißung des Erlösers *Saoshyant* (»Helfer«). Dieser Prophet wird von einer Jungfrau geboren, nachdem sie in einem See gebadet hat, wo über Jahrhunderte der Same Zarathustras ruhte und auf wundersame Weise in ihren Leib gelangte. Der neue Prophet wächst heran, und sobald er sich als der verheißene Erlöser zu erkennen gibt, werden auf Gottes Befehl die Toten von ihren Gräbern auferstehen und sich unter die Heerscharen des »Helfers« oder des bösen Geistes Ahriman einreihen. Im gewaltigen Endkampf wird Saoshyant die Widersacher besiegen und in die Hölle hinabstürzen, während er seine Mitstreiter ins Paradies führt. Der verheißene Erlöser, durch eine Jungfrau geboren – ein uns sehr vertrauter Mythos taucht hier auf. Für die Zarathustrier gilt diese Botschaft bis heute als ursprüngliche Vision ihres Propheten. Westliche Religionswissenschaftler aber glauben in ihrer Mehrzahl, dass christliche und jüdische Verheißungen auf die geistig verwandte Religion zurückgewirkt haben.

Ob von Zarathustra selber gepredigt oder nicht – eines jedenfalls hatten seine Anhänger im dritten Jahrhundert unserer Zeitrechnung erreicht: Die Religion lebte wieder auf, mehr Volk denn je strömte zu ihren Andachtsstätten. Ausdrücklicher als zuvor bekannten sich die Perserkönige zur »reinen Lehre« und unterstützten tatkräftig die strenggläubigen Zarathustrapriester. Und trotzdem: Vier Jahrhunderte später wurde diese Religion hinweggefegt vom Ansturm des Islam. Der vielgepriesenen Erneuerung folgte alsbald der nächste Zerfall.

Es lag an der neuen Priesterkaste. Ihre Religiosität war nicht so tief, wie es im ersten Moment erschien. Kaum sahen sich die ranghohen Priester an den Hof des Königs geholt und durch seine Gunst verwöhnt, stand für sie ein Bedürfnis im Vordergrund: die neugewonnene Macht rasch abzusichern. Schroff grenzten sie sich von den gewöhnlichen Gläubigen ab und betonten ihre Einmaligkeit. Sie beanspruchten, allein zu wissen, durch welche Handlungen man nach dem Tod ins Paradies oder in die Hölle gelangte. Wehe dem Gläubigen, der angesichts der detaillierten Gebote nicht sie, die erhabenen Wächter der absoluten Wahrheit, ständig um Rat fragte; er musste sich verloren vorkommen bei den unübersichtlichen Vorschriften und Verboten, er musste sich geradezu der leitenden Hand eines Priesters anvertrauen, um das ewige Heil zu erlangen. Aber nicht Moral war den Geistlichen besonders wichtig, sondern Ritual: angefangen vom heiligen Feuer, vor dem jede Familie in ihrem Haus zu bestimmten Tages- und Nachtzeiten zu beten hatte, bis hin zu den täglichen, komplizierten Reinigungsvorschriften. Je mehr die Priester mit immer neuem Regelwerk das Volk einschüchterten, desto mehr schieden sie sich als »Wissende« vom einfachen Gläubigen, desto mehr entrückten sie in das mystische Dämmerlicht des Geheimnisvollen. Ihr Titel lautete *Magi* – in unserem Sprachgebrauch ist daraus »Magier« geworden, man meint damit bezeichnenderweise Zauberer und Sterndeuter. Naturgemäß blieb den Gläubigen bei den ständig vermehrten Ritualen immer weniger Zeit zu eigenständigem Denken. Es entstand, so formulierte es der amerikanische Kulturwissenschaftler Richard Frye, »eine Religiosität, der es mehr um Riten und Bräuche als um das Credo geht; es war eine formalistische Gesellschaft, die vielleicht am ehesten der hinduistischen Kastengesellschaft oder dem Mandarin-China ähnelt«.

Diese neue Priesterkaste der Magi mit ihrem ausgeprägten Hierarchiebewusstsein war intolerant. Anders als die Zarathustrapriester früherer Epochen betrachteten sie Andersgläubige prinzipiell als »Feinde des Guten«. Ein Jahrhundert nur dauerte es, bis die Magi ihre Könige dazu bewegen konnten, Andersgläubige mit einer hohen Sondersteuer zu belegen, sie aus allen Staatsämtern zu entfernen, ja manchen gar mit Verbannung oder Tod zu drohen. Juden und Christen im Westen des Sassanidenreiches, Buddhisten im Osten waren die Leidtragenden; ihre Anhänger galten schließlich ausnahmslos am Tag des Jüngsten Gerichts als für das Höllenfeuer bestimmt und konnten schon deshalb im irdischen Dasein mit entsprechender Geringschätzung behandelt werden. Vorbei waren die Zeiten, in denen im Perserreich die verschiedensten Völker mit eigenen Religionen friedlich nebeneinander leben konnten. Persische Priester und Könige verhielten sich zunehmend wie ihre römischen Nachbarn, sie proklamierten eine »allein seligmachende« Religion und erklärten sämtliche Andersgläubigen zu Heiden oder Ketzern. Im Römischen Reich jener Zeit gab es eine christliche, im Persischen Reich eine zarathustrische Staatskirche. Die persische Institution war eine reiche Kirche ohne soziales Gewissen, eine allwissende Kirche, die sich Kritik der »Unwissenden« streng verbat, eine erstarrende Kirche – der Zerfall zeigte sich in vielerlei Formen.

Es gab allerdings Perser, die diesen Zerfall abwenden wollten, unter ihnen wortgewaltige Theologen, Philosophen und Mystiker. Die meisten aber endeten auf dem Richtplatz, sofern sie nicht rechtzeitig widerriefen. Sie starben oft auf besonders grausame Weise vor den Augen einer schaulustigen Volksmenge. Zwei dieser »Ketzer« haben mit ihren Namen die Zeiten überdauert. Der eine wollte eine neue Religion begründen, der andere die alte Religion grundsätzlich reformieren. Beides erschien der Staatskirche als Gotteslästerung; sie reagierte mit Mordbefehlen. Damit trieb sie umso rascher ihrem eigenen Untergang entgegen. Die Namen dieser tragischen Märtyrer, die für einen Neuanfang hätten stehen können, waren Mani und Mazdak.

Über Mani berichten die Chroniken viel. Man weiß, dass er im Jahr 216 unserer Zeitrechnung bei Ktesiphon, der Hauptstadt des Sassanidenreiches, geboren wurde und seine Eltern vornehme persische Adlige waren. Sie gehörten einer Täufersekte an, die aus christlichen und zarathustrischen Elementen eine neue Lehre geformt hatte. In diesem Milieu glaubenseifriger Sektierer wuchs Mani heran, löste sich aber bereits früh, im Alter von zwölf Jahren, so weiß es die Legende, von seinen Eltern, zog in die Einsamkeit, meditierte und kehrte dann nach Jahren als Prediger in die Städte an Euphrat und Tigris zurück. Er, der adlige Perser, predigte aber nicht dem Volk, sondern diskutierte mit Priestern, Gelehrten, Ministern, Fürsten. Seine vornehme Herkunft brachte ihm eine Audienz beim »König der Könige« am Hof von Ktesiphon ein. König Schapur I. hörte dem wortgewaltigen Denker aufmerksam zu und erlaubte ihm, seine Lehre zu verbreiten. Eine ungeheuerliche Entscheidung, so musste dies den orthodoxen Zarathustrapriestern vorkommen. Denn Mani sah in Zarathustra nicht den alleinigen Sendboten Gottes, sondern nur den bedeutsamen Vorläufer seiner eigenen Lehre. Als weitere Vorläufer erschienen ihm Jesus und Buddha. All diese Propheten, so Mani, seien nicht universal genug gewesen, sie hätten nur einen Teil der ganzen Wahrheit erfasst. Außerdem hätten sie ihre Lehre nicht selber niedergeschrieben, weshalb die Schüler die ursprünglichen Aussagen hätten verfälschen können. Er, Mani, sei der Prophet der »letzten Offenbarung«. Mani erregte mit seinen Predigten Aufsehen, wohin er auch kam. Er unternahm ausgedehnte Missionsreisen durch den Iran und kam bis nach Indien, seine Anhängerschar wuchs. Mit Sorge, ja Entsetzen sahen die Magi, dass der Großkönig selber Sympathie für diese Mischreligion aus zarathustrischen, christlichen und buddhistischen Glaubensinhalten zeigte, anstatt den Abtrünnigen töten zu lassen.

35 Jahre später, 277, starb der Prophet als Märtyrer. Den

ranghohen Magi war es gelungen, einen Nachfolger Schapurs, Bahram I., zu einem Gerichtsverfahren gegen den Ketzer zu überreden. Mani verschwand hinter Gefängnismauern. Wie er starb, darüber streiten die Historiker. Die einen meinen, er sei im Gefängnis verhungert oder einer Krankheit erlegen, die anderen, man habe ihn wie Christus auf einem Hügel vor der Stadt ans Kreuz geschlagen. Märtyrer seines Glaubens war er jedenfalls. Aber wie das bei Märtyrern oft ist, wuchs die Zahl der Anhänger nach dem Tod des Meisters erst recht. Sie, die Manichäer, verbreiteten sich von Persien aus nach Nordafrika, Indien und China. Zu ihren prominentesten Anhängern zählte eine Zeitlang der spätere Kirchenvater Augustinus, bevor er sich zum Christentum bekannte. Verfolgt wurden die Manichäer von vielen Machthabern und Religionsrichtungen, den Zarathustriern, Christen, Buddhisten und später den Muslimen. In Europa rottete man sie während des 6. Jahrhunderts vollständig aus, in Persien, Indien und China jedoch sind sie noch bis zum 14. Jahrhundert urkundlich erwähnt, dann verschwanden sie auch dort. Ausgelöscht war die Lehre, die nach dem Willen ihres Stifters die überragende Weltreligion hätte werden sollen. Aber ihre Gegner hatten zu diesem Vernichtungswerk mehr als 600 Jahre gebraucht.

Zweieinhalb Jahrhunderte nach Mani trat Mazdak auf. Und dieser Mann sollte noch in viel stärkerem Maß eine Herausforderung für die Staatskirche werden. Über seine Person wissen wir fast nichts. Angeblich stammte er aus dem Städtchen Madaraya am Ostufer des Tigris, nicht weit von Ktesiphon. Andere Chroniken wiederum nennen die Gegend um Täbris seine Heimat. Die einen sehen in ihm einen verkappten Manichäer, die anderen einen abtrünnigen Zarathustrapriester. Bewiesen ist weder das eine noch das andere, wahrscheinlicher ist das Letztere. Gar zu eifrig haben sich spätere Generationen bemüht, das Andenken an seine Person auszulöschen. Aber wenn auch der Mensch Mazdak wieder ins Dunkel der Geschichte zurückgetreten ist, so sind uns doch die Grundzüge seiner Lehre in den Schriften der Feinde, im Für und Wider heftiger Diskussionen deutlich genug erhalten.

Mazdak lehrte, Zarathustras Vision werde von den Magi nicht in ihrer ursprünglichen Form verkündet. Er hingegen sei gekommen, um den Weg zur eigentlichen Botschaft Ahura Masdas zu weisen. Hass und Zwietracht in unserer irdischen Welt gebe es nur, weil die Menschen durch den Einfluss dämonischer Kräfte habgierig geworden seien. Auf der einen Seite der steinreiche Großgrundbesitzer, der sein Leben im Müßiggang verbringe, auf der anderen Seite der bettelarme Bauer, der sich trotz harter Arbeit nicht einmal satt essen könne – dies sei das Werk des Satans. Gott aber wünsche, dass kein Mensch mehr Eigentum als der andere besitze, Gott habe alle Menschen gleich geschaffen, und gleich müssten sie auch in dieser irdischen Welt leben können.

Mazdak predigte in den Städten und Dörfern an Euphrat und Tigris. Aber anders als Mani war er nicht bei den Priestern, den Gelehrten, den Adligen zu finden. Er, der vermutlich selbst ein Priester war, verließ die kostbar ausgestatteten Tempel, mied die Villenviertel und zog in die Vorstädte, wo sich fensterlose Lehmziegelbauten aneinanderreihten, wo die Menschen wie Vieh auf engstem Raum zusammenlebten: Tagelöhner und Sklaven, die nur dazu da waren, die reichen Kaufleute, Adligen und Magi zu bedienen. Mazdak zog in die armseligen Dörfer, wo die Bauern inmitten fruchtbarer Felder kaum die nötigste Nahrung für sich selber behalten durften. Die Massen scharten sich begierig um den Prediger. Sie jubelten ihm zu, weil er die herrschenden Verhältnisse als »gottlos« bezeichnete und »Erlösung« vom »Reich des Satans« versprach. Das Reich Gottes sei nahe. Gleiches Eigentum für alle!

Was Mazdak predigte, war religiöser Kommunismus. Wieweit er hier im Sinne Zarathustras sprach, ist schwer zu beurteilen. Für eine eindeutige Antwort müssten wir das ganze

Awesta, die zarathustrische Bibel, kennen, es ist uns aber nur in Bruchstücken erhalten. Wie verhielt sich der Mensch Zarathustra selbst? Soviel wir wissen, war er ein Mann aus dem Adel und hat zuerst einen König und seinen Hofstaat bekehrt, nicht Bauern und einfache Leute. Dies konnte Magi und Adligen als Beleg dienen, der Prophet habe eine gewisse Klasse vor anderen für auserwählt gehalten. Andererseits aber hatte Zarathustra jeden Menschen, hoch oder niedrig, vor die Wahl gestellt, sich für das Gute oder das Böse zu entscheiden, und am Tag des Jüngsten Gerichts würden sie ohne Ansehen ihres Ranges und ihrer Herkunft entweder in das Paradies einziehen oder in die Hölle hinabstürzen; vor Gott zähle nur die moralische Qualität. Es ist sehr wohl denkbar, dass Mazdak sich auf diese Stelle seiner Lehre bezog und daraus radikalere Folgerungen zog als alle bisherigen Priester.

Denkbar ist auch, dass Mazdak sich von einer fremden Religion hat anregen lassen, in der solche Gedanken viel eindeutiger ausgeprägt waren: dem Christentum. Jesus müsste in manchem nach dem Geschmack des revolutionären Persers gewesen sein, denn Jesus hat das ungeheure Wort gesprochen, eher gehe ein Kamel durch ein Nadelöhr, als dass ein reicher Mann ins Himmelreich gelange. Jesus ergriff Partei für die Zöllner und gegen die Pharisäer, für die Verachteten und gegen die Mächtigen, für die Hungrigen und gegen die Satten. Nachweislich scharten sich um ihn wie um Mazdak fast nur ärmere Leute: Handwerker, Bauern, Fischer, Tagelöhner und Sklaven. Für uns heute ist Jesus der erste Prophet der Religionsgeschichte, der die Schwachen und Benachteiligten so entschieden gegenüber den Mächtigen und Besitzenden aufgewertet hat. Die soziale Revolution hat Jesus allerdings nie gepredigt, und dies ist der Grund, weshalb christliche Theologen diesen Gedanken selten aufgriffen oder höchstens am Rand behandelten. Das Reich Gottes bereits auf Erden – diese Vision einer paradiesischen Gesellschaft schon in unserem irdischen Dasein, wo jeder Mensch zu seinem Recht zu kommen hat, blieb einigen wenigen radikalen Theologen und »Ketzer-Sekten« vorbehalten.

Mazdaks Lehre hatte Folgen. Bauern und Sklaven rotteten sich in den feuchtheißen Ackergebieten von Euphrat und Tigris zusammen, zogen vor die Villen ihrer reichen Gutsherren, forderten Anteil an deren Besitz, ließen sich nicht durch barsche Antworten abweisen, plünderten Herrschaftshäuser, erschlugen einige der Großgrundbesitzer. Die Unruhen wuchsen sich zum Aufstand aus, auch in anderen persischen Provinzen erhoben sich die Bauern, es war, als hätten die unterdrückten Volksmassen nur auf den Prediger gewartet, der in ihrem Namen sprach. Großkönig Kavadh I. zögerte anfangs, einen Vernichtungsfeldzug gegen die Rebellen zu führen, ja, er neigte dazu, einigen Reformforderungen Mazdaks nachzugeben. Aber die ranghohen Magi, verbündet mit dem mächtigen Adel, zwangen ihn schließlich, rücksichtsloser vorzugehen. Kavadhs I. Sohn und Thronfolger Chosrau I. war bereit, die blutige Arbeit mit der nötigen Härte und Skrupellosigkeit durchzuführen. Seine Soldaten gingen gegen die Aufständischen ähnlich brutal vor wie ein Jahrtausend später die europäischen, christlich getauften Fürsten gegen ihre rebellischen Bauern. Chosrau I. ließ Mazdak und 3000 seiner treuesten Anhänger vor dem Haupttor der Reichshauptstadt Ktesiphon lebendig begraben: Mit dem Kopf nach unten, allein die nackten Füße ragten noch aus der Erde heraus und vermoderten – eine schaurige Warnung für die Bewohner der armseligen Vorstädte und alle auswärtigen Besucher. Nur wenige Rebellen überlebten die Massaker der Jahre 528 und 529.

Die zarathustrische Staatskirche hatte es wieder einmal verstanden, mit Unruhestiftern fertig zu werden. Nach außen hin erschien sie gefestigter denn je; kein Prediger trat nun mehr öffentlich auf, um Priester und Adlige zu kritisieren, kein Bauer erhob mehr seine Hand gegen einen Großgrundbesitzer. Aber in den Dörfern und Großstadtslums war die Sehnsucht nach einem Propheten und Erlöser nicht auszurotten, der jene Gerechtigkeit bringen sollte, die ihnen die herrschende Kirche und der Adel vorenthielten. Das Andenken an Mazdak blieb über Jahrhunderte lebendig.

Durch Mazdak hätte die zarathustrische Staatskirche noch einmal eine Chance gehabt, sich grundsätzlich zu erneuern. Sie hatte die Chance versäumt und damit jeden Rückhalt im einfachen Volk verloren. Eine solche Kirche kam in Gefahr, dass ihr die Gläubigen in Scharen davonliefen, sobald ein neuer Prophet auftrat, ein Prophet nicht nur mit einer Verheißung, sondern auch mit einer siegreichen Armee.

Ein solcher Prophet nahte ein Jahrhundert nach der Hinrichtung des Mazdak. Er kam aber nicht aus Persien, er wollte auch nicht die bestehende Religion reformieren, sondern umstürzen – es war Mohammed, er brachte aus Arabien den Islam.

Die Wende zum Islam

Das Jahr 637: Arabische *Mudschaheddin,* »Glaubenskrieger«, eroberten die persische Hauptstadt Ktesiphon und drangen unaufhaltsam nach Norden, tief ins Innere des Sassanidenreiches, vor. Fünf Jahre später besiegten sie das Heer des Großkönigs auf der Hochebene von Nihawend, und der Widerstand brach vollends zusammen.

Die Katastrophe für die zarathustrische Staatskirche war vollständig. Kaum ein Bauer und kaum ein Bewohner der armseligen Vorstädte hielt seiner alten Religion die Treue, sie jubelten den fremden Eroberern zu, begrüßten sie als Befreier und konvertierten im Verlauf der folgenden Jahrzehnte zum Islam. Auch viele Adlige wandten sich von ihrer bisherigen Religion ab und hielten es für vorteilhaft, sich den Siegern anzupassen. Zurück blieben eine ratlose Priesterkaste und ein harter Kern von Anhängern, meist vornehme Perser, die sich nie hatten korrumpieren lassen und die Zarathustras humane Idee ernst genommen hatten. Höchstens ein Drittel aller Perser bekannte sich während der arabischen Eroberungsstürme weiterhin zur angestammten Religion, ihre Zahl jedoch verringerte sich während der folgenden zwei Jahrhunderte rasch, entweder traten auch sie zum Islam über oder sie wanderten aus.

Im Iran finden sich heute noch an die 40 000 Zarathustrier, sie machen nicht einmal ein Prozent der Gesamtbevölkerung aus. Die meisten von ihnen leben in Teheran und in den Gebieten von Kerman und Yazd. Kein persischer Muslim hindert sie daran, wie in alten Zeiten sich um das heilige Feuer zu versammeln und zu Ahura Masda zu beten, man gewährt den Zarathustriern Religionsfreiheit. Hier machen auch schiitische Fanatiker keine Ausnahme, obwohl gerade sie im Ruf stehen, unduldsam zu sein. Aber nach dem islamischen Gebot darf keine Religion behindert werden, die den Glauben an den einen Gott lehrt. Muslime erkennen den Zarathustraglauben als eine Vorform des Islam an, und dieser Umstand erlaubt es den Verehrern Ahura Masdas bis heute, in ihrem Ursprungsland zu überleben.

Außerhalb des Iran finden sich Zarathustrier in größerer Zahl noch in Indien, wohin sie bereits im 8. Jahrhundert geflohen waren. Dort nennt man sie die »Parsen«, was nichts anderes als »Perser« bedeutet. Ihr Zentrum ist die Millionenstadt Bombay und die umliegenden Städte. Sie haben sich auffallender als die Zarathustrier des Iran der Nachwelt ins Gedächtnis eingegraben, konnten sie doch in der religiös toleranteren Gesellschaft der Hindus ungestörter ihre Bräuche entfalten. Kein Zufall ist es deshalb, dass ausgerechnet in Bombay europäische Religionswissenschaftler erstmals auf die Lehre Zarathustras aufmerksam wurden. Die Zahl der Parsen beschränkt sich auf etwa 130 000. Nimmt man die Zarathustrier des Iran noch hinzu, so kommt man im Ganzen auf etwa 170 000 Gläubige, die sich von dieser einst bahnbrechenden Religion erhalten haben.

Der Zarathustraglaube ist nie Weltreligion geworden. Er hat aber auch nie versucht, es zu werden. So wie wir diese Religion kennen, müssen wir vermuten, dass ihre Anhänger nicht das Bedürfnis verspürten, als Missionare fremden Völkern zu predigen. »Gehet hin in alle Welt …«, dieses Gebot Jesu, das Mohammed in abgewandelter Form übernommen hat, fehlt bei den Zarathustriern. Sie verhielten sich wie die Juden, denen es genügte, den Glauben an den einzigen Gott im eigenen, »auserwählten« Volk wirksam zu sehen. Die altpersischen Könige haben diese Selbstbeschränkung unterstützt, sie fanden es besser, den fremden Völkern ihre Religion zu lassen, schon um des politischen Friedens willen. Auch aus diesem Grund musste der zarathustrische Glaube jäh an Einfluss verlieren, sobald einmal die Macht seiner Staatskirche durch die Muslime gebrochen war.

Nietzsche deutet Zarathustra um

Die Entdeckung Zarathustras für unser europäisches Bewusstsein begann im Jahr 1771. Damals lernte der französische Religionswissenschaftler und Orientalist Abraham Anquetil-Duperron in Bombay die Parsen kennen und er studierte ihre heilige Schrift, das Awesta, besser gesagt: jene gewichtigen Bruchstücke, die alle Vernichtungsstürme im Verlauf der Jahrhunderte überstanden hatten. Anquetil-Duperron nahm ein Exemplar mit nach Paris und übersetzte es ins Französische. Die Pioniertat wurde zur Sensation, bereits fünf Jahre später lag eine Übersetzung ins Deutsche vor, so reges Interesse fand diese Arbeit bei Fachgelehrten und einem gebildeten Leserpublikum im Nachbarland.

Es war kein Zufall, dass dies im Zeitalter der Aufklärung geschah. Damals, in der zweiten Hälfte des 18. Jahrhunderts, konnten sich Dichter, Philosophen und Wissenschaftler aus der Bevormundung der Kirche lösen und sich ungehindert bemühen, vorurteilslos andere Kulturen, ja, auch andere Religionen zu verstehen. Diese Neuerer wünschten Toleranz und verurteilten engstirnige Dogmatiker, die nur wahrnehmen wollten, was in ihr angestammtes Denken passte. In jenen Jahren schrieb Lessing sein Toleranzdrama *Nathan der Weise* (1779), in dem er Verständnis für die bisher angefeindeten Religionen Judentum und Islam forderte, er relativierte auf besonders bildhafte und wirksame Weise das Ideal der absoluten Wahrheit. Aufbruchstimmung herrschte im gebildeten Bürgertum, das sich nun sogar den Werten bisher unbekannter Religionen zu öffnen begann. Mozart führte Zarathustra als Oberpriester und Magier Sarastro in seine Oper *Die Zauberflöte* ein, und Goethe beschäftigte sich mit dem altiranischen Propheten in seinem *West-östlichen Divan*.

Noch aber blieb die zentrale Bedeutung Zarathustras einem größeren Leserkreis weitgehend unbekannt, noch hielten ihn viele bestenfalls für einen Propheten, den spätere Religionsstifter erfolgreich zur Seite gedrängt hatten, einen Mann also, den die Geschichte unwiderruflich überrollt hatte. An dieser Anschauung änderte sich auch nichts wesentlich, als im 19. Jahrhundert immer mehr Orientalisten nach Persien und Indien reisten, dort immer neue Abschriften des Awesta sammelten, übersetzten, kommentierten und die Abweichungen textkritisch miteinander verglichen. Dabei enthüllte sich den Forschern vollends, wie sehr die Lehre Zarathustras Gedanken vorwegnahm, die man bisher nur dem Judentum und dem Christentum zugeschrieben hatte. Aber solche Forschungsergebnisse fanden in breiten Bevölkerungskreisen Widerstand. Denn diese Wissenschaftler verstießen gegen ein Tabu: Sie wagten zu behaupten, das Christentum beziehe seine Glaubensinhalte nicht allein durch Jesus Christus und die Propheten des Alten Testaments, sondern auch noch durch einen Religionsstifter aus einer völlig fremden Kultur. Sollte dies etwa heißen, dass der christliche Glaube auf genauso vielschichtige und widersprüchliche Weise in den Gehirnen von Menschen entstanden war wie etwa die übrige Kultur, anstatt von Gott direkt und als unumstößliche Wahrheit übermittelt zu werden? Der Schluss lag nahe. Und damit wurde die Entdeckung Zarathustras für das christliche Abendland zur Herausforderung, ja für viele zur unerträglichen Provokation.

Der größte Provokateur allerdings für herkömmliche Glaubensvorstellungen wurde Friedrich Nietzsche. Er machte in den achtziger Jahren des 19. Jahrhunderts Zarathustra zur Titelfigur seines Hauptwerkes *Also sprach Zarathustra.* Den Titel hat Nietzsche aus dem Awesta der Parsen entnommen, wo maßgebliche Wahrheiten mit dieser stets wiederkehrenden Redewendung eingeleitet werden. Nietzsche erreichte, was bisher jedem Religionswissenschaftler verwehrt geblieben war: den Namen Zarathustra einem breiten Publikum bekannt zu machen. Dies ist paradox genug, denn Nietzsches Buch, das 1892 zum ersten Mal in einer vierbändigen Gesamtausgabe erschien, hat nichts mit der tatsächlichen Lehre des altiranischen Religionsstifters gemeinsam.

Nietzsche sah zwar in Zarathustra eines der größten Genies der Religionsgeschichte, ja, der Prophet hat seiner Ansicht nach jene geistigen Koordinaten gesteckt, nach denen wir heute noch weitgehend leben – aber was Zarathustra an Neuem in die Welt gebracht habe, sei ein »gigantischer Irrtum«, der wieder rückgängig gemacht werden müsse. Nietzsche wählte bewusst die Figur dieses Religionsstifters für sein Hauptwerk, um die »große Umkehr« zu demonstrieren. Der von ihm erfundene Zarathustra geht noch einmal meditierend in die Einsamkeit, um seine erste geniale Schöpfung – den Glauben an den universalen Kampf zwischen Gut und Böse, an ein Jenseits mit ausgleichender Gerechtigkeit, ja, an Metaphysik überhaupt – als Täuschung zu erkennen und zu entlarven. Zarathustra wird zum Symbol des schöpferischen Menschen, der zerstört, was er geschaffen hat, um Neues hervorzubringen – und auch dieses

Neue wird eines Tages seinem bohrenden Erkenntnisdrang nicht mehr standhalten, und er wird es wieder zerstören.

»Alles fließt«, es gibt keine absolute Wahrheit, es gibt nur das Werden und Vergehen von Erkenntnissen; diese Einsicht, die einst schon der griechische Philosoph Heraklit lehrte, rückt in Nietzsches Hauptwerk erneut in den Mittelpunkt. Zarathustra ist bei Nietzsche geradezu das Gegenteil von dem geworden, was er ursprünglich war: nicht der Mensch, der sich an eine höhere Ordnung gebunden fühlt, sondern der Mensch, der illusionslos das »Nichts« erkennt und nur kraft seiner Phantasie »spielerisch« sich selber Ordnungen schafft – wohl wissend, wie vergänglich sie sind.

Bis heute ist dieser Zarathustra, wie ihn Nietzsche prägte, uns geläufiger als der tatsächliche Religionsstifter. Aber bei aller Umdeutung, ja, gerade bei der Heftigkeit, mit der Nietzsche den eigentlichen Zarathustra abwehren muss, beginnt man eines zu ahnen: Bisher wurde unterschätzt, was das alte Persien an grundlegendem Denken dem Abendland weiterreichte.

2. Glanz und Elend der persischen Antike

Der Aufstieg der Achämeniden

Sie tranken Wasser und keinen Wein. Sie nahmen nur einmal am Tag eine karge Mahlzeit zu sich. Sie kleideten sich in Leder und rauhes Leinen, weiche Stoffe verschmähten sie. Ihre Söhne erzogen sie nach dem Ideal: Reiten, Bogenschießen, die Wahrheit sagen. Auf Lesen und Schreiben legten sie keinen besonderen Wert.

So schildern uns griechische Geschichtsschreiber die Perser am Anfang ihres Aufstiegs. Griechen sind es, von denen wir das meiste über das Eroberervolk aus Asien erfahren; Griechen, deren Sehweise durch eine Mischung aus Ablehnung, Furcht und geheimer Bewunderung gekennzeichnet ist, lernten sie doch die Perser als ihre mächtigsten Gegner kennen. Nur wenig ist uns aus einheimischen Chroniken oder denen anderer Völker Asiens, etwa der Babylonier oder Assyrer, erhalten. Notgedrungen bekommen wir dadurch ein einseitiges Bild, und trotzdem können wir aus den oft wenig zufriedenstellenden Berichten auf die überragende Bedeutung der vorislamischen Perser schließen.

Anfangs waren die Perser ein rauhes, hartes, unverbrauchtes Volk. Sie lebten in Parsa, einer von Wüsten, kahlen Bergen, Steppen und wenigen fruchtbaren Flussoasen geprägten Landschaft im Südwesten des Iran. Heute heißt die Provinz Fars, dort befindet sich eine der berühmtesten, traditionsreichsten Städte Persiens: Schiras. Aber im sechsten Jahrhundert vor unserer Zeitrechnung, als Zarathustra 1000 Kilometer nordöstlich davon seine Lehre verbreitete, gab es in Parsa vor allem Nomadenzelte, Dörfer aus Lehmziegeln und einige wenige, nicht nennenswerte Städte kleinerer Ausdehnung. Die Perser nannten ihr noch mäßig entwickeltes Land ein Königreich, seit um das Jahr 700 vor unserer Zeitrechnung der Stammeshäuptling Hachamanisch eine Dynastie begründet hatte. Dieser Mann heißt in den Schriften der Griechen Achämenes, und mit diesem Namen ist sein Geschlecht auf uns gekommen: das der Achämeniden. Im Jahr 559 vor unserer Zeitrechnung wurde einer seiner Nachkommen, der Perser Kurusch, König. Wir kennen ihn besser unter dem griechisch umgeformten Namen Kyros; er wurde zum Begründer der persischen Großmacht – des ersten Weltreiches der Menschheit. Aber nichts deutete bei seinem Regierungsantritt darauf hin, dass die Achämeniden einmal an die 230 Jahre lang ein Reich von zuvor unerreichten Ausmaßen regieren würden. Im Jahr 559 war der König von Parsa noch ein Provinzfürst, der den mächtigen Nachbarn, den Medern, Tribut zu zahlen hatte.

Aller Glanz lag damals auf Ekbatana, der Hauptstadt der Meder. Persische Gesandte kamen zuweilen in den Palast des Mederkönigs, besuchten die Tempel und Basare, um dann nach ihrer Rückkehr in die kargen Dörfer mit Neid von der bestaunten Pracht zu berichten. Die Meder, ein verwandter iranischer Volksstamm, hochgewachsen, hellhäutig, einen ähnlichen Dialekt sprechend, waren wie die Perser ein halbes Jahrtausend zuvor als rauhes Kriegervolk aus den Steppen Innerasiens in das iranische Hochland eingewandert, aber sie hatten alle anderen Stämme an Bedeutung rasch überflügelt. Anfangs zahlreicher und stärker, waren sie mit ihren Reiterscharen siegreich bis in das Zweistromland von Euphrat und Tigris vorgedrungen, hatten dort die glanzvolle Stadtkultur der Assyrer kennengelernt und nach einem grausam geführten Krieg die

Metropole Ninive zerstört; sie waren jedoch als lernwillige Schüler in das iranische Hochland zurückgekehrt.

Die Perser hatten im langen Tross ihrer Gefangenen zahlreiche assyrische Beamte, Baumeister und Gelehrte mitgeführt, die den Siegern helfen sollten, nach dem Vorbild mesopotamischer Städte eine Residenz zu bauen. Die Frucht dieser Begegnung war Ekbatana. Im Angesicht 3000 Meter hoher, während des Winters schneebedeckter Berge hatten die Meder ihre Hauptstadt errichtet. Sieben Mauern sollen diese Stadt umgeben haben, wie Herodot in seiner Geschichte des Perserreiches berichtet, die Lehmziegelwände waren mit goldglänzenden, azurblauen und orangefarbenen Glasurplatten belegt, ein mächtiger Tempel überragte die mehrstöckigen Häuser und zog schon von weitem die Blicke der Ankommenden auf sich. Nichts mehr ist von dieser Pracht erhalten, die spärlichen Ruinenreste sind heute nahezu vollständig von der modernen Stadt Hamadan überbaut.

Um das Jahr 600 vor unserer Zeitrechnung hatte diese Stadtkultur der Meder ihre höchste Blüte erreicht. Damals hatte das iranische Kriegervolk von den Assyrern bereits die Keilschrift übernommen und selber einen Beamtenstab herangebildet, wie er am glanzvollen Hof von Ninive üblich gewesen war. Die medischen Adligen hatten zudem innerhalb einer Generation das rauhe Leinen und Leder gegen weiche Stoffe vertauscht, sie kleideten und pflegten sich nach dem Vorbild der Assyrer, rieben sich mit Duftstoffen ein, ließen sich das früher offen fallende Haar in zahlreiche Löckchen drehen und die Bärte durch Öle steifen. Eine eigene Mode hatten sie beizusteuern gewusst: Als erstes uns bekanntes Volk trugen die Meder Hosen, eng anliegend, ein guter Schutz gegen das rauhe Winterklima. Die Meder, innerhalb von drei Jahrhunderten vom Krieger- und Nomadenvolk zu hochkultivierten Städtern geworden, glaubten damit allen Grund zu haben, auf die anderen iranischen Stämme herabzusehen. Auch auf die Perser. Sie hatten das benachbarte Volk unterworfen und verachteten es wegen seiner fehlenden Kultur – fürchteten es aber auch wegen seiner unverbrauchten Energien. Den Medern musste das Perservolk im Süden wie ein roher Riese im Schlaf erscheinen, den man möglichst nicht wecken sollte.

Eine Furcht, die nicht unbegründet war. Während sich in Ekbatana die Adligen zunehmend für prächtige Villen, kostbare Mode und gutes Essen zu interessieren begannen, dagegen die Staatsgeschäfte stark vernachlässigten, lieferten die Perser immer zögernder ihren Tribut in die Reichshauptstadt. Das Vasallenvolk im Süden spürte die Schwäche seines Herrn. Vorerst aber fehlte ihm der Führer, der den Medern die Macht hätte entreißen können; dieser aber kam mit Kyros II. Im Jahr 550 vor unserer Zeitrechnung vermochte er, die Meder zu besiegen, die den abgehärteten, an Strapazen gewöhnten Persern nichts Gleichwertiges mehr entgegenzusetzen hatten. Kyros, der eben noch ein Vasall gewesen war, zog nun an der Spitze seiner Truppen in Ekbatana ein und machte sich zum König der vereinigten Reiche der Perser und Meder. Damit begann der Aufstieg eines Provinzfürsten zum Herrscher eines geachteten, schließlich eines Weltreiches. 70 Jahre später regierte sein Nachfolger Dareios I. bereits von der Westküste Kleinasiens bis nach Indien, von Ägypten bis in die südrussische Steppe. Nicht genug damit: Das rauhe Kriegervolk, das um das Jahr 500 in seiner Mehrzahl weder lesen noch schreiben konnte, sollte später mit einer hohen Kultur in mancherlei Hinsicht vorbildlich für andere Großreiche werden.

Eine ungeheuerliche, auf den ersten Blick fast unwahrscheinliche Leistung. Aber man muss bedenken, die Perser waren nicht als beutegierige Nomaden in die Hauptstadt ihrer Gegner gekommen – im Gegenteil, sie wollten dieses hochkultivierte und reiche Ekbatana für sich erhalten, nicht plündern und zerstören. Ungebildet, aber unverbraucht und lernbegierig traten sie auf. So wie zuvor die Meder von den Assyrern, lernten jetzt die Perser von den Medern. Kaum etwas änderte sich am Erscheinungsbild der glanzvollen Metropole, nachdem Kyros im Palast der Mederkönige residierte. Die Hofbeamten in ihren prunkvollen Gewändern und mit ihren gesalbten Knebelbärten waren dieselben wie zuvor; sie, die Meder, wurden zu guten Ratgebern des neuen Königs, der klug genug war, ihr Leben zu schonen, ja ihnen all ihren bisherigen Besitz zu belassen. Sie unterstützten ihn auch, im Kernland der Perser eine neue Residenz zu errichten: Pasargadae, »Feld der Perser«, an jenem Ort, wo der König die Meder besiegt hatte, etwa 130 Kilometer nördlich des heutigen Schiras gelegen.

Das erste Weltreich der Geschichte

Kyros II. muss eine überragende Persönlichkeit gewesen sein. Dies geben selbst die griechischen Geschichtsschreiber zu, die bei den meisten späteren Perserkönigen in ihrem Urteil eher ablehnend waren. Ja, der Athener Xenophon, der als Söldnerführer für Kyros kämpfte, berichtet in der *Kyrupädie,* einem vielgelesenen »Fürstenspiegel«, schon der Knabe habe die Menschen durch seinen Mut, seine Klugheit, seine rasche Auffassungsgabe, seine Ehrlichkeit und auch durch seine körperliche Schönheit begeistert. Kyros ist demnach – sofern wir dies aus den wenigen exakten Beschreibungen und den zahlreichen Legenden erschließen können – selbst bei seinen Gegnern in ehrendem Andenken geblieben. Kein Wunder, denn nie verfuhr er gegen Besiegte grausam, im Gegenteil, er ließ ihnen das Leben, einen Großteil ihres Besitzes und ihre angestammte Kultur; das Einzige, was er verlangte: nun an die Perser Steuern zu bezahlen, nun ihrem Heer die Krieger zu stellen.

Die Meder lernten als Erste diesen milden Herrn kennen. Ihnen folgten bald weitere Völker des Vorderen und Mittleren Orients. Kaum regierte Kyros von Ekbatana und Pasargadae aus vier Jahre ein durchschnittlich großes Reich, besiegte er das kleinasiatische Lydien und die griechischen Stadtstaaten an der ägäischen Ostküste. Noch einmal brauchte er vier Jahre, dann war er in die zentralasiatische Steppe vorgedrungen, überquerte den Fluss Amu Darja, wo Jahrzehnte zuvor Zarathustra seine Erleuchtung hatte, und unterwarf die dortigen iranischen Völker. Dies geschah im Jahr 541. Für die Geschichtsschreibung bedeutet dieser Zeitpunkt eine entscheidende Zäsur, denn von nun an befanden sich *alle* iranischen Stammesgebiete unter der Herrschaft eines Perserkönigs, von nun an war »iranisch« deckungsgleich mit »persisch« – über Jahrhunderte hinweg, ja, von einigen Unterbrechungen abgesehen, bis in unsere Gegenwart.

19 Jahre regierte Kyros, bis er zu seinem bedeutsamsten Unternehmen aufbrach: das Neubabylonische Reich zu erobern. Im Jahr 540 verließ er das kühle Hochland von Ekbatana und zog mit seinen Truppen, einem inzwischen gigantisch angewachsenen Heer, in das hitzeflimmernde Zweistromland von Euphrat und Tigris. Der Krieg dauerte einige Monate, eine kurze Zeit, um ein Reich niederzuringen, das zu seinen Provinzen Palästina, Phönizien (den heutigen Libanon) und Syrien zählte. Aber dieses Reich war nicht mehr so gefestigt, wie es nach außen hin erschien. Nachdem Babylons bedeutender König Nebukadnezar gestorben war, hatten unfähige Nachfolger und korrupte Beamte den Staat verkommen lassen; sie lebten selber in Luxus, während das Volk unter willkürlich hohen Steuern verarmte und seinen Herren den Tod wünschte. Kyros, an Siege gewöhnt, siegte diesmal besonders leicht. Nach der ersten Schlacht führte ihm ein babylonischer Gouverneur seine eigenen Truppen zu, vereint zogen nun Perser, Meder und Babylonier gegen die Hauptstadt. Kampflos öffnete Babylon dem Eroberer seine Tore. »Grüne Zweige wurden vor ihm ausgebreitet«, so heißt es in einer zeitgenössischen Chronik, »wie Eingekerkerte sind sie (die Besiegten), wie Gefangene, wenn sich das Gefängnis auftut.« Die Chronik war von einem baby-

lonischen Hofbeamten geschrieben, aber dieser hatte Grund genug zum Jubel. Denn wieder zeigte Kyros den Besiegten gegenüber ungewöhnliche Milde, er ließ die meisten Adligen in ihren Ämtern, als ob nichts geschehen wäre. Sie hatten nur einem neuen Herrn zu dienen, der sich bemühte, gerechter und unbestechlicher zu sein als der abgesetzte König. Mit seiner Großzügigkeit erreichte Kyros abermals, dass ihm eine erfahrene Führungsschicht mit Eifer diente.

Babylon wurde für das noch wenig gebildete Erobervolk aus dem Iran noch bedeutsamer als die Mederhauptstadt Ekbatana. *Babilani*, »Tor der Götter«, wie die Residenz ursprünglich hieß, galt in ganz Vorderasien als Stadt der Städte, als Krönung hochentwickelter Zivilisation. Nirgends im damaligen Orient, ja, wohl nirgends in der Welt fand sich eine Hauptstadt mit einer derartig ausgedehnten Fläche und einer entsprechend imposanten Einwohnerzahl: 350 000 Menschen. Babylon mag zu Zeiten des Königs Kyros nicht viel anders ausgesehen haben, als es der griechische Geschichtsschreiber Herodot bei seinem Besuch 90 Jahre später angetroffen und beschrieben hat. An den Euphratufern erhoben sich hinter üppigen Palmenalleen Tempel und Paläste, deren Mauern mit Glasurziegeln in leuchtendem Blau und Gelb ausgestattet waren, dahinter erstreckte sich ein Häusermeer mit meist vierstöckigen Lehmziegelbauten, wie man sie in dieser Häufung bisher nicht gekannt hatte. Wir heute können uns durchaus noch eine Vorstellung von der Pracht machen, haben doch deutsche Archäologen im 19. Jahrhundert aus den Trümmern Babylons eine ganze Prozessionsstraße ausgegraben und im Pergamonmuseum von Berlin originalgetreu wieder aufgebaut; dort können wir als besonders markantes Bauwerk das 40 Meter hohe Ischtar-Tor bewundern, das Nebukadnezar um das Jahr 580 hat errichten lassen: ein Tor, mit Glasurziegeln bedeckt, die Grundfläche in Blau gehalten, während die stilisierten Löwen in Goldtönen schimmern. Diese Kunst muss die Perser sehr beeindruckt haben, denn Jahrzehnte später fanden sich blauglasierte Grundflächen und goldgelbe Ornamente auch bei ihren Prunkbauwerken.

Aber aus Babylon, der Stadt aller Städte, übernahmen die Perser ungleich mehr als nur einen imposanten Baustil. Babylon besaß damals die größten Bibliotheken und Universitäten Vorderasiens, die bestausgebildeten Verwaltungsbeamten, Künstler und Wissenschaftler, vor allem Mathematiker, Astronomen und Mediziner. Sie alle standen von nun an im Dienst des Großkönigs aus dem Iran und sollten während der folgenden Jahrhunderte viel dazu beitragen, dass die Perser nicht nur ein Volk von Kriegern und Eroberern blieben.

Die Perser im Zweistromland von Euphrat und Tigris! Dies war ein bedeutungsvoller Einbruch, der für mehr als ein Jahrtausend Folgen hatte. Von nun an strömte aus dem uralten Kulturland der Sumerer, Akkader, Assyrer und Babylonier ständig reiches Gedankengut in das Hochland von Iran. Und von dort sollten bald auch Ideen zurückwirken. Das Zweistromland, »Mesopotamien«, wie es die Griechen nannten, »Irak«, wie es die Perser und später die Araber hießen, sollte unter der Oberhoheit persischer Könige und Minister für lange Zeit zu einem zentralen Begegnungsort der Kulturen aus dem Vorderen Orient und dem Iran sowie dem aufstrebenden Griechenland, Ägypten und Indien werden. Zuerst war Babylon das Zentrum dieser Mischkultur, dann Susa, später sollte es Ktesiphon unter der neupersischen Dynastie der Sassaniden sein, zuletzt Bagdad unter der islamischen Dynastie der Abbasiden. Doch davon später. Nur so viel sei vorweggenommen: Irak und Iran gehörten fast eineinhalb Jahrtausende untrennbar zusammen, nichts geschah von nun an im Irak, was nicht Folgen für den Iran gehabt hätte und umgekehrt.

Irak und Iran – die ähnlichen Namen verblüffen. Gibt es etwa eine Wechselbeziehung? Die Vermutung liegt nahe. Womöglich ist Irak aus Iran abgeleitet und bedeutet so viel wie

»Provinz der Arier« im Gegensatz zu Iran, »Land der Arier«. Diese These des persischen Kulturhistorikers Ali Mazaheri hat viel für sich, wenngleich bis heute nicht exakt die Wurzel des Wortes Irak geklärt ist.

Kyros hatte Außergewöhnliches erreicht. Begonnen hatte er im Jahr 559 als Provinzfürst unter der Oberhoheit der medischen Könige, nun, 20 Jahre später, konnte er mit Stolz einen Satz in Tontafeln eingravieren lassen, der ähnlich auch für die meisten seiner Nachfolger gelten sollte: »Ich bin Kyros, der König, der über alles herrscht …, der Mächtigste der vier Weltgegenden.« Er regierte über ein Reich, das von der östlichen Provinz Baktrien bis zur Ägäis reichte.

Nun gab es für den Großkönig nur noch einen begehrenswerten Staat, der außerhalb seines Machtbereichs lag: Ägypten. Aber Kyros fehlte die Zeit, auch noch dieses Land zu erobern. Er musste zurück in den Iran, um dort die Provinzen zu ordnen, Statthalter zu ernennen und Gesetze zu erlassen. Neun Jahre blieb Kyros im Iran, ohne aber Ägypten zu vergessen. Doch es sollte ihm nicht mehr vergönnt sein, die legendenumwobenen Pharaonenresidenzen mit eigenen Augen zu sehen. Unruhen riefen ihn an die Nordgrenze des Reiches, er selber zog an der Heeresspitze in die Schlacht – was nach ihm kein Perserkönig mehr tun sollte –, verfolgte die Nomadenhorden bis weit in die südrussische Steppe und fiel überraschend in der Schlacht gegen den Nomadenstamm der Skythen. Sein Grabmal wurde ihm in der Residenz Pasargadae errichtet. Davon zeugt noch heute ein mächtiger rechteckiger Steinbau, der einsam in einer kargen Hochebene aufragt. Von der einst prächtigen Residenz dagegen sind nur noch spärliche Säulenreste verstreut in den Feldern der Bauern zu sehen – und ein unscheinbares Dorf, das den Namen Pasargad trägt.

Der plötzliche Tod des Großkönigs im Jahr 529 bedeutete eine Katastrophe. Aufstände in verschiedenen Provinzen des Iran folgten. Kyros' Sohn schlug die Rebellionen schließlich nieder, und ihm gelang auch, was dem Vater noch versagt war: Ägypten zu erobern. Der Sohn hieß Kambudschiya, uns besser unter dem griechisch umgeformten Namen Kambyses geläufig. Im Jahr 525 nahm er, der »König der Könige«, auch noch den Titel Pharao an und drang mit seinen Truppen bis weit nach Libyen und in den Sudan vor. Dann starb er, gerade acht Jahre an der Macht.

Wieder drohten Unruhen, dieses Mal im Kernland Parsa. Auch dies war aber nur ein kurzes Zwischenspiel, die Dynastie der Achämeniden war schon zu gefestigt, um solche Erschütterungen nicht zu überstehen. Ein entfernter Vetter des verstorbenen Königs schlug die Aufständischen in 19 Schlachten und bestieg dann im Jahr 522 unangefochten den Thron. Sein Name: Darayavahusch. Mit ihm begann ein goldenes Zeitalter, er setzte Maßstäbe für Jahrhunderte. Uns ist dieser König besser unter seinem griechisch umgeformten Namen bekannt: Dareios.

Die zukunftsweisende Ordnung des Dareios

Dareios »der Große«. Neben Kyros ist er der einzige Achämenide, der von Geschichtsschreibern diesen ehrenden Titel erhalten hat. Ja, nicht wenige Historiker halten ihn für bedeutender als den Begründer des persischen Weltreiches. Dareios I. regierte 36 Jahre lang, von 522 bis 486. Er zählt zu den wenigen wirklich zukunftsprägenden Herrschern – und dies in einer Zeit, da die Menschheit ohnehin nicht arm war an wegweisenden Gestalten. Damals schuf in Athen der Staatsmann Kleisthenes die Grundlagen der griechischen Demokratie, begründete Buddha in Indien eine neue Weltreligion, lehrte Konfuzius in China.

Was Kyros begonnen hatte, vollendete Dareios. Er war nicht nur ein bedeutender Feldherr, sondern ein noch fähigerer Verwaltungsplaner, zudem aufgeschlossen für Wissenschaft und Kunst.

Zunächst handelte er als Feldherr. Im Osten dehnte er das Reich bis ins Industal, das heutige Pakistan, aus, im Westen bis nach Thrakien – und damit betraten persische Truppen erstmals Europa. Es war ein riesiges Reich, wie es die Menschheit bisher noch nicht gekannt hatte, es umfasste die Fläche von fünf Millionen Quadratkilometern, an Einwohnern zählte es an die 50 Millionen – für damalige Verhältnisse nahezu unvorstellbar. 28 Provinzen sammelten sich unter der Herrschaft des persischen Großkönigs, und hierzu gehörten die gegensätzlichsten Völker: in Nordafrika die Ägypter, Libyer und Nubier, in Kleinasien Lyder und ionische Griechen, in Vorderasien die Assyrer, Babylonier, Juden, im Iran die Perser, Meder, Baktrier, Belutschen, Parther, im Industal Inder. Es war der erste Vielvölkerstaat der Geschichte, geprägt von den unterschiedlichsten Rassen und Kulturen. Wie aber ließ sich diese Vielfalt zu einem dauerhaften Gebilde ordnen?

Wichtig war es, dieses Riesenreich zuerst einmal durch eine einheitliche Verwaltung zusammenzufügen. Dareios stellte jeder Provinz einen *Satrapen* (Statthalter) vor, der fast immer aus einer vornehmen persischen Adelsfamilie stammte und nicht selten mit dem König verwandt war. Auch andere hohe Beamte waren Perser, oft auch Meder, sie leiteten die Provinzämter, führten den Vorsitz bei Gerichten, ordneten wichtige Bauarbeiten an, führten die Oberaufsicht über die Steuerbehörden und befehligten die Garnisonen. Sie galten auch als »Augen« und »Ohren« des Königs, denn sie hatten durch detaillierte Protokolle in die Residenz zu berichten, was sich in den entferntesten Winkeln des Reiches abspielte. Ihnen untergeordnet waren die zahlreichen Verwaltungsfachleute einer weitverzweigten Bürokratie, sie alle Einheimische der jeweiligen Provinzen, die als Landeskundige die persischen und medischen Amtsvorsteher zu beraten hatten.

Eine solche Verwaltung konnte aber nur funktionieren, wenn ihre Beamten in allen Teilen des ausgedehnten Vielvölkerstaates dieselbe Amtssprache benutzten. Welche aber? Ein Herrscher mit weniger Weitblick hätte sich wahrscheinlich für die eigene Sprache entschieden, das Persische, Dareios jedoch befahl: das Aramäische. Die Aramäer waren ein nordsemitisches Volk, das um das Jahr 2000 vor unserer Zeitrechnung aus arabischen Steppengebieten nach Mesopotamien und Syrien eingedrungen war und seine Sprache schließlich in Vorderasien durchgesetzt hatte. Jeder weitgereiste Kaufmann und Diplomat beherrschte das Aramäische, in nicht wenigen Gegenden auch das einfache Volk. König Dareios übernahm damit schon etwas Bekanntes. Vorteilhafter hätte er gar nicht handeln können, denn viele Beamte konnten sofort in der ihnen vertrauten Sprache weiterarbeiten, ohne erst das Persische lernen zu müssen. Sie waren von einem Tag auf den andern für den neuen Dienstherrn einsatzbereit. Auch konnten sich die Unterworfenen in dem Gefühl sonnen, alles laufe wie früher, man zwinge ihnen nichts Fremdes auf. Nur am Hof und in den Palästen des Adels sprach man das Persische. Aber sobald der König oder einer seiner Minister einen Brief diktierte, saß sofort ein zweiter Schreiber dabei, um das Gesagte in die übliche Verkehrssprache der Kaufleute und Diplomaten zu übersetzen. Das Aramäische hat sich lange im Vorderen Orient halten können – weit über den Untergang des ersten Perserreiches hinaus. Auch Jesus predigte noch in Aramäisch (nicht in Hebräisch, dies war die elitäre Priestersprache der Juden).

Einen weiteren Zusammenhalt für den riesigen Vielvölkerstaat bot ein ausgeklügeltes Straßen- und Nachrichtensystem, wie es bisher unbekannt gewesen war. Dareios ließ über Tausende von Kilometern neue Straßen anlegen, wo zuvor nur Maultierpfade oder unscheinbare Karawanenwege verliefen. Die berühmteste von ihnen wurde die sogenannte »Königsstraße«, die von der Reichshauptstadt Susa bis an die Ägäis führte, eine Entfernung von fast 2700 Kilometern. Auf dieser Strecke gab es, so weiß Herodot zu berichten, vier stark befestigte Kastelle, über 20 Kurierstationen und über 100 Karawansereien von meist vortrefflicher Qualität. Die Gasthäuser lagen nur so weit auseinander, dass ein Reisender zu Fuß bequem an einem Tag von der einen Raststätte zur anderen gelangen konnte, und ständig begegnete er dabei berittener Polizei, die Schutz vor Räuberbanden bot. Diese Straße wurde Vorbild für alle anderen im riesigen Reich. Auf ihnen konnten sich Kaufleute, Boten und auch Truppen schneller bewegen als je zuvor auf den Verkehrswegen einer Großmacht. Vor allem aber erfuhr Dareios rascher als je ein König vor ihm, was in den entferntesten Provinzwinkeln vorging. Er verbesserte dieses System sogar noch, indem er eine berittene Reichspost schuf: Im Abstand einer Tagesreise wartete jeweils ein Reiter auf den anderen, um eine besonders wichtige Botschaft zu übernehmen und mit ihr weiterzujagen. Herodot berichtet, ein Brief von der Ägäis bis in die 2700 Kilometer entfernte Reichshauptstadt Susa sei nur sieben Tage unterwegs, wogegen eine Karawane für dieselbe Strecke drei Monate benötigte.

Dareios hatte aber für Katastrophenmeldungen ein noch wirksameres System bereit. Er ließ Signaltürme bauen, von denen Nachrichten – etwa über einen Aufstand in einer weit entfernten Provinz – durch Blinkzeichen nach Art unseres Morsealphabets weitergegeben wurden; hierbei deckten Wächter eine Flamme in Abständen auf und zu, was man vom nächsten Turm aus sehen konnte. Auf diese Weise verloren die Perserkönige nicht die Kontrolle über ihr Riesenreich; ihre Verwaltung und Heeresposten arbeiteten schneller und zuverlässiger als je zuvor in einem Staat. Später hat sich Alexander der Große von diesem System beeindrucken lassen und es übernommen, von ihm wiederum übernahmen es die Römer. In Persien selber sind die Signaltürme noch im 19. Jahrhundert in Gebrauch gewesen, bis man daran ging, den elektrischen Telegraphen einzuführen.

Dareios machte noch durch eine weitere Schöpfung von sich

reden, die neue Maßstäbe setzte: ein Gesetzbuch; Perser und Nichtperser sollten ihn deshalb auch bald bewundernd den »Gesetzgeber« nennen. Er und seine Ratgeber erließen detaillierte Vorschriften für alle Lebensbereiche, den Handel, die Landwirtschaft, die Familie, das Militär. Er schuf eine ausgewogene Rechtsprechung, durch die Arme und Wehrlose nicht mehr von den Reichen und Mächtigen übervorteilt werden sollten. Am schlimmsten ließ der König Richter bestrafen, denen man Bestechung durch einen reichen Geldgeber nachweisen konnte. Zu Recht durfte so Dareios auf seine Grabwand folgende Inschrift meißeln lassen: »Mein Gesetz, das wird gehalten, dass der Arme vom Mächtigen nicht Unrecht erdulde.«

Eine gut funktionierende Verwaltung, ein ausgeklügeltes Nachrichtenwesen, eine zukunftsweisende Gesetzgebung – solche Schöpfungen konnten allerdings nicht innerhalb von ein, zwei Generationen völlig neu erdacht worden sein. Vorbilder gab es genug. Die Perser konnten auf eine nahezu perfekte Reichsverwaltung der Meder zurückgreifen, die wiederum von den Assyrern und Babyloniern beeinflusst war. Auch gab es ein gut entwickeltes Straßen- und Nachrichtensystem bereits vorher in Mesopotamien. Und erst recht wäre das Gesetzeswerk des Dareios ohne das Vorbild der viel älteren Gesetzestafeln des babylonischen Königs Hammurabi (um 1700 vor unserer Zeitrechnung) nicht vorstellbar gewesen. Aber die Perser haben das Vorgefundene in einem Maß weiterentwickelt und umgeformt, dass sie es wesentlich verbessert an die Nachwelt reichen konnten. Dies ist eine erstaunliche Leistung für ein Volk, das noch ein Jahrhundert zuvor in seiner Mehrzahl weder lesen noch schreiben konnte.

Politisch weitsichtig waren ihre maßgeblichen Planer außerdem. Sie gaben ihren Untertanen das Gefühl, nicht wesentlich in ihrem Eigenleben gestört zu werden. Nicht nur, dass sie ihnen ihre bisherige Verkehrssprache, das Aramäische, ließen, sie tasteten auch sonstige Gewohnheiten und Sitten nicht an, am wenigsten die fremden Religionen. Die siegreichen Perser erwiesen den fremden Göttern sogar ihren Respekt, wie wir aus mehreren Urkunden entnehmen können. In Babylon brachte der Eroberer Kyros dem Gott Marduk ein Räucheropfer und ehrte damit den Glauben seiner neuen Untertanen. Uns besonders bekannt geworden ist das Edikt, mit dem er den Juden erlaubte, in Jerusalem einen neuen Tempel zu bauen, und ihnen dafür sogar die nötigen Geldmittel bereitstellte: »So spricht Kyros, der König von Persien: Alle Reiche der Erde hat mir der Herr, der Himmelsgott, verliehen. Er hat mich beauftragt, ihm in Jerusalem ein Haus zu bauen, das in Juda liegt. Wer unter euch zu seinem Volk gehört, mit dem sei sein Gott. Er ziehe hinauf nach Jerusalem in Juda und baue das Haus des Herrn, des Gottes Israels.« Ein solches Edikt war geeignet, die Dankbarkeit der Juden zu gewinnen, sie blieben zweieinhalb Jahrhunderte treue Untertanen. Andere, ähnlich behandelte Völker verhielten sich ebenso.

Welche Motive auch die Perserkönige zur Toleranz bewogen haben mögen, das Ergebnis jedenfalls war eindrucksvoll: Es entstand ein kosmopolitisches Weltreich, in dem freimütig Ideen ausgetauscht werden konnten – ein fruchtbarer Nährboden für geniale Neuschöpfungen.

Susa und Persepolis, die Residenzen

Hauptstadt des persischen Weltreiches wurde Susa.

Dareios I. war es, der diese Stadt zur Residenz machte. Er befahl bereits zu Beginn seiner Regierungszeit, dort die ersten Paläste und Verwaltungsbauten zu errichten; nie hielt er sich in Pasargadae, dem Regierungssitz seiner Vorgänger, auf. Ein Jahrzehnt später hatten bereits viele persische Beamte Babylon zu verlassen, um 350 Kilometer ostwärts zu reisen, wo die neue Residenz sie erwartete, auf flachen Hügeln, unweit einer fruchtbaren Ebene mit Palmenhainen und zahlreichen Wasserarmen. Die Landschaft war nicht wesentlich anders als bei Babylon, aber das iranische Hochland lag nahe; dieser Standort erschien dem König strategisch günstiger.

Susa war zu dieser Zeit bereits eine uralte Stadt, ja, man zählt sie zu den ältesten uns bekannten Städten überhaupt. Hier hatten schon im dritten Jahrtausend vor unserer Zeitrechnung die Elamer, ein Volk unbekannter Herkunft, gebaut, sie hatten im Verlauf von etwa 1000 Jahren ihre Residenz Susa zum bedeutenden Anziehungspunkt gemacht, zuweilen an Glanz und Größe vergleichbar mit Ur, Babylon und Ninive. Im Jahr 645 zerstörten die Assyrer das Reich von Elam, verwüsteten auch die glanzvolle Hauptstadt, aber selbst die heruntergekommene Metropole besaß für die Nachbarvölker noch genug Anziehungskraft. Besonders für die Perser.

Dareios ließ aus allen Teilen seines Reiches Baumeister und Handwerker kommen, und nun entstanden zahlreiche Paläste, Festungen und Prachtstraßen ganz im Stil babylonischer und assyrischer Städte. Auch in Susa gab es bald die Lehmziegelwände, die mit blau oder grün glasierten Kacheln bedeckt waren und von deren leuchtendem Grund sich prachtvolle Reliefs von Königen, Höflingen und Kriegern abhoben. Einige wenige Reliefs dieser Art sind uns noch erhalten, am berühmtesten die lebensgroßen Bogenschützen an einer Palastwand, die heute im Louvre von Paris zu besichtigen ist. Am Originalort findet sich fast nichts mehr. Wer heute die iranische Kleinstadt Shush, nur 50 Kilometer von der irakischen Grenze entfernt, besucht und über die nahegelegenen Ruinenfelder von Susa geht, der kann sich angesichts der kümmerlichen Reste kaum vorstellen, dass hier vor 2000 Jahren eine der großartigsten, buntesten und lebhaftesten Städte ihrer Zeit gestanden hat. Vermutlich haben dort an die 400 000 Einwohner gelebt. In den Straßen Susas drängten sich Menschen aus allen Provinzen des Weltreiches; für zweieinhalb Jahrhunderte ist es für an die 50 Millionen Untertanen selbstverständlich gewesen, in Susa den »Mittelpunkt der Welt« zu sehen.

Ihr ehrgeizigstes Bauvorhaben verwirklichten aber die Könige von der Dynastie der Achämeniden nicht an ihrem Regierungsort, sondern an die 500 Kilometer weiter südöstlich, in ihrer Heimatprovinz. Dort, nordöstlich des heutigen Schiras, ließ Dareios eine zweite Residenz planen und nannte sie nach seinem Stammland »Parsa«. Uns ist die Stadt besser unter ihrem griechischen Namen bekannt: Persepolis, »Stadt der Perser«. Weshalb aber eine zweite Hauptstadt? Lange gab dies den Historikern Rätsel auf. Heute neigen sie überwiegend zu der Ansicht, die Könige wollten kein zweites Verwaltungszentrum bauen, auch keine Wohnstadt, sondern eine Weihestätte – ein geheiligter Ort, wo Könige sich krönen und beerdigen ließen, wo die Herrscher mit allem Pomp einmal im Jahr Hof hielten und in Prunkzelten außerhalb der Palastmauern Gesandte aus den Provinzen und Nachbarstaaten wohnen ließen.

Im Jahr 520, seinem zweiten Regierungsjahr, gab Dareios bereits den Befehl zum Baubeginn von Persepolis. Fern aller sonstigen Behausungen entstanden die ersten weiträumigen Paläste mit Vorhöfen, Terrassen und Treppenaufgängen, dies alles an die Felsenhänge eines kahlen Berges geschmiegt, von wo der Blick weit über die Ebene ging. Hier, im Herzen der Kernprovinz Parsa, war die Luft trocken und klar, die Tage nicht zu heiß und die Nächte kühl, mancher Wintertag brachte gar Schnee, es war für die Perser das gewohnte Klima – auch dies dürfte für Dareios ein Grund gewesen sein, neben Susa, das in der schwülheißen Tiefebene lag, eine zweite Residenz zu wählen.

Was der Großkönig an Palästen und Tempeln plante, übertraf alles bisher Dagewesene. Dareios selber erlebte die Vollendung nicht mehr, erst der Nachfolger und Sohn Xerxes I., der eifrigste Bauherr von Persepolis, konnte in die noch immer nicht völlig vollendete Residenz einziehen – etwa zu jener Zeit, als im fernen Athen die Griechen auf der Akropolis den Parthenon errichteten. Als Baumeister und Handwerker wirkten an der monumentalen Anlage von Persepolis Babylonier, Assyrer, Ägypter und Griechen mit, wie die Archäologen heute aus den verschiedenen erhaltenen Stilmerkmalen schließen können – kein »persischer« Stil also. Die Perser des Achämenidenreiches haben nicht zu einer eigenen Ausdrucksform in der Baukunst gefunden, dazu bestand ihr Staat zu kurz; 230 Jahre sind kein Zeitraum, um sich vom einfachen Kriegervolk zu einem originellen Kulturvolk zu entwickeln. Aber wie die Perser sich das Können fremder Völker zunutze zu machen wussten, zeugt auch von Genialität!

Persepolis wirkt auf den heutigen Besucher viel eindrucksvoller als etwa die dürftigen Reste von Susa, wurden doch die Trümmer dieser Stadt – nachdem Alexander der Große 330 Persepolis hatte zerstören lassen – unter Steingeröll und Flugsand begraben. So blieben sie im trockenen Hochlandklima optimal konserviert. Zerstört sind zwar die hochragenden Gebäude wie der monumentale Thronsaal oder die »Halle der 500 Säulen«; erhalten blieben aber unter dem Schutt von über zwei Jahrtausenden die Grundmauern, 16 Säulen, etliche Treppenaufgänge und – für uns heute besonders bedeutsam – die zahlreichen Figurenreliefs an den Terrassensockeln. Bestechend klar abgebildet sehen wir dort die Abordnungen von Gesandten aus nah und fern, die dem Großkönig huldigen, dazu persische wie medische Hofbeamte, Priester, Krieger, Diener. Diese Figuren geben bis heute den wertvollsten Aufschluss darüber, wie sich die einzelnen Völker der damaligen Zeit kleideten. Man hat unter anderem folgende Nationalitäten feststellen können: Perser, Meder, Parther, Baktrier, Skythen, Babylonier, Assyrer, Elamer, Phönizier, Lydier, ionische Griechen, Juden, Araber, Ägypter, Nubier, Inder – ein Völkergemisch, wie man es in ähnlichen Ausmaßen erst wieder ein halbes Jahrtausend später in der Weltstadt Rom finden konnte.

Susa war die Regierungs- und Verwaltungsstadt, Persepolis die Zeremonien- und Weihestätte, Ekbatana die zeitweilige Sommerresidenz, Babylon die kulturell blühendste Großstadt. Dies ist in etwa die Rangordnung, nach der man die bedeutendsten Metropolen des achämenidischen Weltreiches einstufen muss.

Der Ursprung des Gottkönigtums

Alle Macht konzentrierte sich in der Residenz. Dort liefen die wichtigen Reichsstraßen zusammen, dorthin sandten die Beamten ihre Berichte, schickten die Provinzen einen Teil ihrer Steuern, von dorther erwarteten die Statthalter Ägyptens bis Indiens allein die maßgeblichen Befehle. Es war ein straff organisiertes, zentralistisch aufgebautes Weltreich.

Im Zentrum dieser Macht thronte der König. Er regierte, gestützt auf die vornehmsten persischen Adelsfamilien und eine Leibgarde von 10 000 Elitekriegern, über die Masse von 50 Millionen Untertanen. Außer den wenigen mächtigen Adelssippen mit den wichtigsten Gouverneuren, Generälen und Hofbeamten konnte niemand den Großkönig beeinflussen oder durfte ihn gar kritisieren. Was im Namen eines Dareios befohlen wurde, trug auch tatsächlich den Stempel dieser Persönlichkeit.

Dareios war es, der ein streng geregeltes Hofzeremoniell einführte, um seine absolute Königsmacht zu betonen. Seit seiner Regierungszeit galt ein Protokoll, das selbst für die alltäglichsten Geschäfte detaillierte Regeln vorsah. Der König achtete auf Abstand zu seinen Untertanen. Ihm durfte sich nur nähern, wer vorher bei Hofbeamten um Erlaubnis gefragt hatte. Den meisten wurde die Bitte verweigert, ja, sie konnten sich glücklich schätzen, wenn ihnen wenigstens ein Höfling der mittleren Ränge, im seltenen Fall ein Minister, das Ohr lieh. Die Auserwählten aber, die tatsächlich zum Gespräch bei der Majestät vorgelassen wurden, schritten durch zahlreiche Säulengänge und Hallen, vorbei an schwerbewaffneten Wachen und prunkvoll gekleideten Dienern, und bei jedem Schritt, mit dem sich diese Untertanen dem Königssaal näherten, musste ihnen das Einschüchternde des Zeremoniells umso deutlicher werden. Der Untertan hatte vor den Thron zu treten, dessen viele Stufen wiederum Abstand geboten. Der Thron stand im Halbdunkel und war durch Vorhänge abgeschirmt, hinter denen sich die Gestalt des Herrschers nur in Umrissen wahrnehmen ließ. Untertanen mit weniger bedeutendem Rang mussten sich zuerst einmal niederwerfen und den Boden küssen, dann hatten sie zu warten, bis der Kämmerer sie aufforderte, sich zu erheben. Ein Wink durch das goldene Königszepter aus dem Halbdunkel gestattete ihnen zu reden. Sollte jemand unaufgefordert das Wort ergreifen, so bedeutete dies sein Todesurteil. Hohe Adlige mussten sich nicht ganz so unterwürfig verhalten, sie durften von Anfang an stehen bleiben, hatten sich aber tief zu verneigen, mussten die eigene Hand küssen und stumm auf die Redeerlaubnis warten.

Selten zeigte sich der König seinem Volk. Verließ er den Palast, dann niemals zu Fuß, sondern in einer Sänfte oder zu Pferd, umgeben von Sklaven, Höflingen und Soldaten. Der gewöhnliche Bürger erblickte kaum das Gesicht des Großkönigs, denn er hatte sich ja flach auf den Boden zu werfen, und wenn er sich aufrichten durfte, sah er höchstens noch von fern zwischen Lanzen und Baldachinen den königlichen Purpur aufleuchten. Gab der Herrscher im Thronsaal von Susa oder Persepolis eine Massenaudienz für mehrere Hundert Gesandte, so blieb seine Gestalt auf dem Thron wiederum in Halbdunkel getaucht, den profanen Blicken der vielen Besucher nur in Andeutungen erkennbar. Selten nahm der König sein Essen mit anderen Menschen zusammen ein, und sollte er sich einmal herablassen, mit geladenen Gästen in einer großen Halle zu speisen, so blieb er, wie nicht anders zu erwarten, durch Vorhänge von den übrigen abgeschirmt. Bei solchen Gastmählern zeigte sich der besondere Prunk der Hofhaltung, und dies nicht ohne Grund: Die Geladenen sollten den Eindruck bekommen, in der Nähe des Großkönigs befänden sie sich im Paradies. Eine Ahnung von dieser protzigen Pracht bekommen wir aus einem Bericht des Buches Esther im Alten Testament, dort wird ein Gastmahl des Königs Xerxes I. geschildert: »Da hingen weiße, rote und blaue Tücher, mit leinenen und scharlachnen Seilen gefasst, in silbernen Ringen auf Marmorsäulen. Die Bänke waren golden und silbern auf Pflaster von grünem, weißem, gelbem und schwarzem Marmor. Und das Getränk trug man in goldenen Gefäßen ...«

Besonders abgehoben von der Masse der Untertanen, ja, selbst von ranghohen Adligen, war der Großkönig in seinem Umgang mit Frauen. Nur er durfte sich einen eigenen Palast halten, der für seine rechtmäßig angetrauten Gattinnen, Konkubinen und Sklavinnen bestimmt war, ein streng abgeschirmtes Gebäude, von Eunuchen bewacht. Für einen Fremden hätte es den sicheren Tod bedeutet, auch nur den Versuch zu machen, in diese Räume einzudringen. Tausend Jahre später, zu islamischen Zeiten, wird man ein solches Gebäude mit dem arabischen Wort *Harem* (»das Abgeschlossene«) benennen. Eine islamische Erfindung sind diese Gemächer also nicht, ja, der Harem ist sogar schon lange vor den Persern bei den Herrschern des Vorderen Orients üblich gewesen, man denke nur an die Hunderte Frauen des Königs Salomo.

Es war ein unglaublicher Luxus, in dem der Großkönig und sein Gefolge lebten. Schroff hoben sie sich mit ihrem Reichtum von der Mehrheit des Volkes ab. Während sie buchstäblich in goldenen Palästen wohnten, lebten drei Viertel aller Untertanen in niederen, fensterlosen Lehmziegelbauten mit nur einer Tür als Öffnung, so die Bauern, Tagelöhner und Handwerker, noch schlechter die Sklaven. Diesen vielen erschien es allerdings unvorstellbar, sich über den Glanz bei Hof zu empören, sie begehrten höchstens auf, wenn die königlichen Steuereintreiber gar zu hart gegen sie vorgingen. In späteren Jahrhunderten sollten sich Bauern und Sklaven zwar immer wieder in blutigen Rebellionen gegen den Adel erheben, nicht aber unter der Regierung des Dareios, denn der große Gesetzgeber sorgte dafür, dass auch die Armen genügend zum Leben hatten. Die sonstigen Unterschiede zwischen reich und arm erschienen als von den Göttern (oder Gott) gewollt.

Dem Großkönig die höchste Ehre und den höchsten Luxus! Dies hatte als das Natürlichste der Welt zu gelten. Aber die Untertanen nahmen noch mehr hin. Sie fanden es richtig, dass der König sich für den leibhaftigen Stellvertreter Gottes oder der Götter auf Erden hielt. Ja, der König konnte sich gar selbst für einen Gott ausgeben, ohne auf Widerspruch zu stoßen. Seit Dareios besaßen die Perser ihren Gottkönig; er erhob als erster Herrscher seiner Dynastie einen derartigen Anspruch. Er, eine Persönlichkeit mit überragender Machtfülle und genialen Fähigkeiten, konnte den Schritt zur eigenen Vergöttlichung wagen. Was aber mag ihn dazu bewogen haben? Und woher nahm er seinen Anspruch?

Ursprünglich kannten die Perser kein Königtum. Als sie noch Nomaden waren und aus der südrussischen Steppe in das Hochland von Iran einströmten, bestimmten sie ihren Anführer noch durch Wahl, ähnlich wie die arabischen Beduinen ihren Scheich. Doch allmählich entwickelte sich der Brauch, dass die Söhne und Enkel erfolgreicher Anführer den Platz der Väter einnahmen. Wir besitzen dafür ein relativ zuverlässiges Datum: um das Jahr 700 vor unserer Zeitrechnung. Damals regierte Achämenes, und seit ihm blieb das Amt in der Sippe der Achämeniden. Gewählt wurde zwar weiterhin, zu den Wahlmännern jedoch zählten seitdem nur noch die Vornehmsten der eigenen Großfamilie. Auf diese Weise kam Kyros II. an die Macht. Er war noch kein absolut regierender Fürst, sondern Vorsitzender eines Thronrates und klärte alle Fragen mit den

Versammelten. Aber er war stark genug, um schon zu seinen Lebzeiten einen Nachfolger zu bestimmen, und so hielten es von nun an die meisten Perserkönige. Allerdings blieb er noch weit davon entfernt, sich für unantastbar wie ein Gott zu halten. Auch von seinem Nachfolger Kambyses II. kennen wir keine entsprechenden Äußerungen; dies blieb Dareios vorbehalten.

Seit Dareios I. gab es die königliche Tracht, wie sie für alle späteren Achämenidenherrscher selbstverständlich war: eine purpurrote Tunika mit einem weißen Mittelstreifen, dazu eine rot und weiß gestreifte, hochgewölbte, perlenbesetzte Haube (Tiara), die Kleidung mit Sternenmustern besät. Eine symbolkräftige Tracht. Die Farbe Rot war seit jeher das Abzeichen der iranischen und indoarischen Kriegerkaste gewesen, die Farbe Weiß stand für das Priestertum, und die Sterne wiesen auf den Kosmos hin; der König als der »Göttliche« war der entscheidende Mittler zwischen den Menschen und den kosmischen Mächten. Selbstverständlich vollzog dieser König an hohen Festtagen im Tempel die Opferriten, auch beanspruchte er, unfehlbar zu wissen, was richtig und falsch sei; er wollte nicht nur absolut die Richtlinien der Politik bestimmen, sondern auch der höchste Schiedsrichter in Moral- und Glaubensfragen sein.

Aus unserer heutigen Sicht muss dies als ein vermessener Anspruch erscheinen. Keinesfalls aber im damaligen Verständnis. Viele Völker des persischen Weltreiches kannten solch ein Denken schon lange vor der Regierungszeit des Dareios. Von Herodot wissen wir, dass bereits die Herrscher der Meder als Gottkönige auftraten und sich nicht mehr als gewöhnliche Sterbliche fühlten. Aber auch diese Könige hatten jenen Anspruch nicht erfunden, sondern von den Assyrern übernommen, die Assyrer von den Babyloniern, diese möglicherweise von den Sumerern oder Ägyptern; über den letztlichen Ursprung wissen wir nichts Genaueres. Dareios mochte gespürt haben, dass seine Untertanen von Mesopotamien bis Ägypten nur darauf warteten, wieder von einem Gottkönig regiert zu werden, und schon aus diesem Grund nahm er, der wendige Machtpolitiker, diese Rolle an. Hatte sich Kyros noch mit dem Hinweis begnügt, seine Herrschaft sei »von den Göttern verliehen«, so behauptete Dareios von sich, in ihm wirke ein Gott. Welcher Gott?

Häufig berief sich Dareios in seinen Inschriften auf Ahura Masda, den »Größten der Götter«. Er sah sich als Vertreter Ahura Masdas auf Erden an. Aber er fühlte sich doch durch einen weiten Abstand von dieser Gottheit getrennt, er wusste sich von ihr erschaffen und hatte sie demütig um Hilfe zu bitten wie alle anderen Menschen auch. Dareios konnte sich nicht als die irdische Erscheinung Ahura Masdas empfinden, denn der »Allweise Herr« galt als ein unsterbliches, ewiges, sündenloses, über alle Leidenschaften erhabenes Wesen. Der Gott, den Dareios in sich wirken fühlte, erschien menschlichen Vorstellungen näher. Er hieß *Yima*. Den Persern war Yima schon seit Jahrhunderten vertraut, er war eine beliebte Gestalt aus den iranischen Sagen. Yima, so wird dort erzählt, stammte von den höchsten Göttern ab und wurde von ihnen auf die Erde geschickt, um die Menschheit zu regieren. Er war ein lebenslustiger, leidenschaftlicher Held, der tatkräftig regierte, aber auch heiratete und Liebesaffären nicht abgeneigt war. Er war großherzig, den Menschen an Fähigkeiten weit überlegen und doch anfällig wie sie, denn er war launisch und konnte in Gefahr kommen, dass er von anderen Göttern oder bösen Geistern gar getötet wurde.

Zarathustra hatte diese Gestalt als dienstbaren Engel unter die Herrschaft des alleinigen Gottes Ahura Masda gestellt. Dareios aber – und mit ihm wohl viele Perser – verehrten ihn weiterhin als eine Gottheit minderen Ranges. Der Sage nach wurde Yima von Dämonen getötet, und seitdem, so heißt es, werde die Menschheit von unzulänglichen Herrschern regiert.

An diese Sage knüpfte der König an. Er fühlte in sich Yima, den göttlichen Diener Ahura Masdas, »wiedergeboren«; er sah sich gesandt, die Menschheit in ein neues, ideales Zeitalter zu führen.

Ein hoher Anspruch! Kein Untertan stritt Dareios diesen Rang ab. Er, der große Organisator, Gesetzgeber und Feldherr, strahlte so viel Autorität aus, dass es ihm gelang, ein überzeugender Gottkönig zu sein. Ein Anspruch allerdings mit beträchtlichem Risiko; denn sobald ein Herrscher dieses Amt nicht mehr mit derselben Überzeugungskraft ausfüllte, drohte die Krise.

Die Griechen besiegen einen »Gott«

Die Krise zeichnete sich noch zu Lebzeiten des Dareios in ihren ersten Umrissen ab.

Es begann mit einer Schlacht. Ihr Schauplatz ist uns zum Begriff geworden, ja, hat legendären Ruhm gewonnen: Marathon. Im Jahr 490 landeten persische Truppen in der attischen Bucht von Marathon, und mehr als 10 000 persische Krieger gingen an Land, bereit zum Marsch auf das nur 40 Kilometer entfernte Athen. Aber noch hatten sich die Reihen nicht geordnet, da tauchten auf den kahlen Hügeln ringsum griechische Soldaten auf, die im Eilmarsch aus der bedrohten Stadt herbeigezogen waren. Sie stürzten sich, obwohl völlig erschöpft, dem Feind entgegen. Die Überraschung glückte. Die Perser fanden nicht die Zeit, in Schlachtordnung anzutreten, sie wichen in Panik vor der geschlossenen Phalanx der zahlenmäßig weit unterlegenen Gegner zurück, versuchten, auf die Schiffe zurückzukehren. Tausende wurden erschlagen, während die Schiffe wieder Segel setzten und flohen. Eine Niederlage mit unabsehbaren Folgen! Denn obwohl sich ein Großteil des persischen Heeres hatte retten können, war ein Mythos erschüttert: Ein »Gott« war besiegt worden. Der vom Erfolg verwöhnte

Dareios musste erstmals erleben, dass ein Gegner ihn in die Schranken wies.

Für Dareios hätte dieser Feldzug nur einer unter vielen werden sollen. Der Gottkönig hatte wie selbstverständlich an alle griechischen Stadtstaaten Sendboten geschickt mit der Aufforderung, sich ihm zu unterwerfen, und fast alle Betroffenen – selbst die Griechen der Insel Ägina dicht vor den Toren Athens – hatten sich der Forderung gebeugt. Nur die Führungsmächte Athen und Sparta nicht; ihnen galt die Strafexpedition. Dareios sah in diesen beiden Stadtstaaten die letzten Gegner, die nahe seinem Machtbereich noch ernst zu nehmen waren: mit einem geschulten Heer, einer beachtlichen Handelsflotte und einer eigenständigen, aufstrebenden Kultur. Politisch waren sie trotzdem als Zwerge anzusehen, verglichen mit den Dimensionen des persischen Großreiches; Dareios hatte deshalb an einem Sieg nicht zweifeln können.

Um wie viel mehr musste den Gottkönig die Niederlage vor Marathon erschrecken! Zu allem blieb ihm nicht die Zeit für eine weitere Schlacht, denn gar zu verwirrt, gar zu verstört waren seine Truppen, und so erschien es ihm besser, vorerst nach Susa zurückzukehren, um erneut – und sorgfältiger – zu einem Feldzug zu rüsten. Aber mitten in den Vorbereitungen starb Dareios. Er war 64 Jahre alt geworden und hatte 36 Jahre regiert. Die Bilanz seines Lebens erschien zwar eindrucksvoll, denn er hatte dem Großreich die dauerhafte Form gegeben, und unbestritten galt er für Freund und Feind als der mächtigste Herrscher der Welt – aber seinem Sohn und Nachfolger hinterließ er ein ungelöstes Problem: Dareios, der »Göttliche«, war nicht so strahlend und makellos von der Bühne der irdischen Welt abgetreten, wie er es seinem Anspruch nach hätte tun müssen.

Der Nachfolger hieß Khschaijarscha; er ist uns besser unter dem griechisch umgeformten Namen Xerxes bekannt. Auf ihm lastete von Anfang an der Druck, zu vollenden, was sein Vater in Gang gesetzt hatte. Er musste beweisen, dass es für einen Gottkönig keine Niederlage auf Dauer geben konnte. Nach vier Jahren Rüstung gab Xerxes I. den Marschbefehl. 200 000 persische Soldaten und 1200 Schiffe bewegten sich auf Griechenland zu, nach Schätzungen der Historiker die zahlenmäßig stärkste Streitmacht, die bis dahin in der Menschheitsgeschichte aufgeboten worden war. Xerxes selber scheint am Sieg keine Sekunde gezweifelt zu haben, denn sonst wäre sein Ausspruch »Alle Länder machen wir zu einem einzigen Reich und ziehen durch ganz Europa« kaum verständlich.

Die Folgen sind bekannt. Kein Ereignis der altpersischen Geschichte hat so sehr Eingang in unser Bewusstsein gefunden wie dieser Krieg: Xerxes mit seiner zahlenmäßig weit überlegenen Streitmacht verlor ihn. Bei Salamis nahe Athen wurde seine Flotte im Jahr 480 vor Christus von den Griechen geschlagen, ein Jahr später erlag die persische Armee in einer Feldschlacht bei Platää dem vereinten Ansturm der Athener und Spartaner, im selben Jahr noch wurde eine zweite persische Flotte nahe der Halbinsel Mykale vernichtet.

Für Xerxes, den »Göttlichen«, blieb diese Niederlage unfassbar. Besaß er nicht die zahlenmäßig weit überlegene Armee? Verfügte er nicht über mehr Geld und Waffen als jeder andere Herrscher der Welt? Aber noch während des Feldzugs hatte er erkennen müssen, dass Masse und Rüstung allein noch keinen Sieg sicherten. Die persische Armee war zu groß, um noch beweglich genug zu sein. Zudem zogen in diesem Heer zu viele Völker mit verschiedenen Waffen, Lebensgewohnheiten und Sprachen mit; es fehlte der Feldherr, der dieses Konglomerat wirksam unter seinem Kommando hätte ordnen können. Und noch etwas machte der Riesenarmee zu schaffen, was aber der Großkönig am wenigsten einzusehen vermochte: Die Offiziere waren an Luxus gewöhnt und scheuten Strapazen; dadurch unterschieden sie sich krass von ihren Vorgängern aus den Eroberungszügen eines Kyros und Dareios. Geringschätzig äußert sich Herodot in einem Bericht: »Sie leuchteten durch reichen Goldschmuck hervor. Reisewagen führten sie mit sich, in denen sich ihre Kebsweiber und eine große, wohlausgerüstete Dienerschar befanden.« Persiens Offizieren fehlte die Disziplin von einst. Vom Erfolg früherer Generationen geblendet, neigten sie zur Bequemlichkeit und – was noch gefährlicher war – dazu, die eigene Kraft zu überschätzen, den Gegner zu unterschätzen.

Das fatale Beispiel gab ihr oberster Kriegsherr Xerxes. Er war im Luxus aufgewachsen und hielt ihn für unentbehrlich. Mehr noch: Er war prunksüchtig, liebte rauschende Feste, Gastmähler mit Tausenden von Menschen, aufwendige Prozessionen in Purpur und Gold vor protzigen Monumentalbauten, vor allem aber liebte er die Frauen, ließ für sie einen riesigen Harem errichten und war bald mehr in dessen Gemächern zu finden als im Ministerkreis. Nicht gewohnt, dass jemand ihn, den »Göttlichen«, kritisierte, umgab er sich mit Schmeichlern und Schönrednern. Das Ergebnis war abzusehen: Er verlor jeden Maßstab, die politische Lage und die eigenen Fähigkeiten richtig einzuschätzen. Die Niederlage gegen die Griechen wertete er bald als geringfügig ab. In gewissem Sinn hatte er auch recht, denn das Perserreich bestand ja in Asien und Nordafrika ungebrochen weiter, und die griechischen Truppen wagten es nicht, über die Grenzen vorzustoßen. Aber die langfristigen Folgen begriff Xerxes nicht. Persien galt von nun an nicht mehr als unbesiegbar; und damit hatte das Weltreich in den Augen der Gegner den Zenit seiner Macht überschritten.

Xerxes verdrängte solche Probleme, zog sich mehr und mehr in seine Paläste zurück und hatte schließlich nur noch eines im Sinn: bauen, bauen, bauen. Unter seiner Regierung entstanden zahlreiche Paläste in Susa und vor allem in Persepolis, diese Bauten sollten ihm in erster Linie ein würdiges Denkmal für die Nachwelt setzen. Was ihm an Führungsqualitäten fehlte, kompensierte er durch äußere Pracht. Er war der mittelmäßige, komplexbeladene Sohn eines genialen Herrschers, mächtig genug, um seine glanzlose Begabung hinter pompösem Hofzeremoniell zu verbergen. Wenn er den Thronsaal betrat, mussten sich die Untertanen vor ihm zu Boden werfen und konnten nicht wagen, ihn anzusehen, dies gab ihm weiterhin das trügerische Gefühl überragender Bedeutung. Hinter seinem Rücken allerdings, und dies war neu, begannen die Höflinge, Intrigen zu schmieden, den Gottkönig falsch zu unterrichten, ihm Wichtiges zu verschweigen. Anstelle des Königs regierten bald Minister, Generäle, Bürokraten und Haremseunuchen. Ingesamt verachteten sie den Schwächling auf dem Thron.

Xerxes starb auch anders als seine Vorgänger. Er, der »Göttliche«, wurde von ganz gewöhnlichen Sterblichen, nämlich gedungenen Soldaten, im Prunkbett seines Schlafzimmers erschlagen. Die Anstifter waren die Führer der Palastwache und der Oberkämmerer. So sehr hatte das Ansehen des Königs seit dem verlorenen Krieg gelitten, dass seine Höflinge nicht mehr davor zurückschreckten, ihn gewaltsam zu beseitigen. Ein Besserer sollte möglichst rasch an seine Stelle treten.

Ein Besserer kam nicht. Die Kronprinzen waren alle Mittelmaß wie Xerxes, sie hätten vielleicht gute Beamte oder Soldaten werden können, aber keinesfalls Könige, erst recht nicht Gottkönige. Zu groß war der Anspruch dieses Amtes, um von einem mäßig begabten Menschen auch nur annähernd ausgefüllt zu werden. Zu konzentriert liefen alle Fäden der Macht beim »König der Könige« zusammen, so dass es abermals einer genialen Persönlichkeit wie eines Kyros oder Dareios bedurft hätte, um das Perserreich auf der Höhe seiner Macht zu halten. So aber konnte der Zerfall nicht ausbleiben. Bedenkenlos erpressten die Herrscher von Bauern, Handwerkern und kleinen Kaufleuten immer höhere Steuern, um den Luxus am Hof zu finanzieren. Widerstand ließen sie erbarmungslos bestrafen. Die Ehrfurcht vor der überragenden Persönlichkeit des Gottkönigs wich der nackten Furcht. Dabei war der König selber meist nur halb so gefährlich wie manche seiner Minister, Generäle, Gouverneure und Eunuchen, die in seinem Namen handelten. Bezeichnend ist, dass keiner dieser Könige eines natürlichen Todes starb; alle sechs Nachfolger des Xerxes, angefangen von Artaxerxes I. bis hin zu Dareios III., dem letzten Archämeniden, endeten durch Mord, angestiftet von Hofbeamten oder Gouverneuren.

Für den Niedergang brauchte das Perserreich genauso lange wie für den Aufstieg: etwas mehr als ein Jahrhundert. Den Augen der Welt bot sich nun das Persien, wie es uns zur Genüge aus den Schilderungen griechischer Geschichtsschreiber geläufig ist: despotisch und korrupt, mit glanzvollen Fassaden, das tragende Fundament aber unterhöhlt. Ein entschlossener Gegner brauchte nur zu kommen, um diesem morschen Gebäude einen tödlichen Stoß zu geben; und er trat im Jahr 334 vor unserer Zeitrechnung auf: Alexander der Große.

Griechenland lernt von Persien

Über Alexanders glanzvollen Sieg ist schon viel geschrieben worden, so dass man sich mit einer knappen Bemerkung begnügen kann. Alexander siegte nicht allein wegen seines militärischen Genies, sondern auch, weil er auf ein Großreich traf, dessen Kraft verbraucht war. Auch kulturell schien das Perserreich am Ende zu sein. Architekten, bildende Künstler und Dichter ahmten nur noch erstarrte Formen nach, und so konnte es kein Wunder sein, dass nun die griechische Kultur in Asien über die Trümmer persischer Städte hinweg ihren Siegeszug antrat. Man baute in den neuen Machtzentren griechisch, sprach griechisch, schrieb und dachte griechisch. Ein welthistorischer Umbruch also. Endgültig schien es vorbei zu sein mit Asiens Führungsrolle gegenüber der abendländischen Zivilisation, die es zwei Jahrtausende hatte behaupten können.

Bereits ein Jahrhundert vor dem Zusammenbruch des Perserreiches fühlten sich die Griechen ihren Gegnern kulturell und moralisch überlegen. Sie empfanden sich damals schon als Träger einer zukünftigen, weltumfassenden Kultur. Stellvertretend für solch eine Sicht sei hier eine Textstelle aus Platons Werken zitiert: »Die Perser sind heute sehr heruntergekommen. Der Grund liegt unserer Ansicht nach darin, dass sie durch allzu große Beschränkung der Freiheit des Willens und durch ungebührliche Steigerung der despotischen Willkür die Brüderlichkeit und den Gemeingeist im Staate zugrunde gehen ließen.« Dieses Urteil hat Schule gemacht! Es hat für spätere Generationen und Epochen nur allzuoft das Vorbild abgegeben, wenn es galt, das Perserreich im Ganzen einzuschätzen. Bis heute ist diese Sicht für viele bestimmend gewesen. Sehen wir einmal von dem Religionsstifter Zarathustra ab, dann scheint nicht viel übrig zu bleiben, worin sich die Perser mit der aufstrebenden Kulturmacht Griechenland hätten messen können. Da wir die persische Geschichte fast zwei Jahrtausende lang vorwiegend aus den Quellen griechischer Schriftsteller sowie dem Alten Testament kannten, haben wir ihre einseitigen Darstellungen nicht selten schon für die ganze Wahrheit genommen. Erst an der Schwelle zum 20. Jahrhundert haben wir begonnen, die Überlieferung kritischer zu sehen und tradierte Vorurteile abzubauen.

Da ist zunächst einmal der vielzitierte Gegensatz von griechischer Demokratie und persischer Despotie. Nur allzuoft hat man eine »freie«, »schöpferische« Gesellschaft gegen eine »unfreie«, letztlich »unschöpferische« ausgespielt. Wie unfrei aber waren die Perser wirklich? Und wie frei die Griechen?

Es stimmt zwar: Ein Gottkönig regierte mit wenigen einflussreichen Ratgebern absolut. Über seine Herrschaft durfte nicht diskutiert werden, sie war über jede Kritik erhaben; Zweifler kamen in Gefahr, als Staatsfeinde verfolgt zu werden. Aber: Das persische Reich bevormundete seine Untertanen nicht in Fragen der Religion, der Kunst und der Wissenschaft. Unverändert durften die Babylonier, Ägypter, Syrer, Juden, Inder und Griechen an ihren eigenen Traditionen festhalten, kein Prediger wurde je wegen seines Glaubens verfolgt, kein Philosoph wegen seiner Ideen beargwöhnt (es sei denn, er rief zum Widerstand gegen den Großkönig und seine Beamten auf). Vielfalt im Glauben und Denken galt als selbstverständlich – kein anderer Staat gewährte seinen Untertanen zu jener Zeit mehr Freiheit als Persien.

Es stimmt zwar: Zur selben Zeit, als in Persien Gottkönig Dareios unantastbar und weit über alle übrigen Sterblichen hinausgehoben regierte, wurde im Stadtstaat von Athen bereits eine »Herrschaft der Bürger« eingeführt. Im Jahr 510 vor unserer Zeitrechnung war dort der Tyrann Hippias gestürzt worden, der Politiker Kleisthenes hatte die Führung übernommen und durch seine entscheidenden Reformen die Grundlagen der athenischen Demokratie geschaffen. Jeder Bürger war nun berechtigt, von seinesgleichen in ein hohes Amt gewählt zu werden und aktiv das Leben im Staat mitzubestimmen. Jeder politische Führer musste sich Wahlen stellen, konnte von der Volksversammlung zur Verantwortung gezogen und abgesetzt werden. Perikles, der Führer der Volkspartei, verbesserte das System, indem er auch ärmeren Bürgern die Chance gab, in hohen Ämtern zu wirken. Aber: Wer durfte sich im Stadtstaat Athen als »Bürger« betrachten?

Bürgerrecht genossen in Athen nur der Freie und der alteingesessene Bewohner. Nicht jedoch die zugewanderten Handwerker und Bauern, erst recht nicht die Tagelöhner und Arbeiter mit zu geringem Einkommen, um Steuern zahlen zu können. Vor allem aber nicht die noch weit größere Masse der Unfreien: die Sklaven und Kriegsgefangenen, die auf den Äckern von Großgrundbesitzern, in Hafendocks, auf Galeeren und in Bergwerken die schwerste Arbeit zu verrichten hatten. Eine Statistik aus dem Jahr 400 ist aufschlussreich genug.

Damals zählte der Stadtstaat Athen etwa 18 000 wahlberechtigte Vollbürger, an die 10 000 rechtlose Zugewanderte und über 400 000 (!) Sklaven. Die überwältigende Mehrheit der Bevölkerung fristete kaum ein besseres Leben als die Masse der persischen Kleinbauern, Handwerker und Sklaven, sie verbrachten ihr Dasein ebenso rechtlos und in ständiger Furcht, ins Schuldgefängnis gebracht, ausgepeitscht und gefoltert zu werden.

Nun das zweite Vorurteil: Griechenland sei eminent kulturschöpferisch gewesen, es habe mit seinen Philosophen, Künstlern und Wissenschaftlern Maßstäbe für zwei Jahrtausende abendländischer Kultur gesetzt. Dagegen habe der Rivale Persien kaum Dauerhaftes der Nachwelt überlassen, habe vor allem für Europa wenig Folgenreiches geschaffen.

Wir sind geblendet von Glanz der griechischen Klassik. In der Tat haben sich die Griechen nach dem Sieg über die Perser zu einem kulturellen Höhenflug aufgeschwungen, der die spätere Entwicklung Europas nachhaltig prägen sollte. Unsere heutige Philosophie wäre undenkbar ohne die Ideen eines Sokrates, Platon und Aristoteles, um nur die wichtigsten Namen zu nennen. Dramatiker wie Aischylos, Sophokles und Euripides schufen mit ihrer Form der Tragödie das Vorbild unserer neuzeitlichen Dramatik, Geschichtsschreiber wie Herodot und Thukydides wurden zu den vielzitierten »Vätern« unserer Methodik der Geschichtsbetrachtung. Und nicht zu vergessen sind die politischen Denker, die bildenden Künstler, die Naturwissenschaftler, die Mathematiker, sie alle trugen das Ihre zu jenem Grundgerüst bei, aus dem sich unser modernes Europa formen sollte – ein Europa, das heute einen Großteil der Welt geistig beeinflusst, »europäisiert«, »verwestlicht« hat.

Doch auch das alte Persien hat in manchem unsere abendländische Kultur entscheidend mitgeprägt, selbst wenn dies auf den ersten Blick nicht so sichtbar ist. Wissenschaftler des Perserreiches wirkten auf die Griechen, die Griechen gaben deren Gedanken in veränderter Form an spätere Epochen weiter. Manches halten wir deshalb für europäisch, was in seinen Ursprüngen weit älter ist. Das persische Weltreich verlor zwar unter den Nachfolgern des Großkönigs Dareios rasch an Kraft, hierbei zerfiel jedoch nur die politische Macht. Dagegen gedieh das geistige Leben besonders in den Provinzen, wo unter der Schirmherrschaft persischer Gouverneure die Gelehrten, Dichter und Künstler weiterhin ungestört ihrer Arbeit nachgehen konnten. Die Ergebnisse waren beachtlich.

Viele Dichter und bildende Künstler ahmten zwar nur vorgefundene Formen nach, Naturwissenschaftler und Mathematiker jedoch schufen die Grundlagen für jenes Wissen, das dann die Griechen begierig aufnahmen und weiterentwickelten. Diese Pioniere waren zwar fast alle keine Perser, sondern in ihrer Mehrzahl Babylonier, Ägypter, Inder oder Griechen aus Kleinasien, aber sie alle konnten nur im Perserreich so rasch zu ihren grundlegenden Erkenntnissen gelangen. Denn zum ersten Mal in der Menschheitsgeschichte gab es einen politisch geeinten Vielvölkerstaat, wo sich ungehindert die verschiedensten Kulturen zu begegnen vermochten und wie nie zuvor ihre wesentlichen Erkenntnisse austauschten. In zahlreichen Akademien arbeiteten unablässig Übersetzer, in den großen Bibliotheken hortete man erstmals auf engstem Raum Werke aus der ganzen damals bekannten Welt.

Kyros und Dareios, ja auch schwächere Nachfolger haben diesen Vorgang bewusst gefördert. Sie haben damit etwas in Bewegung gesetzt, das später für die Weltoffenheit der hellenischen Griechen und der Römer zum Vorbild werden sollte – es war der Anfang einer *internationalen* Kultur. »Wenn man die Leistungen der achämenidischen Perser richtig einzuschätzen versucht«, so formulierte es treffend der amerikanische Kulturhistoriker Richard Frye, »war zweifellos das Konzept der ›Einen Welt‹, die Verschmelzung von Völkern und Kulturen in einer ›Oekumene‹, eines der bedeutendsten Erbstücke, die sie Alexander und den Römern hinterlassen haben … Angehörige ferner Stämme und Völker wurden durch den Perserfrieden miteinander in Beziehung gebracht. Es war sicher ein gegenseitiges Geben und Nehmen.«

Auch das iranische Kernland selbst hatte manches zu geben. Nicht nur das Beispiel Zarathustra lehrt uns dies. Zahlreiche iranische Lehnwörter finden sich in der hebräischen, aramäischen und syrischen, ja auch in der griechischen Sprache, so gibt uns einer der besten Kenner des alten Persien, der Schwede Geo Widengren, zu bedenken. Umgekehrt sind wenige semitische oder griechische Lehnwörter im Altpersischen auszumachen. »Schon eine vorläufige Analyse zeigt also klar, in welche Richtung der Kultureinfluss gegangen ist«, so folgert Widengren. Er meint, man müsse noch mit manchen Überraschungen rechnen, wenn erst einmal die vergleichende Sprachforschung sich genauer mit dem alten Persien befasse.

Wir wissen heute, dass die Griechen fasziniert waren vom geistigen Leben des persischen Weltreiches. Dies ist eine verblüffende Einsicht, kannten wir doch lange genug in erster Linie abfällige Äußerungen von Griechen über ihre mächtigsten Feinde; dazu gehört ja auch Platons herbe Kritik. Aber gerade Platon betrat mehrmals persisches Hoheitsgebiet, besonders Ägypten, um sich in den dortigen Bibliotheken Anregungen für das eigene Denken zu holen. Seine Kritik betraf in erster Linie das politische System, weniger die Kultur. Er hatte sich gründlich mit den Sitten, den Erziehungsmethoden und dem religiösen Weltbild der Perser vertraut gemacht. Intensiv hatte er sich auch mit der Lehre Zarathustras befasst. Es wäre durchaus denkbar – und nicht wenige Forscher vertreten ernsthaft diese These –, dass Platon sich in seiner Morallehre, ja auch in seiner Metaphysik von dem großen Religionsstifter aus dem östlichen Iran hat beeinflussen lassen. Aber noch sind solche Fragen bisher zu wenig untersucht worden, um hier ein endgültiges Urteil abzugeben.

Platon war nicht der einzige unter den maßgeblichen griechischen Koryphäen, der die Bibliotheken in persischen Provinzen besuchte und schätzte. Griechische Mathematiker, Astronomen und Physiker reisten in großer Zahl nach Osten, um dort von einer wesentlich weiter entwickelten Wissenschaft zu lernen. Es war eine Begegnung mit welthistorischen Folgen. Demokrit brachte aus Babylon die Grundlagen der räumlichen Geometrie nach Athen, ebenso eine zuverlässige Methode, den Standort von Sternbildern zu berechnen, und nicht zuletzt die Vorstellung, dass die Erde einen Nord- und einen Südpol habe. Thales von Milet übernahm aus Ägypten die Idee, das Jahr nach 365 Tagen zu messen. Aus Ägypten empfing auch Pythagoras wesentliche Anregungen.

Ein reicher Kulturschatz also, den das persische Weltreich kurz vor seinem Untergang noch an die Nachwelt Europas und Asiens weiterzugeben hatte. Man kann dies nicht genug betonen. Denn nach wie vor ist viel zu wenig be- und anerkannt, was unter der Schirmherrschaft der Achämenidenkönige tatsächlich geleistet wurde.

3. Modell für ein Jahrtausend

Zeit des Umbruchs

Im Jahr 330 vor unserer Zeitrechnung starb Dareios III., der letzte Gottkönig aus dem Geschlecht der Achämeniden. Er starb wie viele seiner Vorgänger: Gedungene Soldaten erschlugen ihn. Der Tod ereilte ihn mitten in der Einsamkeit der Wüste, wohin er sich mit wenigen Getreuen zurückgezogen hatte, verfolgt von den siegreichen Reitern Alexanders des Großen. Er war auf dem Weg zu dem Statthalter von Baktrien, von dem er sich die letztmögliche Hilfe erwartete. Aber ein machtloser Herrscher besitzt kaum Freunde; der Statthalter empfand den Flüchtling nur als lästig, und damit war das Todesurteil über den glücklosen Gottkönig gesprochen.

Mit ihm wurde endgültig eine Epoche zu Grabe getragen. Seit jenem Jahr 330 war Persien aus dem Zentrum des Weltgeschehens verdrängt, dazu verurteilt, wieder wie einst eine Statistenrolle zu spielen. Mehr als ein halbes Jahrtausend blieb dies so. Einst klingende Namen wie Susa, Persepolis, Ekbatana und Babylon verblassten im Bewusstsein der Völker; die ehemaligen geistigen Zentren sanken meist zu unbedeutenden Provinzstädten herab oder wurden gar zu vergessenen Ruinenfeldern. Neue Namen rückten glanzvoll in den Mittelpunkt: Alexandria auf ägyptischem Boden wuchs sich zur geistigen Hauptstadt einer griechisch-hellenischen Weltkultur aus, Ephesus und Pergamon auf kleinasiatischem Gebiet formten sich zu weiteren entscheidenden Metropolen, Athen wurde zur legendären Sachwalterin der griechischen Klassik, Rom stieg zur Hauptstadt einer bald unumstrittenen Weltmacht empor. Der Schwerpunkt an Macht und Kultur verlagerte sich von Asien nach Europa. In Persien selber regierten mehr als ein Jahrhundert lang die Seleukiden, ein Geschlecht, das von Seleukos, einem General Alexanders des Großen, abstammte; naturgemäß blieb der Blick dieser Herrscher nach Westen, nach Griechenland, gerichtet.

Persien am Rande des eigentlichen Weltgeschehens – daran änderte sich auch wenig, als um das Jahr 250 vor unserer Zeitrechnung der iranische Volksstamm der Parther die Griechen vertrieb. Iraner regierten nun wieder den Iran, aber die neuen Herrscher von der Dynastie der Arsakiden behielten das Griechische als Amtssprache bei, mehr noch, sie bauten nicht wenige ihrer Tempel im griechischen Stil und ließen in ihren Theatern die Dramen von Sophokles und Euripides aufführen. Die Parther hielten Abstand zur altpersischen Tradition, ihnen galt die hellenische Kultur als fortschrittlicher, und so lebten sie »europäisch«. Der amerikanische Kulturhistoriker Richard Frye hat sicherlich recht, wenn er die damalige Hellenisierung des Ostens mit der heutigen Verwestlichung der islamischen Länder vergleicht. Griechen wie Parther gestalteten radikal die großen Zentren um, ließen aber die Dörfer, ja auch kleinere Städte weitgehend von den Neuerungen unberührt. Immer mehr spitzte sich damit der Gegensatz zwischen alter und neuer Tradition zu, und so kam der dramatische Moment, in dem sich abseits der großen Städte Rebellen gegen die »Europäer« erhoben und die Rückkehr zu eigenen Ursprüngen forderten. Dies geschah im Iran um das Jahr 250 unserer Zeitrechnung, als die Parther bereits fünf Jahrhunderte an der Macht gewesen waren. Zentrum dieser Rebellion wurde die Provinz Parsa, das Kernland der Perser.

Der Mann, der den Umsturz herbeiführte, hieß Ardaschir. Er war Fürst von Parsa und ein Vasall der Partherkönige. Die

Geschichte wiederholte sich in diesem Fall doch bis zu einem gewissen Grad. Der Vasall kündigte den Gehorsam auf, besiegte den König der Parther und zog im Triumph in dessen Residenz ein. 800 Jahre nach Kyros II. war wieder ein Perser aus seinem Stammland aufgebrochen, um ein großes Reich zu begründen. Ardaschir I. war sich dieser Parallele durchaus bewusst, ja, er bekannte sich ausdrücklich zu seinen »ruhmreichen Vorfahren«, den Gottkönigen aus dem Geschlecht der Achämeniden. Mehr noch: Er gab sich für einen Blutsverwandten der ehemaligen Königsfamilie aus, entsprossen aus einer verschollen geglaubten Seitenlinie. Das Volk glaubte ihm, obwohl er keine Beweise vorlegen konnte. Aber man wollte ihm vertrauen, denn viele sehnten sich aus ihrer grauen Gegenwart zurück nach jenen »großen Zeiten«, die man nur noch aus Legenden kannte. Ardaschir setzte nach seinem Schlachtensieg für alle sichtbar ein Zeichen: Er besuchte die Ruinen von Persepolis und ließ wie einst die Achämeniden ein Relief an der Felswand von Naksch-e Rostam, der einstigen Nekropole der persischen Großkönige nahe Persepolis, einmeißeln – zum Zeichen, dass er sich als den herausragenden legitimen Erben der altehrwürdigen Tradition ansah. Das heute noch gut erhaltene Bild zeigt ihn, wie er von Gott Ahura Masda das Diadem der Königswürde entgegennimmt.

Persien sollte wieder persisch werden, dies war sein Ziel. Folgerichtig hatte das Griechische als Amts- und Hofsprache zu verschwinden, offizielle Sprache wurde nun das Pahlevi, ein Dialekt, der sich während eines halben Jahrtausends aus der Hofsprache der Achämeniden entwickelt hatte und eng mit der Volkssprache der Parther verwandt war. Dieses Pahlevi wurde später von den Sprachwissenschaftlern als »Mittelpersisch« eingestuft, im Unterschied zum Altpersischen. In Pahlevi lautete der traditionsreiche Herrschertitel »König der Könige« erstmals »Schah-in-Schah«; in dieser Form ist er auf unsere Gegenwart gekommen.

Ardaschir empfand sich als neuer Kyros, dem es aufgegeben war, Persien zu alter Größe zu führen, wieder zu einem »Mittelpunkt der Welt« zu machen. Ihm genügte nicht, die Parther besiegt zu haben, er wollte den Herrschaftsbereich ein zweites Mal bis an das Mittelmeer und nach Indien ausdehnen. Ihm und seinem Nachfolger Schapur I. glückte dieser ehrgeizige Plan auch beinahe. Persische Truppen drangen siegreich im Irak ein, stießen über das Gebiet des heutigen Afghanistan bis in die südrussische Steppe vor und erreichten das Industal. Im Westen erklärten die Könige kühn dem Römischen Reich den Krieg und forderten von ihren Gegnern die Provinzen Syrien und Ägypten. Dem Großkönig Schapur gelang ein einmaliger Triumph: Er konnte im Jahr 260 nach siegreicher Schlacht den römischen Kaiser Valerian gefangen nehmen und in Ketten mit sich fortführen. Der Sieger hat die Szene in Stein verewigen lassen, in welcher der römische Imperator demütig im Staub vor dem stolz auf einem Pferd sitzenden Schah-in-Schah Schapur kniet. Das Relief ist überlebensgroß in die Felswand von Naksch-e Rostam gemeißelt – wiederum als Botschaft an die Nachwelt. Und wie das andere Relief hat es nahezu 1800 Jahre unbeschadet überdauert.

Der Kaiser eines Weltreiches gefangen! Solch eine Schmach hatte Rom noch nicht erlebt. Schapur hielt sich den vornehmen Gefangenen wie einen Sklaven; jedesmal, wenn der Perserkönig sein Pferd bestieg, musste sich der entmachtete Kaiser auf den Bauch legen, und Schapur benutzte seinen Rücken als Schemel. Deutlicher konnte der Perser nicht demonstrieren, dass die Weltmacht Rom im Niedergang begriffen war und ein neues Großreich im Kommen: Persien. Selbstbewusst nannte er sich »König der Könige von Iran und Nichtiran«. Sein letztes Ziel erreichte er allerdings nicht: Er konnte das römische Syrien und Ägypten nicht erobern. Aber Schapur regierte immerhin über ein Reich, das von den Grenzen Anatoliens über den Irak bis nach Indien reichte.

Damit war Persien neben Rom zur zweiten Weltmacht in den uns damals bekannten Kulturräumen aufgestiegen, war wieder aus seiner Statistenrolle heraus ins Zentrum des Geschehens getreten. Dies sollte vier Jahrhunderte so bleiben, so lange regierte die neue Dynastie und übertraf an Dauer das Herrschergeschlecht der Achämeniden fast um das Doppelte. An Leistung kam sie dem Vorbild nahe. Acht Jahrhunderte nach Kyros II., fünfeinhalb Jahrhunderte nach der Ermordung Dareios' III. erhoben sich die Perser zum zweiten Höhenflug ihrer Geschichte, politisch wie kulturell. Und wieder verschmolzen während dieser Epoche die Namen Iran und Persien zu einer Einheit, wurden austauschbar. Daran hat sich bis in unsere Gegenwart dann nichts mehr geändert.

Die neue Dynastie nannte sich nach Ardaschirs Vater Sassan. Die Sassaniden schufen jenes Persien, das alte Traditionen schöpferisch aufnahm, sie nach eigenem Ermessen formte und dann maßgeblich an den Islam weiterreichte.

Die wegweisende Kultur der Sassaniden

Nicht Susa, nicht Persepolis, nicht Ekbatana – die neuen Großkönige vom Geschlecht der Sassaniden entschieden sich gegen die traditionsreichen Residenzen der Achämeniden. Sie wählten den bisherigen Regierungssitz der Parther zu ihrem Zentrum: Ktesiphon.

Die Stadt lag am linken Ufer des Tigris, ungefähr 130 Kilometer nördlich von Babylon (und an die 40 Kilometer südöstlich des späteren Bagdad). Ktesiphon war eine relativ junge Stadt, von den Parthern erst 400 Jahre zuvor gegründet. Es war aber eine vitale Stadt, sie übertraf bereits während der ersten drei Jahrhunderte die altehrwürdigen Metropolen im persischen Kernland an Bedeutung, auch das legendäre Babylon. Doch erst die Sassaniden machten aus der Residenz eine Metropole von Weltrang, eine Stadt, auf deren Prachtstraßen sich

Besucher aller damals bekannten Völker trafen: neben Persern und Irakern Syrer, Ägypter, Afrikaner, Araber, Römer, Griechen, Juden, Inder, ja, vereinzelt auch Chinesen. Wie einst Babylon und Susa, so wurde nun Ktesiphon ein Sammelpunkt der gegensätzlichen Kulturen. Zu ihren Glanzzeiten zählte die Stadt am palmenbestandenen Tigrisufer über eine halbe Million Einwohner.

Wir können uns heute nur noch ein vages Bild davon machen, wie die Metropole ausgesehen hat. Von der ganzen Pracht sind nur die Trümmer des Königspalastes erhalten geblieben; eine imposante, jedoch stark verwitterte Fassade, die einst mit bunten Fayencekacheln verziert war, und ein einziger mächtiger Mittelbogen, von dessen Art einst ein halbes Dutzend den monumentalen Krönungssaal überspannt hat. Vieles wurde durch Kriege zerstört, und was der Feind übrig ließ, zernagte zwei Jahrtausende lang ein beißender heißer Wüstenwind. Aber von islamischen Geschichtsschreibern wissen wir, dass diese Stadt von den arabischen Eroberern bestaunt wurde und späteren persischen Baumeistern als Vorbild diente. Ktesiphon war nach dem Muster ostiranischer Städte mit kreisrundem Grundriss angelegt, die Außenmauern von Tempeln, Palästen und Akademien hatte man meist mit blauen und grünen Glasurziegeln belegt, wie das schon in Susa und Babylon der Fall gewesen war. Viele Bauten trugen als Dach mächtige Kuppeln. Dies musste bei ausländischen Besuchern Aufsehen erregen, denn zu jener Zeit kannten weder die Griechen noch die Römer noch sonst ein Volk die Kuppel. Die ersten Bauten mit einem derartigen Dach waren in Susa, der Hauptstadt der Elamer, um das Jahr 2200 vor unserer Zeitrechnung entstanden. Die Achämeniden hatten sie übernommen, aber erst die Sassaniden entwickelten aus dem Vorbild freischwebende Kuppeln von gewaltigen Ausmaßen. Ktesiphon wurde so zu jener Stadt, von der aus der Kuppelbau seinen Siegeszug in der übrigen Welt antrat: im Orient wie im Abendland, bei Moscheen wie bei Kirchen.

Wir wissen auch, wie die Menschen dieser pulsierenden Weltstadt und anderer persischer Metropolen gekleidet waren. Entsprechende Beschreibungen verdanken wir dem byzantinischen Geschichtsschreiber Ammian, der mehrmals die Kernprovinzen des Sassanidenreiches bereist hat. Von ihm erfahren wir, dass Männer wie Frauen weite bauschige Hosen, Pumphosen, trugen, Männer außerdem einen Turban. Beides ist ursprünglich persische – oder genauer: iranische – Mode. Enganliegende Hosen besaßen bereits die Meder, Pumphosen trugen schon zur Zeit des Dareios und Xerxes zumindest die Bewohner der iranischen Wüste, wie wir aus den Wandreliefs von Persepolis ersehen können; jetzt aber, in dem schwülheißen Klima des Irak, war diese luftige Bekleidung zur beherrschenden Mode auch der Stadtbevölkerung geworden. Den Turban kennen wir ebenfalls schon aus Reliefs von Persepolis, aber auch er ist erst während der Regierungszeit der Sassaniden allgemein üblich geworden.

Und mit noch einem anderen Kleidungsstück machten die Sassaniden »Mode«. Ihre Krieger trugen eiserne Helme und Brustpanzer und darunter ein Kettenhemd, eine leichte Rüstung, die den Hals und die Arme besonders gut gegen Schwerthiebe und Pfeilschüsse schützte, ohne die eigene Bewegungsfreiheit allzusehr einzuschränken. Diese Rüstung, ursprünglich schon von den Parthern entwickelt und von den Sassaniden nur verbessert, übernahmen später die Araber, nachdem sie unter dem Banner des Islam Persien erobert hatten. Die Araber verbreiteten Helm, Panzer und Kettenhemd iranischer Herkunft im Verlauf der nächsten Jahrhunderte bis ins maurische Spanien. Besonders das Kettenhemd faszinierte die Völker über die islamischen Grenzen hinaus, bald trugen es auch die Ritter des christlichen Abendlands, ja, sie machten es geradezu zu ihrer unverwechselbaren Schutzkleidung. So sehr dann auch Europas Ritter die Rüstung eigenen waffentechnischen und kulturellen Bedürfnissen anpassten – der ursprüngliche Impuls kam aus dem persischen, iranischen Raum.

Mehr noch: Die ganze höfische Kultur hatte im vorislamischen Iran ihren Anfang genommen. Alle Wesenszüge, die wir von einer Ritterkultur erwarten, waren im Reich der Sassaniden vorgebildet: die Hierarchie von Lehensherrschaft und Lehensdienst, der religiös fundierte Ehrenkodex mit »ritterlicher« Kampfmoral, Turniere mit Zweikämpfen zu Pferd, eine höfische Literatur mit Minnedienst. In all diesen Details erwiesen sich die islamischen Araber als die entscheidenden Mittler zwischen sassanidisch- und abendländisch-höfischer Kultur. Vom maurischen Adel Spaniens übernahmen als Erste die Franzosen – ungeachtet aller religiösen Gegensätze – iranische Rittersitte und reichten sie an die deutschen Fürstenhöfe weiter. Derselbe Einfluss sollte ein bis zwei Jahrhunderte später auch aus Vorderasien und Ägypten, bedingt durch die Kreuzzüge, verstärkt ins christliche Europa gelangen.

Die iranische Ritterkultur gab wesentliche Impulse aber nicht nur an den islamischen Orient und das Abendland, sondern mit der gleichen Intensität an den Fernen Osten. Turkvölker Zentralasiens zeigten sich beeindruckt von der überlegenen Bewaffnung wie dem höfischen Lebensstil der Sassaniden und trugen diese Errungenschaften während ihrer Eroberungszüge im 4. Jahrhundert bis nach Nordchina. Und nur noch zwei weitere Jahrhunderte sollte es dauern, bis die Chinesen die Ritterkultur von der Bewaffnung über das Lehnswesen bis zum Turnierkampfstil und einem »ritterlichen« Ethos an die Japaner weitergaben. So sehr sich dann ein Samurai in vielen Wesenszügen von einem persischen, arabischen und erst recht von einem europäischen Ritter unterschied, änderte sich das Grundmodell kaum in den sonst sehr verschiedenen Kulturräumen.

Für unsere eurozentrische Perspektive ist es bezeichnend, dass solche Zusammenhänge weitgehend unbekannt blieben. Wir wissen genug über das Byzantinische Reich mit seiner glanzvollen spätrömischen Kultur, genug über einen Kaiser wie

Justinian, wenig aber über die epochalen Kulturleistungen des Sassanidenreiches zur gleichen Zeit. Dabei stehen die Großen unter den sassanidischen Königen in nichts an Bedeutung den Großen unter den byzantinischen Kaisern nach, im Gegenteil.

Ardaschir I. und Schapur II. standen glanzvoll am Anfang des neupersischen Aufbruchs, sie setzten die entscheidenden Maßstäbe. Die größte Blüte aber erreichte das Sassanidenreich unter den Herrschern Chosrau I. und Chosrau II.; sie vollendeten zwei Jahrhunderte später, was ihre Vorgänger in Gang gesetzt hatten.

Überragende Bedeutung gewann vor allem Chosrau I., der von 531 bis 571 regierte, ein Zeitgenosse des Kaisers Justinian; er hat sich wie kein anderer Sassanide ins Gedächtnis von Freund und Feind eingegraben. Bei den Griechen wurde er unter dem Namen Chosroes bekannt, die Araber nannten ihn Kisra. Ihm sind – ähnlich wie einst Dareios – so ehrende Beinamen wie »der Gesetzgeber« und »der Baumeister« zuerkannt worden, die Perser nannten ihn gar Anuschirwan, »unsterbliche Seele«. Sein Ruhm kam nicht von ungefähr: Er hat dem Sassanidenstaat endgültig jene Form gegeben, die zum Modell für ein ganzes nachfolgendes Jahrtausend geworden ist, weit in das islamische Zeitalter hinein. Und dies im Guten wie im Bösen. Chosrau I. war eine schillernde, widerspruchsvolle Persönlichkeit, in ihm spiegelten sich die höchsten Tugenden und auch Laster des Sassanidenreiches. Er war ein hervorragender Verwaltungsfachmann und Jurist, ein fähiger Feldherr, ein Bauherr mit schöpferischer Phantasie, ein feinsinniger Ästhet und ein weltoffener Gelehrter – aber auch ein machtbesessener, skrupelloser Despot, der in Kriegen die Besiegten bedenkenlos niedermetzeln ließ und im Frieden selbst den zaghaftesten Widerspruch seiner Untertanen mit grausamen Strafen ahndete.

Seine Laufbahn begann düster. Er war noch Kronprinz, als ihn sein Vater Schah Kavadh I. beauftragte, gegen den religiösen Sozialrevolutionär Mazdak und seine Anhänger vorzugehen. Wir haben an anderer Stelle schon gesehen, was geschah: Chosrau ließ die aufständischen Bauern zu Tausenden abschlachten und ihre Dörfer niederbrennen. Er prägte sich den Untertanen zuerst einmal als ein brutaler Zuchtmeister ein, bevor er überhaupt den Thron bestieg. Aber kaum an der Macht, schuf er neue Steuergesetze, die auch den Bauern mehr Gerechtigkeit bringen sollten, Gesetze, die wenigstens die schlimmste Not linderten. Er ließ im ganzen Reich neue Dämme, Brücken und Straßen bauen, zusätzliche Ländereien urbar machen und förderte maßgebend den Handel. Die Staatsordnung gestaltete er entscheidend um: Er minderte den Einfluss des Feudaladels und verhalf einer fähigen Beamtenschaft aus dem Bürgertum zur Macht; außerdem löste er das Lehensheer auf und ersetzte es durch ein Berufsheer, das nur ihm, dem Großkönig, verpflichtet war. All dies machte ihn zum Vorbild späterer islamischer Herrscher. Seine größte, epochemachende Leistung war jedoch zweifellos die eines genialen Förderers der Kultur.

Chosrau rief an seinen Hof in Ktesiphon Philosophen, Gelehrte und Ärzte aus allen Teilen seines Reiches, auch bot er prominenten Ausländern das Gastrecht an. So sammelten sich in der Nähe des Herrschers neben bedeutenden Persern und Irakern bald auch Griechen, Römer, Inder und Chinesen, Männer mit völlig verschiedener Kultur und Religion. Chosrau lud sie zu Diskussionen ein, hörte sich aufmerksam die verschiedensten Standpunkte an, so gegensätzlich sie auch sein mochten, und belohnte die Gelehrten nicht selten mit gutbezahlten Lehraufträgen an einer seiner Akademien. Bei der Auswahl achtete er vor allem auf den wissenschaftlichen Rang, er sah kein Hindernis in einer fremden Religion, mochte es sich bei den bevorzugten Gelehrten um Christen, Juden, Hindus, Buddhisten, Anhänger des altgriechischen Götterglaubens oder gar Atheisten handeln, wichtig war nur, dass sich diese Männer nicht kritisch über den Gottkönig oder die zarathustrische

Staatskirche äußerten. An keiner Residenz der damals bekannten Welt ließ man so viel Toleranz gegenüber Andersdenkenden walten wie am persischen Hof von Chosrau I. Dass diese Weltoffenheit in krassem Gegensatz zur Intoleranz der Priesterkaste stand, ja, dass sich schließlich der zarathustrische Klerus mit seiner harten Verfolgung Andersgläubiger durchsetzte und das blühende Staatswesen auf lange Sicht kulturell veröden ließ, ist an anderer Stelle schon beschrieben worden.

Chosrau I. war zu mächtig, als dass die Priesterkaste der Magi maßgeblichen Druck auf ihn hätte ausüben können. Ungehindert setzte er sich – und mit ihm eine schmale Bildungsschicht des Adels und bürgerlicher Beamter – über alle orthodoxen Widerstände hinweg, er füllte die Bibliotheken mit Büchern, die sich kaum mit dem engstirnigen Glaubensverständnis der Magi vertrugen. Bezeichnend ist eine Episode, die uns der griechische Jurist Agathias aus jenen Jahren übermittelt. Namhafte Philosophen aus Athen, so berichtet er, kamen eines Tages nach Ktesiphon und baten um Aufnahme, weil sie aus ihrer Heimat vertrieben worden seien. Für sie, die »Heiden«, gab es keine Bleibe mehr in einem christlich gewordenen Römerreich; Kaiser Justinian persönlich hatte angeordnet, ihre Akademien zu schließen und die Schriften von Platon, Aristoteles und anderen aus den Bibliotheken zu entfernen. Diese Männer brachten nun die verfemten Bücher ins Sassanidenreich, wo sie von Gelehrten des persischen Königs studiert und gutgeheißen wurden. Chosrau gab den Befehl, die Werke von Platon und Aristoteles ehrenvoll in den heimischen Bibliotheken aufzubewahren, außerdem sollten sie ins Persische übersetzt werden. Ein folgenreicher Befehl! Denn nun fanden die Klassiker der griechischen Philosophie Schutz vor der Zerstörungswut jener christlichen Fanatiker, die im Römischen Reich alles vernichten wollten, was »heidnisch« war. Diese Bücher überlebten vor allem im persischen Großreich der Sassaniden die ersten Jahrhunderte christlicher Unduldsamkeit.

Ktesiphon wurde internationaler Treffpunkt der Kultur wie keine andere Stadt ihrer Zeit. Denn nur in ihren Akademien sammelte sich ein derart umfassendes Wissen aus West und Ost, wurden Übersetzungen aus Europa, Vorderasien und Indien, ja China gleichermaßen gelesen. Auch an Handelsgütern war Ktesiphon international wie sonst kaum eine Metropole. Es sollte kein Zufall sein, dass gerade damals das in Indien schon länger bekannte »Königsspiel« zu den Persern gelangte; Jahrhunderte später sollte es nach Europa weitergereicht werden – unter seinem persischen Namen *Scha(c)h* (»König«). Aus China brachten Kaufleute die Seide nach Ktesiphon, bisher in Vorderasien völlig unbekannt, und auch dieser wertvolle Import sollte bald auf Handelswegen weiter nach Europa gelangen. Umgekehrt gaben die Perser zu jener Zeit das Polospiel, eine Erfindung bereits aus dem 7. Jahrhundert vor unserer Zeitrechnung, in Richtung Osten weiter. Mehr als ein Jahrtausend florierte Polo in Indien und Ostasien, bevor Mitte des 19. Jahrhunderts britische Kolonialoffiziere das beliebte aristokratische Spiel übernahmen. 1859 wurde in England der erste Polo-Club gegründet, in unserem Jahrhundert schließlich hat Polo als populäre Sportart seinen Siegeszug in Amerika angetreten – wobei kaum noch jemand Bescheid weiß über den persischen Ursprung.

Im 6. Jahrhundert unserer Zeitrechnung war der Iran wieder einmal zum großen Umschlagplatz der Handelswaren wie der geistigen Güter geworden – eine Drehscheibe der Kulturen zwischen Asien und Europa. Nicht zum letzten Mal, wie wir noch sehen werden.

Das böse Erbe des Gottkönigtums

Die Sassanidenkönige schufen aber auch Fragwürdiges. Sie griffen auf das alte Herrscherideal der Achämeniden zurück und erklärten sich zu Gottkönigen. Dabei gingen sie noch über ihr Vorbild hinaus und legten sich hochtrabende, bisher unübliche Titel zu. Im Hofprotokoll wurde nun als Anrede vorgeschrieben: »König der Könige, Genosse der Sterne, Bruder der Sonne und des Mondes«. Auf Münzen ließen sie unter ihr Bildnis prägen: »Aus dem Samen der Götter«.

Mehr noch als zur Zeit der Achämeniden hielten die Sassaniden Abstand zu ihren Untertanen und schüchterten selbst die ranghohen Bittsteller durch eine Vielzahl detaillierter Vorschriften ein. Wie einst hatten sich rangniedrige Besucher, sofern sie überhaupt von den maßgeblichen Protokollbeamten zur Audienz vorgelassen wurden, vor dem Thron flach auf den Bauch zu legen, mussten aber jetzt zur Begrüßung den König mit folgender Formel anreden: »Möget Ihr unsterblich sein, o Erster der Menschen«. Wie einst blieb der Gottkönig für rangniedrige wie ranghohe Untertanen nur schemenhaft hinter Gazevorhängen auf seinem goldglänzenden Thron sichtbar, aber er trug jetzt eine Krone, die so groß und schwer war, dass man sie an dünnen, vergoldeten Seilen in unsichtbarem Abstand über seinem Haupt aufhängen musste. Bewegungslos saß der Gottkönig in seinen edelsteinblitzenden Gewändern, nahezu zur Statue erstarrt, ein leibhaftiger Götze, der, so sollte es erscheinen, alles gewöhnlich Menschliche abgestreift hatte. Wer zu ihm sprach, musste sich ein Taschentuch vor den Mund halten, damit sein ordinärer Atem nicht den göttlichen Herrscher entweihte.

Reiste der König, dann trugen allein sieben Kamele seinen Thron, auf 100 Kamelen ritt seine Dienerschaft, auf 1000 Pferden seine Leibwache. Der Luxus war unvorstellbar und – wie einst unter den Achämeniden – beabsichtigt. Nicht nur die eigenen Untertanen, auch ausländische Besucher, Kaufleute und Diplomaten von Europa bis hin zum Fernen Osten, sollten eingeschüchtert werden durch die überragende Macht eines »Königs der Könige«, der zugleich Herrscher und Gott war.

Dieses Gottkönigtum hat in der Tat bei fremden Völkern

einen beträchtlichen Eindruck hinterlassen. Mehr noch: Es wurde nachgeahmt. Den Anfang machten ausgerechnet die mächtigsten Gegner des Sassanidenreiches: die Römer. Bereits Kaiser Diokletian, eine überragende, aber auch machtbewusste Persönlichkeit, führte um das Jahr 290 an seinem Hof ein Zeremoniell nach persischem Vorbild ein. Wer den »Herrn der Welt« sehen wollte, hatte bei Kammerherren und Eunuchen um Erlaubnis anzusuchen, bevor er in den Audienzsaal vorgelassen wurde, wo er sich vor dem Thron niederwerfen musste. Eine derartige Distanz zwischen Herrscher und Untertanen hatte es bisher im Römischen Reich nicht gegeben. An diesem Zeremoniell änderten auch die nachfolgenden Kaiser nichts, die sich zum Christentum bekannten. Zwar verbot die neue Lehre, dass sich ein Herrscher für einen Gott hielt, aber die Kaiser fanden einen Ausweg: Sie sahen sich als »Stellvertreter Gottes« auf Erden an. Hierbei ahmten auch sie die sassanidischen Gottkönige nicht nur im Auftreten nach, sie übernahmen von ihnen sogar die perlenbesetzte Königsmütze, die sogenannte *Tiara* (Tiara ist ein persisches Wort!) – eine Prunkhaube, die schließlich im 8. Jahrhundert die Päpste von Rom für sich wählten und mehr als zwei Jahrhunderte trugen.

Besonders eifriger Nachahmer persischen Hofzeremoniells wurde Kaiser Justinian, Persiens unversöhnlichster Gegner auf dem Schlachtfeld, ein Herrscher, der sich seiner christlichen Frömmigkeit rühmte und in Konstantinopel die Hagia Sophia erbauen ließ. Justinian regierte von 527 bis 565 und war, wie schon erwähnt, ein Zeitgenosse des Gottkönigs Chosrau I. Aber gerade er, der Perserfeind und Christ, sah die Königswürde als etwas Göttliches an, ungeniert bezeichnete er sich selbst als »heilig«. Nicht zufällig ließ er sich auf Bildnissen mit einem Heiligenschein, dem sogenannten *Nimbus*, verewigen, so etwa auf dem weltberühmten Mosaikbild in der Kirche San Vitale in Ravenna. Dem Herrscher hatten die Untertanen religiöse Verehrung entgegenzubringen. Dieser Regierungsstil der byzantinischen Kaiser ist als »Byzantinismus« in unseren Sprachschatz eingegangen – berühmt und berüchtigt. Die Byzantiner wiederum gaben ihren Stil an die Zaren von Russland weiter. In Konstantinopel wie in Moskau fungierte der Kaiser beziehungsweise der Zar und nicht etwa der ranghöchste Bischof als der maßgebende Richtungsweiser in religiösen, kirchenpolitischen Fragen – kaum anders als in Ktesiphon, wo der Gottkönig mit seiner religiös-politischen Entscheidungsgewalt noch über dem ranghöchsten Priester stand.

Eine letzte – »moderne« – Ausformung dieses »persischen« Byzantinismus reichte bis weit ins 20. Jahrhundert herein: durch Josef Stalin. Der kommunistische Despot rückte seine Person durch gezielte Propaganda ins unnahbar Geheimnisvolle und stilisierte sich selber zu einer sinnstiftenden Instanz der Unfehlbarkeit – im Namen zwar einer weltlichen, aber doch mit pseudoreligiösen Attributen durchsetzten Ideologie. Und damit unterschied sich Stalin nur in spezifischen Details, nicht aber im Grundsätzlichen von der Anmaßung der Zaren (seine Gegner haben ihn nicht zufällig als »roten Zaren« eingestuft). Jeder Stalinist lehnt zwar von seinem Selbstverständnis her eine solche Parallele als böswillige Unterstellung ab, erst recht einen historisch weiter zurückreichenden Bezug auf die byzantinischen Kaiser oder gar die persischen Gottkönige. Geschichtliche Entwicklungen weisen jedoch zuweilen beharrliche Grundkonstanten auf, denen gegenüber sich aller »moderner« Wandel nur als eine neue Variante einer einmal eingeschlagenen Richtung ausnimmt.

Der stalinistische Byzantinismus warf schließlich seine Schatten noch bis ins Jahr 1989: durch den monströsen Pomp und Personenkult des rumänischen Diktators Nicolae Ceauşescu. Bezeichnenderweise ließ sich der bis zur Lächerlichkeit größenwahnsinnige Despot, der wie Stalin im byzantinischen Kulturraum aufgewachsen war, mit folgenden Titeln huldigen: »Erlöser der Erde«, »Erster Denker dieser Erde«, »Schatzkammer der Weisheit«, »Licht, das selbst der Sonne trotzt«. Dieses pseudoreligiös aufgeladene Vokabular, mit dem sich ein atheistischer Diktator des späten 20. Jahrhunderts als unfehlbarer Herrscher und Sinnstifter zugleich ausweisen wollte, erinnert ebenfalls – über das unmittelbare Vorbild des Stalinismus und Byzantinismus hinaus – an die viel weiter zurückliegenden Entartungen des altpersischen Gottkönigtums, so verschlungen und indirekt die Wege der Vermittlung auch sein mögen.

In Persien selber schien das Gottkönigtum am Ende, als die Araber das Reich der Sassaniden zerschlugen. Die Araber brachten aus der Wüste die Stammesdemokratie mit – aber ein Jahrhundert später regierten ihre Herrscher, die Kalifen, im Stil der Gottkönige. Zwar verbot der Islam, nicht anders als das Christentum, dass ein Mensch sich für einen Gott halten durfte, die Kalifen jedoch fanden denselben Ausweg wie die byzantinischen Kaiser: Sie erklärten sich zu Stellvertretern Gottes auf Erden. Ähnlich verhielten sich nach ihnen die Sultane des Osmanenreiches, dann die islamischen Schahs von Persien seit dem 16. Jahrhundert – bis hin zur Dynastie Pahlevi. Doch davon später.

Anspruch und Zeremoniell überlebten, das persische Reich zerfiel. Als Chosrau II. im Jahr 628 nach einem verlorenen Krieg gegen das Byzantinische Reich ermordet wurde, folgten nur noch Schwächlinge auf dem Thron, willenlose Werkzeuge von Generälen und hohen Hofbeamten. Keiner von ihnen regierte mehr als ein paar kurze Jahre, alle endeten sie durch gedungene Mörder.

Während dieser Jahre predigte bereits ein gewisser Mohammed in Arabien. Mit seinem Auftreten kündigte sich für zahlreiche Staaten – auch für den Iran – eine neue Epoche an.

Iran und Islam

1. Mohammed und die Folgen

Die Botschaft des Propheten

Yathrib, eine mittelgroße Oase im Herzen Arabiens, um das Jahr 630 unserer Zeitrechnung: Die aus niederen Lehmbauten bestehende Siedlung inmitten weiter Palmenhaine und Felder zählte an die 3000 Einwohner. Es waren Kaufleute, Handwerker, Bauern, Hirten. Geld spielte bei den einfach lebenden Menschen keine allzu große Rolle, Güter des täglichen Bedarfs erwarben sie sich oft noch im Tausch: Gewürze gegen Tee, Felle gegen Stoffe. Weitgereiste Kaufleute Persiens und des Mittelmeerraumes wussten daher nicht viel über diesen Marktflecken, der damals von seinen Einwohnern einen neuen Namen erhielt: Medinet al Nabi, »Stadt des Propheten« – ein Name, aus dem später der Einfachheit halber »Medina« wurde, eben »Stadt«.

Stadt? Diese Bezeichnung für eine staubige Lehmsiedlung ohne nennenswerte Bauwerke und ohne gepflasterte Straßen konnte bei den Einwohnern der großen Metropolen Persiens oder des Byzantinischen Reiches nur Spott provozieren. Und Prophet? Was vermochte Arabien mit seinen räuberischen Beduinen den hochentwickelten Kulturstaaten schon anderes zu bieten als simplen Aberglauben? Wenn ein Kaufmann aus Syrien, Ägypten, Anatolien oder dem Iran etwas mit den Arabern von Yathrib zu tun haben wollte, dann allein wegen des begehrten Weihrauchs. Man sah arabische Handelspartner bestenfalls als lerneifrige Leute an, die sich redliche Mühe gaben, etwas von der großen persischen oder griechischen und römischen Zivilisation zu erfassen – jedoch als Herausforderung, militärisch oder gar geistig, brauchte man ihr Land deshalb noch lange nicht zu fürchten. So erschien es vielen damals.

Im besagten Jahr 630 diktierte ein arabischer Kaufmann, der zum Scheich der Oase Yathrib aufgestiegen war, an den sassanidischen Großkönig Hormuz V. einen Brief. »Im Namen Allahs, des Allbarmherzigen, des Allerbarmers, von Mohammed, dem Diener und Gesandten Allahs …«, so begann er in seiner Anrede und fuhr fort: Er, der Prophet des alleinigen Gottes, fordere Hormuz, den Herrscher eines großen Reiches, auf, sich dem Willen Allahs zu ergeben. Der König solle mit seinen Untertanen zum Islam übertreten, dessen Missionare in sein Land unterwegs seien, nur dann werde er nach seinem Tod Frieden im Paradies finden. Falls er sich aber weigere, die Botschaft des Propheten anzunehmen, werde sein Land von den Glaubenskämpfern Allahs mit dem »Heiligen Krieg« überzogen …

Nur arabische Quellen berichten von diesem Schreiben. Im Bewusstsein der übrigen Welt wäre es lächerlich erschienen, dass der Scheich einer nur wenig bekannten Oasenstadt einem Großreich drohte, und schon deshalb konnte der Brief in persischen Chroniken keine Erwähnung finden. Wahrscheinlich hatten die Sendboten ohnehin nie den prunkvollen Audienzsaal in Ktesiphon zu Gesicht bekommen, geschweige denn den »König der Könige« selbst. Ja, vermutlich durften die bäuerlich einfach gekleideten Beduinen ihre Botschaft gerade noch einem untergeordneten Beamten in den Vorbezirken des weitverzweigten Palastes aushändigen. Dieser Beamte hatte wahrscheinlich die Araber hochnäsig abgefertigt und ihren Brief routinemäßig in den Archiven der Staatsbürokratie verschwinden lassen, ohne ihn je an eine höhere Stelle weiterzuleiten. Ähnlich mochte es den Sendboten ergangen sein, die im selben

Jahr am Hof des byzantinischen Kaisers Heraklios I. in Konstantinopel eintrafen; auch dort ist es nie zu einer Antwort an den Absender gekommen.

Der, der diesen Brief abgefasst hatte, wohnte in einem schmucklosen Würfelbau aus Lehm, zur ungepflasterten Straße hin ohne Fenster, nur zum Hof hin geöffnet. Als Sitz diente ihm eine Matte aus Palmstroh, der Boden bestand aus bloßer Erde und war hitzerissig, Wasser gab es lediglich aus dem nahen Schöpfbrunnen – dies war die Residenz eines Mannes, der sich vermessen genug zeigte, die Mächtigen der Welt zur Unterwerfung aufzufordern. Aber zwei Jahrzehnte nach seinem Tod regierten arabische Statthalter im Namen Allahs über persische wie byzantinische Provinzen, und der Name des zuvor so verächtlich beiseite geschobenen Propheten Mohammed wurde zwischen dem Mittelmeer und Indien zum bekanntesten überhaupt.

Was dieser Mann aus der Wüste Arabiens in Bewegung setzte, sollte die persische Hochkultur gründlicher und folgenreicher umgestalten, als es je ein Herrscher vermochte.

Mohammed ibn Abdallah (so sein ganzer Name) wurde um das Jahr 570 in Mekka geboren, einer reichen Kaufmannsstadt, die beherrschend an der sogenannten »Weihrauchstraße« von Palästina in den Jemen lag. Er, ein Sohn aus vornehmer, aber verarmter Familie, wuchs in dieser Stadt heran, vor deren Toren oft Hunderte, manchmal über tausend Lastkamele lagerten. Die Einwohner waren stolz auf ihre Stadt, denn Mekka galt als Wallfahrtszentrum. Hier war vor unvordenklichen Zeiten ein Meteorit vom Himmel gefallen, der als Botschaft der Götter galt, und seitdem pilgerten einmal im Jahr einen Monat lang Beduinen aus nah und fern zum Heiligen Stein, beteten dort und errichteten ihren Göttern Altäre. Die geschäftstüchtigen Einwohner Mekkas hatten um den Stein ein würfelförmiges Gebäude errichtet, die Kaaba, und waren eifrig darauf bedacht, dass jeder Beduinenstamm seine eigene Gottheit im Gehäuse aufstellte und ihr Opfer brachte. Einen wesentlichen Teil der Gaben kassierten die Verwalter des Heiligtums. Als Mohammed in Mekka heranwuchs, gab es in der Kaaba bereits mehr als 300 Standbilder von Lokalgottheiten, die für die unterschiedlichsten Moralgebote standen und nicht selten untereinander als verfeindet galten – ein getreues Abbild sowohl für die geistige Enge als auch Zerrissenheit Arabiens.

Mohammed brachte die Wende. Der sensible und geistig hochbegabte Mann litt unter der Rückständigkeit seiner Heimat, ohne vorerst zu wissen, wie dem abzuhelfen sei. Er vermisste bei den Beduinenstämmen seiner Umgebung, was er an den Christen und Juden bewunderte: eine Gottheit, die über allen Sippen und Volksstämmen thronte – eine Gottheit, die Einheit statt Zerrissenheit verkörperte. Christen und Juden kannte er genug. Zum einen waren es die Weihrauchhändler aus Syrien, Palästina und Ägypten, die auf ihrer Reise in den Jemen in Mekka Rast machten, hier zuweilen über ihre Religion sprachen und nicht selten ihre Verachtung gegenüber dem »heidnischen« Wallfahrtsrummel zeigten. Zum anderen waren es Araber, die sich in etlichen Handelsstädten entlang der vielbereisten »Weihrauchstraße« bereits zum Glauben an den einen und einzigen Gott bekannten, sei es in einer christlichen oder jüdischen Gemeinde. Zweifler an altarabischer Götterverehrung gab es damit bereits in den eigenen Reihen, Mohammed war nicht der erste.

Vor allem Mohammeds Klan der Koreischiten war von der heidnischen Religion früherer Generationen abgerückt. Zwar förderten gerade ihre Führer besonders eifrig den Götterverehrungsrummel rund um die Kaaba von Mekka, aber sie stellten im Kultraum eine Gottheit auf, die nicht mehr wie andere Stammesidole einen persönlichen Namen trug, sondern einfach nur noch »der Gott« hieß – auf arabisch: *Al Lah*. Damit ist der Name Allah älter als die islamische Religion, und der Zufall will es, dass Mohammeds Vater Abdallah hieß (Abd al-Lah =

Diener Allahs). Der Sohn Mohammed ibn Abdallah hat nur noch den letzten, wenn auch entscheidenden Schritt zu einer arabischen Form des Eingottglaubens unternommen.

Mohammed war an die 40 Jahre alt und inzwischen ein wohlhabender Kaufmann geworden, als er eines Tages seine stattliche Karawanserei verließ, ausgerüstet nur mit einem Ziegenfellschlauch voll Wasser, dazu Datteln und Brotfladen, um in der Einsamkeit der Wüste zu meditieren. Man schrieb das Jahr 610 unserer Zeitrechnung. Wochenlang lebte Mohammed auf halber Höhe des Berges Hira, wenige Kilometer nordöstlich von Mekka. Hier verdichteten sich die Bruchstücke seiner bisherigen religiösen Überlegungen zu einem Ganzen, einer Idee: Er, Mohammed, sei dazu ausersehen, den Glauben an den einzigen Gott seinem Volk, den Arabern, zu verkünden. Umfassender dachte er vorerst nicht – so sehen dies zumindest europäische Religionswissenschaftler. Drei Jahre hindurch zog er immer wieder für einige Wochen in die trostlose Einsamkeit der Wüste, noch unsicher, ob ihm der Engel Gabriel als Bote Allahs schon die ganze Wahrheit zugetragen oder ob ihn nur böse Geister genarrt hätten. Dann aber, erfüllt von seinen Visionen, begann Mohammed, in Mekka zu predigen. Dies geschah um das Jahr 613.

Zum ersten Mal sprach er öffentlich von *Al Lah*, der nicht ein Gott unter vielen, sondern der Gott schlechthin sei. Die Hauptpflicht der Gläubigen bestehe im *Islam* (»Hingabe« an Gott), und der Betende dürfe sich stolz *Muslim* (»einer, der sich dem Willen Gottes hingibt«) nennen. Vor Allah seien alle Menschen gleich, ob König oder einfacher Krieger, ob reicher Geschäftsmann oder Bettler, ob Araber, Grieche, Römer oder Perser, entscheidend sei weder Rang, Volk noch Rasse, sondern allein der Gehorsam gegen Allahs Gebote, dessen oberstes laute: gerecht und mildtätig zu sein gegenüber den Schwächeren. Mohammed verurteilte denjenigen, »der die Waise wegstößt und die Seinen nicht dazu anhält, den Armen zu essen zu geben«.

Ähnlich hatte einst Jesus von Nazareth gesprochen. Und Mohammed machte kein Hehl daraus, dass er die Worte eines großen Propheten wiederholte. Er sah in Jesus einen bedeutenden Vorläufer, erblickte im Neuen Testament der Christen ein »heiliges Buch«. Darüber hinaus verehrte er auch die Propheten des Alten Testaments, besonders vier Gesandte Gottes erschienen ihm dort wichtig: Ibrahim (Abraham), der als Erster überhaupt den Glauben an den einzigen Gott verkündet hatte, dann Musa (Moses), Jesaja und Elia. Ihm galt jedoch Isa (Jesus) als der größte unter all den Propheten, denn jener hatte seiner Meinung nach die bisher umfassendste Botschaft von Al Lah, »dem Gott«, gepredigt.

Warum aber, so muss man sich angesichts dieser geistigen Verwandtschaft fragen, ist er nicht selber Christ oder Jude geworden? Mohammed sah, je länger er mit fremden Kaufleuten, vor allem aber mit Rabbinern diskutierte, auch Trennendes. Den Christen warf er vor, dass sie aus Jesus einen Sohn Gottes machten. »Es gibt nur einen einzigen Gott! Fern von ihm, dass er einen Sohn habe!«, so grenzte er sich später in der 4. Koransure, Vers 172, von den Christen ab. An den Juden bemängelte er, dass sie sich überhaupt weigerten, Jesus als Propheten anzuerkennen. Er, Mohammed, sei dazu ausersehen, die Botschaften der großen Gottesverkünder – von Abraham bis Jesus – von allen Verfälschungen zu befreien und in ihrer ursprünglichen »Reinheit« wiederherzustellen. Mohammed begriff sich als den Höhepunkt und Abschluss der Reihe bedeutender Propheten; nach ihm werde kein »Gesandter Gottes« mehr den Menschen erscheinen. Der Islam bedeute unwiderruflich die höchste und letzte Religionsoffenbarung. Damit fühlte er sich aufgerufen, seine Lehre nicht nur den Arabern zu bringen, sondern sämtlichen Völkern. »Gehet hin in alle Welt …« Auch dieses Gebot des Jesus von Nazareth machte Mohammed schließlich zu dem seinen.

Bei aller Abgrenzung bewahrte aber der Prophet des Islam

seinen Respekt gegenüber Christen und Juden. Ihnen räumte er unter den »Ungläubigen« eine Sonderstellung ein. Da sie wie die Muslime an den »einen Gott« glaubten, durfte man sie nicht wie die Heiden wegen ihrer Religion unterdrücken oder gar mit Gewalt zum Islam bekehren, man hatte lediglich eine Kopfsteuer von ihnen zu erheben, die ein Muslim nicht zu zahlen brauchte. Mohammed ging in seinem Respekt sogar noch einen Schritt weiter: Ausdrücklich gestattete er seinen männlichen Anhängern, sich mit Christinnen oder Jüdinnen zu verheiraten, ohne dass die Frauen ihren Glauben wechseln mussten. In den eroberten Gebieten ist es dann später auch oft genug zu solchen Ehen gekommen. Für einen Christen der damaligen Zeit unvorstellbar!

Wie aber hielt es Mohammed mit den Anhängern Zarathustras? Glaubten nicht auch sie an den »einen Gott«? Beim Durchblättern des Korans fallen die zahlreichen Hinweise auf christliche und jüdische Glaubensvorstellungen auf, dagegen fehlt weitgehend die Auseinandersetzung mit persischem Gedankengut. Vermutlich war Mohammed nie mit persischen Kaufleuten und Priestern zusammengetroffen, hatte nie über Zarathustras Lehre diskutiert, anders lässt sich seine Zurückhaltung nicht erklären.

Hätte Mohammed über die persische Religion mehr erfahren, dann müsste er auch dort Gemeinsames entdeckt haben: den Glauben an einen einzigen Gott, an einen Tag des Jüngsten Gerichts, an Engel und einen Teufel, an ein Jenseits. Folgerichtig haben die Muslime späterer Generationen die Gemeinsamkeiten genug gewürdigt und die Zoroastrier oder Zarathustrier als »Schriftbesitzer« anerkannt, in gleichem Rang wie Christen und Juden. Auch Zarathustrier durften nicht gezwungen werden, ihrer Religion abzuschwören, auch sie waren zu schätzen als halbe Brüder im Glauben. Welch eine Entscheidung! Sie sollte welthistorische Folgen haben. Denn damit begegneten die Araber nicht nur den Völkern des Byzantinischen Reiches mit Respekt, sondern auch den Persern. Kein religiöses Vorurteil sollte später die islamischen Sieger daran hindern, sich allen überlegenen Kulturen der Nachbarstaaten lernend zu öffnen.

Aber zu Mohammeds Lebzeiten deutete noch wenig darauf hin, dass sich die neue Religion über die halbe Welt verbreiten würde. Anfangs ähnelte sein Predigerdasein eher dem des Jesus von Nazareth, er war genauso gefährdet. Er, der einen rechtgläubigen Sklaven für wertvoller einschätzte als einen machtgierigen König, fand seine Anhänger zunächst einmal unter den Armen und Verachteten; Lastträger, Kameltreiber und Sklaven scharten sich auf den Marktplätzen um ihn. Vornehme kamen selten, hielten sich unwillig im Hintergrund und verschwanden dann wieder. Ihnen erschien dieser »Gesandte Gottes« als ein Störenfried, der das einträgliche Geschäft mit den Wallfahrern gefährdete und außerdem die Armen gegen die Reichen, die Sklaven gegen ihre Herren aufhetzte. Sie schickten bezahlte Banden gegen die Anhänger des Propheten, ließen die Versammelten auseinandertreiben, verprügeln, gar erschlagen.

Neun Jahre konnte sich Mohammed in seiner Heimatstadt Mekka halten, dann musste er fliehen. Asyl fand er in der 400 Kilometer entfernten Oase Yathrib (dem späteren Medina), dort schützten ihn Männer, die schon immer neidisch auf Mekkas Ruhm als Wallfahrtszentrum und beherrschende Handelsstadt gewesen waren. In Yathrib schätzte man den Flüchtling bald als klugen Ratgeber und Vermittler zwischen verfeindeten Sippen: Er, der Fremde und Unparteiische, konnte so oberster Richter, schließlich Scheich der Oase werden. Hier begann sein siegreicher Aufstieg zum anerkannten Propheten des Islam. Das Jahr der Flucht wurde zum entscheidenden Wendepunkt seiner Laufbahn – und nicht zufällig beschlossen später die Muslime, hier mit ihrer eigenen Zeitrechnung zu beginnen. Das Jahr 1 der *Hedschra* (»Flucht, Auswanderung, Übersiedlung«)

entspricht dem Jahr 622 unserer Zählung. Mohammed war damals 52 Jahre alt.

Mohammed wuchs in dieser kleinstädtischen, ja, teils bäuerlichen, von Stammesdenken geprägten Oasengesellschaft über die Rolle des Religionsstifters hinaus und wurde zum Politiker. Gänzlich undenkbar wäre diese Konsequenz für Jesus oder Buddha gewesen, sie hatten in hochentwickelten Staatswesen gelebt und konnten sich damit begnügen, für die »Seele« des Menschen zu sorgen. Die äußere Welt zu ordnen überließen sie den Herrschern und beanspruchten nur, die Religion solle das Gewissen der Mächtigen sein. Mohammed aber war geistliches und weltliches Oberhaupt zugleich, er regierte über einen »Gottesstaat«, wo selbst die praktischen Alltagsgesetze als unmittelbar vom Wort Allahs inspiriert galten – ein Ideal, das bis in unsere Tage im Islam weiterlebt.

Mohammed hatte als Einsiedler in der Wüste nahe Mekka die visionären, religiösen Verse verfasst, in Medina schuf er die eher nüchternen, gesetzgeberischen Texte des Korans. Bis ins Detail gab er nun Anordnungen für das tägliche Leben, die Gesetzgebung, das Eherecht und Wirtschaftsfragen – eine gesetzgeberische Leistung, die angesichts der bis dahin wenig ausdifferenzierten Rechtslage als ein Markstein in der arabischen Entwicklung angesehen werden muss. Die durchschlagende, unantastbare Autorität solcher Gesetze erreichte Mohammed, eben weil er sie alle als eine persönliche Anordnung Gottes verkündete.

Aber noch eine Aufgabe wuchs dem Religionsstifter und Gesetzgeber zu: Er hatte auch oberster Kriegsherr zu sein. Denn nur indem er die neue Religion mit Waffengewalt verteidigte, konnte er sie in der brodelnden, von ständigen Stammesfehden erschütterten Welt Arabiens vor dem Untergang bewahren. Die Erfahrung hatte ihn gelehrt, dass friedliche Mission allein nicht genügte, gar zu oft waren seine Anhänger erschlagen worden, hatte man sein eigenes Leben bedroht. Den wahren

Glauben durch das Schwert zu verbreiten, dies erschien ihm bald die einzig vorstellbare Form. Gewalt und Raub galten als verwerflich, aber gegen »Ungläubige« durften Kriege aus Gründen der Notwehr oder um einem erwarteten Angriff zuvorzukommen geführt werden, »heilige Kriege«. Mit dieser Deutung konnte er besonders die Beduinen gewinnen, die nicht bereit gewesen wären, in wirtschaftlichen Notzeiten auf ihre Beutezüge zu verzichten.

Den ersten »Heiligen Krieg« führte Mohammed gegen Mekka, seine Heimatstadt, die ihm die Anerkennung verweigert hatte. Bei Badr, einer Karawanenstation südwestlich von Mekka, siegte er im Jahr 2 der Hedschra entscheidend über seine Gegner, sechs Jahre später zog er siegreich in Mekka ein, ließ die Kaaba von allen Götzen säubern und weihte sie dem unsichtbaren, gestaltlosen, einzigen Gott.

Mohammed lebte noch zwei Jahre. Während dieser Zeit unterwarfen seine »Glaubenskrieger« in raschen Feldzügen sämtliche Beduinenstämme Arabiens und forderten sie zum Islam, zur »Hingabe« an Gott, auf. Dreiundsechzigjährig starb er in seiner schmucklosen Lehmziegelwohnung von Medina. Man schrieb das Jahr 10 der Hedschra, das Jahr 632 unserer Zeitrechnung.

Der Schah weicht dem Kalifen

Drei Jahre später eroberten die Araber die byzantinischen Provinzen Syrien und Palästina. Fünf Jahre später umzingelten sie Ktesiphon, die Hauptstadt des Sassanidenreiches am Tigrisufer, und rückten nach äußerst blutigen Gefechten in die bereits halb zerstörte Residenz ein. Schah Yazdegerd III. floh ins Innere Persiens, sammelte noch einmal seine Panzerreiter und stellte sich bei Nihawend zur zweiten Entscheidungsschlacht, wurde abermals geschlagen und floh weiter. Er war der 25. Gottkönig aus dem Geschlecht der Sassaniden – und der letzte. Im

Jahr 651, neunzehn Jahre nach Mohammeds Tod, erschlug ihn ein unzufriedener Offizier nahe der Oase Merw im Nordosten seines Herrschaftsgebiets. Zu dieser Zeit hatte das Byzantinische Reich bereits drei seiner wichtigsten Provinzen, Palästina, Syrien und Ägypten, an die Araber verloren, Persien aber war politisch völlig ausgelöscht.

Wie konnte dies geschehen? Es war nicht neu, dass Beduinenstämme aus dem Inneren Arabiens in persische und byzantinische Provinzen einbrachen, dies hatte sich seit Jahrhunderten immer wieder ereignet, wenn in arabischen Oasen Bewässerungskanäle versandeten oder die ohnehin kargen Weiden noch mehr zusammenschrumpften. Doch meist hatten diese Raubkrieger nur danach getrachtet, reiche Städte zu plündern und dann wieder in die Weite der Wüste zurückzukehren, oder sie hatten zwangsweise den überlegenen Truppen der Großreiche weichen müssen. Dieses Mal aber waren sie getrieben von einer religiösen Idee, sie zeigten einen bisher unbekannten Kampfesmut und Fanatismus – angestachelt durch die Prophezeiung Mohammeds, jeder gefallene Glaubenskrieger werde sofort ins Paradies eingehen.

Trotz allem hätte der Sturmangriff aus dem Inneren Arabiens Episode bleiben können. Denn der byzantinische Kaiser wie der persische Schah wären noch mächtig genug gewesen, neue Armeen zu rüsten – nur hätten Christen wie Zarathustrier tatkräftig mithelfen müssen, das »Joch der Heiden« abzuschütteln. Sie taten es nicht. Im Gegenteil: In Persien jubelte das unterdrückte Volk den arabischen Eroberern zu, massenhaft wandten sich gerade einfache Bauern, ausgebeutet durch unmenschlich hohe Steuern, dem Islam zu. In den byzantinischen Provinzen Syrien, Palästina und Ägypten war es nicht viel anders. Kaisertreue Beamte mussten fassungslos mit ansehen, wie Christen die »Heiden« als Befreier begrüßten und sich bereitwillig der neuen Herrschaft unterordneten, ja im Verlauf der folgenden Jahrzehnte nach und nach zum Islam übertraten. Christen wandten sich von einer Kirche ab, in der sie sich nicht mehr geborgen fühlen konnten. Längst waren ihre hohen Würdenträger zu Großgrundbesitzern geworden und hatten wie die Fürsten willkürlich Steuern aus den Pachtgütern ohnehin schon notleidender Bauern eingetrieben. Die Kirche Christi, einst eine Fürsprecherin der Armen und Unterdrückten, war zu einem (gut verdienenden) Handlanger der Mächtigen geworden – nicht anders als die zarathustrische Staatskirche in Persien. Christen und Zarathustrier mussten von einer neuen Religion fasziniert sein, die in Grundzügen der ihren ähnelte, ja fast die gleichen moralischen Ideale besaß, aber diese Ideale noch mit unverbrauchter Energie verkündete. Der Islam verhieß den Mühseligen und Beladenen eine bessere Welt – wie einst auch das Christentum. Wieder einmal erschien es so, als ließe sich alles Fragwürdige und Morsche der alten Kultur umstürzen und erneuern.

Nach einer Folge von Katastrophen stand der Iran abermals an einem verheißungsvollen Wendepunkt.

Anfangs spielten Perser in der Geschichte des Islam keine Rolle. Griechen, Römer und Syrer standen während der ersten Jahrzehnte den neuen Herrschern näher.

Ein historischer Zufall hatte dem nachgeholfen. Im Jahr 661 war es dem arabischen Statthalter von Syrien, Muawiya, gelungen, sich als Führer der muslimischen Truppen durchzusetzen; folgerichtig machte er seine Residenz Damaskus zur Hauptstadt der eroberten Provinzen und bevorzugte an seinem Hof ehemalige Untertanen des byzantinischen Kaisers als Ratgeber: griechisch und römisch gebildete Verwaltungsfachleute, Architekten und Wissenschaftler. Die Nachfolger – wie Muawiya aus dem Geschlecht der Omayyaden – handelten nicht anders. Das Ergebnis sehen wir noch heute an den erhaltenen Moscheen, die zu den ältesten des Islam überhaupt gehören: So ist etwa die Omayyadenmoschee von Damaskus nach dem Muster einer römischen Basilika gebaut und hat in ihrem

Innern Mosaiken nach byzantinischem Geschmack vorzuweisen; und nicht zufällig lässt das islamische Wallfahrtsheiligtum, der legendäre »Felsendom« von Jerusalem, mit kreisrundem Grundriss und mächtiger Kuppel das Vorbild der Hagia Sophia von Konstantinopel ahnen.

Das Geschlecht der Omayyaden, so benannt nach seinem Stammvater Omayya, einem entfernten Verwandten der Prophetenfamilie, war geübt im Herrschen. Schon in vorislamischen Zeiten hatte der Klan in Mekka die Führer gestellt, jetzt standen die erfahrenen Taktiker der Macht wieder an der Spitze und regierten mit Routine. Sie ließen die zerstörten Städte und Bewässerungskanäle herrichten, bauten neue Schulen, Krankenhäuser und natürlich Moscheen. Araberfürsten, die ein Jahrhundert zuvor nur über halbzivilisierte Beduinenstämme geherrscht hatten, waren plötzlich zu solchen Leistungen fähig, konnten erneuern, weiterführen und umformen, was byzantinische und persische Statthalter vernachlässigt hatten. Ihnen war es gelungen, fast sämtliche Verwaltungsbeamte, Baumeister und Lehrer der alten Oberschicht für wichtige Aufbauarbeiten zu gewinnen, indem sie ihnen gestatteten, ihrem bisherigen Glauben treu zu bleiben. Es war kein ungewöhnliches Bild, dass Juden, vor allem aber Christen in den Palästen von Damaskus so häufig ein- und ausgingen wie ranghohe Muslime.

Die Omayyaden regierten unter dem Titel *Kalif*, was so viel wie »Nachfolger« bedeutet; dieser Name hatte sich bereits unmittelbar nach Mohammeds Tod für den ranghöchsten Herrscher der Gläubigen eingebürgert. Unter der Dynastie der Omayyaden konnten die Muslime vollends das mächtigste Reich der damals bekannten Welt schaffen, kein nachfolgendes Geschlecht vermochte das Imperium noch weiter auszudehnen. Um das Jahr 730 – ein Jahrhundert nach Mohammeds Tod – beherrschten die Eroberer ein Reich, das von Spanien bis an die Grenzen Indiens reichte. Griechen, Römer, Berber, Perser und Turkmenen sammelten sich nun neben den Arabern in den Moscheen und verneigten sich in Richtung Mekka. Sie alle fühlten sich verbunden durch den Islam und eine neue Amtssprache, das Arabische. Zentrum dieses Riesenreiches blieb 90 Jahre lang Syrien mit Damaskus, während die einstige Residenz Medina immer mehr in den provinziellen Dämmerschlaf jener Zeit zurücksank, als die Oase noch Yathrib hieß.

Die Perser gewinnen an Einfluss

Für den Iran zeigten die Kalifen zunächst kein besonderes Interesse. Das Land lag ihnen zu weit im Osten und ließ sich nicht besonders gut überwachen, und so erschien ihnen die am weitesten östlich gelegene Provinz Chorassan gerade gut genug, um dorthin unliebsame Beamte und weniger zuverlässige Truppen strafzuversetzen.

Jahrzehnte später war alles anders. Plötzlich rückten Perser ins Zentrum des Geschehens, mit einem Mal bestimmten sie maßgebend die Geschicke der islamischen Welt. Für die Omayyaden bedeutete dieser Wandel eine Katastrophe. Im Jahr 750 zogen rebellische Soldatenhorden durch die Reichshauptstadt Damaskus, plünderten die Paläste, zerschlugen das kostbare Mobiliar, und während der folgenden Wochen vermoderte auf einer Lanzenspitze der Schädel des Omayyadenkalifen Marwan II., der in der Schlacht gefallen war. Ein Aufstand hatte die Dynastie der Omayyaden hinweggefegt – ein Aufstand, der in der ostpersischen Provinz Chorassan, dem Sammelbecken aller Unzufriedenen, begonnen hatte.

Grund zur Unzufriedenheit gab es genug. Die Omayyaden hatten nicht so makellos regiert, wie es vielen Gesandten aus europäischen Fürstenhöfen bei ihren meist flüchtigen Beobachtungen erscheinen mochte. Zwar hatten die Kalifen mit Hilfe ihrer griechischen und römischen Berater ein blühendes Staatswesen geschaffen, aber neubekehrte Muslime hatten alsbald feststellen müssen, dass sie keinesfalls dieselben Rechte in Anspruch nehmen durften wie die arabischen Eroberer, ja, nicht einmal Vorrechte, wie sie christliche Verwaltungsspezialisten am Hof besaßen. Römer, Griechen, Perser und Turkmenen, die jubelnd die Araber als Befreier begrüßt hatten und zum Islam übergetreten waren, mussten plötzlich wie alle anderen Unterworfenen eine hohe Kopfsteuer bezahlen. Wie das? Schrieb der Koran nicht vor, dass nur »Ungläubige« diese Steuer zu entrichten hatten? Die Kalifen scherten sich wenig um solche Einwände, sie brauchten zusätzlich Geld für ihre Prachtbauten und schickten deshalb Polizeitruppen in Dörfer und Städte der muslimischen Steuerverweigerer, ließen die Rebellen massenweise verhaften, manchmal auch niedermetzeln. Sie regierten nicht anders als in vorislamischen Zeiten: despotisch, ohne Rücksicht auf die Schwachen. Ihnen galt in erster Linie die eigene Sippe etwas, dann der eigene Stamm, dann erst das eigene Volk, und nach einem weiten Abstand zählten für sie erst andere Völker. Damit fanden die Omayyaden zu jener engstirnigen Beduinentradition zurück, gegen die Mohammed so leidenschaftlich gekämpft hatte. Neubekehrte Gläubige sagten diesen Herrschern den Kampf an; Griechen, Römer, Berber, Perser, aber auch zahlreiche Araber fanden sich unter ihnen, die sich nie mit der Vorherrschaft der Omayyadensippe hatten abfinden wollen. Aufstände erschütterten das Reich. Viele der Rebellionen konnten die Kalifen im Keim ersticken, so in Arabien, in Syrien, im Irak – nicht aber in der ostpersischen Provinz Chorassan, sie lag zu weit von Damaskus entfernt.

Es waren unruhige Jahrzehnte, gefährlich für die Zukunft der jungen Weltreligion. Mohammed war noch kein Jahrhundert tot, und schon standen sich muslimische Heere kampfbereit gegenüber, verfluchten sich gegenseitig im Namen Allahs und seines Propheten, rückten mit dem donnernden Schlachtruf »*Allahu akbar!*« (»Gott ist am größten!«) gegeneinander vor.

Während jener Epoche zeichnete sich in vagen Umrissen bereits die Tragödie der islamischen Religionsspaltung ab. Noch ein Jahrhundert sollte es dauern, bis die verfeindeten Gruppen ihre eigenen Namen besaßen: Sunniten und Schiiten.

Ein Perser war es, der im Jahr 749 die Aufständischen zum Entscheidungskampf gegen die Kalifen in Damaskus sammelte, und Perser vor allem marschierten unter seinen Fahnen. Dieser Mann aus der Provinz Chorassan hieß Abu Muslim – der erste Perser von Rang und Namen in der Geschichte des Islam. Der neue Kalif? Er, der Perser, konnte es nicht sein, denn allen Muslime war es damals noch selbstverständlich, »Herrscher der Gläubigen« durfte nur ein Araber werden, der mit Mohammed blutsverwandt war. Abu Muslim nannte sich bescheiden einen »Stellvertreter seines Herrn«. Sein Herr, ein Araber, trat dann auch bald aus dem Hintergrund und gab sich als der eigentliche Führer des Aufstandes zu erkennen. »Durch die Verwandtschaft mit dem Gesandten Allahs sind wir über alle anderen erhaben«, so verkündete er in seiner ersten Rede vor dem versammelten Heer, »wir sind aus demselben Stamm wie er entsprossen. Allah hat uns im Islam einen hohen Rang zugewiesen ...« Dieser Mann hieß Abu l-Abbas as-Saffah. Sein Urahne war ein Onkel Mohammeds gewesen, enger mit dem Propheten verwandt als die gestürzten Omayyaden. Abu l-Abbas ließ sich zum neuen Kalifen ausrufen und verkündete das sehnsüchtig erwartete Gesetz: gleiche Rechte für alle Muslime, unabhängig von Rasse und Nation, keine steuerzahlenden Gläubigen, keine Vorrechte für Araber mehr. Die fremden Völker jubelten ihm zu. Nichts mehr würde zukünftig fähigen Syrern, Griechen, Römern und Persern im Weg stehen, höchste Ämter im großislamischen Reich einzunehmen. Eine Entscheidung von ungeheurer Tragweite war gefallen.

Kalif Abu l-Abbas begründete eine neue Dynastie, die der Abbasiden. Ihre Herrschaft sollte dem Islam den größten kulturellen Aufschwung in seiner Geschichte bescheren, ja, eine der eindrucksvollsten Zivilisationsepochen der Menschheit überhaupt werden. Historiker sprechen übereinstimmend von dem »goldenen Zeitalter des Islam«. Während der folgenden fünf Jahrhunderte überflügelten muslimische Wissenschaftler, Philosophen, religiöse Denker, Dichter und Künstler bei weitem die Leistungen abendländischer Christen. Die maßgebenden Männer aber waren oft keine Araber, nur ihre Sprache blieb arabisch. Seit dem Sturz der Omayyaden war es im islamischen Großreich mit der Vorherrschaft der Eroberer vorbei, nun drängten endgültig neubekehrte Muslime jener unterworfenen Völker in den Vordergrund, die den Eroberern aus der Wüste an Bildung und Kultur überlegen waren. An ihrer Spitze: Perser.

Ein Zufall war das nicht. In Persien hatte der entscheidende Aufstand begonnen. In Persien hatten auch die Abbasiden seit Generationen gelebt, einige in westlichen Landstrichen nahe Euphrat und Tigris, andere weit im Osten, in Chorassan. Sie waren Araber nach Herkunft, im Charakter und der Bildung aber hatten sie schon viel von ihrem Gastgebervolk angenommen, fasziniert von dessen höher entwickelter Kultur. Viele von ihnen hatten bereits persische Frauen geheiratet und Söhne gezeugt, die ihre arabische Heimat nur noch vom Hörensagen kannten. Was also lag näher, als dass die neue Herrscherdynastie vor allem Perser als Berater an ihren Hof holte? Und verständlich war es, dass diese Kalifen weder in Arabien noch in Syrien die Hauptstadt wünschten. Nun musste sich das Zentrum des großislamischen Reiches nahezu zwangsläufig nach Osten verlagern. Kalif Abu l-Abbas kehrte Damaskus den Rücken und ließ sich in Haschimija am Euphrat nieder. Sein Nachfolger Abu Dschafar al-Mansur baute aber am Tigris unweit der Ruinen von Ktesiphon jene Reichshauptstadt, die fast 500 Jahre lang zum glanzvollen Mittelpunkt der islamischen Welt, ja, zum überragenden Symbol eines ganzen Zeitalters werden sollte: Bagdad.

2. Bagdad: Das Persische an der »Hauptstadt der Welt«

Die Abbasiden – in der Nachfolge der Gottkönige

So mag es gewesen sein: Prächtig gekleidete Reiter hielten in Sichtweite des Handelsstädtchens Bagdad, die Bauern auf den umliegenden Feldern zogen sich eingeschüchtert zurück, und währenddessen betrachtete der Reiterführer, von Leibwächtern und Sklaven umgeben, prüfend die Gegend. Dieser Mann war Abu Dschafar al-Mansur, Kalif der Dynastie der Abbasiden.

Mansur war auf der Suche nach einer neuen Residenz, denn Haschimija, die Hauptstadt seines verstorbenen Halbbruders und Vorgängers Abu l-Abbas, lag ihm zu ungeschützt in der Ebene, dort trieb der Wind oft Sand und Staub der nahen Wüste durch die Straßen. Ein christlicher Mönch, so weiß es die Legende, hatte dem Kalifen von dem Standort des Städtchens Bagdad geschwärmt, wo die Nächte nicht so heiß und zudem frei von Mücken seien. Nun war Mansur hier und sah vor sich eine weite fruchtbare Ebene mit Palmenhainen, dahinter die silbrig glitzernden Fluten des Tigris. An diesem Tag mochte er die entscheidenden Worte gesprochen haben, die ihm die Chroniken zuschreiben: »Bei Allah, ich werde die Stadt bauen ... Sie wird ohne Zweifel die prächtigste Stadt der Welt werden.«

Im August des Jahres 762 legte der Kalif den Grundstein zu den ersten Gebäuden. Seinem Willen nach sollte die Stadt *Medinet as Salam*, »Stadt des Friedens«, heißen, aber die späteren Bewohner blieben bei dem alten Namen, den der Marktflecken am Kreuzpunkt wichtiger Karawanenwege schon zu Zeiten der Babylonier besessen hatte: *Bagdad*, »Gottesgeschenk«.

Eine riesige Baustelle entstand während des nächsten Jahrzehnts, bevölkert von Hunderttausenden von Menschen. Jede Provinz des großislamischen Reiches hatte ihre fähigsten Architekten, Kunsthandwerker und Arbeiter zu schicken. Die bedeutendsten Baumeister kamen aus dem Zweistromland selber oder aber aus dem Innern Persiens, in erster Linie aus Chorassan, wo die Abbasiden ihre treuesten Anhänger besaßen. Die neuen Machthaber ließen eine Stadt bauen, die nichts Arabisches mehr an sich hatte: eine kreisrunde Anlage, im Zentrum das Regierungsviertel mit hohen Festungsmauern und Wachttürmen, umzogen von einem breiten Wassergraben, hermetisch abgeschirmt gegen die Wohnviertel mit ihren Basaren, lärmenden Geschäftsstraßen, Schulen, Spitälern und Bädern, erst recht von den niedrigen Lehmbauten der ärmeren Bevölkerung. Keinem gewöhnlichen Bürger war es vergönnt, ohne Erlaubnis auch nur die ersten Festungsmauern zu passieren. Weithin sichtbar überragten die Prunkbauten des Kalifenpalastes mit ihren leuchtend grünen Fayencekuppeln das Häusermeer und blieben für den Normalsterblichen doch so unerreichbar wie der Mond. Rasch allerdings konnten sich die Tore des äußersten Bezirks öffnen, und berittene Polizei preschte heraus; so unnahbar der Herrscher seinem Volk auch war, so nah blieben seine Soldaten. Dies war eine total kontrollierte Stadt, in deren Mitte die Regierung wie ein Auge saß, nach dem Modell der Festungsstädte von Chorassan. Bagdad ähnelte aber auch der Sassanidenresidenz Ktesiphon, deren Bauten nur 40 Kilometer südöstlich von Bagdad zerfielen.

Ein Araber, der eine solche Stadt bauen ließ, musste von einem anderen Geist beseelt sein als seine Vorfahren aus Mekka und Medina. Kalif al-Mansur konnte zwar keine persischen Vorfahren aufweisen, denn der Vater war Araber, die Mutter eine Berbersklavin, aber ihn hatten persische Lehrer aus Chorassan kulturell geprägt. Er, der mit eigentlichem Namen Abu Dschafar hieß und sich erst später *al-Mansur*, »der Siegreiche«, nennen ließ, trat so ganz anders auf, als es Araber von ihren Fürsten gewohnt waren. Auf den ersten Blick soll er auf den Betrachter angenehm gewirkt haben. Er war hochgewachsen, schlank, trug einen schwarzen Vollbart und besaß durchdringende Augen, aber bei näherem Hinsehen erschien er düster und verschlossen. Er liebte die menschliche Nähe nicht, umso mehr schätzte er prunkvolles und steifes Zeremoniell, das jedes persönliche Gefühl verbarg und Abstand zwischen ihm und den anderen schuf. Mansur befahl seiner Familie, sich nur in kostbaren Seidengewändern und reich parfümiert den Höflingen zu zeigen, für andere Menschen sollten sie völlig unsichtbar bleiben. Stets mussten schwerbewaffnete Reiter und ein großes Gefolge von Sklaven die Mitglieder der Kalifenfamilie bei Ausritten vor den Blicken der gewöhnlichen Sterblichen abschirmen, und jeder Bürger hatte sich vor den Vorbeireitenden tief zu verneigen – ein Verhalten, das den Arabern bisher völlig unbekannt gewesen war.

Selten zeigte sich der Kalif mit seiner Familie einem größeren Kreis von Menschen, dies nur bei Botschaftsempfängen, Siegesfeiern und beim Freitagsgebet in der Moschee, hier jedoch mit allem nur erdenklichen Pomp. Kein muslimischer Fürst war bisher so aufgetreten. Weitgereiste Zeitgenossen, besonders Gesandte, mochten sich hier an das Gebaren der byzantinischen Kaiser erinnert fühlen. Perser und Iraker hingegen brauchten nicht über ihre Landesgrenzen hinauszusehen, sie fanden das Vorbild in ihrer eigenen vorislamischen Geschichte: bei den Gottkönigen.

Völlig undenkbar war es, dass ein Bittsteller sofort zum Kalifen selbst vordringen konnte, selbst hohen Staatsbeamten war es nicht ohne weiteres vergönnt, bis vor den Thron zu treten und dem Herrscher ins Gesicht zu blicken. Je niedriger ein Untertan im Rang war, desto rascher wurde er aufgehalten im

Labyrinth von Sälen, Fluren und Empfangszimmern, vor deren Türen schwerbewaffnete Wachen und prunkvoll gekleidete Kammerherren den Besucher furchteinflößend kontrollierten und ihn warten hießen. Allein besonders begünstigte Würdenträger durften schließlich den Thronsaal betreten, dort aber blieb der Kalif durch einen Gazevorhang von den Versammelten getrennt, nur schemenhaft waren die Konturen seiner Gestalt sichtbar, nur zu erahnen blieben der schimmernde Brokatstoff der Gewänder, die blitzenden Edelsteine am Turban aus schwerer Seide. Nicht mehr zu erkennen war aus der respektvollen Entfernung der Untertanen das Augenpaar, das durch den dünnen Vorhang jede Bewegung im Saal verfolgte. Für alle deutlich sichtbar, ja, ins helle Licht gerückt blieben dagegen die zahlreichen Schreiber und Verwaltungsbeamten auf der untersten Stufe der Thronpyramide, sichtbar auch die Kämmerer und die Minister etwas höher. Vor ihnen musste sich der Untertan niederwerfen, den Boden küssen und dann sein Gesuch vortragen. Je nach Rang des Untertans antwortete ein niedriger oder höherer Beamter aus der Hierarchie. Der Kalif äußerte sich nur zu den wichtigsten Fragen selber, für nicht wenige Untertanen musste es bange Minuten des Wartens bedeuten, bis endlich der ranghöchste Minister die Antwort an rangniedere Beamte weitergab.

Ein einschüchterndes Hofzeremoniell. Bis in Einzelheiten erinnerte es an das Ritual des Schah-in-Schah am Hof von Ktesiphon. Nichts mehr war am Kalifenhof Bagdads von der Tradition beduinischer Stammesführer zu spüren, wie sie die Omayyaden noch gepflegt hatten. Ein Kalif in Damaskus ließ zwar auch nicht mehr jeden Untertan vor seinen Thron treten, wie dies noch bei den ersten Nachfolgern Mohammeds in Medina selbstverständlich gewesen war, aber stets blieben die Herrscher für eine Anzahl Stammesfürsten zu sprechen, die freimütig Kritik üben durften. In Bagdad dagegen gingen die Kalifen dazu über, ehemalige Sklaven zu Generälen und Ministern zu machen – Männer, die keine Bindung an eine mächtige Adelsfamilie kannten, sondern nur noch ihrem Herrn und Besitzer bedingungslos ergeben waren. Auch dies hatten die Abbasiden von den Gottkönigen gelernt.

Entsprechend verhielten sich die Abbasiden in der Wahl ihrer Frauen. Anders als die Omayyaden bevorzugten sie keine arabischen Prinzessinnen, sondern persische Sklavinnen, in späteren Jahrhunderten auch kriegsgefangene Türkinnen, alles Frauen, die ihnen von vornehmen Vasallen als Tribut gestellt werden mussten. Die neuen Machthaber wollten den selbstbewussten Beduinenadel nicht nur von den Ministersesseln und aus Staatskanzleien verdrängen, sondern auch aus den Frauengemächern. Sie, die Abbasiden, ließen sich, je länger ihre Dynastie an der Macht war, nur noch von unmündigen Sklavinnen ihre Söhne gebären. Denn damit konnte keine einflussreiche Sippe sich einer Verwandtschaft zur Herrscherfamilie rühmen und daraus etwa selber einen Thronanspruch ableiten. Übernommen hatten die Kalifen von Bagdad diesen Brauch ebenfalls vom Königshof der Sassaniden.

So aber schufen die Abbasiden einen neuen Maßstab, Frauen zu bewerten: Frauen in ihrem Umkreis galten als völlig rechtlos – eine Bewertung, die sich in späteren Jahrhunderten auch in anderen Bevölkerungskreisen immer mehr durchgesetzt hat. Den Arabern war dies bis dahin fremd gewesen. Zwar galt auch ihnen die männliche Überlegenheit als selbstverständlich und heirateten manche von ihnen nach Erlaubnis des Korans mehrere Frauen, Begüterte hielten sich zusätzlich noch etliche Kurtisanen – aber streng bewacht und abgeschlossen hatten ihre Gattinnen niemals leben müssen. Wir wissen, dass etwa die Frauen des Propheten sich ungehindert unter Männern hatten bewegen können, ja Mohammeds erste Gattin Chadidscha hatte gar ein Handelsunternehmen besessen und geführt.

Die zunehmend nachteilige Entwicklung für die Frauen bis hin zur total despotischen Unterdrückung hat sich allerdings nicht innerhalb weniger Jahrzehnte, sondern über mehrere Jahrhunderte hinweg vollzogen. Erste Schritte hatte bereits der Omayyadenkalif al-Walid II. im Jahr 743 eingeleitet, als er nach dem Vorbild achämenidischer wie sassanidischer Gottkönige seine Frauen vor den Blicken der Öffentlichkeit strikt abschirmte und ihnen sogar, falls sie ihre Gemächer verließen, einen Gesichtsschleier verordnete. Schon unter seiner Herrschaft war das arabische Wort *haram* (»heilig, verboten, abgeschlossen«) für den Bereich der Frauengemächer verwendet worden; ursprünglich galt die Bezeichnung nur für das Innere der Kaaba von Mekka, das zu bestimmten Zeiten den Gläubigen verwehrt blieb. Aber der *Harem* wie der Gesichtsschleier der Frau setzten sich erst während der folgenden fünf Jahrhunderte, ausgehend von der maßstabsetzenden Zentrale in Bagdad, als fragwürdige elitäre Einrichtung an islamischen Fürstenhöfen weitgehend durch; hierbei ließen jedoch manche der herausragenden Herrscher (selbst bei den Abbasiden) ihren Hauptfrauen noch relativ viel Bewegungsfreiheit. Dass dieser im Grunde unislamische Brauch schließlich während des 17. und 18. Jahrhunderts bis weit in Kreise einfacherer Volksschichten drang, ohne durch reformerische Gegenkräfte gebremst zu werden, demonstriert den allmählichen Niedergang einer einst hochstehenden Kultur.

Zurück zur speziellen Entwicklung bei den Abbasiden. Perserinnen bevölkerten zunehmend die Haremsgemächer und gebaren den Herrschern die Söhne, Perser stellten die Leibgarde des Kalifen, Perser rückten in die Ministerämter auf und wurden zu den einflussreichsten Beratern der arabischen Regenten. Arabische Gefolgsleute empfanden bald genug Unbehagen an diesem neuen Auswahlsystem, manche äußerten offen ihre Kritik und mussten eilig Bagdad verlassen, um dem Zorn des Kalifen zu entgehen.

Was aber, so muss man sich fragen, blieb dann noch am Hof von Bagdad arabisch?

Die ranghohen Korangelehrten blieben Araber. Undenkbar erschien es selbst den Abbasidenkalifen, diese Ämter ihren Verbündeten aus Chorassan zu übertragen, hatte doch nach Auffassung der Muslime Gott auf Arabisch zu Mohammed gesprochen und nur in arabischer Sprache durfte der Koran veröffentlicht werden. Kalif al-Mansur ließ die angesehenen Korangelehrten aus Mekka und Medina an seinen Hof rufen, er übertrug ihnen die Aufgabe, die richtige Auslegung des Heiligen Buches zu überwachen. Die bedeutendsten islamischen Lehrer sollten durch Diskussion alle Streitigkeiten in Glaubensfragen beseitigen, und worauf sie sich einigten, hatte als richtig zu gelten. Hier folgte Mansur dem bisher üblichen Brauch: Besonders befähigte Geistliche und nicht der »Herrscher aller Gläubigen« urteilten über die Religion. Nur betonte Mansur stärker als seine Vorgänger, dass der Kalif Schiedsrichter im Widerstreit der Koranauslegungen sein müsse. Zum Zeichen seiner religiösen Erhabenheit legte sich Mansur den Titel »Schatten Allahs auf Erden« zu und trug bei religiösen Festen einen Mantel, den angeblich auch Mohammed getragen hatte.

Weit über die gewöhnlichen Sterblichen hinausgehoben – im Stil eines altpersischen Gottkönigs – regierte der Kalif von Bagdad. Aber er konnte nicht auf einen maßgeblichen Helfer und Ratgeber verzichten, der eine Brücke zwischen ihm und den Untertanen schlug. Zu diesem Zweck schuf Mansur das Amt des Wesirs. Spätere Kalifen gingen dazu über, mehrere Wesire zu ernennen und an ihre Spitze einen Großwesir zu berufen. Der Titel ist arabisch und bedeutet »Der die Lasten tragen hilft«, das Amt aber ist persisch. Wie einst am Hof der Gottkönige von Ktesiphon ein ranghöchster Minister, so durfte jetzt allein ein Wesir ständig mit dem Herrscher reden und ihm dabei ins Gesicht blicken. Der Wesir leitete die Staatsgeschäfte und stieg neben dem Kalifen zum mächtigsten Mann im Reich auf.

Über Jahrzehnte stellte eine einzige Familie die Wesire. Selbstverständlich war dies eine persische Sippe, und nicht zufällig kam sie aus Chorassan, wo Kalif al-Mansur aufgewachsen und erzogen worden war. Es war die Familie Barmak. Sie wurde zum leuchtenden Symbol eines neuen Zeitalters, mit ihr rückten zum ersten Mal traditionsbewusste, hochgebildete Perser ins Zentrum der islamischen Macht. Diese Männer – noch vornehme Adlige und keineswegs, wie später üblich, ehemalige Sklaven am Hof – eröffneten dem Kalifen ganz neue Perspektiven. Hatten die arabischen Eroberer in Palästina, Syrien und Ägypten meist nur griechische und römische Wissenschaften kennengelernt, so erschlossen ihnen die Wesire der Barmakiden die Schätze persischer Bildungsstätten: neben Werken aus dem alten Iran und der griechischen Antike zahlreiche Bücher babylonischer, indischer und chinesischer Herkunft – aus Kulturkreisen, in denen sich niemand so gut zu Hause wusste wie die Barmakiden, waren doch ihre Vorfahren Buddhisten mit beträchtlichen Kontakten nach Indien, Tibet und China gewesen.

Die ersten bahnbrechenden Folgen dieses neuentdeckten Bildungsguts zeigten sich bereits in den 770er-Jahren. Damals führte der Wesir Chalid ibn Barmak dem Kalifen al-Mansur den berühmtesten persischen Arzt seiner Zeit zu, Dschurdschis, einen Christen. Dies sollte ebenfalls weitreichende Folgen haben. Dschurdschis war gerufen worden, um chronische Verdauungsstörungen Mansurs zu kurieren, keiner der arabischen Ärzte hatte Erfolg gehabt. Dem persischen Mediziner gelang es, worauf er zum Leibarzt ernannt wurde. Nicht genug damit: Mansur wurde dadurch auch auf die medizinische Hochschule von Dschundischapur aufmerksam, aus der sein Arzt hervorgegangen war, und er befahl, ihre sämtlichen Bücher ins Arabische zu übersetzen. Diese persische Hochschule sollte zum Ausgangspunkt für die höchstentwickelte Medizin des Mittelalters werden, nicht nur des islamischen Orients, sondern der ganzen Welt.

Aber diese Hochblüte erlebte Mansur nicht mehr, er starb im

Jahr 775. Er hatte 21 Jahre regiert. Und während dieser Zeit hatte er, der Herrscher eines Weltreiches, späteren Generationen die Richtung gewiesen. Kalif al-Mansur war es, der begonnen hatte, die islamische Kultur »persisch« zu gestalten – im Guten wie im Bösen.

Harun al-Raschid – Legende und Wahrheit

Es geschah in Bagdad zur Zeit des Kalifen Harun al-Raschid ...

So und ähnlich beginnen zahlreiche Sagen, Märchen, Lehrfabeln und auch realistische, sozialkritische Erzählungen aus dem gewaltigen Sammelwerk mit dem arabischen Titel *Alif leila waleila*, zu deutsch: *Tausendundeine Nacht*.

Die erste Nachricht über die uns wohl bekannteste Dichtung des Orients stammt von dem Perser al-Masudi; er berichtet um das Jahr 930 unserer Zeitrechnung von einem persischen Buch mit dem Titel *Hazar Afsana, Tausend Erzählungen*. Zu jener Zeit muss es gewesen sein, dass die Dichter Bagdads das monumentale Werk ins Arabische übertrugen, Erzählmotive abwandelten, manches neu fassten, manches erst jetzt erfanden. Aladin und die Wunderlampe, Ali Baba und die vierzig Räuber, Sindbad der Seefahrer, Prinz Achmed und die Fee Peribanu – wer kennt sie nicht, diese farbenprächtigen, geheimnisvollen, in ihrer Tiefe kaum ausschöpfbaren Erzählungen. Viele dieser Geschichten stammen aus vorislamischer Zeit. Ihre Ursprünge lassen sich bis nach Indien zurückverfolgen, von wo Textsammlungen in den iranischen Raum gelangten. Und hier erfand die Phantasie von Generationen immer neue Motive, Szenen, Situationen und Gestalten hinzu. Die Rahmenerzählung, wie es nämlich dazu kam, dass die Wesirstochter Scherezhad dem König Scherijar Jahre hindurch in 1001 Nächten immer neue Geschichten erzählt, stammt aus Indien – der Name *Scherezhad* aber geht bereits auf das Persische zurück und bedeutet »Die Edelgeartete«.

Die wenigsten Erzählungen entstanden durch Araber, arabisch war nur die Sprache, in der die Sammlung auf Befehl der Kalifen schriftlich gefasst wurde. Vor allem Perser griffen auf den Erzählschatz zurück, wie er seit Jahrhunderten in ihrem Volk zu Hause war, gestalteten die uralten Motive neu und ließen in die detailreichen, sinnlich prallen, farbenprächtigen Szenenfolgen Beobachtungen aus dem alltäglichen Leben der Reichshauptstadt Bagdad einfließen: Prunk und Armut dicht nebeneinander, verschwenderische Hofhaltung der Fürsten, das drückende Leben von Sklaven, Lastträgern, Bauern; Großmut und Tyrannei der Mächtigen, Verzweiflung und fatalistischer Gleichmut der sozial Schwachen; die Zustände in den Palästen, Harems, Basaren, Kaufmannskontoren, Karawansereien, Dörfern. Das literarische Werk bot die ganze gesellschaftliche Vielfalt im Zentrum eines damaligen Weltreiches, mal mythisch verschlüsselt, mal märchenhaft eingekleidet oder realistisch ungeschminkt.

Leitmotivisch taucht in zahlreichen Erzählungen Kalif Harun al-Raschid auf, der heute wie keine andere orientalische Herrschergestalt unsere Phantasie beschäftigt. Er lebt in unvorstellbarem Prunk, aber vor seinem Thron findet auch der einfache Mann von der Straße Gehör. Er zieht mit prächtigem Gefolge durch die Gassen Bagdads, wird aber auf den Bettler am Straßenrand aufmerksam, bittet ihn in seinen Palast, lässt sich die Lebensgeschichte berichten, ist erschüttert und gerührt von dem Schicksal und beschenkt den Erzähler reichlich. Er streift mit seinem Großwesir Dschafar nachts unerkannt, als Kaufmann verkleidet, durch die Basare und Schenken Bagdads, lauscht den Klagen der Bevölkerung über ungerechte Richter, bestechliche Polizeioffiziere, korrupte Staatsbeamte, kehrt in seinen Palast zurück, lässt die Beschuldigten rufen und verurteilt sie unbarmherzig, aber gerecht …

Harun ist die arabische Form des Namens Aron, *al-Raschid* bedeutet »der Rechtgeleitete«, »der Aufrechte«. Dieser Mann ist nicht nur für die Dichter und Märchenerzähler, sondern auch für die Historiker eine markante Herrschergestalt. Er, ein Enkel Mansurs, war der fünfte Kalif aus dem Geschlecht der Abbasiden und regierte von 786 bis 809, ein Zeitgenosse Karls des Großen. Eine persische Sklavin hatte ihn in der persischen Stadt Rey (nahe dem heutigen Teheran) im Jahr 763 unserer Zeitrechnung geboren – auch er war längst kein reinblütiger Araber mehr.

Unter der Regierung von Harun al-Raschid wurde Bagdad zu einer der glanzvollsten Städte der Welt. Viele Hundert schlanke Minarette überragten das Gewirr der Gassen und Basare, riesige Kuppeln überwölbten die Moscheen und Paläste, Hunderte Backsteinmauern der öffentlichen Gebäude waren mit grün- oder blauglasierten Fayencekacheln überzogen – ein Erbe aus der Residenz der Gottkönige von Ktesiphon. Die Palastbauten des Kalifen am palmenbestandenen Tigrisufer übertrafen an Prunk alles bisher Dagewesene. Eine Pracht in »Azur und Gold«, so schrieb ganz hingerissen ein zeitgenössischer Chronist. Rings um die neue Kalifenresidenz wuchsen die Paläste der Wesire und anderer bedeutender Staatsbeamter in die Höhe, es entstand eine Stadt in der Stadt – ein Sammelpunkt für Gelehrte und Dichter, vor allem Dichter, so wünschte es sich Harun al-Raschid. Er zahlte ihnen hohe Gehälter auf Lebenszeit und spornte sie zu immer neuen Leistungen an. Nicht selten, so berichten die Chroniken, habe der Kalif einem Dichter für einen einzigen großartigen Vers ein Vermögen geschenkt. Nimmt es da wunder, dass die Poeten den Kalifen durch Lobhymnen verklärten, ihn geradezu als ideale Herrscherfigur in ihre Erzählungen einziehen ließen?

Verdiente Harun al-Raschid diesen Ruhm? Am besten lassen wir hier den Historiker Anthony Nutting sprechen, seine Aussage im Buch *Von Mohammed bis Nasser* trifft den Kern: »Je mehr man das Leben Haruns studiert, umso deutlicher wird es, dass der fast hypnotische Einfluss, den er auf moderne Historiker ausübt, faktisch unberechtigt ist. Wohl war er ein tüchtiger, wenn auch brutaler und neidischer Regent. Aber hervorragende Fähigkeiten besaß er keineswegs. Dank der Anstrengungen Abu Dschafars (des Kalifen al-Mansur) hatte er ein eigenes Reich geerbt, mit einer Tradition, die West und Ost bereits mit Neid erfüllte. Über dieses Erbe präsidierte er mit gebührendem Pomp. Sein eigener Beitrag war jedoch sehr geringfügig. Als er starb, war das Reich kleiner als zu der Zeit, da er es übernommen hatte.«

Die Verwaltung des Riesenreiches überließ er seinem Großwesir Yahya und später dessen Sohn Dschafar aus der Familie der Barmakiden; sie sorgten für Sicherheit und Ordnung in den Provinzen, ließen Straßen, Brücken, Herbergen und Kanäle bauen. Was also ließ Harun al-Raschid berühmter werden als seine Vorgänger und Nachfolger? Dieser Kalif besaß nichts als das einmalige Glück, zu einem Zeitpunkt zu regieren, als das großislamische Reich auf dem Gipfel seiner Macht stand. Er brauchte nur zu ernten, was andere gesät hatten. Erntete er gut?

Wollte man die Erzählungen von *Tausendundeiner Nacht* als Geschichtsquelle nehmen, müsste man dies bejahen. Aber die, die ihn als idealen Herrscher verklärten, waren fürstlich bezahlte Hofpoeten. Sie webten noch Generationen nach seinem Tod fleißig weiter an seiner Legende, in der wehmütigen Erinnerung, dass er wie kein anderer Kalif die Dichter gefördert und verwöhnt hatte. In der Tat: Fünftausend Goldstücke für einen gelungenen Vers, wie manche Chroniken lobend berichten, ehrten diesen kulturfreudigen Herrscher. Aber vom selben Geld hätte die Familie eines Bauern über Jahre hinweg gut leben können – nur: Die Bauern in den fruchtbaren Ebenen von Euphrat und Tigris besaßen meist wenig Geld; sie hungerten trotz reicher Ernte, denn sie mussten von ihren geringen Parzellen meist bis zur Hälfte ihrer Erträge an den Großgrundbesitzer abführen, und dieser hatte hohe Steuern an die Regierung in Bagdad zu zahlen.

Steuern? Schrieb der Koran nicht vor, nur »Ungläubige« hätten Abgaben aufzubringen? Einst waren die Abbasiden gegen die Omayyadenkalifen ins Feld gezogen mit dem Versprechen, die Muslime von den »gottlosen« Steuern zu befreien. Jetzt aber erhoben die neuen Herren ihre Forderungen, auch sie brauchten Geld für ihre aufwendigen Bauten, ihren pompösen Lebensstil, auch unter ihrer Regierung konnten Christen, Juden und Zarathustrier allein die nötigen Mittel gar nicht mehr herbeischaffen. Aber einen Unterschied machten die neuen Herrscher zu den Omayyaden: An ihre Regierung mussten alle bezahlen, ohne Rücksicht darauf, ob Muslime oder Angehörige einer andersgläubigen Minderheit, ob Araber oder Perser – vor dem Despoten waren sämtliche Untertanen gleich.

Viele Bauern litten schwer unter dem Druck der Steuerlast, nicht wenige von ihnen mussten ihren Besitz an mächtige Adlige verpfänden, mehr noch, mussten sich selber als Sklaven verdingen und konnten trotzdem der drohenden Hungersnot nicht entgehen. Dagegen streute der Kalif das Geld mit vollen Händen unter die Dichter und Wissenschaftler. Harun al-Raschid liebte die Kunst – keine Chronik lässt daran Zweifel –, aber die Menschen liebte er nicht, sie waren ihm nur Material, um den Ruhm seines Reiches, vor allem aber seinen eigenen Ruhm, zu fördern. Gleichgültig blieb er gegenüber dem Elend auf den Plantagen der Großgrundbesitzer, ungerührt auch von dem ärmlichen Leben in den Vororten Bagdads, ja wahrscheinlich hat er es nicht einmal wahrgenommen. Es ist bloße Legende, dass er nachts mit seinem Großwesir unerkannt durch die Basare und vor Kot stinkenden Straßen der Vorstädte wanderte. Zu seiner Regierungszeit wuchsen nicht nur die Palastbauten rascher als früher, sondern auch die Elendsviertel. Bildhaft vermittelt uns der Kommentar eines anonym gebliebenen Zeitgenossen diesen Kontrast: »Bagdad ist ein herrlicher Aufenthalt für die Reichen, doch für die Armen eine Stätte des Elends und der Bedrängnis. Ratlos wanderte ich lange durch die Straßen, verloren wie ein Koran im Hause eines Gottlosen.«

Die Erzählungen von *Tausendundeiner Nacht* haben Harun al-Raschids Andenken in der Nachwelt verklärt. Aber dieser Ruhm blieb nicht unwidersprochen. Als die Poeten mit Legenden die historische Wahrheit zu verdecken begannen, meldeten sich auch die Kritiker zu Wort – sie schufen ihre Gegenlegenden, um dem »Märchenkönig« seinen Glanz zu nehmen; ihnen erschien es als Anmaßung, dass sich ein Kalif »Schatten Allahs auf Erden« nennen ließ und doch nur handelte wie ein sündiger Mensch. Besonders Korangelehrte und Derwische, muslimische Mystiker und Wanderprediger, traten als Mahner auf. Ihre Worte sind in der islamischen Überlieferung bekannter als in der europäischen. Dort weiß man zum Beispiel von dem arabischen Derwisch Sufyan at-Tauri, der angeblich ein Erzieher des Prinzen Harun gewesen war und seinen ehemaligen Zögling mit folgenden Wort aufzurütteln versuchte: »Und wie wird es erst mit dir werden, Harun, morgen, wenn der Herold auf Veranlassung Gottes, des Erhabenen, ruft: ›Es mögen sich versammeln die Frevler und ihre Genossen – wo sind die Tyrannen und ihre Helfer?‹ und du vor Gott hintrittst mit an deinen Nacken gebundenen Händen, die nur deine Rechtschaffenheit und Gerechtigkeit lösen kann? ... Behalte meinen Rat im Gedächtnis, und lasse dir meine Warnung zur Lehre dienen ... Fürchte Gott in deinen Untertanen, Harun ...«

Ein anderer Bußprediger, der Perser Fozeil Ayaz, hat angeblich den Kalifen mit folgenden Worten gescholten: »Lass deine Seele aufwachen und wisse, dass du am Gerichtstag für den Zustand eines jeden deiner Untertanen verantwortlich bist. Ja, wenn ein altes Weib eine Nacht hungrig und ohne Brot schläft, wirst du, o Kalif, darauf antworten müssen.« Auf diese Mahnung hin, so weiß es die Legende, sei Harun al-Raschid in Tränen ausgebrochen und schließlich ohnmächtig zu Boden gestürzt.

Auch dies sind wohl nur poetisch ausgeschmückte Darstellungen, die nichts mit der historischen Herrschergestalt gemeinsam haben. Aber in solchen Berichten melden sich die Unzufriedenen zu Wort, deren Zahl man nicht unterschätzen darf. Sie kamen aus den Reihen der Sunniten wie Schiiten, es waren »Männer der Religion«, die es nicht dulden wollten, dass ein Kalif das Gebaren altpersischer Gottkönige nachahmte. Sie versuchten, den Herrscher zurückzuholen auf die Ebene des ganz normal Sterblichen, des Sünders, der vor Gott im Rang nicht höher steht als ein Sklave, und sie wollten den Gläubigen bewusst machen, dass gerade solche Herrscher gegen den Geist des wahren Islam verstießen. (Mehr als ein Jahrtausend später predigte Khomeini mit ähnlichen Worten gegen den Schah.)

Harun al-Raschid starb mit nur 45 Jahren an einem Unterleibsleiden. Man schrieb das Jahr 807 unserer Zeitrechnung; damals hatte Karl der Große im fernen Frankreich noch sieben Jahre seiner Regierung vor sich. Er starb aber nicht in Bagdad, sondern auf einer Reise in der ostpersischen Provinz Chorassan nahe der heutigen Pilgerstadt Mesched und bekam dort ein Grab in einem Mausoleum. Das Leben des »arabischen« Kalifen hatte also auf persischem Boden begonnen und geendet.

Kalif Mamun träumt von Aristoteles

Harun al-Raschid war überraschend gestorben und hatte nicht die Zeit gehabt, einen Nachfolger zu ernennen. Aber zwei seiner Söhne waren alt genug, um ihn zu beerben: Amin und Mamun. Den ersten hatte eine arabische Prinzessin geboren, den letzteren eine persische Sklavin. Wer sollte Nachfolger werden?

Es kam zum Bürgerkrieg. Hinter Amin scharten sich Araber, hinter Mamun Perser. Noch einmal versuchten arabische Adlige, mit Geld und Soldaten jenen Einfluss zurückzugewinnen, den sie seit Kalif al-Mansur verloren hatten. Aber ihr

Unglück war, dass Amin, dieser Spross von »edlem« arabischem Blut, unfähig und despotisch regierte. Mamun dagegen, der weniger vornehme »Bastard« einer persischen Sklavin, galt als fähiger Kopf. Das Ende war abzusehen. Amin konnte die Soldaten nur so lange um sich scharen, wie er Geld unter sie verteilen ließ. Kaum aber blieb der Sold aus und nahte Mamuns Armee, liefen seine Anhänger scharenweise zum Gegner über; Mamuns Truppen siegten, treu ergebene Perser aus Chorassan. Der triumphierende General Tahir ließ an Mamun den abgeschlagenen Kopf des Halbbruders schicken. Es war das letzte Mal, dass Araber versucht hatten, im Zentrum des großislamischen Reiches an die Macht zu kommen; endgültig blieben nun in Bagdad die Führungsposten den Persern vorbehalten.

Mit Kalif Abdallah al-Mamun kam eine der geistig vielseitigsten Herrscherpersönlichkeiten auf den Thron. Seine Vorgänger und Nachfolger überragte er an intellektuellen Gaben, er nur war fähig, gleichermaßen sachkundig mit Dichtern, Künstlern, Theologen, Philosophen und Naturwissenschaftlern zu diskutieren. Hatte sein Vater Harun al-Raschid in erster Linie Dichter und Künstler um sich gesammelt, so rief Mamun zusätzlich berühmte Mediziner, Physiker, Mathematiker und Astronomen an seinen Hof. Hier glich er dem Sassaniden-Schah Chosrau I., und möglicherweise hatte er sich von diesem Vorbild leiten lassen. Selbstverständlich lud er, der »Herrscher der Gläubigen«, auch die bedeutendsten religiösen Denker zu Diskussionen, aber im Stil unterschied er sich selbst hier deutlich von seinen Vorgängern, nicht zuletzt von seinem Vater. Hatte Harun al-Raschid nur sunnitische Korangelehrte zu Gesprächen empfangen, so lud Mamun neben Sunniten auch Schiiten, außerdem Christen, Juden und Zarathustrier zu sich.

Kein Herrscher seiner Zeit zeigte sich so wie Mamun bereit, ohne Vorbehalt die verschiedensten Denkrichtungen und Weltanschauungen zu Wort kommen zu lassen. Nie zuvor und selten in späteren Jahrhunderten durften an einem islamischen Fürstenhof Gelehrte und Philosophen derart frei gegensätzliche Meinungen äußern. Anschaulich beschreibt uns der Perser al-Masudi, ein Zeitgenosse, wie eifrig bedacht der Kalif war, mit allen bedeutenden Gelehrten persönlich zu reden und sich von ihrem Denken anregen zu lassen. »Mamun pflegte jeden Dienstag Gäste zu laden, mit denen er theologische und juristische Fragen besprach … Die Gelehrten verschiedener Sekten wurden in den teppichbelegten Raum geführt, Tische mit Speise und Trank wurden hereingetragen … Sobald die Mahlzeit beendet war, holten Bedienstete Räucherschalen mit Weihrauch, und die Gäste besprengten sich mit Duftstoffen. Hierauf wurden sie vor den Kalifen geführt. Er diskutierte mit ihnen so freundlich und unparteiisch und so frei vom Hochmut eines Monarchen, wie man sich nur denken kann.«

Eine solch weltoffene Atmosphäre wäre an einem europäischen Fürstenhof dieser Zeit unmöglich gewesen. Mitte des 10. Jahrhunderts kam noch kein Christ auf die Idee, mit Philosophen und Wissenschaftlern fremder Kulturen, geschweige denn mit Theologen anderer Religionen zu diskutieren; Jahrhunderte mussten noch bis zu diesem Zeitpunkt verstreichen. Hochmütig verschloss man sich im christlichen Abendland vorerst gegen alles Denken, das aus »heidnischen« Buchbeständen kam. Und so verstaubten in den Archiven byzantinischer Universitäten zahlreiche Werke aus der griechischen Antike, verkamen bei schlechter Lagerung oder wurden gar von besonders glaubenseifrigen Christen als »Teufelszeug« vernichtet.

Anders im Herrschaftsbereich Mamuns: Aus allen Teilen des weitverzweigten Reiches gelangten wertvolle Buchrollen nach Bagdad, auch aus nichtpersischen Bibliotheken. Besonders die griechische Akademie von Alexandria erwies sich als Fundgrube, in ihr lagerten seit Jahrhunderten meist unbeachtet die Schriften der »Heiden« Platon, Aristoteles, Euklid, Pythagoras und anderer. Zwar hatten schon Omayyaden in diesen Beständen nach wichtigen griechischen Büchern suchen lassen, um sie ins Arabische zu übersetzen, aber systematisch waren sie noch nicht ans Werk gegangen. Dies blieb dem Abbasidenkalifen Mamun vorbehalten.

Im Jahr 825 gründete Kalif Mamun in Bagdad eine Akademie mit dem Namen *Bait al-Hikam*, »Haus der Weisheit«. Als Vorbild diente die wesentlich ältere Anlage von Dschundischapur, die noch unter der Dynastie der Sassaniden errichtet worden war. In diesem »Haus der Weisheit« arbeiteten rund 90 Menschen an wissenschaftlichen Übersetzungen, vor allem aus dem Griechischen, teilweise auch aus indischen Sprachen in das Arabische. Am Aufbau dieser Akademie waren vor allem wissenschaftlich gebildete Christen und Juden beteiligt, sie waren aufgrund ihrer Sprachkenntnisse – sowohl des Griechischen als auch des Arabischen – unentbehrlich. Die Gründung der Akademie wurde wesentlich durch die Entwicklung der Papierherstellung im arabisch-persischen Kulturraum begünstigt. Denn die im Jahr 105 in China erfundene Produktion von Papier war Ende des 8. Jahrhunderts auf Handelswegen über die sogenannte Seidenstraße nach Samarkand und Buchara und von dort nach Bagdad gelangt. In der Hauptstadt des Abbasidenreiches konnte man daher schon wesentlich früher als in Europa Wissenswertes auf billigem Papier statt auf teurem Pergament kostengünstig verbreiten. (Im christlichen Abendland entstand die erste Papierfabrik 1280 in Italien, 1390 wurde erstmals im deutschen Kulturraum Papier hergestellt.)

Gedankengut aus der griechischen Antike! Musste da nicht selbst ein Muslim stutzen? Die Griechen vor 1000 Jahren hatten schließlich nicht zu dem »einen Gott« gebetet, sie mussten als »Götzendiener«, als »Heiden« eingestuft werden. Behielten die Christen nicht recht, wenn sie solche Schriftrollen möglichst verschnürt ließen oder gar vernichteten? Muslimische Gelehrte begannen, solche Fragen zu stellen. Keiner sträubte sich allerdings, von den Griechen Medizin, Mathematik und Astronomie zu lernen, denn hier handelte es sich um Erkenntnisse der

»äußeren Welt«. Wie aber, wenn es um Religion und Philosophie ging? Etliche Gelehrte fanden es ketzerisch, dass griechische Philosophen mit den Mitteln der Logik und der Vernunft das Göttliche zu begreifen versuchten. Sie teilten ihre Bedenken den Korangelehrten mit, diese sandten eine Abordnung zu Kalif Mamun und erhoben Einspruch, die Schriften von »Ungläubigen« studieren zu lassen. Mamun zögerte. Er konnte sich den Argumenten seiner arabischen Geistlichen nicht völlig verschließen. Aber er hörte sich in seinen wöchentlichen Diskussionsstunden auch persische Intellektuelle an, für deren Vorfahren es selbstverständlich gewesen war, griechische Philosophie zu studieren; diese Intellektuellen wollten die altbewährte Tradition unter einem islamischen Herrscher wieder voll zur Blüte bringen. Wie würde sich der Kalif entscheiden? Je heftiger Korangelehrte gegen Ketzer wetterten, desto nötiger wurde es, dass der »Herrscher der Gläubigen« mit einem Machtwort in diesen Streit eingriff. Monatelang schwieg der Kalif zu diesem Problem.

Ein Traum – so weiß es die Legende – hat ihm schließlich zur Entscheidung verholfen: Eines Abends ging er durch verschiedene Gemächer seines Palastes, und da traf er auf einen Mann, der in einem Sessel saß und las. Dem Aussehen nach konnte der Fremde weder Araber noch Perser sein, denn er trug keinen Turban, sondern hielt die Glatze mit weißem Haarkranz unbedeckt, auch waren die Haut und die Augen sehr hell. Mamun fragte: »Wer bist du?«, und der Fremde antwortete: »Ich bin Aristoteles.« Der Kalif begann mit dem griechischen Philosophen eine Diskussion über Gott und den Sinn des Lebens. Aristoteles versicherte ihm, er und alle griechischen Philosophen von Rang glaubten nicht mehr an Götter und Götzen, sondern an das »Eine«, die »höchste Vernunft«, von der alles Geschaffene ausgehe. Mamun wollte nun wissen, ob Aristoteles diese »Weltvernunft« mit Allah gleichsetze. Der Gefragte bejahte und setzte hinzu: Je vernünftiger ein Mensch denke, desto mehr spiegle er in sich Eigenschaften der »Weltvernunft«, des »Göttlichen«. – Mamun erwachte aus dem Schlaf, rief die wichtigsten Gelehrten und ranghohe Geistliche zur Audienz und verkündete ihnen: Griechische Schriften dürften gelesen werden.

Eine folgenreiche Entscheidung! Innerhalb von Jahrzehnten wurden muslimische Gelehrte in bisher nicht gekanntem Maß mit der Tradition des griechischen Wissens vertraut, daneben mit römischen, altpersischen, babylonischen, indischen und chinesischen Werken – eine Vielfalt an Bildung, durch die sie bald allen anderen Gelehrten der Welt überlegen waren. Erste Früchte zeigten sich bereits zur Regierungszeit des Kalifen Mamun.

Aristoteles auf Arabisch, Hippokrates auf Arabisch, Archimedes auf Arabisch, dazu die Erkenntnisse indischer und altpersischer Wissenschaft – eine Explosion des Wissens bahnte sich an. Es dauerte kein Jahrhundert und schon waren ihre bisher wenig bekannten Werke überall verbreitet, wo die Gelehrten, Philosophen und Dichter arabisch sprachen, in mehr als der Hälfte der damals bekannten Welt: vom maurischen Spanien bis an die Grenzen Indiens. Bagdad wurde endgültig zur Hauptstadt einer weltweit folgenreichen Kultur. Perser hatten maßgeblich an diesem Aufschwung mitgewirkt, Perser waren auch die Ersten, die eigenständige Genies dieses neuen Denkens hervorbrachten (davon im nächsten Kapitel mehr).

Ein Jahrhundert später erst lernten Araber von den Persern und traten ihnen gleichrangig zur Seite; dann stiegen Kairo und Córdoba neben Bagdad zu neuen kulturellen Hauptstädten der islamischen Welt auf. Und Araber sollten es sein, die ihr Wissen schließlich an das christliche Europa weiterreichten: angefangen von den »arabischen« Zahlen über die Algebra, die Chemie (auch dies ein arabisches Wort, entstanden in Bagdad) bis hin zu den Erkenntnissen der griechischen Antike. Es gehört zu den paradoxen Tatsachen der Geschichte, dass Aristoteles und Platon, Archimedes und Hippokrates nicht etwa durch die Griechen, Römer oder Mitteleuropäer für die Nachwelt gerettet wurden, sondern durch Perser und Araber. Erst im 13. und 14. Jahrhundert begannen sich die Christen für griechisch-antikes Wissen zu interessieren, nachdem sie mit Staunen und Neid die hochentwickelte Kultur ihrer muslimischen Nachbarn kennenlernten. Christliche Gelehrte fingen vereinzelt an, im maurischen Spanien wie in Ägypten und Syrien die Universitäten zu besuchen, studierten arabisch-lateinische Wörterbücher oder ließen sich wichtige Bücher von spezialisierten Übersetzern ins Lateinische übertragen.

Im Gepäck von Professoren, Studenten, Diplomaten und Kaufleuten gelangten schließlich arabische Kommentare zu Schriften von Aristoteles und Hippokrates an christliche Fürstenhöfe in Italien, Frankreich und Deutschland. Und da all diese begehrten Schriften aus dem islamischen Raum arabisch geschrieben waren, sprachen die Europäer später überwiegend von »arabischem Kulturerbe« – das Persische rückte im Abendland über lange Zeit zu Unrecht in den Hintergrund.

Mutaziliten, die ersten modernen Kritiker des orthodoxen Glaubens

Hatte Kalif Mamun richtig entschieden? Oder war jener Aristoteles, der dem »Herrscher der Gläubigen« im Traum erschien, nicht doch nur ein Blendwerk des Teufels?

Konservative Korangelehrte hatten nicht aufgehört, solche Fragen zu stellen. Viele von ihnen hatten sich nur mit Mühe beschwichtigen lassen, als Mamun seine Entscheidung bekanntgab, griechische Bücher in Massen übersetzen zu lassen. Aber niemand wagte vorerst, öffentlich zu widersprechen; zu respektgebietend war der Anspruch des Kalifen, »Schatten Allahs auf Erden« zu sein. Doch im Geheimen wuchsen Zweifel und Groll. Nicht wenige Korangelehrte sahen altgewohnte Dogmen in Gefahr, wenn Philosophen begannen, den Koran mit den Mitteln des analytischen Denkens, mit kritischer Vernunft, eben »griechisch«, auszulegen.

Solche Philosophen, die eifrig Aristoteles lasen, gab es bereits seit einem Jahrhundert, so lange schon kursierten wichtige Schriften griechischer Denker unter den Gelehrten. Jetzt aber, da der Kalif in bisher nicht gekanntem Ausmaß wissenschaftliche Akademien hatte gründen lassen, vergrößerte sich die Anzahl der »griechisch denkenden« Philosophen sprunghaft. Von konservativen Korangelehrten wurden sie abwertend, ja, hasserfüllt *Mutaziliten* genannt (der arabische Ausdruck bedeutet so viel wie »Abtrünnige«). Diese Mutaziliten stellten eine Frage, die für viele Gläubige einen Schock bedeuten musste: Ob der Text des Koran nicht auch Widersprüche aufreiße? Sie selber bejahten diese Frage und begründeten auf diesem Zweifel eine Lehre, die alle bisherigen Denkgewohnheiten der islamischen Glaubenslehre sprengte. Nicht Gott habe den Koran verfasst, so erklärten sie, sondern Mohammed. Von Gott stamme zwar die »Erleuchtung«, aber Mohammed, der Mensch, habe die göttliche Botschaft mit seinem eigenen Fassungsvermögen in Worte gekleidet: mit der Kraft seiner Vernunft. Menschliches Denken jedoch sei nicht unfehlbar, und so habe es nicht ausbleiben können, dass selbst der Prophet manches widersprüchlich formuliert habe. Spätere Generationen seien aufgerufen, mit Hilfe ihrer eigenen Vernunft diese Widersprüche zu klären.

Dies sei eine zutiefst »heidnische«, »griechische« Auslegung der Religion, widersprachen heftig die Korangelehrten in den höchsten Ämtern. Sie erklärten: Der Koran sei »ungeschaffen« und habe in Allahs Schoß geruht, lange bevor die ersten Menschen die Erde bevölkerten. Mohammed habe das Wort Gottes entgegengenommen, ohne auch nur eine einzige Silbe mit eigener Vernunft zu formen. Nur denjenigen Denkern erscheine manches im Heiligen Buch als Widerspruch, die nicht bereit seien, Gottes Wort mit der nötigen Demut als das »ganz andere«, das »Unfassbare«, hinzunehmen.

Den konservativen Korangelehrten ließ der Erfolg der neuen Schule keine Ruhe. Zum zweiten Mal sandten sie eine Abordnung an den Kalifen, um ihre Bedenken gegen die griechische, »heidnische«, Philosophie zu äußern. Mamun hörte sich die Argumente an – und empfing zur nächsten Audienz ebenso ausgiebig die führenden Mutaziliten. Für die geistlichen Rechtsgelehrten am Hof musste dies ein beunruhigendes Zeichen sein, kannten sie doch ohnehin die Vorliebe ihres Herrschers für griechische Philosophie. Und so fühlten sie sich durch seine spätere Antwort kaum überrascht: Die Mutaziliten seien keine Ketzer, man müsse sie gewähren lassen.

Viele Mutaziliten waren Perser und stammten aus Gelehrtenfamilien, in denen »griechisches« Denken seit Generationen üblich war. Zuweilen fand man auch einen Araber in ihren Reihen, so den prominenten Philosophen und Mathematiker al-Kindi. Aber Araber zog es eher zur Gegenseite, in die Reihen der konservativen Korangelehrten. Die ranghöchsten Ämter der Geistlichen blieben ohnehin von Arabern besetzt, und selbst Mamun wagte an dieser Tradition nicht zu rütteln, auch wenn er zu den Persern neigte.

Die arabischen Hofgeistlichen wagten weiterhin nicht, öffentlich zu widersprechen. Nach wie vor erschien ihnen der Gedanke unvorstellbar, den »Schatten Allahs auf Erden« vor Zeugen zu kritisieren. Dann aber geschah etwas, das sie ihre Skrupel vergessen ließ: Im Jahr 827 erklärte Mamun die Lehre der Mutazila zur Staatsreligion. Mohammed habe den Koran geschaffen, Allah habe die »Inspiration« dazu geliefert! Nun sprach auch der »Oberherr aller Gläubigen« aus, was in den Augen vieler Untertanen als »gottlose Ketzerei« erscheinen musste. Verstört verließen die konservativen Korangelehrten den Audienzsaal, aber dieses Mal schwiegen sie nicht, öffentlich predigten sie in den Moscheen gegen die Entscheidung des Kalifen. Mamun reagierte prompt. Er ließ die Prediger auspeitschen, ins Gefängnis werfen, drohte ihnen mit der Todesstrafe.

Der Kalif ordnete an, dass von nun an kein geistlicher Richter mehr Recht sprechen dürfe, der nicht den Eid auf das Dogma vom »geschaffenen Koran« leistete.

Kritische Philosophie wurde zur Pflicht, Fortschritt zum eisernen Dogma. Mamun fühlte sich im Recht. Er war der Kalif, und als Kalif hatte er nicht nur über Politik zu entscheiden, sondern auch über religiöse Fragen. Zwar konnte er nicht wie der Papst neue Dogmen in Umlauf setzen, aber er hatte Schiedsrichter im Streit der Korangelehrten zu sein, und hier stand ihm unwiderruflich das letzte Wort zu – seine Stellung ähnelte hier der des byzantinischen Kaisers. Kein Kalif zuvor hatte mit seinem Anspruch auf das religiöse Schiedsrichteramt derart intensiv Ernst gemacht wie Mamun. Er galt als so weltoffen wie kaum ein islamischer Herrscher vor ihm, aber ein Demokrat war er nicht, konnte er nach dem Verständnis der damaligen Zeit auch gar nicht sein. Sobald der »Oberherr der Gläubigen« nach langen Gesprächen und geduldigem Zuhören zu einem Entschluss gekommen war, hatte jede Diskussion aufzuhören.

Mamun starb im Jahr 833 unserer Zeitrechnung, nur sechs Jahre nach diesen Ereignissen. Er war nur 48 Jahre alt geworden. Manche Chroniken sprechen davon, Typhus habe den Kalifen auf dem Höhepunkt seiner Laufbahn aus dem Leben gerissen, andere deuten an, es sei Gift gewesen. Für die Nachwelt ist die Wahrheit nicht mehr zu ergründen. Der fortschrittsgläubige, unkonventionelle Kalif hatte viele Feinde, vor allem am Hof selber. Möglich wäre deshalb ein Mord schon gewesen. Damit hätte sich nur erfüllt, was einst bei den altpersischen Gottkönigen die traurige Regel war und auch in Bagdads späteren Herrschergenerationen üblich werden sollte.

Noch einmal verstrichen 14 Jahre, dann ließ Kalif al-Mutawakkil die Mutaziliten aus den Moscheen und von den geistlichen Lehrkanzeln verjagen. Dieser Herrscher holte die Konservativen in ihre Ämter zurück, aus denen Mamun sie vertrieben hatte, und von nun an sollte ihnen kein Kalif in Bagdad mehr ihre Stellung streitig machen. Vorbei waren am Hof die Zeiten, als man über Religion diskutierte, man hatte einfach zu »glauben«.

Aber zu unterdrücken war das geistige Leben auf die Dauer nicht, weder in der Wissenschaft noch in der Religion. Zu jung, zu vital waren die Kräfte, die sich im kulturellen Sammelbecken von Bagdad geformt hatten. Was in der Hauptstadt des islamischen Weltreiches begann, strahlte auf die Provinzen, zuallererst im iranischen Raum, aus, und dort fanden sich bald genug weltoffene Herrscher, an deren Höfen sich schöpferische – und »ketzerische« – Geister einfanden.

3. Die iranische Drehscheibe der Kulturen

Al-Chwarizmi, der persische Wissenschaftler und die »arabische« Mathematik

Ein bärtiger Mann mit Turban und Kaftan, im Sitzen nach vorne gebeugt, die Stirn nachdenklich gefurcht. Das Bronzedenkmal steht vor einer Stadtmauer aus gebrannten Lehmziegeln, im Hintergrund ragen blauglasierte Kuppeltürme auf. Das Denkmal zeigt den Mathematiker al-Chwarizmi, dem wir die Algebra und die Logarithmen verdanken – wissenschaftliche Errungenschaften aus dem 9. Jahrhundert. Er war es auch, der dem Abendland die sogenannten »arabischen« Zahlen vermittelt hat.

Das Denkmal steht im Geburtsort von Abu Dschafar Muhammad ibn Musa al-Chwarizmi – so der vollständige Name des Mathematikers. Er wurde um das Jahr 783 in Chiwa geboren, einer Oasenstadt, die heute politisch zu Usbekistan gehört und nahe der Grenze zu Turkmenistan liegt. Chiwa zeigt zwar noch immer persisches Gepräge in der Architektur seiner orientalischen Altstadt, aber ihre Bevölkerung spricht eine Turksprache. Im 8. und 9. Jahrhundert dagegen war Chiwa die Hauptstadt eines persischen Fürstentums mit dem Namen Chwarizm (oder Choresmien). Daher trug der Mathematiker den Beinamen *al-Chwarizmi* (»aus Chwarizm stammend«), was ihn für die damalige Zeit eindeutig als einen Perser kennzeichnet.

Al-Chwarizmi ein Perser? Eines seiner bekanntesten Bücher

hat den arabischen Titel *Al-gebr wal'-mukabala*, aus dessen erstem Wort wir den Begriff »Algebra« ableiten. Den Namen dieses Mathematikers verbinden wir darüber hinaus auch eng mit den sogenannten »arabischen« Zahlen. Sind das nicht alles arabische Erfindungen? Betrachten wir nur flüchtig die Biographie dieses Wissenschaftlers, so verstärkt sich im ersten Moment die Vermutung, dass wir es mit einem Araber zu tun haben. Al-Chwarizmi schrieb nicht nur auf Arabisch, er verbrachte zudem einen Großteil seines Lebens in Bagdad, der heutigen Hauptstadt der arabischen Republik Irak.

Genauer betrachtet ergibt sich jedoch ein kulturell sehr komplexes Bild. Chiwa bezog damals seine wirtschaftliche wie auch geistige Bedeutung aus der Tatsache, dass die Stadt am Schnittpunkt wichtiger Karawanenstraßen lag. Hier wurden nicht nur Waren wie Seide, Gewürze, Metalle, sondern auch geistiges Gedankengut unterschiedlichster Religionen, Philosophien und Wissenschaften transportiert. Hier begegneten sich Reisende aus Syrien, Anatolien, Griechenland, Irak, Iran, Afghanistan, Indien und China. Chiwa lag an der legendären »Seidenstraße«. (Dieser Name wird allerdings erst seit dem 19. Jahrhundert von westlichen Geographen und Historikern verwendet.) Östlich von Chiwa reihten sich an diesem internationalen Transportweg die Metropolen Buchara, Samarkand, Ghazni und Balch. Es sind Städte, die heute alle nicht mehr offiziell zum iranisch-persischen Kulturraum gehören, die aber damals von Wissenschaftlern, Philosophen, Dichtern und Theologen persischer Herkunft dominiert wurden, die bedeutendsten davon waren Avicenna, Omar Chayyam, Dschelaleddin Rumi (über diese großen Denker später mehr).

Al-Chwarizmi hatte reichlich Gelegenheit, bereits an den Akademien seiner Heimatstadt Chiwa mit Literatur nicht nur aus dem persischen, sondern auch dem hellenischen, indischen und chinesischen Kulturraum vertraut zu werden. Aber zu seiner wissenschaftlich welthistorischen Bedeutung kam er erst in Bagdad, jener Metropole, die zu Beginn des 9. Jahrhunderts als politischer wie kultureller Mittelpunkt der islamischen Welt noch alle anderen Metropolen überstrahlte (und ebenfalls eine Station an der sogenannten Seidenstraße bildete). Der junge aufstrebende Naturwissenschaftler und Mathematiker al-Chwarizmi trug wesentlich zum Ausbau des 825 von Kalif Mamun in Bagdad gegründeten »Hauses der Weisheit« bei. Und in dessen weitverzweigten Bibliotheksräumen genoss er einen bis dahin nicht gekannten Zugang zur Literatur aus allen Teilen der damals bekannten Welt. Sein hauptsächliches Wirken erstreckte sich auf die Jahre 813 bis 833 – es sind exakt die Regierungsjahre des Kalifen Mamun, als Bagdad seine höchste kulturelle Blüte erreicht hatte.

Im »Haus der Weisheit« stieß al-Chwarizmi auf das ins Arabische übersetzte Werk eines hinduistischen Wissenschaftlers aus Zentralindien. Das Buch mit dem Sanskrit-Titel *Brahmasphutasidhanta* (»Der Anfang des Universums«) war im Jahr 628 von dem indischen Mathematiker und Astronomen Brahmagupta in der hinduistischen Pilgerstadt Ujain verfasst worden. Dieses Buch gilt als der früheste bekannte Text, in dem die Null als Zahl behandelt und das Dezimalsystem methodisch entwickelt wurde. Al-Chwarizmi aber war jener Mathematiker, der den Wert dieser Errungenschaft für den eigenen islamischen Kulturraum erkannte. Er stellte um das Jahr 826 in seinem ersten groß angelegten Werk *Über das Rechnen mit indischen Ziffern* den Umgang mit Dezimalzahlen vor und führte die Ziffer Null (arabisch: *sifr*) aus dem indischen in das »arabische« Zahlensystem ein – und damit in alle modernen Zahlensysteme.

Vier Jahre später schloss al-Chwarizmi die Arbeit an seinem nächsten Buch mit dem arabischen Titel *Al-gebr wal'-mukabala* ab, aus dessen erstem Wort wir, wie bereits erwähnt, den Begriff »Algebra« ableiten. Dort entwickelte er das Rechnen mit Variablen und die Lehre von den mathematischen Gleichungen, hinzu kam noch die Lehre von den Logarithmen. Auch dieses Buch hatte großen Einfluss auf die Mathematik der islamischen Welt und – mit beträchtlicher Verzögerung – auch auf den abendländischen Kulturraum.

Entsprechend spät gelangten auch die sogenannten »arabischen« Zahlen zu den Christen in Europa. Die Muslime rechneten schon im 9. und 10. Jahrhundert überwiegend nach dem neuen, wesentlich effizienteren System, dagegen dauerte es bis zum Ende des 12. Jahrhunderts, bis das Dezimalsystem durch lateinische Übersetzungen über Italien sowie Spanien das christliche Abendland erreichte. Ein wesentlicher Vermittler war hier der italienische Mathematiker Leonardo da Pisa, der in Algerien von Muslimen lernte, mit »arabischen« Zahlen umzugehen und sich daraufhin ausgiebig mit den Schriften al-Chwarizmis beschäftigte. Leonardo da Pisa wusste allerdings, dass der persische Mathematiker auf das indische Zahlensystem zurückgegriffen hatte, und er selbst schrieb von »indischen Ziffern«. Aber in der landläufigen abendländischen Vorstellung hat sich der Begriff »arabische Zahlen« eingebürgert, eben weil die Europäer von den Arabern die Zahlen übernommen haben. Aus demselben Grund wird bis heute vielerorts die Algebra für eine arabische Erfindung gehalten. Diesem Irrtum unterliegen nicht nur viele Europäer, sondern auch zahlreiche Araber, weil die Ausführungen des persischen Mathematikers in Arabisch, der damaligen Wissenschaftssprache, verfasst waren.

Al-Chwarizmis Nachruhm äußert sich im eigenen Kulturraum auf vielfältige Weise. Im Iran wird schon seit nahezu vierzig Jahren das »Festival Kharamzi« (persisch: *jashnvare e Kharamzi*) abgehalten, in dem Preise für erfinderische Jugendliche in naturwissenschaftlicher Forschung und Mathematik vergeben werden. Dieses Festival wurde bereits unter der Regierung des Schahs Mohammad Reza Pahlevi installiert, es wird aber unter der Herrschaft der Mullahs beibehalten – man ist stolz darauf, dass es sich bei al-Chwarizmi um einen persischen Mathematiker von welthistorischer Bedeutung handelt.

Anders ist das in al-Chwarizmis Heimatstadt Chiwa, die heute nicht von Persern, sondern vorwiegend von turkstämmigen Usbeken bewohnt wird. Das dortige Denkmal an der Stadtmauer wurde nicht von Usbeken errichtet, sondern 1983 von der damaligen sowjetischen Kolonialmacht – anlässlich des 1200. Geburtstages von al-Chwarizmi. Die russischen Kommunisten waren daran interessiert, den Usbeken gegenüber Respekt vor islamischer Kultur – zumindest vor deren naturwissenschaftlicher Leistung, wenn schon nicht vor deren Religion – zu bekunden. Damit konnten die Sowjetrussen bei den Usbeken auch Sympathien gewinnen. Aber nicht jeder Usbeke weiß, dass der berühmte Sohn des Landes ein Perser war.

Al-Chwarizmi bildet chronologisch allerdings nur den Anfang einer Kette von persischen Wissenschaftlern, Dichtern und Philosophen, die entlang der sogenannten Seidenstraße ihre geistigen Wurzeln hatten. Sie alle waren Denker, die nicht nur dazu beitrugen, die Kultur der islamischen Welt insgesamt zu prägen, sondern auch die abendländische Kultur nachhaltig beeinflussten.

Firdausi und das »Buch der Könige«

Ghazni ist heute eine Handelsstadt in Afghanistan mit etwa 160 000 Einwohnern. Nichts mehr deutet darauf hin, dass dieser unscheinbare Ort 130 Kilometer südlich von Kabul einst eine blühende Metropole an der sogenannten Seidenstraße mit zahlreichen Moscheen, Palästen und Akademien war – die Hauptstadt eines Reiches, das von Chorassan bis nach Indien reichte.

Dort regierte von 998 bis 1030 Mahmud, der als erster muslimischer Fürst den arabischen Titel *Sultan* führte, was so viel wie »Herr der weltlichen Gewalt« bedeutet. Perser sprachen ihn aber auch nach ihrer Gewohnheit als *Schah* (»König«) an.

In dieser Stadt Ghazni schloss einer der namhaftesten persischen Dichter sein monumentales Epos *Shah nameh,* (»Buch der Könige«) ab, das zu einem Meilenstein in der Entwicklung persischer Kultur werden sollte. Der Dichter hieß Abu al-Qasim Mansur; die Nachwelt kennt ihn aber vor allem unter seinem Beinamen, den ihm seine Verehrer verliehen haben: Firdausi, »der Paradiesische«.

Aus heutiger Sicht muss es überraschen, dass ausgerechnet eines der wichtigsten Werke der persischen Literaturgeschichte nicht auf persischem Boden entstand, nicht innerhalb jener Grenzen, die heute den Nationalstaat Iran ausmachen. Nicht einmal der Herrscher Mahmud von Ghazni, an dessen Hof Firdausi viele Jahre wohnte, war Perser. Er war Angehöriger eines Turkstamms.

Begonnen hatte Firdausi sein monumentales Werk allerdings zwei Jahrzehnte zuvor in Buchara. Dies muss aus heutiger Sicht ebenfalls überraschen. Denn auch Buchara befindet sich nicht auf persischem Boden, die heute rund 200 000 Einwohner zählende Stadt liegt in der Republik Usbekistan, rund 300 Kilometer östlich von Chiwa, und die Mehrheit ihrer Bewohner spricht eine Turksprache. Allerdings zeigen die blau gekachelten, bunt ornamentierten Moscheen sowie die überwölbten Basargassen deutlich persisches Gepräge; ja, Buchara erinnert mit seinem Flair in vielerlei Hinsicht an Isfahan.

Firdausi wurde um das Jahr 940 in Tus geboren. Allein diese Stadt, die für den Dichter eher eine nebensächliche Rolle spielte, befindet sich im heutigen Nationalstaat Iran. Tus war im 10. und 11. Jahrhundert ein wichtiges wirtschaftliches wie auch kulturelles Zentrum der Provinz Chorassan. Heute aber ist Tus ein eher glanzloser Ort, denn es wurde im 14. Jahrhundert durch die Mongolen zerstört, hat sich von dieser Katastrophe nicht mehr erholt und ist von der aufstrebenden Pilgerstadt Mesched, nur 14 Kilometer entfernt, überflügelt worden.

Firdausi wuchs als Sohn kleiner Landadliger in eher ärmlichen Verhältnissen auf, wie die Chroniken zu berichten wissen, aber seine Eltern ließen ihm dennoch eine sehr sorgfältige Erziehung angedeihen. Neben seinem persischen Heimatdialekt erlernte er das Arabische – dies verstand sich damals nahezu von selbst für jeden gebildeten Muslim, ganz gleich, welcher Nation er angehörte –, außerdem aber studierte er das Pahlevi, die Literatursprache aus der Zeit der Sassaniden. An Gelegenheit fehlte es dazu nicht in Chorassan, denn bis ins 11. Jahrhundert hinein lebten genug Zarathustrier, die hartnäckig an dieser »toten« Sprache festhielten. Für den jungen Firdausi war es fast unausweichlich, Zarathustrier kennenzulernen, die sogar noch Chroniken über die Dynastien der Gottkönige sorgsam aufbewahrten und kommentierten. Durch Männer wie sie lernte er das Pahlevi kennen und vernahm zum ersten Mal von einer Vergangenheit, wie sie für islamische Geschichtsschreiber nicht existierte. In diesen Schilderungen wurde eine Epoche beschworen, in der der Glaube der Zarathustrier noch Staatsreligion war. Was aber konnte einen Muslim wie Firdausi dazu treiben, solche Männer aufzusuchen und ihre Chroniken zu studieren?

So mancher persische Fürst hielt sich schon seit Jahrzehnten Gelehrte, die in Bibliotheken und Archiven nach unbeachteten Berichten über die Geschichte des alten Iran suchten und sie studierten. Nicht nur jener Mahmud von Ghazni, in dessen Residenz Firdausi später arbeiten sollte, ließ persische Chroniken sammeln und bearbeiten, andere Fürsten zeigten sich hier noch viel entschlossener. Besonders tat sich hier der Emir von Buchara hervor, in dessen Herrschaftsgebiet damals Firdausis Geburtsstadt Tus lag. Zu jener Zeit war Buchara noch vorwiegend persisch geprägt, Turkstämme sollten die Region erst ein bis zwei Jahrhunderte später auf Dauer in Besitz nehmen.

Am Hof von Buchara sprachen die Gelehrten zwar arabisch, kümmerten sich aber gleichzeitig um das Pahlevi und waren stolz auf die zahlreichen altiranischen Schriften in ihren Bibliotheken. Der Emir ließ sich gar von Ahnenforschern einen Stammbaum erstellen, dessen Linie sich bis in die Zeit vor der arabischen Eroberung zurückverfolgen ließ, mehr noch: Er versuchte nachzuweisen, dass sein Geschlecht - das der Samaniden - mit der altpersischen Dynastie der Sassaniden verwandt sei. Dieses Unterfangen erregte Aufsehen. Seit der Eroberung durch arabische Muslime hatten nur arabische Stammbäume etwas gegolten, und zur höchsten Ehre konnte es sich ein Fürst anrechnen, wenigstens weitläufig mit der Sippe des Propheten verwandt zu sein. Nun aber behauptete ein Emir stolz, von altpersischen Gottkönigen abzustammen. Er, der doch offiziell ein Statthalter des Kalifen von Bagdad war! Aber zur Reichshauptstadt Bagdad unterhielt der Emir von Buchara - wie später auch Mahmud von Ghazni - nur noch lose Kontakte; in seinen Briefen an den Kalifen sprach er noch höflich vom »Herrscher aller Gläubigen«, respektierte jedoch in ihm nur noch das religiöse Oberhaupt, nicht mehr den politischen Herrn. Was im Nordosten des Iran zu geschehen hatte, das bestimmte allein der Emir vom Geschlecht der Samaniden, nicht der Kalif. Und dieser Fürst zeigte unverhohlen seine Vorliebe für alles, was mit dem Persien vor der arabischen Eroberung zu tun hatte, er schätzte die altiranische Sprache, Dichtung, Sagen und Bräuche.

Als Stammvater der Dynastie gilt Saman, ein Adliger aus Balch (im heutigen Afghanistan, eine Stadt, die auch Geburtsstadt von Zarathustra und von Dschelaleddin Rumi ist). Saman gelang es, mit Hilfe seiner Söhne in der Mitte des 9. Jahrhunderts ein Emirat zu installieren, das zu Beginn des 10. Jahrhunderts zur vorherrschenden Macht im östlichen Kulturraum des Iran aufstieg und auch das nördliche Afghanistan umfasste. Hauptstadt wurde Buchara, dem die Samaniden jenes persischislamische Gepräge gaben, das in späteren Jahrhunderten stilbildend für den gesamten iranischen Raum geworden ist. Bis zur heutigen Zeit nahezu unverändert erhalten hat sich das Mausoleum der Dynastie. Inmitten einer schönen Parkanlage bietet der Grabbau aus dem 9. Jahrhundert mit seinen kunstvollen Spitzbogennischen und Ornamenten kunstgeschichtlich ein einmaliges Zeugnis und lässt ahnen, auf welch hohem architektonischen Niveau sich die damalige Metropole Buchara befand. Der junge Firdausi kam im Jahr 978 an den Fürstenhof nach Buchara und nahm dort wie viele andere den Auftrag an, alte Chroniken gründlich zu überprüfen, zu übersetzen, zu kommentieren oder gar mit eigener Sprache neu zu erzählen. Etliche Dichter hatten zuvor schon versucht, den umfangreichen Stoff zu einem Epos zu formen. Zu jener Zeit reifte in Firdausi der Plan, selbst ein großes Epos über die Helden und Könige des alten Iran zu verfassen. In Buchara begann er, an seinem Königsbuch *Schah nameh* zu arbeiten. Damals war er 38 Jahre alt.

Das *Buch der Könige*, eines der umfangreichsten Epen der Weltliteratur, zählt 60 000 elfsilbige Doppelverse; Homers *Ilias* hätte darin acht Mal Platz gefunden. Firdausis Epos umfasst die persische Geschichte von ihren Anfängen bis hin zu den Gottkönigen der Sassaniden. Die monumentale Chronik ist kein Epos im europäischen Sinn, die Begebenheiten sind nicht eng miteinander verflochten. Wir stoßen auf eine nahezu endlose Aneinanderreihung von Mythen und Sagen im ersten Teil, von historischen Ereignissen im zweiten Teil; jede Episode wirkt in sich geschlossen, aber ein einheitlicher Gedanke durchzieht die gewaltige Szenenfolge. In den Kämpfen zwischen zivilisierten und barbarischen Völkern spiegelt sich ein höheres, ein metaphysisches Prinzip: der ewige Gegensatz zwischen Kultur und Barbarei; auf der einen Seite das lichte Reich Iran, das unter dem Schutz des Gottes Ormazd (Ahura Masda) steht, auf der anderen Seite das dunkle Land Turan, in dem

Ahriman mit dämonischen Kräften regiert. Iran und Turan sind keine realen, historisch klar greifbaren Staaten, sondern mythische Bereiche; die Gegensätze spalten oft genug das eigene Volk der Perser und ihre Herrscherfamilien.

Was für eine Grundidee! Ein muslimischer Dichter entwarf einen Kosmos, der nach den Denkvorstellungen Zarathustras geordnet war! Musste dies nicht als eine Ketzerei, als ein Abfall vom Islam angesehen werden? Kein Zeitgenosse Firdausis hat das so empfunden, auch kein Würdenträger am Hof des Mahmud von Ghazni, sonst hätte das Epos kaum die Jahrhunderte in einem islamischen Land überdauern können. Firdausi stellte Ormazd und Ahriman nicht als Götter, sondern als Symbole für die ewigen Mächte von Licht und Dunkel, von Gut und Böse, Gott und Teufel dar. Kein Gegensatz konnte sich da zum Islam auftun, offenbarte sich doch auch dort derselbe Kosmos. Erstmals war es einem Perser überzeugend gelungen, vom Islam das Band zur Gedankenwelt Zarathustras zu knüpfen.

Für die Perser bedeutete diese Dichtung einen Wendepunkt. Nun endete nicht mehr mit dem Tod des letzten Sassanidenherrschers jäh eine Epoche und begann mit dem Islam etwas völlig Neues – nun offenbarten sich im Reich der altiranischen Gottkönige nahezu dieselben kosmischen Gesetze wie im Reich der Kalifen und Emire. Die Perser hatten wieder Grund, stolz auf ihre frühe Vergangenheit zu sein, sie konnten jetzt vorislamische Traditionen als eine würdige Vorstufe zur Gegenwart begreifen.

Aber *Schah nameh* brachte den Persern noch unendlich mehr, das Epos schenkte ihnen wieder eine eigene Literatursprache. Seit ihr Land von muslimischen Herrschern regiert wurde, war das Persische von den Fürstenhöfen, den Universitäten und aus den Kanzleien verdrängt, es vegetierte nur noch in ungeschliffenen Dialekten bei einfachen Bauern und Kaufleuten weiter, verlor an Form und Ausdruck, dagegen lernten die Gebildeten die Sprache der Eroberer, das Arabische. Fürsten fassten ihre

Gesetze, Gelehrte und Dichter ihre Werke in der neuen Bildungssprache ab, auf Arabisch schrieben sie all ihre wegweisenden medizinischen und sonstigen naturwissenschaftlichen Schriften bis hin zu den philosophischen Abhandlungen und den berühmten Erzählungen aus *Tausendundeiner Nacht.* Das verstümmelte Persisch aber versuchte Firdausi zu reinigen, mit bildhaften Ausdrücken anzureichern und geschmeidig zu machen für Dichter und Gelehrte. Es gelang ihm. Seine Pioniertat lässt sich in manchem mit der Martin Luthers vergleichen, der mit seiner Bibelübersetzung das Gelehrtenlatein wie das holprige Kanzleideutsch verdrängte und den Deutschen eine literaturfähige Sprache schuf. Seit Firdausi gibt es das sogenannte Neupersisch, das sich in seinen Grundzügen bis heute nicht geändert hat. Von den Arabern übernommen bleibt eine große Anzahl von Lehnwörtern, vor allem aber die Schrift.

Im Jahr 998, nach nahezu zwei Jahrzehnten in Buchara, folgte Firdausi einer Einladung des Sultans Mahmud von Ghazni und wechselte an dessen Hof über, wo er an seinem Epos weiterarbeitete. Das Reich dieses Fürsten war im Verlauf der Jahre machtpolitisch stärker geworden als das Emirat der Samaniden und wollte nun auch kulturell ebenbürtig werden. Mahmuds Vorfahren waren noch als türkischstämmige Nomaden durch die Steppe gezogen und hatten sich dann persischen Emiren als Söldnerführer verdingt, bevor sie selbst die persische Kultur annahmen. Mahmud von Ghazni hatte sich vom Söldnerführer zum Regenten aufgeschwungen, hatte den Nordwesten Indiens erobert und hatte mit den erbeuteten Reichtümern seine Residenz zu einer blühenden Metropole ausgebaut. Gelehrte, Dichter und bildende Künstler strömten nun in Konkurrenz zu Buchara auch nach Ghazni, um unter dem Schutz dieses neuen Kulturförderers zu leben.

Firdausi arbeitete am Hof des Sultans von Ghazni noch einmal 14 Jahre lang an seinem *Buch der Könige* und schloss das Werk im Jahr 1012 ab. Der Dichter hatte nahezu 35 Jahre daran geschrieben und war von Anfang an überzeugt gewesen, etwas Einmaliges zu schaffen. Stolz überreichte er sein Werk dem Herrscher und erwartete einen wahrhaft fürstlichen Lohn. Mahmud ließ aber eine wesentlich geringere Summe auszahlen als versprochen, worauf der Dichter, ohne zu danken, den Palast verließ und – so berichten die legendenhaften Chroniken – die Summe als Trinkgeld an einen Badewärter und einen Schankwirt verteilte. Rasend vor Wut schickte der Sultan Polizisten in Firdausis Wohnung, um den Undankbaren zu verhaften und einzusperren. Dieser aber war rechtzeitig geflohen und sandte aus sicherer Ferne einen Spottvers an den Hof von Ghazni: »O Schah! Ein Werk ließ ich dir zum Vermächtnis, / das nie vergeht; als einziges Gedächtnis / wird es von dir auf Erden hinterbleiben, / wenn man dich selbst vergaß und all dein Treiben. / Durch Sonnenbrand und Regenguss zerfallen / die Königsschlösser und Tempelhallen, / doch den gewalt'gen Bau, den ich erhoben, / versehrt nicht Regen noch der Stürme Toben; / solang die Welt besteht, die Jahre kreisen, / wird, wer Verstand hat, meine Dichtung preisen.«

Firdausi erlebte den Ruhm seines großen Epos nicht mehr. Verbittert starb er, der es Sultan Mahmud nicht vergessen konnte, um seinen Lohn betrogen worden zu sein, in seiner Heimatstadt Tus im Alter von 85 Jahren. Aber am Selbstbewusstsein hat es ihm bis zuletzt nicht gemangelt, davon zeugen seine Spottverse über den Fürsten, er war von Anfang an von der Unsterblichkeit seines Werkes überzeugt.

Bis heute rätseln die Historiker, weshalb der steinreiche Herrscher, sonst ein freigebiger Kulturförderer, ausgerechnet gegenüber dem größten Genie an seinem Hof geizig, ja kleinlich blieb. Hatte er den Rang seines Werkes nicht erkannt? Oder gab es andere Bedenken? Der Legende nach soll Mahmud von Reue gepackt worden sein. Elf Jahre nachdem Firdausi ihn verlassen hatte, ließ er eine Kamelkarawane mit kostbaren Geschenken ausrüsten und in die Heimatstadt des Dichters schicken. Aber die Karawane traf genau an dem Tag in Tus ein, als Firdausi starb. Während die schwerbepackten Kamele das östliche Stadttor erreichten, zog durch das westliche Tor der Leichenzug des Dichters hinaus in die Steppe.

Die Folgen eines kulturellen Umbruchs

Firdausis *Buch der Könige* war aber nur das markanteste Signal eines kulturellen Umbruchs. Persische Dichter begannen nun immer häufiger, in ihrer eigenen Sprache zu schreiben und besangen die glanzvolle Kultur des alten Iran. Und immer mehr persische Fürsten holten diese Dichter an ihre Höfe, ja ließen durch Gelehrte altiranische Chroniken sammeln. Ein unerhörter Vorgang. Mit einem Mal war es nicht mehr selbstverständlich, dass nur eine Sprache im Islam zählte: das Arabische. Mit einem Mal galt es auch als normal, ungeniert von den Großtaten der Gottkönige, altiranischer Philosophen und Dichter zu schwärmen.

Dieser kulturelle Umbruch war aber begleitet von einem politischen Umbruch großen Ausmaßes. Nach dem Tod Mamuns, dieses letzten großen Herrschers aus dem Geschlecht der Abbasiden, begann die Einheit des großislamischen Reiches für alle sichtbar zu verfallen. Untätig sahen seine Nachfolger zu, wie die Statthalter Persiens ihre Provinzen zu selbständigen Fürstentümern machten, wie ehemalige Gefolgsleute Syrien und Ägypten zu unabhängigen Staaten erklärten. All diese rebellischen Fürsten erkannten zwar weiterhin den Kalifen als den »Oberherrn aller Gläubigen« an, aber damit handelten sie nur noch ganz formell und unverbindlich, erfüllten sie nur das Ritual einer längst hohl gewordenen Tradition. Die islamische Welt war endgültig in sich aufgesplittert wie die des christlichen Abendlands.

Mamuns Nachfolger erwiesen sich als zögernde, ängstliche und geistig meist träge Männer. Bei ihnen wiederholte sich, was bereits unter den Gottkönigen der Achämeniden und Sassaniden die Tragödie angekündigt hatte. Je unentschlossener ein Herrscher war, desto mehr Einfluss gewannen Höflinge, Minister und Generäle und sie sorgten dafür, dass die Nachfolger noch nachlässiger erzogen wurden als die Vorgänger. Man überließ die Prinzen möglichst lange im Harem dem Regiment von Frauen und Eunuchen, bot ihnen allen nur möglichen Luxus, hielt aber gute Lehrer von ihnen fern. Solche Herrscher, die bis zu ihrem Regierungsantritt nie die Welt mit ihren wirklichen Problemen kennengelernt hatten, flüchteten nur gar zu bereitwillig in den Schutz »erfahrener« Berater und Minister. Bereits ein halbes Jahrhundert nach Mamuns Tod waren die Wesire und Generäle mächtiger als der Kalif; sie erließen Gesetze, bestimmten über Krieg und Frieden, wogegen der Kalif nur noch seine Unterschrift unter die Dokumente zu setzen hatte. Auf dem Thron saßen hilflose Schwächlinge, bei deren Wink immer noch Köpfe rollen konnten, aber eigenständig oder gar schöpferisch zu denken vermochten sie nicht mehr. Was einst unter ihren Vorgängern ein Segen für das Reich hatte sein können, wurde nun zum Fluch: Ein Staat, der allein auf die starke Persönlichkeit an der Spitze ausgerichtet war, musste im Chaos versinken, sobald dieser Mann versagte.

Je rascher die Macht in Bagdad zerfiel, je mehr das Herrschaftsgebiet der Kalifen auf das Zweistromland von Euphrat und Tigris zusammenschrumpfte, desto selbstbewusster wurden die Herren der ehemaligen Provinzen. Bagdad blieb zwar als Zentrum arabisch-persischer Kultur nach wie vor »kulturelle Hauptstadt des Islam« – jeder Wissenschaftler und Korangelehrte rechnete es sich zur Ehre an, an einer ihrer Akademien zu studieren –, aber bald entstanden weitere bedeutende Zentren. Die Universitäten von Kairo und Córdoba bekamen spätestens seit dem 11. Jahrhundert einen ähnlich guten Ruf; so lockte die Al-Azhar-Universität von Kairo bald ebenso viele namhafte Gelehrte an, und die Akademien von Córdoba zogen sogar Studenten aus Frankreich, Italien und den deutschen Reichsgebieten in ihre Hörsäle. Im Westen des islamischen Raums lehrten ausschließlich arabische Professoren. Im Osten allerdings blieben die Perser maßgebend. Doch auch ihre bedeutendsten Geister kamen nicht mehr unbedingt nach Bagdad. Zu Ende gingen jene Zeiten, da ein Perser nur dann zu höchsten Ehren aufsteigen konnte, wenn er sich in die Nähe des Kalifen begab. Nun waren persische Fürsten selbst die großen Förderer, nun konnte ein persisches Genie sich auch in seinem Heimatland voll entfalten. Der Dichter Firdausi setzte das erste aufsehenerregende Signal. Weitere Geistesgrößen sollten ihm folgen. Sie lernten und lehrten an den Akademien von Buchara, Samarkand, Ghazni, Neischapur, Hamadan, Isfahan und Schiras.

Avicenna, das Universalgenie aus Buchara

Als im Jahr 980 der 40-jährige Dichter Firdausi noch in Buchara lebte und dort die ersten Verskapitel zu seinem Epos schrieb, wurde nahe dieser Stadt, im Dorf Afschana, ein anderer Perser von epochaler Bedeutung geboren: Abu Ali Ibn Sina; die Europäer sollten ihn später unter dem lateinischen Namen Avicenna schätzen lernen. Seine Eltern waren aus Balch zugewandert, jener geschichtsträchtigen Stadt (im heutigen Afghanistan), wo ja, wie bereits erwähnt, im 6. Jahrhundert vor unserer Zeitrechnung Zarathustra und, mehr als eineinhalb Jahrtausende später, Dschelaleddin Rumi geboren wurde.

Avicenna überragte all seine Zeitgenossen an Wissen, geistiger Kraft und Vielseitigkeit, er erhielt bereits zu Lebzeiten so ehrende Beinamen wie »der Meister schlechthin« und »Fürst der Philosophie«. Aber diese Titel geben nur eine vage Ahnung von dem, was dieser Mann tatsächlich Bahnbrechendes leistete. In den nur 57 Jahren seines Lebens schrieb er ungefähr 170 Bücher über Philosophie, Medizin, Mathematik und Astronomie, dazu eine Reihe philosophisch-mystischer Gedichte und theologische Abhandlungen. Manche Gedanken waren so neuartig und revolutionär, dass die Zeitgenossen ihre Bedeutung nur erahnen, nicht aber voll begreifen konnten. Wie kein anderer sollte dieser Perser über die Grenzen der islamischen Welt hinaus wirken und das Denken des christlichen Abendlandes mit beeinflussen.

Aber dieses Universalgenie kam niemals nach Bagdad, der »Stadt aller Städte«, sondern bezog sein ganzes Wissen aus den Bibliotheken nordpersischer Provinzhauptstädte, Residenzen, die längst nicht mehr »Provinz« waren.

Avicenna wuchs in Buchara auf. Damals war diese Stadt, wie schon erwähnt, eine der glanzvollsten Residenzen des persischen Kulturraums. Hier kreuzten sich die Karawanenwege aus dem Fernen Osten und den Mittelmeerstaaten, aus zentralasiatischen Steppen und dem Zweistromland von Euphrat und Tigris. Buchara war wie Chiwa im Westen sowie Samarkand, Ghazni und Balch im Osten ein wesentliches Zentrum an der sogenannten Seidenstraße, wo nicht nur materielle Güter aus allen Teilen der damals bekannten Welt, sondern auch religiöse, philosophische und wissenschaftliche Ideen transportiert wurden. In dieser kulturträchtigen Metropole empfing auch Avicenna seine ersten Anregungen.

Mit zehn Jahren kannte der hochbegabte Knabe bereits den Koran auswendig, mit fünfzehn hatte er seine ersten theologischen Studien hinter sich und stürzte sich mit Feuereifer auf medizinische Schriften. Zwischen seinem 16. und 18. Lebensjahr las er in durchwachten Nächten, wie es in seinen eigenen Erinnerungen heißt, die ins Arabische übersetzten Werke der griechischen Ärzte Hippokrates und Galen und verblüffte tags darauf seine Lehrer mit ungewöhnlich sachkundigen Fragen. Nebenher studierte er den Mathematiker Euklid, vor allem aber vertiefte er sich in die Metaphysik des Aristoteles. Er hatte, wie er selbst gestand, das Werk vierzigmal gelesen, ohne seinen

Hauptgedanken zu verstehen, dann stieß er zufällig auf einen Kommentar des persisch-türkischen Philosophen al-Farabi, und endlich, nach zähem Ringen, wurde ihm der Sinn offenbar. »Tags darauf«, so bekannte er in seinen Erinnerungen, »ging ich in die Moschee, um Gott zu danken, und verteilte große Almosen an die Armen.«

Ein solch genialer, von fanatischer Arbeitsenergie und Wissensdurst getriebener Mann konnte mit 18 Jahren von sich sagen, er habe seine Studien abgeschlossen. Zu dieser Zeit war er als Arzt bereits so geschätzt, dass ihn Höflinge an das Krankenbett des Emirs holten. Dem Jüngling gelang es, den Fürsten zu heilen, und zum Dank dafür erhielt er die Erlaubnis, von nun an die fürstliche Bibliothek zu benutzen. Was für eine Welt tat sich ihm da auf! Der Achtzehnjährige stand vor endlosen Hallen, in deren Regalen mehr als 200 000 Schriftrollen nach einem wohlgeordneten System lagerten. Nur in den fürstlichen Bibliotheken von Bagdad, Damaskus und Córdoba gab es zu jener Zeit Vergleichbares. Was sich in der Hofbibliothek von Buchara angesammelt hatte, konnte auch den bereits so belesenen Avicenna noch beeindrucken. »Dort«, so ist später in seinen Erinnerungen zu lesen, »sah ich Werke, die viele Leute nicht einmal dem Namen nach kennen, Werke, die ich nie zuvor gesehen hatte und die ich auch in der Folgezeit nie wieder zu Gesicht bekommen habe. Ich las diese Bücher, machte sie mir zunutze.«

In diesem Jahr rundete der unermüdlich Studierende sein Wissen in einer Weise ab, wie es den meisten Zeitgenossen verschlossen blieb. Nun reifte er zum universal gebildeten Menschen – für Muslime der damaligen Zeit eher vorstellbar als für europäische Christen, für die derartiges erst im Zeitalter der Renaissance möglich wurde.

Aber bald sollten ihn die Ereignisse draußen aus seiner Ruhe reißen. Es war eine gefährlich brodelnde Zeit – das Jahr 998 unserer Zählung –, im Osten vergrößerte Sultan Mahmud von

Ghazni durch Eroberungszüge sein Reich, vom Westen her drohte die schiitische Dynastie der Bujiden, vom Norden aus den Steppen Zentralasiens drängten türkische Nomaden in die blühenden Oasenstädte Persiens in der Hoffnung auf Beute. Türkische Reiterhorden waren es, die seit Jahren in der Nähe Bucharas Dörfer in Flammen aufgehen ließen und dann wieder verschwanden. Im Jahr 999 schließlich drangen ihre Horden in Buchara selbst ein, und von nun an wohnte ein halbzivilisierter Steppenhäuptling im Palast, während die Gelehrten Bucharas befürchten mussten, dass seine Krieger aus Laune irgendwann die Bibliotheken anzündeten. Bucharas Blütezeit war vorbei. Avicenna verließ die Stadt – nur ein oder zwei Jahre nach Firdausi –, und nun begann ein unruhiges Wanderleben, das bis zu seinem Tod von ständigem Gehetztsein und von Angst begleitet wurde.

Um seine Zukunft als Wissenschaftler und Philosoph brauchte der nun 20-jährige Avicenna allerdings nicht zu bangen, er war bereits ein namhafter Arzt und konnte ohnehin mit überdurchschnittlichem Wissen brillieren; Männer wie er waren äußerst begehrt an den Fürstenhöfen. Nicht zufällig hatten ihn Abgesandte des Sultans Mahmud von Ghazni anwerben wollen, aber Avicenna hatte, anders als Firdausi, das Angebot abgelehnt. Zweifellos war er misstrauisch gegen den Sultan, der zwar Gelehrte und Dichter, aber keine »Freigeister« an seinem Hof duldete. Avicenna entschied sich für den schiitischen Fürstenhof der Bujiden, dort hoffte er mehr liberales Denken zu finden. Er, der gebürtige Sunnit, ging zu den Schiiten.

Avicenna kam nach Rey, der Residenz eines bujidischen Statthalters, und wurde dort Leibarzt des Fürsten. Im Vergleich zu Buchara war dies jedoch ein sehr bescheidener Ort und konnte den ehrgeizigen Jüngling nicht lange halten. Er zog weiter nach Westen, mit freundlichen Empfehlungen seines bisherigen Herrn ausgestattet, und traf in Hamadan ein, der Hauptstadt aller bujidischen Provinzen in Persien. Die Metropole, am Fuß dreieinhalbtausend Meter hoher Berge gelegen, die bis weit in das Frühjahr hinein mit Schnee bedeckt waren, hatte schon seit mehr als einem Jahrtausend persischen Fürsten zur Sommerfrische gedient, um der Gluthitze der Ebene zu entfliehen. Hier hatten schon die Meder residiert, später zeitweise die Gottkönige der Achämeniden, der Parther und der Sassaniden, damals aber hatte die Stadt noch Ekbatana geheißen. Jetzt regierte hier der bujidische Emir Schams ad-Daula, einer der bedeutendsten Fürsten seiner Dynastie. Er machte Avicenna zu seinem Leibarzt, bald ließ er ihn gar in den Rang eines Wesirs aufsteigen.

Am Hof von Hamadan, unter dem Schutz eines geistig sehr aufgeschlossenen Herrschers, begann Avicennas erste große Schaffensperiode. Nun entstanden bedeutsame Teile seiner medizinischen Enzyklopädie *Qanun fil-tibb,* außerdem philosophische Betrachtungen und religiöse Schriften. Er schrieb arabisch. Nach wie vor galt Arabisch als die Gelehrtensprache, die vom maurischen Spanien bis weit nach Indien hinein verstanden wurde – ähnlich wie das Gelehrtenlatein des christlichen Mittelalters nationale Grenzen übersprang –, und nur so konnte Avicenna hoffen, dass seine Bücher über die ganze islamische Welt Verbreitung fanden. Daneben aber begann er, Gedichte auf Persisch zu verfassen; hier folgte er dem Beispiel Firdausis und anderer Dichter seiner Zeit. Dieses Verhalten sollte für die Landsleute späterer Epochen typisch bleiben: arabisch schrieben sie ihre wissenschaftlichen Werke, persisch ihre Epen und Gedichte.

Seine Arbeits- und Schreibgewohnheiten sind uns überliefert. Vom Morgen bis in die späten Mittagsstunden hinein kümmerte er sich in seiner Eigenschaft als Minister um die Einrichtung von Schulen und Akademien, um den Bau von Krankenhäusern, Bewässerungskanälen und Brücken, verhandelte er mit Gouverneuren, Verwaltungsbeamten und Offizieren. Am Abend erst, nach ein bis zwei Ruhestunden, fand er endlich Zeit, seine Schüler um sich zu sammeln, und jetzt begann für ihn die wichtigste Arbeit. Einer der Schüler las die Manuskriptseiten vor, die Avicenna in der vorigen Nacht verfasst hatte, anschließend bat der »Meister« um Kritik. Eine Diskussion setzte ein, die oft bis spät in die Nacht fortdauerte. Dann entließ er seine Schüler und vertiefte sich wieder in seine Manuskripte, erfüllt von Anregungen und neuen Ideen. Schlaf fand der rastlos Tätige nur wenig, anscheinend gehörte er zu jener seltenen Gattung von Menschen, die mit nur vier Stunden Ruhe auskamen und dann schon wieder strotzend vor Energie der nächsten Aufgabe entgegensahen. Vielleicht aber trieb ihn zur rastlosen Arbeit auch die geheime Angst, es würde ihm nicht mehr allzuviel Zeit bleiben, all seine Gedanken zu entwickeln.

Grund zur Sorge hatte er genug. Der ehrgeizige, hektisch arbeitende Mann war nicht beliebt am Hof, viele neideten ihm sein hohes Amt, manche betrachteten auch argwöhnisch seine Schriften und fanden, es ginge etwas zu »freigeistig« in den Diskussionen mit seinen Schülern zu. Avicenna wusste, dass er in Hamadan nur so lange ungestört wirken konnte, wie sein Gönner, der Emir, lebte. Der Emir aber war kränklich und alt. In größter Hast, in dem ständigen Gefühl der Bedrohung, schrieb Avicenna Nacht für Nacht an die 50 Seiten, eine erstaunliche Leistung.

Dann das erste Warnsignal: Meuternde Soldaten belagerten seinen Wohnsitz und forderten in Sprechchören höheren Sold, den ihnen der Wesir Avicenna nicht gewähren wollte. Die Rebellen stürmten sein Haus, schleppten den Überrumpelten mit sich, warfen ihn ins Gefängnis und zogen nun vor den Palast des Emirs. Der Emir, wieder einmal von Unwohlsein geplagt und nicht mehr energisch genug, gab den Forderungen seiner Soldaten nach, er setzte seinen Wesir ab. Avicennas Karriere am Hof von Hamadan schien damit beendigt. Doch wenig später holten Eilboten den verbitterten Mann, der bereits zur Abreise rüstete, an das Krankenbett des Fürsten und baten um dringende Hilfe. Avicenna heilte den Emir. Zum Dank ernannte ihn der Genesende abermals zum Wesir, und wieder konnte für den Gelehrten das bisherige Leben weitergehen: Tags arbeitete er als Minister, am Abend versammelte er seine Schüler um sich, nachts schrieb er. Oft brütete er bis zur völligen Erschöpfung über seinen Manuskripten, aber die Arbeit wollte nicht mehr mit der nötigen Konzentration vorangehen. Bald würde der Emir sterben, dies wusste der erfahrene Arzt seit seiner letzten Krankenvisite. Was aber dann?

Plötzlich war der gefürchtete Tag da. Einige Schüler rieten Avicenna, sofort abzureisen oder sich wenigstens zu verstecken, denn der Nachfolger des verstorbenen Fürsten sei ihm nicht wohlgesonnen. Avicenna versteckte sich in der Wohnung eines Schülers, dort schrieb er einen Brief an den Emir Ala ad-Daula von Isfahan und ließ anfragen, ob er nicht dort wirken könne. Eine Zeit voller Beklemmung und Befürchtungen verstrich. Keinesfalls durfte man am Hof von Hamadan etwas von diesem Briefwechsel entdecken, denn der Emir von Isfahan gehörte zur feindlich gesinnten Dynastie der Kakoyiden, einer Seitenlinie der Bujiden. Man sprach bereits von einem drohenden Krieg zwischen beiden Fürstentümern, weswegen es für einen Boten besonders gefährlich war, heimlich von einer Residenz zur anderen zu reisen. Würde Avicennas Gefolgsmann ungehindert alle Kontrollen passieren können? Eines Tages war das Versteck von Soldaten umstellt, drohend verlangten sie Einlass, und dann zeigte ihr Führer dem Wesir das erwartete Antwortschreiben aus Isfahan: Der Emir sei erfreut, einen so fähigen Mann an seinem Hof begrüßen zu dürfen. Jetzt schien alles verloren. Soldaten hatten den Boten abgefangen und durch Folter die nötigen Angaben zu Avicennas Versteck erpresst. Wieder warfen die Häscher Avicenna ins Gefängnis, dieses Mal in die Festung Fardajan unweit der

Hauptstadt Hamadan. Ungewiss schien es, wann er je diese düsteren, eiskalten Räume wieder verlassen würde.

Es dauerte nur vier Monate. Dann öffnete sich die Tür zu seiner Zelle, und vor dem Gefangenen standen Abgesandte des Emirs von Isfahan. Die Residenz der Bujiden war erobert worden – von der feindlichen Dynastie der Kakoyiden. Diesmal hatte Avicenna hautnah miterlebt, wie unruhig das Persien seiner Zeit war. Fürstentümer zerbrachen in blutigen Machtkämpfen, neue stiegen auf. Der siegreiche General empfing den befreiten Gefangenen mit allen Ehren und wiederholte, was bereits in dem abgefangenen Schreiben gestanden hatte: Avicenna sei willkommen in Isfahan. Dann zog das Heer weiter, der nächsten Schlacht entgegen, während Avicenna zum Aufbruch rüstete und als Derwisch verkleidet mit wenigen Schülern nach Isfahan wanderte.

Isfahan war bereits zur Zeit der Sassanidenkönige eine Provinzhauptstadt gewesen, aber eine größere Rolle hatte der Ort bisher nie gespielt; er war in erster Linie Garnisonstadt gewesen, wie die ursprüngliche Namensform noch verrät: *Sephahan* = Heeressammelplatz. Erst der schiitische Emir Ala ad-Daula hatte den Ehrgeiz, aus dem bescheidenen Städtchen eine glanzvolle Residenz zu machen. Von seinen Eroberungszügen in benachbarte Fürstentümer hatte er reiche Beute mitgebracht, genug an Geld, um große Moscheen, Koranschulen und Bibliotheken bauen zu lassen. Ihm erschien ein universal gebildeter Mann wie Avicenna gerade richtig, um dieser Metropole den nötigen kulturellen Glanz zu geben. Der Emir überhäufte den Umworbenen mit allen Ehren, machte ihn zum Leibarzt und bat ihn, eine riesige Bibliothek einzurichten sowie das Lehrwesen zu organisieren. Schließlich ernannte er ihn zum Wesir. Wieder einmal konnte Avicenna zugleich Arzt, Philosoph, Wissenschaftler und Politiker sein. Im Auftrag seines Gönners verfasste er eine philosophische Enzyklopädie – in persischer Sprache. Der Emir der Kakoyiden tat alles, um persische Kultur zu fördern, hier eiferte er den Fürsten von Buchara und Ghazni nach.

Ein leichtes Leben hatte Avicenna an der Seite dieses ehrgeizigen Herrschers aber deswegen nicht. Ala ad-Daula führte ständig Krieg gegen seine Nachbarn, und sein Wesir musste ihn begleiten. Während der folgenden Jahre war Avicenna mehr in zugigen Feldherrnzelten zu Hause als in den Palästen und Bibliotheken von Isfahan. Philosophieren und wissenschaftlich arbeiten wurde aufreibender und schwieriger als je zuvor. Nicht selten geschah es, dass sich der Wesir eben einmal zurückgezogen und ein paar Seiten geschrieben hatte, da riss ihn Trommelwirbel aus seiner Ruhe, und schreiend meldeten die Soldaten das Nahen der Feinde. Sklaven packten in aller Eile die zahlreichen Bücher und Schriftrollen auf Kamelrücken, während Avicenna selbst die wichtigsten Manuskripte an sich nahm; dann bewegte sich die kostbare Fracht vorbei an leichenübersäten Schlachtfeldern und ausgebrannten Dörfern. Avicenna war gepeinigt von der ständigen Sorge, die fertiggestellten Manuskripte könnten nicht unbeschadet Isfahan erreichen, eine nicht unbegründete Angst. Einen Teil seiner Lasttiere erbeuteten die Feinde, er sah die Schriftstücke nie wieder. Er konnte nur hoffen, dass die Soldaten den Wert ihrer Beute erkannten und an eine fürstliche Bibliothek weiterlieferten. Unmöglich aber schien es nicht, dass die wenig gebildeten Krieger die Schriftrollen einfach ins Feuer warfen. Der Gelehrte musste fürchten, einen Teil seiner Bücher vergeblich geschrieben zu haben.

Es waren zermürbende Jahre. Avicenna wurde krank, er begann, an Schlaflosigkeit zu leiden, es folgten heftige Koliken. Sein Schüler Ubaid al-Dschuzdschani, dem wir eine Lebensbeschreibung des Meisters verdanken, weiß für diese Leiden einen einleuchtenden Grund: »Überanstrengung aller Art«. Aber Avicenna fand auch jetzt keine Ruhe. Anstatt sich vom Ministeramt zurückzuziehen, begleitete er seinen Fürsten nach wie vor auf Feldzügen und schrieb nachts an seinen Büchern. Immer häufiger wurden die Anfälle. Wir wissen nicht, was ihn veranlasst hat, weiterhin so hart und schonungslos mit sich selber umzugehen und sich immer neue Leistungen abzupressen. Ernste Gefahr drohte ihm, als er sich schließlich voller Ungeduld durch eine Radikalkur zu heilen versuchte; er nahm in aller Eile selbstgebraute Arzneien gegen seine Koliken ein. Umsonst, die Schmerzen wurden immer schlimmer, epileptische Anfälle folgten. Nun aber fühlte er, so heißt es in der Chronik seines Schülers al-Dschuzdschani, dass die Kräfte »seinem Willen entglitten«.

Dies geschah im Jahr 428 der Hedschra, dem Jahr 1037 unserer Zeitrechnung. Avicenna war 57 Jahre alt und weilte wieder in Hamadan, wo er einst seine ruhmvolle Laufbahn als Gelehrter und Minister begonnen hatte. Der Emir Ala ad-Daula hatte zum zweitenmal diese Residenz erobert und feierte seinen Triumph als Sieger – einen Triumph für wie viele Jahre? Zu unsicher waren die Zeiten, als dass der Fürst sich hätte allzusehr freuen dürfen, er konnte die Gebiete so rasch wieder verlieren, wie er sie an sich gerissen hatte.

Avicenna allerdings fühlte sich nun weit weg von solchen Sorgen. Seine nervöse Erschöpfung war einer völligen Gelassenheit gewichen, so heißt es in der Erinnerung al-Dschuzdschanis. Er sah mit der Ruhe eines abgeklärten Philosophen dem Tod ins Auge, vollzog die rituellen Waschungen, vermachte seine Güter denen, die er möglicherweise ungerecht behandelt hatte, gab den Befehl, reichlich Almosen an die Armen zu verteilen, und ließ sämtliche Sklaven frei. So lange es ihm noch die Kräfte gestatteten, zitierte er aus dem Gedächtnis Koranverse. Am 18. Juni des Jahres 1037 starb er in Hamadan.

Avicenna, der umstrittene Wegbereiter einer »islamischen Aufklärung«

Die Nachricht von Avicennas Tod verbreitete sich rasch in den persischen Fürstentümern und darüber hinaus in anderen islamischen Regionen. Zu dieser Zeit diskutierte man seine Schriften bereits in den Akademien von Bagdad und Kairo, und es war nur eine Frage der Zeit, bis man sich auch im weit entfernten islamischen Spanien mit ihm auseinandersetzte. Aber nicht nur Lobreden folgten dem Verstorbenen ins Grab, sondern auch gehässige, höhnische Kommentare. Seine Medizin habe nicht den eigenen Körper retten können, seine Theologie nicht die eigene Seele, so lästerten die Feinde, von denen er nicht wenige besaß. Umstritten wie sonst kaum einer der Großen in der islamischen Geistesgeschichte kam Avicenna auf die Nachwelt zu. Kein Gelehrter konnte gleichgültig an ihm vorübergehen; zu wuchtig, zu überragend, zu revolutionär waren seine Leistungen auf den Gebieten der Medizin, der Psychologie, der Philosophie und der Koranauslegung.

Für fast alle unbestritten blieb sein Rang nur in der Medizin. Seine medizinische Enzyklopädie *Qanun fil-tibb, Kanon der Medizin*, wurde wie kein anderes naturwissenschaftliches Werk an den Universitäten von Indien bis ins maurische Spanien studiert, und fortan arbeiteten die muslimischen Ärzte nach seinen Anleitungen. In dem monumentalen Sammelwerk war so gut wie jede damals bekannte Krankheit exakt beschrieben, ihre Ursachen, ihre Wirkungen, die Möglichkeiten ihrer Heilung. Dort waren die Erkenntnisse aus den griechischen Lehrbüchern von Hippokrates und Galen neben den Ergebnissen aus der persischen Medizinschule von Dschundischapur sorgsam ausgebreitet, hinzu aber kamen zahlreiche eigene Entdeckungen. Als Erster wusste Avicenna von der Ansteckungsgefahr bei Tuberkulose, auch begriff er vor allen anderen Großen der Medizin, dass viele Krankheiten durch das Wasser oder die

Erde übertragen werden – durch Bakterien, würde man heute sagen; nur fehlten dem genialen Perser des Jahres 1000 noch die Mikroskope, um seine Annahme durch Experimente zu erhärten. Avicenna war auch weltweit der erste Mediziner, der zwischen Masern und Windpocken unterschied sowie die Unterschiede zwischen Pest und Cholera aufzeigte, außerdem entwickelte er Therapien zur Behandlung von Leberkrankheiten.

Der Ruhm von *Qanun fil-tibb* drang bereits ein Jahrhundert nach dem Tod seines Verfassers über die Grenzen der islamischen Welt hinaus. Um 1150 waren schon Teile ins Lateinische übersetzt und kursierten unter den Gelehrten Frankreichs und des Heiligen Römischen Reiches. Mit Staunen lernten christliche Ärzte von den Erkenntnissen ihres muslimischen Kollegen, ohne vorerst zu begreifen, dass sie mit ihrem eigenen Verhalten eine geistige Revolution im Abendland vorbereiteten. Was einst schon griechische Ärzte für selbstverständlich gehalten hatten, nämlich durch Beobachtung der Naturgesetze zu lernen, das kam schließlich wieder durch das Standardwerk eines Persers in Europa zu Ehren. Lange genug hatte man solche Ansinnen als »heidnisch« abgewehrt und bei der Krankenheilung lieber auf das Gebet eines Priesters vertraut. Avicennas *Qanun fil-tibb* wurde unter dem lateinischen Titel *Canon medicinae* berühmt wie kein zweites wissenschaftliches Werk des Mittelalters; seit dem 13. Jahrhundert diente dieses Lehrbuch an den Universitäten Italiens, der deutschen Länder, Frankreichs und Englands als Leitfaden der Schulmedizin, und daran hat sich bis ins 17. Jahrhundert nichts geändert – bis zu jenem Zeitpunkt, als es für die Christen selbstverständlich geworden war, naturwissenschaftlich zu forschen.

Aber eine revolutionäre Entdeckung im medizinischen Werk Avicennas ist bis ins 20. Jahrhundert nicht genügend beachtet worden, weder von Muslime noch von Christen. Avicenna war einer der Ersten, die einen engen Zusammenhang zwischen körperlicher und seelischer Krankheit entdeckten, er begründete um das Jahr 1000 (!) eine Lehre der Psychosomatik. Mehr noch: Klar schied er im komplizierten Gefüge der Seele zwischen einem »unverhüllten« Antrieb, der jedem Menschen bewusst ist, und einem »verborgenen«, der im Dunkeln bleibt. Das »Verborgene«, Verdrängte begriff er als Ursprung vieler Krankheiten. Hier nahm er die Lehre vom »Unbewussten« zumindest in Ansätzen vorweg, wie sie Sigmund Freud erst entwickelte. Man kann daher der prominenten ägyptischen Ärztin und Frauenrechtlerin Nawal el Saadawi zustimmen, die 1980 in ihrem Buch *Tschador, Frauen im Islam* Muslime wie Christen aufforderte, Avicenna endlich umfassend zu würdigen, denn er »... stand weit über anderen, denen in der westlichen Welt unverdientere, aber größere Anerkennung zuteil geworden ist«.

Avicennas Ruhm als Mediziner überstrahlte lange Zeit alle anderen Facetten seines Könnens. Als Philosoph und religiöser Denker war er jedoch nicht weniger bedeutend, nur blieb hier sein Ruhm umstritten, hier schieden sich von Anfang an Verehrer und Gegner, Freund und Feind. Für die einen gilt er bis heute als der wichtigste Wegbereiter griechischen Denkens im Islam, für die anderen als »gottlos«, als »Verräter« am Glauben. Wie kein anderer hat Avicenna die Erkenntnisse des Aristoteles gedeutet und schöpferisch für die muslimische Kultur weiterentwickelt. Seine Kommentare zu Aristoteles wurden Pflichtlektüre für alle Philosophen, die Widersprüche in Glaubensfragen durch »Vernunft« klären wollten. Avicenna ging hier konsequent jenen Weg weiter, den eineinhalb Jahrhunderte zuvor die Mutaziliten unter Kalif Mamun erfolgreich beschritten hatten, kam aber zu wesentlich radikaleren Ergebnissen. Avicenna glaubte an keine leibliche Auferstehung am Tag des Jüngsten Gerichts, auch nicht an die sinnlichen Freuden, die den Frommen im Paradies mit schönen Frauen und lauschigen Gärten, den Frevler mit Qualen in der Hölle erwarteten. Dies seien Symbole, so erklärte er in einer nur für »Eingeweihte« bestimmten Schrift. Der Prophet Mohammed sei von der »Weltvernunft« dazu ausersehen worden, in solch bildhafter Sprache zum Volk zu sprechen, denn nur auf diese Weise verstehe das Volk die Wahrheit. Dem Gelehrten aber offenbare sich die »Weltvernunft« auf einer anderen Stufe, sie enthülle ihm keine Bilder, sondern Begriffe. Auferstehung bedeutete für ihn die Unsterblichkeit des Geistes, Paradies die »Vollkommenheit« der »reinen Idee«, Hölle das Verhaftetsein in irdischen Daseinsängsten und Qualen. Seiner Meinung nach verkündeten Propheten und Philosophen keine einander widersprechenden Wahrheiten, beide enthüllten nur verschiedene Offenbarungsformen der einen Weltvernunft, jeder spiegle eine andere Facette aus der Vielfalt der »Wahrheit«.

Dies alles sind Gedankengänge, die wir in der Epoche der europäischen Aufklärung finden. Aber solche Gedanken konnten sich ebenso im islamischen Kulturraum entwickeln, und dies nicht zufällig durch einen Denker, der sich maßgeblich durch die Philosophie der griechischen Antike hatte beeinflussen lassen. Avicenna kann als exemplarisch dafür gelten, dass bei Muslimen sich eine »islamische Aufklärung« breitenwirksam hätte entfalten können, wären die politischen und gesellschaftlichen Rahmenbedingungen ähnlich gewesen wie in späterer Zeit im Abendland. Es gibt verblüffende Gemeinsamkeiten zwischen diesem persischen Philosophen des 10. Jahrhunderts und abendländischen Philosophen der Renaissance und der beginnenden Aufklärung. Und wegen dieser geistigen Nähe konnte Avicenna mit seinem naturwissenschaftlichen und philosophischen Denken einen derart intensiven Einfluss auf Europa gewinnen, dass man von ihm zu Recht sagen kann, er sei »mehr als jeder andere außereuropäische und nichtchristliche Denker zu einem Teil der abendländischen Geistesgeschichte geworden«. So schrieb der Arabist Gotthard Strohmaier in der Einleitung zu seinem Buch *Avicenna*.

Aber trotz dieser weiträumig anerkannten Bedeutung Avicennas ist der Weg zu seinem überragenden Nachruhm sehr schwierig gewesen. Denn er hatte vor allem im eigenen Kulturraum unter den orthodoxen Muslimen viele Gegner – »Rechtgläubige«, die erheblich dazu beitrugen, dass die Entwicklung der islamischen Kultur in den folgenden Jahrhunderten an Dynamik verlor und zu stagnieren drohte. Und so kam es zu der paradoxen Verkehrung, dass Ibn Sina unter dem lateinischen Namen Avicenna bald im westlichen Kulturraum mehr Ansehen genoss als bei Muslimen. Ja, Avicennas Nachruhm in der islamischen Welt ist bis heute vielerorts auf einen schmalen Sektor begrenzt geblieben.

Ablehnung und Anerkennung – Avicennas ambivalenter Nachruhm

»Wahr gesprochen hat Gott, der Allmächtige, und gelogen hat Avicenna.« So äußerte sich im Jahr 1262 der Damaszener Philosoph Al-Hassan ibn Muhammad ibn Naga, der angeblich auf dem Sterbebett seine Bewunderung für den rationalistisch kritischen Denker heftig bereute.

»Wenn Eure Exzellenz die Forschungen zu solchen Themen anleiten wollte, sollte Sie veranlassen, dass Studierende anstelle der Bücher von westlichen Philosophen die Schriften von … Avicenna zu Rate ziehen.« So schrieb Ajatollah Khomeini in den 1980er-Jahren in einem Brief an den sowjetrussischen Präsidenten Michail Gorbatschow.

Diese zwei Kommentare lese ich in dem bereits erwähnten Buch *Avicenna* von Gotthard Strohmaier. Es sind zunächst einmal irritierende, widersprüchliche Äußerungen. Im 12. Jahrhundert, im sogenannten Goldenen Zeitalter des Islam mit seiner Blüte der Wissenschaft, sagte sich ein namhafter muslimischer Gelehrter mit einem Verdammungsurteil von Avicenna los. Dagegen empfahl in den 1980er-Jahren ausgerechnet Ajatollah Khomeini, man müsse Avicenna anstelle westlicher

Philosophen lesen. Zwar machte Khomeini in seinem Brief an den kommunistischen Atheisten Gorbatschow kein Hehl aus seiner Abneigung gegen westliches Denken. Aber überrraschen muss trotzdem, dass er gerade Avicenna als Alternative anbot. Was konnte ein Islamist wie Khomeini an Avicenna schätzen – und was musste er zwangsläufig bei seinem Lob ausblenden?

Die hier genannten und so widersprüchlich erscheinenden Bewertungen passen zu den Eindrücken, die man von den ambivalenten Urteilen vieler Muslime über Avicenna gewinnen kann. Auffallend war dies für mich an drei Orten, an denen der große Denker besonders verehrt wird: in seinem Geburtsort Afschana, in seinem Sterbeort Hamadan und in Damaskus im Bimaristan Nuri, einem der ehemals berühmtesten Spitäler der islamischen Welt.

Im Jahr 2007 fuhr ich mit dem Taxi von Buchara zu dem rund 30 Kilometer entfernten Afschana. Das Dorf liegt in einer fruchtbaren Ebene, in der Baumwollfelder mit Gemüsebeeten und Ostbaumhainen wechseln. Das Dorf mit seinen geduckten Flachdachhäusern ist unscheinbar. Aber ein mächtiger Gebäudekomplex ist schon von Weitem sichtbar, er wirkt wie frisch aus dem Boden gestampft. Es ist ein medizinisches College, das den Namen Ibn Sinas trägt. Vor dem Eingang mit »orientalisch« wirkenden Säulen ragt inmitten von Blumenrabatten eine lebensgroße Bronzestatue von Avicenna auf, ein schmaler, hoch aufgeschossener bärtiger Mann mit Turban und Kaftan. Seitlich befindet sich ein langgestreckter Museumsbau. Sämtliche Gebäude wie auch die Statue wurden 1980, zum Jubiläum des tausendsten Geburtstages von Avicenna, errichtet. Die Bauherren waren aber nicht die muslimischen Usbeken, sondern atheistische Vertreter der damaligen sowjetrussischen Kolonialregierung. Die Russen wollten mit dieser Aktion auf spezifisch sowjetische Weise ihre Reverenz gegenüber der islamischen Kultur erweisen (ähnlich wie in Chiwa 1983 mit dem Denkmal zu Ehren des Mathematikers al-Chwarizmi). Im geräumigen Museum wird aber einzig und allein Avicennas Bedeutung als Mediziner und Naturwissenschaftler hervorgehoben, es finden sich dagegen keinerlei Hinweise auf sein religiös-philosophisches Denken.

Ich besuchte das Avicenna-Museum in Afschana 16 Jahre nach dem Ende der sowjetrussischen Kolonialherrschaft. Aufschlussreich war für mich, dass sich im Jahr 2007 an der Ausrichtung des Museums nichts geändert hat. Auch die nun betont muslimischen Usbeken, die sich vehement vom Atheismus sowjetischer Ideologie distanzieren, legen einseitig Wert auf Avicennas Bedeutung als Mediziner und Naturwissenschaftler. Dagegen fehlen im Museum noch immer Hinweise auf die religiös-philosophische Substanz des großen Denkers. Die Muslime vermeiden solche Hinweise, denn sie müssten sonst auch auf Avicennas Konflikt mit der islamischen Orthodoxie eingehen. Avicennas Nachruhm lässt sich im Dienst eines usbekisch-islamischen Nationalismus besser instrumentalisieren, wenn man einen nationalen Helden präsentiert, der ein wissenschaftlicher Lehrmeister des »Westens« gewesen ist. Dagegen muss vermieden werden, bei den vielen konservativen Muslimen Anstoß zu erregen.

Die gleiche Situation findet man in Hamadan, jener iranischen Stadt, in der Avicenna 1037 starb. Dort wurde in den 1940er-Jahren im Gedenken an ihn nicht nur eine große Statue errichtet, sondern auch ein Mausoleum, das in seiner Form dem ältesten Grabturm des Iran nachgebaut ist. Bauherr war Schah Reza Pahlevi, der an Avicenna vorrangig dessen Bedeutung als Arzt und Naturwissenschaftler schätzte. Entsprechend enthielt auch dort das im Grabbau befindliche Museum kaum Hinweise auf die theologische Dimension. Daran hat sich unter der Herrschaft des Mullah-Regimes nichts geändert. Die Islamisten schätzen an Avicenna vor allem, dass er vor nahezu tausend Jahren Europa eindrucksvoll eine wissenschaftliche Überlegenheit der islamischen Welt präsentieren konnte. In diesem Sinn betonte Khomeini Avicennas Bedeutung gegenüber Gorbatschow. Ausgespart blieben bei diesem Lob wiederum die grundlegenden Spannungen mit der islamischen Orthodoxie – jene Aspekte einer möglichen »islamischen Aufklärung«. Auf Geldscheinen der Islamischen Republik Iran ist Avicennas Mausoleum in Hamadan groß abgebildet.

Nicht anders die Ambivalenz im Bimaristan Nuri von Damaskus. Dieses Gebäude war 1154 auf Veranlassung des Emirs Nur ad-Din Zengi errichtet worden, dort befand sich über etliche Jahrhunderte eines der bedeutendsten Spitäler und medizinisch-wissenschaftlichen Zentren der islamischen Welt. Avicenna ist zwar nie nach Damaskus gekommen, aber im musealen Gebäude von heute ist der Perser allgegenwärtig. Außerdem weist schon der gesamte Baukomplex in seiner äußeren Erscheinung darauf hin, dass vor 800 bis 1000 Jahren die wichtigsten Impulse medizinischer und naturwissenschaftlicher Forschung aus dem Iran kamen. Das Wort *Bimaristan* ist persisch und bedeutet Spital. Der zusätzliche Name *Nuri* weist auf den Bauherrn, den Emir Nur ad-Din, hin. Persisch sind in der Architektur die Kuppeln, Gewölbe und Innenhöfe. Die Büste Avicennas hat unter dem Namen Ibn Sina in dem geräumigen Museum einen auffallenden Platz. Aber wie in Afschana und Hamadan wird einem der größten Denker des islamischen Kulturraums im Museum des Bimaristan Nuri Aufmerksamkeit allein als Mediziner und Naturwissenschaftler gewidmet.

Erste Anzeichen einer islamischen Stagnation

Bereits im 9. Jahrhundert hatte sich bei Korangelehrten Widerstand gegen das »griechische« Denken muslimischer Theologen und Wissenschaftler geregt. Dies war erstmals machtvoll in der Abwehr gegen die Mutaziliten, die »Abtrünnigen«, in Bagdad geschehen, und diese Tendenz verstärkte sich im

10. und 11. Jahrhundert gegen den »Aristoteliker« Avicenna und all jene religiös-philosophischen Denker, die sich an ihm orientierten.

Einer der prominentesten Schüler Avicennas bietet mit seinem Schicksal ein Beispiel für die zunehmend drückende Situation: Ibn Ruschd. Im christlichen Abendland ist er unter dem Namen Averroes bekannt geworden. Der Araber wurde 1126 in Córdoba geboren, der Hauptstadt des maurischen Spanien, einer Metropole, die zu jener Zeit in ihrer kulturellen Bedeutung an Buchara, Isfahan, Kairo und Damaskus heranreichte. Ibn Ruschd war wie Avicenna ein Universalgenie, gleichermaßen herausragend als Arzt wie als Philosoph und religiöser Denker. Er war Leibarzt des Kalifen von Córdoba, machte durch seine Schriften über naturwissenschaftliche wie medizinische Erkenntnisse, erst recht aber durch seine philosophischen Kommentare zu Aristoteles auf sich aufmerksam. Ibn Ruschd entwickelte in seiner Beschäftigung mit der griechischen Philosophie die Methodik seines Lehrmeisters Avicenna weiter und lieferte differenzierte Anleitungen, den Koran rationalistisch-kritisch zu interpretieren.

Aber wie Avicenna stieß auch Ibn Ruschd schon zu Lebzeiten auf Widerstand von Korangelehrten, allerdings war sein Schicksal tragischer. Als sein Gönner, Kalif Abu Yaqub Yusuf, 1185 starb, erlangten unter dessen Nachfolger Yaqub al-Mansur die »rechtgläubigen« Korangelehrten mehr Einfluss. Und in jenem Córdoba, das über Jahrhunderte für seine kulturelle Vielfalt und seine religiöse Toleranz berühmt war, wurde Ibn Ruschd 1187 durch ein geistliches Gericht als »Ketzer« verurteilt und in die Verbannung nach Marokko geschickt. Während Ibn Ruschd aus Córdoba abreiste, verbrannten Korangelehrte seine Bücher öffentlich auf Scheiterhaufen. Die übriggebliebenen Exemplare verschwanden in den Bibliotheksarchiven, wo sie nur noch für wenige Kundige zugänglich blieben – nicht anders, als es vielen philosophischen Werken Avicennas erging.

Was sich hier im 12. Jahrhundert an Unterdrückung weltoffenen Philosophierens anbahnte – vom persischen Kulturraum im Osten bis hin zum maurischen Spanien im Westen –, hatte Signalwirkung. Zunehmend gelang es einem konservativen islamischen Klerus, sich gegenüber jenen Denkern durchzusetzen, die den kritisch-rationalen Ansatz griechischer Philosophie für den Islam fruchtbar machten. Allerdings sollte es noch bis ins 16. und 17. Jahrhundert dauern, bis der Klerus in seinem restaurativen Bemühen auf der ganzen Linie gesiegt hatte. Dann erst wurden die Folgen in aller Schwere sichtbar, an denen die Muslime bis heute zu tragen haben: Indem die kritische Dialektik weitgehend aus der Philosophie gewichen war, drohte der Islam als Kultur zu erstarren, ist er zunehmend schwerfälliger geworden und kann immer weniger auf die Herausforderungen einer sich stets wandelnden Welt reagieren.

Die Muslime schätzten zwar auch in Zeiten des Niedergangs weiterhin, was die Griechen an Anregungen für eine praktische Wissenschaft überliefert hatten, wollten aber nicht ihren Geist übernehmen. »Im Letzten haben sich«, so drückt es Arnold Hottinger in seinem Buch *Die Araber* aus, »der auf Gott ausgerichtete Geist des Islam und das um den Menschen zentrierende Erbe Griechenlands widersprochen. Dieser Widerspruch war daran schuld, dass das griechische Erbe nach einer 300-jährigen Auseinandersetzung ... schließlich in seinen letzten Konsequenzen zurückgewiesen wurde.«

Eine umgekehrte Entwicklung bahnte sich im Abendland an. Seit dem 13. Jahrhundert begann man an den Universitäten von Paris und Neapel, später auch an anderen, die Schriften des Ibn Sina (man gab ihm den lateinisch abgewandelten Namen Avicenna) und seines Schülers Ibn Ruschd (ihn nannte man fortan Averroes) zu lesen. Seit die Christen während der Kreuzzüge erkannt hatten, um wie viel die islamische Kultur der ihren – zumindest auf vielen Gebieten – überlegen war, verlangten sie nach »arabischen« Schriftstellern. Massenhaft wurden damals Bücher vom Arabischen ins Lateinische übersetzt, zuerst medizinische Werke, dann aber auch die Philosophen. In den Schriften des Universalgenies Avicenna wie auch seines Schülers Averroes entdeckte man, dass es lohnend wäre, sich mit dem Denken eines gewissen Aristoteles auseinanderzusetzen. Zum ersten Mal lernten so Christen griechische Philosophen schätzen – auf dem Umweg über einen Perser und einen Araber.

Die Folgen waren ungeheuerlich. Christliche Theologen schulten sich ausgerechnet an Muslimen, wie man mit griechischer Methodik die eigene Religion systematisch durchdenken konnte. Diese Theologen verurteilten zwar Avicennas »Freigeisterei«, aber sie übernahmen viel von seiner Art des Analysierens. Die gelehrigsten Schüler: Albertus Magnus und Thomas von Aquin. Für sie blieb es zwar noch selbstverständlich, dass alle Philosophie und alle Wissenschaft nur »Magd der Theologie« sein konnten – und in diesem Ansatz blieben sie den konservativen Korangelehrten ähnlich. Aber je mehr sich christliche Theologen mit griechischer Philosophie beschäftigten, desto mehr formte sich bei großen Denkern des Abendlandes das Ideal einer »freien«, dogmatisch ungebundenen Wissenschaft. Und diese Tendenz ließ sich – anders als in der islamischen Welt – von einem reformunwilligen Klerus auf Dauer nicht mehr unterdrücken.

Eine paradoxe Umkehr der historischen Entwicklung: Im christlichen Europa sprengte die Auseinandersetzung mit der griechischen Antike endgültig die dogmatische Enge des Mittelalters; die Aufbruchstimmung der Renaissance ebnete (im Guten wie mit allen Fragwürdigkeiten und Gefährdungen) den Weg zur Moderne. Dagegen bewegte sich zur selben Zeit der islamische Orient weg von einem freieren Denken, weg von den Anregungen griechischer Antike, schrittweise zurück in einen Zustand, den wir Europäer herablassend als »Mittelalter« bezeichnen.

Seldschuken und Perser – eine neue kulturelle Dynamik

Im 11. Jahrhundert war noch nichts von dem allgemeinen Niedergang der islamischen Welt zu ahnen. Vom Niedergang gezeichnet waren lediglich verschiedene Staaten, die sich in inneren Machtkämpfen wie Kulturkrisen zerschlissen und schließlich zur Beute von Eroberern wurden. Aber inmitten dieser sich ständig ändernden Welt der Machtkonstellationen brachten Philosophen, Wissenschaftler und Künstler immer noch aufsehenerregende, wegweisende Leistungen hervor.

1037 starb Avicenna. Im selben Jahr kam neue Unruhe in den ohnehin von Machtkämpfen zerrissenen Iran, und dieses Mal erfasste das Beben das ganze Land von den Nordgrenzen bis in den Süden – die Ursache: ein türkisches Reitervolk aus der kirgisischen Steppe.

Jahrzehnte schon hatten Nomadenkrieger an den Nordgrenzen Persiens Städte überfallen, nie aber hatten sie dauernd Fuß fassen können. Anders in jenem Jahr 1037. Jetzt eroberte einer ihrer Stämme unter ihrem Führer Togrul, »der Falke«, das Fürstentum Chorassan und drang unaufhaltsam nach Osten und nach Süden vor. Merw und Samarkand fielen, schließlich war Isfahan bedroht, die Residenz von Ala ad-Daula. Die Eroberer waren keine Barbaren mehr wie viele andere Turkstämme ihrer Zeit. Seit vor Jahrzehnten ihr Führer Seldschuk unter persischen Provinzfürsten als gutbezahlter Söldnerführer gedient hatte und seitdem seine Nachfolger in etlichen nordpersischen Landstrichen selbständig regierten, sahen sie die Paläste, Moscheen und Basare nicht mehr mit den Augen von beutegierigen Nomaden an. Sie hörten auf, wahllos Ortschaften zu plündern und dann mit reichbepackten Lastkamelen in die Weite der Steppe zu verschwinden; sie wollten teilhaben an der Kultur, wollten von den unterworfenen Persern lernen, so wie einst das halbzivilisierte Volk der Araber, das aus der Wüste aufgebrochen war. Seldschuk erlebte nicht mehr den glanzvollen Aufstieg seines Stammes, aber er, der als Erster seiner Sippe zum Islam übergetreten war, hatte seinen Nachfolgern den Weg gewiesen, und so überdauerte sein Name. Seine Dynastie wurde die der Seldschuken genannt.

Im Jahr 1051 eroberten die Seldschuken Isfahan. Vier Jahre später zogen sie in Bagdad ein, und dann betrat ihr Führer Togrul triumphierend den Kalifenpalast – am Ziel seiner Wünsche. Der machtlose Kalif übertrug ihm das Amt des »Schutzherrn« und ließ ihn an seiner Stelle regieren. Togrul nahm dankend an, ja, er, der Eroberer, küsste sogar den Boden vor dem Kalifenthron, wie zeitgenössische Beobachter zu berichten wissen. Eine groteske Szene, wie es auf den ersten Blick erscheinen mag. Aber Togrul hätte es nicht wagen können, sich anders zu verhalten, denn noch galt der Kalif den meisten Muslimen als unantastbares religiöses Oberhaupt. Togrul, der Türke, hätte unmöglich selber dieses Amt beanspruchen können, blieb es doch nach dem damaligen Denken allein einem Blutsverwandten des Propheten vorbehalten.

Togrul konnte trotzdem zufrieden sein. Denn als »Schutzherr« des religiösen Oberhaupts war er deutlich über alle anderen Fürsten des islamischen Ostens hinausgehoben. Seine Stellung ähnelte nun der eines Kaisers wie Karls des Großen, der einst Schutzherr des Papstes geworden war. Togrul nahm noch einen zweiten bezeichnenden Titel an: *Sultan*, »Herr der weltlichen Gewalt«. Für alle sichtbar zog er damit die Trennungslinie zwischen religiösem und politischem Amt.

Türkische Sultane herrschten von nun an über das zerfallene Abbasidenreich. Ihre ersten Herrscher – Togrul, Alp Arslan, Malik Schah – regierten bemerkenswert gut und führten eine neue Blütezeit des islamischen Ostens herbei. Niemand merkte es den türkischen Eroberern mehr an, dass ihre Vorfahren noch ein Jahrhundert zuvor in Nomadenzelten der kirgisischen Steppe gehaust hatten. Persisch waren Sprache und

Kultur ihrer Führer geworden, türkisch blieben nur noch die Dialekte und Bräuche der einfachen Stammeskrieger. Togrul verstand es, in den eroberten Provinzfürstentümern persische Ratgeber um sich zu scharen, die es an Kenntnissen und verfeinerter Lebensart mit jedem Fachmann in Bagdad aufnehmen konnten. In einem allerdings ließen sich die Seldschukenfürsten nicht vom persischen Vorbild leiten: Sie dachten nicht daran, im Stil altpersischer Gottkönige zu regieren, sie setzten nicht die unnahbare Distanz zwischen Herrscher und Untertan wie einst die Kalifen von Bagdad. In ihrem Denken blieb wenigstens noch so viel von der Stammestradition lebendig, dass vornehme Gefolgsmänner frei mit dem Herrscher sprechen konnten.

Unter den hochgebildeten Ratgebern des ersten Seldschukensultans befand sich ein 35-jähriger Perser, der nun unter dem arabischen Beinamen *Nizam al-Mulk,* »Ordnung des Reiches«, zum maßgeblichen Minister aufsteigen und wie kein anderer die Regierung prägen sollte. Seine Heimatstadt war Tus in Chorassan, wo einst auch Firdausi das Licht der Welt erblickt hatte. Schon in jungen Jahren war er in den Dienst der seldschukischen Eroberer getreten und stieg dann zum wichtigsten Ratgeber Togruls auf. Dessen Nachfolger, der Sultan Alp Arslan, machte ihn schließlich im Jahr 1061 zum Großwesir. Drei Jahrzehnte lang blieb Nizam al-Mulk in diesem Amt, und während dieser Zeit erlangte Bagdad fast wieder jenen Glanz, den die Stadt zur Zeit Harun al-Raschids ausgestrahlt hatte. Kaum vier Jahre im Amt, da begründete er in Bagdad eine neue Universität, die seinen Namen trug, *Nizamija.* Die Anlage gehörte zu den modernsten und schönsten der ganzen Stadt, und bald sollte es für jeden Studenten die höchste Auszeichnung bedeuten, wenn er dort lernen durfte. Die berühmtesten Professoren des islamischen Kulturkreises wurden hierhergeholt und lehrten Koranwissenschaft, Literaturwissenschaft, Philosophie, Geographie, Geschichte, Musik, Medizin, Chemie, Physik, Astronomie, Mathematik. Aber so berühmt die Universität auch innerhalb kurzer Zeit wurde, für Bagdad schien sie nur selbstverständlich, wo es doch zu jener Zeit an die 30 große wissenschaftliche Bibliotheken in der Stadt gab.

Bagdad zählte im 11. Jahrhundert über eine Million Einwohner und übertraf damit an Größe fast alle damals bekannten Städte der Welt – mit Ausnahme von Córdoba, der Hauptstadt des maurischen Spaniens, von Angkor, der Khmer-Metropole in Kambodscha, von Hangzhou, der damaligen Hauptstadt des chinesischen Reiches, sämtlich Kulturzentren außerhalb des Abendlandes. Bagdads Einwohnerzahl musste Besucher aus Europa naturgemäß irritieren, ja verstören. Städte wie Konstantinopel, Paris, Rom, Köln – um nur einige der damals wichtigen Metropolen zu nennen – besaßen gerade einen Bruchteil an Einwohnern, ganz zu schweigen von den Bibliotheken, wissenschaftlichen Instituten, Spitälern und Badehäusern. Um das Jahr 1065 fand sich im ganzen christlichen Abendland kein derartig gebildeter Kulturförderer wie Nizam al-Mulk, der persische Großwesir der Seldschuken.

So viel die Seldschuken auch für Bagdad taten, sie legten keinen Wert darauf, von dort aus ihr machtvoll gewachsenes Reich zu regieren. Ihre Fürsten zogen sich nach Isfahan zurück und erklärten die einstige Residenz des Emirs Ala ad-Daula zur Hauptstadt. Sultan Alp Arslan soll während seiner Regierungszeit kein einziges Mal nach Bagdad gekommen sein, so lassen die Chroniken verlauten, er zeigte unverhohlen eine Abneigung gegen die Millionenstadt mit ihrem unübersehbaren Häusermeer, aber auch gegen das Völkergemisch aus allen Teilen des islamischen Reiches. Er wie seine Nachfolger fühlte sich allein von Städten angezogen, die durch und durch »persisch« waren; sie hielten Türkisches und Arabisches gleichermaßen von sich fern, so sehr waren die Seldschukenfürsten bereits durch ihre Ratgeber geformt. Großwesir Nizam al-Mulk führte Persisch als alleinige Amtssprache am Hof von Isfahan und allen seldschukischen Provinzfürstentümern ein, kein Beamter verfasste seine Berichte mehr auf Arabisch. Bagdad, obwohl Millionenstadt und mit den meisten Universitäten versehen, war damit endgültig zweitrangig geworden.

Um das Jahr 1080 regierten die Seldschuken über ein Reich, das sich von den Grenzen Indiens bis in den Irak und weit in die heutige Türkei hinein erstreckte. Das entsprach an Ausdehnung fast dem Herrschaftsgebiet der Achämeniden und Sassaniden. Im Westen entrissen sie dem Byzantinischen Reich eine Provinz, die seit den Achämeniden nicht mehr von persischen Fürsten beherrscht worden war: Anatolien. Diese Provinz sollte, bevor sie Anfang des 13. Jahrhunderts zur Keimzelle eines türkischen Staates unter den Osmanen wurde, kulturell persisch geprägt sein. Selbst als ein Seldschukenführer Ende des 11. Jahrhunderts im östlichen Anatolien ein zweites Reich mit Konya als Residenz begründete, blieb die Hofsprache Persisch, blieb auch das Denken der Seldschuken dort am persischen Raum orientiert.

Zunächst aber liefen alle Fäden des ausgedehnten Seldschukenreiches politisch wie kulturell noch in Isfahan zusammen, einer Stadt, die rasch über ihre bisherigen Grenzen hinauswuchs. Nach zeitgenössischen Berichten soll Isfahan Ende des 11. Jahrhunderts an die 90 Quadratkilometer umfasst haben. Damals entstand ein berühmtes Bauwerk, das man heute als das älteste erhaltene Kulturdenkmal Isfahans bewundert: die Freitagsmoschee (Masdjid-i-Djomeh). Bauherr war wiederum der Großwesir Nizam al-Mulk.

Dieser Perser förderte im ganzen Reich Wissenschaft und Kunst, überall entstanden neue Universitäten und Akademien, an denen Theologie, Philosophie, Geschichte und Naturwissenschaften gelehrt wurden. Besonders aber versuchte er, die bedeutendsten Gelehrten in die neue Reichshauptstadt zu ziehen. Aufschlussreich muss es dem Historiker erscheinen, dass nicht wenige bedeutende Köpfe von Bagdad nach Isfahan übersiedelten. Hier aber machte vor allem ein Mann von sich reden, der zum Symbol einer ganzen Epoche werden sollte: der Perser Omar Chayyam.

Omar Chayyam: Mathematiker, Dichter, Mystiker – und »Ketzer«

Der große Mathematiker, Philosoph und Dichter wurde 1045 in Neischapur geboren. Diese Stadt liegt etwa 100 Kilometer westlich von Tus, dem Geburtsort Firdausis und Nizam al-Mulks. Neischapur ist heute ein unscheinbares Provinznest mit etwa 240 000 Einwohnern, »ohne besondere Sehenswürdigkeiten«, wie in Reiseführern lakonisch vermerkt ist. Jahrhundertelang aber war dieser Ort die Hauptstadt Chorassans. Hier ließen schon die Emire vom Geschlecht der Tahiriden, später der Samaniden ihre Paläste, Moscheen, Koranschulen und Akademien errichten. Als Omar Chayyam das Licht der Welt erblickte, hatten in Neischapur die Seldschuken ihre Residenz aufgeschlagen; damals sollte es noch zwei Jahrzehnte dauern, bis sie Isfahan zu ihrer Hauptstadt erkoren. Togrul und Alp Arslan bauten hier ihre Paläste, und beide vergrößerten die Universität, lockten mit fürstlichen Gehältern neue Lehrer heran und ließen die Bestände der Bibliotheken beträchtlich erweitern.

Zweifelsohne hat der Jüngling in seiner Heimatstadt wichtige Anregungen empfangen, aber Mathematik und Astronomie konnte er hier nur in Grundzügen kennenlernen. Deshalb zog es ihn sehr früh nach Bagdad an die damals erst gegründete Nizamija, bevor er sich in Isfahan niederließ. In Bagdad fiel der Student bald durch sein überdurchschnittliches Wissen auf, und es dauerte nicht lange, dann war er Professor für Mathematik und Astronomie.

Sein eigentlicher Name lautete Omar ibn Ibrahim. Den Beinamen *Chayyam*, »Zeltmacher«, legte er sich erst später zu. Manche Historiker vermuten, er habe damit seinen Vater Ibrahim ehren wollen, der eventuell diesen Beruf ausübte. Der Wahrheit näher kommen dürften aber die, die diesen Titel mehr symbolisch verstehen wollen. Omar hat der Nachwelt einen vielsagenden Vers hinterlassen: »Omar, der Zeltmacher, hat von früh bis spät / an manchem Zelt der Philosophie genäht ...« Er war wie Avicenna eine universale Begabung und leistete Außerordentliches in den Naturwissenschaften, der Philosophie und der Dichtung. Aber seinem Nachruhm sollte ein ähnliches Schicksal zuteil werden wie dem des Universalgenies aus Buchara: Man rühmte seine bahnbrechenden Erkenntnisse in den Naturwissenschaften, sprach aber lange Zeit nur mit kühlem Respekt von seiner Versdichtung und vergaß schließlich seine Philosophie über Jahrhunderte, genauer: verdrängte sie, weil sie zu provokant, zu revolutionär erschien.

Bereits seine Zeitgenossen schätzten ihn zunächst als Mathematiker, Physiker und Astronomen. Er hatte – wie alle persischen Wissenschaftler seiner Zeit – aus dem reichen Wissensschatz nicht nur der eigenen Kultur, sondern auch der Griechen, Römer, Ägypter, Babylonier und Inder geschöpft, aber er überragte viele seiner Zeitgenossen mit den Ergebnissen seines Studiums. In die Algebra und Geometrie führte er neue mathematische Lösungen ein, den komplizierten Lauf der Gestirne berechnete er genauer als alle seine Vorgänger. So konnte es nicht ausbleiben, dass der Großwesir Nizam al-Mulk auf ihn aufmerksam wurde und ihn nach Isfahan an den Hof des Seldschukensultans Malik Schah rief. Omar Chayyam wechselte von der Nizamija in Bagdad nach Isfahan über. Dort arbeitete er einen neuen »persischen« Kalender aus, der nicht wie die islamische Zeitrechnung nach Mondjahren, sondern wie die christliche nach Sonnenjahren zählte. An exakter Berechnung übertraf Omar Chayyam allerdings bei weitem die damaligen Astronomen des christlichen Abendlandes, und so besaß Persien über Jahrhunderte einen besseren Kalender als Europa.

Omar Chayyam forschte und lehrte während der folgenden Jahrzehnte abwechselnd in Isfahan, Bagdad, Buchara, Merw und Neischapur, bis er, fast 80-jährig, in seiner Heimatstadt starb.

Hätte er sich nur mit Mathematik, Physik und Astronomie beschäftigt, so wäre ihm bereits ein Platz in der Nachwelt sicher gewesen. Aber zu weltweitem Ruhm über alle Grenzen der Kulturkreise hinweg verhalfen ihm erst seine vierzeiligen Sinnsprüche, die *Rubaijat,* Verse, die allerdings nicht ungeteilten Beifall fanden.

Sehen wir uns einige wenige aus der Vielzahl seiner *Rubaijat* an, so verstehen wir, was daran die Leser des 11. Jahrhunderts so begeistert, erzürnt oder verstört hat. Die deutsche Übersetzung kann allerdings nur annähernd die sprachlichen Feinheiten des Originals vermitteln.

Ein strenggläubiger Muslim musste mit gemischten Gefühlen solche Zeilen lesen: »Ich war ein Falke, den sein kühner Flug / hinauf zum Reich der ewigen Rätsel trug. / Dort fand ich keinen, der sie mir enthüllt, / und kehrt' zur Erde wieder bald zurück.« Und wenn ein solcher Muslim dann noch auf einen Vers wie folgenden stieß, musste er sich noch mehr herausgefordert fühlen: »Hinter den geheimnisvollen Vorhang drang noch nie ein Blick, / keiner hob je den Schleier, der verhüllt das Weltgeschick. / Zweiundsiebzig Jahr hab ich Tag und Nacht darauf gesonnen, / doch das Rätsel blieb mir dunkel, und mein Leben ist zerronnen.« Ein strenggläubiger Muslim musste auf solche Verse hin fragen: Hat der Koran nicht alles Wissenswerte, alle Wahrheit offenbart? War es nicht Anmaßung, wenn ein Mensch über die Grenzen hinausstoßen wollte, die Gott in der Heiligen Schrift gesetzt hatte?

Was aber musste ein strenggläubiger Muslim erst empfinden, wenn der Dichter mit Gott persönlich zu hadern begann. Etwa in einem Vers wie diesem: »Als unseren Lehm rührte Gottes Spaten / wusst' er im Voraus all unsere Taten. / Drum sündigen wir nicht, ohne dass Er es will, / und dafür sollen wir in der Hölle braten?« Oder gar: »Du, der die Schlange uns gesellt in Eden / und uns umstrickt mit der Versuchung Fäden, / die Sünden, welche wir begehen im Leben, / vergib uns, wie wir Dir vergeben.«

Der Dichter schien ganz außerhalb des Islam zu stehen, wenn er schließlich bekannte: »Von wohl siebzig Religionen hör' ich, dass es sie auf Erden gibt; / doch die wahre Religion ist die nur, dass der Mensch den Menschen liebt. / …« Der Dichter hörte auf, an ein Jenseits zu glauben, wie der Koran es verhieß, wenn er sagte: »Ich sandte aus die Seel' durchs Unsichtbare, / auf dass sich ihr das Jenseits offenbare. / Nach langen Jahren kehrte sie zurück, / und sprach: In dir sind Höll' und Himmel, Schmerz und Glück.«

Ohne Zweifel: Der da in Versen sprach, war kein orthodoxer Gläubiger mehr, sondern ein Skeptiker auf allen Gebieten. Nur auf den ersten Blick erschien er als Rationalist, der als Mathematiker dazu neigte, die ganze Welt nach einem klaren System geordnet zu sehen. Bei näherem Hinsehen entpuppte sich aber selbst der Naturwissenschaftler als Zweifler. Die Suche nach Naturgesetzen offenbarte ihm nur »äußere«, mechanische Zusammenhänge, ließ ihn nicht zum »Kern aller Fragen« vordringen, wie er selbst bekannte. Ein Strenggläubiger hätte ihm bis zu diesem Punkt nicht widersprochen. Aber Omar Chayyam misstraute auch der bildhaften, mythischen Sprache des Koran. Bot nicht auch sie nur »Äußeres«, nur »Hülle«, und musste nicht der Fromme gar zu selbstzufrieden sein, der die Bilder schon für die ganze Wirklichkeit nahm?

Gott und Teufel, so ließ sich aus den Versen Omar Chayyams folgern, waren Sinnbilder für das »verborgene« Absolute, ebenso das Jenseits. Das Jenseits bedeutete dem Skeptiker nur ein Symbol für die totale Wahrheit, die dem Menschen im irdischen Leben verschlossen blieb. Omar Chayyam glaubte nicht wie der Rationalist Avicenna, dass der Mensch zu immer höheren Erkenntnissen aufsteigen und dem »reinen Gott«, der »Weltvernunft« näherkommen könne. Weder Wissenschaft noch Theologie wiesen ihm einen Weg, endgültig eine Antwort auf die drängenden Fragen nach seinem Sinn zu erhalten. Ihm offenbarte der scharfe analytische Verstand gnadenlos die Widersprüche in allen herrschenden Denksystemen; Wissenschaftlern und Korangelehrten warf er vor, sich mit vorschnellen Scheinlösungen zu begnügen.

Was aber, wenn das Denken zu keinem endgültigen Ergebnis führte, wenn, nach einem Wort Omar Chayyams, auch »der Meister« stets »nur Lehrling« blieb? Dann könnte der Mensch mit allen seinen Sinnen nur das Leben leben und die letzten Dinge als unergründbares Geheimnis empfinden. Dieses Geheimnis, das die Frommen »Gott« nannten! Dieses Geheimnis, dem sich der rastlos Suchende nicht rational, sondern nur fühlend nähern konnte.

Höchste Form dieser Annäherung war für Omar Chayyam der Rausch. »Trunken vor Wein« übersprang er alle Schranken, die ihm der klare Verstand setzte, erlebte er für Momente jene absolute Seligkeit, die ihm sogleich wieder entglitt. In diesen kostbaren Augenblicken glaubte er, etwas von dem Absoluten erhascht zu haben, das sich mit Sprache nicht ausdrücken, mit Denksystemen nicht fassen ließ. Der Rationalist Omar Chayyam wurde zum Mystiker.

Hier näherte er sich der Philosophie von Sufis und Derwischen, Mitgliedern islamischer Orden, deren Wirken zu jener Zeit von orthodoxen Korangelehrten argwöhnisch beobachtet wurde. Auch Sufis und Derwische glauben nicht, dass sich Gott mit Begriffen und Dogmen erfassen ließe; auch sie sehen nur eine Möglichkeit, das Absolute für Momente zu fassen: im »Rausch«, so lautet auch bei ihnen die Metapher. (Ich gehe in den nächsten Abschnitten, am Beispiel des persischen Dichters und Mystikers Dschelaleddin Rumi, ausführlich auf die Bedeutung von Sufis und Derwischen ein.)

Was aber ist unter »Rausch« zu verstehen? Bei der Mehrzahl der Derwische ist es kaum der Wein gewesen, sie wandten und wenden ausgesprochen seelische Ekstasetechniken an. Anders Omar Chayyam. Er sprach unmissverständlich vom Alkohol und bekannte freimütig, ab und zu betrunken zu sein.

Ein Muslim, der den Wein verehrte? Und ihm gar eifrig zusprach? In Persien nahm daran nicht jeder Gläubige Anstoß. »Bring ihn, den Wein, er könnte sein: Rubin / geschmolzener Edelstein«, so dichtete bereits um das Jahr 860 hingerissen der persische Dichter Rudaki am Hof der Samaniden. Und Jahrhunderte später sollten die ganz Großen der persischen Lyrik, Saadi und Hafis, Wein und Rausch als Inbegriff einer ungestillten Sehnsucht nach dem Absoluten verherrlichen. Was einem strenggläubigen Muslim ein Greuel sein musste, pflegten Persiens große Dichter als »Erlebnis«, als mystische Erfahrung zu preisen.

Wohl hatte Mohammed den Alkohol verboten, dies wussten auch die persischen Muslime, aber gehalten hatten sich viele nicht daran. Besonders an Fürstenhöfen betrank man sich öffentlich und ganz ungeniert; Herrscher wie der berühmte Mahmud von Ghazni, Firdausis Gönner, leerten regelmäßig vor aller Augen unzählige Becher, vor allem aber sein Sohn Masud, so wissen die Hofchroniken zu berichten. Auch am Kalifenhof von Bagdad sprach man ohne allzu große Hemmung dem Wein zu, vor allem Harun al-Raschid hatte sich hier hervorgetan, der seine Untertanen jedoch streng mahnte, das Verbot des Propheten zu beachten. Das sah ganz nach doppelter Moral aus.

Aber dahinter steckte mehr – etwas zutiefst Persisches: Bei außergewöhnlichen, »gotterwählten« Menschen bedeutete eine Tat etwas anderes als bei normalen Sterblichen. So auch der Weingenuss. Omar Chayyam selbst hatte hierfür das passende Beispiel geliefert. Er zitierte in dem ihm zugeschriebenen »Neujahrsbuch« eine altpersische Sage von der Entstehung des Weines: Ein Adler brachte einem König die erste Weintraube, und dieser König machte seine Höflinge mit dem vergorenen Getränk vertraut. Adler und König – dies ist keine zufällige Wahl. Adler steht für Höhenflug, König für den herausragenden Menschen. Dieser Sage nach besitzt der Wein einen himmlischen Ursprung, sein Rausch ist etwas »Heiliges« und vermag große Gefühle zu wecken – aber nur bei großen Geistern. Was dem Genie ein Weg zur Erkenntnis, das kann der »gemeinen Seele« ein Weg in die Gosse werden.

Für die Masse der Gläubigen mussten diese Verse ein Ärgernis bleiben. Omar Chayyam scherte sich darum allerdings wenig, er wusste von vornherein, dass er mit seinen radikalen Einsichten »ein Einsamer« bleiben würde, und hierbei würde sein Bedürfnis nach Wein noch das geringste Aufsehen erregen. Viel stärker musste sich ein durchschnittlicher Muslim durch andere Verse provoziert fühlen. Nach Omars Ansicht war jeder Mensch unterwegs zur Wahrheit, ohne je an einem sicheren Ziel anzukommen, es gab nur den »Augenblick«, den es auszuschöpfen galt, bevor im nächsten Moment alles Erkannte schon wieder zu zerrinnen drohte. Keine gesicherte, »objektive« Erkenntnis über Gott. Keine absoluten Werte. Omar Chayyam dachte in manchem schon wie ein Existentialist unserer Zeit. Und das im 11. Jahrhundert!

Als Dichter und Philosoph hat Omar Chayyam in islamischen Ländern nach und nach an Widerhall verloren. Seine Gedichte verschwanden im Verlauf der nächsten Jahrhunderte aus den Bibliotheken, zirkulierten nur noch in privaten Kreisen und wurden bald auch dort noch selten gelesen. Im Gedächtnis der Nachwelt lebte er vorerst nur als Mathematiker und Naturwissenschaftler fort. Hier teilte er das Schicksal Avicennas. Und wie dieser wurde auch sein philosophisches Denken nicht im islamischen Orient, sondern im christlichen Europa wiederentdeckt. Aber bei Omar Chayyam verzögerte sich dieser Prozess sogar im Abendland bis ins 19. Jahrhundert. Erst musste in Europa der geistige Nährboden bereitet sein für das Gefühl der existentiellen Zerrissenheit und der bohrenden Zweifel gegenüber überlieferten religiösen Ordnungen, um empfänglich für die weise Skepsis des Omar Chayyam zu werden. 1839 übersetzte der englische Dichter Edward Fitzgerald die *Rubaijat* ins Englische und leitete damit das hohe Ansehen des Persers in Europa ein. Von hier strahlte der Ruhm in islamische Länder zurück – aber paradox genug: muslimische Intellektuelle lasen die Verse Omar Chayyams zuerst einmal in der englischen Übersetzung, bevor sie auf die Mahnung einheimischer Gelehrter hörten, die *Rubaijat* doch im Original zu studieren.

Noch bis Anfang des 20. Jahrhunderts ist Omar Chayyam als Dichter und Philosoph in seinem Heimatland Persien weitgehend unbekannt geblieben, erst dann gelang es europäischen Orientwissenschaftlern, die Perser für einen ihrer größten Dichter zu interessieren. Seitdem gibt Omar Chayyam für viele Intellektuelle seiner Heimat das Vorbild ab, »modern« und »persisch« zugleich zu denken. Nicht zufällig wurde ihm erst 1934 in seiner Heimatstadt Neischapur ein Mausoleum errichtet, und zwar unter der Regierung von Schah Reza Pahlevi.

Die »Islamische Revolution« von 1979 hat die freigeistigen Verse von Omar Chayyam wieder aus den Buchhandlungen verschwinden lassen. Dass aber diese Verse von einer Reihe Intellektueller im Iran heimlich gelesen werden, ist ein offenes Geheimnis. Ich lernte eine Reihe Iraner kennen, die sich unverblümt dazu bekannten.

Dschelaleddin Rumi, der persische Mystiker in Anatolien

Ein Muslim mit dem Namen Dschelaleddin – aber er hat drei verschiedene Beinamen: Balchi, Maulana, Rumi. Was hat das zu bedeuten?

In Europa kennt man diesen Muslim meist nur unter dem

Namen Dschelaleddin Rumi. Und relativ bekannt ist auch sein Mausoleum in der türkischen Stadt Konya, ein massiger Turm mit spitzem Kegel, von türkisfarbenen Kacheln bedeckt; der älteste Bauteil stammt noch aus der Seldschuken-Zeit Ende des 13. Jahrhunderts. Dschelaleddin Rumi hat nahezu 50 Jahre in der türkischen Stadt im Herzen Anatoliens als Korangelehrter, Dichter und Mystiker gewirkt, und dort starb er 1273. Viele Europäer halten ihn deshalb für einen Türken, ja, selbst viele Türken neigen dazu. Aber er war Perser und hat in persischer Sprache seine Gedichte verfasst, die zur Weltliteratur gehören und ihn zu einem der größten Dichter der islamischen Welt machen. In arabischer Sprache schrieb er allerdings seine religiösen Gutachten als Korangelehrter. Das Türkische beherrschte er nur oberflächlich.

Der Perser Dschelaleddin wurde jedoch nicht in der Region des heutigen Nationalstaates Iran geboren, sondern in Afghanistan. Wieder haben wir hier ein Beispiel dafür, dass die Reichweite des kulturellen Großraums Iran über viele politische Grenzen hinausreicht. Den Beinamen Rumi erhielt Dschelaleddin, weil er die längste Zeit seines Lebens in Konya wirkte, das damals die Hauptstadt des Seldschuken-Reiches Rum war. Dagegen zitieren ihn die Iraner nur mit dem Beinamen »Maulana«, was im Persischen wie Arabischen »Herr« oder »Meister« bedeutet (in der türkischen Sprache abgewandelt »Mevlana«). Anders die Afghanen: Sie kennen ihn allein unter dem Beinamen »Balchi«, denn er wurde in der nordafghanischen Stadt Balch geboren. Ich bleibe im Folgenden bei der uns üblichen türkischen Form des Beinamens: Rumi.

Dschelaleddin Rumi unterscheidet sich von den bisher beschriebenen großen Denkern auf der iranischen Drehscheibe der Kulturen dadurch, dass er mehr als alle anderen über die geläufigen Denkmuster hinausstrebt. Rumi ist einer der wichtigsten Vertreter des Sufismus, einer religiös-mystischen Bewegung, die seit dem 8. Jahrhundert die islamische Gesellschaft zu beeinflusssen begann. Ihre Mitglieder werden als Sufis oder Derwische bezeichnet.

Sufi ... Das arabische Wort, das sich auf *suf* (»Wolle«) bezieht, meint einen in einfache Wolle gekleideten, meditativ orientierten Menschen. Derwisch ... Das persische Wort bedeutet enthaltsamer oder bedürfnisloser religiös Gläubiger. Aber beide Begriffe decken sich in der Praxis. Sufis und Derwische haben seit dem 8. Jahrhundert entweder als Wanderprediger gewirkt oder sie haben sich in Bruderschaften zusammengeschlossen und hierbei sowohl religiöse, kulturelle als auch soziale Aktivitäten entfaltet. Geistesgeschichtlich bedeutsam wurden aber jene, die als Philosophen und Dichter zu einem neuen Verständnis von Religion gefunden haben. Sie stellten Dogmen ebenso in Frage wie die Ansätze einer rationalistisch begründeten Theologie. Für diese Mystiker gab es nur einen verlässlichen Weg, »Gott« und religiöse Wahrheit voll und ganz zu erfahren: Religion sei unzureichend mit begrifflicher Dogmatik zu erfassen, Religion müsse mit dem Gefühl intensiv erlebt werden, und diese Erfahrung lasse sich am stärksten durch Meditation gewinnen – was mit der Metapher »Rausch« benannt wird.

Sufis und Derwische sind in ihren Erscheinungs- und Ausdrucksformen allerdings derart vielfältig, dass es schwierig ist, ihre Bewegung in knapper Form zu charakterisieren. Ich habe bereits zwei Wanderprediger geschildert: Sufyan at-Tauri und Fozeil Ayaz, die dem Kalifen Harun al-Raschid ins Gewissen redeten. Außerdem bin ich ausführlich auf Omar Chayyam eingegangen, den weisen Skeptiker, der alle überlieferten Dogmen in Frage stellte. Und ich werde in der Folge noch auf die persischen Dichter Saadi und Hafis eingehen, die mit ihrer Kritik an starrer Orthodoxie ebenfalls stark durch den Sufismus inspiriert sind. Aber ich werde ausführlich auch noch den Derwisch-Führer Ismail aus dem kriegerischen Orden von Ardebil beschreiben, der im Jahr 1501 viele der persischen Fürstentümer militärisch unterwarf, sie politisch einte und dort die schiitische Konfession als Staatsreligion einführte. Ein kriegerisch-politischer Derwisch also, der wenig mit den mystischen Intentionen der bereits genannten Sufis und Derwische gemeinsam hat.

Dschelaleddin Rumi nimmt innerhalb dieser Vielfalt geistesgeschichtlich eine besondere Position ein. Er hat zu einer »Religion« gefunden, welche die Grenzen aller Religionen übersteigt. Aus heutiger Sicht führt kein Weg an diesem persischen Klassiker des Sufismus vorbei, wenn wir verstehen wollen, welch vielfältige Anregungen vom sufischen Denken für ein modernes Verständnis nicht nur des Islam, sondern des Phänomens »Religion« überhaupt ausgehen. Hinzu kommt, dass er wie kein anderer muslimischer Mystiker über eine eminent bildhafte Sprache verfügt und seine religiös-philosophischen Gedanken in sehr einprägsame religiöse Gleichnisse zu kleiden weiß.

Mohammed Dschelaleddin Walad, so sein eigentlicher Name, wurde 1207 in der afghanischen Stadt Balch geboren. Afghanistan war aber damals kein eigenständiger Staat, sondern die Region war in etliche persische Fürstentümer aufgespalten und damit Teil des persisch-iranischen Großraums. Balch, rund 20 Kilometer von Afghanistans größter Pilgerstadt Mazar-e-Scharif entfernt, ist heute ein unscheinbarer Provinzort mit rund 87000 Einwohnern. Zur Zeit von Rumis Geburt jedoch war Balch nicht nur die Hauptstadt eines bedeutenden persischen Fürstentums, sondern auch das kulturelle Zentrum des gesamten ostiranischen Raums, eine Hochburg islamischer Gelehrsamkeit und persischer Mystik. Damals befand sich Balch am Schnittpunkt bedeutender Karawanenstraßen, an der sogenannten Seidenstraße, deren Verbindungswege von China und Indien in den Iran und nach Syrien verliefen. Aber mehr noch: Rumis Heimatstadt war eine Metropole mit einer damals schon mehr als tausend Jahre alten Kulturtradition. In Balch, das früher Baktra hieß, wurde ja um das Jahr 630 vor unserer Zeitrechnung Zarathustra geboren. Und dort hatte sich, bevor die muslimischen Eroberer kamen, ein Zentrum des Buddhismus mit geistigen Verbindungen nach Indien befunden.

Dschelaleddins Familie verließ Balch 1218, damals war der Knabe elf Jahre alt. Die Famlie zog mit einem Tross bücherbepackter Kamele und einer großen Dienerschaft durch den Iran und Syrien und ließ sich schließlich in Anatolien nieder. Für die Abreise maßgebend war vor allem die Furcht, die Mongolen Dschingis Khans könnten immer weiter nach Westen vordringen und auf ihrem Eroberungszug zahlreiche Städte zerstören. Unterwegs in Anatolien erreichte Dschelaleddins Familie die Nachricht, dass die Mongolen bereits weite Teile des Iran erobert und hierbei neben anderen persischen Städten auch Balch vernichtet hatten.

1226 traf Dschelaleddins Familie in Konya ein, der Hauptstadt des Seldschuken-Reiches Rum. Der Name »Rum« war von der Metropole Rom abgeleitet, er bezog sich auf das römisch-byzantinische Reich, dessen östliche Hälfte, das Hochland von Anatolien, durch den Turkstamm der Seldschuken 1071 erobert worden war.

Konya ... Dichter und Chronisten des 13. Jahrhunderts rühmten die Oasenstadt als Juwel in der kargen Hochebene Anatoliens. Moscheen mit prunkvoll verzierten Portalen, Universitäten mit großen Bibliotheken, Paläste mit leuchtend blauen Fayencen an den Außenwänden, im Stil deutlich persisch geprägt – sie befanden sich im Zentrum einer Metropole mit nahezu 100 000 Einwohnern, eine für die damalige Zeit sehr große Zahl. Die Stadt war zum Handelszentrum eines blühenden Reiches geworden, durch sie führten Karawanenwege aus Asien und dem östlichen Europa, Konya war ebenfalls eine wichtige Station an der sogenannten Seidenstraße. Was aber für die zugereiste Familie Dschelaleddins am wichtigsten war:

Hier fanden Denker, Dichter und Philosophen mehr als in den meisten anderen Metropolen geistige Aufgeschlossenheit und Toleranz. Weil Mitte des 13. Jahrhunderts noch die Mehrheit der Einwohner Konyas griechisch-orthodoxe Christen waren und die muslimischen Eroberer erst ein Drittel der Bevölkerung bildeten, waren die Seldschuken auf ein gutes Einvernehmen mit den Christen bedacht. Am Hof des Sultans waren griechische Christen als Verwaltungsexperten tätig.

Dschelaleddins Vater lehrte fünf Jahre als berühmter Korangelehrter an der Universität von Konya, und nachdem er 1231 gestorben war, übernahm sein Sohn die Nachfolge. Sprachprobleme gab es für den persischen Gelehrten in Konya nicht. In der Metropole, in der viele Einwohner entweder griechisch oder türkisch sprachen, wurde Arabisch von jedem Korangelehrten perfekt beherrscht. Und Persisch war im 13. Jahrhundert bereits zur Literatursprache der islamischen Welt geworden. Persisch war auch die Hofsprache der Seldschuken; der Turkstamm hatte sie aus dem Iran mitgebracht. Persisch sollte noch viele Jahrhunderte später die Literatursprache jedes gebildeten Türken, auch der Osmanen-Sultane, bleiben. Die persisch geschriebene Dichtung Dschelaleddin Rumis konnte daher von jedem klassisch gebildeten Türken gelesen werden.

Rumi war vorerst allerdings »nur« ein angesehener Korangelehrter. Aber von Anfang an hatte er Kontakte zu Sufis und Derwischen. Und wie alle muslimischen Mystiker glaubte er, man könne durch Meditation am intensivsten spirituelle Erfahrung gewinnen. Bei Rumi allerdings war es eine Meditation, die durch Rituale wie Musik und Tanz gesteigert wurde. Rumis mystische Bruderschaft, die Mevleviya, wurde als Orden der »tanzenden Derwische« bekannt und populär. In dieser mystischen Religiosität spielen die Gegensätze begrifflicher Dogmatik keine Rolle. Der Streit über unterschiedliche Dogmen, der bis zu Glaubenskriegen führen kann, soll durch die alternative Form des Sufismus überwunden werden.

Es würde den Rahmen dieser Darstellung sprengen, wollte ich im Detail darauf eingehen, was das Wesen des Sufismus – und in diesem Zusammenhang die besondere Bedeutung des Persers Dschelaleddin Rumi – ausmacht. Ich verweise hier auf die ausführliche Darstellung in meinen Büchern *Die Derwische. Heilige und Ketzer des Islam* sowie *Der unbekannte Islam. Sufismus – die religiöse Herausforderung* und *»Mein Herz ist offen für jede Form«. Eine Reise in die Mystik der Sufis und Derwische.* Hier muss es genügen, die außergewöhnliche Modernität des persischen Mystikers aus dem 13. Jahrhundert an zwei exemplarischen Texten seiner Dichtung zu verdeutlichen.

Jenseits aller Dogmen – die Grenzüberschreitung bei Rumi

Ein Text wie der folgende belegt eindrucksvoll, auf welch radikale Weise Dschelaleddin Rumi das herkömmliche religiös-philosophische Denken sprengt und deshalb eine Provokation für die islamische Orthodoxie bedeutet – ja, mehr noch, auch orthodox Gläubige anderer Religionen herausfordert.

Dschelaleddin Rumi schreibt in einem seiner Hauptwerke, dem *Großen Diwan* (N XVII, ich zitiere nach der Übersetzung von Annemarie Schimmel):

»Das Kreuz und die Christen gedrängt Haupt an Haupt – / Ich forschte – doch Ihn nicht am Kreuze ich fand. Zum Tempel der Götzen, zum Kloster zog ich, / Doch hab' ich die leiseste Spur nicht erkannt. / … Die Zügel des Suchens lenkt ich kaaba'wärts, / Doch Er nicht am Ziel der Menschen sich fand. / … Ich eilte dem Ort des ›Zwei Bogen weit‹ zu – / Er war nicht an diesem erhabenen Strand. Da schaute ich tief in mein eigenes Herz: / Dort sah ich Ihn. Das war sein eigenstes Land.«

Das vielschichtige Gedicht macht es dem Leser nicht leicht. Was verbirgt sich hinter den Bildern »Tempel der Götzen« und

»Kloster«? Vollends schwierig wird es bei dem Sprachbild »Ort des Zwei Bogen weit«. Aber auch: Wer ist mit »Er« gemeint?

»Tempel der Götzen« bezieht sich auf den Hinduismus, »Kloster« auf den Buddhismus, dies lässt sich im Vergleich mit anderen Übersetzungen des Gedichts feststellen. Aber schon dadurch, dass sogar diese beiden ostasiatischen Religionen genannt sind, bekommt das Gedicht eine besondere Brisanz. Denn Rumi bricht mit einem Tabu, indem er seine eigene Religion, den Islam, nicht nur auf gleiche Ebene mit dem geistesverwandten Christentum rückt – sondern sie darüber hinaus unterschiedslos mit den strukturell völlig andersartigen Glaubensformen Ostasiens verknüpft. Erst recht brisant mutet es an, dass das suchende Ich »Ihn« nicht einmal am islamischen Pilgerziel der Kaaba von Mekka entdecken kann. Soll das heißen, dass »Er« nicht einmal im Islam zu finden ist?

Die eigentliche Radikalität des Gedichts kommt jedoch erst im Sprachbild des »Orts der Zwei Bogen weit« zum Ausdruck. Dieses Bild bezieht sich auf den Anfang der 53. Sure des Korans, hier wird über die Offenbarung Gottes an den Propheten Mohammed berichtet. Der Engel Gottes habe sich dem Propheten bis auf »zwei Bogenlängen« (oder Bogenschusslängen) genähert, bevor er das Wort Gottes an die Menschheit verkündete. Rumi bringt somit das für viele Muslime Undenkbare zum Ausdruck: »Er« ist nicht einmal an dem heiligsten Ort koranischer Offenbarung anzutreffen. Ein zentraler Glaubenssatz des Islam scheint in diesem Gedicht außer Kraft gesetzt zu sein.

Was versteht Rumi nun unter »Er«? Nach landläufiger Tradition sind wir versucht, »Er« mit unserer traditionellen Vorstellung von Gott gleichzusetzen. Aber der persische Mystiker Rumi hat in diesem Gedicht das Wort »Allah« vermieden. Das Unbestimmte ist Absicht, denn das »Er« soll nicht deutbar sein. Was wir in der deutschen Übersetzung von »er« ebenso wenig wie in der englischen oder einer anderen europäischen Sprache ahnen können: Im persischen Original ist das Wort umfassender, denn »u« meint sowohl »er« als auch »sie« und »es«. Ein solches Wort ist im Deutschen am ehesten mit dem geschlechtsneutralen »man« vergleichbar. Der Sufi-Dichter Rumi kann auf diese Weise Gott in seiner Vieldeutigkeit noch vieldeutiger erscheinen lassen: »Gott« ist nicht mehr festgelegt als ein personales Wesen, schon gar nicht als eine Gottheit männlichen Geschlechts. Mit »es« kann sogar ein unpersönlich waltendes kosmisches Gesetz gemeint sein.

Was aber bedeutet dann »er – sie – es«? Den entscheidenden Schritt kommen wir erst bei der nächsten Frage weiter: An welchem Ort ist »Er« (oder »er – sie – es«) zu finden? »Da schaute ich tief in mein eigenes Herz.«

»Herz« steht für die persönliche Erfahrung des Mystikers. Das Herz darf sich weder durch das Kreuz der Christen noch durch den Hindu-Tempel oder durch das buddhistische Kloster täuschen lassen – ja, nicht einmal durch die heiligsten Symbole des Islam. Die Erfahrung des Herzens deckt sich mit keiner dogmatisch vorgegebenen Glaubensform einer Religion. Kein begrifflich eingegrenztes Dogma kann nach Ansicht des Mystikers Rumi den Anspruch erheben, »Gott« zu erfassen.

Gott sei wie ein Meer, aber Worte bleiben an der Küste, so sagt Rumi, so sagen viele Sufis und Derwische. Ich möchte diese Einsicht noch an einem zweiten Gedicht Rumis veranschaulichen: dem Gleichnis vom Elefanten.

Dieses Gleichnis schildert eine groteske Situation: Ein Elefant aus Indien ist in ein islamisches Land gebracht worden, steht dort in einem völlig dunklen Raum und wird von Menschen betastet, die noch nie ein solches Tier gesehen haben. Da die Menschen mit ihren Handflächen nur einen kleinen Teil des riesigen Elefantenkörpers erreichen, gewinnen sie eine sehr unterschiedliche Vorstellung vom Aussehen und von der Beschaffenheit des unbekannten Tiers. Derjenige, der mit der Hand den Rüssel zu fassen bekommt, sagt, der Elefant sei wie ein Wasserrohr. Ein anderer greift zum Ohr und versteht den

Elefanten als einen Fächer. Ein anderer betastet den Fuß und meint, der Elefant sei wie eine Säule gebaut. Jeder der Menschen hört, was die anderen über das Wesen des Elefanten aussagen, und ist empört über deren Irrtum.

Alle, die im Dunkeln tasten, verlassen sich auf ihre Sinne; sie können zwar aus diesen Eindrücken Erkenntnisse ableiten, halten jedoch das erkannte Detail schon für das Ganze. Rumi kritisiert hier deutlich die Dogmatiker, denen es selbstverständlich erscheint, den eigenen begrenzten Glauben schon als die umfassende, absolute Wahrheit zu begreifen und damit andere Glaubensformen als falsch abzuwerten. Rumi gibt zu erkennen: *Jede* Glaubensform sei gleichrangig und könne nur jeweils einen Teil des »Elefanten« erfassen; das »Ganze« sei mit Worten, mit menschlichen Begriffen, nicht zu fassen.

Dieses Gleichnis weist auf einen fremden kulturellen Hintergrund hin und zeigt eine Verbindung zwischen islamischer und fernöstlicher Mystik. Hier wird in einer weiteren Variante deutlich, in welcher Weise die iranische Drehscheibe der Kulturen fremdes Denken aus Ostasien in den Westen transportiert. Rumi betont, dass der Elefant von Indern in den dunklen Raum gebracht wurde. Weshalb der ausdrückliche Hinweis auf Indien? Könnte die Herkunft dieses Gleichnisses gar in einer der dortigen Religionen zu finden sein?

Zufällig stieß ich auf ein sehr ähnliches Gleichnis, als ich mich in völlig anderen Zusammenhängen mit buddhistischer Überlieferung beschäftigte. Das Gleichnis ist im *Pali Kanon* enthalten, der klassischen Schriftensammlung des Buddhismus.

Das Gleichnis, wie es Buddha im 5. Jahrhundert vor unserer Zeitrechnung erzählt hat, unterscheidet sich nur geringfügig von Rumis Version. Bei Buddha sind die Menschen Inder, die normalerweise wissen, wie Elefanten aussehen, aber sie sind blind geboren. Buddha erzählte seinen Schülern das Gleichnis, weil diese ihm von heftigen Streitereien von Gelehrten verschiedener Religionen erzählt hatten. Die Schüler zeigten sich verunsichert über die rechthaberischen Dispute, welche Religion denn nun »wahr« sei. Buddhas Schlussfolgerung ist identisch mit der von Rumi. Buddha und Rumi kritisieren jene Dogmatiker, die ihre begrenzte Sicht nicht als begrenzt erkennen und sich daher mit ihren engen Glaubenssätzen abwertend gegenüber anderen Religionen und Weltanschauungen äußern.

Hat Rumi Genaueres über den Buddhismus gewusst?

Diese Frage ist schwer zu klären. Entscheidend ist, dass Rumi sich von einem Gleichnis buddhistischer Herkunft angesprochen fühlte und die geistige Verwandtschaft zu seiner eigenen Weltsicht entdeckte. Aber wie konnte er, der persische Muslim, überhaupt ein buddhistisches Gleichnis kennen? Ich habe bereits erwähnt, dass Balch viele Jahrhunderte lang ein Zentrum des Buddhismus war. Als die Muslime im 9. Jahrhundert Balch eroberten, waren sie fasziniert von der dortigen hoch entwickelten Kultur. Wenn sie auch buddhistische Tempel als Orte des »Götzenglaubens« zerstörten, so schonten sie doch andererseits die Bibliotheken und durchforsteten die fremden Texte im Hinblick auf deren Verwertbarkeit für die eigene Wissenschaft.

Das »Gleichnis vom Elefanten« hat auf diese Weise in Balch unbeschadet überdauert. Bezeichnend ist allerdings, dass es nicht von einem »rechtgläubigen« Korangelehrten entdeckt und verbreitet wurde. Nur ein Sufi oder Derwisch konnte sich von diesem Text angesprochen fühlen, weil er die Denkweise der islamischen Orthodoxie nicht teilte.

Der ambivalente Nachruhm des Sufismus

Was wissen Muslime heute über Dschelaleddin Rumi?

Es ist erstaunlich, wie stark der Andrang von Besuchern in Rumis Mausoleum von Konya ist. In anderen islamischen Ländern ist Rumi bis heute ebenfalls bekannt, ja, populär. So gerade auch im Iran, wo er als einer der größten Dichter persischer Sprache verehrt wird – neben Firdausi, Saadi und Hafis. Aber wie ist das möglich angesichts der hier zitierten Gedichte, die aus orthodoxer Sicht gefährlich »ketzerisch« erscheinen müssen?

Ich erlebte in Gesprächen mit Türken wie mit Iranern, dass jene zwar den großen Dichter und Mystiker als ein Paradebeispiel für religiöse Weltoffenheit und Toleranz rühmen – aber sie sprechen irritiert von »Ketzerei«, wenn ich Bezug nehme auf Gedichte wie die oben zitierten. Die Angesprochenen behaupteten zuweilen sogar, diese Gedichte könnten gar nicht von Rumi oder Maulana stammen, und falls doch, dann wären sie in verzerrter, verfälschender Übersetzung wiedergegeben.

Die Veröffentlichung der Gedichte von Sufis und Derwischen ist heute in Ländern mit islamistischen Regierungen meist strikt verboten – wegen offensichtlich »unislamischen«, »ketzerischen« Denkens. Dies hat auch für den Iran unmittelbar nach dem Sieg der »Islamischen Revolution« durch Ajatollah Khomeini 1979 gegolten. Iraner berichteten mir, dass bis Khomeinis Tod 1989 die Dichtungen und Lehrbücher vieler muslimischer Mystiker – darunter auch die Werke von Dscheladdin Maulana – weitgehend aus den Buchhandlungen des theokratisch regierten Staates verbannt waren.

Inzwischen sind viele der Bücher wieder erhältlich. Begonnen hat eine derartige Liberalisierung bereits nach 1989 unter der Amtszeit des Staatspräsidenten Rafsandschani. Und verstärkt hat sie sich unter Staatspräsident Khatami, der, von 1997 bis 2005 im Amt, ausdrücklich eine freiere Diskussion über unterschiedliche religiöse und kulturelle Strömungen im Iran förderte. Diese Entwicklung machte deutlich, dass die religiöspolitische Regierung ideologisch keineswegs eine Einheit bildet, sondern sich in verschiedene Richtungen auffächert (darüber ausführlich im Kapitel »Fundamentalisten und Reformer«). Khatami ermöglichte es, dass die staatlich kontrollierten Institutionen wie etwa die Universitäten den Sufismus wieder zunehmend in ihrer Bedeutung würdigten.

Interessante Impulse zeigten sich auf der Konferenz »Die Mystik – eine Brücke zwischen den Kulturen«, die an der Universität Teheran am 14. und 15. Oktober 2002 stattfand. Dort wurde der Gastreferentin Annemarie Schimmel ein Ehrendoktorat für ihre wissenschaftlichen Verdienste als Sufismus-Forscherin verliehen. Solche Nachrichten entnahm ich der *Iran-Information*, einer *Zeitschrift für Kultur, Kunst und Geschichte*, die von der Kulturabteilung der Islamischen Republik Iran in Österreich herausgegeben wird. In derselben Ausgabe vom November 2002 fand ich die gekürzte Wiedergabe eines Vortrags, den Annemarie Schimmel in Wien unter dem Titel »Der Einfluss Maulanas im Osten und Westen« gehalten hat. Hier steht die Aussage im Vordergrund, dass Rumi ein »großer Dichter des Iran« sei, der mit seiner mystischen Form der Gottesliebe besonders intensiv geistige Brücken zu Christen und Juden gebaut habe. Dagegen gibt es in dem Vortrag keine Zitate, die einen Gegensatz Rumis zur islamischen Orthodoxie aufzeigen.

Eine solche Sufismus-Konferenz in Teheran ist für viele westliche Beobachter überraschend. Sie scheint nicht zu einer Regierung zu passen, in der religiös eigenständiges Denken einer strengen Kontrolle unterworfen ist. Bei genauerem Hinsehen zeigt sich dann auch, dass eine Konferenz dieses Typs nur eine halbherzige Liberalisierung signalisiert. Offenheit wird nur gegenüber Sufis und Derwischen der großen klassischen Epoche praktiziert (und selbst dies nur in eingeschränktem Maß). Aber Offenheit findet sich kaum, wenn es um die Meinungsfreiheit für die heute lebenden Mystiker in der »Islamischen Republik Iran« geht. Sufi-Bruderschaften werden unterdrückt, sofern diese den Machtanspruch des Mullah-Regimes kritisieren.

4. Die Mongolenherrschaft

Die Zerstörung Bagdads beendet eine Epoche

Im Jahr 1096 brach aus Westeuropa ein Heer nach Palästina auf, um das Heilige Land von der »Herrschaft der Ungläubigen« zu befreien. Das Zeitalter der Kreuzzüge begann. Aber die Muslime sahen damals im Kampf gegen die Kreuzritter nichts anderes als einen der üblichen Grenzkriege gegen Eindringlinge, und als sie die christlichen Invasoren im Verlauf des 13. Jahrhunderts wieder aus Palästina vertrieben hatten, schien die Gefahr auf lange Sicht gebannt. Die islamische Welt hatte zu jener Zeit nichts vom christlichen Westen zu fürchten, man brauchte sich weder militärisch noch kulturell herausgefordert zu fühlen.

Echte Gefahr aber drohte den Muslimen vom Osten, und von dort nahte gleich einer alles verschlingenden Springflut eine Katastrophe von bisher unvorstellbaren Ausmaßen. Es kamen die Mongolen unter Dschingis Khan.

Um das Jahr 1200 brachen mongolische Reiterhorden aus den Steppen nördlich der Wüste Gobi auf, wo ihnen Hunger und Überbevölkerung keine Bleibe ließen. Nicht das erste Mal waren ihre kriegerischen Stämme in Nachbarstaaten ausgeschwärmt, aber meist waren sie mit reicher Beute wieder in ihre karge Heimat zurückgeströmt. Ihnen fehlte bis dahin der geniale Heerführer und Staatsmann, der die verschiedenen Stämme auf lange Zeit hätte einigen und in fremde Länder führen können. Diesen Mann aber fanden sie in Temudschin. Er, der Führer einer anfangs unscheinbaren Nomadenhorde, war verwegen und intelligent genug, einen Nachbarstamm nach dem anderen zu unterwerfen, um schließlich zum Großkhan aller Mongolen aufzusteigen. Dieser Mann nannte sich, noch bevor seine Reiterscharen über die Grenzen ihrer Steppe ausschwärmten, *Dschingis Khan*, was so viel bedeutet wie »Herr aller Herren«. Im Rat der Stammesführer verkündete er, was zu jener Zeit noch wie Größenwahn anmuten musste: Er sei ausersehen, die ganze Welt zu unterwerfen. 1211 überschwemmten seine Reiterscharen China, eroberten weite Landstriche und wandten sich dann in Richtung Westen, um den »Rest« der Welt zu besiegen.

Zahllose türkische Nomadenstämme aus den Steppen Innerasiens schlossen sich ihnen an, und Türken waren es in erster Linie, die sich im Jahr 1220 unter mongolischer Führung der persischen Grenze näherten. Im selben Jahr noch fielen sie in Nordpersien ein, wo längst die Seldschuken ihre Macht wieder an Provinzfürsten verloren hatten, und besiegten ein Fürstentum nach dem anderen. Die Sieger verfuhren gnadenlos; wo immer sie auch hinkamen, hinterließen sie rauchende Trümmer und mannshoch getürmte Schädelpyramiden. Blühende Städte wie Samarkand, Merw, Buchara und Neischapur gingen in Flammen auf, wahllos zündeten die Eroberer Moscheen, Paläste und Bibliotheken an, unschätzbare Schriften verbrannten und gingen der Nachwelt für immer verloren. Den Mongolen und ihren türkischen Hilfstruppen fehlte das Verständnis für die vorgefundene Kultur. In ihren Augen waren Städte nur zum Plündern da, und was sich nicht auf dem Rücken von Lastkamelen oder in Karren abtransportieren ließ, war nur wert, vernichtet zu werden. Die Reiterscharen fluteten nach Süden und zerstörten auch dort die meisten Städte, nur Isfahan und Schiras verschonten sie, weil sich ihre Emire rechtzeitig unterwarfen.

Im Januar 1258 umzingelten ihre Truppen Bagdad, die »Stadt

aller Städte«. Kalif al-Mustasim, ein weltfremder Gelehrter, hatte die Gefahr unterschätzt und sich geweigert, seine Schätze kampflos an die Eroberer auszuliefern. Der Kalif empfand es als Zumutung, dass man ihn, den »Herrscher aller Gläubigen«, zu einer bedingungslosen Unterwerfung aufforderte. Er ließ an den Mongolenführer Hülägü, einen Enkel Dschingis Khans, ein Schreiben schicken, das in einem Ton abgefasst war, als ob der Kalif noch über das mächtige Weltreich der Abbasiden und nicht über einen lächerlich kleinen Stadtstaat geböte. Dieser wirklichkeitsfremde Hochmut sollte verheerende Folgen haben; er bedeutete das Ende Bagdads. Der Mongolenführer erfüllte auf grausige Weise, was Dschingis Khan seinen Heerführern einst mit auf den Weg gegeben hatte: »Ich verbiete, jemals ohne meinen ausdrücklichen Befehl gegen die Bewohner eines Landes milde zu verfahren … Nicht Mitleid, sondern Strenge bändigt die Menschen!« Hülägü befahl, die Stadt zu stürmen und zu zerstören. Was über Jahrhunderte undenkbar erschien – Bagdad in Schutt und Asche –, das wurde nun Wirklichkeit.

Vierzig Tage dauerte das Zerstörungswerk, so berichtet die Chronik eines Überlebenden. Die mongolischen Eroberer durchstreiften stets aufs Neue die Stadt »wie grimmige Wölfe, die Schafe anfallen«. Mehr als eine halbe Million Menschen sollen während dieser Zeit erschlagen worden sein, darunter an die 10000 Gelehrte, Künstler und Dichter. Rauhe Steppenkrieger, die weder lesen noch schreiben konnten, warfen ungerührt ihre Fackeln in die Bibliotheken, wo die Schriftrollen zu Hunderttausenden in Flammen aufgingen: unersetzliche Werke der Naturwissenschaften, der Philosophie, der Theologie und der Dichtung. Damals endete auch die Existenz des »Hauses der Weisheit«, in dem seit dem 9. Jahrhundert zahlreiche Werke aus fremden Kulturen ins Arabische übersetzt worden waren. Den besiegten Kalifen und seine Familie ließ der Mongolenführer von einer Gruppe aufgereizter Pferde zerstampfen. So starb die Stadt und mit ihr der letzte Kalif aus dem Geschlecht der Abbasiden. Endgültig vernichtet war jene Dynastie, die 500 Jahre zuvor an die Macht gekommen war und Bagdad zur prächtigsten Metropole der Welt gemacht hatte.

Rußgeschwärzte Mauern, leere Fensterhöhlen, trümmerübersäte Gassen, vermodernde Leichen, ab und zu scheu hin und her huschende Menschen auf der verzweifelten Suche nach Nahrung – dies war alles, was das Katastrophenjahr 1258 übrig ließ von der vitalen Millionenstadt Bagdad, dieser »Stadt aller Städte«, der einst legendären Residenz der Kalifen Harun al-Raschid und Mamun. In den zuvor pulsierenden Straßen herrschte nun für Monate, ja, Jahre die Stille des Todes, nur unterbrochen vom Flügelschlag der Aasgeier und vom Heulen der Schakale. Keiner der Überlebenden wagte sich vorerst in die Trümmerwüste zurück. Auch die Dörfer im weiten Umkreis blieben verlassen aus Angst vor der Rückkehr der barbarischen Eroberer. Das einst blühende Land drohte zu veröden. Nie wieder haben sich Bagdad und das Zweistromland von Euphrat und Tigris von dieser Vernichtungsorgie erholt.

Das Ende Bagdads bedeutete aber mehr als nur den Untergang einer Millionenstadt. Weiterhin sollte es zwar Orte mit glanzvoller Kultur in der islamischen Welt geben, aber es fehlte das Zentrum. Nirgends waren sich westliche und östliche Traditionen so intensiv begegnet wie in Bagdad, nirgends hatten sie sich derart verbunden und in einem einmaligen Verschmelzungsprozess etwas Neues geschaffen. Rascher als je zuvor lockerte sich nun das Band, das die islamischen Fürstentümer des Westens mit denen des Ostens verknüpfte.

Am deutlichsten zeigte sich der Riss im Gebrauch der Sprache. Im Westen – von Syrien über Ägypten bis hin nach Marokko – hielt man am Arabischen fest, obwohl in den meisten dieser Länder nur wenige reinblütige Araber lebten. Diese Völker – Syrer, Ägypter, Berber –, schon Jahrhunderte vor dem Islam an Fremdherrschaft gewohnt, besaßen nicht mehr die

Kraft, ihre alten Traditionen überzeugend gegen die arabische Herrenschicht zu behaupten, und so ist das Arabische bis heute die offizielle Landessprache geblieben. Mehr noch: Diese Völker sollten sich schließlich als Araber fühlen.

Anders im Osten. Dort hatten schon im 11. Jahrhundert die Dichter, Philosophen und Wissenschaftler begonnen, ihre Werke auf Persisch zu verfassen. Nun, nach der völligen Zerstörung Bagdads, gingen sie endgültig dazu über, in dieser Sprache zu schreiben. Persisch, wie es Firdausi geprägt hatte, wurde für zukünftige Jahrhunderte die herrschende Bildungssprache an allen islamischen Fürstenhöfen und Akademien des Ostens von der Türkei bis Indien. Hinzu kam, dass im 15. Jahrhundert die Osmanensultane das Türkische an ihrem Hof einführten, ohne allerdings das Persische als Sprache der Gelehrten und Dichter völlig zu verdrängen. Allein die Korangelehrten hielten weiterhin – bis zum heutigen Tag – am Arabischen als der »heiligen Sprache« fest, aber dies konnte nicht darüber hinwegtäuschen, dass die kulturelle Einheit des Islam endgültig zerbrochen war.

Eineinhalb Jahrtausende war das Zweistromland ein Zentrum persischer Kultur gewesen, seit dem Katastrophenjahr 1258 jedoch rückte der Iran für viele Jahrhunderte an den Rand des politischen wie kulturellen Geschehens. Und was bis heute folgenreich ist: Seitdem verläuft parallel zur Sprachgrenze Arabisch-Persisch eine entsprechende Kulturgrenze, seitdem hat sich zwischen Arabern und Persern ein immer deutlicher empfundener Gegensatz herauskristallisiert.

Viele bedeutende Städte Persiens lagen nach dem Mongolensturm in Schutt und Asche, Bewässerungsanlagen zerfielen, ehemals fruchtbare Landstriche verödeten. Die Mongolen blieben. Hülägü, der Zerstörer Bagdads, begründete die Dynastie der Il-Khane, die Jahrhunderte das Land beherrschten, aber anders als einst die arabischen Kalifen und später die Seldschukensultane förderten sie vorerst keine Kultur. Dem Islam standen sie feindselig gegenüber, meist huldigten sie einer Schamanenreligion mit Geister- und Dämonenbeschwörung; manche Fürsten bekannten sich auch auf eine oberflächliche Weise zum Buddhismus, so Hülägü selbst.

Aber Persien bewies genug innere Kraft, um schließlich auch diese Katastrophe zu überstehen. Nur zwei Jahrzehnte verstrichen, und schon befanden sich an den Fürstenhöfen dieser Barbaren persische Minister und Beamte. Inzwischen hatten sich die Eroberer nämlich beeindruckt gezeigt von der überlegenen Kultur der Besiegten und waren bereit, von ihnen zu lernen: Einem neuen Aufstieg Persiens stand nichts mehr im Weg.

Saadi und Hafis, Persiens große Dichter in Schiras

Naturgemäß blühte die Kultur zuerst dort, wo die Mongolen die Städte verschont hatten. Isfahan war eine dieser Metropolen, eine zweite das weiter südlich gelegene Schiras.

Schiras sollte für Jahrhunderte die Rivalin Isfahan überflügeln. »Gartenstadt«, »Stadt der Rosen«, »Stadt der Dichter«, solche und ähnliche Namen hafteten der Fürstenresidenz schon seit Langem an, aber bisher hatte sie im Schatten der Seldschukenresidenz Isfahan gestanden. Schiras lag an die 300 Kilometer südlich von ihr im Herzen der Provinz Fars, dem Kernland des alten Iran, aus dem die Dynastien der Achämeniden und Sassaniden hervorgegangen waren. Die Ruinen von Persepolis sind nur 50 Kilometer entfernt. Schiras besaß bereits seit Generationen den Ruf, Heimat bedeutender Gelehrter und Dichter zu sein, in der Folge aber wurde die Stadt zum Wallfahrtsort der persischen Dichter, denn hier wirkten zwei ihrer größten: Saadi und Hafis.

Musliheddin Saadi wurde 1184 in Schiras geboren, zu einer Zeit, als die Perser noch nichts von der drohenden Mongolenkatastrophe ahnten. Unbekümmert zog der Jüngling nach Bagdad, wo er an der berühmten Hochschule Nizamija studierte.

Er genoss in vollen Zügen die verfeinerte Kultur dieser Millionenstadt, bevor er sich, vom Wohlleben angeödet, zurückzog und sich durch die Philosophie von Derwischmystikern faszinieren ließ. Im Flickengewand eines Derwischs durchwanderte er schließlich syrische und persische Fürstentümer, suchte bedeutende Gelehrte auf, diskutierte mit ihnen, um dann wie ein Bettler auf den Treppen einer Moschee zu schlafen. Es waren unruhige, abenteuerliche Jahre, zeitweilig geriet er in Lebensgefahr. Kreuzfahrer nahmen ihn gefangen und ließen ihn zusammen mit Hunderten von anderen Leidensgenossen Festungsgräben ausheben. Doch er entkam ihrer Gefangenschaft und kehrte zurück nach Persien, wo ihn erste Schreckensnachrichten von den Greueln der Mongolen erreichten.

Saadi selbst allerdings sah keine brennenden Städte und aufgetürmten Schädelpyramiden, wie sie die Eroberer überall hinterließen, denn zur entscheidenden Zeit weilte er bereits in Schiras. Und Schiras blieb eine Oase des Friedens; der dort regierende Emir Saad Zangi hatte rechtzeitig dem nahenden Mongolenkhan die Übergabe der Stadt und reiche Geschenke angeboten. Während im Norden und Westen glanzvolle Metropolen in Schutt und Asche sanken, konnten die Emire von Schiras als Statthalter des Mongolenkhans weiter regieren; ja, im Schatten einer Barbarenherrschaft vermochten diese Fürsten ihre Residenz als eine »Stadt der Dichter« berühmt zu machen, die im weitgehend zerstörten Persien ohne Konkurrenz war. Hier nun schuf Saadi seine Werke, bis er 1282 im hohen Alter von 98 Jahren starb.

Im Jahr 1320, nahezu vier Jahrzehnte nach seinem Tod, wurde in Schiras Persiens zweiter großer Lyriker geboren: Hafis. Sein wirklicher Name lautete Mohammad Schamsaddin; *Hafis* war ein Ehrentitel und wurde nur denen verliehen, die den gesamten Koran auswendig zitieren konnten. Über sein Leben weiß man sehr wenig; in Chroniken ist angedeutet, er habe Könige unterrichtet und sei beim Volk sehr beliebt gewesen. Wie Saadi stand er der mystischen Lehre von Derwischen nahe. Und wie dieser konnte er inmitten einer großen Schülerschar ein ruhiges und gesichertes Leben führen, durch großzügige Spenden kunstsinniger Fürsten unterstützt. Zu seiner Zeit regierten in Schiras die Emire von der Dynastie der Muzzafariden, auch sie Perser, die den Mongolenkhanen lediglich Tribut zu zahlen hatten. Im Alter von 69 Jahren starb Hafis 1389 in Schiras.

Beide, Saadi und Hafis, zählen zu den ganz Großen der persischen Literatur. Saadi hat sich mit seinen Gedichtsammlungen *Gulistan* (»Rosengarten«) und *Bustan* (»Obstgarten«), Hafis mit seinem *Diwan* Weltruhm erworben. Besonders diesen beiden Dichtern verdankt es die persische Poesie, dass sie über die Grenzen ihrer eigenen Kultur hinaus bekannt wurde; jahrhundertelang verblassten neben ihren Namen alle anderen, Firdausi und Dschelaleddin Rumi ausgenommen. Ihre Gedichte wurden im christlichen Europa bereits im 17. Jahrhundert verbreitet und als besonders vorbildlich gepriesen. Ihre sprachliche Eleganz, ihre glühende Sinnlichkeit begann, beträchtlichen Einfluss auf europäische Lyriker auszuüben. Im deutschen Sprachraum besonders bekannt geworden ist Hafis, nachdem Goethe ihm in seinem *West-östlichen Divan* ein ehrendes Denkmal gesetzt hat. Saadi und Hafis haben die neupersische Sprache, die durch Firdausi zum ersten Mal glanzvoll erstrahlte, in ihren letzten Feinheiten entwickelt; kein Dichter nach ihnen hat sie an reichhaltigem Wortschatz, an Schärfe des Ausdrucks, an Vielfalt der Bilder übertroffen.

Saadi und Hafis schrieben im Bewusstsein des stets drohenden, allgegenwärtigen Todes. Je mehr die Welt ringsum mit Tyrannei, Grausamkeit und Zerstörung drohte, desto mehr nahmen schöpferische Geister wie sie Zuflucht in die eigene Innenwelt. Dort allein fanden sie noch ein unzerstörbares Reich an verfeinerten Empfindungen, an hochentwickeltem Schönheitssinn, ein Reich, das es sorgsam gegen die harte

Wirklichkeit zu verteidigen galt. Ja, dieses innere Reich wurde zur eigentlichen Wirklichkeit erklärt, denn es schien eher Bestand zu haben als Städte, die in Trümmer sanken, Throne, die stürzten, Menschen, die starben. Der Vergänglichkeit gab es nur eines entgegenzusetzen: den Augenblick in all seinen Tiefen auszukosten, die eigene Sehnsucht nach Glück ins Rauschhafte zu steigern – und doch zu wissen, dass die kostbaren Glücksgefühle wieder zerrannen, sich verflüchtigten. Sinnenbejahende Lebensfreude entfaltete sich vor dem Hintergrund dunkler Schwermut. Der Rausch galt als Schlüsselerlebnis einer unerfüllten und doch nicht zu besiegenden Sehnsucht. »Den Becher, Schenke, lass erglühn vom Purpurlicht der Wonne. / Stimm an ein Lied, o Spielmann, denn nach Wunsch kreist uns die Sonne. / Ich schaut' ein göttlich' Spiegelbild tief unten im Pokale – / Tor, dessen Sehnsucht nie gestillt der Wein aus unserer Schale; / ich fürchte, bricht der Morgen an, am Tag der Auferstehung, / verklagt statt meines Zechens man dein Fasten als Vergehung …« (Hafis)

Der Wein wurde zum Symbol, um die Grenzen von Raum und Zeit zu überspringen, um für einen kurzen Moment »an der Sonnenwelt des Ewigen Augenblicks teilhaben zu können«, wie es der Orientalist Rudolf Gelpke treffend charakterisiert. Was bei Omar Chayyam erst zögernd anklang, das kam bei Saadi und noch mehr bei Hafis in voller Wucht zur Geltung: Mit ihren Ideen vom religiös grenzüberschreitenden Denken und von geistiger Freiheit stehen sie der Philosophie der Sufis und Derwische nahe, für die sich das Göttliche weniger in Begriffen und Dogmen als im rauschhaften Erleben fassen lässt.

Hafis hat in seiner geistigen Prägung durch den Sufismus noch intensiver auf die Nachwelt gewirkt als Saadi. Denn Hafis, im 14. Jahrhundert lebend, war bereits stark vom Denken des damals schon vielzitierten Dschelaleddin Rumi beeinflusst, den die Perser allerdings unter dem ehrenvollen Beinamen

Maulana (»Herr, Meister«) verehren. Auch die Verse von Hafis bringen besonders augenfällig zum Ausdruck, dass »Gott« mit seiner universalen Dimension nicht schon in der begrifflich eingegrenzten Dogmatik von Korangelehrten und auch nicht in der rationalistischen Methodik muslimischer Philosophen zu finden ist. Hafis findet wie Rumi zu einer »Religion«, die die Grenzen aller dogmatisch fixierten Religionen und Philosophien überschreitet – ausgerechnet er, dessen Ehrenname *Hafis* bezeugt, dass er den ganzen Koran auswendig zitieren konnte.

Hafis bekannte sich allerdings wie Rumi ausdrücklich zum Islam und verstand es, durch sein gründliches Koranstudium die heilige Schrift sachkundig wie ein Theologe zu interpretieren. Aber er reihte sich unter jene Korangelehrten ein, die davon ausgingen, dass jedes Wort im heiligen Buch des Islam zweideutig, doppelsinnig, mehrdeutig sei, dass jedem Wort also ein verborgener Sinn innewohne. Und für Hafis war es selbstverständlich, dass es bei der Auslegung koranischer Wahrheiten eine Vielfalt von Meinungen geben musste – und entsprechend die Muslime sich in verschiedene religiöse Denkschulen, Bekenntnisgruppen, ja, auch Konfessionen aufgliederten. Für Hafis war es in diesem Zusammenhang auch selbstverständlich, dass keine dieser Gruppen die absolute Wahrheit beanspruchen konnte. Dieses Bekenntnis zur religiösen und kulturellen Vielfalt, das im 13. und 14. Jahrhundert in vielen Regionen der islamischen Welt noch verbreitet war, festigte den Ruhm von Hafis in der damaligen Bildungsschicht. Er konnte mit seiner Dichtung als ein Bollwerk gegen verengenden Dogmatismus gelten.

Aber Hafis wurde mit einer Reihe von Versen über die Bildungsschicht hinaus quer durch alle sozialen Schichten populär. Es sind jene Verse, mit denen er den strengen unnahbaren Gott, der fern in himmlischen Sphären thront, in einen sanften Geliebten verwandelt. Dieser Geliebte wohnt im Herzen der

Menschen. Mit immer neuen Metaphern höchster sprachlicher Vollendung wird die Liebe zwischen Gott und den Menschen beschworen – und wird darüber hinaus zum Sinnbild für die irdische Liebe der Menschen untereinander, der Liebe zwischen Mann und Frau, einer Liebe jenseits enger gesellschaftlicher Konventionen. »Gott« als der große Liebende wird dementsprechend nicht mit einer dogmatisch engen Religion gleichgesetzt, sondern mit der Liebe zur Religion über alle dogmatischen Grenzen hinaus.

Es ist jene Position von Sufis und Derwischen, wie sie besonders entschieden auch schon bei Dschelaleddin Rumi zum Ausdruck kommt. Und diese spirituell mystische Dimension war es, die Goethe an Hafis sowie am Islam beeindruckte. Religiös und philosophisch wenig gebildete Muslime verstehen solche Texte allerdings nicht in ihrer radikalen geistigen Konsequenz, sehr wohl aber in ihrer Kritik an rigider, dogmatischer Bevormundung.

Hafis wird bis heute in seiner persischen Heimat allerdings noch um Vieles mehr verehrt als der ebenfalls überragende persische Dichter Dschelaleddin Rumi. Dies liegt zum einen daran, dass Hafis als derjenige gilt, der die persische Lyrik zur höchsten sprachlichen Perfektion führte. Zum anderen spielen aber auch historische Rahmenbedingungen eine entscheidende Rolle. Hafis wirkte sein ganzes Leben innerhalb der heutigen Grenzen des Nationalstaates Iran, er wurde in Schiras geboren, hat kaum einmal eine Reise über seine Heimatregion hinaus unternommen und starb 1389 in Schiras. Zu seinem Mausoleum konnten und können die Iraner seit Jahrhunderten pilgern, ungehindert durch politische Grenzen. Dschelaleddin Rumi dagegen wurde in Afghanistan geboren, wirkte die meiste Zeit in Anatolien, und dort befindet sich sein Mausoleum. Rumi, der »Römer«, kann nicht derart bruchlos in allen Aspekten als »Perser« verstanden werden wie Hafis.

Aber selbst im Iran ist der Nachruhm von Hafis umstritten.

Gerade weil Hafis vehement engstirnige religiöse Dogmatik ablehnte, stellte er von Anfang an eine beträchtliche geistige Herausforderung für »Rechtgläubige« dar. Orthodoxe Geistliche wollten Hafis sogar ein islamisches Begräbnis verwehren, aber seine zahlreichen Anhänger versammelten sich zu wütenden Protesten, so dass die Geistlichen sich dem Druck der Hafis-Verehrer beugten. Diese Herausforderung ist bis in die Gegenwart aktuell – besonders für das Mullah-Regime der »Islamischen Republik Iran«. Es ist kein Zufall, dass Ajatollah Khomeini nicht nur zu Dschelaleddin Rumi auf Distanz rückte, sondern in manchen Aspekten auch zu Hafis. Khomeini hat allerdings nicht die weiterhin anhaltende Popularität von Rumi und erst recht nicht die von Hafis eindämmen können.

Die ungebrochene Verehrung für Hafis im Iran, ja, die Besuchermassen vor seinem Mausoleum in Schiras, auch unter dem Regime der Mullahs, lassen es vermuten: Der große persische Dichter scheint nicht nur ein literarisches, sondern auch ein politisches und gesellschaftliches Phänomen zu sein. Es ist zu fragen, ob die Besuchermassen Hafis nur als den großen Poeten verehren oder nicht auch als den Rebellen gegen religiös-politische Bevormundung. Auffallend sind die vielen jungen Frauen und Männer, die am Grab von Hafis Gedichte der Liebe zitieren, Liebe zu Gott wie auch zwischen Mann und Frau, Liebe jenseits einengender gesellschaftlicher Konventionen.

Vollends komplex wird die Situation, wenn wir uns vergegenwärtigen, dass ideologische Hardliner des Mullah-Regimes nach wie vor ihre Vorbehalte gegen Hafis äußern – andere aber, wie etwa der ehemalige Staatspräsident Mohammad Khatami, lobend die geistige Verwandtschaft zwischen Hafis und Goethe betonen (davon mehr im Abschnitt »Hafis, Goethe – und Khatami«). Genau besehen ist Hafis nach wie vor geistesgeschichtlich wie auch politisch eine Herausforderung.

Täbris, Samarkand und andere neue Kulturzentren

Keine andere Residenz besaß im persischen Kulturraum des 13. und 14. Jahrhunderts einen besseren Ruf als Schiras. Aber je mehr die mongolischen Eroberer sich von der Kultur der Besiegten beeindruckt zeigten und anfingen, persische Berater an ihre Höfe zu holen, desto mehr standen auch dem Mongolenkhan persische Wesire zur Seite. Unter der Anleitung dieser Minister begannen die Fürsten, eine Reihe von Städten mit imponierenden Moscheen, Koranschulen und wissenschaftlichen Akademien zu bauen. Wie einst bei den Arabern und später bei den Seldschuken, so brachten es auch dieses Mal die Unterworfenen zuwege, aus ihren Zwingherren »Perser« zu machen.

Für alle sichtbar wurde dies zum ersten Mal, als der fünfte der Mongolenkhane, Ghazan Khan, zu Beginn des 14. Jahrhunderts zum Islam übertrat. Dieser Mongole hatte nichts mehr vom rauhen Nomaden und Kriegsherrn an sich, er sprach fließend persisch, holte Gelehrte und Künstler an seinen Hof und diskutierte mit ihnen. Er war der erste Khan, der daranging, das ruinierte Land wiederaufzubauen. Mit seiner Residenz Täbris setzte er die Maßstäbe. Südlich der bisherigen Stadt entstand ein fürstliches Regierungsviertel, von persischen Baumeistern errichtet, von persischen Ministern geplant und überwacht, und dort befanden sich auch religiöse Institute, Koranschulen, wissenschaftliche Akademien und eine beträchtliche Bibliothek.

Ein Jahrhundert später zeigte sich der persische Kulturraum wieder als blühende Region. Isfahan und Schiras waren keine Oasen mehr in der Trümmerlandschaft verödeter Landstriche, jetzt besaßen Städte wie Täbris, Buchara und Rey, vor allem aber Samarkand und Herat einen guten Namen, regiert von Mongolenfürsten. Die neuen Herren hatten den Ehrgeiz, es der Baukunst früherer Generationen gleichzutun, ja sie zu übertreffen. Mehr als frühere Dynastien griffen sie auf die Gewohnheit altpersischer Künstler zurück und ließen die Ziegelwände von Moscheen und Koranschulen mit buntglasierten Kacheln verkleiden, hierbei gaben sie den Farben Türkis und Kobaltblau den Vorzug. Wohl nie zuvor hatte es so buntschillernde, farbenprächtige Wände in der persischen Architektur gegeben, aller Wahrscheinlichkeit nach übertrafen sie an Leuchtkraft die Glasuren von Ktesiphon und Bagdad, von denen wir keine Beispiele mehr kennen. Diesen Hang zu strahlenden, ja grellen Farben dürften die Mongolen aus Ostasien mitgebracht haben. Nun schufen sie eigene Meisterwerke – im Grunde persischen Stils, aber mit Einfluss aus dem Fernen Osten. Viel gerühmt von Zeitgenossen wurde die Blaue Moschee von Täbris, leider sind von ihr nur noch unscheinbare Trümmer übriggeblieben. Desto besser erhalten sind andere Bauwerke, etwa die Freitagsmoschee der heute afghanischen Stadt Herat mit ihren blau gekachelten Wänden und kunstvollen Dekorationsmustern in Orange- und Weißtönen. Am prunkvollsten aber gerieten die Bauten von Samarkand, einer Stadt, die 1369 zur Residenz des Mongolenkhans Timur Leng aufstieg.

Timur Leng – europäische Geschichtsschreiber nennen ihn oft auch Tamerlan – war ein militärisches Genie wie Dschingis Khan; ihm gelang es, die unbotmäßigen persischen Fürsten erneut zu unterwerfen und dann erobernd bis nach Syrien und Indien vorzurücken. Er war grausam wie sein Vorbild Dschingis Khan und ließ bedenkenlos die Einwohner eroberter Städte zu Tausenden abschlachten. Aber er war kein ungebildeter Mann aus der Steppe mehr und zeigte sich durchaus wissbegierig und kunstliebend – ein wandelnder Widerspruch, typisch für viele Herrscher seiner Zeit im Orient wie im Abendland. Seine Dynastie, die der Timuriden, prägte erst jenen Baustil voll aus, den man später bewundernd den »Mongolenstil« nennen sollte. Samarkand wurde glänzender Mittelpunkt. In diese Metropole hatte Timur Leng Baumeister, Künstler, Gelehrte und Dichter aus allen Teilen seines Reiches kommen lassen, um Samarkand zur prächtigsten Stadt der Welt zu machen, und seine Nachfolger vollendeten, was er anstrebte. Nirgendwo fanden sich während der nächsten zwei Jahrhunderte im islamischen Osten Moscheen, Koranschulen, Akademien und Paläste von solch gewaltigen Ausmaßen wie in Samarkand. Prächtiger denn je waren die Ziegelwände mit bunt glasierten Kacheln geschmückt, wobei nun neben Persern Künstler aus dem Fernen Osten arbeiteten und neue Ornamentmuster mit Drachen und Fabeltieren einführten. »Ein Rausch von Farben«, so urteilten zeitgenössische Chroniken fasziniert. Etliche dieser Baukomplexe sind der Nachwelt erhalten geblieben, so die Gur-Emir-Moschee mit dem Grab Timur Lengs, die Bibi-Chanum-Moschee, die Nekropole Shoizinda mit nahezu 16 prunkvollen Mausoleen und Moscheen. Vor allem aber besticht der *Registan* (wörtlich übersetzt: »Standplatz«), der markante, von Moscheen und Mausoleen gesäumte Platz im Stadtzentrum, der als einer der großartigsten mittelalterlichen Plätze des islamischen Orients gilt (in mancher Hinsicht mit dem Imam-Platz in Isfahan vergleichbar). All diese Bauwerke vermitteln einen Eindruck vom einstigen Glanz dieser islamischen Metropole. Heute liegt Samarkand, eine lebhafte Stadt mit 400 000 Einwohnern, in Usbekistan. Zwar reihen sich in deren Vororten graue, moderne Wohnblocks aneinander, aber im Zentrum bleibt der persisch-mongolische Stadtcharakter unverändert bestehen.

Der persische Kulturraum war zur Zeit der mongolischen Timuriden-Dynastie schließlich wieder zu einer Region geworden, die zu den führenden der islamischen Welt zählte. Die Timuriden wurden zu einem Herrschergeschlecht, das die alte Kultur weiterführte – und ihr neue Elemente hinzufügte.

Eines dieser neuen Elemente gilt für uns heute als eine der bedeutendsten Errungenschaften islamischer Kunst: die Miniaturmalerei, diese in leuchtenden Farben gehaltenen Bilder mit Motiven aus persischen Sagen, Heldendichtungen und höfischen Szenen. Dort finden wir zarte, lyrische Landschaftsstimmungen neben ausdrucksvollen Porträts – etwas völlig Neues in der islamischen Kunst. Menschen und Tiere sind in verblüffender Realistik abgebildet, zwar abweichend von unserem Formempfinden, aber an Meisterschaft mit Kunstwerken unserer eigenen Kultur vergleichbar.

Europäer mag es überraschen, im Islam so freizügig und detailgetreu Menschen gemalt zu sehen, gehen wir doch davon aus, dass der Koran Abbildungen verbietet. Im persischen Raum zweifelte man diese Überlieferungen an. Hatte noch der Kalif Harun al-Raschid in Bagdad ein strengstes Bilderverbot erlassen, so waren bereits die Seldschuken großzügiger und ließen erste Miniaturen malen. Völlig aber setzten sich erst die Mongolenherrscher über die Bilderscheu hinweg, sie ließen durch ihre Korangelehrten ausdrücklich erklären, nur »heilige« Personen abzubilden sei verboten. Sie waren nicht bereit, jene Freude an der Personendarstellung aufzugeben, die ihre Vorfahren aus Ostasien mitgebracht hatten. Und so begannen nun an allen mongolisch-persischen Fürstenhöfen die Künstler, neben Landschaften und Tieren auch Menschen zu malen. Berge, Wolkenbildung und Baumformen verrieten deutlich das chinesische Vorbild, auch die dargestellten Menschen zeigten – zumindest anfangs noch – fernöstlichen Einfluss. Nicht lange aber dauerte es, dann wiesen die Gesichter persische Züge auf und trugen die Höflinge persische Kleidung. Persische und fernöstliche Elemente verschmolzen zu jenem Stil, den wir heute als islamische Miniaturmalerei bewundern.

Berühmte Malschulen entstanden in Täbris, Schiras und Herat. Ihre Blütezeit begann in den Jahren 1330 und 1340. Damals entstand in Täbris die berühmte Prachtausgabe mit Illustrationen zu Firdausis *Schah nameh*, diesem Meisterwerk folgten kostbare Bildausstattungen zu anderen Dichtungen. Zum ersten Mal wurde auch das Leben Mohammeds in Bildern dargestellt – für nicht wenige Muslime der arabischen Welt eine Gotteslästerung, für die Perser aber nichts Außergewöhnliches mehr. Allerdings wagte es kein Künstler, Mohammeds Gesicht darzustellen, denn der Prophet galt als einziger Mensch als »heilig«; man malte zwar seinen Körper, setzte aber an die Stelle von Augen, Nase und Mund entweder eine weiße Scheibe oder einen Schleier.

Deutlicher denn je zuvor schied sich nun der Islam Persiens von dem der arabischen Länder. Denn allein im Osten wirkten die Einflüsse des alten Iran, Babylons, Indiens und nun auch Chinas weiter. Diese stilbildende Kraft, in Persien zu einer ungeahnten neuen Blüte gekommen, strahlte in der Folge über die eigenen Grenzen hinaus auf andere – nichtarabische – Völker.

Im türkischen Raum übernahmen die Osmanensultane durch die Seldschuken nicht nur die persische Hofsprache, Philosophie, Dichtung, sondern auch die Miniaturmalerei und das bunte Fliesendekor für die Innenausstattung der Paläste und Moscheen. Die in Blau gehaltenen, ornamentübersäten Wände, Kuppeln und Bögen etwa im Innern der Sultan-Achmed-Moschee in Istanbul sind ebenso auf persische Vorbilder zurückzuführen wie die nicht minder leuchtkräftigen Ornamente in den Mausoleen von Bursa, um nur die berühmtesten Beispiele zu nennen.

In den indischen Raum hatten islamische Eroberer aus Afghanistan und Turkestan schon seit dem 12. Jahrhundert persisches Denken und Kunstempfinden gebracht. Davon zeugen aus ältester Zeit die Kuwwat-al-Islam-Moschee und der Kutub Minar bei Delhi (1193) und die Große Moschee von Ajmer (1192), besonders aber später die Bauwerke der mongolisch-türkischen Dynastie der Moguln aus dem 16. und 17. Jahrhundert: so etwa in Lahore die Badschahi-Moschee, in Delhi die Freitagsmoschee und das Grabmal des Moguln Humayun, bei Agra die Residenz Fatehpur Sikri, in Agra selber das Grabmal des Ministers Itimad ad-Daula und vor allem das weltberühmte Taj Mahal.

Typisch persisch an diesen Bauten sind die mächtigen Kuppeln und Portale, die kunstvollen Blumenornamente und die feinziselierten, raffiniert durchbrochenen Steingitter der Fenster. Nicht übernommen haben die indischen Muslime die farbenprächtigen Fayencen, wie sie etwa die Moscheen von Isfahan, Samarkand und Herat auszeichnen; diese Neigung zu glühenden, vielfältig wechselnden Farben auf großer Fläche blieb Menschen in wüstenartiger, eintöniger Landschaft vorbehalten. Dagegen fand die farbenfreudige Miniaturmalerei Persiens nach Indien, wo sie durch die ohnehin figurenreiche Hindukunst fruchtbare Anregung fand.

Wieder einmal hatte der persische Kulturraum den Zusammenprall mit einem fremden Eroberervolk überstanden, hatte die Eindringlinge zu »Persern« gemacht – mehr noch: besaß abermals die Kraft, kulturell über seine Grenzen hinauszuwirken.

Schiiten und Sunniten

1. Die Tragödie der Religionsspaltung

Mit Mohammeds Tod beginnen die Konflikte

Fünfmal täglich ruft der Muezzin die Gläubigen zum Gebet. »Gott ist am größten!«, »*Allahu akbar*!«, so schallt es bereits bei Morgengrauen von den Minaretts in arabischer Sprache über die Dächer der noch schlafenden Städte und Dörfer. »Ich bezeuge, dass es keinen Gott gibt außer Gott! Ich bezeuge, dass Mohammed der Gesandte Gottes ist!«, folgen gedehnt gesungen die nächsten Sätze. In allen Teilen der islamischen Welt, von Marokko bis Indonesien, gilt für rund 800 Millionen sunnitischer Muslime derselbe Ruf.

Für 80 bis 100 Millionen Gläubige jedoch setzt der Muezzin einen weiteren Ruf hinzu: »Ich bezeuge, dass Ali der Freund Gottes ist!« Dies geschieht im überwiegend schiitisch geprägten Iran. Und falls man diesen Ruf noch anderswo hört, dann in Staaten, die zumindest teilweise durch den schiitischen Islam geformt sind: so im Süden des Irak, in Regionen Afghanistans, Pakistans und Indiens, darüber hinaus vereinzelt im arabischen Raum, so in verschiedenen Landstrichen des Libanon, des Jemen und der Golfstaaten.

Diese schiitische Minderheit unter den Muslimen kennt zudem ein religiöses Fest, dem Sunniten mit Befremden gegenüberstehen: Einmal im Jahr strömen fanatisch erregte Menschenmassen in einer Trauerprozession durch die Straßen, steigern sich mit dem ständig wiederholten Ruf »Oh Hussein! … Oh Hussein! …« in Ekstase, raufen sich die Haare, wälzen sich auf dem Boden, ja lassen sich zu blutigen Selbstverletzungen mit Messern und Peitschen hinreißen. Zehn Prozent aller Muslime grenzen sich mit solchen Ritualen von der Mehrzahl der Gläubigen ab.

Ali und Hussein aber waren keine Perser, sondern Araber: Ali, der Lieblingsvetter und Schwiegersohn Mohammeds, Hussein, dessen zweitältester Sohn und Enkel des Propheten. Sie jedoch sind für die Schiiten zu den großen Symbolfiguren ihrer Glaubensrichtung geworden, und besonders im Iran verehrt man sie bis heute in einem Maße, wie dies für die übrigen Muslime undenkbar wäre – ja, man stellt Ali und Hussein im Rang unmittelbar hinter den Propheten.

Nahezu 90 Prozent der Muslime lehnen ein solches Denken als Ketzerei ab, ihnen gilt allein Mohammed als der Gesandte Gottes, ihrer Meinung nach haben Ali und Hussein eine untergeordnete Bedeutung. Sie, die Sunniten, leben vorwiegend in den arabischen Ländern sowie in großen Teilen Schwarzafrikas und Asiens. Es hat blutige Religionskriege zwischen beiden Richtungen gegeben. Jahrhundertelang sah es so aus, als würden die Schiiten ganz aus der religiösen Landschaft des Islam verschwinden, dann wieder konnten sie sich überraschend von Persien bis hin nach Nordafrika und in die Türkei ausbreiten, schließlich aber hat sich ihr maßgebender Einfluss auf den Iran zurückgezogen; an dieser Situation hat sich bis heute nichts mehr geändert.

Bereits fünf, sechs Jahrzehnte nach Mohammeds Tod vollzog sich im Islam die Tragödie der Religionsspaltung. Damals regierten die arabischen Eroberer über ein Gebiet, das vom Atlasgebirge bis zum Hindukusch reichte; damals aber standen sich auch schon Heere gegenüber, die beide zu Allah um den Sieg flehten und die Gegner als Abtrünnige und Glaubensverräter verfluchten. Zu dieser Zeit waren auch Morde geschehen, die in den Augen der Gläubigen unvorstellbar erscheinen mussten: Ein Muslim hatte im Namen Allahs Ali, den Schwiegersohn des Propheten, niedergestochen; muslimische Soldaten hatten den Prophetenenkel Hussein erschlagen, seinen Kopf auf eine Lanze gespießt und die blutige Beute nach Damaskus, der Residenz seiner Gegner, gebracht.

Wie hatte es so weit kommen können?

Die Anfänge sind unscheinbar, sie liegen in einer Zeit, als noch kein Perser Einfluss auf die Geschichte des Islam nehmen konnte. Wir müssen zurückgehen bis zu jenem Monat, in dem Mohammed starb: zum Juni des Jahres 10 der Hedschra, des Jahres 632 unserer Zeitrechnung. Die Tragödie begann in einem schattigen Innenhof von Medina, wo sich nach der Beerdigung des Propheten besonders ausgesuchte Wahlmänner zur Beratung trafen, um den Nachfolger zu bestimmen. Wer konnte nach Mohammed am besten das Heer führen, wer am wirkungsvollsten den neuen Staat ordnen? Dies war keine leichte Frage, denn der Prophet selber hatte niemanden bestimmt. Einen Sohn besaß er nicht, nur einen Schwiegersohn, verheiratet mit Fatima, der einzigen Prophetentochter. Er hieß Ali ibn Abi Talib, galt als »Lieblingsvetter« Mohammeds und hatte dem Propheten zwei Enkel gezeugt, die einzigen männlichen Nachkommen. War nicht dieser Ali der berufenste Nachfolger? Einige der Wahlmänner warfen leidenschaftlich erregt diese Frage in die Versammlung, andere zögerten, winkten ab. Ihnen schien Ali zwar ein guter Krieger und leidenschaftlicher Muslim zu sein, auch bestritt niemand, dass Ali den Propheten von Anfang an treu ergeben auf seinen Kriegszügen begleitet hatte, aber war er auch ein Mann mit Führungsqualitäten, mit Organisationstalent? Ein Großteil der Wahlmänner dachte skeptisch, er entschied sich gegen Ali und wählte einen anderen: Abdallah Abu Bakr, den Vater von Mohammeds Lieblingsfrau Aischa. Ali, der selber an der Versammlung nicht teilgenommen hatte, verweigerte monatelang dem Nachfolger den Gehorsam, so enttäuscht war er. Dabei konnte er sich auf kein Recht berufen, denn den Arabern war der Gedanke fremd, dass ein Blutsverwandter des toten Führers bevorzugt werden müsse.

In den Chroniken der persischen Schiiten wird es später heißen, tagelang habe Fatima, die Lieblingstochter des Propheten, in ihrer Hütte Klagelieder über die Ungerechtigkeit der Muslime angestimmt. Und damals habe es schon genug Männer gegeben, die meinten, der Vater der einzigen Prophetenenkel müsse allen anderen Kandidaten als Nachfolger vorgezogen werden. Tatsächlich aber hat es noch Jahrzehnte gedauert, bis sich diese Männer zu einer Bewegung zusammenschlossen, um ihrem Führer doch noch zu seinem Recht zu verhelfen. Und noch einmal dauerte es Jahrzehnte, bis diese »Partei Alis« fest organisiert war und sich der Einfachheit halber nur noch »Partei«, *Schia*, nannte. Die Bewegung der Schiiten war geboren.

Nichts deutete in den frühen Jahren darauf hin, dass dieser Nachfolgestreit später einmal die Gläubigen auf immer in zwei feindliche Lager spalten könnte. Die meisten Muslime standen damals hinter Abu Bakr. Der Gewählte nahm den Titel *Kalifa Rasul Allah*, »Nachfolger des Gesandten Gottes«, an, ein Titel, der über Jahrhunderte für die Herrscher des großislamischen Reiches erhalten bleiben sollte. Dieser erste Kalif des Islam schickte die Reiterheere hinaus über die Grenzen Arabiens, unter seiner Regierung begannen die Eroberungszüge. Aber bereits zwei Jahre später starb er.

Wieder traten die Wahlmänner zusammen. Und wieder übergingen sie Ali, wählten einen anderen. Der zweite Kalif hieß Omar ibn al-Chattab. Auch er erschien vielen Versammelten geeigneter für das höchste Amt als der »Lieblingsvetter« und Schwiegersohn des Propheten. Omar – ihm sagen die Chroniken persönliche Abneigung gegen Ali nach – leitete den militärischen Siegeszug des Islam ein, unter seiner Regierung überfluteten die Araberheere Palästina, Syrien, Ägypten, zerschlugen das Perserreich und drangen ins Innere Asiens vor.

Kein Wahlmann bereute, diesem Kandidaten seine Stimme gegeben zu haben. Zu Omars Lebzeiten gab es für die »Schiat Ali« keine Chance, die Zahl ihrer Anhänger zu vergrößern.

Kalif Ali, der Ahnherr der Schiiten

Zehn Jahre später war Kalif Omar tot, erstochen von einem persischen Sklaven; die Hintergründe dieses Mordes sind bis heute nicht aufgedeckt. Wieder traten die Wahlmänner zusammen. Und diesmal sahen die Anhänger Alis ihre Stunde gekommen, denn nun war kein Vertrauter Mohammeds mehr am Leben, der einen besseren Ruf genoss als Ali. Also, so schien es, konnten die Wahlmänner ihn dieses Mal nur schwerlich übergehen. Wieder jedoch dehnten sich die Debatten über Tage, die Wortgefechte wurden heftiger. Mit Erbitterung mussten die Anhänger Alis erkennen, wer ihr entschiedenster Gegenspieler war: der mächtige Familienklan der Omayyaden, seit jeher geübt im Kampf um die Macht. Seine Führer, weitläufig verwandt mit dem Propheten, hatten einst bestens am Wallfahrtsrummel um die Götzenbilder der Kaaba verdient, hatten deshalb am erbittertsten Mohammed bekämpft und waren erst zum Islam übergetreten, als ihnen keine andere Wahl mehr blieb. Ausgerechnet diese Männer wollten jetzt wieder zur Macht zurückkehren, indem sie einen der ihren als Kandidaten vorschlugen: Othman ibn Affan, eine Persönlichkeit ohne besondere politische Fähigkeiten, jedoch der einzige Omayyade, der früh genug zu Mohammeds Gefährten gehört hatte. Ali oder Othman – so lauteten die Vorschläge. Entweder der »Lieblingsvetter« des Propheten oder der wenig profilierte Kandidat einer mächtigen Sippe. Nach erbitterten Debatten kam die Wahl. Der neue Kalif: Othman.

Historiker mutmaßten oft, was geschehen wäre, hätten die Wahlmänner sich für Ali entschieden. Vielleicht hätte die Tragödie der Religionsspaltung so vermieden werden können …

Aber die Verhältnisse waren nicht danach. Damals blieb den meisten Arabern der Gedanke fremd, dass der Prophet eine Dynastie seiner direkten Nachkommen habe begründen wollen. Dieser Umstand half den Omayyaden, genug Wahlmänner auf ihre Seite zu ziehen. Allerdings mussten sie durch lukrative Versprechungen aller Art nachhelfen, um die einflussreichen Scheiche zu überzeugen. Aber das fiel ihnen, den mit allen Tricks vertrauten Machtpolitikern, nicht schwer, und damit hatten sie bereits entscheidende Widerstände niedergekämpft. Ali, geradliniger, aber auch naiver, hatte gegen geheime Verhandlungen hinter den Kulissen keine Chance.

Die Amtsführung des neuen Kalifen gab der Schiat Ali diesmal recht, denn vom Regieren verstand dieser wenig energische, sanfte Omayyade nicht viel. Othman überließ die Macht weitgehend den Vettern und Schwägern seiner Sippe, die er zu Provinzgouverneuren ernannte. Bald trafen erste Klagen in Medina ein, die Gouverneure würden rücksichtslos nur der eigenen Sippe dienen, würden sich bereichern und ihre Glaubensbrüder übervorteilen. Ali konnte grimmige Genugtuung empfinden, denn nun strömten ihm zum ersten Mal Anhänger in größerer Zahl zu, nun erst begannen einflussreiche Männer sich zu fragen, ob es diesmal nicht besser gewesen wäre, den »Lieblingsvetter des Propheten« zum Kalifen zu wählen. Die Schiat Ali gewann an Profil. Noch aber blieb dies ein Streit unter Arabern.

Othman selber war ein untadeliger Mann, dies mochte auch Ali nicht bestreiten. Er war mehr ein stiller Gelehrter als ein Regent, so tat dieser sanfte Greis eines, was allen Gläubigen Bewunderung abnötigte: Als Erster sammelte er umfassend Koranzitate und ließ sie schriftlich festhalten. Mohammed selbst hatte nur wenige seiner religiösen Visionen und Gesetzestexte aufgeschrieben, er hatte sie meist in Predigten immer wieder erneut vorgetragen, bis sie im Gedächtnis der Zuhörer haften blieben (dies war nicht ungewöhnlich für ein Volk, das in seiner Mehrzahl weder lesen noch schreiben konnte). Othman aber fühlte sich von dem Gedanken gequält, mündlich überlieferte Wahrheit könne im Wortlaut verändert werden, und so ließ er die Zuhörer mit dem besten Gedächtnis in seine Residenz nach Medina kommen, ließ sie die Verse vortragen – *Koran* bedeutet nicht zufällig das »Vorgetragene« –, ließ das Gehörte aufzeichnen und durch die angesehensten Gelehrten ordnen. Auf diese Weise entstand die erste vollständige Aufzeichnung des »Heiligen Buches«. Dies war die einzig bleibende Leistung des Kalifen Othman.

Dann fand seine Regierung ein jähes Ende. Rebellische Soldaten zogen vor seine Residenz, protestierten gegen ausbleibenden Sold, ja überhaupt gegen die Herrschaft der Sippe Omayya, ließen sich durch besonders fanatische Gegner aufputschen, drangen in Othmans Wohnhaus ein, trafen dort den Kalifen an, wie er, auf dem Boden sitzend, den Koran rezitierte – und erschlugen ihn. Blutüberströmt brach er, der »Nachfolger des Propheten«, über dem »Heiligen Buch« zusammen. Ein unfassslicher Vorgang. Während außerhalb Arabiens die »Glaubenskrieger« siegreich eine Provinz nach der anderen eroberten, zerriss ein tödlicher Streit in der Hauptstadt des Islam die Front der Gläubigen.

Wieder traten die Wahlmänner zusammen. Und nun wagte niemand mehr, dem Schwiegersohn Mohammeds die Nachfolge streitig zu machen. Gar zu entschlossen zeigte sich jetzt die Schiat Ali, worauf die Gegner, in sich zerstritten, schwiegen. Ali wurde endlich Kalif. Ein später Triumph.

Die Chroniken seiner Anhänger schildern den inzwischen Vierundfünfzigjährigen als einen Mann mit feuriger Rednergabe, mitreißender Überzeugungskraft und visionärer Religiosität. In den Beschreibungen seiner Gegner fällt das Bild weniger schmeichelhaft aus: Dort erscheint er als ein Mann, der zwar ein vorbildlicher Muslim war, aber nun als Kalif in seinen Entscheidungen sehr zögerlich wirkte. Seine Wahl blieb umstritten. Viele hielten ihn für nicht fähig genug, ein arabisches Großreich mit Weitsicht und Tatkraft zu regieren, andere warfen ihm vor, skrupellos mit immer neuen Predigten gegen nur »scheinbare Gläubige«, gegen die Omayyaden, die Stimmung aufgeheizt zu haben.

Angesichts der massiven Kritik verließ er die Hauptstadt, wo er zu wenig Soldaten hinter sich wusste, und zog mit einer kleinen Schar von Getreuen in die Garnisonstadt Kufa am Euphrat. Dort, weit weg von den arabischen Stammesgebieten, nur zwei Tagesritte von der zerfallenen Sassanidenmetropole Ktesiphon entfernt, wollte er seine Residenz aufschlagen.

Die neubekehrten Gläubigen hier dachten anders als die Beduinen Arabiens, dies wusste Ali von seinen früheren Aufenthalten in Kufa her. Hier lebten neben Persern und Nachkommen der Sumerer und Babylonier Araberstämme, die schon seit Jahrhunderten persische Kultur in sich aufgenommen hatten, ja in ihrem Wesen teilweise selber zu »Persern« geworden waren. Und Perser dachten streng dynastisch. Im persischen Denken war es spätestens seit Dareios selbstverständlich, dass der »Beste« immer aus derselben Familie kommen müsse. Wäre es nach den Empfindungen der Araber im Irak gegangen, dann hätte Ali sofort nach Mohammeds Tod »Nachfolger« werden müssen.

Beduinenscheiche aus dem Inneren Arabiens fochten seine Wahl zum Kalifen an und erklärten, Ali habe nur eine »Partei«, eine »Schia«, hinter sich, nicht aber die Masse der Gläubigen. Aus Syrien meldete sich der dortige Gouverneur, Muawiya, ein Omayyade, und beschuldigte Ali, er habe die Mörder Othmans unterstützt.

»Allahu akbar ...!« Tausende Krieger stimmten den altvertrauten Schlachtruf an und entrollten grüne Fahnen, auf die diese Worte gestickt waren, dann verneigten sie sich zum Gebet in Richtung Mekka, all das vertraute Szenen vor dem Kampf gegen Ungläubige. Aber beide Heere bestanden aus Muslimen, die für die heilige Sache des Islam zu kämpfen vorgaben. Beide Heere zogen mit dem Anspruch in die Schlacht, Gott auf ihrer Seite zu haben – und dies knapp 24 Jahre nach dem Tod des Propheten.

Dann ein weiterer Schock: Bevor der Krieg entschieden war, starb Ali durch den Dolch eines Attentäters. Als der Kalif am 3. November des Jahres 661 unserer Zeitrechnung die Moschee von Kufa zum Freitagsgebet betrat, huschte ein Mann aus einer Nische und schlug dem Eintretenden mit einer vergifteten Klinge quer über die Stirn. Der Mörder: ein fanatischer Muslim und ehemals begeisterter Anhänger Alis. Er hatte sich von dem Kalifen abgewendet – angeblich aus Enttäuschung über dessen mangelnde Entschlusskraft, »Ungläubige« in den eigenen Reihen zu bekämpfen. Ali, der letzte bedeutende Weggefährte des Propheten, war tot! Wie ein Lauffeuer verbreitete sich die Nachricht in den Städten und Dörfern von Euphrat und Tigris. Die Menschen, so beschreiben später die Chroniken der Schiiten, wälzten sich weinend auf dem Boden, schlugen sich mit den Fäusten gegen die Stirn und zerkratzten sich heftig das Gesicht. Ihrer Überzeugung nach war Ali der würdigste unter den vier ersten Kalifen des Islam gewesen. »Er stand dem Propheten am nächsten, er kennt die Lehren der Religion am besten ...«

In den Chroniken der Sunniten lesen sich die Ereignisse nüchterner. Sie betonen, Kalif Ali sei ein frommer Mann gewesen, ein vorbildlicher Muslim, »rechtgeleitet« wie seine drei Vorgänger. Aber sie äußern sich über seine staatsmännischen Qualitäten sehr zurückhaltend, sie betonen, dass er an politischem Verstand und Führungskraft hinter seinen Vorgängern Abu Bakr und Omar zurückstand.

Nach dem Tod des Kalifen Ali war die Lage äußerst verworren. Wer sollte jetzt »Nachfolger des Propheten« werden? Mehr denn je mussten sich die Muslime über diese Frage zerstreiten. Aus Damaskus meldete sich abermals der Gouverneur Muawiya zu Wort und beanspruchte jetzt das Amt für sich, in Kufa riefen die Einwohner Hasan, den ältesten Sohn des Ermordeten, zum Kalifen aus. Abermals drohte ein Krieg Muslime gegen Muslime. Was nun geschah, schildern allerdings nur sunnitische Chroniken in aller Ausführlichkeit, und das nicht ohne Grund. Der Prophetenenkel verschreckte seine Anhänger, indem er dem anrückenden Heer des Omayyaden Muawiya einen Kurier entgegensandte und Verhandlungen anbot. Ein Akt staatsmännischer Klugheit? Oder einfach mangelnder Mut?

Bevor Hasans Anhänger sich diese Frage weiter überlegen konnten, wurden sie durch eine neue Nachricht schockiert. Der Prophetenenkel verzichtete freiwillig darauf, Kalif zu werden. Um unnötiges Blutvergießen unter Gläubigen zu vermeiden, so erklärte er, wolle er nur noch zurückgezogen das bescheidene, friedliche Leben eines frommen Muslims in Medina führen. Damit überließ er kampflos seinem Erzfeind das Amt. Für die Schiiten eine Katastrophe. Aber es sollte noch schlimmer kommen. Hasan bekam als Gegenleistung von dem Omayyadenfürsten Muawiya eine stattliche Abfindung ausbezahlt.

Muawiya wurde Kalif und wählte Damaskus zu seiner Residenz, damit kehrte er der bisherigen Hauptstadt Medina den Rücken. Unter seiner Regierungszeit drangen die arabischen Heere weiter in Nordafrika und Asien vor. Ein tüchtiger Herrscher also, ein energischer »Verbreiter des Glaubens« – in den Augen der Sunniten. Den Schiiten aber galt er als Mann mit wenig Respekt vor dem wahren Glauben, in ihren Chroniken wird er zudem als »Thronräuber« eingestuft. Im Jahr 680 starb er.

Wer sollte nun Nachfolger werden? Nach den Regeln arabischer Stammesdemokratie hätten Wahlmänner, die Vornehmsten einer Sippe, zusammentreten müssen, um den »Besten« zur Herrschaft zu bestimmen. Muawiya aber hatte vor seinem Tod noch eine Anordnung getroffen, die diese Regel außer Kraft setzte: Er bestimmte seinen Sohn Yazid zum Nachfolger. Auch Muawiya hatte begonnen, in Begriffen einer Dynastie zu denken. Die Gründe sind naheliegend: Er lebte im damaligen Herrschaftsgebiet der byzantinischen Kaiser, tagtäglich hatte er ihr Vorbild vor Augen. Und so entstand die Dynastie der Omayyaden.

Das Martyrium Husseins

Noch aber lebte ein Prophetenenkel: Hussein, der jüngere Bruder Hasans. Er war inzwischen 50 Jahre alt. Jetzt, da der gefürchtete Muawiya tot war, wollte Hussein nicht länger auf seine Ansprüche verzichten. Kaum hatte Yazid den Thron bestiegen, verließ Hussein mit einer Schar seiner Getreuen Mekka und zog in Richtung Kufa. Die Tragödie des Nachfolgestreits näherte sich einem neuen Höhepunkt. Vor der großen Moschee in Kufa tanzten und schrien die Menschen vor Freude, als sie die Nachricht von Husseins Nahen erhielten, so berichteten schiitische Geschichtsschreiber. In allen Gassen hallte der begeisterte Ruf »Hussein! Hussein!«, und sofort kamen Kamelreiter dem Prophetenenkel mit der Botschaft entgegen, die Einwohner Kufas und mit ihnen alle »rechtgläubigen« Muslime wünschten ihn, nur ihn, zum Kalifen.

Aber Husseins Reiterschar zog langsam, viel Hausrat war auf die Lastkamele gepackt, ein Großteil seiner Sippe begleitete den Führer – Hussein wollte wie ein Fürst in seiner künftigen Residenz einziehen. Ein törichter Entschluss, denn so verlor er wertvolle Zeit. Er kam gar nicht erst bis Kufa. Ein Reiterheer des Kalifen Yazid kreiste die kleine Schar in der Nähe der irakischen Stadt Kerbela ein, 4000 Krieger standen gegen 70 Mann und wehrlose Frauen.

Der Kommandant forderte Hussein auf, sich zu ergeben, doch der weigerte sich und hoffte auf Hilfe aus Kufa. Hilfe kam nicht, die Einwohner Kufas hatten sich durch das anrückende Heer einschüchtern lassen. Tage verstrichen, der Kommandant zögerte, den Angriffsbefehl zu geben, denn zu furchtbar erschien ihm der Gedanke, dass gläubige Muslime Mohammeds Enkel erschlugen. Flirrende Hitze der Wüste, zunehmender Durst und Schwäche unter den Belagerten. Am zehnten Tag wiederholte der Kommandant sein Angebot. Hussein, obwohl von Durst und Hunger geschwächt, lehnte abermals ab, wohl in dem Glauben, Allah könne unmöglich ihn, den Prophetenenkel, im Stich lassen. Wütend geworden, befahl der Kommandant nun den Angriff. »Der Tod kam rasch«, lautete die lakonische Botschaft an den Kalifen Yazid nach Damaskus, und mit seiner Botschaft ließ der Kommandant eine grausige Trophäe schicken: den abgeschlagenen Kopf des Herausforderers Hussein.

Etwas Unfassliches war geschehen, in den Augen vieler Muslime noch schlimmer als der Mord an Kalif Ali: Jetzt war auch sein Sohn erschlagen, in dessen Adern das Blut des Propheten floss. Für die *Schiat* gab es nun keine Möglichkeit mehr, sich mit den Gegnern zu versöhnen. Wer künftig dem Kalifen in Damaskus den Gefolgschaftseid leistete, konnte in ihren Augen kein wirklich Gläubiger mehr sein. Nichts mehr konnte nach dieser Bluttat die Religionsspaltung verhindern. Es begann damit, dass die Schiiten nicht nur Mekka und Medina als heiligste Wallfahrtsorte verehrten, sondern daneben gleichrangig Nedschef, ein Städtchen bei Kufa am Euphrat mit der Grabstätte des Kalifen Ali, und Kerbela, die Sterbestätte seines Sohnes Hussein.

Ein bis zwei Jahrhunderte sollten noch verstreichen, bis die Schiiten über eine ausgeprägte eigene Glaubenslehre verfügten. Dann aber standen längst Perser an der Spitze dieser Bewegung.

Der Streit um den richtigen Weg

Kalif Othman durfte für sich den Ruhm in Anspruch nehmen, er habe als Erster die verstreuten Koranverse gesammelt und schriftlich festhalten lassen. Aber hatte dieser Herrscher, der doch zur Sippe der Omayyaden gehörte, überhaupt unvoreingenommen sammeln können? Hatte er gar wichtige Verse unterschlagen?

So begannen Korangelehrte bereits zu Lebzeiten dieses Kalifen zu fragen. Sie verdächtigten Othman, er habe all jene Textstellen ausgemerzt, in denen Mohammed Böses über die Omayyaden zu berichten wusste und Gutes über seinen Schwiegersohn Ali. Sie selber glaubten sich an andere, bisher nicht berücksichtigte Aussprüche Mohammeds zu erinnern. Drei Jahrzehnte nach dem Tod des Propheten – Kalif Ali regierte noch in Kufa – hielt bereits ein gewisser Ibn Wadih al-Yaqubi in seinen Aufzeichnungen einen Bericht fest, den er angeblich von Ohrenzeugen aus der engsten Umgebung des Propheten vernommen hatte.

Mohammed war, so hieß es darin, zum letztenmal auf einer Pilgerreise in Mekka gewesen, und als er sich auf dem Rückweg nach Medina befand, hielt er plötzlich sein Kamel an, fasste die Hand seines Schwiegersohnes Ali und fragte: »Bin ich nicht den Gläubigen mehr wert als ihr eigenes Leben?« Die Begleiter antworteten einstimmig: »Du bist uns allen mehr wert als das eigene Leben, o Gesandter Allahs.« Darauf nickte Mohammed und antwortete: »Wer immer mich anerkennt als seinen Herrn, der wird auch Ali als seinen Herrn anerkennen.« Und dann ermahnte er seine Begleiter: »Der erste und größte Schatz ist das Buch Allahs, das ich euch übermittelt habe, der Koran. Dieses Buch ist von ihm euch überreicht, als wäre es direkt aus der Hand Allahs euch anvertraut. Haltet dieses Buch fest, verliert es nicht und verändert es nicht. Der andere Schatz aber ist die Linie meiner Nachkommen.«

Solche und ähnliche Berichte kamen während der folgenden Jahrzehnte und Jahrhunderte immer häufiger in Umlauf. All ihre Verfasser gaben vor, es handle sich um echte Aussprüche Mohammeds, die von Prophetenbegleitern an Freunde und deren Söhne, Enkel und Ururenkel weitergegeben seien. Korangelehrte prüften die Berichte, anerkannten die einen als richtig, verwarfen die anderen als falsch, und so entstand neben dem »Heiligen Buch«, dem »Wort Gottes«, eine Sammlung von Prophetenworten. Diese ergänzenden Schriften nannte man *Hadith* (»Mitteilung«). Beide – Koran und Hadith – fassten die Korangelehrten unter dem Begriff *Sunna* zusammen. Der Begriff ist vieldeutig, man kann ihn übersetzen mit: Tradition, herkömmlicher Weg, gewohnte Handlungsweise, Überlieferung.

Nun aber begann der Streit um Worte. Nicht nur die Schiiten besaßen ihre Sunna, ebenso die Gegner. Auch die Gegner der Schiiten sammelten eifrig Prophetenworte, auch sie sahen darin eine wichtige Ergänzung zur Botschaft Gottes. Aber: In der Sammlung der Sunniten fehlte der Ausspruch Mohammeds, die Linie seiner Nachkommen sei fast genauso wichtig wie das Heilige Buch. Korangelehrte begannen zu erörtern, welche Sunna nun eigentlich die richtige sei. Beide Parteien fühlten sich als die wahren »Sunniten«, schließlich aber blieb der Name – eher zufällig – an den Gegnern der Schiiten haften.

Hier Sunniten, dort Schiiten – spätestens zwei Jahrhunderte nach dem Tod des Propheten standen die Namen für die beiden Religionsgruppen fest. Und die geistigen Gräben wurden immer tiefer ...

Wir Europäer stehen dieser Religionsspaltung meist ratlos gegenüber. Vielen von uns will nicht einleuchten, dass ein Nachfolgestreit um das höchste Amt bis heute die Gemüter erhitzt. Religionswissenschaftler und Orientalisten unserer Kultur behaupten ja nicht selten, die Sunniten und Schiiten unterschieden sich in ihrer Lehre nur geringfügig voneinander, viel weniger als etwa Katholiken und Protestanten, der Streit sei eher politisch als religiös. Weshalb aber, so muss man fragen, gibt es dann Feindschaft bis in unsere Gegenwart? Politischer Hader müsste doch nach eineinhalbtausend Jahren verjährt sein? Doch die Gegensätze liegen tiefer. Hier prallen

Denkformen aufeinander, die aus verschiedenen Kulturen kommen: die eine aus der arabischen, die andere aus der persischen.

Wenden wir uns zuerst der Mehrheit, den Sunniten, zu.

Sie waren es, die sich anfangs ausschließlich unter den Fahnen der Omayyaden sammelten, denn sie empfanden so »arabisch« wie die Kalifen in Damaskus. Für sie blieb der Prophet Mohammed ein Sonderfall: Einmal hatte Gott einen Menschen mit unfehlbarer Wahrheit erleuchtet – und dies zum letzten Mal, so hatte es nach ihrer Überzeugung der Prophet selbst versichert. Nach seinem Auftreten konnten keine Menschen mehr von Gott neue Offenbarungen empfangen, folgerichtig durfte es nur noch Gläubige geben, die sich an die einmal verkündete Wahrheit hielten. Was also blieb dem Kalifen, dem »obersten Herrn aller Gläubigen«, noch zu tun? Der Kalif hatte dafür zu sorgen, dass die Muslime geordnet zusammenlebten und sich ihre Religion weiter ausbreitete. Sonst aber? Der Kalif hatte darüber zu wachen, dass Gläubige den Koran nicht falsch auslegten. Wer aber bestimmte, was richtig und falsch war? Die Korangelehrten. Deren höchste Würdenträger mussten über Widersprüche in Glaubensfragen diskutieren, und worauf sie sich einigten, hatte als Leitlinie für die Gläubigen zu gelten; hierbei konnte der Kalif nur Schiedsrichter sein, mehr nicht. Ein Element arabischer Stammesdemokratie wirkte hier weiter. Die Omayyaden bekannten sich voll zu diesem Denken, die Abbasiden später wenigstens abgeschwächt.

Anders die Schiiten.

Ihre Anhänger sammelten sich im Osten des islamischen Großreiches, vor allem im Zweistromland von Euphrat und Tigris, wo einst die sassanidischen Gottkönige ihre Residenz errichtet hatten. Sie dachten »persisch«, auch wenn sie von Geburt Araber waren. Sie stellten viel höhere Ansprüche an das Amt des Herrschers als die Sunniten. Ein Kalif konnte ihrer Meinung nach die richtige Auslegung eines Koranverses nicht der endlosen Diskussion von Korangelehrten überantworten, denn dies würde ihn zu sehr auf die Ebene eines gewöhnlichen Menschen herabziehen. So wie einst Mohammed unfehlbar den Koran verkündet hatte und ihm niemand zu widersprechen wagte – weil ja aus dem »Gesandten Allahs« Gott selber sprach –, so unfehlbar musste ein Kalif das Wort Gottes auslegen können. Dies aber, so urteilten schiitische Korangelehrte, könne nur einem Herrscher beschieden sein, der ein direkter Nachkomme des Propheten sei, denn in dessen Adern fließe dasselbe Blut, und damit sei auf ihn die gottähnliche Gabe übergegangen, ohne Irrtum in Fragen der Religion zu entscheiden. »Persisch« denkende Muslime verlangte es nach einem Oberherrn, der weder vom Urteil anderer abhängig war noch gar erst durch andere ins Amt gewählt wurde. Sie erwarteten letztlich von dem neuen Oberherrn die Autorität eines Gottkönigs.

Die Schiiten entfernten sich immer mehr vom Denken der sunnitischen Araber, je mehr sie im iranischen Raum Anhänger fanden. Es dürfte ein bis zwei Jahrhunderte gedauert haben, bis sie eine eigenständige Glaubenslehre besaßen, durch eine unüberbrückbare Kluft von den Sunniten getrennt.

Die »unfehlbaren« Imame der Schiiten

Bereits an die 100 Jahre nach dem Tod des Kalifen Ali begannen schiitische Korangelehrte, die direkten Nachkommen Mohammeds mystisch zu verklären. Ihrer Auffassung nach gab es in jeder Generation unter den Söhnen, Enkeln und Urenkeln der Eltern Ali und Fatima einen herausragenden Menschen, der Mohammeds »Unfehlbarkeit« geerbt habe. Dieser eine aber werde nicht durch Wahl bestimmt, auch müsse er nicht unbedingt der Erstgeborene sein, vielmehr wisse der Vater kraft »göttlicher Erleuchtung«, wer der »Erwählte« sei, und bestimme ihn.

Der Erwählte trägt den Titel *Imam*. Dieses arabische Wort

bedeutet »Vorbeter« oder Leiter einer Gemeinde. Ein Titel, der auch bei den Sunniten üblich ist: Bei ihnen führt in jeder Moschee ein Imam die Reihen der Betenden an, aber er bleibt ein gewöhnlicher Mensch. Anders bei den Schiiten. Bei ihnen war der Imam (sofern sich der Titel auf den direkten Nachkommen Mohammeds bezog) mit der nahezu magischen Fähigkeit ausgerüstet, stets das Richtige zu erkennen, in seinem religiösdogmatischen Urteil unfehlbar. »In unsere Hand ist das Heil gelegt«, so sind uns etwa die Worte des sechsten Imam Dschafar as-Sadiq überliefert, »von uns werden die Geheimnisse der göttlichen Wissenschaft bewahrt. Wir sind der Endpunkt, dem alle Dinge und Wesen zustreben. Wir sind die Vornehmsten, auserlesen aus der Menschheit. Wir sind erhaben über alle Kreaturen ...«

Diese Sprache unterschied sich nicht allzusehr von den bombastischen Bekenntnissen altpersischer Gottkönige. Nur: Die Imame der Schiiten besaßen keine reale Macht, seit Ali durch den Dolch eines Attentäters gestorben war.

Ali, Mohammeds Lieblingsvetter und Vater der einzigen Prophetenenkel, gilt als Erster in der Reihe dieser »unfehlbaren« Imame. Ihm folgte sein ältester Sohn Hasan.

Wie das? Hatte Hasan nicht freiwillig auf das Kalifenamt verzichtet, hatte er es nicht gar »verkauft«? Diese Frage mochten sich zu Lebzeiten dieses Prophetenenkels selbst Anhänger gestellt haben, denn allzu rasch war damals aus Enttäuschung der Widerstand gegen die sunnitischen Omayyadenkalifen erlahmt. In späteren Chroniken der Schiiten findet sich von diesen verletzten Gefühlen nicht mehr viel – Geschichtsschreiber können vergesslich sein. Schiiten streiten bis heute ab, dass ein direkter Prophetennachkomme auf sein religiöses wie politisches Führeramt verzichtet haben könne, er müsse vielmehr die Standfestigkeit, den Mut und die tiefe Religiosität Mohammeds geerbt haben. Hasan habe nicht freiwillig sein Amt aufgegeben, so wollten es spätere Parteigänger wissen, und erst recht nicht habe er ein tatenloses Luxusleben dem Kampf vorgezogen; vielmehr sei auch er Märtyrer geworden, von seinen Widersachern vergiftet. Legenden begannen, in den Reihen der Schiiten die historisch nachweisbare Wahrheit zu überwuchern.

Als dritter Imam gilt Hussein, der zweite Sohn aus der Ehe mit Fatima. Mit ihm taten sich die Anhänger leichter. Hussein war tatsächlich bereit gewesen, um das Kalifenamt zu kämpfen, er hatte jede Unterwerfung abgelehnt und in der Stunde höchster Bedrängnis mit seinem Leben dafür bezahlt. Diesen Mut dankten spätere Generationen mit einer besonderen Hingabe, sie machten Hussein zur großen Symbolfigur ihrer Bewegung. Bis heute gilt in schiitischen Ländern sein Todestag, der zehnte Tag im Monat Muharam, als großer, allgemeiner Trauertag. *Ashura* wird dieser Tag auf arabisch kurz und bündig genannt, was übersetzt nichts anderes heißt als »der Zehnte«. An diesem Tag sammeln sich die Volksmassen, singen Klagelieder, tanzen sich in Ekstase, und bis ins 20. Jahrhundert ist es noch allgemein üblich gewesen, dass sich die Männer mit Dornenruten blutig peitschten oder sich mit Messern schnitten als Buße dafür, dass einst so wenige Muslime dem Prophetenenkel zu Hilfe gekommen waren. Die Schiiten führten so in die Religion Mohammeds ein neues Element ein: die Passion. Das Martyrium Husseins erinnert dabei, zumindest in einigen Wesenszügen, an die mythische Überhöhung der Leidensgeschichte Jesu.

Besonders im Iran haben sich die Zustände religiöser Raserei während der »schiitischen Karwoche« stark ausgeprägt, vor allem in den Wallfahrtsorten Mesched und Ghom. Allerdings, so teilen uns noch Reise- und Kulturführer der 1960er-Jahre mit, finde man unter der »aufgeklärten« Regierung des Schahs Mohammad Reza Pahlevi solchen Fanatismus »nur noch in der Provinz«. Ein Irrtum, wie sich noch während jener Jahre zeigen sollte. Gerade dem »aufgeklärten« Schah wurden diese

Trauerprozessionen schließlich besonders gefährlich, ja verhängnisvoll. Schiitischen Geistlichen gelang es, das Volk an den Ashura-Tagen von 1963 und 1978 zum Aufstand zu rufen, indem sie den Schah mit Kalif Yazid, dem Hussein-Mörder, verglichen. Einem »tyrannischen« Herrscher zu trotzen, todesmutig in das Gewehrfeuer der Polizei oder gar einer feindlichen Armee zu rennen, zu sterben wie Hussein: Dies konnte in Krisenzeiten immer wieder ein Ideal werden, das auf Schiiten besonders anziehend wirkte. Ajatollah Khomeini sollte 1978 der religiöse Führer werden, der diese Bereitschaft zu Fanatismus und Märtyrertod wie kein anderer zu nutzen verstand. (Doch davon später im Abschnitt »Ashura – ein schiitischer Mythos als Motor der Revolution«.)

Hussein, der Araber, ist wegen des mutigen Sterbens für seine Überzeugung zur großen Symbolfigur der Schiiten geworden. Für die schiitischen Perser kommt aber noch etwas anderes hinzu. Hussein nahm, so wissen persische Legenden zu berichten, keine Araberin zur Lieblingsfrau, sondern eine Perserin, und zwar keine geringere als die Tochter des letzten sassanidischen Gottkönigs Yezdegerd. Diese Frau gebar dem Prophetenenkel den vierten Imam. Er hieß Ali Ashgar und erhielt den ehrenden Beinamen *Zain al Abidin*, »Schmuck der Frommen« – er ein halber Perser. In seinen Adern vermischte sich das Blut des Propheten Mohammed mit dem des iranischen Adelsgeschlechts der Sassaniden. Eine doppelte Weihe, aus persischer Sicht. Ali Ashgar, der dem Massaker von Kerbela entgangen war, setzte auf dieser neuen Grundlage die Reihe der »unfehlbar« interpretierenden Religionsführer fort. Und selbstverständlich nahmen alle folgenden Schiitenführer, so wissen es die Legenden, wieder Perserinnen zu Frauen, und so wurde die ehrwürdige Reihe der Imame, nicht anders als die der Kalifen aus dem Geschlecht der Abbasiden, immer mehr persisch. Für die Perser unter den Schiiten bedeutete dies keinen Verrat an ursprünglichen Ideen. Im Gegenteil. Sie zitierten ein angebliches Prophetenwort – und es ist sicher kein Zufall, dass sich dieser Ausspruch Mohammeds bei den Sunniten nicht findet: »Die Familie des Propheten ist die beste im ganzen arabischen Volk, die Perser aber sind das beste Volk außerhalb Arabiens.«

Noch weitere acht Imame folgten den ersten vier, und alle zwölf – so will es die schiitische Legendenbildung – habe Allah mit der magischen Kraft religiöser Unfehlbarkeit begabt. Alle zwölf hätten auch unbeugsam für ihren Glauben gelitten, und jeder von ihnen sei als Märtyrer gestorben, der eine nach jahrelanger Kerkerhaft, der andere vergiftet von falschen Freunden, wieder ein anderer erschlagen von Soldaten des Kalifen; alle zwölf hätten damit die Gesetze der heiligen schiitischen Passion erfüllt. In der Praxis nachprüfbar ist das Leben und Sterben dieser heiligen Märtyrer nur in den seltensten Fällen, denn außer legendären Erzählungen finden sich kaum Quellen über ihre Existenz. Zu bescheiden, zu unauffällig lebten die meisten von ihnen, als dass zeitgenössische Geschichtsschreiber besondere Notiz von ihnen genommen hätten. Nach dem Tod Husseins äußerte sich kaum mehr einer der heiligen Imame zum politischen Tagesgeschehen.

Dies änderte sich auch dann nicht wesentlich, als im Osten Persiens der lang erwartete Aufstand gegen die verhassten Omayyaden ausbrach. Persische Muslime, Schiiten und Sunniten, hatten sich zu einem Bündnis zusammengeschlossen, um die drückende Herrschaft der Kalifen von Damaskus zu stürzen. Schiiten strömten massenweise in die Rebellenarmee und konnten sich stark fühlen wie nie zuvor. Aber ihr Imam Dschafar as-Sadiq, der sechste in der Reihe, lebte weiterhin zurückgezogen in Medina und verfolgte vorsichtig abwartend das Geschehen. Erst als sich die Rebellentruppen siegreich Damaskus näherten, sprach er sein Bekenntnis aus: Nur der von Allah erleuchtete Imam könne der wahre Kalif sein, jeder andere Herrscher müsse sich als »Statthalter des Erleuchteten« betrachten. Mehr tat er nicht. Keine schiitische Chronik berichtet davon, dass der Imam sich doch noch in die Rebellenarmee eingegliedert hätte. Schon deshalb versäumte er die Chance, durch die Woge der Rebellion mit an die Macht getragen zu werden. Die neuen Herren aus dem Geschlecht der Abbasiden konnten es sich daher umso eher leisten, ihn zu übergehen. Mit kalter Höflichkeit hörte sich der Rebellenführer Abu l-Abbas schiitische Korangelehrte an, die ihn nur als einen »Stellvertreter«, nicht aber als Kalifen anerkennen wollten, dann entließ er sie und ernannte sich selbst zum »Herrscher aller Gläubigen«. Widerspenstige Schiiten ließ er erschlagen, selbst wenn sie zuvor treu in seiner Rebellenarmee gedient hatten; über den Imam Dschafar as-Sadiq sprach er verächtlich. Von nun an duldeten die Abbasiden-Kalifen nur noch Sunniten in ihrer Nähe – ganz wie es einst ihre Erzfeinde, die gestürzten Kalifen der Omayyaden, getan hatten.

Weiterhin lebten die Imame, um ihr Leben fürchtend, still und unauffällig in Medina. Hatten schon Kalif Ali und seine beiden Söhne nicht genug Tatkraft bewiesen, so fehlte sie erst recht den Enkeln und Urenkeln; sie taugten alle mehr zu frommen Einsiedlern und religiösen Denkern als zu aktiven Politikern. Aber je ohnmächtiger sie den Außenstehenden erscheinen mussten, desto selbstbewusster und »erleuchteter« gaben sie sich im Kreis ihrer engsten Vertrauten. Sobald Allah die Zeit für geeignet halte, werde ein Nachfolger aus der direkten Linie des Propheten als Kalif an die Spitze der Gläubigen treten, so lasen sich später ihre Äußerungen in schiitischen Chroniken. Aber zu augenfällig war das Missverhältnis zwischen der Verheißung und dem religiösen Führer, der sie aussprach.

Je länger die Imame auf politisches Engagement verzichteten, desto schwieriger musste es für die Schiiten werden, an deren Sendung zu glauben. Die Krise konnte nicht ausbleiben.

Die Siebener-Schiiten als sozial-religiöse Revolutionäre

Im Jahr 760 starb in Medina, unbeachtet von den Mächtigen der Welt, ein Jüngling namens Ismail, der älteste Sohn des sechsten Imam. Sein Vater Dschafar as-Sadiq hatte ihn zum Nachfolger bestimmt, das hieß, auf Ismail war die Gabe der »Erleuchtung« und »Unfehlbarkeit« übergegangen. Nun aber war dieser Nachfolger noch vor dem amtierenden Imam gestorben, ohne seinerseits Söhne zu hinterlassen. Was nun? Die Schiiten begannen, untereinander zu streiten. Die einen meinten, dann müsse der Vater eben einen zweiten Sohn zum Nachfolger ernennen. Andere widersprachen: Dies sei unmöglich, denn nur einmal könne sich »das Licht Allahs« vererben. Sie erklärten: Mit Ismail sei daher die Reihe der Imame erloschen, nun müssten die Gläubigen bis zum Tag des Jüngsten Gerichts ohne religiös unfehlbaren Führer auskommen.

Die Reihe der Imame beendet? Männer, die so sprachen, hatten anscheinend den Glauben daran verloren, dass einst ein Imam den »falschen« Kalifen vom Thron stoßen werde. Aufgeschreckte Korangelehrte versuchten, die Zweifler zu widerlegen, indem sie sagten, Ismail hätte gar kein würdiger Imam sein können, denn es gäbe Gerüchte, wonach er heimlich dem Alkohol zugesprochen habe. Ein fataler Vorwurf. Darauf antworteten die Anhänger Ismails aber mit Spott: Wie könne sich der Vater, der »unfehlbare Imam«, so irren und einen derartigen Nachfolger ernennen? Vorwürfe und Gegenvorwürfe hielten sich die Waage. Unter den schiitischen Würdenträgern in Medina wollte der Streit kein Ende nehmen, bis der noch lebende Imam Dschafar as-Sadiq ein Machtwort sprach und seinen zweitältesten Sohn Musa al-Kazim zum neuen Nachfolger ernannte. Nun hätten die Anhänger Ismails schweigen müssen, denn aus dem religiösen Führer hatte wieder einmal »unfehlbar« das »Licht Allahs« gesprochen. Aber die Anhänger beharrten darauf, Ismail sei der siebte und letzte in der Reihe der Imame. Ihre Erklärung bedeutete einen Schock für die übrigen Schiiten. Zum ersten Mal hatten Gläubige die »Unfehlbarkeit« eines Imam angezweifelt. Diese Männer konnten keine echten Gläubigen mehr sein, sie hatten als Abtrünnige zu gelten. Der Streit drohte in eine neue Religionsspaltung zu münden.

Die übrige islamische Welt merkte davon zunächst wenig. In jenen Jahren ließ Kalif Mansur seine Residenz Bagdad bauen, und aller Augen richteten sich auf die rasch wachsende Großstadt am Tigris – was bedeutete da ein Streit unter schiitischen Korangelehrten in Medina?

Ein Jahrhundert später: Ein leichenübersätes Schlachtfeld, Tausende von Soldaten des Abbasidenkalifen erschlagen. Panik hatte die wohlhabenden Einwohner Bagdads erfasst. Wann würden die Sieger die Hauptstadt selbst angreifen? Die Sieger: ein Heer aus Sklaven, mittellosen Tagelöhnern, verarmten Bauern. Ihr Führer war ein Mann namens Ali ibn Muhammad, er nannte sich einen »Wegbereiter des verborgenen Imam Ismail«. Ein Schiit also. Kaum ein Einwohner Bagdads dürfte je etwas über Ismail gehört haben, zu unauffällig hatten die Imame gelebt. Jetzt aber, mit dem Verkünder dieses Imam Ismail, bekam das Wort »Schia« seinen alten, gefährlichen Klang zurück.

Der Schiit Ali ibn Muhammad war jahrelang in den feuchtheißen Ackerbau- und Sumpfgebieten zwischen Euphrat und Tigris unterwegs gewesen und hatte zu den Sklaven gesprochen, die dort in Lagern von 500 bis 600 Mann zusammengepfercht waren. Diese Landstriche hatten bereits im Sassanidenreich als Kornkammer Vorderasiens gedient, hier hatten seit Jahrhunderten Sklaven unter erbärmlichen Bedingungen geschuftet, um die prunkvollen Handelsstädte im Norden mit Nahrung zu versorgen. Einst zehrte die Metropole Ktesiphon, jetzt die Millionenstadt Bagdad billig von den reichen Ernteerträgen; einst revoltierte der Perser Mazdak gegen die reichen Grundbesitzer, jetzt der Perser Ali ibn Muhammad.

Der Schiitenführer steigerte sich in seinen Reden zu erbitterten Vorwürfen gegen die Herrschenden. Sätze wie dieser gehörten zu seinem beständigen Vokabular: Ob sich denn die Sklaven schinden lassen wollten, nur um die Bäuche der Kalifen, Hofschranzen und Kaufleute zu füllen? Er wetterte gegen die Reichen und Vornehmen, die nur scheinheilige Muslime seien und nicht nach dem Gebot des Propheten die Armen und Bedürftigen unterstützten. Er sprach in glühenden Worten von einem »Erlöser«, der bald kommen und einen Staat des wahren Islam errichten werde: ohne Tyrannei, ohne Armut, ohne Ungerechtigkeit. Dieser Erlöser sei Imam Ismail, der 100 Jahre zuvor »entrückt« sei, im Verborgenen lebe und zur geeigneten Stunde machtvoll hervortreten werde. Er, Ali, sei sein Wegbereiter. Kampf den Sunniten, den scheinheiligen Anhängern des Propheten! Es lebe die Schia! Sklaven, Tagelöhner und Bauern jubelten und scharten sich zu Tausenden und Abertausenden um ihren schiitischen Führer. Fünf Jahre benötigte der Kalif, um neue Truppen aufzustellen und dann endlich nach einem äußerst verlustreichen Feldzug das Sklavenheer zu zerschlagen.

Aber unter den Flüchtigen war bereits der Rebellenführer von morgen, ein irakischer Bauer namens Hamdan Qarmat. Wie zuvor der Schiit Ali, so begann er um das Jahr 880 von Dorf zu Dorf zu ziehen und den elend dahinlebenden Bauern zu predigen – auch er nannte sich einen »Wegbereiter« des »Imam Ismail«. Der »Verborgene« werde in den nächsten Jahren wiederkehren, und unter seiner Herrschaft werde kein Privateigentum mehr existieren, werde es keine Herrscher und Beherrschten mehr geben, sondern nur noch »Menschen«, freie Menschen. Mit dem Hinweis auf die Wiederkehr des »Verborgenen« benutzten die Siebener-Schiiten die gleiche Verheißung, wie sie die Zwölfer-Schiiten mit ihrem »Verborgenen Imam«, dem »Mahdi«, bald noch viel nachhaltiger zu instrumentalisieren vermochten (davon später mehr). Sklaven, Tagelöhner und Bauern jubelten auch diesem schiitischen Heilsprediger zu und traten massenhaft in seine Armee ein. Unter der Führung Hamdan Qarmats gewannen die Schiiten wieder jenen Zulauf, von dem sie so lange nur zu träumen gewagt hatten. Diesem Mann gelang es mehr noch als seinem Vorläufer Ali ibn Muhammad, der Lehre eine neue, mitreißende Form zu geben. Zwar sind keine Zeugnisse seiner Lehre mehr erhalten, die Gegner haben später alle originale Überlieferung vernichtet, aber aus den Schriften dieser Gegner können wir notdürftig sein Denken rekonstruieren. Hamdan Qarmat machte aus der Schia eine »Partei«, die für alle Unterdrückten und Geknechteten da war. Es gelte, die Tyrannei sunnitischer Feudalherren abzuwerfen, um an ihrer Stelle ein schiitisches Reich der Gleichheit und Gerechtigkeit zu errichten. Hamdan Qarmat stand damit an der Spitze einer Partei, die jahrhundertelang von der Macht ausgeschlossen gewesen war, die nichts mehr zu verlieren, aber alles zu gewinnen hatte. Eine solche Partei musste nahezu zwangsläufig sozialrevolutionär werden, weil sie in den Unterdrückten und Erniedrigten ihre besten Bundesgenossen fand.

Die Aufständischen rückten bis nach Bagdad vor, steckten die Vororte in Brand, zogen sich vor den anrückenden Truppen des Kalifen zurück, eroberten Basra, Kufa, Mekka. Rasch verbreitete sich die Lehre des Hamdan Qarmat im südlichen Irak, am Persischen Golf, in Teilen Persiens, in Syrien und im Jemen aus. Ein alarmierendes Zeichen, wie viel Hass auf die reiche Oberschicht sich im ärmeren Volk angesammelt hatte. Der Rebellenführer gründete im Jahr 899 unserer Zeitrechnung einen eigenen Staat am Persischen Golf; dort wurden Kaufleute, Handwerker, Tagelöhner und Bauern in Zünften zusammengefasst, alles verdiente Geld floss in eine gemeinsame Kasse – ein unmissverständliches Signal, dass das Privateigentum schon vor der Wiederkehr des Imam Ismail abzuschaffen sei.

In der Geschichte des Islam ist ein derart radikaler Kommunismus ohne Beispiel. Historiker wollen hier das Vorbild des persischen Sozialrevolutionärs Mazdak erkennen, dessen Andenken über die Jahrhunderte ungebrochen in weiten Teilen des Iran und des Irak erhalten blieb. Unbezweifelbar hat Hamdan Qarmat manche dieser Ideen aufgegriffen, denn im Islam selber finden sich keine solch radikalen Forderungen. Aber man sollte nicht übersehen, dass der Islam sie zumindest im Keim enthält: Alle Menschen seien vor Gott gleich, Könige wie einfache Krieger, reiche Geschäftsleute wie Bettler, Araber wie Römer, Griechen, Perser, entscheidend sei weder Name noch sozialer Rang noch Nation noch Rasse, so hatte einst Mohammed gepredigt; entscheidend sei allein der gute Charakter, gleichbedeutend mit dem Gehorsam gegen Gottes Gebote. Die Rebellenführer traten mit dem Anspruch auf, den »wahren« und »ursprünglichen« Islam wieder zu beleben, wie ihn der Prophet gewollt habe. In ihren mitreißenden Reden fiel allerdings der Name des Imam Ismail häufiger als der Mohammeds. Aber das nicht ohne Grund. Mohammed wollte nicht das Privateigentum abgeschafft sehen, er hatte nur die krassen Unterschiede zwischen reich und arm mildern wollen. Also zitierten die Rebellenführer Ismail, der als Letzter in der Reihe der direkten Prophetennachkommen »erleuchtet« worden sei und von Gott diese neue Botschaft empfangen habe. Er sei der eigentliche Vollender des Islam, sei der letzte Gottesbote vor dem Beginn des Jüngsten Gerichts.

Für sunnitische Muslime mussten solche Überzeugungen bare Ketzerei bedeuten. Für sie konnte es nach Mohammeds Tod keinen Gottesboten mehr geben. In ihren Augen war es ungeheuerlich, dass radikale Schiiten einen Imam nahezu gleichwertig neben den Propheten rückten. Dazu war es ein Imam, der selber gar nicht mehr in Erscheinung trat, sondern durch seine »Wegbereiter« nur noch aus dem »Verborgenen« neue – radikale – Ideen verkündete.

Die Schiiten Ali ibn Muhammad und Hamdan Qarmat blieben keine Einzelfälle. Nach ihnen traten noch weitere Rebellenführer auf, auch sie Ismailiten, auch sie mit sozialrevolutionären Ideen. In den folgenden drei bis vier Jahrhunderten gewannen die Schiiten viel an verlorenem Einfluss zurück, eben weil sie dem Namen *Schia*, »Partei«, eine neue, aktuelle Bedeutung geben konnten.

Die Assassinen, Terroristen im Namen der Schia

Im Jahr 1090 trat wieder ein bedeutsamer religiöser Führer auf, der nach dem Vorbild der Ismailiten eine radikale Sekte formte. Er hieß Hasan-i Sabbah, stammte aus der persischen Stadt Ghom und gründete die legendärste und für unsere Begriffe unheimlichste aller schiitischen Sekten: die der Assassinen.

Keine Armee stand hinter diesem Mann, sondern nur eine Gruppe »Eingeweihter«, ein fanatisch entschlossener Orden mit verschiedenen Rangstufen. Sie erbauten nahe der nordpersischen Stadt Qasvin die Befestigung *Alamut*, »Adlernest«, und machten die 3000 Meter hoch gelegene Burg zur nahezu uneinnehmbaren Festung. Die Ordensburg erreichte bald einen schaurigen Ruhm. Keine Soldaten rückten von dort aus, um die »ungläubigen« Sunniten zu bekämpfen, sondern unscheinbar wirkende Einzelgänger, perfekt zu Attentätern ausgebildet, und diesen wenigen Männern gelang es, die Mächtigen mehr in Schrecken zu versetzen als manche Armee. Unerkannt tauchten sie in Festzügen, Audienzsälen und Moscheen auf, dann blitzte ein Dolch, im nächsten Moment stürzte ein hoher Würdenträger tödlich getroffen zu Boden.

Hunderte zählten zu ihren Opfern, in der Mehrzahl prominente Sunniten – Kalifen, Generäle, Wesire, unter ihnen auch Nizam al-Mulk, der bedeutendste Großwesir der Seldschukensultane. Oft genug schützte keine noch so große Wachsamkeit gegen diese Attentäter. Sie standen unscheinbar und kaltblütig unter den übrigen Versammelten, um dann wie in Trance zu morden und gleichmütig unter den Säbeln von Leibwächtern oder der Folter zu sterben. Der eigene Tod konnte sie nicht schrecken, ja sie strebten ihn ganz gezielt an in dem Bewusstsein, gerade durch ihr Märtyrertum umso rascher ins Paradies zu gelangen. Sie selber hatten sich einen bezeichnenden Namen gegeben: *Fedajin*, »Die sich aufopfern«. Zu ihren Todeskandidaten rechneten sie alle, die sie für Feinde der Schia hielten und die ihrer Meinung nach ein »Reich der Gerechtigkeit und des Friedens« verhinderten. Der Schrecken, den sie verbreiteten, war so nachhaltig, dass der Name *assassin* bis heute in der englischen und französischen Sprache für Meuchelmörder und Attentäter steht. Im Arabischen wie Persischen lautet das Wort *haschishiun*, was so viel wie »Haschischgenießer« bedeutet. Angeblich hatten die Attentäter vor ihrem Auftrag eine besondere Form von Haschisch zu sich genommen, die sie absolut kaltblütig, todesverachtend und besessen zugleich handeln ließ.

Das Andenken des Assassinen-Ordens lebt bei den Muslimen ungebrochen weiter, bei Schiiten und Sunniten, aber in deren Erinnerung überwiegt keinesfalls das Grauen. Im Gegenteil. Der Name *Fedajin*, »Die sich aufopfern«, hat in unserer Zeit eine neue Bedeutung bekommen; ihn haben sich verschiedene radikale Widerstandsgruppen zugelegt: einerseits etliche Palästinenser-Organisationen, die gegen den Staat Israel und seinen »zionistischen Imperialismus« kämpfen, andererseits eine ganze Reihe fundamentalistisch orientierter Gruppierungen. All diese Widerstandsgruppen knüpften an die Tradition des Assassinen-Ordens an, indem sie eine weitgefächerte, religiös motivierte Terrororganisation mit der gleichen Maxime aufbauten: Die Attentäter, die gegen feindliche Politiker eingesetzt wurden, nahmen bewusst den eigenen Tod in Kauf, ebnete ja ihrer Überzeugung nach diese »Märtyrertat« umso sicherer den Weg ins Paradies. Doch davon später.

Die radikalen Bewegungen der Siebener-Schiiten hatten keinen Bestand. Machtkämpfe innerhalb der eigenen Reihen lähmten ihre Kraft. Die Führer, die ein »Reich der Gleichheit und Gerechtigkeit« im Namen der Schia verwirklichen wollten, herrschten bald genauso grausam und machtgierig über die Untertanen wie ihre »ungläubigen« Feinde, und so begannen sich enttäuschte Anhänger nach und nach von ihnen abzuwenden. Daher hatten es die sunnitischen Gegner leicht, ihre Herrschaftsgebiete zu überrennen. Nur die Ordensburg der Assassinen erschien den sunnitischen Fürsten weiterhin uneinnehmbar, sie erlag erst 1256 dem Ansturm des Mongolenführers Hülägü, des späteren Zerstörers von Bagdad.

Drei Jahrhunderte lang hatte es so ausgesehen, als könnten die Schiiten sich weit über ihr persisches Ursprungsgebiet hinaus ausbreiten, aber mit einem Mal lösten sich die Hoffnungen wieder auf. Mehr noch: Plötzlich schien es sogar ungewiss, ob im Iran selber die Schiiten eine Zukunft haben konnten. Der »Erlöser« war nicht, wie erwartet, noch zu Lebzeiten eines »Wegbereiters« erschienen. Nach dem Scheitern der radikalen Siebener-Schiiten hatten es schiitische Korangelehrte wieder schwer, ihren enttäuschten Anhängern zu erklären, weshalb Gott noch immer nicht im Namen der Schia die Welt verändern wollte. Unwiderruflich ging die große Zeit für jene Sektierer zu Ende, die an die baldige Wiederkehr des »verborgenen Imam Ismail« glaubten.

Die Zahl der Ismailiten, wie man die Siebener-Schiiten auch nennt, hat sich im Verlauf der Jahrhunderte stark vermindert. Man schätzte sie zu Beginn des 21. Jahrhunderts auf 18 bis 20 Millionen. Heute findet man Ismailiten weit verstreut in rund 25 Staaten, mit Schwerpunkten in Pakistan, Indien, Afghanistan, Jemen. Das düstere Image der Assassinen wie auch das der radikalen Umstürzler sind die Siebener-Schiiten längst losgeworden, in den Vordergrund rückt wieder eher das Engagement für sozial Benachteiligte. Ihr gegenwärtiges Oberhaupt, Karim Aga Khan IV., hat sich dadurch profiliert, dass er in zahlreichen Ländern der sogenannten Dritten Welt Entwicklungsprogramme für Gesundheit, Bildung, Architektur startete.

Aber eine wesentlich machtvollere und nachhaltigere Rolle als die Siebener-Schiiten sollten bald die sogenannten Zwölfer-Schiiten in der islamischen Welt spielen. Auch sie entwickelten eine Utopie von einem »Verborgenen Imam«, und ihre Lehre prägte schließlich die persische Kultur bis auf den heutigen Tag.

Die Zwölfer-Schiiten und ihr Mythos vom »Verborgenen Imam«

Niemand weiß, wo der zwölfte Imam begraben liegt, niemand hat je versucht, ihm ein Grabmal zu errichten. Ein Schleier des Geheimnisses umgibt seinen Tod. Ja, wenn man den schiitischen Legenden glauben will, dann ist er gar nicht gestorben. Er sei, so heißt es, eines Tages in den Keller seines Hauses gestiegen und nicht mehr zurückgekehrt, alle spätere Suche nach ihm sei vergebens gewesen. Zu diesem Zeitpunkt habe sich der Imam aus der Welt zurückgezogen, er sei »entrückt« und werde erst wieder vor die Gläubigen treten, wenn es Allah gefalle. Bekenntnisse wie diese erinnern im Kern an das, was einst nach dem Tod des Imam Ismail gesagt wurde.

Was war geschehen?

Es ist nicht leicht, die Frage zu beantworten. Denn wie so oft in der Lebensgeschichte der Imame überwuchern Erzählungen im Stil von Heiligenlegenden die tatsächlichen Ereignisse. Nur Schiiten, gläubige Anhänger, haben ausführlich über ihre religiösen Führer geschrieben, und meist datieren diese Überlieferungen aus späteren Jahrhunderten. Keine Zeitgenossen haben glaubwürdige Augenzeugenberichte verfasst; dafür waren die Imame für die offiziellen Geschichtsschreiber der Fürstenhöfe und Akademien auch weiterhin viel zu wenig bedeutsam geblieben. Das Einzige, was wir über die letzten drei heiligen

Imame als zuverlässige Nachricht besitzen: Kalif Mutawakil ließ den zehnten Imam in Medina verhaften und in seine Sommerresidenz nach Samarra am Tigris bringen; dort lebten von nun an die Imame zweier Generationen als »Gäste« des Kalifen, genau gesagt, sie waren gut bewachte Gefangene, die sich nur innerhalb der Stadt bewegen durften. Anscheinend plagte die Kalifen trotz allem die Furcht, irgendwann könnte auch einmal von einem Imam der Plan ausgehen, seine Anhänger zum Aufstand zu rufen.

Im Jahr 873 unserer Zeitrechnung geschah dann das Unerklärliche. Der zwölfte Imam Muhammad al-Muntazar verschwand. Historiker vermuten, er sei von Soldaten des Kalifen verschleppt, ermordet und an einem unbekannten Ort verscharrt worden. Aber falls es so war: Es war ein Mord ohne Aufsehen. Die Chroniken berichten uns von keinem Empörungsschrei bei schiitischen Anhängern, von keinen Aufständen gegen den Kalifen, um den Tod zu rächen. Der zwölfte Imam war für die damalige Öffentlichkeit nahezu unbemerkt aus der Welt gegangen. Eine absolut bedeutungslose, selbst für zeitgenössische Schiiten nur wenig greifbare Person, so will es uns erscheinen. Aber gerade dieser unbekannte, nur zu erahnende zwölfte Imam sollte schließlich viele bedeutende Korangelehrte und Philosophen des Islam an Nachwirkung überstrahlen. Denn die Schiiten machten im Verlauf der Jahrhunderte aus dieser nur schemenhaft umrissenen Gestalt einen ihrer bedeutendsten Heiligen, ja den Heiligen schlechthin.

Anfangs allerdings verharrten maßgebliche Korangelehrte nur im Schock. Der zwölfte Imam war verschwunden, ohne einen Sohn zu hinterlassen. Auf wen also konnte sich »das Licht Allahs« vererben? Auf niemanden, so entschieden schließlich die Beratenden. Nun müssten die Gläubigen bis zum Jüngsten Gericht ohne religiös unfehlbaren Führer auskommen. Genauso hatten 113 Jahre früher bereits die Anhänger des siebten und »letzten« Imam Ismail gesprochen. Nun aber fehlte allen Schiiten der »Erleuchtete«, der Gott näher stand als die übrigen Sterblichen. Das war ein Bewusstsein, mit dem sich schwer leben ließ.

Jahrzehnte nach dem geheimnisvollen Verschwinden des zwölften Imam tauchten in schiitischen Kreisen bisher unbekannte Schriftstücke auf, wurden unter Korangelehrten diskutiert und in Moscheen verlesen; es waren angeblich neu entdeckte Aussprüche des Propheten Mohammed. Dort hieß es: Der Prophet habe einmal zu Freunden gesagt, am Ende aller Zeiten werde ein Mann aus seiner Familie auftreten und der ganzen Welt die ersehnte Gerechtigkeit bringen: »... sein Name wird meinem Namen gleichen. Seine Titel aber werden sein: der Geleitete, der Langerwartete, der Meister aller Zeiten ... Aus unserem Stamm wird der Geleitete kommen, der letzte der Imame. Er wird alle übrigen Religionen besiegen und Rache nehmen an den Bösen ... Ihm wird Gott den Islam anvertrauen ...« Die Korangelehrten fügten den angeblichen Prophetenworten hinzu: Dieser Verheißene sei der zwölfte Imam, der auf geheimnisvolle Weise verschwunden sei – nicht gestorben, sondern »entrückt«. Er lebe im Verborgenen unter den Menschen, erteile besonders auserwählten Männern Ratschläge und »erleuchte« sie in allen wesentlichen Glaubensfragen; er werde aber kurz vor dem Ende der Zeiten für alle sichtbar wieder in Erscheinung treten, zum letzten Heiligen Krieg des Islam aufrufen, über sämtliche Widersacher triumphieren und dann als »rechtgeleiteter Kalif« die ganze Menschheit zum Islam bekehren und mit makelloser Gerechtigkeit regieren.

Solche Aussagen finden sich nicht im Koran, auch nicht in den gesammelten Aussprüchen des Propheten, so argumentieren Sunniten. Nach sunnitischer Überlieferung ist die Deutung vom Erlöschen der schiitischen Imam-Dynastie völlig anders: Der 11. Imam sei kinderlos geblieben, und deshalb konnte die Tradition nicht mehr fortgesetzt werden. Schiiten dagegen glauben ausnahmslos an die Echtheit der später aufgefundenen

Überlieferung. Für sie bekam der Titel eines »Rechtgeleiteten«, eines *Mahdi*, nahezu magischen Klang. Der arabische Titel selbst ist nicht neu, ihn hatten schon seit dem 8. Jahrhundert immer wieder religiöse Führer angenommen, auch Sunniten. Für Schiiten aber wurde »Mahdi« gleichbedeutend mit jenem »Verborgenen Imam«. Den Sunniten musste solch eine Lehre zutiefst ketzerisch erscheinen, denn ihrer Überzeugung nach treten am Ende aller Tage nur Mohammed und Christus auf, sie aber verkünden lediglich das Jüngste Gericht und sind selber keine »Erlöser«. Was die Schiiten zu verkünden begannen, konnte nach sunnitischer Meinung nicht mehr im ursprünglichen Sinn »islamisch« sein.

Europäische Religionswissenschaftler bekräftigen diesen Vorbehalt. Sie äußern dazu übereinstimmend die Vermutung, die Schiiten hätten sich hier vielleicht von den Endzeiterwartungen der geistig verwandten Weltreligionen Judentum und Christentum anregen lassen, denn gar zu sehr erinnere der »Mahdi« an den verheißenen »Messias« der Juden oder an Jesus, den göttlichen »Erlöser« der Christen. Möglicherweise hätten sich die persischen Schiiten auch von der vorislamischen Überlieferung im eigenen Land inspirieren lassen. Vorbild für den »Mahdi« könnte auch die Erlöserfigur aus Zarathustras Lehre sein: *Saoshyant*, »der Helfer«. Im 10. Jahrhundert gab es noch genug zarathustrische Gemeinden in Persien, die den Erlöser-Mythos von Saoshyant am Leben erhielten.

Nur in einem Punkt hatten sich die Schiiten wieder ihren übrigen Glaubensbrüdern genähert: Fortan konnte kein religiöser Führer mehr von sich behaupten, er habe Mohammeds »Unfehlbarkeit« geerbt und dürfe in seinem Urteil nicht angezweifelt werden. Fortan galt auch der höchste geistliche Würdenträger als gewöhnlicher, sündhafter Mensch, der den Koran falsch auslegen konnte und sich von anderen Gelehrten Kritik gefallen lassen musste. Damit war es auch im 20. Jahrhundert etwa Ajatollah Khomeini verwehrt, als »unfehlbarer« Dogmatiker aufzutreten, nach schiitischem Verständnis darf er als religiöser Lehrer korrigiert werden. Und manche Ajatollahs versäumten es auch nicht, Khomeini kritisch zu beurteilen.

»So verlagerte man«, beurteilt der Orientalist Franz Taeschner in seinem Buch *Geschichte der arabischen Welt* treffend diesen Wandel, »die volle Durchführung des göttlichen Gesetzes auf die Endzeit und gewann damit die innere Möglichkeit, mit der Wirklichkeit, die ganz anders aussah, zu paktieren.« Die Anhänger des zwölften Imam konnten endlich in die Politik eintreten, ohne wie die Ismailiten an allzu hochgesteckten Erwartungen zu scheitern. Nur in einem blieben sie unerbittlich: Sie verlangten von jedem Fürsten, dass er sich nicht als absoluter Herrscher betrachtete, sondern lediglich als »Statthalter des Verborgenen Imam«. Der Fürst hatte auf die ranghöchsten Geistlichen zu hören, die im Namen dieses Imam über die »richtige« Moral wachten. Missachtete der Fürst den Rat seiner Korangelehrten, dann durften jene ihm den Gehorsam aufkündigen – mehr noch, sie hatten seinen Sturz zu fordern. Jahrhunderte später hat Khomeini genau nach diesen Grundsätzen gegenüber dem Schah gehandelt.

Irren könnten allerdings beide, Herrscher wie ranghohe Geistliche, so besagt selbstkritisch die neue Glaubenslehre der Schiiten. Erst wenn der »Imam Mahdi« der »Erlöser«, ins irdische Geschehen eintrete, sei die Gefahr der Irrtümer ein für allemal gebannt. Bis dahin aber vergehe eine lange, dunkle, mit menschlichen Unzulänglichkeiten behaftete Zeit. Der Gläubige müsse sich mit allen Fasern seines Herzens bereit halten für die Wiederkehr des zwölften Imam. Folgende Sätze sind zum Glaubensbekenntnis der Zwölfer-Schiiten geworden: »Ich werde auf Dein Erscheinen warten und auf den Heiligen Krieg, der mit Deinem Kommen ausbricht. Dafür bin ich bereit, mein Leben herzugeben, mein Eigentum, meinen Sohn, meine Frau … Oh, Meister aller Zeitalter, wenn ich den Tag Deines Kommens erlebe, dann stehe ich unter Deinem Befehl.«

Je schlechter es den Schiiten erging, desto eifriger, desto fanatischer haben sie sich an die Vorstellung vom »Verborgenen Imam« geklammert, haben sie auf das baldige Erscheinen des »Welterlösers« gehofft, der die Ungläubigen wie die muslimischen Ketzer endgültig besiege. Kein Zufall war es, dass dieser Glaube zu einer Zeit geboren wurde, als die Schiiten sich von einer feindlichen Übermacht umgeben sahen. Sie waren eine kleine, hartnäckige Glaubensgemeinschaft, enttäuscht von der realen Welt und umso mehr bereit, auf Wunder zu hoffen. Ihre Hoffnungen sind durch die Jahrhunderte in immer neuen Aufständen und Heiligen Kriegen explosionsartig hervorgebrochen, und zuweilen schien für Gläubige der lang ersehnte Augenblick gekommen: Der »Mahdi« sei erschienen. Dann zog an der Spitze einer Armee von fanatischen Glaubenskriegern ein Mann, der vorgab, der Verborgene Imam zu sein, Tausende folgten ihm in die Schlacht – und in den Tod. Vom 13. Jahrhundert an traten solche Endzeitpropheten in Persien und Anatolien auf, im 19. Jahrhundert riefen sich sogar Sunniten in Vorderasien und Nordafrika zum »Mahdi« aus.

Die schiitische Lehre vom »Verborgenen Imam« hat Energien entfesselt, die bis in unsere Tage ihre bestürzende Aktualität behalten haben. So hat sich Khomeini als Vorläufer und »Wegbereiter« des »Mahdi« begriffen, und mit diesem Sendungsbewusstsein war er gegen den Schah angetreten und hatte ihn gestürzt. Khomeini hatte wie so viele religiöse Führer wieder einmal zum »Heiligen Krieg« aufgerufen, zum letzten Gefecht, bevor in dieser unruhigen, krisengeschüttelten Zeit der »Erlöser« selbst erscheint.

Nach einer weit verbreiteten schiitischen Überlieferung wird der »Imam Mahdi« am Ende aller Zeiten zunächst in Mekka auftreten und von dort nach Kufa ziehen, der einstigen Residenz des Kalifen Ali, des ersten Imam und geistigen Ahnvaters der Schiiten. Zu den Insignien seiner Wiederkunft gehören der Stab Mose, der Ring Salomos, das Gewand Josefs (des

Vaters Jesu) und die jüdische Bundeslade. Aber neben dieser Überlieferung existiert noch eine zweite: Der »Imam Mahdi« wird im Iran aus der Verborgenheit zurückkehren und von dort zur Erlösung der Welt aufbrechen.

Schauplatz dieses Geschehens wird ein Brunnen des persischen Dorfes Jamkaran sein. In Jamkaran, so sagt die Legende, sei einem schiitischen Scheich im Jahr 1003 unserer Zeitrechnung der »Verborgene Imam« persönlich erschienen, habe ihm die Botschaft der Endzeit verkündet und ihm befohlen, rund um den Brunnen eine Moschee zu bauen. Das Gebet eines Pilgers in dem Heiligtum von Jamkaran sei gleichwertig mit dem Gebet an der Kaaba in Mekka.

Es ist eine spezifisch iranische Legende. Sie hat die Voraussetzungen geschaffen, dass iranische Pilger nicht mehr darauf angewiesen waren, schiitische Heiligtümer des Irak zu besuchen, die unter sunnitischer Herrschaft standen und allerlei Willkür ausgesetzt waren. Und es ist kein Zufall, dass der fromme Scheich seine visionäre Begegnung mit dem »Verborgenen Imam« ausgerechnet im Dorf Jamkaran hatte, das nur sechs Kilometer von der heiligen Stadt Ghom entfernt liegt. Ghom war schon im Mittelalter ein Wallfahrtsort für Schiiten gewesen (weil sich ja dort das Grab der Fatemeh Masoumeh befindet). Und nachdem der Iran im 16. Jahrhundert weitgehend einer schiitischen Herrschaft unterworfen wurde, ist Ghom vollends zu einem spirituellen und theologischen Zentrum geworden (davon später mehr).

Die Regierung der »Islamischen Republik Iran« hat seit 1979 den Pilgerbetrieb nicht nur in Ghom, sondern auch in Jamkaran stark gefördert. Besonders hat sich Staatspräsident Mahmud Ahmadinedschad engagiert. Der heilige Bezirk von Jamkaran hat sich unter seiner Regierung von 2005 bis 2013 zu einem riesigen Baukomplex von Moschee und Koranschulen ausgewachsen. Hierher kommen Schiiten aus der gesamten islamischen Welt. Als ich im November 2016 dort war, traf ich neben den zahlreichen Iranern auch Pilger aus dem Irak, dem Libanon, Pakistan und Indien. Die meisten kommen dienstags, weil der Legende nach der »Verborgene Imam« an einem Dienstag dem frommen Scheich erschienen war und ihm mitgeteilt hatte, er werde am Ende aller Zeiten ebenfalls an einem Dienstag aus dem Brunnen von Jamkaran steigen.

2. Der schiitische Glaube wird Staatsreligion im Iran

Der Derwischstaat von Ardebil

Ardebil ist ein Name, der heute allein den Historikern etwas sagt. Es handelt sich um eine Stadt mit etwa 480 000 Einwohnern nahe dem Kaspischen Meer, bei der die Reisehandbücher lapidar nur eine Sehenswürdigkeit vermerken: das Mausoleum eines Derwischscheichs namens Safi ad-Din. Dieses Kuppelgrabmal und seine umgebenden Bauten sind kunstvoll mit bunten Fayencekacheln ausgelegt, ein Kleinod persischer Architektur. Die Stadt selber: grau, nur an Markttagen belebt, wenn Bauern und Nomaden aus der Umgebung ihre Erzeugnisse anbieten.

Ardebil ist abgelegen: eine Ebene auf tausend Metern Höhe, dürftiger Ackerboden für Bauern, Weideland für viehzüchtende Nomaden; bis zur Grenze des Nachbarstaates Aserbeidschan sind es nicht einmal 40 Kilometer, dagegen liegt Täbris, die nächste persische Großstadt, über 200 Kilometer entfernt. Die Straße von Täbris her führt an viereinhalbtausend Meter hohen Bergen vorbei, deren Gipfel stets von Schnee bedeckt sind, verläuft über Steppe mit wenigen Ortschaften, die so karg wie die umgebende Landschaft anmuten. Warum also sollte man das entlegene Grab eines Derwischscheichs besichtigen?

Im 17. Jahrhundert aber war Ardebil eine lebhafte Stadt mit einer Reihe prachtvoller Moscheen und zahlreichen Karawansereien, die oft die vielen Besucher kaum zu fassen vermochten. Ardebil war Pilgerstadt, für das einfache Volk ebenso wie für ranghohe Würdenträger des persischen Hofes und der Geistlichkeit. Alle kamen sie, um vor den Mausoleen des Scheichs Safi ad-Din und seiner Nachkommen zu beten. Damals gruppierten sich weitläufige Bauten einer Ordensburg mit einer Bibliothek und einer religiösen Schule um die Kuppelgräber, auch diese Häuser verschwenderisch mit bunten Fayencekacheln ausgestattet; Bauten, die heute teilweise verfallen sind.

Ardebil und seine Ordensburg haben großartige Zeremonien gesehen: Hier ließen sich die höchsten geistlichen Würdenträger in ihr Amt einführen, hier ließen sich persische Herrscher krönen. Die Stadt galt als Nationalheiligtum. Denn von hier aus war im Jahr 1501 der Derwischführer Ismail losgezogen, um ein Fürstentum nach dem anderen zu unterwerfen und dann als Schah-in-Schah, »König der Könige«, über ein geeintes Persien zu regieren. Er hatte eine Dynastie, die der Safawiden, begründet, die zwei Jahrhunderte lang ihre Macht behielt und dann den Staat unverändert an andere Herrschergeschlechter weitergab. Keinem islamischen Herrscher vor Schah Ismail war etwas Derartiges gelungen. Dieses Persien aber war schiitisch. Es ist jener Iran, den wir heute kennen.

In Ardebil begann die Geschichte des neuen Iran.

Man schrieb das Jahr 1301: Bagdad war seit vier Jahrzehnten von den Mongolen zerstört, in Persien regierten die siegreichen Eroberer aus Innerasien, die Il-Khane, und nur noch ein Jahrzehnt sollte es dauern, bis einer ihrer Herrscher, der Mongole Abu Said, zum sunnitischen Islam übertrat.

In jenem Jahr 1301 kam der Derwisch Safi ad-Din, von der Welt unbeachtet, in die karge Hochebene von Ardebil. Sein Name bedeutet so viel wie »Der Reine des Glaubens«. Dieser Fromme wollte in dieser abgelegenen Gegend nur seiner Religion leben und mit Gleichgesinnten einen Derwischorden gründen. Nicht weit von dem Platz, wo er mit wenigen Schülern die ersten Mauern errichtete, gab es schon eine Ortschaft mit dem Namen Ardebil, die aber unter den Mongolenhorden

Dschingis Khans stark gelitten hatte; zerfallene Häuser, unkrautüberwachsene Straßen kennzeichneten ihr Bild, ein Ort, der vor Jahrhunderten einmal Hauptstadt von Aserbeidschan gewesen war. Safi ad-Din begnügte sich mit dieser Stätte, wo seine Derwische notfalls Hilfe beim Bau des Ordenssitzes und Lebensmittel erhalten konnten. Mehr erwartete er nicht von der Welt. Sicherlich hatte es sich dieser weltentsagende Mann niemals träumen lassen, dass einst seine Nachkommen in seinem Namen eine Dynastie begründen und unangefochten über ganz Persien regieren würden – über ein weitgehend schiitisches Persien. Safi ad-Din selbst war Sunnit. Generationen später aber sollte bereits die Legende umgehen, der Ordensgründer stamme von Musa al-Kazim, dem siebten Imam der Zwölfer-Schiiten, ab. Mehr noch: Er habe seinen Nachkommen prophezeit, sie würden dereinst in ganz Persien die »wahre Religion«, den schiitischen Glauben, einführen.

Die neuere Geschichtswissenschaft hat diese Legenden als bewusste Fälschungen späterer Ordensführer entlarvt, die sehr wohl wussten, dass sich mit derartigen Heiligengeschichten Politik machen ließ. Heute weiß man, Safi ad-Din eiferte dem sunnitischen Derwischorden der Mevlevi nach, der in der türkischen Stadt Konya seinen Hauptsitz hatte und dessen Begründer der Perser Dschelaleddin Rumi war. Entsprechend dürfte auch die Herkunft Safi ad-Dins gewesen sein, er und seine Nachkommen sprachen besser türkisch als persisch. Aber als Türken wären diese Ordensherren niemals von den Persern anerkannt worden, und von daher ist es verständlich, dass sich die Enkel oder Urenkel Safi ad-Dins die passende Zwecklüge einfallen ließen.

Safi ad-Din starb im Jahr 1334. Damals war der Wohnkomplex des Ordens bereits beträchtlich angewachsen und beherbergte schon eine Reihe von Derwischschülern mit ihren Familien. Saddredin, der Sohn des Ordensgründers, übernahm die Leitung, aber auch er blieb – so viel wissen heute die Historiker – überzeugter Sunnit. Der Wandel kam erst durch dessen Sohn und Nachfolger Hodscha Ali. Etwa um das Jahr 1392 traten er und seine Schüler zum schiitischen Glauben über. Wir kennen die Ursachen nicht und sind auf Vermutungen angewiesen. Wahrscheinlich hatte Hodscha Ali sich durch schiitische Derwische überzeugen lassen, die sich nach und nach in der Ebene von Ardebil angesiedelt hatten. Den letzten Anstoß aber dürften schiitische Nomadenstämme gegeben haben, die zu jener Zeit aus Anatolien und Nordpersien vor den überlegenen Armeen sunnitischer Fürsten in die abgelegene Gegend um Ardebil zurückgewichen waren. Hodscha Ali sah sich vom Elend dieser Flüchtlinge berührt und machte sich mit ihren Sorgen vertraut.

Hodscha Ali hatte dem Orden eine neue Richtung gegeben – und eine bisher nicht gekannte Dynamik. Er begann, seine Schüler anzuweisen, die abgeschiedene Hochebene zu verlassen und den schiitischen Glauben weit ins Land zu tragen. In der Folge zogen die Derwischmissionare von Ardebil durch zahlreiche Gebiete des Iran und des östlichen Anatolien, wo sunnitische Fürsten regierten. Persische Chroniken berichten, die Derwische seien bereits während der ersten Amtsjahre Hodscha Alis bis in die Provinzen Chorassan und Transoxanien vorgedrungen, hätten in den Nomadenzelten von Türken ebenso gepredigt wie in den Basaren großer persischer Städte, etwa im weit entfernten Buchara. Was sie predigten, war geistiges Dynamit. Sie klagten die sunnitischen Fürsten und reichen Grundherren an, dass sie brutal das Land kleiner Bauern an sich rissen und die Nomaden von ihren angestammten Weideplätzen vertrieben. Es müsse ein Staat geschaffen werden, in dem ein solches Unrecht nicht mehr möglich sei. Dazu aber müssten die Muslime zurückkehren zu dem ursprünglichen Ideal des Islam: Alle Menschen, die vor Gott gleich seien, hätten auch in dieser Welt Anspruch auf gleiche Rechte. Man müsse sich lossagen von den falschen Muslimen sunnitischer

Konfession und denen vertrauen, die vom Geist der heiligen schiitischen Imame erleuchtet seien.

Das war eine radikale Botschaft, wie sie im Denken der Schia spätestens seit dem visionären Kommunismus des Rebellenführers Hamdan Qarmat Tradition besaß. Wieder einmal stellten sich schiitische Wanderprediger auf die Seite der Entrechteten und Besitzlosen, wieder einmal erklärten sie die Schia zur »Partei« derjenigen, die nichts mehr zu verlieren und alles zu gewinnen hatten. Die Derwische selber lebten in bedürfnisloser Gemeinschaft und teilten ihren letzten Bissen mit den Hungrigen, keiner durfte mehr besitzen als der andere. Persische Chroniken berichten, in der Ordensanlage von Ardebil, dem Stammsitz, hätten sie »weder mein noch dein« gekannt; alle, angefangen vom hochgestellten religiösen Führer bis hinab zum einfachen Wanderprediger, hätten Privateigentum als Sünde abgelehnt. Hier dachten sie radikal zu Ende, was bei den Nomaden ohnehin angelegt war: Dort besaß das Weideland der Stamm, nicht der Einzelne. Naturgemäß mussten sie die Feudalherren verabscheuen, die immer mehr Besitz an sich rissen, während das Volk darbte. Und da die Fürsten und Großgrundbesitzer durchweg Sunniten waren, sammelten sich die Bedrohten mehr und mehr unter den Fahnen der Schia.

In Ardebil formierten sich die Nomadenstämme zu schlagkräftigen Truppen, die nur noch darauf warteten, dass ihnen ihr Führer, der Derwischscheich, den Befehl zum »Heiligen Krieg« gegen »Ungläubige« und »Tyrannen« gab. Hodscha Alis Nachfolger, Scheich Dschuneid, organisierte diese Armee. Sichtbar für alle bereitete er sich darauf vor, die schiitische Botschaft mit Waffengewalt in die benachbarten Fürstentümer Anatoliens und Nordpersiens zu tragen. Der Zeitpunkt schien günstig, denn die sunnitischen Emire hatten ihre Heere in gegenseitigen Kleinkriegen zermürbt. Längst gab es in Persien keine Zentralgewalt mehr, längst hatten sich die Statthalter der Mongolenkhane selbständig gemacht; große Teile Persiens schienen reif für eine Eroberung durch schiitische Glaubenskämpfer.

Dschuneids Nomadenkrieger waren allerdings nicht im strengen Sinn Zwölfer-Schiiten, sie brachten eigene Glaubensvorstellungen mit, wie sie in den Steppen Nordpersiens seit Jahrhunderten heimisch waren: Ali war für sie mehr als nur der erste Imam, er besaß ihrer Meinung nach wie der Prophet Mohammed »göttliche Kraft«, ja galt ihnen als eine sichtbare Erscheinungsform Gottes. Nur allzu rasch neigten diese Nomaden dazu, einen besonders überragenden Stammesführer als »Wiedergeburt des Imam Ali« zu verehren. Ein orthodoxer Schiit hätte bei solchem Denken empört von »Götzendienst« sprechen müssen, denn er konnte einem Fürsten bestenfalls zubilligen, »Statthalter des Verborgenen Imam« zu sein, nicht aber selber ein gottähnlicher Führer. Scheich Dschuneid war allerdings kein orthodoxer Schiit – gerade er ließ sich von seinen Derwischkriegern als »Wiedergeburt des Imam Ali« feiern und nahm göttlichen Rang für sich in Anspruch.

Dschuneids Sohn Haidar baute die Armee weiter aus und formte Ardebil zu einem straff organisierten Ordensstaat. Er selber nahm neben seinem geistlichen Titel »Scheich« noch einen weltlichen an: *Sultan*. Noch eindeutiger als sein Vorgänger erhob er Anspruch auf die Macht. Ihm schwebte vor, ein sunnitisches Fürstentum nach dem anderen zu erobern und auf ihren Trümmern einen schiitischen Staat zu errichten. Ardebil sollte politischer und religiöser Mittelpunkt dieses neuen Staates sein. Geistiger Wandel durch Glaube und Schwert! Die anfangs nur spirituell orientierte Derwischbruderschaft hatte sich völlig in eine kriegerische, militärisch straff organisierte Ordensgemeinschaft verwandelt, die kaum noch etwas mit dem einstigen Vorbild der Mevlevi-Bruderschaft des Dscheladdin Rumi gemeinsam hatte.

Haidar führte für sie eine flammend rote Mütze mit zwölf Zipfeln ein, jeder Zipfel symbolisierte einen der Imame. Von diesen Kriegern forderte er absolute Unterordnung, Verehrung und Opferbereitschaft bis zur völligen Selbstaufgabe. Bezeichnend ist der Schlachtruf, wie er zur damaligen Zeit entstand: »Oh, mein geistlicher Führer und Meister, dessen Opfer ich bin!«

Schah Ismail schafft ein schiitisches Großreich

Jahrzehnte erbitterter Kämpfe folgten. Eine Zeitlang schien es so, als hätte der Ordensstaat Ardebil seine Kräfte maßlos überschätzt und müsste bald unweigerlich für immer eine Trümmerwüste sein. Mehr als einmal ging die Ordensburg und die umgebende Stadt in Flammen auf. 1460 fiel Dschuneid in der Schlacht, 1488 wurde sein Sohn Haidar gefangen und geköpft, während dessen Söhne im Gefängnis verschwanden. Nur der siebenjährige Ismail überlebte, weil ihn die fliehenden Derwischkrieger mit sich genommen hatten und in der kaspischen Provinz Gilan versteckt hielten. Ein Ereignis, dem niemand viel Bedeutung beimaß. Das Heer von Ardebil war zerschlagen, die Führer tot, und den siebenjährigen Knaben konnte man getrost vergessen, so schien es.

Aber nur elf Jahre später: Ismail, zum Jüngling herangewachsen, sammelte die versprengten Anhänger erneut um sich und kehrte in das verödete Ardebil zurück. Innerhalb weniger Monate strömten ihm Tausende unzufriedener Nomadenkrieger zu, die alle wieder die flammend rote Derwischkappe trugen und sich bereitwillig als Glaubenskämpfer, als »Opfer des Meisters«, anboten. Ismail rief den »Heiligen Krieg« aus und eroberte im Handstreich das Emirat Baku. Kein sunnitischer Fürst rückte mit seiner Armee an, um den Aufruhr im Keim zu ersticken, denn wieder einmal führten Ardebils Nachbarn Krieg untereinander und wurden überrascht. Zwei Jahre später, 1501, rückten Ismails Soldaten bereits in Täbris, der damals größten Stadt Persiens, ein und drangen weit in Richtung

Irak vor. Mit einem Schlag waren die Derwischkrieger von Ardebil wieder im Gespräch. Aber niemand ahnte noch zu dem Zeitpunkt, dass der erst 19-jährige Ismail wahr machen würde, was seine Vorgänger allzu kühn angestrebt hatten: einen schiitischen Großstaat zu errichten.

Die Marschrichtung wies nach Süden und Osten: Persien, wo sich ein schwaches Fürstentum an das andere reihte, zerrüttet durch lange Kleinkriege gegen die Nachbarn, bedroht durch die Aufstände der verarmten Bevölkerung. Nicht so im Westen. Dort hatte der Osmanensultan Mehmed II. 1453 Konstantinopel erobert, und seine Nachfolger dehnten ihre Macht immer weiter nach Anatolien aus. Für Ismail schien es ratsam, sich nicht mit diesem Gegner zu messen. Er, der doch selbst ein Türke war, konnte sich Chancen nur auf persischem Boden ausrechnen.

In raschen Feldzügen unterwarf Ismail Westpersien und Teile des Irak, dann stieß er nach Chorassan vor und traf im Jahr 1510 auf seinen bisher stärksten Gegner, den Mongolenkhan der Usbeken. Bei der Oase Merw kam es zur Entscheidungsschlacht, und wieder siegten die Derwischkrieger. Damit hatte Ismail alle iranischen Kernprovinzen unterworfen – eine bewundernswerte Leistung innerhalb dieser kurzen Zeit.

Was nun? Würde er diese Eroberungen halten können? Ismail hatte selbst nie daran gezweifelt. Bereits acht Jahre vor diesem letzten großen Sieg hatte er sich in Täbris, seiner erwählten Hauptstadt, zum Herrscher Persiens krönen lassen. Dabei nahm er einen Titel an, der Freund und Feind aufhorchen ließ: *Schah-in-Schah*, »König der Könige«. *Schah*, »König« – dieser Titel allein würde noch kein Aufsehen erregt haben, hatte ihn doch bereits 500 Jahre früher Mahmud von Ghazni geführt und nach ihm viele andere. Aber »König der Könige«? So hatten sich einst Kyros, Dareios, Schapur und Chosrau genannt, Herrscher, die von Persien aus über eine Vielzahl fremder Völker mit tributzahlenden Königen regierten. Ein ungeheurer Anspruch lag in diesem Titel. Würde Ismail acht Jahrhunderte nach dem Tod des letzten Sassanidenherrschers den Traum vom Großreich Persien wieder wahr machen?

Es war ein Traum, den man seit Firdausis *Königsbuch* wieder öffentlich zu träumen wagte. Unter der Fremdherrschaft der Mongolenkhane hatte sich diese Sehnsucht nur verstärkt, hatten die alten Mythen erst recht neue Nahrung gefunden: Persien müsse wieder von einem Großkönig regiert werden, der das Land zum geistigen Zentrum, ja zur »Mitte der Welt« machte. Ismail nun schien wahrhaft eine alte Verheißung einzulösen.

Die schiitische Dynastie der Safawiden

Im ersten Höhenflug seiner Macht war sich Ismail bereits gewiss, eine neue Dynastie begründet zu haben. Sie sollte später unter dem persischen Namen *Safawiyan*, die Safawiden, in die Geschichte eingehen – benannt nach Safi ad-Din, dem Begründer des Derwischstaates von Ardebil. Und diese Dynastie bestimmte von 1501 bis 1722, über 200 Jahre lang, das politische Schicksal Persiens.

Ismail aber war kein Perser. Er sprach das Türkische besser als das Persische, erst recht seine Derwischkrieger, von denen viele aus dem östlichen Anatolien und der turkmenischen Steppe kamen. Also wieder eine Fremdherrschaft? Ismails demonstrativ betonte Herkunft schloss für viele diesen Verdacht von vornherein aus: Er stammte ja von Musa al-Kazim, dem siebten Imam, ab, er war blutsmäßig mit den großen Heiligen der Schia verbunden – damit galt er nicht als Türke, sondern als halb Araber, halb Perser, ein Mann, der nur lange Zeit unter türkisch sprechenden Menschen gelebt hatte. Ein Nachkomme der Imame – dies berechtigte ihn nach Ansicht vieler Perser sehr wohl, ihr Land zu regieren.

Dass Ismails ehrwürdiger Stammbaum eine bloße Behauptung sein könnte, auf diesen Gedanken kam niemand. Gar zu legendär war bereits der Lebenslauf seines Ahnherrn Safi ad-Din geworden. Wir wissen nicht, ob Ismail selbst an seine erlauchte Herkunft geglaubt hat, auf jeden Fall hat er den Vorteil erkannt, den er daraus ziehen konnte. Wie kein schiitischer Führer vor ihm verstand er es, sich selber als Imam zu präsentieren und damit die Anhänger zu begeistern, zu entflammen. Er war ein wortgewaltiger Mann, der zahllose Gedichte in türkischer Sprache verfasste und sie übersetzt im ganzen Land verbreiten ließ, Gedichte, in denen er sich als die »Wiedergeburt des Imam Ali« vorstellte, eine Inkarnation des ersten »unfehlbaren« und »göttlichen« Schiitenführers. Seine Derwischkrieger wies er an, sie sollten mit dem Ruf »Ismail« in die Schlacht ziehen, denn unweigerlich stünde dann Allah schützend über ihnen.

Kühne Worte. Aber sie wurden zu einer Zeit gesprochen, da Ismail von Sieg zu Sieg eilte und bald über ein Reich gebot, das von den Grenzen Anatoliens bis tief nach Afghanistan, von den Steppen Turkmenistans bis in den Irak reichte – ein Reich, fast annähernd so groß wie das der Sassaniden. Musste nicht der Erfolg seinen Worten recht geben? Auch Perser fanden es in großer Zahl richtig, den siegreichen »König der Könige« als Halbgott zu verehren, entsprach dies doch ihrem tiefverwurzelten Bedürfnis aus der Zeit der Gottkönige und später der Kalifen. Nun besaßen sie wieder einen Gottkönig – aus schiitischem Geist.

Schah Ismail griff rücksichtslos durch, um seine Ansprüche zu festigen. Selbst gegen Schiiten ging er vor, falls sie es wagten, an seiner »göttlichen Kraft« zu zweifeln, und ihn etwa nur – wie es die orthodoxe Glaubenslehre vorschrieb – einen »Statthalter des Verborgenen Imam« nannten. Schah Ismail war entschlossen, aus dem Iran einen durch und durch schiitischen Staat zu machen, aber was geglaubt werden sollte, dies wollte allein er bestimmen, »der von Gott Erleuchtete«.

Ein Reich, ein Glaube, ein König! Energisch ging Ismail daran, auch noch dieses letzte Ziel zu erreichen. Er erklärte den schiitischen Glauben zur Staatsreligion und schloss Sunniten fortan von allen öffentlichen Ämtern aus; sunnitische Geistliche ließ er aus den Koranschulen und Moscheen vertreiben und durch Schiiten ersetzen. Viele der Verfolgten wechselten ihren Glauben; die einen taten dies sofort aufgrund drastischer Drohungen, die anderen auf längeren Druck hin.

Nur in persischen Randprovinzen, so in Regionen mit kurdischer Bevölkerung, außerdem in Teilen Afghanistans, beharrten die Sunniten auf ihrem Glauben, dies nicht zuletzt, weil sie sich nicht einem zentralistisch regierten Großreich unterordnen wollten. Ismail und seinen Nachfolgern fehlte die Kraft, auch ihren Widerstand zu brechen, und so sind die Menschen dort bis auf den heutigen Tag Sunniten. Erst recht Sunniten blieben die Muslime der Fürstentümer von Buchara und Samarkand, über deren Grenzen nie erfolgreich eine schiitische Armee gedrungen war. In den Kerngebieten des Iran jedoch hatte die Schia unwiderruflich gesiegt.

Die folgenreiche Schlacht von Tschaldiran

Vorerst wollte noch keiner der ranghohen Geistlichen ernsthaft fragen, wie denn Schah Ismail I. den Iran nach dem gewonnenen Krieg einmal ordnen werde. Dass er alle Feldzüge siegreich zu Ende führte, erschien ihnen ohnehin selbstverständlich. Aber würde er dann die sozialrevolutionären Ideale seines Ordens voll verwirklichen, würde er die Bauern von der drückenden Steuerlast befreien? Auch daran wollte keiner seiner Gefolgsleute zweifeln, ließ doch der Schah die Kriegsbeute unter seinen Soldaten aufteilen. Warum also sollte er nicht ähnlich gerecht das Eigentum für alle verteilen, wenn einmal Frieden in Persien herrschte? Die Zukunft sah gut aus. So zumindest wollte es Ismails Anhängern erscheinen.

Im Januar 1512 geschah etwas, das gerade die eifrigsten Anhänger seines Derwischordens stutzig machen musste. Derwischkrieger suchten ihren Oberherrn in seiner Residenz in Täbris zu einem Gespräch auf. Sie kamen aus Anatolien, wo einer ihrer Führer zum Kampf gegen die sunnitischen Großgrundbesitzer aufgerufen und zahlreiche verarmte Bauern um sich geschart hatte. Truppen des Osmanensultans hatten das Rebellenheer vernichtend geschlagen, nun waren Überlebende hier und baten den Schah um Hilfe. Ismail aber hörte sich die Derwischkrieger mit eisiger Distanz an und entließ sie ohne bindende Antwort. Truppen schickte er keine. Für die Bittsteller musste dies eine Enttäuschung bedeuten. Entweder, so mussten sie sich sagen, fürchtete er die Macht des sunnitischen Osmanensultans, oder aber er glaubte nicht entschieden genug an die revolutionären Ideale seines schiitischen Ordens. Wie aber konnte er dann »gottgesandt« oder gar »göttlich inspiriert« sein?

Schah Ismail I. war nicht so unbesiegbar, wie er tat; dies wusste er selbst am besten. Zumindest ein Gegner war ihm ebenbürtig, wenn nicht gar überlegen: der Osmanensultan Selim I., der eben in diesem Jahr 1512 den Thron bestiegen hatte. Selim war ein energischer, tatkräftiger und skrupelloser Mann. Bereits die ersten Monate seiner Regierungszeit hatten dies bewiesen. Seinen Vater Bayezid II. hatte er zum Rücktritt gezwungen und anschließend vergiften lassen, seine erwachsenen Brüder und Thronrivalen hatte er in offener Feldschlacht besiegt, die jüngeren Brüder erdrosseln lassen. Dann war der Sultan darangegangen, seine Elitetruppen, die Janitscharen, neu zu organisieren; ihm gelang es innerhalb von wenigen Monaten, ihre Zahl zu verdreifachen. Das war alarmierend, denn die osmanischen Truppen waren ohnehin schon mit weit besseren Waffen ausgestattet, vor allem mit Musketen, während die Derwischkrieger Persiens sich meist noch mit Wurflanzen, Pfeil und Bogen begnügen mussten. Sultan Selim würde kaum tatenlos zusehen, wenn sich aus den zerrissenen Fürstentümern Persiens ein Großreich bildete, irgendwann würde er zum Angriff vorrücken. Ismail wusste dies sehr wohl, nur wollte er diesen gefürchteten Zeitpunkt noch hinauszögern, um besser gerüstet zu sein.

Was der Schah befürchtet hatte, traf ein: Selim holte zum Gegenschlag aus. Städte und Dörfer Ostanatoliens, deren Bewohner mit Schah Ismail sympathisierten, wurden durch den Marschtritt der Janitscharen aufgeschreckt, Häuser umstellt, Nomadenlager umzingelt, Männer, Frauen und Kinder abgeführt, in Gefängnisse gesteckt oder gleich an Ort und Stelle niedergemetzelt. Tag und Nacht arbeiteten die Hinrichtungskommandos, sie schonten weder Greise, noch Frauen, noch Kinder. Die Chronisten schätzten die Zahl der Getöteten auf über 40 000. Unter den Gefangenen und Ermordeten fanden sich nur wenige Perser, fast alle waren sie Türken – aber Schiiten. Und Schah Ismail verstand sich als Schutzpatron aller Schiiten, gegen die niemand ungestraft seinen Arm erheben durfte. Nun musste er handeln, ob er wollte oder nicht. Er rief seine Armee – Derwischkrieger und neu aufgestellte persische Truppen – gegen den »Feind der Religion«, wie er den sunnitischen Osmanensultan in flammenden Reden nannte.

Sultan Selim antwortete in derselben Sprache; er ließ in seiner nach Täbris gesandten Botschaft, die uns erhalten blieb, verlauten: Er, Selim, Herrscher über glaubenstreue Sunniten, halte den »Heiligen Krieg« für unerlässlich, da Schah Ismail, Herrscher über die ketzerischen Schiiten, den Weg des Heils verlassen habe, den wahren Gottesdienst verfälsche, die Moscheen entheilige, den Koran misshandle und die Standarte der Gottlosigkeit aufpflanze!

Im August des Jahres 1514 trafen die feindlichen Truppen aufeinander. Schauplatz war die Hochebene von Tschaldiran, einen Tagesritt nordwestlich von Täbris. Bei Morgengrauen bewegte sich ein langer Zug von osmanischen Reitern die kahlen Berghänge herab, ihnen folgten Fußtruppen, dann schwerfällig wirkende, von Maultieren gezogene Kanonen, während Schah Ismail mit seinen lanzenstarrenden Derwischkriegern in der Ebene wartete. Ismail hatte sich diesen Ort nicht ausgesucht, er hätte die Türken lieber noch weiter ins Landesinnere gelockt, hätte noch mehr Getreidefelder und Dörfer niederbrennen lassen, damit die osmanischen Truppen nirgends Lebensmittel vorfanden; so hatte er die Gegner zermürben, demoralisieren wollen. Seine Derwischgeneräle aber hatten ihn ungeduldig zur Entscheidungsschlacht gedrängt, die er, der »Göttliche«, unmöglich verlieren konnte. Von der Feuerkraft moderner Musketen und Kanonen wussten sie nur vom Hörensagen und nahmen die Nachrichten nicht so ernst. Hatte der Schah bisher nicht immer gesiegt? War Gott nicht auf der Seite der wahrhaft Gläubigen?

Schah Ismail, der viel kühler rechnete als seine Generäle, hatte widerstrebend solchen Argumenten nachgeben müssen; ein längeres Zögern hätte seinem Ansehen geschadet. Als er allerdings an diesem Augustmorgen die Türken schleppend langsam die Berghänge von Tschaldiran herabziehen sah, erfasste ihn wieder die alte Zuversicht. Es schien so, als seien die Türken bereits jetzt durch den langen Anmarsch ermüdet und ausgehungert, nun hatten seine eigenen ausgeruhten Krieger wohl eine wirkliche Chance.

Die Schlacht begann. Und war rasch entschieden. 13 000 osmanische Elitesoldaten knieten gestaffelt in Reih und Glied, feuerten ihre Musketen ab, und während sie nachluden, donnerten die Kanonen, dann knatterte in die Geschützpause wieder das Gewehrfeuer. In heilloser Panik stürzten die schiitischen Derwischkrieger davon; Waffen von einer derartigen Wirkung hatten sie bisher noch nicht kennengelernt. Zurück blieb eine unübersehbare Menge von Gefallenen, Chronisten schätzten die Zahl der getöteten Derwischkrieger auf 20 000. Schah Ismail floh, kam am nächsten Morgen abgehetzt in Täbris an, floh dann weiter nach Osten, weil ihm Boten das Herannahen der osmanischen Truppen meldeten. Sultan Selim ließ die Stadt besetzen und nahm Wohnung im verwaisten Schahpalast.

Würde nun der Sieger weiter vorrücken, würde er die schiitischen Moscheen schließen lassen, würde er versuchen, die Perser wieder zum sunnitischen Islam zu zwingen? Es müssen für Schah Ismail bange Wochen gewesen sein, als er fern seiner besetzten Hauptstadt die Berichte seiner Beobachter abwartete. Dann aber kam die erlösende Nachricht: Die türkischen Soldaten meuterten, da sie, durch Strapazen geschwächt, nicht weiter ins Innere Persiens vorrücken wollten; sie zwangen Sultan Selim zum Rückzug.

Ismails Thron war gerettet. Aber der Schah konnte sich in seiner bisherigen Residenzstadt Täbris nicht mehr sicher fühlen. Sie lag zu nahe am Schlachtfeld von Tschaldiran – und damit zu nahe dem Machtbereich der sunnitischen Osmanendynastie, die jederzeit wieder einen militärischen Vorstoß unternehmen konnte. Noch im selben Jahr, nur wenige Monate nach der demütigenden Niederlage, verlegte Schah Ismail seine Residenz von Täbris in die Handelsstadt Qazvin, die rund 300 Kilometer weiter im Landesinneren liegt (nahe dem heutigen Teheran). Von dort aus konnte er weiterhin über ein schiitisches Persien regieren.

Doch der Schah war nicht mehr derselbe wie zuvor. Zeitgenössische Beobachter aus der Umgebung des Herrschers berichten, Ismail habe seit der Niederlage von Tschaldiran nie wieder gelächelt. Gar zu tief hatte ihn der Sieg des Osmanenherrschers getroffen, ihn, der vorgab, eine Verkörperung des »unfehlbaren Imam Ali« zu sein. Nie wieder trat Ismail vor seine Armee, er überließ von nun an seinen Generälen die zahllosen Grenzkriege gegen osmanische Truppen oder turkmenische Nomadenstämme. Niemand wusste besser als er selber, dass der Traum ausgeträumt war, den schiitischen Glauben über Persien hinaus in andere Länder zu tragen. Stets würden ihm und seinen Nachfolgern die türkischen Sultane im Wege stehen. Verbittert musste er während der folgenden Jahre zur Kenntnis nehmen, dass Sultan Selim I. Syrien, Palästina und Ägypten eroberte. Damit stieg das Osmanenreich endgültig zur Großmacht auf. Persiens anfangs so imponierender Schwung war dagegen erlahmt. Dem Schah konnte es nur noch vergönnt sein, das Erreichte zu festigen, alle weiterführenden Pläne musste er angesichts der überlegenen Waffentechnik der Osmanen begraben.

Aus unserer heutigen Sicht lässt sich feststellen: Die Schlacht von Tschaldiran hatte zukunftsweisende, welthistorische Bedeutung. Denn nach dem Jahr 1514 wurden die Osmanen für vier Jahrhunderte beherrschende Schutzmacht aller sunnitischen Länder, dagegen blieb der Einfluss der Schiiten auf Persien und persisch geprägte Gebiete wie Teile des Irak, Afghanistans und des indischen Raumes beschränkt. In anderen Gegenden, wie etwa der arabischen Halbinsel, Syrien und dem Libanon, führten schiitische Minderheiten eher ein Sektendasein. Damals, 1514, kam jenes Zahlenverhältnis zustande, wie es sich bis heute unverändert erhalten hat: Die Schiiten machen zehn Prozent aller Muslime aus, während die Sunniten die überwältigende Mehrheit behalten haben. Kriege und nicht geistige Auseinandersetzungen haben diesen Zustand gefestigt.

Schiitische Perser, sunnitische Türken – Beginn einer tiefen Feindschaft

Persiens Schiiten konnten die Niederlage von Tschaldiran nicht verwinden. Mehr denn je galten nun die sunnitischen Türken als unversöhnliche Todfeinde, und je eindrucksvoller die Osmanensultane ihre Macht während des folgenden Jahrhunderts über andere islamische Länder ausdehnten, desto erbitterter schlossen sich die »rechtgläubigen« Perser innerhalb ihrer Grenzen gegen die Sunniten ab. Nun genügte es nicht mehr, dass der Muezzin beim Gebetsruf an das traditionelle Lob Gottes und seines Propheten Mohammed noch den Satz anfügte: »Ich bezeuge, dass Ali der Freund Gottes ist.« Nun hatte von den Minaretten auch noch der Ruf zu erschallen: »Verflucht sei Omar.« Gemeint war jener zweite Kalif des Islam, den die Sunniten ehrfürchtig den »Rechtgeleiteten« nennen, der aber nach Überzeugung der Schiiten den Imam Ali an seiner rechtmäßigen Nachfolge gehindert hatte. Fortan wurde es für jeden Schiiten zur Pflicht, Omar beim Freitagsgebet zu verfluchen, und nicht genug damit, die Gläubigen mussten auch noch Abu Bakr und Othman, den Vorgänger und den Nachfolger Omars, in ihre Verwünschungen einbeziehen, denn auch diese Kalifen hatten Ali bekämpft.

Seither hat sich endgültig die Gewohnheit verfestigt, dass ein Schiit niemals Abu Bakr, Omar und Osman heißt, weil diese Namen an die »verfluchten« Kalifen erinnern. Träger dieser Namen sind bis heute von vornherein als »ungläubige« Sunniten zu erkennen. Aber in welche Verlegenheit mussten persische Schiiten kommen, wenn sie stolz auf die wegweisenden Geistesgrößen ihrer mittelalterlichen Geschichte verwiesen: Al-Chwarizmi, Firdausi, al-Biruni, Ibn Sina (Avicenna), Saadi, Hafis, Dschelaleddin Rumi – sie alle waren Sunniten.

Die religiös-politischen Konflikte zwischen schiitischen Persern und sunnitischen Türken überlagerten allerdings, ja, verdrängten zeitweise die Erinnerung an die kulturelle Blüte des Iran in seiner sunnitisch geprägten Vergangenheit. Vollends erbittert zeigten sich die Schiiten, als der Osmanensultan Süleyman I. im Jahr 1534 auch noch den Irak eroberte. Von nun an befanden sich die heiligen schiitischen Wallfahrtsorte Nedschef und Kerbela, die Grabstätten Alis und Husseins, unter der Oberhoheit von Sunniten; nun hing es von der Laune der Sieger ab, ob zukünftig noch persische Pilger zu ihren höchstverehrten Heiligtümern ziehen konnten. Der Ruf nach einem »Heiligen Krieg« wurde wieder laut, einem Krieg gegen die »Ungläubigen« innerhalb der eigenen Religion.

Der Hass gegen die andere Konfession konnte in Persien während der zwei folgenden Jahrhunderte groteske Blüten treiben. Einen plastischen Eindruck davon gibt uns ein Augenzeuge, der gebürtige Deutsche und schwedische Gesandtschaftssekretär Engelbert Kaempfer, der in den Jahren 1684 und 1685 Persien bereiste. Er schrieb in seinen Erinnerungen mit dem Titel *Am Hofe des persischen Großkönigs*: »So unerheblich uns der Unterschied zwischen Sunna und Schia erscheinen mag, so unversöhnlich ist der Hass, mit dem sich die Anhänger der beiden Richtungen verfolgen. Die Perser ... sind überzeugt, dass der Glaube der Türken so verkehrt sei, dass deren Seelen nach dem Tode sofort in bleierner Schwere durchs Wasser in die im Mittelpunkt der Erde gedachte Hölle hinabstürzen, während die Seelen der anderen Ungläubigen erst am Jüngsten Tag gerichtet werden und bis dahin in der Geisterwelt verweilen dürfen. Scherzweise wird erzählt, dass, wenn eines Persers Fleisch mit dem eines Türken im gleichen Topf gesotten werde, die Brühe alsbald erstarre, wobei sich die beiden Bestandteile so weit als möglich abstießen.«

Persische Schiiten lehnten zur damaligen Zeit die Sunniten sogar heftiger ab als die Anhänger völlig fremder Religionen. Allerdings musste der Christ Engelbert Kaempfer mehr als einmal die Erfahrung machen, dass man auch ihn zurücksetzte. Er begegnete nicht jener Toleranz gegen Christen und Juden, wie sie etwa der Koran vorschreibt. »Sie (die Schiiten) vermeiden es, mit einem Christen gleichviel welchen Bekenntnisses zu speisen«, so beklagte er sich in seinen Erinnerungen, »(... und) haben sie zufällig sein Gewand berührt, so waschen sie sich die Hände, wie um sich von Schmutz zu säubern. Nach ihrem Glaubenssatz sind folgende zehn Dinge unrein: Harn, Kot, Sperma, Blut, Aas, Wein, Alkohol, Schweine, Hunde und

Ungläubige. Alle diese Unreinheiten befinden sich, so behaupten sie, an einem Christen, der sich von keinem Unrat fernhalte.«

Abgrenzungen gegen fremden Glauben, nicht Toleranz – dies forderten die persischen Schiiten entschiedener, als dies je die Kalifen, die Seldschukensultane oder viele persische Emire versucht hätten. Jahrhundertelang hatten die Schiiten als radikale Minderheit ihr Dasein gefristet, in der ständigen Angst, von ihren Gegnern ausgelöscht zu werden; diese Angst hatte sie misstrauisch, ja verschlossen gegen Andersgläubige werden lassen. Persiens Schiiten, nun an der Macht, fühlten sich weiterhin als Minderheit in der islamischen Welt, nach wie vor von Sunniten bedroht, und so schlossen sie sich wie eine verschworene Gemeinschaft gegen die feindliche Übermacht jenseits ihrer Grenzen ab.

Krisen gefährden das »neue« Persien

Kaum war Persien ein schiitischer Staat geworden, regiert von einem Schah-in-Schah, drohte auch schon die Krise. Schah Ismail I. hatte es nach der Niederlage von Tschaldiran schwer, seinen Anhängern zu erklären, warum Gott ihm in der entscheidenden Schlacht von Tschaldiran nicht geholfen hatte. Besonders seine Derwischkrieger, die ihn bisher wie einen Halbgott verehrt hatten, zeigten sich mit einem Mal zurückhaltend. Mehr noch musste der Schah den aufkeimenden Zweifel bei den religiösen Denkern unter den Derwischen fürchten. Nicht wenige von ihnen liehen nun solchen Korangelehrten ihr Ohr, die schon immer skeptisch gewesen waren. Was, so fragten diese Kritiker, habe man denn anderes erwarten können? Niemals hätte sich der Schah so sehr in die Nähe des Imams Ali oder gar Gottes rücken dürfen, er habe als Mensch wie jeder andere zu gelten, als Mensch, der auch irren könne – und jetzt habe er, sichtbar für alle, geirrt.

Die Zweifler von einst fanden allmählich aufmerksame Zuhörer. Und es waren gefährliche Gespräche, die da zunächst hinter vorgehaltener Hand, dann in aller Offenheit geführt wurden. Warum mussten denn die Bauern noch immer die hohen Abgaben an die Großgrundbesitzer zahlen, warum ging der ohnehin schon reiche Adel nach wie vor steuerfrei aus? So fragten schließlich immer mehr Korangelehrte in Ardebil, im Ton noch zurückhaltend, doch nicht mehr unterwürfig. Aber je schroffer der Schah den Fragenden das Wort abschnitt und sie unwirsch aus der Audienz entließ, desto erbitterter redeten die Abgewiesenen in Moscheen, in Basaren, auf der Straße. Schah Ismail reagierte heftig auf seine Kritiker, er ließ sie einsperren oder hinrichten. Als Polizei dienten ihm persische Soldaten, denn auf seine Derwischkrieger konnte er sich nicht mehr unbedingt verlassen. Diese Perser hatte er aus Truppen der unterworfenen Fürstentümer und aus landlosen Bauern weit im Osten rekrutiert. Damit hatte er die erste Maßnahme getroffen, um nicht mehr allein auf seine bisherigen Gefolgsleute angewiesen zu sein. Die Gelegenheit war günstig. Denn seit die Derwischarmee in der Schlacht von Tschaldiran erheblich an Kriegern verloren hatte, musste er sich ohnehin nach neuen Soldaten umsehen. Bewusst arbeitete der Schah darauf hin, ein Gegengewicht zu seinen bisher eifrigsten Anhängern zu schaffen.

Aber es war nicht allein die Furcht vor Kritik, die den Schah so handeln ließ. Ihn leitete auch praktisches Denken, auf eine zynische Weise allerdings. Jetzt, da die meisten der persischen Fürstentümer erobert waren, brauchte Ismail Männer, die ihm den neugegründeten Staat verwalteten. Und diese Männer fand er leichter in der bewährten Führungsschicht der persischen Emire, Minister, Rechtsgelehrten und Großgrundbesitzer, weniger unter den Predigern von Ardebil. Erst recht nicht konnten ihm die ungebildeten Derwischkrieger weiterhin eine Hilfe sein, da sie überwiegend als Nomaden aus der ostanatolischen und nordpersischen Steppe gekommen waren und kaum je zuvor eine größere Stadt gesehen hatten. Und so zeigte Ismail sich sehr rasch bereit, alle sozialrevolutionären Ideale seines Ordens preiszugeben, um die Gegner von einst für seine Ziele zu gewinnen. Anstatt die Not der Bauern und Pächter zu lindern, verordnete er ihnen neue Steuern zum Wohl des Adels und der Großgrundbesitzer. Er selber riss viele der eroberten Gebiete an sich und machte sie zu Krongütern, auf denen landlose Arbeiter unter so erbärmlichen Bedingungen ihr Leben fristeten wie zuvor bei sunnitischen Feudalherren. Die Großgrundbesitzer blieben somit reich, ohne dafür selbst arbeiten zu müssen, und der Schah wurde reich; beiden war geholfen. Wie erwartet, dankten die Fürsten und Grundherren diesen Dienst, indem sie ihre besten Verwaltungsfachleute, Gelehrten und Baumeister an Ismails Hof schickten.

Derwischprediger konnte er unter diesen Umständen nicht mehr an seinem Hof als geistliche Berater dulden; an ihre Stelle holte er sich schiitische Korangelehrte aus dem Irak und anderen Ländern mit arabisch sprechender Bevölkerung. Schah Ismail überließ ihnen reichlich eroberten Landbesitz, außerdem übertrug er ihnen die Erziehung des Volkes – ein schmeichelhaftes Angebot für Männer, die bisher nahezu unbeachtet unter sunnitischen Herrschern gelebt hatten. Diese neuernannten Hofgeistlichen brauchte der Schah nicht zu fürchten. Denn sie, nun selbst zu Grundbesitzern geworden, würden kaum mahnen, er solle doch endlich Ernst machen mit den sozialrevolutionären Idealen seines Derwischordens. Je mehr er diesen Geistlichen Landgüter schenkte, desto bereitwilliger schwiegen sie. Und selbstverständlich nahmen sie keinen Anstoß daran, dass der Schah »göttliche Kräfte« in sich zu spüren glaubte. Im Gegenteil. Sie konstruierten diensteifrig die gewünschten religiös-rechtlichen Gutachten.

Weiterhin von der Macht ausgeschlossen blieben die orthodoxen Schiiten. Der Schah wollte in seiner Umgebung keine

Korangelehrten dulden, die ihn nur für einen gewöhnlichen und gelegentlich auch irrenden Menschen hielten. Aus Persien vertreiben konnte Ismail diese Schiiten allerdings nicht, dazu waren sie zu viele. Außerdem lebten sie meist unauffällig und unerkannt unter den übrigen Gläubigen, er hätte sie nicht fassen können. Diese Männer mussten für den Schah stets eine Gefahr bleiben; sie konnten jederzeit wieder lautstark mit Kritik hervortreten, falls er oder einer seiner Nachfolger Schwäche zeigte. Untergründig gärte es. Für zahlreiche Perser hatte der schiitische Staat noch lange nicht seine endgültige – ideale – Form gefunden.

Schah Ismail I. starb 1524; die Probleme blieben. Drei Jahrzehnte nach seinem Tod brach in der Provinz Aserbeidschan ein Aufstand aus, verarmte Bauern erschlugen ihre reichen Grundherren, zündeten die Villen an, plünderten und rückten in großen Horden gegen die rasch aufgestellten Heere des Adels vor. In ihren Reihen marschierten Derwische und Derwischkrieger aus Ardebil mit und feuerten die Rebellen mit ihren Predigten an. Zum ersten Mal wagten Männer aus dieser Stadt den offenen Aufruhr gegen ihren Ordensherrn, den Schah. Nomadenstämme strömten den Rebellen aus allen Landesteilen zu, auch sie trugen die flammend rote Derwischmütze mit den zwölf Aufschlägen, dem Symbol der zwölf Imame. Schah Tahmasp, Ismails Sohn, konnte nur mit Mühe die Rebellenheere besiegen.

Aber jahrzehntelang sollten sich solche Kriege wiederholen.

Der geistige Graben zwischen den Derwischen und ihrem Ordensherrn, dem Schah, war endgültig gezogen. Wie aber konnte unter diesen Umständen der Ordenssitz weiter existieren? Doch Ardebil gedieh: Kein Schah versäumte es, verschiedene dort ansässige Derwische zu ehren und mit Geldgeschenken zu überhäufen. Die Schahs nannten gar in Erinnerung an den Ordensgründer Safi ad-Din ihre Dynastie »Safawiya«, ja, etliche von ihnen ließen sich in Ardebil krönen oder dort beerdigen. Das Mausoleum des Ordensgründers ließen sie von allen Grabstätten am prächtigsten mit Fayencekacheln verzieren, seine Kuppel höher bauen als die der verstorbenen Könige – dies sollte ein sichtbares Symbol dafür sein, dass der Ordensstifter mehr galt als die weltlichen Herrscher, Religion mehr als die Ausübung der Macht. Architektur kann lügen. Zu dieser Lüge gehörten auch die prachtvoll geschmückten Moscheekuppeln, unter denen die Derwische täglich für das Wohl des »göttlichen« Schahs beteten, hierzu gehörte ebenso die weitläufige Armenküche, wo die Bedürftigen der Stadt täglich ihre kostenlosen Mahlzeiten erhielten. Tatsächlich aber waren nur jene Derwische geblieben, die sich zu bloßen Repräsentationsfiguren missbrauchen ließen. Der wahre Geist von Ardebil hatte sich in abgelegene Kleinstädte und Bergtäler zurückgezogen, dort lebten die echten Derwische und klagten den Schah der Heuchelei, ja der Gottlosigkeit an.

Das »neue« Persien drohte an seinen Widersprüchen zu zerbrechen. Für viele leer ausgegangene Bauern, Pächter und landlose Arbeiter blieb der Schah nicht mehr länger der gottgesandte Herrscher, nachdem selbst seine eigenen Ordensbrüder in allen Landesteilen zum Kampf gegen den »ungläubigen Tyrannen« aufgerufen hatten. Aufständische und Regierungstruppen zerrieben sich in jahrelangen Kriegen, Gaufürsten nutzten die Gelegenheit, um sich aus der Herrschaft des Schahs zu lösen. Dem Reich drohte bereits fünf Jahrzehnte nach seiner Gründung der Untergang.

Da aber trat aus der Safawiden-Familie ein Mann hervor, der dieser Krise ein Ende machte. Er besiegte die abtrünnigen Fürsten, warf die rebellischen Bauern und Derwischarmeen nieder, sicherte erneut die Grenzen. Er führte Persien zu der größten Blüte, die es je unter einer schiitischen Regierung erlebt hat. Sein Name: Abbas. Viele Geschichtsschreiber haben ihm den ehrenden Beinamen »der Große« zugesprochen.

3. »Gottkönige« im Namen der Schia

Schah Abbas, das skrupellose Genie

Palastrevolution. Vor den Toren der Schahresidenz in Qazvin drängten sich zu Tausenden Soldaten, die Krummsäbel gezückt, und ihr Ruf, in donnernden Sprechchören abgegeben, drang bis in die inneren Gemächer des weitverzweigten Gebäudes: »Abbas! Abbas! ...« Der, dem dieser Ruf galt, schritt währenddessen mit bewaffnetem Gefolge in den Audienzsaal, wo ihn Schah Mohammad Chodobande inmitten seiner Ratgeber erwartete, ein alter, kränklicher Mann. Der Schah gab eingeschüchtert seinen Thronverzicht zugunsten seines 16-jährigen Sohnes Abbas bekannt. Dies war der letzte Akt in einer Szenenfolge von Erniedrigungen. Jahrelang hatte der alte Herrscher nur als Marionette mächtiger Emire gegolten, und stets hatte er jenem Fürsten nachgegeben, der ihm am eindrucksvollsten drohte. Nun wich er dem eigenen Sohn.

Dies geschah 1587. Der neue Schah regierte 42 Jahre, länger als jeder andere Herrscher seiner Dynastie. Die erste Zeit war erfüllt von Kämpfen gegen die machtbewussten Emire, die seinem Vater die Gefolgschaft verweigert hatten, gegen Nomadenfürsten, die sich von dem geschwächten Staat vollends lösen wollten, gegen Derwischführer des Ardebil-Ordens, die noch immer die Revolution predigten. Abbas I. war ein militärisches Genie wie Ismail, ihm gelang es, die Gegner nacheinander zu besiegen. Ja, er übertraf Ismail, denn ihm blieb eine Niederlage wie die in Tschaldiran erspart. Abbas vermochte das Herrschaftsgebiet der Safawiden-Dynastie noch über die bisherigen Grenzen auszudehnen. Er eroberte im Gebiet des heutigen Afghanistan die Fürstentümer Herat und Balch, drang im Süden bis zu den Inseln des Persischen Golfs vor und entriss den Osmanen das Zweistromland von Euphrat und Tigris, das sein Vorgänger, Schah Tahmasp, hatte abtreten müssen.

Nicht minder eindrucksvoll wirkte er in Friedenszeiten. Im ganzen Reich ließ er ein dichtes Netz von Straßen und Karawansereien bauen, verschönerte die großen Städte mit prachtvollen Moscheen, Palästen und öffentlichen Plätzen, ließ neue Universitäten und Koranschulen errichten, förderte tatkräftig Kaufleute und Handwerker, Wissenschaftler und Künstler. Persische Kultur blühte wie nie wieder unter einem schiitischen Herrscher. Abbas ging klüger und weitsichtiger ans Werk als alle seine Vorgänger und Nachfolger. Ihm waren Fanatismus und geistige Enge fremd, er öffnete sich bereitwillig andersgläubigen Nachbarn, um von ihnen nützliche Anregungen zu empfangen. Zuerst einmal verbot er dem schiitischen Muezzin, beim Gebetsruf die drei ersten Kalifen des Islam zu verfluchen; dies wollte er als versöhnliche Geste gegenüber den sunnitischen Nachbarstaaten verstanden wissen und sie auffordern, mit Persien Handel zu treiben.

Besonders eingeprägt hat sich Schah Abbas durch seine Wahl einer neuen Residenz: Im Jahr 1598 verlegte er den Regierungssitz der Safawiden-Dynastie von Qazvin nach Isfahan und machte daraus jenes architektonische Juwel mit farbenprächtigen Moscheen, Koranschulen und Palästen sowie weiträumigen Plätzen und Parks, für die wir die Metropole heute bewundern. Er verhalf damit einer Stadt zu neuer Blüte, die schon im 10. und 11. Jahrhundert unter der Regierung von Seldschukensultanen ein glanzvolles politisches und kulturelles Zentrum des iranischen Großraums gebildet hatte – einer Stadt, in der einst Avicenna und Omar Chayyam über viele Jahre gelehrt hatten.

Zur architektonischen Ausgestaltung Isfahans (über die ich in einem späteren Abschnitt ausführlicher berichte) holte sich Abbas massenhaft muslimische Baumeister und Künstler aus allen Teilen seines Reiches, aber ebenso zahlreich auch Angehörige der christlichen Minderheiten. Besonderen Wert legte er auf armenische Christen, weil gerade sie für ihre Kenntnisse in Architektur und Handwerk berühmt waren. Er siedelte rund 50 000 von ihnen im Süden der Metropole in einem eigenen Stadtviertel an, wo sie Kirchen bauen und in völliger Religionsfreiheit leben konnten. Etliche dieser Kirchen sind bis heute erhalten. Die größte und bedeutendste ist die bereits 1663 fertiggestellte Vank-Kathedrale, ein Kuppelbau mit Elementen persischer und byzantinischer Architektur. Der majestätische Innenraum ist mit bunt ornamentierten Fliesen wie eine persische Moschee sowie mit Heiligenbildern nach griechischem Vorbild ausgestattet. Isfahans armenische Kirchen sind auch unter der Herrschaft des Mullah-Regimes voll intakt geblieben, ebenso das religiöse und kulturelle Leben im gesamten Stadtviertel.

Christen holte sich Schah Abbas aber auch aus Europa nach Isfahan, einerseits militärische Berater, andererseits Kaufleute, und gestattete auch ihnen, Kirchen ihrer Konfession zu bauen. Damit zeigte sich Abbas nüchterner und weltaufgeschlossener als viele seiner muslimischen Glaubensgenossen. Er gehörte zu den wenigen, die damals schon begriffen, dass die islamische Zivilisation nicht mehr beispielgebend für die übrige Welt war. Abbas wusste sehr wohl von den epochalen Umwälzungen in Europa, wo Wissenschaftler und Techniker darangingen, Asiens Kultur auf wesentlichen Gebieten an Tatkraft und schöpferischer Energie zu überholen. Deshalb befahl er seinen Untertanen, sich mehr als bisher diesen fernen Staaten zu öffnen, er fand, man könne zumindest technisch vom Westen lernen. Wie kein anderer Herrscher seiner Dynastie versuchte er, mit europäischen Fürsten ins Gespräch zu kommen, und schickte

Gesandtschaften an die Höfe der russischen Zaren, der Habsburger, der Spanier und Portugiesen. Er selber empfing bereitwillig Abgesandte vom Heiligen Römischen Reich bis hin zu Schweden. Ihm gelang es noch einmal, den Europäern Respekt vor dem Orient abzunötigen. Unter seiner Regierung war noch jede Gesandtschaft aus Europa bereit, nach ihrer Heimkehr Persien als »entwickeltes« Land zu loben.

Allerdings setzte er seine Reformen mit eiserner Härte durch, Kritik oder gar Widerstand galten ihm als Staatsverbrechen. Er allein beanspruchte zu wissen, was gut für Persien sei, jeden Einwand schob er schroff zur Seite. Keinesfalls etwa wäre er auf den Gedanken gekommen, die christlichen Armenier an der Nordgrenze seines Reiches zu fragen, ob sie überhaupt in die Hauptstadt übersiedeln und dort dem Schah als Handwerker dienen wollten. Vielmehr ließ er ihre Dörfer von Soldaten umstellen und befahl Tausenden von Familien den Aufbruch. Dass die Hälfte der 50 000 Armenier auf dem Gewaltmarsch in den Süden des Landes umkam, wie die Chroniken zu berichten wissen, scherte ihn wenig. Schah Abbas hielt viel von kunstvoll errichteten Städten, von blühenden Zentren der Kunst und Wissenschaft, aber die Untertanen bedeuteten ihm nur Material, mit dem sich Großes zum eigenen Ruhm schaffen ließ. Dass Material zerschlissen wurde, gehörte seiner Meinung nach zu den unumgänglichen Gesetzen einer göttlichen Ordnung.

In dieser Hinsicht dachte und handelte Schah Abbas nicht anders als einst die Kalifen von Bagdad. Wie sie presste auch er aus den Bauern die Geldmittel für seine ehrgeizigen Pläne heraus. Abbas nahm es in Kauf, dass die Bauern durch die hohen Abgaben massenweise am Rand des Existenzminimums lebten. Hauptsache: Die Stadt Isfahan, die er liebte, strahlte Glanz aus. Aufstände gegen seine drückende Steuerherrschaft ließ er blutig niederschlagen und gestattete seinen Truppen, Massenhinrichtungen in den Dörfern durchzuführen. Es war kein

Zufall, dass nun vollends die roten Derwischmützen des Ardebil-Ordens aus dem persischen Alltag verschwanden; unter Abbas' strengem Regiment blieb endgültig kein Platz mehr für Sozialrevolutionäre.

Abbas vollendete, was Ismail angestrebt hatte. Er regierte absolut, von keinem Kritiker mehr gehemmt. Anders als sein Vorgänger hatte er ja nicht eine verheerende Niederlage wie die von Tschaldiran zu verantworten, er war und blieb der strahlende Sieger auf allen Gebieten – wer wagte es noch, an seiner »Unfehlbarkeit« zu zweifeln?

Über den Regierungsstil Schah Abbas' und seiner Nachfolger sind wir durch Aufzeichnungen ausländischer Gesandter sehr gut unterrichtet. Diese Männer konnten ihre Beobachtungen unbefangener als ein persischer Hofchronist festhalten, schrieben sie doch ohne Aufsicht oder erst nach der Rückkehr in ihre Heimat und brauchten nicht mehr den Zorn des Schahs zu fürchten. Besonders die Aufzeichnungen des bereits erwähnten Gesandtschaftssekretärs Engelbert Kaempfer besitzen einen hohen dokumentarischen Wert, denn er beherrschte fließend die Landessprache und fand so leichter Zugang zu allen Ministern. Was er im Jahr 1684 über Schah Sulaiman I. schrieb, könnte ebensogut sechs Jahrzehnte zuvor über Abbas zutreffen: »Den Herrscher anzusehen, ohne zuvor ein würdiges Geschenk dargereicht zu haben, ist ein Verbrechen; ihn anzureden eine Sünde, sofern man nicht zuerst den vom Schah betretenen Boden unter tiefer Verneigung dreimal geküsst hat. Diese gottähnliche Verehrung, die aus der Zeit herrührt, da die alten Perserkönige über den Weltkreis geboten, ist auch dem heutigen Inhaber des Throns so sehr zur Gewohnheit geworden, dass ihm deren Abschaffung selbst nach all den … erlittenen Gebietseinbußen nicht in den Sinn kommt … Nicht zuletzt erfährt die Machtfülle des Großkönigs eine Steigerung durch die eigentümliche Glaubensform der Untertanen. Dies bewirkt, dass sie sich ihrem unumschränkten und heiligen Herrscher bedingungslos unterwerfen, mag er auch noch so tückische Handlungen begehen oder die absonderlichsten Forderungen an sie stellen. Kaum, dass ein Verurteilter mit einer Gebärde widerstrebt, wenn die Staatskasse seine Güter einzieht, der Henker ihm die Augen aussticht oder ein unerwarteter großköniglicher Sendbote ihm das Haupt abschlagen will (solche Urteile sind nämlich oft das Ergebnis beklagenswerter Zwischenspiele auf den Hofversammlungen des Schahs) …«

Eine übermächtige Persönlichkeit wie Schah Abbas fand auch keinen Widerspruch bei schiitischen Geistlichen. Ihm wagten Korangelehrte nicht mehr grundsätzlich zu widersprechen wie etwa seinen unfähigen Vorgängern. Er besaß wieder die Macht, Kritiker einzukerkern oder gar hinrichten zu lassen. Daneben aber umwarb er ranghohe und niedere Geistliche wie kein Schah zuvor. Den Religionsführern und Stellvertretern, den Scheichen und *Pirs* überließ er beachtliche Gebiete als religiöse Stiftungen, schenkte ihnen noch nebenbei Villen und ganze Bauerndörfer, vor allem aber schuf er ihnen wichtige Aufsichtsämter an den Schulen und Universitäten. Für die rangniedrigen Geistlichen mit dem Titel *Mullah* (von arabisch *Maula* = Herr) ordnete er an, dass sie durch die geistlichen oder weltlichen Großgrundbesitzer ihres Bezirks ein gutes Gehalt zu bekommen hätten – eine politisch raffinierte Maßnahme, denn damit blieben die Mullahs auf Gedeih und Verderb an einen feudalen Brotherrn gebunden. Massive Einschüchterung einerseits, Großzügigkeit andererseits, dies waren die Mittel, mit denen der Schah die Scheichs und Mullahs gefügig machte.

Schah Abbas duldete zudem einen Geistlichen Rat, eine sogenannte *Ulema* (wörtlich: »die Gelehrten«), einen Rat, der darauf achtete, dass die Regierung auch stets im Sinn des Korans ihre Entscheidungen fällte. Dies war bei Schiiten wie Sunniten so. Nominell besaßen stets diese ranghohen Geistlichen das letzte Wort, stand doch nach allgemeiner Ansicht die Religion über der Politik. Schah Abbas hütete sich, an dieser Tradition zu rütteln, er hätte sonst die Masse der Gläubigen gegen sich gehabt. Gleichzeitig aber empfand er sich als Nachfolger der »göttlichen Imame«, fühlte sich jedem geistlichen Oberhaupt im Rang überlegen – also musste er darauf hinarbeiten, dass die Geistlichen bereitwillig seine »göttliche Kraft« anerkannten, erst dann konnte er unangefochten regieren. Einer Persönlichkeit wie ihm gelang dies, ihm lieferten die Korangelehrten bereitwillig jedes gewünschte Gutachten.

An Fähigkeiten übertraf Abbas nahezu alle Herrscher seiner Dynastie. Er war ein genialer Feldherr und Organisator, zugleich ein Mann mit viel Sinn für Wissenschaft, Architektur, Kunst und Poesie. Er besaß einen scharfen analytischen Verstand und war zugleich ein Künstler, schrieb Verse und plante gemeinsam mit seinen Baumeistern Städte. Nach außen und innen stabilisierte er den Staat. Und nicht zuletzt hat er die schiitische Ordnung in Persien vollkommen gefestigt. Aber Abbas war rücksichtslos und brutal; er ließ Tausende töten, die sich nicht ohne Widerspruch seinem Willen fügten. Einseitig bevorzugte er den Feudaladel, die reichen Kaufleute und die hohe Geistlichkeit. Dagegen betrachtete er die Bauern nur als Arbeitstiere und erpresste von ihnen immer höhere Abgaben. Mit solchen Maßnahmen lähmte er wichtige Kräfte, die seinem Land hätten nützen können. Und so machte er den Iran auch anfällig für Krisen, die Jahrzehnte nach seinem Tod den Staat bedrohen sollten.

Mesched, Ghom, Schiras – der Aufstieg schiitischer Wallfahrtszentren im Iran

Unter der 42 Jahre dauernden Regierung von Schah Abbas erlebte der Iran im religiösen Leben beträchtliche Impulse. Abbas hatte das Ziel, der schiitischen Konfession gegenüber dem sunnitischen »Irrglauben« endgültig zu großer Geltung zu verhelfen – dies durch die Stärkung schiitischer Wallfahrtszentren.

Er verfolgte hierbei zwei Ziele. Zum einen wollte er den persischen Schiiten ihre bedeutendsten Pilgerorte auf dem arabischen Boden zurückgewinnen: Nedschef und Kerbela, die Grabstätten ihrer heiligsten Imame Ali und Hussein, sie befanden sich unter der Herrschaft der sunnitischen Türken. Zum anderen wollte er in den Kernprovinzen des Iran das Wallfahrtswesen intensivieren, um die dortigen schiitischen Pilgerzentren vom Makel ihrer Zweitrangigkeit zu befreien. Dies betraf vor allem die Orte Mesched, Ghom, Schiras. Nachdem Abbas beides erreicht hatte, war seine Stellung gegenüber der schiitischen Geistlichkeit unantastbar geworden.

1616 drang Abbas mit einem Heer in den Irak ein, eroberte die osmanische Provinz und Vertrieb die Sunniten von den heiligen Stätten der Schiiten. Unter dem Jubel seiner Glaubensbrüder betete Abbas, der schiitische Perser, in den arabisch geprägten Heiligtümern. Er ließ in den bescheidenen Kleinstädten Nedschef und Kerbela mit ihren bisher unscheinbaren Mausoleen neue Grabmoscheen im persischen Stil errichten, monumentale Kuppelbauten mit farbenfrohen Fayencen an den Wänden, die Kuppeln mit Blattgold überzogen. Von nun an sahen die Pilger schon von weitem, wenn sie aus der Wüste sich den beiden Städten mit ihren ineinander verschachtelten Lehmhäusern und dem engen Gassengewirr näherten, die Goldkuppeln, die das Sonnenlicht reflektierten. Nedschef und Kerbela wurden unter der schiitischen Herrschaft des Schahs Abbas endlich zu Pilgerzentren, die auch äußeren Glanz ausstrahlten.

Abbas förderte parallel auf iranischem Boden in den Orten Mesched, Ghom und Schiras das Wallfahrtswesen. Sein Interesse konzentrierte sich erst auf Mesched. In diesem Ort, damals eine unscheinbare Kleinstadt, war im Jahr 817 Ali Reza, der achte Imam in der Reihe der zwölf heiligen schiitischen Imame, gestorben. Vermutlich war er von sunnitischen Gegnern vergiftet worden. In der schiitischen Geschichtsschreibung gilt er als *Schahid*, »Märtyrer«, weshalb sein Mausoleum wie auch die Stadt arabisch *Mesched*, »Ort des Martyriums«, heißt. An zweiter Stelle konzentrierte sich Schah Abbas auf die damalige Kleinstadt Ghom, in der 816 Fatemeh Masumeh, die Schwester des achten Imam, an einer Krankheit gestorben war; auch für sie wurde ein Mausoleum errichtet. An dritter Stelle widmete er sich Schiras, wo ein Bruder des achten Imam im Jahr 820 getötet und beerdigt wurde. Dies waren die einzigen Grabstätten schiitischer Heiliger auf persischem Boden; alle anderen Imame und ihre Verwandten ruhten, soweit bekannt, in irakischer oder arabischer Erde. Schiitische Pilger waren bisher stets nach Nedschef und Kerbela geströmt, andere gar weiter nach Mekka und Medina, kaum einer hatte die wenig bekannten Gräber in Mesched, Ghom und Schiras besucht. Persien, die wichtigste Hochburg der Schiiten, besaß demnach keine attraktiven Wallfahrtsorte. Dem Schah erschien dieser Gedanke unerträglich, und er beschloss, den Zustand zu ändern. Er ließ in Mesched eine prunkvolle Grabmoschee bauen, deren goldene Kuppel weithin über die Hausdächer leuchtete, ein Bau, der mit seinen bunten Fayencekacheln und seinem Blattgold, seinen weitverzweigten Nebengebäuden und Höfen an Pracht in nichts den Pilgerstätten im Irak nachstand. In Ghom verfuhr Abbas genauso großzügig, nicht minder in Schiras.

Bei so viel Aufwand konnte der erwartete Pilgerstrom nicht ausbleiben, zumal die schiitischen Geistlichen den Gläubigen »bisher wenig bekannte« Aussprüche der Imame predigten. Der siebte Imam Musa al-Kazim habe gesagt, eine Pilgerfahrt zum Grab seines Sohnes Ali Reza bringe 70 000 Mal so viel Gnade wie eine Wallfahrt nach Mekka. Und der achte Imam, eben jener Ali Reza, habe geäußert, eine Pilgerfahrt zum Grab seiner Schwester Fatemeh Masumeh sowie seines Bruders Ibn Musa beschere den Gläubigen so gut wie sicher das Paradies. Woher die Prediger plötzlich diese »verbürgten« Aussagen hatten, ist heute schwer zu beantworten, nur eines lässt sich mit Sicherheit nachweisen: Die Korangelehrten wollten mit solchen Predigten den Versuch ihres Herrschers unterstützen, schiitische Wallfahrtsstätten im eigenen Land aufzuwerten.

Schah Abbas erlebte nicht mehr, wie die Türken im Jahr 1638 den Irak zurückeroberten. Ihm blieb das Bewusstsein erspart, dass der Irak erneut von Persien abgeriegelt wurde und schiitische Pilger abermals bangen mussten, ob die Sunniten ihnen nicht nach Lust und Laune die Wallfahrtsstätten von Nedschef und Kerbela sperrten. Aber möglicherweise hatte er befürchtet, dass es so kommen könnte, und für diesen Fall hatte er Vorsorge getroffen. Mesched wiege 70 000 Mal mehr als Mekka!, so hatte er ja beharrlich in Moscheen predigen lassen. Ein Ausspruch, der Sunniten nur empören konnte. Ein Ausspruch aber, der für persische Schiiten mehr und mehr ein Trost, eine Genugtuung wurde. Je öfter die sunnitisch-osmanische Regierung in Zukunft schiitischen Persern den Weg zu den Grabstätten Alis und Husseins erschwerte und erst recht die Wallfahrt nach Mekka unmöglich machte, desto mehr fand dieser Ausspruch bei Persiens Gläubigen Gehör. Mesched, Hauptstadt der Provinz Chorassan, nahe der afghanischen sowie turkmenischen Grenze gelegen, zu Beginn des 21. Jahrhunderts auf über zwei Millionen Einwohner angewachsen, ist das meistbesuchte Wallfahrtszentrum des Iran. Während des Trauermonats *Muharram* strömen Pilger sowohl aus dem Iran als auch aus den angrenzenden Nachbarländern zu Hunderttausenden dorthin.

Ghom, etwa 150 Kilometer südlich von Teheran gelegen, eine Stadt mit über einer Million Einwohnern, kann zwar nicht so viele Pilger wie Mesched zu seiner Grabmoschee locken, aber in Ghom entstand das größte Seminar für Geistliche im Iran. Hier lehrten seit dem 18. Jahrhundert die maßgeblichen Korangelehrten, hier wohnten auch viele jener Geistlichen, die den Schah in allen religiösen Rechtsfragen berieten. Ghom wurde so zum Zentrum schiitischer Glaubenslehre, nirgendwo sonst im Iran sieht man heutzutage derart viele Männer in geistlicher Tracht. In Ghom sollte später Khomeini seine Ausbildung erhalten. Und in Schiras, heute eine Stadt mit 1,5 Millionen Einwohnern, bildet das Mausoleum des Bruders von Imam Ali Reza unter dem Namen *Schah Tscheragh* (»König des Lichts«) das drittwichtigste Heiligtum der Schiiten im Iran.

Isfahan, »Spiegel des Paradieses«

Im Jahr 1598 ging Schah Abbas daran, die neue Residenz Isfahan nach seinen Vorstellungen umzubauen. Und nur wenige Jahrzehnte brauchten zu vergehen, bis der Ruhm dieser neuen Metropole über die Landesgrenzen hinaus bis ins ferne Europa drang. »Der Umkreis von Isfahan, die Vororte mit einberechnet, ist wohl fast ebenso groß wie der von Paris«, schrieb bereits im Jahr 1632 bewundernd der Franzose Jean-Baptiste Ternier, der als einer der ersten europäischen Kaufleute nach Persien kam. Isfahan besaß zu dieser Zeit an die 600 000 Einwohner, etwa ein Drittel dessen, was die Stadt zu Beginn des 21. Jahrhunderts zählt, aber für damalige Verhältnisse galt dies als ungeheure Zahl, beeindruckend für Muslime wie für Europäer.

Ihren eigentlichen Ruhm gewann die neue Schah-Residenz Isfahan aber nicht durch Ausdehnung und große Einwohnerzahl, sondern durch die Moscheen, Koranschulen, Paläste, öffentlichen Plätze, Straßen und Gärten. Abbas hatte aus allen Teilen seines Reiches, ja auch aus Nachbarstaaten Baumeister, Künstler und Handwerker kommen lassen, um der traditionsreichen Stadt ein neues, noch schöneres Gesicht zu geben. Seine Nachfolger setzten diesen großangelegten Entwurf fort. Das Ergebnis waren über 150 Moscheen, an die 50 religiöse Schulen, zahlreiche große und kleine Karawansereien und über 200 öffentliche Bäder. Abbas ließ zwar die Viertel rings um die gewaltige Freitagsmoschee aus der Seldschukenzeit unangetastet, errichtete aber südlich des verwinkelten Basars eine Neustadt mit breiten, geraden Straßen, weitläufigen Plätzen und Prachtbauen.

Zentrum wurde der Meydan-e Schah, der »Platz des Schah«, der nach dem Sieg der »Islamischen Revolution« 1979 in Meydan-e Imam, »Platz des Imam« umbenannt wurde (bezogen auf den zwölften, den »Verborgenen Imam«). Dieser Platz misst 500 Meter in der Länge, 150 Meter in der Breite und ist damit sieben Mal so groß wie der Markusplatz in Venedig. In der Mitte befindet sich ein Wasserbecken mit Springbrunnen, Blumen und Buschwerk; von hier aus genießt man den Blick auf zweistöckige Arkadenhäuser, die in imponierender Einheitlichkeit den Platz umschließen. Über diese Bauten mit ihren Läden für Teppichhändler und Kunsthandwerker ragen im Osten und Süden zwei Moscheen auf, denen dieser Platz erst seinen legendären Ruhm verdankt: die Masdjid-e Lutfollah und die Masdjid-e Schah (heute Masdjid-e Imam).

Die ältere von ihnen ist die Masdjid-i-Lutfollah, so benannt nach einem berühmten Gelehrten, der zur Zeit des Schahs Abbas in Isfahan unterrichtete. Sie wurde zwischen 1602 und 1619 erbaut. Zeitgenossen müssen so beeindruckt gewesen sein, dass der Name ihres Architekten ganz unüblich in Urkunden festgehalten ist: Ali Reza Abbasi. Dieser Künstler schuf eine der eindrucksvollsten Moscheen des ganzen Orients. Zwar ist der Kuppelbau schlicht, in der Form viereckig, ohne Minarette, die Vorderfront vom großen Eingangstor beherrscht, aber die Farbenpracht der Fayencekacheln und der Einfallsreichtum ihrer Muster sind unübertroffen, besonders in den Innenräumen. Man fühlt sich an die Muster persischer Teppiche erinnert, nur ist hier alles noch viel feiner und raffinierter gestaltet. Im Moment des Betrachtens wird man den Eindruck nicht los, dass sich diese Moschee kaum noch von einem anderen Meisterwerk übertreffen ließe.

Doch betritt der Besucher die zweite Moschee, die Masdjid-e

Imam, so muss er sein Urteil revidieren. In der Masdjid-e Imam, der »Imam-Moschee«, findet er das Meisterwerk in letzter Steigerung. Auch diese Moschee wurde auf Befehl von Abbas errichtet. Er ließ sie im Jahr 1611 beginnen und konnte beinahe noch den Abschluss des grandiosen Bauwerks erleben; es wurde 1630, ein Jahr nach seinem Tod, vollendet. Ohne Zweifel hatte der Schah in diese Moschee seinen größten Ehrgeiz gesetzt, das bezeugen schon Ausmaße und Materialmengen des Gesamtkomplexes. Die Minarette sind an die 50 Meter hoch, die Kuppel misst gar 54 Meter. Für den Bau wurden 18 Millionen Ziegel und 500 000 Fayencekacheln verwendet. Diese Moschee, einst dem Schah geweiht, bezog sich mit ihrem Namen aber nicht auf ihren Bauherrn Abbas, sondern mit »Schah« war der »kommende König der Könige«, der »entrückte zwölfte Imam« gemeint. Der Namenswechsel von »Schah« zu »Imam« seit dem Jahr 1979 hat nur den Zweck, Missverständnissen vorzubeugen. Auch bei dieser Moschee ist uns der Name des Baumeisters überliefert: Ostad Ali-Akbar-i-Isfahani, einer der genialsten Architekten überhaupt.

Keine andere Moschee besitzt solch farbenprächtige und harmonisch geschmückte Wände, Kuppeln und Minarette. Unendlich viele Blumen- und Rankenornamente, durchsetzt mit Koraninschriften, bedecken die Flächen, wobei die vorherrschenden Farbtöne Abstufungen in Blau sind. Der Besucher weiß nicht, wohin er zuerst blicken soll, so vielfältig sind die Perspektiven und Lichtstimmungen. In der Masdjid-e Imam hat die persische Kunst der fayencegekachelten Wände ihre höchste Reife erreicht. Was bereits zur Zeit der altiranischen Gottkönige zur ersten Blüte kam und zuletzt in Buchara, Samarkand und Herat üppig sich entfaltete, war nun zu seinem Gipfelpunkt gekommen. Dieser Gipfel ließ sich nicht mehr überbieten; nach einer derartigen Verfeinerung der künstlerischen Ausdrucksmittel konnten nur noch bloße Nachahmung, Entartung und Abstieg erfolgen. Mit Recht schreibt André

Godard, der 20 Jahre den archäologischen Dienst des Iran leitete: »Sie (die Imam-Moschee) wurde damals für das Wunder ihrer Zeit gehalten und ist es in der Tat wegen der Schönheit ihres Grundrisses, des grandiosen Charakters ihrer Proportionen und des prunkvollen Aussehens ihrer vollständigen Emailverkleidung. So wunderschön mit ihren Nischen ..., ist sie das charakteristischste Baudenkmal der Regierungszeit von Schah Abbas, Gipfelpunkt safawidischer Kunst und gleichzeitig der Beginn ihres Niedergangs.«

Man wird der Bedeutung der Architekten allerdings nicht gerecht, wenn man sie nur wegen ihres genialen Kunstverstandes, ihres so überaus verfeinerten Schönheitssinns rühmt. Denn diese Baumeister haben nicht allein nach ästhetischen Überlegungen die farbenprächtigen Eingangstore, Innenhöfe und Kuppeln zu einem Ganzen geordnet – sie haben auch versucht, ihre Moscheen nach den Vorstellungen einer »transzendenten Symbolik« zu bauen, wie der französische Kunsthistoriker Henri Stierlin es in seinem prachtvollen Bildband *Isfahan. Spiegel des Paradieses* nennt. Diese genialen Architekten sind im Denken den tief religiösen Erbauern unserer Kathedralen gleichzusetzen; Kunst war für sie Dienst an der Religion und nicht Selbstzweck.

Es hat seinen Hintersinn, dass Isfahans Moscheen zur Straße hin nur schmucklose, kahle Backsteinmauern aufweisen und dem Besucher erst im Innern die verschwenderische Pracht der Fayencekacheln offenbaren. Keinesfalls wurde aus Materialmangel an diesen Außenwänden mit Schmuck gespart, der nackte Baustein soll vielmehr – so Henri Stierlin in seiner Studie über Isfahan – die Nichtigkeit der irdischen Existenz widerspiegeln, wobei der Gläubige schon von außen über diesen kahlen Backsteinmauern die gleißend bunte Kuppel verheißungsvoll aufragen sieht: Botschaft einer höheren, besseren, schöneren Welt. Der Gläubige soll, sobald er die Moschee betritt, eine Vorahnung von dem bekommen, was ihn beim

Eintritt ins Paradies erwartet. Ihn soll die Farbenpracht der Innenwände an die paradiesische Fülle des »ewigen Gartens« erinnern, wie sie bildhaft im Koran beschrieben ist. Der hochragenden Kuppel kommt hierbei die Rolle eines »Lebensbaumes« zu; kein Zufall ist es, dass sich auf ihr in Blau-, Grün-, Braun- und Gelbtönen Ornamente von Ranken und Blattwerk finden. Fast immer sind diese Kuppeln in ihrer Grundfläche in Blau gehalten, weil sie hochstrebend mit dem Blau des Himmels verschmelzen sollen, dem höchsten Sinnbild des Göttlichen. Die Moscheen Isfahans, so Henri Stierlin, »beschwören die Stätte der Ewigkeit herauf, wie sie von den Mystikern des schiitischen Islam erschaut wurde«.

Allerdings vermag die heutige Stadt nur noch einen vagen Abglanz von dem zu vermitteln, was Isfahan zur Zeit der Safawiden-Dynastie geboten hat. In den Vororten wachsen zwischen üppigem Grün bereits monotone Betonhäuser in die Höhe und drohen, wenn dieser planlosen Bautätigkeit nicht bald Einhalt geboten wird, die grandiose Stadtsilhouette zu sprengen. Auch sind in der Innenstadt bereits zahlreiche Gärten, Pavillons und Springbrunnen am Rand der Prachtstraßen dem Autoverkehr geopfert. Dies sind nicht wiedergutzumachende Schäden einer falsch verstandenen Modernisierung.

Im Kern jedoch hat sich Isfahan weitgehend seinen alten Charakter bewahren können. Nach wie vor säumen Alleen von Pappeln und Ahornbäumen die Straßen, noch immer dominieren die ein- oder zweistöckigen Basarbauten. Steigt man auf ein Minarett der Schah-Moschee und genießt von dort die Aussicht, so blickt man auf ein beinahe geschlossenes Gefüge von braungelben Lehmziegelhäusern, auf deren flachen Dächern sich unzählige kleine Kuppeln wölben. Beherrschend wie einst überragen blauglasierte, reich ornamentierte Moscheekuppeln das Gassengewirr und heben sich noch immer harmonisch vor der Ebene im Norden und den kahlen Bergen im Osten und Süden ab. In Isfahan hat sich persisches Genie noch einmal zu einem unvergleichlichen Höhenflug aufgerafft und etwas zutiefst »Persisches« geschaffen – ein Werk, in dem vorislamische und islamische Tradition zu einer Synthese verschmelzen, einzigartig, unwiederholbar.

Dekadenz am Hof des Großkönigs

Besonders gut Bescheid wissen wir über die Jahre 1684 und 1685 in Isfahan. Diese Kenntnisse verdanken wir Engelbert Kaempfer, von dem schon die Rede war. Er, ein gebürtiger Deutscher, kam als Sekretär eines schwedischen Gesandten im Januar 1684 an den Hof des Schahs Sulaiman I. und blieb zwei Jahre in Isfahan. Was er anschließend in seinem Buch *Am Hofe des persischen Großkönigs* festgehalten hat, gehört zu den aufschlussreichsten Berichten, die wir über das Persien des 17. Jahrhunderts kennen. Wie keinem anderen ist es ihm gelungen, vom geistigen und seelischen Klima dieser schiitischen Residenz zu berichten. Während jener Jahre, fünf Jahrzehnte nach dem Tod des großen Schahs Abbas, fühlten sich ihre Bewohner noch auf dem Gipfel ihrer Kultur, ja, gerade damals nannten sie Isfahan überheblich »die Hälfte der Welt«. Tatsächlich aber stand hinter den äußerst glanzvollen Fassaden schon unabwendbar der Zerfall, hervorgerufen durch ein zutiefst fragwürdiges Gesellschaftssystem.

Kaempfers Bericht über die Hofversammlungen vermittelt besonders gut einen Eindruck vom Glanz und Elend dieser hochkultivierten, dekadenten Epoche. Offiziell ging es bei solchen Audienzen um »die Erörterung der Staatsangelegenheiten, der Ämtervergebung, den Empfang der Abgesandten ausländischer Fürsten …«. Ein staatspolitisch besonderes Zeremoniell also, so will es scheinen. Doch der Chronist belehrt uns eines Besseren. Der Schah, der abgesondert von allen gewöhnlichen Sterblichen auf einem prächtigen Kissenlager thronte, war nur Statist, nicht mehr Hauptperson. Zwar warf sich der Großwesir vor ihm nieder, küsste dreimal den Boden und nannte sich ein »Opfer« des »göttlichen« Herrschers, aber dieser Minister und sein Gefolge allein verstanden etwas von den Staatsgeschäften und konnten die nötigen Anordnungen treffen; es musste ihnen nur gelingen, die »gnädige Zustimmung« des Schahs zu erreichen; dazu jedoch genügte es, den Herrscher zu umschmeicheln. Der Schah selber entschied aus eigener Kraft nur noch über »Stellengesuche, Gehaltserhöhungen oder Belohnungen« seiner Gefolgsmänner, zu mehr reichte sein Urteilsvermögen nicht aus, wie Kaempfer bissig bemerkt. Dem »göttlich inspirierten« Herrscher erschienen die Hofversammlungen viel zu anstrengend; er zeigte bereits nach ein oder zwei Stunden seine Ungeduld und befahl, nun müssten Tänzerinnen oder Ringer, Schauspieler und Possenreißer zur Unterhaltung auftreten. Minister, Generäle und Gesandte hatten dann zu warten, bis der Schah wieder bereit war, sich den Staatsgeschäften zu widmen. Sieben bis acht Stunden dauerten solche Hofversammlungen, die meiste Zeit aber befasste man sich mit Nebensächlichkeiten, denen der Schah zu folgen vermochte. Später dann, in abgeschiedenen Gemächern, fällten Minister, Generäle und Eunuchen, Vorsteher des kaiserlichen Harems, die wirklich bedeutsamen Entscheidungen.

Entscheidungen für das Staatswohl? »Die Lässigkeit des Großkönigs«, so folgert Kaempfer, »ermöglicht es den Großen und Vornehmen, nur auf ihren eigenen Vorteil bedacht zu sein. Die Untergebenen werden bedrückt, unschuldig gequält, Recht und Billigkeit außer Acht gelassen. Wer die meisten Geschenke macht und in der Bestechung sich als Meister erweist, erhält die Staatsstellen, so dass diejenigen Ämter, die der Schah ohne Zaudern an die Würdigsten vergeben müsste, jetzt der Willkür und Habgier der Großen ausgeliefert sind. Ein solches Vorbild bei Hofe färbt natürlich ab, und so pressen die Statthalter und Stadthauptleute die Bevölkerung aus, stehlen und hinterziehen von den Einkünften des Staates und den Erträgnissen der Krongüter, was sie nur können … Die Veruntreuung von Staatsgeldern scheint im Perserreich schwer ausrottbar zu sein; doch muss man bedenken, dass ja auch an unseren Höfen das Recht oft genug gebeugt wird.«

Keine Spur mehr von der Tatkraft eines Schahs Ismail oder Abbas. Keine Spur mehr von »göttlicher Inspiration«, wie sie die großen Vorgänger noch mit Erfolg für sich beanspruchen konnten. Wieder einmal wurde das altpersische System der Gottkönige zum Fluch für eine Gesellschaft, die allzu entschieden an diese Tradition angeknüpft hatte. Ein Staatswesen, das allein auf die Persönlichkeit eines überragenden Herrschers zugeschnitten war, musste ins Chaos führen, sobald kein solcher Herrscher mehr folgte. Wieder einmal konnten Wesire, Statthalter und Generäle zusehends an Einfluss gewinnen, je schwächer ein Schah sich zeigte. Die Nachfolger von Abbas I., dem Großen: Safi I., Abbas II., Sultan Hosein, Sulaiman I., waren alle nicht mehr die Persönlichkeiten, um dem Amt mit dem hohen Anspruch auch nur einigermaßen zu entsprechen. Der Niedergang der Dynastie war nur logisch.

Schah Abbas selber hatte dazu beigetragen, dass seine Nachfolger nicht besser regieren konnten. Er, ein machtgieriger, von Verfolgungsängsten geplagter Despot, hatte den Befehl gegeben, Prinzen müssten im Harem, abgeschlossen von der Außenwelt, erzogen werden. Auf diese Weise war er, der regierende Schah, zwar vor Rivalen sicher, aber über die Auswirkungen hatte er sich wohl wenig Gedanken gemacht. Er wiederholte jenen verhängnisvollen Fehler, den einst schon die altpersischen Gottkönige und später auch die Kalifen von Bagdad begangen hatten. »Keine Kunde von den Taten berühmter Männer dringt an das Ohr des Knaben«, berichtet Engelbert Kaempfer, der sich diese fragwürdigen Zustände zur Genüge hat beschreiben lassen und selber seine Schlüsse daraus zieht. »Öffentliches Recht, die Grundsätze der Staatsverwaltung, Leibesübungen, um die Glieder geschmeidig zu machen, Schulung zur Entwicklung rascher Auffassungsgabe, Grundbegriffe des Kriegswesens und was alles sonst einem künftigen Herrscher vonnöten ist – all dies wird gänzlich vernachlässigt. Gleichsam mit Vorbedacht wird verhütet, dass der Kronprinz beim Herrschaftsantritt zum Missfallen seiner Ratgeber selbständig die Zügel der Staatsführung ergreifen möchte.«

Statt Bildung boten die Höflinge den Prinzen bereits im Knabenalter die ersten Frauen, hinzu kamen Wein und Opium, deutliche Anzeichen des Zerfalls. Trotz allem blieb der Kult um die »göttliche Kraft« des Schahs bestehen, ja trieb jetzt sogar groteske Blüten. Kaempfer berichtet, dass viele ahnungslose Untertanen glaubten, der Schah könne Wunder vollbringen und bereits durch die Ausstrahlung seines Leibes Krankheiten heilen wie angeblich einst die zwölf heiligen Imame. Deshalb wollten nicht wenige vornehme Kranke gegen eine beachtliche Summe Geld ein solches »Wunder« bei sich erreichen. »Damit die Heilung eintrete«, so der deutsche Beobachter, »muss der Kranke Wasser einnehmen, das irgendwie mit der Kraft dieser Ausstrahlungen angereichert ist, sei es, dass der Schah es zur Abspülung seiner Hände benutzt oder dass er es durch Hineintauchen seiner Finger oder sonst eine Berührung beeinflusst habe. Diese Vorstellung hat die Gemüter in einem solchen Maß gewonnen, dass viele Leidende ihr Heilmittel lieber aus dem großköniglichen Waschbecken beziehen als aus der Apotheke.«

Die Berichte ausländischer Besucher bestätigen übereinstimmend, dass ein Großteil des Volkes den Schah weiterhin als »göttliche« Erscheinung verehrte. Daran änderte sich auch nichts unter dem grausamen Regime eines so unfähigen Herrschers wie Sulaiman I., den der Gesandtschaftssekretär Kaempfer selbst in Augenschein nehmen konnte. Die nichtssagende Person verschwand hinter dem Glanz des Amtes, ihre Fehler fielen dem Durchschnittsperser nicht auf. Prunkvolle Festzüge durch die Straßen Isfahans, nicht minder prunkvolle Reisen über Land mit Tausenden von Soldaten, Sklaven, Eunuchen, dem gesamten Harem mit Hunderten von Frauen, dazu unzählige Lastkamele mit Hausrat und Schmuck – all das war dazu angetan, das einfache Volk zu blenden. Eingeschüchtert standen Männer und Frauen am Straßenrand und beugten sich bereitwillig in den Staub, sobald Trompeten den Schah selbst ankündigten, einen Herrscher, der hinter Baldachinen und Gazeschleiern den Blicken der gewöhnlichen Sterblichen entzogen blieb.

Mullah, Modschtahed, Ajatollah – die neue Hierarchie

Blättern wir in den Aufzeichnungen des stets wachsamen Beobachters Engelbert Kaempfer, so stellen wir fest, dass sich bei den Geistlichen seit Schah Abbas einiges geändert hatte. Vorbei waren die Zeiten, als alle Korangelehrten eingeschüchtert jeden kaiserlichen Befehl absegneten. Weiterhin im Schatten des Schah-in-Schah blieben zwar die Ulema (der geistliche Rat) am Hof, die geistlichen Oberrichter und Verwalter religiöser Stiftungen. Anders aber dachten die Gelehrten, die fern vom Hof an religiösen Universitäten ihr Amt ausübten. Je mehr der Schah an Macht verlor und Höflinge an seiner Stelle regierten, desto mehr konnten gerade die kritischen Korangelehrten wieder an Selbstbewusstsein gewinnen. Kaempfer hat solche Männer besonders an den Wallfahrtsstätten von Mesched und Ghom ausfindig gemacht, vor allem in Ghom, dem Sitz der bedeutendsten geistlichen Hochschule Persiens. Dort war eine neue Machtelite entstanden.

»Alle die erwähnten kirchlichen Würdenträger«, so Kaempfer, »stehen an Ansehen und Verehrung hinter einem gewissen Schriftgelehrten zurück, der den Titel *Modschtahed* (»Urteilsfinder«) führt, eine Bezeichnung höchster Heiligkeit und unbedingten Vorrangs unter den Gläubigen. Weder die Gunst des Großkönigs noch das Einverständnis der Geistlichkeit oder der

Vornehmen, sondern allein die allmählich erworbene, auf heiligmäßiges Leben und überlegene Bildung sich gründende Hochschätzung seitens des ganzen Volkes verhilft ihm zu der hohen Würde. Man glaubt, der Scharfsinn eines Modschtahed ermögliche die unfehlbare Entscheidung jeglichen Gewissensstreites, die Lösung aller Glaubenszweifel sowie die rechte Auslegung des Koran und der mündlichen Überlieferung des Propheten und der heiligen zwölf Imame. Erstaunlicherweise machen sich auch die Gottes- und Schriftgelehrten die Anschauung zu eigen, hinter der die einfältige Überzeugung des Volkes steht: dass nämlich nach göttlichem Recht dem Modschtahed als dem höchsten geistlichen Führer die Herrschaft über die Muslime zustehe, während dem Schah nur die Einhaltung und Ausführung der oberhirtlichen Gutachten obliege. Demnach entscheide eigentlich der Modschtahed über Krieg und Frieden; ohne seinen Rat könne nichts Wichtiges in der Herrschaft unternommen werden.«

»Erstaunlich« nennt Kaempfer dieses Denken, »einfältige Überzeugung des Volkes« vermutet er dahinter. So kann nur er als Europäer urteilen, dem eine Trennung von Staat und Kirche nötig erscheint. Kaempfer gehörte zu jener ersten Generation, die nach den grauenvollen Erfahrungen des Dreißigjährigen Kriegs Religion und Politik nicht mehr vermengt sehen wollte. Muslime dagegen kannten nicht diesen Überdruss, sie hielten ungebrochen an ihrem Ideal des von Religion geleiteten Staates fest, besonders die Schiiten. An ihren Argumenten hatte sich all die Jahrhunderte hindurch wenig geändert, wie sich an den Aufzeichnungen Kaempfers aus dem Jahr 1684 zeigt: »Wenn die Muslime nach göttlichem Ratschluss geleitet werden«, heißt es dort, »so muss Allah seinen Willen einem Sterblichen kundtun. Wem aber? Etwa einem weltlichen Herrscher, der doch erd- und leibgebunden ist? Das wäre ein unwürdiges Rasthaus für die Einkehr Allahs! Sein Geist offenbart sich nur der Seele eines ganz vergeistigten Menschen, der unter Verzicht auf alle weltlichen Gelüste sich allein der Gottesschau weiht, sein irdisches Dasein als Kerkerhaft schmerzlich empfindet und auf dem Pfade des ewigen Heils voranstrebt. Daher tue sich der Wille Allahs nur den heiligen Imamen, das heißt den Nachfolgern Mohammeds in der Prophetenwürde, und heutigentags ausschließlich den ihnen nachfolgenden Modschtaheds kund. Der Schah aber, dem Allah sein Volk und die Leitung seines Staatswesens anvertraut hat, solle seinen Ratschluss den Worten der Modschtaheds seiner Zeit entnehmen.«

Der Machtkampf war in jenem Jahr 1684 bereits im vollen Gang, wie die Aufzeichnungen ahnen lassen. Beide Seiten, der Schah wie die Modschtaheds, nahmen für sich in Anspruch, rechtmäßige Nachfolger der »heiligen Imame« zu sein – der Schah behauptete gar, blutsverwandt mit ihnen zu sein, die Geistlichen dagegen fühlten sich von Gott zur Nachfolge berufen. Was wog schwerer?

Schah Sulaiman I. konnte es sich, sechs Jahrzehnte nach dem Tod Abbas' des Großen, nicht mehr leisten, solche Kritiker als Ketzer anzuprangern oder sie gar aus ihren Ämtern zu vertreiben. Im Gegenteil. Ein schwacher Regent wie er musste die Modschtaheds von Ghom umwerben und sie mit Ehrungen überhäufen, nur so konnte er noch hoffen, die frommen Kritiker und ihre zahlreichen Anhänger im Zaum zu halten. Kaempfer berichtet, dass beim königlichen Gastmahl der führende Modschtahed »seinen Platz in derselben Reihe wie der Herrscher, nur etliche Schritte von diesem entfernt«, zugewiesen erhielt. Eine überraschend große Ehrung. Sulaiman I. müsse so handeln, urteilt Kaempfer, »aus Rücksichtnahme auf das Volk, dessen Anhänglichkeit der Modschtahed in solchem Maße besitzt, dass es für den Schah nicht tunlich wäre, irgendeinen unverletzlichen Grundsatz der Glaubenslehre anzutasten«. Deshalb müsse sich der Herrscher auch hüten, »in der äußeren Staatsführung etwas zu unternehmen, was der Modschtahed als gegen die Religion verstoßend bezeichnen würde«. Man sieht es: Die Modschtaheds waren auf dem besten Weg, für den Schah die maßgeblichen geistlichen Rechtsgelehrten zu werden – die neue »Ulema«.

Wieder besaß der Schah in Männern der Religion unbequeme Kritiker wie schon zu Zeiten der Derwischprediger von Ardebil. Nur hatten sich die Akzente entscheidend verschoben. Die Derwische leisteten dem Schah Widerstand, als er die sozialrevolutionären Ideale ihres Ordens missachtet hatte und wie ein sunnitischer Feudalherr regierte. Die Modschtaheds dagegen interessierten sich nicht für soziale Fragen. Sie selber lebten recht gut von den hohen Abgaben der Bauern und Tagelöhner aus kirchlichem Landbesitz, und an diesem System wollten sie ebensowenig wie der Schah etwas geändert wissen. Umso mehr ging es ihnen um die »richtige Auslegung des Glaubens«, wie sie nicht müde wurden zu versichern. Scharf lehnten sie es ab, den Schah für unfehlbar zu halten; dies erschien ihnen als eine Irrlehre aus vorislamischer Zeit, der Epoche altpersischer Gottkönige. Sie versuchten, den Herrscher zu bewegen, sich demütig als irrenden Menschen zu empfinden, deutlich getrennt von der Reihe der heiligen Imame, offen für Ratschläge seiner ranghohen Geistlichen, die als Beauftragte des »Verborgenen Imam« am besten wussten, was richtig sei.

Diese neuen Kritiker wurden die Schahs nicht mehr los. Über Jahrhunderte nicht. Genau genommen: bis in unsere unmittelbare Gegenwart nicht. Die Macht der Modschtaheds wuchs, sobald schwache Herrscher die Kontrolle über das Land verloren. Während des 19. Jahrhunderts schließlich perfektionierten die Würdenträger von Ghom und Mesched – selbstbewusster denn je – die Organisation für die mehr als 180 000 Geistlichen Persiens. Wenig änderte sich zwar für die Mullahs, die die Masse der rangniedrigen Kleriker bildeten und in der praktischen Seelsorge tätig waren. Anders aber sah es für jene aus, die in den höchsten akademischen Rang eines Modschtahed, eines »Urteilsfinders«, aufgestiegen waren. Modschtaheds gab es während des 19. Jahrhunderts bereits viele Hunderte, womit es nötig wurde, ihnen eine neue Autorität überzuordnen. Zukünftig durften nicht mehr Modschtaheds, sondern nur noch ihre gewählten Führer im Namen aller den Schah kritisieren. Diese Führer trugen einen eigenen Titel: *Ajatollah*, »Zeichen Allahs«.

Damit hatten sich im schiitischen Persien jene Fronten gebildet, wie sie nahezu unverändert bis ins Jahr 1979, bis zum Sturz der Dynastie Pahlevi, bestanden haben. Aber viel musste noch geschehen, bis die Ajatollahs tatsächlich mächtiger als die weltliche Regierung und damit die eigentlichen Herrscher des Iran wurden. Noch hatten die Schahs eine lange, wenn auch krisenreiche Zukunft vor sich, bevor die »Islamische Revolution« unter Führung von Ajatollah Khomeini im Iran eine neue Epoche beginnen ließ.

Die Verwestlichung und der Gegenschlag

1. Zwischen Fortschritt und Rückschritt

Die Kolonialmächte kommen

Das Jahr 1826 brachte Unfassliches für den Iran. Russische Truppen lagerten vor Ardebil, dem Pilgerort und legendären Nationalheiligtum des Reiches. Russische Offiziere betraten polternd in schweren Reitstiefeln das Mausoleum des Scheichs Safi ad-Din, vor dessen Stufen ein Muslim stets ehrfurchtsvoll die Schuhe ausgezogen hätte. Sie taxierten mit nüchternem Blick die wertvollen Teppiche und Kandelaber im Gebetsraum, dann die unersetzlichen alten Schriften in der Bibliothek und befahlen, die kostbarsten Stücke abzutransportieren.

Für die Perser war dies ein Schock. Seit der Mongolenzeit hatten sie nicht mehr erleben müssen, dass Andersgläubige auf iranisches Gebiet vorgedrungen waren und dort plünderten. Ardebil in den Händen der Ungläubigen! Ardebil, von wo aus einst Schah Ismail aufgebrochen war und das persisch-schiitische Reich begründet hatte.

Der Anlass war banal genug gewesen. In Täbris hatte der russische Gesandte eine Liebesaffäre mit einer muslimischen Frau begonnen und sich keine Mühe gegeben, die Tändelei vor der Öffentlichkeit zu verbergen. Mullahs hatten daraufhin versucht, die Einheimischen zum »Heiligen Krieg« gegen die Russen aufzuwiegeln, mit der Wirkung, dass eine aufgebrachte Volksmenge Russen im Diplomatenviertel verprügelte. Für Zar Nikolaus I., der ohnehin die Reichsgrenzen nach Süden vorschieben wollte, bedeuteten die Unruhen von Täbris die willkommene Gelegenheit, Truppen in die persische Provinz zu schicken. Die Truppen überrollten innerhalb kürzester Zeit mit ihren überlegenen Waffen jeden Widerstand persischer Soldaten, dann blieben sie zwei Jahre, blieben so lange, bis die Besiegten 1828 den demütigenden Vertrag von Turkomanchai unterschrieben: Sie hatten dem Feind den Kaukasus, Georgien und Teile Aserbeidschans abzutreten; damit war die russische Grenze bis knapp 40 Kilometer nördlich an Ardebil herangerückt. Als die Russen aus dem Südteil der Provinz wieder abzogen, ließen sie in Ardebil ein beschädigtes Mausoleum und eine halbleere Bibliothek zurück, deren unersetzliche Handschriften zukünftig in den Museen von Petersburg lagern sollten. Es gab keine Hoffnung, an der neuen Grenzziehung etwas zu ändern; zu sehr fühlte sich das persische Heer der modern ausgerüsteten Armee des Zaren unterlegen.

1868 nahte die nächste Katastrophe. Russische Truppen eroberten Buchara und Samarkand, Fürstentümer, die einst glanzvolle Zentren persischer Kultur gebildet hatten. Für Millionen Muslime sollte es mit einem Mal entscheidend sein, was russische Verwaltungsbeamte im fernen Petersburg beschlossen; hier geschah etwas, das sich nach ihrem Weltbild niemals hätte ereignen dürfen: »Gläubige« mussten unter der Herrschaft von »Ungläubigen« leben, ja, hatten zu befürchten, dass man ihnen eine fremde Kultur aufzwang. Zwar waren Buchara und Samarkand schon seit Jahrhunderten von Persien unabhängige Fürstentümer gewesen und überdies durch ihre sunnitische Konfession von der schiitischen getrennt, aber es hatte doch weiterhin ein Gefühl gemeinsamer Kultur existiert. Wann, so fragte man sich besorgt am Hof des Schah, würden die Russen weiter in persisches Kernland vorstoßen?

Ähnliche Fragen stellten sich Muslime zu jener Zeit in fast allen islamischen Staaten. Auch Türken und Araber hatten die aufstrebenden Kolonialmächte Europas zunehmend zu fürchten. Auf dem Balkan entrissen die Österreicher und Russen den

Osmanen Stück für Stück ihrer wichtigsten Provinzen. In Nordafrika machten die Franzosen Algerien, Marokko und Tunesien zu Kolonien, brachten die Briten Ägypten unter ihre »Schutzherrschaft«. Briten waren es auch, die sich schon sehr bald neben den Russen bedrohlich gegenüber Persien bemerkbar machten. 1857 griffen die Briten militärisch ein, als Schah Naser ad-Din versuchte, das Königreich Afghanistan zurückzuerobern, das sich 1747 von Persien unabhängig gemacht hatte. Die Briten zwangen den Schah, endgültig Afghanistan als einen eigenen Staat anzuerkennen. Russland und Großbritannien sollten für mehr als ein Jahrhundert die gefürchteten Gegner Persiens, ja die bevormundenden Großmächte werden.

Das Schwert des Islam war stumpf geworden, so musste es den Muslimen von Marokko bis Indien erscheinen. Vorbei waren die Zeiten, in denen die Anhänger Mohammeds den Heiligen Krieg siegreich durch die halbe Welt bis weit hinein nach Europa tragen konnten. Nun war es umgekehrt: Christen drangen erfolgreich in muslimische Länder vor. Ihr Angriff blieb nicht mehr eine flüchtige Episode wie einst zur Zeit der Kreuzzüge, dieses Mal waren sie tatsächlich die überlegenen Eroberer, denen Perser, Türken und Araber nichts Gleichwertiges mehr entgegenzusetzen hatten. In den meisten islamischen Staaten regierten nur noch unfähige Despoten über ein unwissendes, völlig verarmtes Volk, predigten Korangelehrte eine starre Moral, zerfielen die einst prächtigen Städte. Europäer fanden für solche Staaten ein neues Wort: »Entwicklungsländer«. Sie fühlten sich dazu berufen, diesen »Barbaren« Kultur zu bringen. Für Perser, Araber und Türken musste eine solche Einschätzung verletzend, ja demütigend sein. Mehr noch: Sie fühlten sich in ihrem herkömmlichen Weltbild erschüttert. Jahrhundertelang war es ihnen als selbstverständlich erschienen, dass sich der Islam nach und nach über den ganzen Erdkreis ausbreiten würde; so hatte sich ihnen bisher die Wahrheit ihrer Religion bewiesen. Aber nun mussten sie erleben, wie das »ungläubige« Europa die Führung an sich riss – militärisch, politisch und kulturell.

Aus Asien, der legendären »Wiege« der menschlichen Zivilisation, kamen keine Impulse mehr. Der Kampf zwischen Orient und Okzident, wie er seit dem Aufstieg Athens zur Zeit des Dareios begonnen hatte, schien endgültig zugunsten des Westens entschieden. Und damit gehörte der Islam als Bannerträger höchster Kultur einer längst entschwundenen, legendär verklärten Vergangenheit an.

Diese Erkenntnis war niederschmetternd. Im 19. Jahrhundert griff jener Fatalismus um sich, den wir Europäer so gerne für einen typischen Charakterzug der Orientalen halten. Das Empfinden der Muslime, Lehrmeister der ganzen Welt zu sein, wich dem Zweifel, das Selbstbewusstsein dem Minderwertigkeitskomplex. Folgerichtig begegnete man dem Fremden nun nicht mehr so unvoreingenommen wie früher, man erblickte in ihm jetzt den Feind, der die eigene Kultur bedrohen könnte.

Diese Haltung zeigte sich besonders bei Korangelehrten und Geistlichen. Viele von ihnen sahen im Sieg der »Ungläubigen« eine Strafe Gottes. Gar zu lange, so predigten sie, habe sich der Islam fremden Irrlehren geöffnet, gar zu oft sei die wahre Religion überwuchert worden von falschen Zusätzen! Die Korangelehrten wetterten gegen den Glauben des einfachen Volkes, wo sich oft genug vorislamische Erinnerungen erhalten hatten. Aber viele von ihnen wandten sich auch gegen hochgebildete Philosophen, die mit den Methoden von Aristoteles und Platon über Religion nachdachten. Ihnen erschien Avicenna oder Omar Chayyam mehr als ketzerisch, solche Gelehrten müsse man mit äußerster Vorsicht studieren und notfalls ihre Bücher meiden, ja verbrennen. Forderungen wie diese waren ja, wie bereits an anderer Stelle erwähnt, nicht neu, aber jetzt scharten sich hinter die dogmatischen Fanatiker mehr Muslime denn je, Schiiten und Sunniten, in Persien wie in anderen islamischen Staaten.

Es gab auch Gegenstimmen. Gerade gebildete Muslime sahen die Lage zuweilen anders. Sie wussten noch am besten, auf welche Weise die islamische Zivilisation führend in der Welt geworden war: indem man bereitwillig fremde Einflüsse aufgenommen, kritisch gesichtet, schöpferisch umgeformt und für die eigene Kultur fruchtbar gemacht hatte. Die Muslime müssten sich auf solche Traditionen zurückbesinnen, so forderten gerade die hellsichtigen Kritiker. Es waren vergebliche Worte. Die Masse der Gläubigen folgte diesen wenigen Mahnern nicht.

Typisch ist hierfür das Schicksal eines Persers, der wohl als der bedeutendste muslimische Denker des 19. Jahrhunderts gelten muss: Dschamal ad-Din al-Afghani. Er wurde 1839 in Persien geboren und starb 1897 im Exil in Istanbul, nachdem er in der Heimat vergeblich gegen den Widerstand der Geistlichen und Feudalherren angekämpft hatte, eine weltoffene und kritische »islamische Wissenschaft« durchzusetzen.

In fast allen muslimischen Staaten herrschten während des 19. Jahrhunderts fortschrittsfeindliche Feudalherren, unterstützt von stockkonservativen Geistlichen. In Persien aber erschien die Lage besonders hoffnungslos. Im Jahr 1722 hatte dort die Dynastie der Safawiden ein klägliches Ende gefunden. Die Armee eines afghanischen Provinzfürsten war in Isfahan eingerückt, hatte die glanzvolle Stadt verwüstet und den Schah vertrieben. Aber die Folgen waren noch bedrückender als zuvor die Niedergangserscheinungen unter der gestürzten Dynastie. Denn nun schwangen sich kleine Provinzstatthalter, Generäle und Stammesführer zur Herrschaft auf, alles Ehrgeizlinge ohne genügend Autorität, dafür umso grausamer in der Wahl ihrer Mittel. Das Land versank im Chaos von Bürgerkrieg und Stammesfehden.

Die Kadscharen, eine Dynastie ohne Glanz

Ende des 18. Jahrhunderts gelang es Mohammed Kadschar, dem Khan eines Turkvolkes, die Macht an sich zu reißen. Er war brutal und gerissen und er vermochte eine Provinzarmee nach der anderen zu schlagen und das Land unter seiner Herrschaft zu einigen. 1796 ließ er sich zum Schah krönen. Er wurde zum Begründer der Dynastie der Kadscharen. Er und seine Nachfolger bauten ein Provinznest am Rand des Elbursgebirges zur neuen Hauptstadt aus, weil in jener Gegend ihre stärksten Stammesverbände wohnten. Dieses Provinznest hieß Teheran.

Die Kadscharen regierten 130 Jahre lang, eine beachtliche Zeit. Aber sie besserten wenig an dem angeschlagenen, aus vielen Wunden blutenden Land. Keiner ihrer Herrscher zeichnete sich durch besondere Begabung aus, weder als Militärführer noch als Verwaltungsfachmann noch als phantasievoller Förderer von Kunst und Wissenschaft. Sie blieben im Kern ihres Wesens die ungebildeten Stammesführer, die zufällig im Chaos des Bürgerkrieges an die Spitze der Macht getragen wurden. Regieren hieß für sie in erster Linie, möglichst viel an Steuern aus der wehrlosen Bevölkerung herauszupressen. Gouverneurs- und hohe Beamtenposten vergaben sie nicht nach Fähigkeiten, sondern versteigerten sie an Meistbietende. Protest gegen dieses Unrechtsregime konnte schlimme Folgen haben, die Liste der meist grausam durchgeführten Hinrichtungen und Massenmetzeleien war ungleich größer als zur Zeit der Safawiden. Naturgemäß förderten solche Schahs den Herrscherkult, ja steigerten ihn noch. Sie führten für sich den Titel »Schatten Allahs auf Erden« ein, wie es ihn einst schon zur Zeit der Kalifen von Bagdad gegeben hatte. Auch ließen sie sich gerne von bittstellenden Untertanen als »Erlöser« und »Retter« preisen, Titel, mit denen sich einst schon die Gottkönige der Sassaniden geschmückt hatten.

Aber die Kadscharen konnten ihr Land weder retten noch

erlösen. Im Gegenteil. Unter ihrer Regierung verlor Persien seine Unabhängigkeit an europäische Kolonialmächte. Hatte der Kadscharen-Schah Fath Ali 1828 schon dem Druck der Russen nachgegeben und ihnen den Kaukasus, Georgien und einen Teil Aserbeidschans überlassen, so gestanden seine Nachfolger den Russen schließlich vertraglich zu, in Persien unbegrenzt Eigentum zu erwerben. Folgenschwerer noch war die Nachgiebigkeit gegenüber den Briten. Schah Naser ad-Din trat an sie 1872 das Recht ab, Bergwerke, Fabriken und landwirtschaftliche Betriebe zu errichten, deren Gewinn überwiegend in britische Kassen floss. Der Schah und seine hohen Beamten ließen sich mit Bestechungsgeldern abspeisen, mit denen sich bestenfalls einige neue Villen, Reitställe und technische Luxusgeräte aus Europa bezahlen ließen.

Dass Persien nicht auch noch von Kolonialtruppen besetzt wurde, verdankten die unfähigen Herrscher nur einem Glücksfall: Russland und Großbritannien stritten um die Vorherrschaft in diesem Gebiet und einigten sich nach zähem Ringen auf den Kompromiss, nur indirekt das Land zu regieren, es in »Interessensphären« aufzuteilen. Persien erreichte einen neuen Tiefpunkt seiner Geschichte.

Persien blieb das ganze 19. Jahrhundert hindurch ein schwaches, zerrissenes Land. Mehr noch: eine zutiefst unschöpferische, in Traditionen erstarrte Nation. Von diesem Niedergang nahmen sich auch die Geistlichen nicht aus. Modschtaheds wie Mullahs, ranghohe Korangelehrte wie das Fußvolk der zahlreichen Dorfprediger hatten viel von dem revolutionären Schwung verloren, den sie noch gegen die Schahs der Safawiden bewiesen hatten. Jetzt waren die religiösen Führer den Höflingen in Teheran zu ähnlich geworden, sie besaßen große Ländereien, liebten den Luxus und forderten von ihren Bauern ebenso hohe Abgaben wie die kaiserlichen Beamten. Manche Modschtaheds hielten sich gar eine Privatarmee, um notfalls gegen aufständische Bauern vorzugehen. Religiöse Führer dieses Schlags zeigten kein Interesse, dass sich an den herrschenden Verhältnissen grundsätzlich etwas änderte.

Einmal allerdings sah es so aus, als könnten weder der Schah noch die ranghohen Geistlichen den Ruf nach Reformen unterdrücken. Dies geschah Mitte des 19. Jahrhunderts. Damals forderte ein frommer Schiit in mitreißenden Reden eine bessere Gesellschaft und konnte mehr als jeder andere Neuerer die Volksmassen hinter sich scharen, ja eine Rebellenarmee gegen die Truppen des Schahs und der Modschtaheds aufbieten. Dieser Mann vermochte – für ein paar Jahre wenigstens – die erstarrten Fronten aufzubrechen und zumindest Signale für eine Erneuerung zu setzen. Er hieß Ali Muhammad Schirazi. Besser bekannt ist er unter seinem Beinamen *Bab* (arabisch: »das Tor«). Er begründete die Bewegung der *Babi*. Aus ihr sollte nach seinem Tod eine neue Religion hervorgehen – Persiens letzte Religionsschöpfung: die der Baha'i.

Bab – das »Tor« zu einer neuen Religion

Wir kennen exakt den Tag, an dem die Bewegung Babi – und damit der Baha'i – ihren ersten Schritt an die Öffentlichkeit getan hat. Es war der 23. Mai 1844. Damals fing Ali Mohammad in einem Moscheehof von Schiras zu predigen an.

Den Zeitpunkt für sein erstes Auftreten hatte er gut gewählt. Denn diesem 23. Mai 1844 hatten die Schiiten Persiens ohnehin mit größten Erwartungen entgegengesehen: Ihrer Überlieferung nach war es dann genau 1000 Jahre her, dass der zwölfte Imam ins Verborgene »entrückt« war, und nun machte man sich Gedanken, ob an diesem bedeutsamen Jubiläum der Imam Mahdi, der »Rechtgeleitete«, wiederkehren würde. Die Zeiten erschienen den Fragenden danach. Je mehr die »ungläubigen« Europäer siegreich im Orient vordrangen, desto deutlicher fühlten Muslime die gestörte Weltordnung reif für den verheißenen »Erlöser«, der aus dem Verborgenen treten und die Gläubigen aus tiefster Erniedrigung zum weltweiten Sieg führen werde. Falls der Imam nicht selber erscheine, so werde er doch wenigstens ein Zeichen setzen ...

An diesem 23. Mai 1844 waren in Persien die Moscheen brechend voll mit Menschen, eine Nation wartete in religiöser Hysterie: Doch der »Erlöser« kam nicht. Aber in der Hauptmoschee von Schiras machte ein junger Prediger, Ali Muhammad, auf sich aufmerksam. Er galt in den Augen seiner Mitbürger als äußerst fromm und gelehrt, denn jahrelang hatte er in den Pilgerstädten Nedschef und Kerbela schiitische Glaubenslehre studiert, und außerdem wies ihn sein Titel *Sayyid* als Nachkomme der weitverzweigten Prophetenfamilie aus.

Nicht wenige Mullahs seiner Heimatstadt Schiras beobachteten ihn allerdings argwöhnisch, denn er hatte sich einer schiitischen Sekte angeschlossen, deren Lehre nicht in allen Punkten von den Modschtaheds gebilligt wurde. Diese Sekte lehrte, stets gebe es einen Menschen, der mit dem Verborgenen Imam in geheimer Verbindung stehe und seinen Willen kenne. Nun, am 23. Mai 1844, dem für die Schiiten so bedeutsamen Tag, verkündete der junge Ali Muhammad: Er sei der Auserwählte für die gegenwärtige Epoche – der *Bab*, das Tor, durch das der Gläubige direkten Zugang zum Willen des erwarteten Mahdi erhalte. Jahrhundertelang hätten Mullahs und Modschtaheds die Botschaft Gottes nur unvollständig, missverständlich, verfälscht wiedergegeben – er aber, der Bab, bringe im Auftrag des Verborgenen Imam die reine Wahrheit.

Die Nachricht über seine Predigt verbreitete sich innerhalb von wenigen Stunden in Schiras, und Monate später war dieser Mann bereits in halb Persien bekannt. Von weit her kamen Neugierige zur Freitagspredigt, um mehr über den Willen des Verborgenen Imam, über die unverfälschte Auslegung der heiligen Schriften zu erfahren. Der Bab klagte die ranghohen Geistlichen an, dass sie machtgierig und käuflich wie weltliche Herrscher seien und oft nur noch gedankenlos ihre Gebete herunterleierten. Den Regierenden warf er vor, die Untertanen wie Sklaven zu behandeln und sie durch willkürlich hohe Steuern in Not zu bringen. Die Ehegatten mahnte er, Gott habe die Frau mit denselben Rechten ausgestattet wie den Mann, sie dürfe den Schleier ablegen und sich so frei bewegen wie der Gatte. Wer an diesen Geboten zweifle, der habe Gottes Botschaft nicht in ihrer vollen Tragweite verstanden.

Für die Zuhörer besaßen solche Worte Sprengkraft. Viele fühlten sich in ihrem untergründigen Unbehagen gegen den Schah, die Großgrundbesitzer und die Geistlichen bestätigt; sie fassten Mut, auf die verheißene neue Ordnung zu hoffen. Andere aber verließen grollend die Moschee, um an höchster Stelle zu melden, was hier an Ketzerei gepredigt wurde. Großgrundbesitzer wie Geistliche hatten allen Grund, diesen Prediger zu fürchten, stellte er doch mit zwingender Logik ihre Vorrechte in Frage. Beunruhigt wandten sich die Modschtaheds um Hilfe an den Schah, den sie bisher angeklagt hatten wegen seiner lauen Haltung gegenüber der Religion. Kein Wunder, dass der Schah zuerst einmal misstrauisch blieb und abwartete. Erst als sich in mehreren Provinzen Bauern zu bewaffneten Trupps zusammenschlossen und Gerechtigkeit im Namen des Bab forderten, wurde man am Hof von Teheran hellhörig. Schah Naser ad-Din schickte Truppen und ließ unter den Aufständischen ein Blutbad anrichten.

Der Bab konnte fliehen, wurde gefangen, nach Täbris gebracht und vor ein Gericht gestellt. Für die Richter war das Urteil von vornherein klar, sie hatten Anweisungen von höchster Stelle. Der Schah und seine Minister sahen in dem Bab den Aufrührer, der die Sklaven gegen ihre Herren, die Armen gegen die Reichen hetzte. Die Mullahs und Modschtaheds erkannten in ihm auch noch den religiösen Revolutionär, der vorhandene Traditionen umstürzen wollte. Ihr Hauptanklagepunkt hieß, der Bab wolle sich mit dem Propheten Mohammed und den zwölf heiligen Imamen auf eine Stufe stellen. Der Angeklagte widersprach nicht. Während des letzten Jahres hatte er tatsächlich verkündet, sein selbstverfasstes Heiliges Buch sei dem Koran ebenbürtig. Mehr noch: Er sei nicht nur »das Tor zur Wahrheit«, sondern die Wahrheit selbst. Damit hatte er sich endgültig vom Islam entfernt, denn kein Gläubiger durfte sich einen solchen Rang anmaßen. Das Todesurteil war rasch gesprochen. Aus der Sicht eines orthodoxen Schiiten fand sich an diesem Urteil nichts Unrechtes, allerdings waren mit diesem Verdammungsspruch zugleich auch alle sozialen Reformen verworfen, die der Bab gefordert hatte. Am 9. Juli 1850 wurde Ali Muhammad in Täbris erschossen.

Der Bab war tot. Die Bewegung lebte. Ihr Führer hatte als Märtyrer geendet – in würdiger Nachfolge von Ali und Hussein, so folgerten die Anhänger, durch sein Beispiel bereit zu äußerstem Fanatismus und Opfermut. Sie rankten auch bald wundersame Legenden um seinen Tod. Angeblich hatte die erste Gewehrsalve seinen Körper nicht verletzt und nur die Fesseln gesprengt – ein Zeichen Gottes für den, der es zu deuten verstand –, und das Hinrichtungskommando habe ein zweites Mal antreten müssen. Seine Anhänger verehrten ihn nun beinahe wie einen Gott, sie stellten ihn in der Reihe der heiligen Märtyrer bald über Ali und Hussein. In allen Provinzen Persiens schürten sie erfolgreich Aufstände, und zwei volle Jahre dauerte es, bis Schah Naser ad-Din die Rebellenheere des Bab niederwerfen konnte. Er tat dies mit äußerster Konsequenz und Grausamkeit. Gefangene ließ er grundsätzlich keine machen, Hunderttausende starben auf seinen Befehl unter den Gewehrsalven von Hinrichtungskommandos oder unter der Folter.

Vor diesem Terror flohen viele Überlebende ins Ausland, vor allem in den benachbarten Irak, wo der Todfeind des Schahs, der Statthalter des sunnitischen Osmanensultans, regierte. In Bagdad konnte sich die Schar der zerstreuten Anhänger wieder sammeln und nachhaltiger formieren als zuvor.

Die »ketzerische« Lehre der Baha'i

Das Oberhaupt der neuen Bewegung wurde Mirza Husain-Ali Nuri, der Sohn eines Ministers. Dieser Mann nahm den Namen *Baha'ullah* (»Herrlichkeit Gottes«) an. Er wurde zum zweiten großen – und eigentlich wegweisenden – Führer der Bewegung, und er formte die Lehre entscheidend um. Was er schuf, ist jene Botschaft, wie sie uns heute noch erhalten ist: die nach seinem Namen benannte Religion der Baha'i.

Baha'ullah führte anfangs ein bewegtes, heimatloses Leben. Ein Jahrzehnt lang war es ihm nicht vergönnt, sich an einem Ort auf Dauer niederzulassen, denn beargwöhnt wurden er und seine Anhänger auch von den sunnitischen Muslimen. Die osmanische Regierung befahl ihm, Bagdad zu verlassen und nach Edirne in Thrakien umzusiedeln. 1868 erreichte ihn ein neuer Befehl, nun hatte er in Haifa (heute Israel) zu wohnen. Dort, am Hang des Berges Karmel, konnten die Vertriebenen endlich Ruhe finden und sich einen Tempel bauen. Dort verfasste Baha'ullah einen Großteil seiner Schriften, die weit über das hinausgingen, was sein Vorgänger, der Bab, gepredigt hatte; Schriften, die für jeden orthodoxen Muslim eine ungeheure Provokation darstellen mussten.

Werfen wir einen Blick auf die Textstelle einer Schrift, wie sie die Baha'i heute vertreiben, so begreifen wir die Herausforderung. Es heißt dort: »Die Baha'i glauben an einen Gott, obgleich die Menschen ihn mit verschiedenen Namen bezeichnen. In gewissen Zeitabständen hat Gott Sein Wort durch verschiedene Boten geoffenbart, die die Baha'i Offenbarer Gottes nennen. Abraham, Moses, Krischna, Buddha, Zarathustra, Christus, Mohammed waren solche Gottesoffenbarer. Ihre Lehren sind göttliche Lehren, und in jedem Zeitalter verkünden sie Gottes Willen und Absicht neu ... Da es nur einen Gott gibt, haben alle Gottesoffenbarer die gleiche Wahrheit verkündet. Sie haben diese Wahrheit weiterentwickelt und den jeweiligen Bedürfnissen der verschiedenen Kulturkreise, der gesamten geschichtlichen Entwicklung der Menschheit angepasst. Diese stufenweise Entfaltung der Religion von einem Zeitalter zum andern wird fortschreitende Gottesoffenbarung genannt. Baha'ullah, der Begründer der Baha'i-Religion, ist der Offenbarer Gottes für unsere Zeit.«

Soweit das Zitat. Baha'ullah ließ zwar keinen Zweifel daran, dass ihm der Koran unter den bisherigen Überlieferungen am meisten am Herzen lag, aber: Er sei gesandt, um das Heilige Buch des Islam durch eine zeitgemäßere Gotteserkenntnis zu ersetzen, er befreie die Offenbarungen aller bisherigen Religionen vom Ballast überlebter Ideen und mache den gemeinsamen Kern aller religiösen Botschaften sichtbar. Baha'ullah verkündete, dieser Kern stehe nicht im Widerspruch zur modernen wissenschaftlichen Forschung Europas. Die Aussagen über Himmel und Hölle, Engel, Geister, Teufel und Auferstehung nach dem Tod – so wie man sie in dem Awesta, in der Bibel und im Koran finde – seien als Symbole für die Sehnsüchte des Menschen zu werten, man dürfe sie nicht wörtlich als Tatsachen verstehen. Auch brauche man nicht alle Vorschriften von Religionsstiftern buchstabengetreu zu befolgen, denn solche Gebote seien oft zeitgebunden und in einer späteren Epoche nicht mehr sinnvoll, man müsse sie durch neue Regeln ersetzen. Daher seien etwa Glaubenskriege oder Entrechtung der Frauen zugunsten des Mannes zu verwerfen; nur das Gebet, die Meditation und die gute Tat führten zur religiösen Vollkommenheit.

Endgültig hatte sich die Lehre der Baha'i von ihrem islamischen Ursprung gelöst, sie war zur eigenständigen Religion geworden. Schiitisches Denken lebte zwar in ihr weiter, aber für Außenstehende blieb dies kaum mehr erkennbar, für Schiiten selber war es unerträglich. Baha'ullah fühlte sich so unfehlbar wie einst die Imame, begriff sich dabei aber als Verkünder einer neuen Universalreligion, in der die Gläubigen aller Bekenntnisse ihre Heimat finden sollten.

Anders als die meisten Korangelehrten seiner Zeit war Baha'ullah bestens mit den geistigen Strömungen in der Philosophie und den Wissenschaften Europas vertraut, auch suchte er eifrig den Kontakt zur westlichen Welt. Hatte sich der Bab noch in erster Linie an seine schiitischen Landsleute gewandt, so richtete sein Nachfolger die Botschaft an alle Menschen. Folgerichtig sandte er Missionare in europäische Länder und nach Amerika. Von seinem Stammsitz bei Haifa schickte er Botschaften an die britische Königin Victoria, an den deutschen Kaiser Wilhelm I. und den russischen Zaren Alexander II.; in diesen öffentlichen Briefen rief er zu einer Politik der Völkerverständigung und Toleranz gegenüber Andersdenkenden auf. Diese Aufrufe fanden bei den Regierungen wenig Beachtung, umso mehr aber bei liberal denkenden Bürgern. 1893, ein Jahr nach dem Tod des Baha'ullah, gab es bereits die ersten Baha'i-Gemeinden in Großbritannien und den USA. Nicht wenige Christen, von der zeitweiligen Unduldsamkeit und Enge ihrer Kirchen enttäuscht, fühlten sich angezogen vom Geist dieser Universalreligion. Heute zählt die Baha'i-Bewegung Millionen Anhänger in aller Welt, besonders in Europa und den USA; allein in der Bundesrepublik leben über 10 000 Anhänger.

Auch im Iran selber existiert die neue Religion weiter, dort lebten bis zum Beginn der »Islamischen Revolution« (1979) an die 300 000 Baha'i, an Zahl fast zehn Mal so stark wie die Zarathustrier. Sie stellten damit die bei weitem stärkste religiöse Minderheit des Landes. Aber diese Baha'i hatten es schwer. Besonders während des 19. Jahrhunderts wurden sie von der Schahpolizei als revolutionäre Unruhestifter verfolgt, und bis heute werden sie von den Mullahs als Ketzer, ja als Ungläubige verdammt. Für die Muslime sind die Baha'i eine Provokation geblieben. Denn Schiiten wie Sunniten sehen den Islam als krönenden Abschluss, als Vollendung der jüdischen und christlichen Offenbarung an. Ihrer Meinung nach gilt Mohammed in der langen Reihe von Gottgesandten unwiderruflich als der letzte Prophet, und jeder religiöse Führer, der sich in späteren Jahrhunderten eine neue Prophetenrolle über Mohammed hinaus anmaßt, kann nach orthodox-islamischem Verständnis nur als Gotteslästerer eingestuft werden.

Nicht wenige der muslimischen Geistlichen riefen seit Mitte des 19. Jahrhunderts zur Vernichtung der Ketzer auf, das Volk folgte ihnen nur gar zu häufig. Fanatisierte Muslime stürmten die Häuser der Baha'i, verwüsteten ihre Friedhöfe, schlugen ihre Anhänger tot, ohne dass die Polizei einschritt und die Rasenden zurücktrieb. Dies geschah vor allem in Persien. Aus zeitgenössischen Berichten wissen wir, wie grausam die Fanatiker zuweilen mit ihren Opfern umgingen: Sie trieben ihnen Eisenstangen durch den Bauch und nagelten sie angesichts einer johlenden Volksmenge am Boden fest. Zehntausende Baha'i verloren während des 19. Jahrhunderts in Persien gewaltsam ihr Leben, aber auszurotten waren sie nicht. Vielen gelang es, ihren Glauben zu verbergen, andere blieben ihren Nachbarn zwar bekannt, wurden aber von ihnen als Menschen geachtet und daher vor radikalen Muslimen geschützt.

Mit dem Beginn des 20. Jahrhunderts schien für die Baha'i endgültig das Schlimmste vorbei. Toleranzideen der europäischen Aufklärung gelangten nach Persien, und mit ihnen wurde auch die Regierung duldsamer gegenüber den einstigen Rebellen. Von Persiens letztem Schah Mohammad Reza Pahlevi heißt es gar, dass er die Baha'i geschätzt habe, weil sie fortschrittlicher dachten als viele Muslime. Doch auch dieser Schah wagte es nicht, das Gesetz aufzuheben, durch das es den Baha'i verboten war, in den Staatsdienst einzutreten. Immerhin ließ er 1955 Truppen aufmarschieren, um die religiösen Zentren der Baha'i vor fanatisierten Schiiten zu schützen. Die Herrschaft Mohammad Reza Pahlevis bedeutete damit für die Baha'i eine Atempause – mehr allerdings nicht.

Als Khomeini 1979 die »Islamische Republik« ausrief und allen Bürgern die Glaubensfreiheit verhieß, konnten sich die

Baha'i nicht von diesem Versprechen betroffen fühlen. In der neuen Verfassung gilt Toleranz nur für Zarathustrier, Juden und Christen, ganz so, wie es seit je in islamischen Ländern gegenüber Anhängern monotheistischer Religionen üblich gewesen ist. Die Baha'i aber – als »abtrünnige« Muslime, als »Verräter am wahren Glauben« eingestuft – mussten gerade unter der Regierung fundamentalistischer Mullahs und Ajatollahs wieder mit besonders harter Verfolgung rechnen. 1982 erließen die neuen Machthaber ein Gesetz, das den Baha'i im Iran ein weiteres Leben fast unmöglich machte. Baha'i dürfen seitdem kein Eigentum mehr besitzen, kein Bankkonto einrichten, keinen Beruf ausüben, keine Schule und Universität besuchen, außerdem ist ihnen jegliche medizinische Betreuung verwehrt. Sie erhalten auch keinen Ausweis mehr, ohne Ausweispapiere dürfen sie aber keine Lebensmittel kaufen, und damit sind sie dem Hungertod preisgegeben. Überleben können sie unter solchen Umständen wie bei früheren Verfolgungen nur im Verborgenen, auf Nachbarschaftshilfe von Freunden, meist Christen, angewiesen. Viele von ihnen flohen auf gefahrvollen Wegen ins Ausland. Hunderte Baha'i wurden während der zehnjährigen Herrschaft Khomeinis durch aufgeputschte Volksmengen getötet, Hunderte unter fadenscheinigen Vorwänden hingerichtet, mehr als 10 000 durch Enteignung obdachlos, sämtliche Kultstätten zerstört. Wenn auch nach Khomeinis Tod die Verfolgungen nachließen, blieb das mörderische Gesetz offiziell in Kraft, und somit ist den Baha'i in ihrem Ursprungsland eine düstere Zukunft beschieden.

Auch in anderen islamischen Ländern, wo orthodoxe Geistliche einen starken Einfluss auf die Politik ausüben, leben die Baha'i unter massivem Druck. So droht ihnen in islamistisch regierten Staaten, vor allem in Saudi-Arabien, ebenfalls die Hinrichtung. Im gunstigen Fall haben die »Ketzer« mit Gefängnis oder Verwaltungsschikanen zu rechnen. Unbehelligt, wenn auch nur herablassend geduldet, leben die Baha'i lediglich in der Türkei, Syrien, dem Libanon, Jordanien, Tunesien und Indonesien.

Naturgemäß konzentriert sich heute die Mehrheit der Baha'i in westlichen Industriestaaten, wo ihnen eine pluralistische Verfassung freie Entfaltung zubilligt. Und dort wird sich ihre Glaubensgemeinschaft mit einigen Millionen Anhängern auch halten können – als eine unter vielen anderen Religionen. Dies mag bescheiden sein angesichts des ungeheuren Anspruchs, den ihre Propheten im Namen einer »Universalreligion« einst angemeldet haben. Aber im geistigen Niveau reicht diese Gruppierung über andere religiöse Sekten allemal hinaus. In der Bewegung der Baha'i ist noch einmal etwas von der schöpferischen Originalität des klassischen Persiens zu spüren.

Die Kadscharen-Schahs als »Lakaien im Dienst der Ungläubigen«

Schah Naser ad-Din, der 1850 den Bab hinrichten ließ und die Baha'i aufs schärfste verfolgte, starb selber gewaltsam. Aber bis es so weit war, mussten mehr als vier Jahrzehnte vergehen. Seine Regierungszeit – und sein Tod – sind symbolisch für Persiens Krise.

Naser ad-Din regierte zwar lange, von 1847 bis 1896, tat aber wenig, um den Niedergang des Staates aufzuhalten. Im Gegenteil. Er kaufte wahllos bei Briten und Russen technische Geräte, ließ von ausländischen Baumeistern Villen im europäischen Stil errichten (dies war sein Beitrag, Persien zu »modernisieren«), aber das Geld für den steigenden Luxus holte er sich aus drastischen Steuererhöhungen. Noch folgenreicher war, dass er bereitwillig den Briten das Recht überließ, in Teheran eine Nationalbank einzurichten, im ganzen Land Bergwerke und Fabriken zu bauen, und dies alles gegen relativ geringe Gewinnbeteiligung der Perser. Abgesehen von Bestechungssummen, die dem Schah und seinen Ministern sehr hoch erscheinen mussten, floss ein Großteil des erwirtschafteten Geldes in die Kassen britischer Unternehmer. Die persischen Arbeiter erhielten von den ausländischen Dienstherren nahezu denselben Hungerlohn wie die Tagelöhner bei einheimischen Feudalherren. Der Gewinn war für die Briten so hoch, dass einer ihrer bedeutendsten Kolonialbeamten, Lord Curzon, Vizekönig von Indien und späterer Außenminister der Konservativen, mit Genugtuung feststellte: Es handle sich in Persien um »die vollständigste und außerordentlichste Überlassung der gesamten Wirtschaftsquellen eines Königreichs an Ausländer, die man sich vorstellen konnte«. Natürlich war ein solcher Schah für die Briten ein wertvoller Verbündeter, im Volk aber wuchs der Hass gegen den »Lakaien im Dienst der Ungläubigen«.

Aufstände brachen aus, die von den Regierungstruppen nur mühsam niedergeschlagen werden konnten. Ihren Höhepunkt erreichten die Unruhen, als der Schah 1890 einer britischen Firma auch noch das Monopol des persischen Tabakhandels überließ. Nun fühlten sich alle Volksschichten bedroht, denn Rauchen war ein Vergnügen, das sich selbst die Ärmsten leisten konnten – solange einheimische Händler den Preis bestimmten. Was aber, wenn die Briten den Preis willkürlich hinaufsetzten? Fortschrittlich denkende Perser aus der gehobenen Bürgerschicht begannen, gegen den »Ausverkauf an Ausländer« zu protestieren, ihnen zur Seite traten ranghohe Geistliche, die das einfache Volk hinter sich wussten. Die ranghöchsten Geistlichen trugen zu dieser Zeit bereits den Titel *Ajatollah* (»Zeichen Allahs«) und betrachteten sich als die maßgeblichen Sprecher der Modschtaheds. Eingeschüchtert musste der Schah den Vertrag kündigen und der Tabakgesellschaft eine hohe Entschädigung bezahlen, Geld, das er nicht besaß. Er musste Schulden aufnehmen: die erste Auslandsschuld Persiens. Das Land geriet damit in noch tiefere Abhängigkeit von einer fremden Macht. Sechs Jahre später, 1896, starb Schah

Naser ad-Din unter den Schüssen eines persischen Nationalisten, der dem »Lakaientum« ein Ende bereiten wollte.

Das Lakaientum nahm aber kein Ende. Muzaffar ad-Din, der Sohn und Nachfolger des ermordeten Schahs, war seinem Vater sehr ähnlich. Er brauchte viel Geld für seinen Hofstaat, und um zu diesem Geld zu kommen, überließ er den Briten 1901 das Monopol, nach Erdöl zu bohren. Wieder erhielten Ausländer einen Vorteil, dessen Folgen der Schah nicht einmal annähernd abschätzen konnte. Den Briten gewährte er außerdem Militärstützpunkte im Süden des Landes, den Russen im Norden. Persien drohte mehr und mehr ein Kolonialstaat zu werden.

Ein neuer Aufstand erschütterte 1905 das Land. Wieder fanden sich nationalistische Städter und ranghohe Geistliche zu einem Bündnis, wieder rotteten sich Volksmengen in den großen Städten zusammen, schossen Regierungstruppen auf die unbewaffneten Demonstranten. Aber diesmal war es vergeblich, die Unruhen ließen sich nicht eindämmen ohne den Preis eines großen Gemetzels. In allen Moscheen des Landes begannen Mullahs, gegen die Unrechtsherrschaft zu predigen.

Daraufhin lud der Schah angesehene Bürger sowie Modschtaheds und Ajatollahs zu Verhandlungen ein. Ihn musste erschrecken, dass vor allem die Geistlichen an Selbstbewusstsein gewonnen hatten und ihm drohten, den Volksaufstand noch weiter anzuheizen. Und so billigte er schließlich im Frühjahr 1906 eine neue Verfassung: Zukünftig sollte es ein Parlament mit einem gewählten Ministerpräsidenten geben, der Schah sollte nur noch konstitutioneller Monarch sein. Dies war eindeutig eine Reform nach europäischem Vorbild, von westlich gebildeten Städtern vorgeschlagen. Aber auch die Geistlichen vermochten eine wesentliche Forderung durchzusetzen: Der Schah musste sich in aller Form als »Statthalter des verborgenen Imam« betrachten; zukünftig hatte er bei sämtlichen wesentlichen Fragen mit den Ajatollahs zu reden, die zu entscheiden hatten, ob ein Gesetz auch »islamischer Moral« entsprach.

Schah Muzzaffar ad-Din überlebte die Reform nur wenige Monate. Gar zu sehr in seinem Stolz getroffen, nun nicht mehr ein absolut regierender Monarch zu sein, starb dieser ohnehin kränkelnde Herrscher aus Gram. Sein Nachfolger Mohammed Ali Schah war robuster, wenn auch nicht fähiger. Er ließ 1908 das Parlament auflösen, seine Führer verhaften und etliche von ihnen hinrichten, den Truppen gab er Feuerbefehl, als sich in den großen Städten Volksmengen zusammenrotteten, und schließlich halfen ihm auch noch russische (!) Truppen beim brutalen Vorgehen. Ein vergeblicher Kraftakt. Die Unruhen dehnten sich von den großen Städten in die Provinzen aus, der Schah musste ins russische Exil fliehen. Sein Nachfolger Achmed Schah zeigte sich so hilflos wie sein Vorgänger. Persien erlebte ein Jahrzehnt bürgerkriegsähnlicher Zustände, und immer deutlicher wurde, dass die Dynastie der Kadscharen am Ende war. Wer aber sollte sie beerben?

Der Erbe hieß Reza Khan. Er war der ranghöchste Offizier der Kosakenbrigade, der mächtigsten Truppeneinheit Persiens. 1921 marschierte er mit 2500 seiner getreuesten Gefolgsleute in Teheran ein und zwang Achmed Schah, ihn zum Kriegsminister zu ernennen, zwei Jahre später forderte er ebenso herrisch das Amt des Premierministers und bekam es. Der Schah fürchtete sich vor seinem Premier, der über seinen Kopf hinweg regierte, und zog es schließlich vor, sich auf eine »Badereise« quer durch Europa zu begeben, von der er nicht mehr zurückkehrte. 1925 erklärte sich Reza Khan zum neuen Schah. Kaum im Amt, verkündete er, nachzuholen, was seine Vorgänger versäumt hatten: Persien von ausländischen Geschäftemachern zu säubern und das Land zu modernisieren. Persien sollte seine Selbstachtung wiederfinden.

Aufstieg und Krise der Dynastie Pahlevi

Reza Khan sah sich am Beginn einer Dynastie, die das Land nach zwei Jahrhunderten nationaler Demütigung zu neuer Größe führen sollte. Dieser Dynastie gab er den Namen *Pahlevi*, was so viel wie »heroisch« bedeutet.

Khan dagegen ist ein Titel, den Reza als ranghoher Offizier seinem Namen angefügt hatte. Türkische Stammeshäuptlinge haben ihn oft für sich in Anspruch genommen, die Mongolen haben ihn übernommen. Aber der Kosakenoffizier Reza entstammte keiner vornehmen Familie, sein Vater war Eseltreiber, er selber Schafhirte. Niedriger hätte seine Herkunft nicht sein können, kein Herrscher in Persiens Geschichte kam je aus solch ärmlichen Verhältnissen. Und doch hat gerade er mit energischem Griff das Land gelenkt wie seit drei Jahrhunderten kein Schah!

Reza kam 1878 in Sevad Kuh zur Welt, einem unscheinbaren Flecken, den kaum eine Landkarte verzeichnet. Das Dorf liegt in der Provinz Masandaran nordöstlich von Teheran an den schroffen Hängen des Elbursgebirges, die fruchtbare Küstenebene des Kaspischen Meeres ist nicht weit. Dort verbrachte der Knabe seine Zeit als Hirte auf Schafweiden, die nicht ihm, sondern einem Großgrundbesitzer gehörten. Er wuchs ohne jegliche Schulbildung auf, aber auch sonst fehlte es am Nötigsten, er hungerte. Die Ermahnungen der Mullahs, sich in diese Verhältnisse gottergeben zu fügen, mussten ihm, dem intelligenten Knaben mit seinen brachliegenden Energien, wie Hohn vorkommen. Frühzeitig träumte er davon, der quälenden Dorfenge zu entkommen. Gerade 14 Jahre alt, lief er einem vorbeiziehenden Kosakenregiment nach und trat dort als Freiwilliger ein. Bei den Soldaten bekam er wenigstens täglich etwas zu essen. Besseres schien für ihn, den mittellosen Dorfjungen, nicht möglich. Aber Reza stieg in hohe Offiziersränge auf, die normalerweise für Söhne aus vornehmen Familien reserviert waren. Diesen beispiellosen Aufstieg verdankte er zuallererst seinem wilden Draufgängertum. Angeblich verteidigte er einmal alleine einen Gebirgspass mit einem Maschinengewehr gegen Aufständische, ein Bravourstück, das anderen selbstmörderisch erschienen war. Er war das Bilderbuchbeispiel eines Haudegens: ein Hüne von zwei Metern, tollkühn, aber auch jähzornig und brutal.

Dazu kam seine große Lernbereitschaft. Begierig saugte er in sich auf, was er in bisher unbekannten Städten, vor allem in Teheran, kennenlernte. Dort konnte er russische wie britische Verwaltungsfachleute und Techniker bei der Arbeit beobachten und musste notwendigerweise zu dem Schluss kommen, dass diese Männer an Disziplin und Wissen den Einheimischen bei weitem überlegen waren. Ihn erfüllte eine unbändige Bewunderung für die westliche Zivilisation. Zur eigenen Kultur vermochte der ehemalige Schafhirte keine Beziehung zu entwickeln, hatte er doch in seiner Jugend nur schlecht gebildete Dorfmullahs und Großgrundbesitzer im Namen der Tradition reden hören. Nie hatte er die Schriften bedeutender Philosophen, Korangelehrter und Dichter Persiens kennengelernt, und schon deshalb erschien ihm der Islam zeitlebens allein als die Religion engstirniger Mullahs. Diese Sicht der Dinge sollte bald Folgen für Persien haben.

1921 wurde er Kriegsminister im Kabinett des unfähigen Achmed Schah, 1923 Premierminister, 1925 erreichte der ehrgeizige Emporkömmling auch noch die letzte Stufe, die für ihn menschenmöglich war, er stürzte die Kadscharen-Dynastie und wurde selber Schah. Nun war er 47 Jahre alt. Der Weg von der ärmlichen Schafweide auf den Pfauenthron gab dem Aufsteiger genug Selbstbewusstsein, um sich auch für alle zukünftigen Aufgaben gerüstet zu sehen. Er fühlte sich dazu berufen, der »Retter« Persiens zu werden. Sein Vorbild war der türkische Reformer Atatürk; mit Interesse hatte Reza Khan bereits als Minister verfolgt, was in der benachbarten Türkei geschah.

Die dortige Osmanen-Dynastie war ähnlich korrupt und unfähig geworden wie die der Kadscharen, so dass es nur noch als eine Frag der Zeit erschien, bis ihr letzter Herrscher abtreten musste. 1922, vier Jahre nach dem Zusammenbruch des türkischen Großreiches durch die Niederlage im Ersten Weltkrieg, wich der letzte Osmanensultan Mehmed VI. dem General Mustafa Kemal Pascha, der sich später *Atatürk* (»Vater der Türken«) nannte. Atatürk wechselte vom Militär in die Politik, nicht anders als Reza Khan. 1923 erklärte er das verbliebene Kernland der Türkei zur Republik. Dies geschah im selben Jahr, in dem Reza Khan das Amt des Premierministers übernahm. Atatürk wollte sein Land nach europäischem Muster modernisieren, nur so sah er eine Chance, um der drohenden Übermacht westlicher Staaten auf die Dauer Widerstand zu leisten. Er setzte ein erstes Zeichen, als er 1923 die Hauptstadt von Istanbul nach Ankara verlegte, vom osmanischen Zentrum mit seinen traditionsreichen Bauten ins Herz Anatoliens mit überwiegend bäuerlicher Bevölkerung. Seinem Willen nach sollte aus dem bisherigen Provinznest Ankara eine moderne Großstadt werden, die mit ihren Hochhäusern und ihren breiten Autostraßen in nichts einer westeuropäischen Metropole nachstand. Und dies, so ließ er verlauten, sei erst der Anfang einer Reihe einschneidender Reformen.

Atatürk erregte mit seinen Plänen Aufsehen im ganzen islamischen Orient, er wurde bewundert oder gehasst, zum leuchtenden Vorbild verklärt oder als »Ungläubiger« verteufelt, das hing ganz vom geistigen Hintergrund des jeweiligen Betrachters ab.

Reza Khan gehörte bis an sein Lebensende zu den Bewunderern, mit Beifall bedachte er die radikalen Veränderungen in der Türkei. In vielem folgte er seinem Vorbild, sobald er die Macht dazu besaß. Kaum war er im April 1926 zum Schah gekrönt, entließ er aus der Armee die russischen Militärberater und aus dem technischen Beraterstab nicht wenige britische

Ingenieure, Angehörige von Nationen, die schon zu viel Einfluss in Persien besaßen. An ihre Stelle holte er sich deutsche Berater und Techniker ins Land, die ihm »neutraler« erschienen. Von ihnen ließ er Asphaltstraßen anlegen und moderne Verwaltungsgebäude im Zentrum Teherans hochziehen. 1939 besaß Persien bereits an die 25 000 Kilometer Autostraßen, weit mehr als andere orientalische Länder dieser Zeit. 1927 bekam Teheran einen Flughafen. Bald entstanden in den wichtigsten Städten moderne Industriebetriebe, an die 30 große und an die 200 kleinere Fabriken, die aber alle Staatseigentum waren. Auch dies eine Parallele zur Türkei. Der Schah leitete die Industrialisierung nicht zufällig zur selben Zeit ein wie Atatürk im Nachbarland.

1928 verabschiedete Reza Pahlevi Schah, wie er sich seit seiner Krönung nennen ließ, eine neue Rechtsprechung nach französischem Muster. Staat und religiöse Einrichtungen sollten von nun an streng getrennt sein; er bekräftigte hiermit jene Vorschläge, die das Parlament bereits 1911 vorgebracht hatte. Dies veranlasste er vier Jahre nach Atatürk.

1929 propagierte der Schah für die Perser europäische Kleidung, lehnte Turban, Kaftan und Pumphose, besonders aber den Gesichtsschleier der Frauen als rückständig ab, drei Jahre nach Atatürk. Von einem Monat auf den anderen hatten Staatsbeamte im höheren Dienst Anzug und Krawatte zu tragen, und nicht lange sollte es dauern, bis man auf Teherans Straßen reiche Kaufleute und Gebildete bereits in westlicher Kleidung sah, ja auch unverschleierte Frauen der Oberschicht. Der Schah setzte hier etwas in Bewegung, das bald seine eigene Dynamik bekommen sollte. Zwei bis drei Jahrzehnte später fingen selbst ärmere Perser in Kleinstädten an, den Turban mit der Schirmmütze oder dem Hut, den Kaftan und die Pumphose mit dem Konfektionsanzug zu vertauschen – dies ohne ausdrücklichen Befehl, die Zwänge waren eher wirtschaftlich: denn bald war für den Mann mit schmalem Geldbeutel maschinengefertigte, billigste Ausschussware aus Europa und den USA in Persiens Basaren günstiger zu bekommen als die handgeschneiderten einheimischen Gewänder. Der Schah förderte eifrig die Einfuhr solcher Konfektionskleidung, um seinem Land möglichst rasch ein »modernes« Aussehen zu geben.

So kam es, dass bereits Mitte des 20. Jahrhunderts das Einheitsgrau westlicher Jacken, Hosen und Hüte selbst das Straßenbild kleinerer Städte beherrschte; Ausnahmen machten nur einige Landstriche in Chorassan und Belutschistan entlang der Ostgrenze, ebenso etliche Wohngebiete der Nomaden und Viehzüchter. Turban und Pumphose – eine Mode, die eineinhalb Jahrtausende zuvor von Persien aus ihren Siegeszug in der islamischen Welt angetreten hatte – verschwanden ausgerechnet in ihrem Ursprungsland besonders rasch. Von diesem Wandel nicht berühren ließen sich allerdings Mullahs, Modschtaheds und Ajatollahs mit ihren braunen Kaftanen und weißen Turbanen, ihre Tracht blieb ein wandelnder Protest inmitten der rasch um sich greifenden Verwestlichung.

Widerstand gegen neue Kleidungsvorschriften leisteten auch viele Frauen, besonders in der Provinz. Ihnen hatte Reza Pahlevi 1936 verboten, weiterhin den bis dahin in Kleinstädten (und teils auch in größeren Städten) üblichen Gesichtsschleier zu tragen, ja, er wies sogar die Polizei an, jeder Frau den Schleier auf der Straße, allen Blicken ausgesetzt, herunterzureißen. In ihrem Protest gegen das Schleierverbot wurden die Frauen von ihren Gatten bestärkt, auch wenn die Männer selber nach und nach zu europäischer Mode überwechselten. Reza Pahlevi erklärte ebenso den Tschador, den vom Scheitel bis zu den Fußknöcheln reichenden Frauenumhang, für »rückständig«, »eines fortschrittlichen Landes nicht würdig«, und empfahl an seiner Stelle westliche Kleidung. Hier aber stieß er erst recht auf Ablehnung. Frauen der großstädtischen Oberschicht (und schließlich auch der schmalen Mittelschicht) begrüßten allerdings die Anordnungen des Schahs.

Reza Pahlevi zeigte große Ungeduld in seinen Reformen; ihm konnte es nicht schnell genug gehen, seinem Land ein fortschrittliches Aussehen zu geben. Oft jedoch genügte ihm schon der äußere Anschein. Dies bewies er nicht nur in der Kleidungsfrage. Noch deutlicher verhielt er sich so gegenüber den ungelösten Problemen in der Frauenfrage. Zwar verbot er den Schleier, auch wies er 1934 die Universität Teheran an, von nun an Studentinnen aufzunehmen, aber das Scheidungsrecht, das überholungsbedürftigste Gesetz, tastete er nicht an. Weiterhin durfte sich der Mann ohne Angabe von Gründen von seiner Frau trennen, nicht aber umgekehrt. Hier trat erstmals mangelnde Konsequenz in seinen Reformen zutage.

Es war nicht das letzte Mal. Reza Pahlevi ließ durchweg die Neigung vermissen, das Land tiefgreifend zu modernisieren. Was er von den Industriestaaten des Westens übernehmen wollte, waren in erster Linie Technik und rationelle Arbeitsweise, nicht ihre sozialen Ziele. Anders als Atatürk schreckte er vor wirklich entscheidenden Konsequenzen zurück. So förderte er zwar die Industrie, untersagte jedoch den Arbeitern, zu streiken oder gar Gewerkschaften zu gründen. Auf eine Landreform zugunsten der kleinen Bauern verzichtete er von vornherein, dagegen enteignete er unter Missachtung geltender Gesetze die Bauern von mehr als 2000 Dörfern und hielt sich ihre 235 000 Bewohner wie rechtlose Leibeigene. Er, der in seiner Jugend unter der Willkürherrschaft von Feudalherren gelitten hatte, war nun zum größten Grundbesitzer Persiens geworden, dazu besonders geldgierig und despotisch.

Von Demokratie hielt ein Herrscher solchen Schlags naturgemäß wenig. Er ließ zwar das seit 1907 bestehende Parlament weiterhin zusammentreten, stritt ihm aber das Recht ab, Gesetze zu beschließen; die Abgeordneten durften nur formell die Entscheidungen des Schahs bestätigen. Reza Pahlevi war von der Überzeugung geleitet, nur er selber, der Herrscher, sei »erleuchtet« genug, um das Richtige zu beschließen; jede Kritik erschien ihm als Staatsverbrechen. Eine solche Auffassung trennte ihn von seinem erklärten Vorbild Atatürk. Der große türkische Reformer hatte in seiner Republik zwar nur ein Einparteiensystem gelten lassen, aber dies sollte nur für eine Übergangszeit bestimmt sein, solange die Volksmassen noch analphabetisch und unmündig waren. Folgerichtig konnte der Nachfolger Ismet Inönü in der Türkei 1946 das Mehrparteiensystem nach westlichem Vorbild einführen und sich hierbei auf den Gründer der modernen Türkei berufen. Reza Pahlevi hatte solche Zukunftspläne nie zur Diskussion gestellt. Ihm schwebte als Ideal eine Staatsform vor, wie sie in Persien zur Zeit der Gottkönige bestanden hatte. Kyros, Dareios, Schapur, Chosrau – dies waren Herrschergestalten, die ihn zuallererst faszinierten.

1935 – aus »Persien« wird »Iran«

Reza Pahlevi war ein Nationalist, wie ihn Persien zuvor noch nicht gekannt hatte. Er forderte ein »Zurück zu den nationalen Ursprüngen«, eine »Reinigung von allen Fremdeinflüssen«. Was er wünschte, verriet deutlich das europäische Vorbild. Er entdeckte den »Arier« als die treibende Kulturkraft des »Iran« – und dies nicht zufällig zu einer Zeit, als in Deutschland die Nationalsozialisten den Arier als den bedeutendsten Rassetypus der Menschheit verherrlichten. Der Schah zeigte keine Scheu, seine Sympathien zu diesem Deutschland öffentlich zu bekunden, wenngleich er nur vage Kenntnisse über Hitlers Diktatur besaß.

Nach Reza Pahlevis Geschichtsauffassung hatte der eigentliche Niedergang Persiens mit der Eroberung durch die Araber begonnen. Alles, was die »Iraner« seitdem noch an Großem geschaffen hatten, war seiner Ansicht nach immer aus einer Abwehr gegen das Arabische heraus entstanden. Diese nationale »arische« beziehungsweise »iranische« Tradition gelte es wieder zur vollen Entfaltung zu bringen, dann werde der

Iran wieder zu Glanz kommen wie zur Zeit des Dareios. Er sah ein Verhängnis in der arabisch geprägten Kultur Persiens und neigte damit zu einem ähnlich fatalen Trugschluss wie die nationalsozialistischen Ideologen des Dritten Reiches, die alle Fremdeinflüsse zur Unkultur erklärten. Reza Pahlevi vermied es allerdings, den Islam direkt zu kritisieren (so wie die Nationalsozialisten ja nie schroff das Christentum abwehrten, obwohl es in seinen Ursprüngen »jüdisch« war). Aber er machte kein Hehl daraus, dass ihm der Islam noch zu wenig »iranisch« war. Ein Zeichen seines Unbehagens setzte er bereits im ersten Regierungsjahr 1925: Er ließ die bisherige arabisch-islamische Zeitrechnung reformieren. Von nun an durfte nicht mehr nach Mondjahren (das Jahr mit 354 Tagen) gerechnet werden, sondern nach dem Gregorianischen Kalender der Europäer (das Jahr mit 365 Tagen). Er wagte allerdings nicht, den Beginn der Jahreszählung – die Hedschra Mohammeds – anzutasten und etwa, wie es seinem innersten Bedürfnis entsprochen hätte, durch eine Zählung ab Kyros zu ersetzen, sonst hätte er mit einem Volksaufstand rechnen müssen. Aber seit dem Jahr 1925 (westlicher Zählung) weicht die islamische Zeitrechnung des Iran von der aller anderen muslimischen Staaten ab. Reza Pahlevi pries dies als »iranische Eigenständigkeit«.

Dem Schah konnte es nur willkommen sein, dass europäische und vor allem amerikanische Archäologen zunehmend ins Land kamen und sich für die Ruinen der altpersischen Residenzstädte interessierten. Reza Pahlevi ließ sie forschen und graben, wo sie wollten. 1931 begannen amerikanische Archäologen die Ruinen von Persepolis freizulegen, 1933 fingen deutsche Archäologen unter Führung von Ernst Herzfeld mit ihren wissenschaftlichen Grabungsexpeditionen an. Persepolis erschien dem Schah als überragendes Symbol vergangener iranischer Größe; ihm bedeuteten Städte wie diese wesentlich mehr als etwa die schiitischen Wallfahrtszentren von Mesched, Ghom und Schiras.

1935 ließ Reza Pahlevi die bisher international übliche Staatsbezeichnung »Persia« durch »Iran« ersetzen. Seine Motive für diese Maßnahme waren, wie schon in der Einleitung des Buches angedeutet, sehr vielfältig. Einerseits leitete ihn eine historisch nachvollziehbare Logik. Da der Name »Persia« durch die Europäer als Fremdbegriff in Umlauf gebracht worden war und später von der westlichen Welt international als Staatsname verwendet wurde, konnte es nur von politischem Selbstbewusstsein zeugen, wenn die Iraner ihren ursprünglichen Staatsnamen auf internationaler Ebene wieder einforderten. Auch war »Iran« eine neutralere Bezeichnung für einen Staat, in dem neben Persern auch noch andere iranische Volksgruppen sowie Turkvölker und Araber lebten. Andererseits aber rückte der Schah diese Maßnahme in einen Zusammenhang mit zahlreichen weiteren nationalistischen Zielsetzungen: Der Umbenennung in »Iran« sollte eine umfassende »Iranisierung« des öffentlichen wie kulturellen Lebens folgen. Und dieser Vorstoß richtete sich wiederum zuallererst gegen das, was der Schah im weitesten Sinn unter »arabischem Einfluss« verstand.

Das zeigt sich auch an den Regierungsgebäuden, die Reza Pahlevi während der Jahre 1935 bis 1937 im Zentrum Teherans von deutschen Architekten errichten ließ. Die Säulen an den Portalen sind denen von Persepolis nachgebildet, dazu passend altpersische Figurenfriese – und über den Eingängen Symbole der Religion Zarathustras, der vorislamischen Staatsreligion. (Bemerkenswert ist, dass die Machthaber der »Islamischen Republik Iran« an dieser Ornamentik nichts geändert haben, aus Gründen, auf die ich noch eingehen werde.)

Mit beträchtlichem Propagandaaufwand forderte Reza Pahlevi in diesem Zusammenhang eine »Reinigung« der Sprache. Selbst die Personennamen sollten zukünftig »national« sein. So ordnete er an, man solle sich bei der Namenswahl nicht mehr an arabischen, sondern an iranischen Vorbildern orientieren.

Nicht Ali, Achmed, Dschamal, sondern Kyros, Dareios, Schapur. Ausgenommen von dem Gebot wollte der Schah nur arabische Namen wissen, die sich auf Allah bezogen, etwa Abdallah, Asadullah, Ruhollah, ohnehin Mohammed als Name des Propheten. Zudem schien ihm die persische Sprache noch zu sehr von arabischen Lehnwörtern durchsetzt. Hier gelte es, die Revolution des Dichters Firdausi fortzusetzen, man müsse die Heimatsprache noch entschiedener von fremden Einflüssen reinigen. Im Notfall sollte man auf längst vergessene Wörter des Mittelpersischen, der Sprache der Sassaniden, zurückgreifen. Der Schah selber war gerade hier mit eigenem Beispiel energisch vorangegangen, indem er seiner Dynastie den Namen »Pahlevi« gab. Pahlevi, das ja im übertragenen Sinn so viel wie »heroisch« bedeutet, steht als Oberbegriff für die einstige Sprache des Mittelpersischen in vorislamischer Zeit. Lehnwörter, so wollte es der Schah, sollten nur noch im technisch-naturwissenschaftlichen Bereich erlaubt sein und den europäischen Sprachen entnommen werden.

Für die Mullahs, Modschtaheds und Ajatollahs bedeuteten all diese Maßnahmen einen Schock. Dabei hatten die Geistlichen anfangs noch geglaubt, nach dem Sturz der Kadscharen einen frömmeren Herrscher zu bekommen. Es hatte alles verheißungsvoll begonnen. 1924 hatte Reza noch in seiner Eigenschaft als Premierminister die heilige Stadt Ghom besucht, in der großen Moschee demonstrativ gebetet und sich mit dem Versprechen verabschiedet, den Islam in Persien gegen die Gefahren des modernen Atheismus zu verteidigen. Reza konnte nach dieser frommen Geste mit der Hilfe der Geistlichen rechnen – und er brauchte diese Hilfe, solange in den Provinzen noch Aufstände gegen die Zentralgewalt wüteten. Kaum aber hatte der Schah die Rebellenheere niedergeworfen, fühlte er sich stark genug, offen gegenüber den Geistlichen auf Distanz zu gehen. Schroff wies er ihre Forderung zurück, sich als »Statthalter des Verborgenen Imam« zu betrachten. Es lag ihm fern, zukünftig auf die Ratschläge der Ajatollahs zu hören, wo er diese Männer doch nur als »Reaktionäre« ansah, als das größte Hindernis, wenn es galt, das Land zu modernisieren. Hier dachte und sprach er nicht anders als Atatürk.

Der folgenreiche Zwischenfall von Ghom

Mit den Ajatollahs umzugehen verstand Reza Pahlevi nicht. Ihre Mentalität war ihm fremder als die seiner europäischen Techniker, dies bewies er in den folgenden Jahren oft genug. Ungeduldig trieb er seine Reformen voran, nicht bereit zu einer Diskussion, ja, gerade der Widerspruch von ranghohen Geistlichen konnte ihn rasend machen. Berühmt, berüchtigt und oft zitiert ist ein Vorfall aus dem Jahr 1927, der mehr als alle anderen verhängnisvoll in die Zukunft gewirkt hat.

Reza Pahlevi hatte 1927 durch ein Gremium französischer und persischer Juristen die Reformen der Rechtsprechung nach europäischem Muster vorbereiten lassen. Eine strikte Trennung von Religion und Politik war geplant, und natürlich musste der Schah ahnen, dass er hiermit einen Entrüstungssturm bei den schiitischen Geistlichen hervorrufen würde. Aber es kam schlimmer als erwartet. Die Ajatollahs von Ghom riefen das Volk zum Generalstreik auf. Mit Entsetzen musste die Regierung feststellen, dass die Gläubigen in den Basaren, Handelskontoren und den Handwerksbetrieben dem Ruf folgten; der Streik lähmte von April bis November 1927 die Wirtschaft des gesamten Landes.

Der Schah fühlte sich gedrängt, mit den Ajatollahs zu verhandeln, was er persönlich sicherlich als Zumutung empfand. Nur so lässt sich erklären, wieso er nicht selber nach Ghom fuhr. Er schickte einen Stellvertreter. Aber nicht ein Minister entstieg schließlich in Ghom dem Auto und betrat das zentrale Heiligtum der Fatemeh Masumeh, sondern zur Verblüffung der Geistlichen – eine Frau. Es war eine der vier Gattinnen Reza

Pahlevis, die sich ohnehin gerade in Ghom aufhielt. Dies konnte von den stockkonservativen Religionsführern nur als eine Beleidigung ausgelegt werden. Diese Frau tat zudem etwas, das den Versammelten vollends die Fassung raubte: Sie nahm das Kopftuch ab. Die Geistlichen hoben erregt die Fäuste und weigerten sich, die Abgesandte überhaupt anzuhören. Ein Mullah ging sogar drohend auf sie zu und wies sie aus dem Gebäude. Überstürzt verließ die zutiefst erschrockene Schahgattin die Stadt und schickte einen Eilkurier nach Teheran.

Wutentbrannt jagte der Schah im Panzerauto nach Ghom, eskortiert von motorisierten Soldaten seiner Elitetruppe, und betrat mit Reitstiefeln die Moschee. Mit Stiefeln! Jeder Gläubige muss beim Betreten der Gebetsräume die Schuhe ausziehen und am Eingang zurücklassen, der Schah jedoch missachtete diese Sitte. Deutlicher konnte er seine Geringschätzung nicht mehr ausdrücken, so musste es den Versammelten erscheinen. Aber das Schlimmste, das Unvorstellbare, kam erst noch. Mit dröhnender Stimme verlangte der Schah nach dem Mullah, der seine Frau drohend aus der Moschee gewiesen hatte, und als der Genannte vortrat, hob Reza Pahlevi seinen Gehstock und schlug auf den Geistlichen ein. Dann verließ er das Heiligtum. An ein weiteres Verhandeln war nicht mehr zu denken; der Schah verließ die heilige Stadt.

Was an diesen zwei Tagen des Jahres 1927 in Ghom geschah, hat nicht wiedergutzumachenden Schaden angerichtet. Mit seinem Verhalten hatte der Schah nur allzu deutlich demonstriert, dass er nicht im Sinn hatte, mit den Ajatollahs ernsthaft zu verhandeln. Sonst hätte er zumindest aus taktischen Gründen Rücksicht auf bestehende Traditionen nehmen müssen. Dass er zudem noch einen Mullah in aller Öffentlichkeit prügelte, bedeutete eine unerträgliche Demütigung. Nach Maßgabe der Schiitenführer konnte ein Herrscher wie er nur noch als »Feind des Islam« angesehen werden, nicht berechtigt, über Gläubige zu herrschen. Ihnen erschien die Dynastie Pahlevi jetzt noch unwürdiger als die der Kadscharen, denn durch diesen neuen Schah wurde die Religion zum ersten Mal in der Öffentlichkeit provozierend verächtlich behandelt.

Reza Pahlevi machte sich wenig aus der Feindschaft der Ajatollahs. Er besaß eine starke, modern ausgerüstete Armee, mit der er jeden Aufstand rasch und erbarmungslos niederknüppeln konnte. Außerdem traute er den ranghohen Geistlichen ohnehin nicht zu, dass sie das Volk zu Hunderttausenden oder gar zu Millionen in den offenen Aufruhr treiben könnten. Der Schah sollte recht behalten. Während seiner ganzen Regierungszeit musste er keinen Aufstand fürchten. Die Ajatollahs verharrten meist in stummer Opposition; das Äußerste war, dass sie in ihren Freitagspredigten von einem ungerechten Herrscher zu sprechen wagten, aber auch hier waren sie vorsichtig bei der Wahl ihrer Worte. Stürzen konnten sie den Schah nicht, für sie blieb er noch zu mächtig.

Gestürzt wurde er trotzdem. Aber nicht vom eigenen Volk, sondern durch Großbritannien und die Sowjetunion. Vor allem die Regierung in London empfand Reza Pahlevi schon seit Jahren als ein Ärgernis, hatte er sich doch ständig neue deutsche Berater ins Land geholt und Briten nach Hause geschickt. Zudem hatte er immer hartnäckiger gefordert, der Iran müsse seine Bodenschätze selber ausbeuten. Damit verletzte der Schah ein Tabu. Denn Großbritannien wollte nicht über die Ölfelder diskutieren, deren Gewinn zum großen Teil in die Kassen der British Oil Company, aber auch der britischen Regierung floss. Es fehlte nur noch der Anlass, um gegen den Schah vorzugehen. Dieser Anlass kam 1941: Reza Pahlevi zeigte während des Zweiten Weltkrieges offen seine Sympathie für das Deutsche Reich Adolf Hitlers; mit Hilfe der Deutschen wollte er sich unabhängiger von britischen Geschäftsinteressen machen. Die Aktionäre der Ölgesellschaft waren alarmiert. Britische Soldaten marschierten im Iran ein, ihnen folgten verbündete Truppen der Sowjetunion, worauf der Schah abdanken und das

Land verlassen musste. Verbittert und vereinsamt starb er 1944 im Exil in Johannesburg, Südafrika. Er war 66 Jahre alt geworden.

Der junge Schah Mohammad Reza Pahlevi

Die Dynastie Pahlevi aber blieb bestehen. Vor seiner Abreise hatte der alte Schah noch seinen Sohn Mohammad Reza Pahlevi als Nachfolger einsetzen können. Die Großmächte duldeten dies, war doch der Sohn zu diesem Zeitpunkt erst 22 Jahre alt und zeigte sich in Regierungsgeschäften völlig unerfahren. Ein Schah wie dieser würde den Aktionären der British Oil Company weniger Schwierigkeiten bereiten; im Gegenteil, er würde willig auf alle Bedingungen seiner ausländischen »Handelspartner« eingehen. Auch die Sowjetunion sah Vorteile für sich, wenn im Nachbarland zukünftig ein weniger profilierter Herrscher an der Macht war.

Mohammad Reza Pahlevi regierte 38 Jahre, fast zweieinhalbmal so lange wie sein Vater. Die Großmächte konnten mit ihm zufrieden sein, er machte ihnen tatsächlich nie ernstliche Schwierigkeiten. Was aber niemand voraussehen konnte: Er wurde der letzte Schah des Iran.

Der Jüngling wirkte bei Regierungsantritt auf die Betrachter gehemmt und unsicher, das krasse Gegenteil seines Vaters. Eine gewisse Eleganz im Auftreten mochte ihm allerdings niemand abstreiten, auch sprach er ein sehr gutes Französisch und auch Englisch. Dies waren die Früchte seiner Ausbildung, die er in einem Schweizer Internat zusammen mit amerikanischen Millionärssöhnen genossen hatte. Sonstige nennenswerte Kenntnisse konnte er, der ein mittelmäßiger Schüler gewesen war, nicht vorweisen. Aus Europa brachte er in erster Linie eine Vorliebe für rasante Autos, überhaupt für gut funktionierende Technik mit. Auch hatte er, der gutaussehende junge Mann, sich rasch für das freizügige Leben europäischer

Playboys begeistern lassen. Und als »schöner Mann« der internationalen Szene sollte er während der ersten zehn Regierungsjahre mehr von sich reden machen denn als Politiker. Nur die billigen Boulevardblätter fanden anfangs Stoff über den »Kaiser aus Tausendundeiner Nacht«, dem auch die zweite Gattin Soraya leider nicht den ersehnten Thronerben schenken konnte – eine »Tragödie«, die den meisten Lesern unserer westlichen Staaten mehr zu Herzen ging als das Elend von Millionen iranischer Bauern.

Der junge Schah gefiel sich in seiner Rolle als Liebling eines internationalen Publikums, dagegen interessierten ihn die politischen Ideen des Westens wenig, vorerst auch nicht die Probleme seines Heimatlandes. Er hatte den Iran an der Seite seines Vaters nur flüchtig kennengelernt, und dabei ließ er es bewenden. Nun selber an der Macht, verließ er den Teheraner Palast lieber in Richtung westeuropäischer Kur- und Wintersportorte, als dass er sich von den weiterhin trostlosen Zuständen in der iranischen Provinz mit eigenen Augen überzeugt hätte. Nicht minder fremd blieb ihm der Islam, wenngleich er sich offiziell zum schiitischen Glauben bekannte; aber er wusste über den Koran nicht besser Bescheid als im Westen sogenannte Taufscheinchristen über die Bibel.

Die Ignoranz des jungen Thronfolgers kam den Großmächten nicht ungelegen. Sie sahen es gern, dass er das Regieren weitgehend seinen Ministern überließ, die sich nur allzu leicht durch militärische Drohungen einschüchtern oder durch Geschäftsleute bestechen ließen. Im Norden weigerten sich die Russen, mit ihren Truppen abzuziehen, und sie wichen erst, als die USA auf die Sowjetunion diplomatischen Druck ausgeübt, ja mit militärischem Vorgehen gedroht hatten. Vor ihrem Abzug konnten die Russen aber noch der Regierung des hilflosen Schahs ein Abkommen über eine russisch-iranische Ölgesellschaft abtrotzen. Im Süden übten die Briten Druck aus, um dieses Abkommen zu Fall zu bringen, und Hilfe erhielten sie hierbei von den USA, angeblich, um den Iran vor einer kommunistischen Bedrohung zu retten. Seit 1947 befanden sich zunehmend Amerikaner in Teheran und am Golf, auch sie darauf aus, am Ölgeschäft zu verdienen. Es herrschten wieder Zustände wie zur ausgehenden Regierungszeit der Kadscharen: Ungeniert und unbehindert stritten sich ausländische Großmächte um das einträgliche Geschäft mit iranischen Bodenschätzen. Der junge Schah sah hilflos zu.

Mossadeghs gescheiterte Revolution

Politik machte aber bald ein anderer Iraner, und dieser Mann brachte den Großmächten während der Jahre 1950 bis 1953 eine herbe Überraschung. Ihm gelang es, enttäuschte Nationalisten sowie Religiöse um sich zu scharen, die in Sprechchören durch die Straßen Teherans zogen mit so aufschreckenden Rufen wie »Das Öl gehört uns!«, »Die Briten ins Meer!«. Ihr Führer war ein bis dahin im Ausland weithin unbekannter Nationalist, der 70-jährige Rechtsanwalt und Politiker Dr. Mohammad Mossadegh. Ihm boten so gegensätzliche Gruppen wie die *Tudeh*, die nur am Rand geduldete kommunistische Partei des Iran, und die Mullahs ihre Hilfe an. Als religiöse Fanatiker den britenfreundlichen Premierminister erschossen, sah der junge Schah keine andere Möglichkeit, als Mossadegh zum Nachfolger des Ermordeten zu ernennen. Kaum im Amt, legte dieser eine Liste all der Abgeordneten vor, die sich von der britischen Ölgesellschaft über Jahre hindurch hatten bestechen lassen, und forderte ihren Rücktritt. Was aber schwerer wog: Er veranlasste die sofortige Verstaatlichung der Erdölindustrie. Aufgeschreckt drohten die USA und Großbritannien mit Wirtschaftsboykottmaßnahmen, worauf durch Teherans Straßen erst recht die Anhänger Mossadeghs zogen, bei ausländischen Banken die Schaufenster zertrümmerten und in Sprechchören »Imperialisten ins Meer!« forderten. Studenten demonstrierten neben

Basarhändlern, kommunistische Parteigänger neben Mullahs in weißen Turbanen und braunen Kaftanen. Die Ajatollahs von Ghom hatten die Gläubigen aufgerufen, an der Rebellion teilzunehmen; sie sahen jetzt die Chance, mit der Dynastie Pahlevi eine alte Rechnung zu begleichen.

Der August 1953 brachte die dramatische Zuspitzung. Schahtreue Offiziere hatten einen Putsch gegen Mossadegh angezettelt, aber die Verschwörung wurde aufgedeckt, worauf Mohammad Reza Pahlevi fluchtartig das Land verlassen musste. Der Schah gestürzt! Die Dynastie Pahlevi am Ende! So musste es der Weltöffentlichkeit erscheinen. Vier Tage später aber war der Schah wieder in Teheran und konnte ungehindert in seine Residenz einziehen. Mossadegh kam ins Gefängnis und wartete auf seinen Prozess; er wurde im November desselben Jahres zum Tode verurteilt, im Dezember aber zu einer dreijährigen Haftstrafe begnadigt, da man sich scheute, den populären Politiker hinrichten zu lassen. (Mossadegh starb 1967 zurückgezogen in Teheran, ein entmachteter Privatmann unter Polizeiaufsicht.) Wie hatte dies geschehen können?

Die Antwort war einfach. Mossadegh hatte seine Macht überschätzt, indem er Großbritannien und die USA gleichermaßen herausforderte, und so konnte er nicht verhindern, dass die beiden Großmächte durch ihren Wirtschaftsboykott den Iran ins Chaos trieben. Zusätzlich gefährdete er seine Stellung, als er den Schah zur Flucht zwang. Das schahtreue Militär musste sich durch den Sturz seines Herrschers provoziert fühlen und setzte seine Truppen in Bewegung. Ein weiteres Stück der Wahrheit aber erfuhr die Weltöffentlichkeit erst später: Der amerikanische Geheimdienst CIA hatte mit einem Sonderkommando das für den Schah putschende Militär sachkundig geführt; hierin sind sich heute nicht nur die iranischen, sondern auch die meisten amerikanischen und westeuropäischen Historiker einig. Dem Schah war der Thron gerettet worden, um den Ausländern weiterhin gute Geschäfte mit dem iranischen Erdöl zu ermöglichen. Zwar blieben die Ölfelder im Besitz des Iran – dies war eine Maßnahme, um die unzufriedenen Nationalisten zu beruhigen –, aber dafür hatten die Iraner eine hohe Entschädigungssumme an die Briten zu bezahlen. Außerdem betrieben westliche Ölgesellschaften den Verkauf – hier neben britischen nun verstärkt auch amerikanische Firmen –, keinesfalls die Einheimischen selber. Der Iran hatte nur unwesentlich dazugewonnen.

Doch selbst dies war noch nicht die ganze Wahrheit. Mossadegh konnte auch deshalb gestürzt werden, weil ihn seine beinahe wichtigsten Verbündeten im Stich ließen: die Mullahs und Ajatollahs. Die religiösen Männer hatten sich zunehmend von dem populären Volksführer zurückgezogen, als dieser Kommunisten in seine engere Umgebung holte. Den geistlichen Führern erschien Mossadegh mit einem Mal als »Atheist«, obwohl er sich nie abfällig über den Islam geäußert hatte. Aber wer garantierte, dass die Kommunisten nicht eines Tages die ganze Macht an sich reißen und einen »gottlosen« Staat propagieren würden wie in der benachbarten Sowjetunion? Den Mullahs und Ajatollahs erschien nun das Schreckgespenst der »roten Gefahr« drohender als die Herrschaft eines Pahlevi-Schahs. Maßgebende Schiitenführer sprachen sich für die Rückkehr des geflohenen Herrschers aus. Mohammad Reza Pahlevi konnte so in seinem Audienzsaal bald auch ranghohe Geistliche empfangen, ein ungewöhnliches, geradezu groteskes Bild nach Jahren erbitterter Feindschaft.

Despotie im Namen des Fortschritts

Heute schweigen sich die Ajatollahs über die Vorgänge von 1953 am liebsten aus. Denn damals hatten sie einem Schah geholfen, der hilflos wirkte und sich von der Geistlichkeit leicht lenken ließ. Eine gravierende Fehleinschätzung: Auch dieser Schah aus der Dynastie Pahlevi sollte zu einem gefürchteten

Gegner werden. Mohammad Reza Pahlevi rang sich nämlich nach dem Schock des Beinahe-Sturzes zu dem Entschluss durch, nun tatsächlich zu regieren. Was der Vater begonnen hatte, wollte der Sohn vollenden und den Iran »in eine der fortschrittlichsten Nationen des 20. Jahrhunderts verwandeln«.

Große Worte. Taten sollten folgen. Mohammad Reza Pahlevi schickte als Erstes iranische Studenten an europäische und amerikanische Universitäten, von wo sie mit dem nötigen Fachwissen zurückkommen sollten, um das Land zu modernisieren. Reform hieß für den Schah vor allem: mehr Technik nach westlichem Vorbild; das Land sollte möglichst rasch vom Agrar- zum Industriestaat umgewandelt werden. Politische und soziale Ideen wollte der Schah dagegen nicht aus dem Westen importieren, hier stützte er sich lieber auf »iranische« Traditionen. Darunter verstand er dasselbe wie sein Vater: Er wollte ohne Parlament regieren, ganz im Stil altpersischer Gottkönige. Seiner Meinung nach war das Parlament nur dazu da, kaiserliche Entscheidungen zu billigen, und folgerichtig hatten die Minister allein ihm, nicht den Abgeordneten verantwortlich zu sein. Eine solche Regierungsform konnte er bald wie sein Vater durchsetzen, weil die Armee seit je gewohnt war, bedingungslos einem absoluten Herrscher zu dienen. Auch duldete die neue Schutzmacht USA stillschweigend seinen Herrschaftsstil, selbst wenn ihre Diplomaten zuweilen vorsichtig verlauten ließen, im Iran müsse »das langfristige Ziel eine Demokratie« sein.

Mohammad Reza Pahlevi führte den traditionsreichen Titel *Schah-in-Schah*, »König der Könige«. Seinem Sohn und vorgesehenen Thronfolger gab er den Namen Cyros im Andenken an den Begründer des altpersischen Weltreiches. Hiermit wollte er ebenfalls ein deutliches Zeichen setzen. Allerdings ließ er sich nicht wie einst die Gottkönige durch halbdurchsichtige Vorhänge den Blicken seiner Untertanen mystisch entrücken, dies erlaubte schon das Zeitalter der informationshungrigen Presse und des Fernsehens nicht mehr. Vielmehr zeigte er sich nur gar zu gern den Fotografen und Reportern. Aber: »Durch meinen Gesichtsausdruck, meinen Blick oder den Ton meiner Stimme allein habe ich jede Diskussion unter Kontrolle.« So versicherte Mohammad Reza Pahlevi einmal selbstbewusst in einem Interview westlichen Journalisten. Über seine Auftritte existieren Fotos, wie Bauern und einfache Menschen aus dem Basar in Verzückung seine Schuhe küssen, wie Höflinge und Minister in devot gebeugter Haltung sich ihm nähern.

Eine schmale Schicht von Gebildeten wollte allerdings nicht so ohne weiteres an seine »göttlich inspirierte Sendung« glauben. Diese Männer orientierten sich an aufklärerischen Ideen Europas und der USA, und je mehr Studenten von westlichen Universitäten zurückkehrten, desto mehr musste der Schah mit Widerstand rechnen. Hinzu kamen die Geistlichen, die aus religiösen Gründen seit Generationen ihre Bedenken anmeldeten. Der Schah war sich dieser wachsenden Gefahr bewusst. Um Abhilfe nicht verlegen, schuf er 1957 die berüchtigte Organisation der Geheimpolizei *Savak*. An die 50 000 Agenten arbeiteten in ihrem Dienst und hielten die Bevölkerung mit modernsten Überwachungsmethoden sowie mit Folter und Hinrichtungen in Angst. Der Schah, anfangs nur der Traumkaiser für die Regenbogenpresse, entpuppte sich zunehmend als Despot in berüchtigter persischer Tradition.

1958 gründete der Schah die »Pahlevi-Stiftung«. Diese Einrichtung hatte, wie es offiziell hieß, »dem Wohl des Volkes zu dienen«, denn aus ihren Mitteln sollte die Ausbildung zahlreicher Studenten vor allem aus sozial bedürftigen Familien finanziert werden. Eine gemeinnützige Organisation also, so schien es. Gelder flossen ihr aus Spenden von Behörden, staatlich geleiteten Fabriken und internationalen Ölgesellschaften zu, aber auch direkt aus Steuergeldern. Ein offizieller Rechenschaftsbericht ist nie vorgelegt worden. Heute weiß man, dass ein Großteil der Gelder auf ausländische Privatkonten weitergeleitet wurde, was den Schah zu einem der reichsten Männer der Welt werden ließ. In weit größerem Stil als sein Vater vermochte er es so, das Volk auszurauben. Auch hier blieb er der Tradition fragwürdiger Gottkönige treu.

Die Weltöffentlichkeit konnte der Schah geraume Zeit mit der strahlenden Zukunftsvision eines »modernen Iran« beeindrucken. Er war Mitte dreißig, als er sich entschloss, selber zu regieren und, nach eigenen Worten, »Geschichte zu machen«. Alle Welt kannte ihn damals schon aus den Berichten der Tageszeitungen und des Fernsehens, noch mehr aber aus den seichten Stories der Boulevardpresse.

Ein gewisser Ajatollah Khomeini war zu dieser Zeit an die 50 Jahre alt. Einige Tausend geistliche Studenten feierten ihn in Ghom als ihren verehrten Lehrer, im Ausland aber kannte ihn niemand. Man war in keiner Weise darauf vorbereitet, dass einmal ein Korangelehrter den Schah stürzen und auf dramatische Weise das Machtzentrum im Mittleren Osten erschüttern und umgestalten würde.

2. Khomeini und die Islamische Revolution

Kindheit und Jugend des Revolutionsführers

Khomein ist ein unscheinbarer Ort mit etwa 7000 Einwohnern. Das Städtchen liegt an die 150 Kilometer südwestlich der heiligen Stadt Ghom, etwa ebenso weit entfernt von Isfahan in nordwestlicher Richtung. Nur Schotterstraßen und holprige Pisten führen in die bis heute wenig erschlossene Gebirgsgegend auf eine Höhe von fast 2000 Metern. Die kahlen Berge ringsum ragen noch einmal 1000 Meter höher und umschließen düster die Hochebene mit ihren kargen Äckern und Viehweiden. Mäßig warme Sommer und bitterkalte, schneereiche Winter prägen die Landschaft und ihre Menschen. Der Ort Khomein mit seinen flachdächigen, oft fensterlosen Steinbauten ist so öde und nichtssagend wie viele andere iranische Kleinstädte in der entlegenen Provinz. Nur an Markttagen beleben sich die Straßen und Plätze, wenn Bauern und Bergnomaden in den Ort kommen, um im Tauschhandel das Notwendigste einzukaufen. Ein Städtchen ohne jegliche Sehenswürdigkeiten. Wahrscheinlich würde darüber ein Außenstehender bis heute nie ein Wort verloren haben, wäre dort nicht ein Perser geboren worden, der zum gefeierten und umstrittenen Revolutionsführer aufstieg: Ruhollah Musawi. Nach seinem Heimatort legte er sich den Beinamen *Khomeini* zu.

Khomeini wurde 1902 geboren. Sein Vater gab ihm, dem jüngsten von drei Söhnen, den Namen Ruhollah, »Seele Gottes« – ein ungewöhnlicher Name, der in der islamischen Literatur hauptsächlich als Beiname für Jesus, den »großen Propheten«, vorkommt; kaum ein Muslim trägt ihn. Paradox muss eine derartige Benennung uns Europäern erscheinen, weil sie den späteren Revolutionsführer und Diktator symbolisch in die Nähe Christi, des Verkünders der Nächstenliebe, rückt. Seine Anhänger jedoch wollten später in eben diesem seltenen Namen eine besondere Auserwähltheit durch Gott begreifen.

Khomeinis Vater, Mustafa Musawi, war im Ort ein angesehener Mann und galt zugleich als Außenseiter. Erst um 1880 war er nach Persien gekommen, zuvor hatte er als Spross einer persischen Familie in Kaschmir gelebt. Er legte sich später im Andenken an seine frühere Heimat den Beinamen *Hendi*, »der Inder«, zu. Er war Landpächter mit nur bescheidenem Auskommen, außerdem Wanderprediger, mehr unterwegs in den Dörfern und Städten der Umgegend als im Heimatort, mehr in den Hütten der bettelarmen Bauern und Nomaden zu finden als in den Villen der wenigen einflussreichen Großgrundbesitzer. Er unterschied sich damit grundsätzlich von den meisten Geistlichen seiner Zeit. Sein Wissen muss gründlich gewesen sein, denn er hatte es zum Ajatollah gebracht, von denen es unter den 180 000 Mullahs des Iran nur an die 1000 gibt. Was sein Ansehen zusätzlich hob, war der Titel eines *Sayyid*, eines Nachkommen aus der Familie des Propheten Mohammed. Daher war er auch berechtigt, als Geistlicher den schwarzen Turban anstatt des sonst üblichen weißen zu tragen. Er vermochte allerdings keine Urkunde vorzuweisen, die eine Blutsverwandtschaft mit Mohammeds Sippe hätte beweisen können. So mag ein quellenkritisch orientierter Historiker Zweifel an seiner Herkunft anmelden, finden sich doch heute allein im Iran an die 600 000 Männer mit dem Anspruch auf den Titel eines Sayyid. Aber das einfache Volk glaubt fest an solch erhabene Abstammung, sofern ein Sayyid sich nur als frommer Mann auszeichnet oder gar wie ein Heiliger lebt.

Khomeinis Vater stand im Ruf, ein Heiliger zu sein, denn er

verschmähte es, durch die Großgrundbesitzer ein Gehalt zu beziehen, wie es sonst die Mullahs taten. Ihm genügten die kärglichen Mahlzeiten in Bauernhütten, und falls es dort nichts zu essen gab, dann hungerte er bereitwillig wie seine mittellosen Gastgeber. Er predigte leidenschaftlich gegen die Feudalherren, die von den Bauern zu hohe Abgaben erpressten, um sich selber ein Leben in Luxus zu gönnen. Dies, so wetterte der Prediger in Dörfern und städtischen Basaren, sei »nicht islamisch«, hier verletze der reiche Grundherr seine Fürsorgepflicht gegenüber den sozial Schwächeren. Khomeinis Vater wollte aber keinesfalls den Großgrundbesitz abgeschafft sehen, er wünschte nur eine gerechtere Behandlung der Pächter. Bereits dieses Denken war in der erstarrten Feudalgesellschaft Persiens lebensgefährlich. Eines Tages im Jahr 1902 lauerten ihm Bauern im Auftrag eines Großgrundbesitzers auf und erschlugen ihn mit Hacken und Holzprügeln. Der Sohn war zu diesem Zeitpunkt gerade ein paar Monate alt.

Ruhollah wuchs in Khomein unter äußerst ärmlichen Verhältnissen heran. Seinen ersten Religionsunterricht bekam er durch die Mutter, die aus einer religiös sehr gebildeten Familie stammte, dann durch den Mullah von Khomein, dann durch den älteren Bruder Morteza, der später ein berühmter geistlicher Rechtsgelehrter in Ghom werden sollte. Für Ruhollah war es selbstverständlich, ebenfalls Geistlicher zu werden. Neunzehnjährig verließ er seinen Heimatort Khomein, um im benachbarten Arak bei einem angesehenen Ajatollah zu studieren. Dies geschah 1921, im selben Jahr, als in Teheran der Kosakenoffizier Reza Khan sich an die Macht putschte. 1922 wechselte der 20-jährige Ruhollah an die Hochschule der heiligen Stadt Ghom über, wo er zehn Jahre lang wichtige Fächer islamischer Glaubenslehre studierte: Ethik, Recht, Theologie, Mystik, Philosophie. Es waren Jahre, in denen sich Persien entscheidend zu verändern begann und Ghom nicht verschont blieb von den Strudeln dieses Wandels. 1927 wurde der 25-jährige Ruhollah Zeuge, wie aus Teheran Schah Reza Pahlevi im Panzerauto vor das Fatemeh-Masoumeh-Heiligtum vorgefahren kam und mit Stiefeln polternd die Moschee betrat. Ruhollah befand sich unter den zahlreichen Versammelten auf dem Vorplatz, die erregt das Unfassliche diskutierten, dass der Schah es gewagt hatte, einen Mullah zu verprügeln. Dies wurde für den jungen Studenten ein einschneidendes Erlebnis. Nun entwickelte er sich zu einem der kompromisslosesten Gegner der Dynastie Pahlevi. Aber er war noch weit entfernt davon, von einer »islamischen Republik« zu träumen, er wünschte sich nur – wie die übrigen Geistlichen – eine andere, eine »islamische« Monarchie.

1928 heiratete Ruhollah ein elfjähriges Mädchen, die Tochter eines wohlhabenden Geistlichen aus Teheran. Im Alter von 13 Jahren gebar sie ihm den ersten Sohn, Mustafa, ein weiterer sollte folgen, Ahmad (beide entschieden sich später für die Laufbahn des Geistlichen), außerdem noch drei Töchter. Mit dieser Heirat konnte er sich endlich aus der drückenden Armut lösen, die bisher Studium und Karriere in Ghom belastet hatte.

Um 1930 nahm Ruhollah den Beinamen *Khomeini* an. Dies geschah allerdings nicht freiwillig. Beamte des Schahs waren nach Ghom gekommen, um aufgrund eines neuen Gesetzes jeder Familie einen Nachnamen zu verleihen; die Maßnahme sollte dazu dienen, zukünftig die Bürger leichter in Steuerlisten erfassen zu können. Nachnamen aber waren bisher ungewohnt in Persien, denn die Muslime nannten sich allein beim Vornamen und setzten diesem einen Namen des Vaters hinzu. Khomeini hieß bis dahin Ruhollah Musawi. In einer ersten Reaktion beschlossen Ruhollah und seine beiden Brüder, nach dem väterlichen Vorbild den Beinamen *Hendi* (»Inder«) anzunehmen. Hierbei war ihnen das Risiko gleichgültig, von iranischen Nationalisten als »Nicht-Iraner« diffamiert zu werden. Derartige Vorwürfe galten in ihrer streng orthodox-schiitischen Familie als absurd, stand doch ihrer Meinung nach nicht die Zugehörigkeit zu einem Volk an vorderster Stelle, sondern zur »richtigen Religion«. Als aber die Beamten drohten, ihnen die Würde des schwarzen Turbans abzusprechen, falls sie auf diesem so »uniranischen« Namen beharrten, beugten sie sich dem Druck und nannten sich nach ihrem iranischen Heimatort. Es war das erste und letzte Mal, dass sich Ruhollah dem Druck eines Schahs beugte.

Vom Ajatollah zum Politiker

Khomeini machte eine steile Karriere an der geistlichen Hochschule von Ghom. Rascher als viele seiner ehrgeizigen Mitbewerber durchlief er die übliche Hierarchie vom einfachen Mullah bis hinauf zum Ajatollah. Mit Mitte dreißig erwarb er bereits den akademischen Rang eines geistlichen Hochschullehrers, den eines Modschtahed, eines »Urteilsfinders« in religiösen Fragen. Fünf Jahre danach durfte er sich bereits Ajatollah, »Zeichen Allahs«, nennen. Seine Vorlesungen über islamisches Recht waren stark besucht, ja es gelang ihm, während der folgenden zwei Jahrzehnte zu einem der beliebtesten Hochschullehrer von Ghom zu werden. Er soll – so heißt es in späteren Berichten, als er längst zum Revolutionsführer aufgestiegen war – nicht nur durch Vorlesungen, sondern auch als Mensch stark auf die Studenten gewirkt haben. Anders als viele ranghohe Geistliche seiner Zeit lebte er betont einfach, so wie einst sein Vater, und damit entsprach er ganz dem Idealbild jener Modschtaheds, wie sie während des 18. Jahrhunderts gepriesen wurden: auf alle weltlichen Genüsse verzichtend, nicht anfällig für die Versuchungen von Wohlleben und Besitz. Außerdem setzte er sich stark für die unterdrückten Bauern ein und forderte für sie mehr Gerechtigkeit, auch hier ganz dem Stil seines Vaters verpflichtet. Dies war ungewöhnlich und aufsehenerregend an einer geistlichen Hochschule, wo es bisher üblich gewesen war, soziale Probleme totzuschweigen.

Wie viel an solchen Berichten bloße Propaganda späterer Gefolgsleute, wie viel Wahrheit ist, lässt sich nicht in allen Einzelheiten nachprüfen. Tatsache aber ist, dass Khomeini zu einem der gesuchtesten Lehrer an der berühmtesten geistlichen Hochschule des Iran wurde; er hat im Lauf seines Lebens über 1500 Anwärter auf das Amt des Modschtahed ausgebildet. Und materiell bedürfnislos wohnte er auch dann noch im selben schmucklosen Haus in Ghom, nachdem er ein gefeierter und umstrittener Revolutionsführer geworden war, ein Mann, dem seine Gegner reine Machtgelüste nachsagten. Privat führte er ein in jeder Hinsicht unauffälliges und bescheidenes Leben. So ist es für ihn auch bezeichnend, dass er, obwohl ihm nach geltendem Recht vier Frauen zugestanden hätten, zeit seines Lebens mit nur einer einzigen Frau zusammenlebte und ihr strikt treu blieb.

Wie sich sein Weltbild im Verlauf der ersten Jahrzehnte geformt hat, lässt sich rekonstruieren, hat er doch seine Gedanken in über dreißig Büchern festgehalten, teils in wissenschaftlichen Abhandlungen, teils aber auch in leicht verständlichen Schriften für den gebildeten Laien, in den letzteren oft mit politischer Absicht. Khomeini hatte tatsächlich schon in frühen Jahren gegen die Missstände im Staat gewettert, so dass Schah Reza Pahlevi seine Vorlesungen zeitweilig verbieten ließ. Und als der Schah 1941 das Land für immer verlassen musste, da wandte sich der streitbare Ajatollah zum erstenmal mit einer politischen Schrift an die Iraner: »Junge Freiheitskämpfer, liebe Muslime, die ihr für die verlorene Ehre kämpfen wollt! Liebe Religiöse, die ihr für die Unabhängigkeit engagiert seid!«, formulierte er dort in ungewöhnlicher Schärfe, »es ist Gottes Gebot und die religiöse Aufgabe jedes Muslims, seine Heimat von den fremden Ausbeutern und ihren inländischen Verbündeten zu reinigen und zu befreien!« So geschrieben in der vielbeachteten Streitschrift von 1941, *Die enthüllten Geheimnisse*. In ihr stellte Khomeini den Schah und seine Beamten auf eine Stufe mit den europäischen Eindringlingen, sie alle galten ihm als »Feinde des Volkes«. Derart entschieden hatte bisher noch kein Ajatollah geurteilt, obwohl es längst zur Tradition gehörte, den Einfluss »ungläubiger Imperialisten« zu verdammen.

Derselbe Khomeini wandte sich in anderen Schriften strikt gegen alle Korangelehrten, die den Islam mit Erkenntnissen der modernen westlichen Philosophie zu konfrontieren und aus neuem Blickwinkel die Satzungen der eigenen Religion zu analysieren versuchten. Er wollte im 20. Jahrhundert eine Reihe sozialer Vorschriften des Koran unverändert gelten lassen, die einst Mohammed für die Nomaden- und Bauerngesellschaft Arabiens geschaffen hatte: angefangen von den drakonischen Strafen (Dieben die rechte Hand abschlagen, Ehebrecher auspeitschen und im Wiederholungsfall steinigen ...) bis hin zu den frühmittelalterlichen Satzungen des Handels- und Erbrechts.

Ende der 1950er-Jahre gehörte Khomeini endgültig zu den berühmtesten Ajatollahs des Iran. Und er glaubte, er könne sich nun Hoffnung machen, in das höchste Führeramt gewählt zu werden, das seit 1920 in der Hierarchie der Geistlichen bestand: *Mardscha-i Taqlid*, »Quelle der Nachahmung«. Der Gewählte durfte für sich in Anspruch nehmen, am besten den Willen des Verborgenen Imam zu kennen; er galt wie sonst keiner als ausersehen, bei besonders schwierigen Fragen das letzte Wort zu sprechen.

Seit 1946 war Groß-Ajatollah Husain Borudscherdi dieser Auserwählte. Er wohnte wie Khomeini in Ghom. Sonst aber verband die beiden Männer nur wenig. Borudscherdi war Khomeini an religiösem Wissen bei weitem überlegen, auch dachte er um Vieles differenzierter, weshalb er die Ajatollahs der verschiedensten Denkschulen gleichermaßen zu beeindrucken vermochte, aber er war ein stiller, in sich gekehrter Mann, eine Gelehrtennatur. Er sah die Aufgabe des religiösen Führers nur darin, die heiligen Schriften richtig zu interpretieren und die Gläubigen gewissenhaft zu unterrichten; das Handeln wollte er den Politikern überlassen. Dabei äußerte er sich privat zuweilen äußerst scharf gegen den Schah, schrieb zuweilen auch mahnende Briefe an den kaiserlichen Hof, schwieg jedoch in der Öffentlichkeit, denn er hoffte, den Schah auf friedlichem Weg zu »islamischer Gesetzgebung« zu bewegen. Mullahs, Modschtaheds und Ajatollahs warteten vergeblich auf ein Zeichen aus Ghom. Aber Khomeini war noch nicht bedeutend genug, als dass er dieses Zeichen zum offenen Widerstand geben durfte. Noch nicht.

1961 starb Borudscherdi im Alter von 86 Jahren. In Ghom trafen die Ajatollahs aus allen Teilen des Iran zusammen, um einen Nachfolger zu bestimmen. Drei Kandidaten rückten in die engere Wahl: der Groß-Ajatollah Kazem Schariat-Madari aus Täbris, die Ajatollahs Mohammed Milani aus Mesched und Khomeini aus Ghom. Vor allem der erstere und der letztere konnten Anhänger um sich scharen: Schariat-Madari vornehmlich moderat und liberal denkende, Khomeini konservative oder gar reaktionär eingestellte Geistliche. Aber als die Begräbnisfeierlichkeiten vorbei waren, verließen die Ajatollahs die heilige Stadt wieder, ohne eine Wahl getroffen zu haben. Die nahezu 1000 Wahlberechtigten hatten sich nicht mehrheitlich für einen Kandidaten entscheiden können, also musste das begehrte Amt des Mardscha-i Taqlid unbesetzt bleiben.

Für die Schiiten bedeutete dies keine Katastrophe. Ja, sie sahen hierin nicht einmal eine Krise. Seit Jahrhunderten hatte es für sie keinen unumstrittenen religiösen Führer gegeben, meist fanden sich mehrere ranghohe Geistliche, die ähnlich großes Ansehen im Volk genossen, und der einfache Gläubige durfte ohnehin auf jenen Modschtahed oder Ajatollah hören, der seiner Meinung nach die heiligen Schriften besonders scharfsinnig auslegte. Niemals hatten die Schiiten eine unantastbare Hierarchie vorgesehen wie etwa die Katholiken, niemals eine Art Papst mit »unfehlbarer« Entscheidungsgewalt in Glaubensfragen; nach dem Verschwinden des zwölften Imam war dieser Anspruch unmöglich geworden. Die Ajatollahs hatten sich zwar 1920 dazu durchgerungen, zukünftig einen Mardscha-i Taqlid zu wählen, aber die ranghohen Geistlichen waren nicht gezwungen, sich auf ein Oberhaupt zu einigen. Es durfte Monate, ja Jahre dauern, bis sich die verschiedenen Gruppen einem einzigen Führer unterordneten. Man vertraute darauf, dass sich der »richtige Mann« im Verlauf der Zeit von selbst durchsetzen werde.

Wer aber war nach 1961 der »richtige Mann«?

Khomeini musste sich damit abfinden, dass nach Borudscherdis Tod nicht wenige Gläubige andere Ajatollahs als höchste Autorität vorzogen. Noch war nicht die Stunde für einen kämpferischen, aggressiven Schiitenführer gekommen, noch wirkte das Vorbild des milden, friedfertigen Religionsführers nach. Aber Khomeinis Chancen nahmen zu, je mehr Bauern und Basarhändler unzufrieden mit der Regierung wurden, Männer aus jenen Schichten, die seit jeher in der Not zuerst einmal bei einem Geistlichen Zuflucht suchten. Sozialen Sprengstoff gab es um das Jahr 1961 genug. Die Krise wuchs.

Die wachsende soziale Krise und die »Weiße Revolution«

Von Krise hatte man im Umkreis des Schahs lange Zeit nicht reden wollen. Im Gegenteil, man hatte keine Gelegenheit versäumt, auf den rasanten Fortschritt des letzten Jahrzehnts hinzuweisen.

Der Fortschritt erschien in der Tat eindrucksvoll – zumindest auf den ersten Blick. Seit die Erdölindustrie verstaatlicht war, floss mehr als das Sechsfache an Einnahmen in iranische Kassen, ein Reichtum, der sich bald im Erscheinungsbild der Großstädte bemerkbar machte. Besonders in der Hauptstadt

Teheran. Dort schossen mehr als sonstwo die Häuserfronten der Banken, der Verwaltung und multinationaler Konzerne in die Höhe, teils monströse, schachtelförmige Bauten mit glitzernden Glasfassaden, die den einst so freien Blick zum winterlich schneebedeckten Elbursgebirge verstellten. Auf den Straßen drängte sich ein so dichter Autoverkehr wie in jeder westeuropäischen Millionenstadt, und abends flimmerte in den Geschäftsvierteln die bunte Neonreklame mit derselben Aufdringlichkeit wie in allen westlichen Industriestaaten. Die Moscheen hatten aufgehört, mit ihren blaugekachelten Kuppeln das Stadtbild zu beherrschen, sie wirkten oft verschüchtert niedergeduckt zwischen Hochhäusern aus Glas und Beton.

Nicht wenige Iraner waren stolz auf die Veränderungen, die sich in ihrer Hauptstadt vollzogen, vor allem Söhne aus reichen Familien, die an westlichen Universitäten studiert hatten. Gerade sie zeigten demonstrativ ihre Verachtung gegenüber der eigenen Kultur und fanden es großartig, wenn enge winklige Gassen einer breiten Autostraße, traditionelle Kuppelbauten einem kastenförmigen Hochhaus, Basare mit ihren jahrhundertealten Verkaufsgewölben Supermärkten in amerikanischem Stil weichen mussten. Die neue Bildungselite des Iran wünschte nichts lieber, als dass ihr Land sich im äußeren Erscheinungsbild Europa und den USA anglich. Was in Europa von Kulturkritikern bereits als drohende »Unwirtlichkeit der Städte« und »Verlust der Tradition« beklagt wurde, begann man nun im Iran uneingeschränkt als »Fortschritt« zu feiern. Noch fanden Iraner kein Gehör, die vor der Zerstörung der eigenen Kultur warnten.

Erst ab 1968 sollte es ein Gesetz geben, das die unkontrollierte Bauwut eindämmte. Traditionsbewusste Iraner, bestärkt durch westliche Orientalisten und Kunsthistoriker, haben es dann endlich erreicht, dass »historisch besonders erhaltungswürdige Städte« unter Denkmalschutz gestellt wurden, allen voran Isfahan, Mesched, Ghom, Yazd, Kerman. Von nun an durfte in Sichtweite der berühmten Moscheen kein moderner Zweckbau mehr errichtet werden, der das organisch gewachsene Stadtbild mit seinen lehmfarbenen zweigeschossigen Häusern und zahlreichen Kuppeln beeinträchtigte. Die Denkmalpfleger konnten in der dritten Schahgattin, Farah Diba-Pahlevi, die in Paris Kunstgeschichte und Architektur studiert hatte, eine engagierte Fürsprecherin gewinnen. Aber diese ersten Rettungsversuche kamen fast zu spät, viele Schäden waren nicht mehr zu beheben.

Gott Erdöl regierte. Die Geschäftsleute und Techniker, Ausländer wie Einheimische, errichteten ihre Industrieanlagen und Verwaltungsbauten ohne Rücksicht auf kulturelle und religiöse Traditionen, Proteste taten sie nur allzu rasch als »rückständig« und »reaktionär« ab. Besonders sollten dies die Mullahs, Modschtaheds und Ajatollahs von Ghom zu spüren bekommen. Hatten Techniker schon in den 1930er-Jahren eine Eisenbahnlinie von Teheran an der heiligen Stadt vorbei zu den Erdölfeldern des Südens geführt, so begannen sie Anfang der 1950er-Jahre, nördlich von Ghom Öl zu fördern. Immer näher rückten neu erschlossene Ölfelder an die Stadt heran, bis man schließlich tagtäglich den Geruch von Petroleum sogar in den Moscheevorhöfen wahrnahm. Der Besucher, der Anfang der 1960er-Jahre von Teheran auf einer gut ausgebauten Straße zur Residenz der ranghöchsten Ajatollahs fuhr, musste zuerst einmal die nüchterne Silhouette von Bohrtürmen und qualmenden Schloten passieren, bevor er von einer Anhöhe aus auf die goldenen Kuppeln und die Minarette des Heiligtums blickte. Drohender und herausfordernder hätte sich »die neue Zeit« den Geistlichen der heiligen Stadt nicht bieten können.

»Die neue Zeit« – dies war das Schlagwort, mit dem der Schah, seine hohen Beamten, die gut verdienenden Kaufleute und Ingenieure die jähen Veränderungen während der 1950er- und 1960er-Jahre euphorisch charakterisierten. Aber Anlass zum Jubeln gab es nur für wenige. Der Dollarstrom aus den Öleinnahmen erreichte allein die Regierungsbeamten in hohen Stellungen und die Geschäftsleute, die gute Beziehungen zum kaiserlichen Hof hatten anknüpfen können. Diese kleinen Gruppen strichen Millionengewinne ein und überwiesen sie auf Auslandskonten, weil ihnen das eigene Land nicht sicher genug erschien. Relativ zufrieden sein konnten vorerst auch die Industriearbeiter, eine ebenfalls kleine Gruppe, die sich von ihrem bescheidenen Lohn wenigstens einige der ausländischen Luxusgüter leisten konnte; das Transistorradio wurde zum Statussymbol dieser Schicht. Ein erträgliches Auskommen fanden zunächst auch die Basarhändler und Handwerker. Aber die übrigen?

Ärmlich lebten die meisten Staatsbeamten, angefangen vom Polizisten bis hin zum Lehrer, ganz zu schweigen von den rangniedrigen Bürokraten; ihr Gehalt war im wahrsten Sinn des Wortes ein Hungerlohn. Erst recht ärmlich fristeten die Gelegenheitsarbeiter in den Städten, vor allem aber die Bauern und Tagelöhner in den 42000 Dörfern des Iran ihr Dasein. An ihrem Leben änderte sich überhaupt nichts, sie blieben nach wie vor der bloßen Laune ihrer reichen Dienstherren ausgeliefert. Nicht wenige von ihnen litten an Unterernährung – und dies in einem Land, das damals über eines der größten Bruttosozialprodukte der Welt verfügte.

Scharen von verarmten Bauern und besitzlosen Landarbeitern strömten in die großen Städte, besonders nach Teheran, weil sie über den angeblichen Massenwohlstand dort Märchenhaftes gehört hatten. Aber sie fanden dort nur mit Glück eine Arbeit als miserabel bezahlte Tagelöhner, meist standen sie vor verschlossenen Toren. Ernüchtert und hoffnungslos siedelten diese Ärmsten der Armen in ohnehin überfüllten Hüttenstädten und vergrößerten so noch die hohe Zahl der Elendsquartiere, errichtet aus Wellblech, Kartons, zerfetzten Autoreifen, den Abfallprodukten unserer modernen Zivilisation. Innerhalb von 15 Jahren, von 1950 bis 1965, schwoll die Einwohnerzahl

Teherans auf das Doppelte an, von einer auf zwei Millionen. Die Hälfte dieser Menschen vegetierte unweit der glitzernden Hochhausfassaden, litt unter Hunger und Krankheiten; viele von ihnen empfanden ihr Dasein erbärmlicher als zuvor in den Dörfern, wohin es für die Entwurzelten kein Zurück mehr gab. Nicht zufällig sollte in diesen Slumbewohnern Khomeini seine treueste Gefolgschaft finden.

Anfang der 1960er-Jahre erkannte der Schah endlich die Gefahr. Zu Tausenden waren Lehrer durch Teherans Zentrum geströmt und hatten in Sprechchören eine bessere Bezahlung gefordert. Diese Demonstration war nur der Beginn gewesen. Ebenfalls zu Tausenden zogen bald darauf Studenten durch Teheran und legten den Autoverkehr der Hauptstraßen lahm, sie forderten eine gerechtere Sozialordnung für alle. In den Elendsvierteln begann es unruhig zu werden, Polizei marschierte drohend auf und vertrieb die Demonstranten. Weitere Unruhen würden folgen – falls nicht etwas Grundlegendes geschah. Amerikanische Ratgeber schreckten den Schah mit der Bemerkung auf, eine Revolution sei unvermeidlich, wenn er nicht bald eine glaubwürdige Reformpolitik einleite. Vor allem sei es nötig, den verarmten Bauern zu helfen, um eine weitere Abwanderung in die Städte zu verhindern; eine Landreform müsse notfalls gegen den Willen der Großgrundbesitzer und der Geistlichen durchgeführt werden. Schah Mohammad Reza Pahlevi stimmte dem zu, ja, er zeigte sich mit einem Mal entschlossen, den Iran durch eine Radikalkur zu »heilen«. Eine »Sozialrevolution« großen Stils wollte er herbeiführen, »zur Rettung des Landes und zur Einordnung des Iran in die Reihe der fortschrittlichen Völker und modernen Gesellschaften«, wie er offiziell verkünden ließ. Laut kaiserlichem Befehl sollten zuerst einmal weltliche und geistliche Großgrundbesitzer ihre wenig genutzten Ländereien an Bauern als Eigentum übergeben, dann sollte mit weiteren Maßnahmen das Los der übrigen Bevölkerung gebessert werden.

Diesen grundlegenden Wandel nannte der Schah aber bewusst eine »Revolution von oben«, später auch die »Weiße Revolution« – in deutlicher Abgrenzung zur »Revolution von unten«, der »Roten Revolution« der Kommunisten. Er allein, der Schah-in-Schah, hatte als Quelle der Inspiration zu gelten, nur von ihm selber konnten und durften grundlegende Denkanstöße kommen. In althergebrachter Manier persischer Gottkönige glaubte er zu wissen, was in der Stunde der Not »gut für das Volk« sei. Und deshalb, so äußerte er in einem Interview vor westlichen Journalisten, brauche der Iran »keinen Vermittler zwischen Schah und Volk«, man müsse »verhindern, dass jemand zwischen uns tritt«. Dies bedeutete wieder einmal eine klare Absage an das Parlament, das für den »König der Könige« nur zu existieren hatte, um von ihm beschlossene Gesetze zu bestätigen. Kritik an Details verbat er sich sowohl von den Abgeordneten als auch von seinen Ministern. Zweifel liberaler Abgeordneter tat er als »kommunistisch« ab, seinen Ministerpräsidenten Amini entließ er, als dieser ihm zu widersprechen wagte. Um das Parlament vollends auszuschalten, ordnete der Schah eine Volksabstimmung über seine Reform an. Die Fragen hierbei waren denkbar einfach: Wollt ihr aus dem Joch der Großgrundbesitzer befreit werden – ja oder nein? Wünscht ihr ein verbessertes Wahlrecht und mehr Mitbestimmung?

Mohammad Reza Pahlevi versprach sich viel von dieser Abstimmung. Zum einen konnte er damit »das Volk« gegen die Abgeordneten ausspielen, zum anderen durfte er auf den Beifall der Auslandspresse – insbesondere in den USA – hoffen, da er sich musterhaft »demokratisch« verhielt. Ja, er stellte gar das Wahlrecht für Frauen und nichtmuslimische Iraner in Aussicht, um so die Volksabstimmung noch eindrucksvoller zu gestalten. Wer konnte ihn da noch für »despotisch« oder gar »reaktionär« halten? Das Datum für den Wahltag setzte er auf den 26. Januar 1963 fest.

Dass ihm die Geistlichen besonders heftig widersprechen

würden, erwartete der Schah. Denn ihnen drohte der Verlust großer Ländereien, außerdem musste ihnen das Wahlrecht für Frauen und Nichtmuslime eine unerträgliche Herausforderung bedeuten. Aber der Schah fürchtete den Widerstand der Ajatollahs nicht. Bereits sein Vater hatte sie erfolgreich eingeschüchtert, und er, der Sohn, würde ihre Macht jetzt vollends brechen. Dies schien eine einfache und ganz logische Schlussfolgerung.

Es war der verhängnisvollste Irrtum seines Lebens. 1962 ließ er sich sorglos auf das Duell mit einem Mann ein, dem er nicht gewachsen sein sollte: Ajatollah Khomeini. Im November des Jahres trat Khomeini politisch ins Licht der Öffentlichkeit. Er war 60 Jahre alt.

Der Volksaufstand von 1963

Scharf wandte sich Khomeini gegen die geplante Volksabstimmung. Mit diesem Protest machte er zum ersten Mal den Schah auf sich aufmerksam. Im November sandte der Ajatollah an Ministerpräsident Alam folgendes Telegramm: »Die Ulema erklärte öffentlich, dass das Frauenwahlrecht und der Verzicht auf die Bedingung, nur als Muslim das aktive und passive Wahlrecht ausüben zu dürfen, im Gegensatz zum Islam und zur Verfassung stehen. Wenn Sie glauben, Sie könnten den heiligen Koran durch das Awesta der Zarathustrier, die Bibel oder sonstige fehlgeleitete Bücher ersetzen, befinden Sie sich im Irrtum. Wenn Sie glauben, Sie könnten mit Hilfe Ihres illegalen Gesetzes die Verfassung, die die Souveränität und die Unabhängigkeit dieses Landes sichert, schwächen, irren Sie sich.«

Fünf Tage vor dem geplanten Volksentscheid brachen im Basar von Teheran Unruhen aus. Händler, Handwerker und Lastträger, Männer der Mittelschicht und Unterschicht, strömten zu Tausenden auf die modernen Verkehrsstraßen des Stadtzentrums und riefen in Sprechchören zum Kampf gegen »die Feinde des Islam«. Polizei trieb die Aufrührer auseinander, ließ etliche von ihnen festnehmen, darunter auch Mullahs. Es herrschte wieder Ruhe in Teheran. Der Volksentscheid am 26. Januar verlief ohne Zwischenfälle und brachte dem Schah die erwartete Zustimmung. Eindeutig sei den »Reaktionären« eine Absage erteilt worden, so hieß es tags darauf in den regierungstreuen Zeitungen. Die Auslandspresse übernahm die Version, der Schah könne nun nach der »demokratischen Abstimmung« mit seinem »Reformwerk« beginnen.

Fünf Ziele proklamierte der Schah für seine »Weiße Revolution«: Die letzten Reste der Leibeigenschaft mussten aufgelöst, der Waldbesitz verstaatlicht, die Frauen und Nichtmuslime zu Wahlen zugelassen, die Arbeiter am Profit der Fabriken beteiligt, das Analphabetentum entschieden bekämpft werden. Dies waren glänzend formulierte Ziele, die von einer Opposition nicht so leicht in ihrem Propagandawert geschmälert werden konnten.

Am einfachsten hatten es noch die iranischen Sozialisten und Kommunisten. Sie äußerten den Verdacht, dass es der Schah gar nicht so ernst damit meine, das Elend zu beseitigen. Er wolle unter dem Vorwand einer Landreform nur die Macht der Großgrundbesitzer und der Geistlichen brechen, um selber umso absoluter regieren zu können; habe er dieses Ziel erst einmal erreicht, so werde er die sogenannte »Weiße Revolution« zum Stillstand bringen.

Schwerer hatten es die Geistlichen mit ihrer Kritik, erst recht die Großgrundbesitzer. Sie mussten fürchten, von allen Seiten als »fortschrittsfeindlich« verdammt zu werden. Beide konnten nur betonen, die Reform verstoße »gegen den Geist des Islam«, »gottlos« sei es, Eigentum gewaltsam wegzunehmen. Großgrundbesitzer und Geistliche schlossen sich in dieser Frage eng zusammen, was niemanden zu überraschen brauchte, denn sie besaßen einen Großteil der 42 000 Dörfer des Iran und deren Felder: die Großgrundbesitzer weit mehr als die Hälfte, die Geistlichen in Form von religiösen Stiftungen mehr als ein Viertel des kultivierten Landes. Nur ein Zehntel aller Bauern konnte auf eigenem Acker arbeiten und im eigenen Haus wohnen, alle anderen standen als Pächter oder gar noch als Leibeigene im Dienst eines Feudalherrn oder eines Ajatollahs. Die meisten Geistlichen hießen dies als »gottgewollte Ordnung« gut – aus verständlichen Gründen, erhielten sie doch ihr Brot überwiegend von Großgrundbesitzern.

Khomeini predigte nichts anderes, ja, er machte sich zu einem eifrigen Sprecher dieser Anschauung. Dies überrascht, zumindest auf den ersten Blick, denn sein Vater war ermordet worden, weil er gegen die Willkürherrschaft von Großgrundbesitzern aufbegehrt hatte. Auch Khomeini dachte nicht viel anders als sein Vater, ja, er konnte gar mit gutem Recht behaupten, dessen Kampf fortzuführen. Er kritisierte die Großgrundbesitzer, die von den Bauern einen zu hohen Pachtzins forderten oder sie auch noch hungern ließen; dies sei nicht mit den Geboten der Nächstenliebe vereinbar. Dagegen hatte er nichts gegen Patriarchen einzuwenden, die ihrer »Fürsorgepflicht« gegenüber den Pächtern nachkamen. Khomeini bejahte eine reformierte Feudalordnung, und gerade auf diese Weise konnte er zahlreiche Anhänger unter den verarmten Bauern auf dem Land, unter Händlern, Handwerkern und Tagelöhnern in den Basarvierteln, unter Arbeitslosen in den Großstadtslums gewinnen – meist Menschen, die zu unwissend waren, um sich eine andere Ordnung überhaupt vorzustellen. Khomeini erkannte seine Chance. Wenn er sich jetzt energisch genug in den Vordergrund spielte, vermochte er Führer dieser Volksbewegung zu werden. Mehr noch: Er konnte dann alle anderen Ajatollahs überragen. Und damit wäre er seinem großen Ziel um ein beträchtliches Stück nähergerückt, nach Jahren der Verzögerung doch noch ranghöchster Ajatollah zu werden – Mardscha-i Taqlid, »Quelle der Nachahmung«.

Seine Chance nutzte er am 4. Juni 1963. Es war der zehnte Tag des Trauermonats Muharram, die *Ashura*. Schwarze Fahnen hingen in allen iranischen Städten von den Minaretten, schwarze Tücher kleideten das Innere der Moscheen aus und verdeckten die farbenprächtigen Fayencen an den Wänden. Man beging in düsterer Feierlichkeit den Todestag Husseins, des dritten Imam und großen Märtyrers der Schiiten. Dicht gedrängt standen die Gläubigen an den Gebetsplätzen, und vielerorts lauschten sie an diesem 4. Juni 1963 derselben Predigt: jener des Ajatollah Khomeini. Der religiöse Führer aus Ghom hatte schon Wochen zuvor an alle maßgeblichen Geistlichen das Manuskript seiner Rede verteilen lassen, damit sie es am Ashura-Tag in den großen Moscheen des Iran der versammelten Volksmenge vorlasen. Es war eine mitreißende, aufputschende Predigt, genau berechnet auf die ohnehin aufgewühlten Gemüter an diesem hohen religiösen Feiertag. Khomeini verglich in verschlüsselter und doch leicht durchschaubarer Form das Volk mit dem Märtyrer Hussein, den Schah mit dessen Mörder Yazid.

»Hussein! Hussein! ...«, »Allahu akbar! Allahu akbar! ...« Die Versammelten antworteten in Sprechchören, hoben die Fäuste, strömten aus den Moscheen und zogen zu Tausenden, in großen Städten wie Teheran zu Zehntausenden durch die Hauptstraßen, viele von ihnen in weiße Leichentücher gehüllt, symbolisch bereit, wie Hussein für ihre Sache zu sterben. »Hussein! Hussein! ...« Geißeln klatschten auf entblößte Rücken, Blut floss zur Buße, weil einst die Gläubigen den kämpfenden Imam im Stich gelassen hatten. Ein Ritual mit düsteren Praktiken brach sich wieder Bahn, das die Regierung schon vor Jahren als »nicht mehr zeitgemäß« verboten hatte. Aber an diesem 4. Juni 1963 ließen sich die Prozessionsteilnehmer durch kein Verbot hemmen, im Gegenteil, sie steigerten sich in Raserei. »Tod dem Kalifen Yazid!« Mullahs mit lautstarken Megaphonen heizten die Stimmung an, indem sie aus Khomeinis Predigt einprägsame Schlagworte wiederholten. »Kalif Yazid!«, der Ruf bekam einen gefährlichen Klang. Allen Grund aufzuhorchen hatten die Soldaten, die aus Panzerautos die Prozessionen beobachteten, und die zahlreichen Geheimdienstbeamten des Savak, die sich unter das Volk gemischt hatten. Diese Beobachter mussten beunruhigt feststellen, dass sich diese Ashura-Feier stark von denen vergangener Jahrzehnte unterschied.

Einen Tag später war Khomeini verhaftet. Mitten in der Nacht hatten ihn Savak-Polizisten aus der Wohnung geholt und ins Gefängnis nach Teheran gebracht. Aber damit taten sie genau das Falsche. Sie hatten nicht verstanden, wie sehr der Ajatollah aus Ghom mit seiner Predigt den Nerv des Volkes getroffen hatte und dass er von einem Tag auf den anderen zum Idol geworden war. Kaum wurde seine Verhaftung bekannt, rotteten sich in Ghom und Teheran die Volksmassen zusammen und zogen abermals in Prozessionen durch die Straßen, dieses Mal in Sprechchören die Freilassung Khomeinis fordernd. Wieder fuhren Panzerwagen vor, nun aber in wesentlich größerer Zahl, die Soldaten nahmen eine drohende Haltung ein. Zwei Tage Nervenkrieg: Die Demonstranten zerstreuten sich, kamen wieder, und jedesmal waren es einige Tausend mehr; die Soldaten gaben Warnschüsse ab.

Am 8. Juni, drei Tage nach Khomeinis Verhaftung, konnte Mohammad Reza Pahlevi vom Fenster seiner Sommerresidenz aus beobachten, wie im Zentrum Teherans dunkle Rauchwolken aufstiegen, es brannten Hochhäuser, Banken, Supermärkte, Regierungsbüros und Polizeistationen. Die Volksmenge raste. Tagelöhner und Arbeitslose aus den Slums, verarmte Handwerker und Kaufleute aus den Basaren, Zuwanderer und Entwurzelte aus den Dörfern, Jahre hindurch um ihre Hoffnung betrogen – sie fanden sich zusammen, um ihren lang angestauten Zorn zu entladen. Der Schah gab Schießbefehl. Am nächsten Tag berichteten die regierungstreuen Zeitungen von einigen Hundert Toten. In der internationalen Presse las man es anders, dort bezweifelte man die offizielle Zahl und schätzte nach Angaben von zahlreichen Augenzeugen acht- bis zehntausend Tote. Angeblich starben allein in Ghom an die 3000 Demonstranten, darunter viele Mullahs, die im weißen Totenhemd den Soldaten entgegengetreten waren, bereit, im Sinne Husseins als Märtyrer zu enden.

Khomeini blieb zehn Monate im Gefängnis. Die Regierung vermied es, den prominenten Ajatollah hinzurichten – aus Furcht, man würde damit einen Märtyrer schaffen und die Unruhen könnten noch einmal aufflammen. Man entließ Khomeini aus seiner Gefangenschaft mit der Auflage, in Zukunft jede »aufrührerische Tätigkeit« zu unterlassen. Er kehrte nach Ghom zurück, von seinen Anhängern jubelnd begrüßt. Nun war er endgültig landesweit bekannt, kein anderer Ajatollah konnte sich in der Hinsicht mit ihm messen. Allerdings versagte ihm noch immer eine Reihe ranghoher Ajatollahs die Gefolgschaft, besonders sein Erzrivale Schariat-Madari. Damit war es Khomeini auch für die nahe Zukunft versagt, »Quelle der Nachahmung«, unantastbare Autorität aller Schiiten, zu werden. Aber das das einfache Volk verehrte ihn als seinen Helden.

In Europa und den USA blieb Khomeini weiterhin unbekannt. Sein Name fand noch keinen Eingang in die Schlagzeilen der Weltpresse, bestenfalls wurde er in Randspalten erwähnt, um dann gleich wieder vergessen zu werden. Auch über die Unruhen vom Juni 1963 machte man sich im Ausland wenig Gedanken, zumal man die Zahl von 10 000 Toten wieder in Zweifel zu ziehen begann und als »unbewiesenes Gerücht« verharmloste. Kenner des Iran neigten überwiegend zu der Ansicht, der Schah werde mit seinem modernen Reformprogramm endgültig die Macht der rückständigen Geistlichen und Großgrundbesitzer brechen können.

Am 4. November 1964 geschah etwas, das diese Vermutung zu bestätigen schien. Ohne Aufsehen konnte bei Morgengrauen ein kleiner Militärtrupp in Ghom Khomeini verhaften, der sich nicht an das Redeverbot gehalten hatte. Ein Militärlastwagen brachte den Gefangenen zum Teheraner Flugplatz, und erst an Bord einer Düsenmaschine erfuhr der Gefangene, wohin die Reise ging: ins Exil; die Türkei zeigte sich bereit, den Verbannten aufzunehmen. Keine nennenswerten Unruhen brachen aus, als die Nachricht durchsickerte, Khomeini sei aus dem Iran abgeschoben worden. Das hieß, der Schah hatte sein Land wieder fest unter Kontrolle.

In westlichen Zeitungen erschien ein halbes Jahr später nur vereinzelt die Randnotiz, Khomeini sei ins Exil nach Nedschef, dem schiitischen Wallfahrtsort im Irak, übergesiedelt. Aufgeschreckt reagierte die Weltpresse nur, als im Januar 1965 ein Attentäter Irans Ministerpräsidenten Mansur erschoss; der Gesinnungstäter gab sich als treuergebener Anhänger Khomeinis zu erkennen. Aber dies wurde – im Iran wie im Ausland – nur als das letzte Rückzugsgefecht eines Fanatikers gewertet, der keine Chancen für die Zukunft besaß. Die Zukunft schien dem Schah zu gehören, einem »aufgeklärten Monarchen«, der wie ein westlicher Technokrat dachte und entsprechend zielstrebig Reformen umsetzte.

Die düstere Bilanz der »Weißen Revolution«

Die »Weiße Revolution« hat keine der hochgespannten Erwartungen erfüllt, die der Schah und seine Berater in sie gesetzt hatten. Hätte der Despot auch nur einen halben Erfolg erzielt, wäre er wohl von vielen als »weitblickender Staatsmann« eingestuft worden, gegen den ein Korangelehrter aus Ghom für alle Zeiten hätte unrecht haben müssen. Doch es kam anders. Die Landreform scheiterte. Sie scheiterte aus Gründen, aus denen in vielen Ländern der Dritten Welt ähnliche Vorhaben kläglich enden: Sie war nur mangelhaft geplant, nicht an den wirklichen Bedürfnissen der Bauern orientiert.

Viele Pächter erhielten zwar den Boden, den sie seit Generationen im Dienst von steinreichen Grundherren bearbeitet hatten, aber sie konnten über ihr gewonnenes Eigentum nicht recht froh werden. Denn viele von ihnen mussten auf zu kleinen Gütern wirtschaften und sahen keine Chance, aus der ausgelaugten Erde ohne fremde Hilfe auch nur das Notwendigste herauszuholen. Selten nur erhielten sie von der Regierung ein zinsloses Darlehen oder gar eine Beihilfe, um neue Bewässerungsgräben anzulegen, Saatgut oder etwa Dünger zu kaufen. Sie mussten sich das nötige Geld meist von den einstigen Großgrundbesitzern borgen, zusätzlich das Ackergerät, das sie bisher von ihren Gebietern kostenlos erhalten hatten, und damit waren sie schon wieder von den Feudalherren abhängig. Nicht wenige von ihnen hungerten – wie vor der »Befreiung« auch.

Noch schlechter erging es den Landarbeitern und Tagelöhnern. Sie, die Ärmsten, waren vom Schah und seinen Beratern ohnehin als unwichtig angesehen und daher vergessen worden. Demnach erhielten sie kein Land und blieben auch von dem Recht ausgeschlossen, sich Geld zu leihen. Weiterhin waren sie darauf angewiesen, für einen Hungerlohn bei einem Grundherrn zu arbeiten. Ja, ihre Lage verschlechterte sich noch. Denn da sie nach dem neuen Gesetz keine Leibeigenen mehr waren, sondern »frei«, fühlte sich keiner ihrer ehemaligen Gebieter mehr verpflichtet, nach islamischem Gebot für sie, die sozial Schwachen, zu sorgen. Hatten sie bisher bei allem Elend wenigstens noch ein dürftiges Dach über dem Kopf gehabt und ein kärgliches Essen, so konnte ihnen nun auch noch das Wenige verlorengehen, falls sie auf den Gütern der besitzenden Bauern keine Arbeit mehr fanden. Aus Leibeigenen mit geringen Rechten wurden vogelfreie Proletarier ohne jegliches Recht.

Diese Bedauernswerten hatten nun erst recht allen Grund, ihre Dörfer möglichst rasch zu verlassen, um in den Industriebezirken ein besseres Auskommen zu suchen – nur allzu oft eine trügerische Hoffnung. Ihnen folgten bald auch Bauern, die nicht wussten, wie sie die Bewässerung auf ihren neugewonnenen Gütern bezahlen sollten. Mehr denn je strömten verzweifelte Familien in Großstadtslums, wo die Zahl der Unzufriedenen und Entwurzelten wuchs, statt abzunehmen. Die Hauptstadt Teheran, in den 1950er-Jahren schon sprunghaft von einer Million Einwohner auf das Doppelte gewachsen, sprengte nun innerhalb der nächsten 15 Jahre jedes bisher vorstellbare Maß: Aus zwei Millionen wurden fünf Millionen Einwohner, die meisten von ihnen zusammengepfercht in Elendsvierteln. Um das Jahr 1960 – zwei Jahre vor dem Beginn der »Weißen Revolution« – lebten nur 15 Prozent der Iraner in den Städten, aber 1978 – kurz vor dem Ausbruch der »Islamischen Revolution« – waren es bereits über 50 Prozent.

Die Folgen für die Dörfer waren katastrophal. Da dort zunehmend die Menschen fehlten, zerfielen viele der einst mühsam angelegten Bewässerungskanäle; zuvor fruchtbare Landstriche verödeten oder wurden gar zur Wüste. Und so sah sich die Regierung gezwungen, einen Teil der Lebensmittel einzuführen. Der Iran, der sich durch zweieinhalb Jahrtausende stets hatte selbst ernähren können, musste nun 80 Prozent des benötigten Weizens und 50 Prozent des Reises im Ausland kaufen. Eine beschämende Bilanz der so großspurig angekündigten Landreform.

Die Schäden gingen aber noch tiefer. Nicht nur die Wirtschaft des Landes litt. Folgenreicher noch sollte werden, dass viele Iraner aus ihrer bisherigen Lebensordnung herausgeworfen waren, ohne eine neue zu finden. In zahlreichen Dörfern hatten sich die Großfamilien aufgelöst, weil viele Männer auf Arbeitssuche in den Städten waren. Meist fehlte das Oberhaupt, das wirkungsvoll die Sippe regiert hätte.

Anarchie folgte. Nun hatten es die Mullahs leicht, in den verödeten Dörfern und erst recht in den Großstadtslums zu predigen: Eine »gottlose Regierung« habe all das Elend verursacht; man müsse zu den »islamischen Traditionen« zurückkehren, um wieder zu gesunden …

Die fehlgeschlagene Modernisierung

Der Schah und seine Ratgeber achteten wenig auf die drohenden Signale. Dass seine Landreform schlecht durchdacht war, leugnete Mohammad Reza Pahlevi mit der ihm eigenen Arroganz: Ein »von Gott auserwählter und inspirierter« Herrscher konnte nicht irren. Im Übrigen lagen ihm die Bauern sowieso nicht besonders am Herzen, er sah die Zukunft seines Landes – wie so viele »fortschrittlich« denkende Politiker der Dritten Welt – zuerst einmal in der Industrialisierung. Das Geld hierzu besaß er. Seit es den Ölstaaten nach dem Nahostkrieg von 1973 gelungen war, die Erdölpreise um das Fünffache zu steigern, flossen Milliarden in die iranische Staatskasse. Dieser Reichtum machte es dem Schah leicht, das Scheitern der Landreform als Nebensache abzutun. Großzügig stellte er den Fabrikanten Staatskredite zur Verfügung; für die verarmten Bauern wären ihm solche Summen nicht sinnvoll erschienen. Er bestellte in Frankreich gleich acht Atomkraftwerke auf einmal – fest davon überzeugt, dass eine hochentwickelte Technik alle Probleme seines unterentwickelten Landes lösen werde. Aus der Bundesrepublik Deutschland forderte er drei schlüsselfertige Brotfabriken an – ohne zu bedenken, dass er damit Tausenden von Kleinbäckern die Existenz raubte.

Einen weiteren folgenschweren Fehler beging der Schah, als er seinen Günstlingen, ohnehin reichen Geschäftsleuten, erlaubte, das Wirtschaftsmonopol im Staat anzustreben. Um diese Machtkonzentration zu erreichen, musste die Clique um den Schah vor allem die Basarkaufleute in ihrer ökonomischen Substanz entscheidend schwächen. Erste Signale hatten die »geschäftstüchtigen« Schahgünstlinge bereits während der 1950er-Jahre gesetzt, indem sie den Getreidehandel der Aufsicht des Basars entrissen. Anfang der 1970er-Jahre gingen sie daran, mit massiver staatlicher Unterstützung Industriebetriebe zu errichten, die die »veralteten« Strukturen des traditionellen Basargewerbes weitgehend ersetzen sollten. Dieser Vorstoß aber machte die Basaris vollends zu Gegnern des Schahs. Ja, sie wurden während der folgenden Jahre zu seinen gefährlichsten Feinden, denn noch besaßen sie Geld genug, um die Mullahs und Ajatollahs in ihrem Widerstand gegen den »gottlosen« Herrscher zu unterstützen. Die Basaris sollten zu den maßgeblichen Finanziers der »Islamischen Revolution« von 1978 und 1979 werden.

Millionen Iraner mussten über den modernen Kahlschlag, den die Schah-Technokraten »Fortschritt« nannten, erschrecken. Hineingezwungen in eine industrielle Arbeitsdisziplin, die ihnen ungewohnt war, herausgerissen aus einer ärmlichen, aber doch vertrauten Umwelt, und bei all dem rasanten Wandel weiterhin bettelarm geblieben: Dies war für viele die bedrückende Bilanz dieser Jahre. Der Fortschritt brachte nur den ohnehin Vermögenden Glück, den Fabrikanten, Großgrundbesitzern und einflussreichen Regierungsbeamten. Im Iran vollzog sich besonders drastisch, was für viele Entwicklungsländer typisch ist – die Reichen wurden noch reicher, die Armen noch ärmer. Der Wille zu einer wirklichen sozialen Reform, zu einer gerechteren Verteilung des Eigentums fehlte.

Der Schah dachte kaum anders als seine Vorgänger. Für ihn war das Volk nur Material, um »Großes« zum eigenen Ruhm zu schaffen. Er fühlte sich als Meister, in dessen Händen sich das Volk willenlos kneten lassen musste, und am Ende würde dann das die Zeiten überdauernde Werk stehen, *sein* Werk. Er wollte der gottgesandte Erlöser sein, auf den man bedingungslos zu vertrauen hatte. Bildnisse und Reiterstandbilder, die er in großer Zahl von sich anfertigen ließ, demonstrierten dies aufdringlich in immer derselben Pose: In glitzernder Uniform hebt er gebieterisch und mahnend zugleich die Hand, als habe er den gewöhnlichen, weit unter ihm stehenden Sterblichen eine große Botschaft zu verkünden. Entsprechend pathetisch war auch die Sprache. Seinen Rang hat er folgendermaßen beschrieben, um damit den Staatsmännern der übrigen Welt eine Lektion zu erteilen: »Der Schah ist nicht einfach als der politische Führer seines Landes zu sehen. Er ist auch der geistige Führer. Von ihm wird nicht nur erwartet, dass er seiner Nation Brücken, Straßen und Dämme baut, er muss auch den Geist, die Gedanken und die Herzen seines Volkes leiten.«

Große Worte. Sie standen in krassem Gegensatz zum Elend der Nation. Nicht nur die Landreform misslang ihm, sondern auch der industrielle Aufbau. Denn Mitte der 1970er-Jahre hatte der reiche Erdölstaat Iran sechs Milliarden Dollar Auslandsschulden – eine Folge der schlecht arbeitenden Industrie mit ihren mangelhaft angelernten Arbeitern. Betriebe mussten geschlossen, Arbeiter entlassen werden, worauf ein weiteres Heer von Unzufriedenen in die Großstadtslums strömte. Aber dem selbsternannten Gottkönig modernen Zuschnitts fehlte es auch weiterhin nicht an großen Worten. In 25 bis 30 Jahren werde der Iran zu den fortschrittlichsten Staaten der Welt gehören, eine Großmacht, mit der man rechnen müsse, so belehrte er westliche Journalisten in Interviews.

An diese »große Zivilisation« nach iranischem Muster aber wollte man im Westen nicht mehr so recht glauben. Gar zu offensichtlich war die Krise für viele europäische und amerikanische Beobachter geworden. Man fürchtete die Revolution. Die USA stellten weitere Wirtschafts- und Militärhilfe in Aussicht, um das bedrohte Regime zu retten. Selbst wenn man im Westen den autoritären und zuweilen brutalen Regierungsstil des Schahs nicht billigte, so schätzte man den Herrscher doch als verlässlichen Erdöllieferanten und als »Bollwerk gegen den Kommunismus«.

Eine Revolution konnte nur »von links« kommen, dies galt noch Mitte der 1970er-Jahre für viele westliche Politiker als ausgemacht, ja auch für den Schah selber. Argwöhnisch achtete man auf jede Regung der kommunistischen und sozialistischen Untergrundbewegungen, ohne zu begreifen, dass diese

Gruppen keinen starken Rückhalt beim Volk besaßen – nicht besitzen konnten, denn vielen überzeugten Muslimen mussten Revolutionäre im Namen einer atheistischen, ja selbst bloß einer säkularen Ideologie genau so untragbar erscheinen wie die verhasste »ungläubige« Regierung des Schahs. Längst forderten Mullahs und Ajatollahs in den Großstadtslums und den ruinierten Dörfern eine Revolution im Namen Allahs: Der Koran müsse wieder zur alleinigen Richtschnur des Lebens werden. Zwar konnte es der stets wachsamen Geheimpolizei nicht entgehen, wie begierig sich Zuhörer gerade um solche Prediger scharten, aber man verstand die Signale nicht zu deuten. Es fehlte den Regierenden wie auch den ausländischen Ratgebern noch die Phantasie, sich die Dynamik einer solchen Bewegung vorzustellen. Noch gab es keinen Modellfall.

Dieser Modellfall wurde der Iran selbst. Mitte der 1970er-Jahre zeigten sich die ersten Vorboten der Revolution. Statt des vielzitierten, immer wieder als Gefahr beschworenen Kommunismus sollte im Iran schrittweise die so ganz anders geartete Bewegung des »Khomeinismus« Platz greifen. Khomeini, ihr Führer, steuerte die Aktivitäten vom Exil aus.

Ursprung des islamischen Fundamentalismus

»Die Menschen sind entwurzelt. Ihr einziger Halt sind die Religion, die Moschee und die Mullahs. Die Leute wenden sich vor allem deshalb an uns, weil sie spüren, dass die Modernisierung und die so hochgepriesene Entwicklung keinen Seelenfrieden bringen.« Auf diese Weise urteilte Mitte der 1970er-Jahre Groß-Ajatollah Schariat-Madari, Khomeinis liberaler Gegenspieler im Anspruch auf die geistliche Führungsrolle. Er formulierte ein Unbehagen, für das Khomeini selber kaum andere Worte gefunden hätte. Und das zeigt, dass eine solche Grundstimmung keinesfalls nur modernitätsfeindliche Muslime erfasste.

»Fortschritt« ... »modern« ... Die meisten Iraner hatten diese

Schlagworte nur durch den Schah und seine Technokraten kennengelernt – ein Regime, das Fortschritt und Entwicklung allein an steigenden Produktionsziffern der Industrie und an den Erdöleinnahmen, nicht am Wohlbefinden des Einzelnen maß. Je mehr die sozial Benachteiligten unter dem Erdölboom zu leiden hatten, statt von ihm auch nur in bescheidenen Ansätzen zu profitieren, desto rascher wuchs bei ihnen die Neigung, hinter dem Propagandagetöse von Fortschritt nichts anderes als brutalen Erfolgsegoismus und Materialismus zu sehen.

Westliche Politiker und Geschäftsleute trugen das ihre dazu bei, um den Affekt zu schüren. Zwar traten sie offiziell durchweg mit dem Anspruch auf, dem »unterentwickelten« Iran die Segnungen westlicher Zivilisation zu bringen, aber viele von ihnen demonstrierten in der Praxis vorrangig nacktes Macht- und Profitinteresse: Sie machten genau mit jenen einheimischen Politikern, Fabrikanten und Großgrundbesitzern die besten Geschäfte, die nach westlicher Einschätzung als inhuman und undemokratisch gelten mussten. Aus der Perspektive der sozial Ohnmächtigen waren damit die Repräsentanten hochentwickelter Industriestaaten kaum von einheimischen, »rückständigen« Ausbeutern zu unterscheiden. Mehr noch: Je auffälliger westliche Industriekonzerne in Erscheinung traten, desto mehr setzte sich der einheimische Despot in den Augen der Bevölkerung dem Verdacht aus, nur Handlanger, ja nur Marionette westlicher Wirtschaftsinteressen zu sein. Und desto mehr ließ sich eben dieser Westen, der alle Fäden der Macht in der Hand zu halten schien, dämonisieren. Das Schlagwort vom »Satan Amerika« entstand. Kein Zufall: Vor allem die USA waren als ausländische Wirtschaftsmacht im Iran immer mehr in den Vordergrund gerückt.

Der Iran bot nur ein besonders herausragendes Beispiel gefährlich zugespitzter Emotionen. Letztlich aber braute sich unter ähnlichen Vorzeichen auch in anderen »Entwicklungsländern« – und nicht allein in islamischen – eine explosive antiwestliche Stimmung zusammen.

Religion spielte anfangs für die Ideologen solcher Protestbewegungen keine entscheidende Rolle, gerade der Iran belegt dies: Die erste wirksame, für den Westen beunruhigende Aktion kam ja mit Mossadegh 1951 bis 1953, und er war kein religiös orientierter, sondern ein sehr weltlich denkender, nationalistischer Ideologe. Dasselbe ließ sich während der 1950er- und 1960er-Jahre quer durch die islamische Welt beobachten. Zwar hatten sich in verschiedenen Ländern, wie etwa in Ägypten, Syrien und Pakistan, schon damals fundamentalistisch-religiöse Protestbewegungen formiert, aber die Volksmassen strömten vorrangig den säkular-nationalistischen Führern zu: in Ägypten Gamal Abd-an Nasser, dem charismatischen Tribun eines panarabischen Nationalismus, in Algerien der FLN, einer nationalen Befreiungsbewegung, in Syrien und im Irak den Führern des panarabischen Baath-Sozialismus.

Indem diese Nationalisten vehement forderten, man müsse den »westlichen Einfluss« zurückdrängen, setzten sie die Akzente noch ganz anders als die Fundamentalisten. Den Fortschritt nach westlichem Vorbild bejahten sie auf etlichen Sektoren entschieden. Schließlich war der Nationalismus selber eine aus Europa übernommene Ideologie und ersetzte die traditionell gewohnte Formulierung »Gemeinschaft der Gläubigen« durch den neuen, ideologisch aufgeladenen Begriff »Volk«: eine Gemeinschaft der gemeinsamen Sprache und Kultur, nicht der Religion. Außerdem propagierten die Nationalisten den säkularen Staat, in dem der Einfluss der Korangelehrten auf die Politik erheblich verringert werden sollte; hier stand ebenfalls (wenn auch abgeschwächt) das westliche Vorbild Pate. Die Nationalisten kritisierten an europäischen Kolonialmächten wie den USA nicht grundsätzlich das moderne Denken, sondern die koloniale Bevormundung und Ausbeutung der Völker der sogenannten Dritten Welt. Sie wollten das, was sie am Westen als

Errungenschaft begriffen, übernehmen, und das, was sie als Fehler einstuften, zurückweisen.

Der weithin spürbare Stimmungsumschwung kam erst während der 1970er-Jahre. Damals zeigte sich quer durch die islamische Welt immer deutlicher, dass viele der nationalistischen, antiwestlichen Politiker eher an der Erweiterung ihrer Macht interessiert waren, als wirksam die sozialen Missstände zu bekämpfen. Und damit unterschieden sie sich in der Praxis nicht grundsätzlich von den vielgescholtenen »Lakaien des westlichen Imperialismus« (etwa dem Schah). Je mehr dann im Volk die Enttäuschung auch über die Heilspropheten dieses Typs wuchs, konnten die antiwestlichen Fundamentalisten in Konkurrenz zu den antiwestlichen Nationalisten treten. Nun erst vermochten ultraorthodoxe Muslime breites Gehör zu finden mit ihrer Auffassung: Alle Politik, selbst wenn sie sich nur in Teilaspekten an westlichen Vorbildern orientiere, sei zum Scheitern verurteilt, denn die Gesetze des Westens seien ausschließlich von Menschen gemacht und als solche naturgemäß dem Irrtum unterworfen. Wenn aber die Muslime sich wieder kompromisslos an den von Gott selbst gemachten Gesetzen orientierten, wie sie allein im Koran verkündet seien, und wenn sie sich auch noch von halbherziger, falscher Koranauslegung lossagten, dann erst könnten die Gläubigen aus der gegenwärtigen Krise finden. Mehr noch: Dann könnten die Muslime bald wieder in Staaten von jener Macht und Größe leben, wie sie unter der Aufbruchstimmung zur Zeit Mohammeds und der ersten Kalifen entstanden seien.

Der geistige Ursprung des Fundamentalismus reicht allerdings tiefer, auch ist er keineswegs an die Ausgangsbedingungen der islamischen Welt gebunden. Wir im Westen kennen schließlich das Phänomen, dass manche Christen nicht minder gegen einen »sogenannten Fortschritt« wettern und eine Abkehr von allen »modernen« Idealen fordern.

Fundamentalisten – und dies gilt für Christen wie für Muslime – sind mehr als andere Gläubige verunsichert durch den modernen Bewusstseinswandel, sie verkraften es am wenigsten, altgewohnte Denkvorstellungen mit den Erkenntnissen neuerer Wissenschaften zu konfrontieren. Besonders neigen sie dazu, den Verlust des Gewohnten als eine Erschütterung zu begreifen, an deren Ende nur das Chaos stehen könne. Umso entschiedener plädieren sie dafür, sich auf das unverrückbare »Fundament« religiöser Überlieferung jenseits aller modernen Relativierung und »Aufweichung« zurückzuziehen. Der Begriff »Fundamentalismus« ist zu Anfang des 20. Jahrhunderts in den USA entstanden und von dort nach Europa gekommen; erst Jahrzehnte später haben ihn westliche Beobachter auf geistig verwandte Haltungen im Judentum und Islam übertragen.

Muslime weisen diese Benennung allerdings zurück. Radikale Gruppierungen, die den Islam in seiner angeblich reinen und ursprünglichen gesellschaftlichen Form für alle Gläubigen politisch verbindlich machen wollen, nennen sich selbst *Islamiyun* (»Islamisten«) und ihre Bewegung *Islamiya* (»Islamismus«). Durch diese arabischen Eigenbezeichnungen wollen sie sich als die kämpferischen, wahren Gläubigen von der Masse der angeblich passiv und gedankenlos dahinlebenden Muslime abheben. Als Islamisten werden sie überwiegend auch von ihren muslimischen Gegnern bezeichnet – was allerdings sehr abwertend gemeint ist. An der grundsätzlichen geistigen Verwandtschaft mit christlichem und jüdischem Fundamentalismus ändert sich dadurch jedoch nichts, deshalb halte ich es für zulässig, auch von islamischem Fundamentalismus zu sprechen. Muslimische Fundamentalisten erscheinen auf den ersten Blick fortschrittlicher als christliche, denn viel entschiedener prangern sie abergläubische Praktiken wie Amulettzauber, Dämonenaustreibung und Wunderheilung innerhalb ihrer Religion an, viel entschiedener wollen sie den Glauben reinigen von allen irrationalen Zusätzen einer degenerierten Volksfrömmigkeit. Aber ihr Bedürfnis zu »reinigen« geht eben weit über einen solchen Ansatz hinaus. Rigoros verwerfen sie Philosophen und Korangelehrte, die im Verlauf der Jahrhunderte jeweils moderne Zeitströmungen in ihr Denken einbezogen und damit den Islam angeblich falsch interpretiert haben. Nicht anders als christliche Fundamentalisten sind sie bereit, einen Großteil ihrer Geistesgeschichte als ketzerisch, ja teils als unreligiös oder gar atheistisch zu verwerfen. Diese innere Verwandtschaft ist radikalislamischen Ideologen bewusst. Sie können daher durchaus lobende Worte für christliche Fundamentalisten finden und sie als die wahren Christen bezeichnen, weil auch jene dem »Relativismus der Werte« auf das heftigste den Kampf angesagt haben.

In westlichen Industriegesellschaften ist nach mehr als zwei konfliktreichen Jahrhunderten eine pluralistische Staatsordnung durchgesetzt. Die islamische Welt steht aber erst am Anfang einer solchen Auseinandersetzung – und gerade dies verleiht den fundamentalistischen Bewegungen dort ein ungleich größeres Gewicht.

Nach übereinstimmender Schätzung westlicher wie einheimischer Beobachter dürften allerdings muslimische Fundamentalisten nicht mehr als 10 bis 15 Prozent der Gesamtbevölkerung ausmachen. Sie fallen nicht durch die Masse ihrer Anhänger auf, sondern durch die aggressive Militanz, mit der sie als Minderheit missionierend auftreten und die im traditionellen Gewohnheitstrott dahinlebenden Gläubigen für ihre Ziele aktivieren, radikalisieren wollen. Minderheiten jedoch haben schon oft historische Prozesse entscheidend beeinflusst. Eben weil eine sogenannte schweigende Mehrheit sich immer wieder manipulieren lässt.

Khomeinis extreme Position

Khomeini war keineswegs der erste islamistische Führer, der einen Staat regierte. Dies praktizierten vor ihm schon die

Könige in Saudi-Arabien und die Fürsten der Golf-Emirate. Aber Khomeini war der Erste, der eine säkulare durch eine islamistische Diktatur ersetzen konnte. Dies mutet umso erstaunlicher an, als der Korangelehrte von Ghom doch eine Staatsideologie entwickelte, die selbst unter den Fundamentalisten als extrem angesehen wird.

Khomeinis Gedanken finden sich am treffendsten zusammengefasst in dem Buch mit dem Titel *Welayat-e fakih*, sinngemäß übersetzt mit »Das Königreich der Rechtsgelehrten«. Bei uns im Westen ist es unter dem Titel *Islamische Regierung* bekannt geworden. Khomeini hat in Arabisch, der klassischen Sprache des Koran, geschrieben, um auch außerhalb des Iran, von arabischen Schiiten wie von Sunniten, gelesen zu werden. Seine Gedanken sollten, so wünschte es der Autor, die ganze islamische Welt erfassen.

Das Buch ist Anfang der 1970er-Jahre im irakischen Exil entstanden. Seit 1965 hatte Khomeini 150 Kilometer südlich von Bagdad in Nedschef gelebt, der »heiligen Stadt« mit der Begräbnisstätte des Kalifen Ali, des ersten Imam der Schiiten. In einem bescheidenen Zimmer mit Ausblick auf die goldene Kuppel der Grabmoschee arbeitete der Ajatollah Tag für Tag an einigen seiner wichtigsten Bücher, sonst fand man ihn im Gebäudekomplex der Moschee, wo er Schülern Unterricht erteilte. Er hatte viele Schüler, denn sein Ruf als revolutionärer Korangelehrter war ihm vorausgeeilt. In der westlichen Welt allerdings nahm man ihn noch immer nicht zur Kenntnis, und in Regierungskreisen des Iran glaubte man eine Zeitlang, sein Elan habe nachgelassen.

Dann erschien sein Werk *Islamische Regierung*. Zuerst nur von Geistlichen gelesen, schließlich auch in persischer Übersetzung im Iran, begann das Buch alsbald Diskussionsstoff zu liefern. Es war ein zutiefst schiitisches Buch – und doch sprengte es die Tradition der letzten Jahrhunderte. Weit ging Khomeini über das hinaus, was er 1941 in seiner ersten politischen Kampfschrift, *Die enthüllten Geheimnisse*, gedacht hatte. Damals war er noch der Ansicht gewesen, ein Religionsgelehrter könne eine weltliche Regierung dulden, solange diese nach »islamischen« Gesetzen handle. Damals hatte er nicht viel anders gedacht als die übrigen Ajatollahs: Der »ungerechte« Herrscher solle durch einen »wahrhaft islamischen Sultan« (»Herr der weltlichen Gewalt«) ersetzt werden, einen Regenten, der sich als »Statthalter des Verborgenen Imam« betrachte und auf die Ratschläge seiner ranghohen Geistlichen höre.

Drei Jahrzehnte später schrieb Khomeini in seinem neuen Buch allerdings: »Staat im Islam heißt, die Gesetzgebung, die Gott dem Propheten übertragen hat, zu verwirklichen und sich ihr zu unterwerfen. Nun ist aber der Prophet tot. Er stand an der Spitze des Staates. Wer hat seinen Auftrag übernommen? Die *al-Fikh*-Kenner (Kenner des göttlichen Rechts).« Religiöse und weltliche Herrschaft müssten wieder wie zu Mohammeds Zeiten in einem Amt vereint werden, forderte Khomeini. Und da das Gesetz direkt von Gott komme, dürfe über seine Inhalte nicht diskutiert werden, man habe vielmehr bedingungslos dem Mann zu gehorchen, der am besten den Willen Gottes zu interpretieren vermöge: dem ranghöchsten Geistlichen, dem irdischen Vertreter des Verborgenen Imam. Niemals, so lehrte jetzt Khomeini, dürften religiöse Rechtsgelehrte einen weltlichen Politiker für würdig halten, als Statthalter des Verborgenen Imam zu regieren, denn damit würden sie selber ihre »Reinheit« verlieren, würden sie sich anpassen und korrumpieren lassen. Khomeini fällte ein hartes Urteil über die Modschtaheds und Ajatollahs der Vergangenheit, die meist einen lauen Kompromiss mit den Schahs der Safawiden, der Kadscharen und der Pahlevi geschlossen hatten, anstatt zur Revolution aufzurufen.

Dem westlichen Beobachter will es scheinen, dass sich Khomeini mit derart extremen Folgerungen allein auf islamische Denktraditionen habe stützen können. Genau das ist nicht der

Fall. Khomeini berief sich zwar zuallererst auf den Koran, leugnete aber nicht, gerade in der letzten Konsequenz seines Denkens auch von abendländischer Philosophie inspiriert oder wenigstens bestärkt worden zu sein. Anlässlich seines Todes 1989 las ich in einem Nachruf der *Times* vom 12. Juni, Khomeini habe sich unter anderem auch mit klassischer griechischer Philosophie, besonders mit Platon, beschäftigt. Ein solches Interesse ist ja selbst für einen radikal-orthodoxen Muslim statthaft, sofern sich der Gläubige einer Philosophie ohne »zersetzende« Tendenz widmet. An Platon faszinierte Khomeini speziell die Staatslehre, *Politeia*; hier sah er eine Parallele zu seinem eigenen Ansatz: Der Staat dürfe nicht von gewöhnlichen Politikern, sondern nur von Philosophen oder philosophisch gut gebildeten Königen regiert werden, da sie allein eine tiefere Einsicht in das Wesen und Wirken der Dinge besäßen. An die Stelle der Philosophenkönige setzte Khomeini die islamischen Rechtsgelehrten.

Khomeini konnte mit solchen Gedanken bei vielen Ajatollahs vorerst nicht allzuviel Beifall finden. Sie vertraten fast durchweg die Ansicht, allein der Verborgene Imam besitze die notwendige Reinheit, um religiöse und politische Funktionen unantastbar in einem Amt zu vereinen. Daher müsse bis zu dessen Wiederkehr die bisherige Trennung von Ulema und weltlicher Herrschaft beibehalten werden. Erst recht stieß Khomeini bei Sunniten auf Zweifel. Konservative Sunniten betonen zwar, die Ulema solle möglichst umfassend die Regierung in allen Entscheidungen beraten und sämtliche Beschlüsse auf »islamische Rechtmäßigkeit« hin prüfen – und hier stehen sie in schroffer Gegenposition zur säkularen Ideologie muslimischer Nationalisten –, aber selbst traditionell orientierte sunnitische Machthaber zeigen sich nicht bereit, ihre Macht an die Ulema abzutreten, ja ein solcher Schritt käme ihnen absurd vor. Das gilt nicht nur für die streng wahhabitischen Könige von Saudi-Arabien oder etliche Scheiche der Golfstaaten, sondern auch für die radikal-islamischen Führer der Muslimbruderschaften.

Khomeini warf andersdenkenden Fundamentalisten vor, sie würden bloß den halben Weg gehen, sie würden nicht tatsächlich auf die Ursprünge zurückgreifen, sondern erst eine spätere Tradition zum Ideal des wahrhaft islamischen Staates erklären. Von Anfang an lagen somit Khomeinis Anhänger mit den übrigen radikal-islamischen Bewegungen im ideologischen Widerstreit. Aber auch die vielen anderen Gruppierungen stritten untereinander – bis zur offenen Fehde – um den »richtigen Weg«. In solchem Ausschließlichkeitsdenken mit aller schroffen Abgrenzung selbst gegenüber geistig eng verwandten Richtungen offenbart sich durchaus eine fundamentalistische Konsequenz: Da ja nur eine *richtige* Auslegung heiliger Texte möglich sei, konnte nur eine der vielen Gruppierungen für sich in Anspruch nehmen, im Besitz der ganzen Wahrheit zu sein. Hier brach eine ähnliche Rivalität aus wie unter christlichen Sekten.

Wenn allerdings Khomeini vorgab, die islamische Gesellschaft in ihrer reinsten Form wiederherzustellen, so rekonstruierte er keineswegs exakt das Staatsgebilde Mohammeds und seines Schwiegersohns, des Kalifen Ali. Denn einen etablierten Klerus mit ausdifferenzierter Hierarchie hatte es damals noch nicht gegeben; nun aber wollte Khomeini gerade einem derartigen Klerus die ganze Macht überantworten. Khomeini brachte auf diese Weise eine Staatsverfassung ins Spiel, wie sie es bis dahin nie gegeben hatte. Gerade das erst macht das Einmalige – oder wenn man so will: das Revolutionäre – seiner Ideologie aus. Khomeini beschritt innerhalb der fundamentalistischen Bewegungen einen Sonderweg, den man, weil unlösbar mit seiner Person und Ideologie verknüpft, als »khomeinistisch« bezeichnen kann.

Keiner der Orientexperten hat während der 1970er-Jahre an einen Sieg und gleich gar nicht an ein längeres politisches

Überleben der Radikal-Schiiten geglaubt. Im Nachhinein weiß man es natürlich besser. Da sieht man die Tatsache als entscheidend an, dass im Iran wesentlich mehr Geistliche als in jedem anderen islamischen Land in fundamentalistische Radikalität getrieben wurden. Nirgends sonst haben die Politiker dem Klerus derart viel demonstrative Verachtung entgegengebracht. Schah Reza Pahlevi hatte sich ja schließlich in äußerster Zuspitzung der Lage dazu hinreißen lassen, einen Mullah öffentlich zu prügeln. Umso verführerischer musste es dem herabgewürdigten Klerus erscheinen, wenn nun ein Ideologe die ranghohen Geistlichen als die eigentlichen Könige über alle Politiker hinaushob, und umso bedingungsloser scharten sich Mullahs und Ajatollahs um die willensstarke, charismatische Führerpersönlichkeit Khomeini, solange es einen Schah aus der Dynastie Pahlevi zu stürzen galt.

Nach dem Sieg der »Islamischen Revolution« 1979 sollten aber, wie wir später sehen werden, gerade prominente Ajatollahs sofort wieder auf Distanz zur Ideologie des »Khomeinismus« rücken. Das erst zeigt, wie falsch es wäre, selbst den religiös motivierten Widerstand gegen den Schah als einen ideologisch geschlossenen Block zu betrachten.

Ali Schariati, der Revolutionär zwischen den Fronten

Der religiös-revolutionäre Protest im Iran bekam sogar – und dies übersehen wir im Westen nur allzu oft – eine fortschrittliche, moderne Variante. Der Anstoß dazu ging von einem schiitischen Denker aus, der neben Khomeini maßgebenden Einfluss auf die Gläubigen nehmen sollte: Ali Schariati. Dass dieser zweite, wesentlich liberalere Revolutionär den Gang der Geschichte nicht entscheidender bestimmen konnte, gehört zur Tragödie der »Islamischen Revolution«.

Schariati deckte sich in wesentlichen Grundideen mit dem revolutionären Ajatollah aus Ghom, in manchen Gedanken jedoch setzte er sich deutlich von ihm ab. Schariati erst gab der sich anbahnenden islamischen Revolution die letzte Schwungkraft, ohne aber je ein Gefolgsmann Khomeinis zu werden. Gerade dadurch bietet er das lebendige Beispiel, dass sich die Revolution nicht aus einer einzigen geistigen Quelle gespeist hat. Im Iran hat Schariati legendären Ruhm erlangt, im Westen ist er dagegen weitgehend unbekannt geblieben. Erst das 1981 erschienene Jahrbuch *Religion und Politik im Iran*, herausgegeben vom Berliner Institut für vergleichende Sozialforschung, macht die Bedeutung dieses Mannes auch für uns deutlich.

Ali Schariati hat in Herkunft und Lebenslauf wenig mit Khomeini gemeinsam. Er wurde 1934 in der Provinz Chorassan als Spross einer alten Gelehrtenfamilie geboren und studierte in der heiligen Stadt Mesched persische Literatur. Sein Vater hatte schon ein »Islamisches Revolutionszentrum« begründet, wo er sich erste Anregungen zur eigenen Theoriebildung holte. Als Student begeisterte er sich für die Revolutionsbewegung von Mossadegh und schloss sich später der nationalen Widerstandsbewegung gegen den Schah an. 1960 ging er zum Studium nach Paris und erwarb dort den Doktorgrad in Soziologie und islamischer Geschichte.

An der Sorbonne studierte Schariati die Schriften europäischer Orientalisten ebenso wie die Werke persischer Klassiker. Er holte sich in Europa eine bessere Kenntnis der islamischen Vergangenheit, als er sie im zeitgenössischen Iran hätte bekommen können – bezeichnend für den Niedergang der einst großen Kulturnation Iran. Selbstverständlich setzte er sich mit den Schriften eines anderen großen persischen Denkers der Moderne auseinander, mit Dschamal ad-Din al-Afghani, und ließ sich wesentlich von ihm beeinflussen. Hinzu kam seine Freundschaft mit dem französischen Revolutionstheoretiker Frantz Fanon, der 1968 mit seinem antikolonialistischen Buch *Die Verdammten dieser Erde* berühmt geworden ist. Ganz im

Sinne von Afghani und Fanon suchte er nach einem Weg, wie sich die Völker der Dritten Welt aus der Bevormundung durch westliche »Imperialisten« befreien könnten.

Ali Schariati sah wie Afghani die Ursachen der Misere zuerst einmal im Zerfall der eigenen Kultur, in verkrusteten Traditionen, die sich erst im Lauf der Zeit herausgebildet hatten: angefangen vom starr dogmatischen Denken vieler Korangelehrter bis hin zur extremen Benachteiligung der Frauen. Niemals könnten sich die Muslime aus der selbstverschuldeten Knechtschaft gegenüber den westlichen Industriestaaten lösen, solange sie sich nicht auf die dynamischen Kräfte der eigenen Kultur besinnen würden.

Scharf kritisierte Schariati, der selbst ein gläubiger Schiit war, den rückständigen Klerus des Iran – und bezeichnenderweise griff er mit dieser Kritik vor allem wissenschaftliche Erkenntnisse europäischer Orientalisten auf. Mullahs, Modschtaheds und Ajatollahs hätten sehr viel dazu beigetragen, das Volk zu verdummen und irrezuführen, solche Männer hätten sich mehr an die Traditionen einer erstarrten Feudalgesellschaft gehalten als an die »revolutionäre Kraft« des Koran und der Imam-Überlieferung. Der schiitische Derwischstaat von Ardebil sei noch revolutionär und schöpferisch gewesen, die Modschtaheds als Gegner der Safawiden-Schahs bereits reaktionär und unschöpferisch. Man habe darauf verzichtet, die schlechten Verhältnisse ändern zu wollen, denn dies sei ja angeblich erst dem Verborgenen Imam, dem Mahdi, vorbehalten. Verschwunden sei der revolutionäre Schwung, durch eigene Taten die Wiederkunft des Mahdi vorzubereiten. Einst habe Imam Hussein kühn den Herrschenden widersprochen und sei nicht davor zurückgeschreckt, als Märtyrer für seine Überzeugung zu sterben. Heute aber? Viele Schiiten würden während des Trauermonats Muharram und besonders am Ashura-Tag in den Prozessionen mitziehen, um den ermordeten Imam zu beweinen, anstatt den revolutionären Entschluss zu fassen, ihm nachzueifern. Ashura dürfe kein Tag der passiven Trauer sein, es müsse ein Tag des revolutionären Aufruhrs werden wie einst. Jeder Tag sei Ashura! Jeder Monat sei Muharram! Es sei heilige Pflicht, einem ungerechten Herrscher Widerstand zu leisten! Der Gläubige müsse wieder aktiv, die Religion wieder kämpferisch gelebt werden!

Mit diesen Ideen kehrte Schariati nach Teheran zurück. Seit 1965 wirkte er an einer religiösen Schule als Laienprediger – ein Jahr nachdem Khomeini ins Exil gehen musste. Die beiden Revolutionstheoretiker sind sich persönlich nie begegnet, wenngleich sie voneinander gewusst haben. Schariati zeigte sich von Khomeini beeindruckt, sah er doch in diesem streitbaren, unbeugsamen Ajatollah eine Ausnahme vom üblichen schiitischen Klerus. Gerade Khomeini war es ja gewesen, der mit seinen Parolen die Ashura-Prozession von 1963 gefährlich revolutionär aufgeladen hatte. Und wie Schariati zitierte Khomeini besonders gern den Satz aus der islamischen Überlieferung: »Ein gerechtes Wort an einen ungerechten Herrn zählt bei Gott mehr als 100 Jahre Gebet.« Schariati konnte auch völlig der beißenden Kritik zustimmen, die Khomeini in seinem Buch *Islamische Regierung* an den westlichen Industriestaaten übte: »Der Kolonialismus will von uns, dass wir nur beten und uns nicht mit ihm politisch auseinandersetzen. Der Kolonialismus will und sagt uns dies ganz eindeutig: Bete, so lange du willst, wir wollen nur dein Erdöl. Was du in deiner Moschee betest, geht uns nichts an, wir wollen nur deine Bodenschätze, deine Märkte für unsere Produktion und unsere Investitionen geöffnet haben.«

Damit aber waren die Gemeinsamkeiten zwischen den beiden Revolutionstheoretikern erschöpft. Nicht zustimmen konnte Schariati dem utopischen Modell Khomeinis. Ihm erschien es undenkbar, zur Gesellschaftsform aus Mohammeds Zeiten auch nur in Teilstücken zurückzukehren, erst recht, dass ranghohe Geistliche weltliche Politiker in der Machtausübung ersetzen sollten. Der Islam, so meinte Schariati, habe sich im Verlauf seiner Geschichte immer wieder fremden Kulturen geöffnet, habe von ihnen übernommen, was ihm nützlich erschien, und abgelehnt, was ihm schadete. Gerade durch diese Weltoffenheit sei der Islam besonders schöpferisch gewesen; von Nachteil sei es daher, dem Denken der westlichen Zivilisation grundsätzlich den Rücken zu kehren.

Schariati präsentierte sich als Leitfigur für den gebildeten Mittelstand und die Intellektuellen, die teilweise an westlichen Universitäten studiert hatten, sich aber mehr und mehr enttäuscht zeigten von der überstürzten und nur technokratisch ausgerichteten Reformpolitik des Schahs. Ja, er konnte für seine Ideen auch viele jener Mullahs und Ajatollahs gewinnen, deren Denken ebenfalls weltoffen orientiert war. Khomeini dagegen erreichte eher die konservativ ausgerichteten Geistlichen, hier besonders den mittleren und unteren Klerus. Den entscheidenden Durchbruch errang Khomeini vor allem bei den Basarkaufleuten und – dank seiner volkstümlichen, mitreißenden Rhetorik – erst recht bei den ungebildeten Bauern und Slumbewohnern, die das westliche Fortschrittsdenken nur als zerstörerische Macht kennengelernt hatten.

Eine Kluft tat sich zwischen beiden Revolutionstheoretikern auf, aber gesehen wurde sie damals von den wenigsten. Und dies nicht ohne Grund, denn in den Anfängen war die zündende Parole wichtiger als die Diskussion über verschiedene Standpunkte; der gemeinsame Kampf schweißte – vorerst – die Schahgegner aller Richtungen zusammen.

»Jeder Tag Ashura!« Schariati hatte überwältigenden Erfolg mit Reden, die in solchen Parolen gipfelten. Zu mancher öffentlichen Lesung kamen 1000 und mehr Zuhörer, stets aber Hunderte von Interessierten. Bald war er im Iran so bekannt wie Khomeini, seine Bücher wurden trotz Androhung von Gefängnisstrafen zu vielen Tausenden verbreitet. Auch die Regierung war längst auf ihn aufmerksam geworden; dies allerdings hatte, wie nicht anders zu erwarten, gefährliche Folgen. 1973 wurde Schariati verhaftet, eingekerkert und gefoltert. Im Mai 1976 gelang ihm die Flucht ins Ausland. Aber ein Jahr später war er tot – Agenten des Schah-Geheimdienstes Savak hatten ihn, der inzwischen als große Gefahr für das Regime galt, in London aufgespürt und am 19. Juni 1977 ermordet. Er wurde nur 43 Jahre alt.

Heute machen sich Iran-Kenner darüber Gedanken, was geschehen wäre, wenn Schariati Khomeinis »Islamische Republik« noch erlebt hätte. Wahrscheinlich hätte dieser relativ liberale Denker auch von den regierenden Mullahs und Ajatollahs die gleiche Bedrohung zu erwarten gehabt wie von den argwöhnischen Agenten des Schahs.

Ashura – ein schiitischer Mythos als Motor der Revolution

Der Schah achtete bei allem Misstrauen nicht genug auf die Gefahr, die ihm von religiös gesinnten Revolutionären drohte. Denn sonst hätte er Mitte der 1970er-Jahre nicht den provozierenden Entschluss fassen können, eine neue Zeitrechnung einzuführen. Im März 1976 musste das Parlament auf seinen Druck hin beschließen, dass zukünftig ein »monarchischer Kalender« zu gelten habe: Gezählt werden sollte vom Regierungsantritt Kyros' des Großen an, nicht mehr von der Hedschra des Propheten Mohammed. Instinktloser hätte der Schah nicht handeln können. Denn er setzte sich über die religiösen Gefühle von Millionen Untertanen hinweg, die eine solche Maßnahme als Gotteslästerung empfinden mussten; noch in keinem muslimischen Staat war die islamische durch eine »heidnische« Zeitrechnung ersetzt worden. Mohammad Reza Pahlevi besaß ohnehin schon genug Gegner, jetzt rüttelte er die bisher noch Gleichgültigen auf. Er bewies damit, dass er längst nicht mehr wusste, wie aufgeheizt die Stimmung im Land schon war. Umgeben von speichelleckerischen Hofschranzen, die ihn nur lobten, aber nie kritisierten, verlor er jeden Blick für das Mögliche und Nötige.

Ein Mord brachte die Stimmung im Volk vollends zum Kochen. Savak-Agenten gelang es, als Pilger getarnt in der heiligen Stadt Nedschef Khomeinis ältesten Sohn Mustafa zu töten. Er, mit 49 Jahren eine anerkannte Autorität auf dem Gebiet des theologischen wie kanonischen Rechts, galt als besonders wichtige Stütze für den Vater; der Schah erhoffte sich durch seinen Tod eine wesentliche Schwächung der Opposition. Er erreichte das Gegenteil. Revolutionsführer Khomeini, der selber allen Anschlägen entgangen war, erklärte nach dem Attentat, dieser Mord bedeute das Signal zur letzten Phase im Kampf gegen die gottlose Regierung. Er verstärkte daraufhin seine Propaganda im Iran, indem er massenweise Revolutionspredigten auf Band sprach und die Kassetten durch treue Anhänger ins Land schmuggeln ließ.

Im Januar 1978 brachen Unruhen in der heiligen Stadt Ghom aus. Ajatollah Schariat-Madari hatte zu einem Protestmarsch aufgerufen, nachdem in einer maßgeblichen Teheraner Zeitung ein polemischer Artikel über die schiitische Geistlichkeit erschienen war. Khomeini wurde darin auf plumpe Weise verdächtigt, homosexuell und »verrückt« zu sein. Nun gab es kein Halten mehr. Die Nachricht über den Protestmarsch von Ghom erreichte rasch die Hauptstadt, und schon zogen auch durch Teheraner Straßen Hunderttausende, um ihre Sympathie mit den Mullahs und Ajatollahs zu bekunden, aber mehr noch, um gegen die verheerende Armut, die steigende Arbeitslosigkeit, die gescheiterte Landreform und die überstürzte Modernisierung zu demonstrieren. Polizei in Panzerwagen versuchte, die aufgebrachte Menge zu zerstreuen, niemand aber leistete den Befehlen Folge. Schüsse fielen, es gab Tote ... Hunderte, wie die offiziellen Zeitungen meldeten, Tausende, wie inoffiziell vermutet wurde. Die Unruhen griffen auf Provinzstädte über, auch dort fielen Schüsse, und wieder waren die Straßen mit Leichen übersät.

Nun erst begann der Schah zu begreifen, dass sein Regime in ernster Gefahr war. Aber bald schon neigte er wieder dazu, diese Bedrohung zu unterschätzen. Denn ihm gelang ein kurzfristiger Erfolg: Er konnte Saddam Hussein, den starken Mann in der Regierungsriege des Irak, dazu bewegen, über Khomeini in Nedschef zuerst Hausarrest zu verhängen und ihn schließlich, im Oktober 1978, auszuweisen. Der Schah glaubte, aufatmen zu können, als Khomeini nach zermürbenden Verhandlungen, von anderen muslimischen Staaten abgewiesen, eine neue Bleibe in der französischen Kleinstadt Neauphle-le-Château bei Paris fand, 2500 Kilometer von der Heimat entfernt. Nun schien der Hauptunruhestifter erfolgreicher isoliert zu sein als bisher. Aber Khomeini, kaum in Frankreich eingetroffen, setzte jetzt umso beharrlicher fort, was er schon im Irak erfolgreich an Propaganda praktiziert hatte: Er sprach flammende Revolutionspredigten auf Band und ließ die Kassetten massenweise durch anonyme Zwischenträger in den Iran bringen; kein Grenzposten vermochte auch jetzt, die Schmuggelware ausfindig zu machen. Und die Demonstranten marschierten …

Noch hatte das Militär die Lage unter Kontrolle, noch wollte der Schah sich der Hoffnung hingeben, er werde die Krise meistern. Dann aber kam der kritische Tag, der jäh alle Hoffnungen begrub: der 11. Dezember 1978. Es war der zehnte Tag des Trauermonats Muharram – die Ashura!

Tage zuvor schon hatten die Mullahs überall im Land heftige Predigten gegen den Schah gehalten. In die Höfe und Gebetshallen der rund 80 000 Moscheen drängten die Menschen jedoch vor allem, um die Stimme jenes Mannes zu hören, der im fernen Neauphle-le-Château seine Predigten auf Tonband gesprochen hatte. Nun dröhnte in allen Provinzen des Iran diese Stimme aus den Minarettlautsprechern, durch die sonst nur der Muezzin zum Gebet rief. Keine Polizeitruppe wagte, in die Moscheen einzudringen, um die erregten Volksmengen zu zerstreuen, die Khomeini bereits unverhüllt zum »Heiligen Krieg« gegen einen »ungläubigen« Herrscher aufrief. In allen Epochen, so verhieß die Stimme aus den Lautsprechern, wiederhole sich das Drama vom gerechten Kampf des Imams Hussein gegen den tyrannischen Kalifen Yazid. Jetzt, in der Gegenwart, müsse das iranische Volk die Rolle Husseins übernehmen. Nieder mit Schah Yazid! Jeder Gläubige, der wie Hussein den Märtyrertod erleide, gelange sofort ins Paradies …

Gewaltige Energien religiös aufgeladener Opfer- und Kampfbereitschaft entluden sich am Tag der Ashura. Zehntausende zogen, in weiße Leichenhemden gekleidet, durch die Straßen aller iranischen Städte, »Hussein … Hussein … Hussein …!« Ein Sprechchor aus unzähligen Stimmen, monoton und rhythmisch, wie seit Jahrhunderten am Tag der Ashura, erhitzte die Volksmassen. Aber dieses Mal waren die Männer und Frauen noch erregter als sonst, zum ersten Mal mischten sich in das religiöse Ritual der Totenklage andere Rufe, wie sie bis jetzt nur bei politischen Demonstrationen erklungen waren: »Nieder mit dem Schah! Tod dem Schah!« Und: »Schah Yazid … Schah Yazid …!« Die Marschierenden riefen bloßen Zuschauern und Beobachtern zu, sie sollten sich in den Zug der »Glaubenskämpfer« und »Märtyrer« einreihen, und immer wieder zitierten die Wortführer, so wissen Augenzeugen zu berichten, einen Kernsatz aus den Schriften von Ali Schariati: »Die den Opfertod sterben, übernehmen die Aufgabe Husseins …, alle andern verrichten das Werk des Yazid!«

Im fernen Neauphle-le-Château betete währenddessen Khomeini in seiner Zeltmoschee, dass diese Ashura-Prozession die endgültige Entscheidung bringen möge. Den Versammelten verkündete er, es werde viel Blut fließen, aber nicht umsonst.

Er sollte recht behalten. Der Schah, nervös geworden, gab Feuerbefehl. In die Sprechchöre der religiös Entflammten mischte sich das Geratter von Maschinengewehren, reihenweise brachen die Demonstranten in vorderster Front zusammen. Aber die Nachfolgenden im weißen Leichenhemd marschierten ungerührt weiter, bereit, wie Hussein zu sterben. Zehntausende von Menschen, die nichts mehr zu verlieren hatten, sahen in ihren Leiden plötzlich wieder einen Sinn, ihnen galt der Märtyrertod für ein Ideal als die Garantie zu einem besseren Leben im Paradies. Fanatisierte junge Männer – so berichteten Tage später Augenzeugen aus Teheran, Isfahan, Ghom und Mesched – rissen sich das Hemd über der Brust auf und stürmten mit dem Ruf »Allahu akbar!« waffenlos, todesmutig, todessüchtig in das Gewehrfeuer der Soldaten. Der Ashura-Tag von 1978 wurde ein Tag der Märtyrer wie kaum einer zuvor, an ihm flammte das alte Ideal islamischer Glaubenskämpfer mit furchteinflößender, unerwarteter Gewalt wieder auf. Khomeini und Schariati – zwei religiöse Denker ganz verschiedener Ausprägung – hatten mehr als alle anderen dazu beigetragen, dass sich diese Lawine in Bewegung setzte.

Angesichts dieser Ereignisse maßen Heilsprediger wieder einmal dem so oft gesprochenen Glaubensbekenntnis der Zwölfer-Schiiten eine besonders aktuelle Bedeutung bei: »Ich werde auf Dein Erscheinen warten und auf den Heiligen Krieg, der mit Deinem Kommen ausbricht. Dafür bin ich bereit, mein Leben herzugeben, mein Eigentum, meinen Sohn, meine Frau … Oh Meister aller Zeitalter, wenn ich den Tag Deines Kommens erlebe, dann stehe ich unter Deinem Befehl.« Angesprochen war der Mahdi, der »Rechtgeleitete«, der zwölfte Imam, der in der letzten Geschichtsepoche aus dem Verborgenen treten und die Menschheit endgültig erlösen werde. Kündigte sich etwa mit dem ekstatischen Ashura-Tag von 1978 diese letzte Epoche an? Nicht wenige Muslime neigten zu diesem Schluss.

Khomeini sprach im fernen Frankreich eine neue Predigt auf Tonband, und wieder hallte seine Stimme aus vielen Lautsprechern iranischer Minarette: Der Verborgene Imam werde bald erscheinen, er, Khomeini, sei sein letzter Vorbote und Wegbereiter. Dies waren die entscheidenden Worte, um die Volksmassen im Iran vollends aufzuputschen. Wieder verstand es der Volksheld von 1963, die Heilserwartungen der religiös gesinnten Iraner zu seinen Gunsten zu nutzen. Unbestreitbar galt er jetzt als Führer der Bewegung.

Khomeini befand sich noch im Exil, als am 16. Januar 1979 Schah Mohammad Reza Pahlevi den Iran verließ. Nur widerstrebend gab der Schah zu, dass er seine gutausgerüstete Armee allein um den Preis eines totalen Krieges gegen die fanatisierten Volksmengen hätte führen können. Auch die Schutzmacht USA erwartete von ihm keinen Erfolg mehr. Trotzdem sagte der Schah beim Abschied auf dem Flugplatz von Teheran zu den bestürzt blickenden Generälen: »Meine Herren, es dauert ja nicht lange.« Mit trotziger Zuversicht wollte er daran glauben, dass er bald wiederkehren werde – wie nach seiner Flucht 1953. Er kehrte nicht wieder. Eineinhalb Jahre später, im Juli 1980, starb er 61-jährig im Exil in Kairo an Krebs. Das letzte Jahr verbrachte er einsam und verbittert. Bis zuletzt wollte er nicht begreifen, weshalb seine Träume von der großen iranischen Zivilisation am Widerstand »rückständiger« Ajatollahs und Mullahs gescheitert waren.

Am 1. Februar 1979 kehrte Khomeini, nun 78 Jahre alt, in den Iran zurück. Bei Morgengrauen hatten ihn einst Polizisten ohne Aufsehen abschieben können; jetzt, nach 15-jährigem Exil, jubelten ihm Millionen Iraner zum Empfang zu.

Überall im Land fielen die Reiterstandbilder des Schah, die bisher selbst die Marktplätze von Kleinstädten protzig beherrscht hatten. Nun verschwanden auch aus dem letzten Amtszimmer die Bilder vom »König der Könige« und wurden auf der Straße von einer erregten Volksmenge zertreten. Der Hass gegen die Symbole der Kaisermacht ging so weit, dass fanatische Trupps von Revolutionären mit Bulldozern nach

Persepolis fuhren, um dort die mühsam restaurierten Palastruinen mit ihren prachtvollen Reliefs zu zerstören, ebenso die Zeltstadt, die Mohammad Reza Pahlevi zur 2500-Jahr-Feier der iranischen Monarchie 1971 hatte errichten lassen. Aber den Zerstörtrupps konnte die Barbarei nicht gelingen, denn die Einwohner der umliegenden Ortschaften verstellten ihnen mit Gewehren den Weg, aus gutem Grund: Jene hatten Jahrzehnte lang von einem gut florierenden Tourismus gelebt und wollten sich eine entsprechende Zukunft nicht ruinieren lassen. Die Eiferer zogen ab und kamen nicht wieder. Persepolis war gerettet. Allerdings: Dieser erste Siegesrausch von Fanatikern ließ ahnen, dass für den Iran nicht ohne weiteres bessere Zeiten anbrachen.

Für Khomeinis Anhänger aber enthüllte die Geschichte ihren gottgewollten Sinn. Gerade sie sahen der neuen Epoche mit besonderen Hoffnungen entgegen. Jetzt, nach dem Sturz des Schahs, schien die Verheißung von der unmittelbar bevorstehenden Wiederkehr des Verborgenen Imam umso überzeugender. Fanatische Gefolgsleute trugen durch Teherans Straßen ein Transparent mit der Aufschrift: »Wenn der Teufel geht, kommt der Engel.«

Fundamentalisten und Reformer

1. Die »Islamische Republik« und erste Probleme

Gottesstaat oder Republik? Die Streitfrage

Seit dem Jahr 1979 kannten ihn alle, den lange unbekannt gebliebenen Ajatollah von Ghom, mit seinem energischen, meist düster ernst wirkenden Gesicht, dem silbergrauen Bart, dem dunkelbraunen Umhang eines Geistlichen und seinem schwarzen Turban, dem würdevollen Abzeichen eines Prophetennachkommen. Aber noch Jahre nach dem siegreichen Durchbruch der »Islamischen Revolution« fiel es der westlichen Welt schwer, sich an den Gedanken zu gewöhnen, dass ein asketisch lebender Rechtsgelehrter des schiitischen Islam, aus einer ärmlichen Provinzstadt stammend, den Herrscher der stärksten Militärmacht im Mittleren Osten hatte stürzen können.

Eine irritierte Weltöffentlichkeit musste Pressefotos zur Kenntnis nehmen, die gerade für die Verhältnisse in Teheran bisher undenkbar erschienen: Im Zentrum waren die hochhausgesäumten Straßen zur Zeit des Freitagsgebets angefüllt mit Tausenden von Gläubigen, die sich in Reih und Glied nach Mekka neigten und keinem Auto mehr die Chance zur Durchfahrt boten. In dieser Intensität hatte man solche Szenen bis dahin nicht einmal aus dem fundamentalistisch reglementierten Saudi-Arabien gekannt. Sämtliche Frauen waren nun mit Kopftuch zu weit wallenden Gewändern zu sehen oder gar im strikt verhüllenden *Tschador*, der nur das Gesicht freiließ – und dies in einer Hauptstadt, wo kurz zuvor noch auf den breiten

Boulevards viele Frauen ihr Haar offen, bis zu den Schultern fallend, zur Schau getragen hatten und teils in Blue Jeans oder Minirock gegangen waren.

Der abrupte Wandel traf alle Lebensbereiche, öffentlich wie privat. Am folgenreichsten offenbarte sich der Einschnitt aber im Erziehungs-, Rechts- und Wirtschaftssystem. Kaum hatte Khomeini seine Macht gegenüber den politischen Gegnern festigen können, begannen seine Anhänger, die Lehrpläne an Schulen wie an Universitäten von westlich »fehlgeleiteten« Inhalten zu säubern. Sie räumten aus Bibliotheken Tausende Bücher mit »antiislamischer Tendenz« hinweg, verjagten Tausende Lehrer und Professoren als »Lakaien westlicher Ideologie« aus ihren Ämtern, ja schlossen auf Jahre hinaus maßgebende Universitäten. Sämtliche westlich ausgebildeten Juristen mussten ihren Dienst quittieren, sie wurden durch geistliche Rechtsgelehrte ersetzt, die allein nach den Grundsätzen der *Scharia* Gerichtsurteile verhängten. Die Banken herkömmlicher Form ließen die religiösen Eiferer schließen, da ursprünglich für Muslime das Zinsnehmen verboten war. Auch hoben sie das moderne Steuersystem auf und ließen zukünftig nur den *Zakat*, die im Koran vorgeschriebene Almosensteuer, gelten. Dies waren erste Maßnahmen, einen konsequent »islamischen Staat« zu schaffen, wie er, laut offizieller Bekanntgabe, unter der Regierung Mohammeds und später seines Schwiegersohns Kalif Ali bestanden habe.

Khomeini sah keine grundsätzlichen Probleme, in der komplex gewordenen Welt des 20. Jahrhunderts Gesetze des 7. Jahrhunderts wiederzubeleben. Denn aus seiner Sicht trat ja an die Stelle eines weltlichen, von Menschen erdachten und daher ohnehin vergänglichen Gesellschaftssystems nur die zeitlose, über alle Irrtümer erhabene »Ordnung Gottes«. Aus diesem Grund war es von zwingender Logik, wenn Khomeini sich als Vollstrecker eines welthistorisch einmaligen Auftrags fühlte. Zukünftig werde der Iran, so verkündete er voller Sendungsbewusstsein, wieder ein religiöses wie politisches Zentrum für die ganze islamische Welt sein. Vom Iran aus würden die Erneuerungsanstöße in alle Richtungen gehen, in den Osten über Pakistan bis nach Indonesien, in den Westen über den Irak, Syrien und Ägypten bis in die Maghrebstaaten, überall würden sich die Volksmassen vom revolutionären Modell einer strikt »islamischen Gesellschaft« inspirieren lassen und die korrupten, »unislamisch« gewordenen Staatssysteme beseitigen. Es sollte eine gesamt-islamische Revolution über die konfessionellen Grenzen von Schiiten und Sunniten hinaus entstehen, wenngleich Khomeini den schiitischen Charakter des Iran betonte.

Solche Reden wirkten nach Jahrhunderten des Niedergangs und der Demütigung durch fremde Mächte wie eine Droge auf das geistig wie ökonomisch verunsicherte Kleinbürgertum und auf Millionen Entwurzelte in den Großstadtslums. Große Worte, pathetische Worte. Auch die Pahlevi-Schahs hatten von einer »glorreichen Zukunft« gesprochen – ohne allerdings die Ursachen des beklagten Niedergangs wirksam bekämpfen zu können. Nun war das Volk noch einmal aufgerufen, einem politischen »Erlöser« zu glauben.

Am 1. April 1979 riefen Khomeinis Parteigänger die »Islamische Republik« aus, und am 3. August desselben Jahres kam durch Wahl der Revolutionäre eine 72-köpfige verfassungsgebende Expertenversammlung zustande. Am 15. November schließlich legte die Versammlung eine neue Staatsverfassung mit 135 Artikeln vor. Aber diese von islamischen Fundamentalisten konzipierte Verfassung überraschte durch einige sehr »westlich« anmutende Elemente. Sie wurde von den Machthabern dem Volk zur Abstimmung vorgelegt. »Dem Volk« – das hieß: Männer und Frauen konnten gleichermaßen zur Wahlurne gehen. Wenn auch die Frauen nach dem Sieg der »Islamischen Revolution« zum Tragen eines Kopftuchs oder Tschadors gezwungen waren und sich weitgehend aus dem öffentlichen

Leben zurückziehen mussten, so blieb ihnen doch das Wahlrecht. Khomeini, der Jahrzehnte zuvor noch heftig das vom Schah eingeführte Frauenwahlrecht bekämpft hatte, bestand nun ausdrücklich darauf. Mit diesem demonstrativ demokratischen Ansatz unterschied er sich von vielen anderen islamistischen Führern, die einen Staat regierten.

»Islamische Republik Iran«, *Jomhuri-ye Eslami-ye Iran* auf Persisch – die Bezeichnung erscheint ungewöhnlich für ein theokratisches Staatswesen. Republik? Dies ist doch ein Begriff westlicher Herkunft, abgeleitet aus dem lateinischen *res publica*, »Sache des Volkes«, und bezieht sich auf eine Staatsform, bei der die Regierenden für eine bestimmte Zeit vom Volk oder von Repräsentanten des Volkes gewählt werden. Khomeini und seine Ratgeber hatten bewusst diesen Begriff gewählt, um zu betonen, dass das iranische Volk ausdrücklich seine Zustimmung zu dieser Staatsform gegeben habe. Am 3. Dezember 1979 stimmten nahezu 82 Prozent der wahlberechtigten Iraner der neuen Verfassung zu.

Ein vergleichender Blick auf die konkurrierenden Systeme des politisierten Islam zeigt: Es ist weder in den Theokratien Saudi-Arabiens noch in den Golf-Emiraten und erst recht nicht in den radikal-islamischen Herrschaftsgebieten des sogenannten »Islamischen Staates« (IS) oder der Taliban jemals eine Abstimmung über die Staatsverfassung abgehalten worden. Im Gegenteil: Die Staatsverfassung wurde dort jeweils von Korangelehrten undiskutierbar präsentiert mit dem Argument, über einen von Gott gewollten Staat lasse sich nicht abstimmen. Wir neigen dazu, derart zustande gekommene Staatsformen als »Gottesstaaten« zu bezeichnen, Herrschaftsformen also, die ausdrücklich auf »göttlichen Willen« zurückzuführen sind, unabhängig von menschlicher Zustimmung.

In Gesprächen mit Iranern erlebte ich immer wieder, dass sie den Begriff »Gottesstaat« für ihr Land energisch zurückweisen. Die »Islamische Republik Iran« sei kein Gottesstaat, denn die Staatsform sei eben nicht despotisch dem Volk aufgezwungen worden, sondern das iranische Volk habe frei – demokratisch – darüber abgestimmt. Man würde all jene Iraner und Iranerinnen beleidigen, die für die republikanischen Elemente der Verfassung eintreten und diese Elemente in der politischen Praxis umsetzen wollen.

Toleranz? Intoleranz? Die Duldung religiöser Minderheiten

Was aber sind, genau besehen, die »republikanischen Elemente«? Ich folge hier den Hinweisen des Deutsch-Iraners Hossein Pur Khassalian in seinem Beitrag »Unterschiedliche Handschriften in der Verfassung der Islamischen Republik Iran«, veröffentlicht im *Kölner Forum für Internationale Beziehungen und Sicherheitspolitik* (Juli 2014). Im Artikel 2, Absatz 6, der Verfassung ist zu lesen: »Die Würde und der hohe Wert des Menschen und seiner Freiheit, die mit der Verantwortung vor Gott verbunden ist, werden gewährleistet.« Im Artikel 3, Absatz 8 bis 15, ist außerdem die Rechtssicherheit für Mann und Frau festgeschrieben. Kostenloser Schulbesuch sei unabhängig von Herkunft und Religion garantiert. Und im Artikel 23 heißt es: Eine Inquisition der Meinungen sei verboten. Gegen niemand könne wegen seiner Meinung vorgegangen oder eine Strafe verhängt werden.

Solche Erklärungen könnten sich sehr ähnlich in den republikanischen Verfassungen westeuropäischer Staaten finden. Aber das ist nur die eine Seite. Bereits im Artikel 4 finden sich Formulierungen, die in eine andere Richtung weisen. Dort heißt es: Die Gesetze dieser Verfassung seien unter Berücksichtigung der islamischen Verordnungen zu konzipieren. Und im Artikel 14 steht: »Die Regierung der Islamischen Republik Iran und die Muslime sind verpflichtet, gegenüber Nichtmuslimen nach bester Sitte, mit Anstand und unter Wahrung islamischer Gerechtigkeit zu handeln und ihre Menschenrechte zu achten. Dieser Artikel gilt nicht gegenüber denen, die sich gegen den Islam und die Islamische Republik Iran verschwören und engagieren.«

In beiden Artikeln sind die Grenzen angesprochen, an denen das Toleranz- und Demokratie-Verständnis der »Islamischen Republik« endet. Es wird betont, Nichtmuslime im Sinn islamischer Tradition seien zu respektieren. Dies betrifft die Toleranz gegen Christen, Juden und Zarathustriern, Angehörigen von geistig verwandten Religionen, die im Iran leben. Diese religiösen Minderheiten dürfen bei Parlamentswahlen ihre eigenen Abgeordneten wählen, für sie sind im Parlament Sitze reserviert: je einer für die armenischen und assyrischen Christen, für Juden und Zarathustrier. Juden werden akzeptiert, sofern sie keine Sympathie für Israel äußern. Allerdings ist diesen Minderheiten untersagt, für ihren Glauben zu werben oder gar unter Muslimen zu missionieren, auch müssen sich die nichtmuslimischen Frauen strikt an die »islamische Kleiderordnung« halten und Kopftuch oder Tschador tragen. Aber eine solche relative Toleranz gilt nicht für religiöse Minderheiten außerhalb dieses Spektrums.

Besonders die Baha'i sind von jeglicher Toleranz ausgeschlossen, denn ihre Religionsgemeinschaft hat sich ja aus dem schiitischen Glauben heraus entwickelt, sie gelten aus orthodoxer Sicht als »Abtrünnige«. Deshalb zerstörten die »rechtgläubigen« Muslime die Kultstätten der Baha'i, und es wurde ihnen das Recht abgesprochen, Eigentum zu erwerben und Schulen sowie Universitäten zu besuchen. Die Verfechter der »Islamischen Revolution« lehnten damit die Toleranz der säkularen Schahs der Pahlevi-Dynastie ab und kehrten wieder zu jener Praxis zurück, die bereits unter den Schahs der Kadscharen-Dynastie gepflegt wurde. Die Baha'i können es nicht mehr wagen, sich öffentlich zu ihrem Glauben zu bekennen, sie müssen sonst mit hohen Gefängnisstrafen oder gar der Hinrichtung rechnen. Dasselbe gilt für Atheisten, sie gelten erst recht als »Verschwörer« gegen die Werte der »Islamischen Republik«.

Problematisch entwickelte sich rasch auch die Situation für die Minderheit sunnitischer Muslime. Ihr Anteil an der iranischen Bevölkerung wird auf fünf bis zehn Prozent geschätzt – gegenüber rund 90 bis 95 Prozent Schiiten –, es sind vor allem Turkstämme, Kurden und Belutschen in den Randgebieten des Iran. Offiziell sind sie in der Verfassung respektiert, aber sie sind kaum in Regierungsämtern vertreten und werden oft von Behörden auf lokaler Ebene unterdrückt. Einen Eindruck davon erhielt ich 2016 bei einem Rundgang in Teheran. Ich kam an Kirchen verschiedener christlicher Konfessionen vorbei, ebenso an Synagogen und Zarathustra-Tempeln, aber als ich meine iranischen Begleiter fragte, ob es auch sunnitische Moscheen gebe, antworteten sie ausweichend oder verneinten. Nach übereinstimmenden Quellen im Internet und in verschiedenen Reiseführern, so meine späteren Recherchen, existiert keine einzige sunnitische Moschee in der Hauptstadt des Iran, obwohl dort etliche Tausend Sunniten leben; sie können ihre Gottesdienste nur unauffällig in Privaträumen halten.

Khomeini und »Islamische Demokratie«

»Islamische Republik« … Bei genauerem Hinsehen zeigt sich, dass in der Verfassung des Staates zwar »republikanische« Elemente angelegt sind, aber doch letzten Endes die »islamischen« Elemente im Sinn eines schiitisch-theokratischen Herrschaftsmodells ausschlaggebend sind. Die demokratischen Rechte eines iranischen Bürgers enden an dem Punkt, an dem die ideologischen Grundlagen des religiös-politisch strukturierten Staates in Frage gestellt werden. Und hier bleibt wenig Freiraum für Diskussion, gegen solche »Gegner« kann mit aller Schärfe vorgegangen werden.

Über alle Zweifel erhaben bleiben muss, dass an der Spitze der »Islamischen Republik Iran« ein hoher schiitischer Geistlicher zu stehen hat, in dessen Amt sich die religiöse und die politische Führung vereinigen. Mehr noch: Die Mehrzahl der besonders wichtigen Machtpositionen muss mit hohen schiitischen Geistlichen besetzt sein. So sind etwa sechs von zwölf Mitgliedern des »Islamischen Wächterrats« Geistliche, die anderen sind weltliche Juristen. Und beim »Expertenrat« rekrutieren sich alle 86 Mitglieder aus den Reihen der Modschtaheds und Ajatollahs.

Sechs der Mitglieder des Wächterrats werden vom Staatsoberhaupt, dem obersten Imam, ernannt, die restlichen vom Leiter der Justizbehörde. Sie haben laut Verfassung die Aufgabe zu überprüfen, ob die Beschlüsse des Parlaments mit den »islamischen Grundsätzen« übereinstimmen, und sie notfalls zurückzuweisen. Entsprechend wuchs dem Wächterrat bald die weitere Aufgabe zu, auch die Kandidaten für die Parlamentswahlen auf ihre »Rechtgläubigkeit« hin zu kontrollieren. Damit war aber dem Missbrauch Tür und Tor geöffnet: Die Auswahl konnte auf ideologisch linientreue Kandidaten eingeengt werden, und so wurden den Bewerbern mit eigenständigem Denken bald immer weniger Chancen auf politische Mitwirkung eingeräumt. Die spätere Entwicklung sollte zeigen, dass die »Republik« den proklamierten Grundsätzen einer »islamischen Demokratie« keinesfalls gerecht wurde.

Der Expertenrat bildet die zweite tragende Stütze für die Organisation des Staates. Er besteht aus 86 ranghohen Geistlichen. Zum einen wurde er installiert, um nach Khomeinis Tod die Wahl seiner Nachfolger zu regeln. Zum anderen aber soll er dazu dienen, das Staatsoberhaupt in seinem religiös-politischen Handeln zu kontrollieren. Der Expertenrat kann mit Zweidrittelmehrheit den religiös-politischen Führer sogar absetzen, falls dieser von den vorgegebenen ideologischen Richtlinien abweichen sollte. Auf diese Weise ist der Oberste

Imam also kein absolut regierendes Staatsoberhaupt, sondern von der Zustimmung hoher Geistlicher abhängig.

Hinzu kommt, dass die Mitglieder des Expertenrats alle acht Jahre vom Volk gewählt werden. Hier ist wieder ein sogenanntes »republikanisches« Element der Verfassung installiert. Allerdings werden die Kandidaten vom Wächterrat auf ihre »islamische« Staatstreue hin überprüft, was die Zulassung extrem einschränkt. Und hier überlagern dann wieder theokratische Elemente den republikanischen Ansatz.

Khomeini selbst ließ im Dezember 1979 eine Wahl abhalten, in der das Volk über die Verfassung der »Islamischen Republik Iran« und damit über seine eigene Machtposition abstimmen sollte. Er benötigte diesen Rückhalt durch das Volk, denn mit dem Ausgang dieser Wahl konnte er erreichen, was ihm bisher nicht gelungen war: als religiös-politisches Oberhaupt aller iranischen Schiiten betrachtet zu werden. Und er erntete am 3. Dezember 1979 rund 82 Prozent der Stimmen. Es war eine demokratische Wahl. Aber wieso konnte er Zustimmung auf einer derart breiten Ebene finden? Khomeini genoss zu dieser Zeit eine Autorität quer durch alle Volksschichten, weil er als Revolutionsführer unerschrocken wie kein anderer dem Schah getrotzt und es wie kein anderer verstanden hatte, den entwurzelten Bauern in den verelendeten Dörfern wie in den Großstadtslums ein neues Selbstbewusstsein zu geben, eine »revolutionäre Würde«. Auf Khomeini projizierten sich 1979 nach Jahren der Unruhe alle Hoffnungen, er erschien als Garant einer besseren Zukunft mit der Perspektive einer »Islamischen Demokratie«.

Khomeini und seine Ratgeber verstanden es auch, ein Parlament zu installieren, das auf den ersten Blick sehr »republikanisch« wirkte und »demokratisch« nach dem Willen des Volkes zustande gekommen war. In dem Parlament sammelten sich verschiedene politische Gruppierungen, denen es vorbehalten war, Gesetze zu beschließen: Es waren einerseits religiös-konservative Abgeordnete, die das »islamische« Element und die unantastbare Autorität des Imam betonten, und solche, die im »republikanischen« Sinn die Verfassung als noch nicht ausgereift ansahen und auf weitere Reformen drängten. Aber was auf den ersten Blick nach Vielfalt in der Willensbildung aussah, blieb durch ein entscheidendes Kriterium eingeschränkt: Zugelassen waren eben nur solche Parteien, die sich rückhaltlos zur Verfassung der »Islamischen Republik« unter Führung des religiös-politischen Staatsoberhaupts bekannten. Eine solche Anordnung erinnerte fatal an Parteiengesetze in kommunistischen Ostblockstaaten, in denen pluralistische Vielfalt ebenfalls nur vorgetäuscht wurde.

Unwidersprochen konnten so in einem weiteren Schritt schon Anfang der 1980er-Jahre Khomeinis Anhänger ihr Verständnis von »Partei« formulieren: Ein konsequent »islamischer Staat« kenne keine Parteien, sondern nur eine Partei der Gleichgesinnten, die *Hezbollah*, die »Partei Allahs«. Jeder, der als Muslim diese Einheit leugne, trage zur Zwietracht unter Muslimen bei und reihe sich damit unter die Gegner des Islam ein. Eine eindeutige Warnung an Andersdenkende.

Die »Islamische Republik Iran« setzte sich mit solchen Äußerungen bereits im zweiten Jahr ihres Bestehens einer Zerreißprobe aus. Zu vielfältig war das geistige Spektrum jener, die im Gefolge der »islamischen Revolutionäre« gegen den Schah gezogen waren, als dass Khomeini das Bündnis mit allen Partnern hätte aufrechterhalten können. Sobald die »Khomeinisten« ihre letztlich totalitäre Form eines »islamischen Staates« kompromisslos durchzusetzen versuchten, mussten sie bei vielen ihrer Mitkämpfer auf mehr oder weniger Widerstand stoßen. Die politisch-kulturelle Bandbreite der Verbündeten reichte ja weit über die einzelnen Gruppierungen schiitischer Fundamentalisten hinaus – sie schloss auch »islamische Sozialisten«, ja, eine Reihe westlich ausgebildeter Intellektueller mit ein. Was aber die Lage für Khomeini besonders prekär machte:

Auch unter der hohen Geistlichkeit regte sich bald verstärkt Widerspruch gegen sein Verständnis von »islamischer Ordnung« …

Widerstand bei säkularen und islamistischen Mitkämpfern der Revolution

Am wenigsten in die von Khomeini installierte »Islamische Republik« einfügen ließen sich Kommunisten, Sozialisten und Liberale. Die Kommunisten konnten wegen ihres Atheismus kein Verständnis bei der überwiegenden Mehrzahl der Gäubigen finden, die Sozialdemokraten und Liberalen wegen ihrer Vorstellungen eines säkularen Pluralismus nicht – und alle zusammen nicht, weil sie in erster Linie wirtschaftlich und technokratisch dachten, also »westlich«, nicht religiös und theokratisch. Diese Schahgegner hatten sich ohnehin nie enger mit den Geistlichen anfreunden können und waren mit Khomeini nur ein Zweckbündnis eingegangen. Sie wollten, wenn der Schah erst einmal gestürzt war, die »fortschrittlichen« Teile des Volkes auf ihre Seite ziehen und dann eine zweite, eigene Revolution entfachen.

Gemeinsam waren auch ihre Illusionen. Alle glaubten sie, das unterdrückte Volk werde nach der Revolution nur danach lechzen, endlich voll am Fortschritt der westlichen Zivilisation teilzuhaben. Wie enttäuscht aber mussten sie sein, dass die Massen zwar Brot, aber keine Demokratie, dass sie Frieden, aber kein Selbstbestimmungsrecht wünschten. Jetzt mussten die liberalen, »westlich« denkenden Schahgegner mit einem Mal erkennen, welch verschwindende Minderheit sie bildeten.

Khomeini und seine Gefolgsleute wussten besser, wie man mit völlig ungebildeten Bauern und Slumbewohnern sprechen musste. Allein sie, die islamistischen Schiiten, hatten begriffen, welche irrationalen Erlösungssehnsüchte tatsächlich in den traditionsverhafteten Volksmassen schlummerten. Gerade dieses Gespür hatte Khomeini die überwältigende Zahl seiner Anhänger gebracht. »Ich schätze euch Slumbewohner sehr viel höher ein als alle diese Palastbewohner«, so ließ Khomeini im April 1981 in der *Tehran Times* verkünden, »... diese erhabene islamische Revolution ist den Mühen dieser Schicht, den Beraubten, den Slum- und Ghettobewohnern, zu Dank verpflichtet. Sie waren es, die diese Bewegung auf ihren Höhepunkt führten ...« Aber: »Machten wir diese Revolution, um den Leuten Häuser und Arbeitsplätze zu geben? Nein, wir machten diese Revolution für Gott.«

Aber Khomeini provozierte mit einer solchen Haltung bald auch islamisch gesinnte Sozialreformer. Besonders folgenreich sollte seine Kampfansage an eine Gruppe werden, die sich *Mudschaheddin-e Chalk* nannte. Der arabische Titel *Mudschahed* besitzt eine ehrwürdige Tradition, er bedeutet so viel wie »Krieger für die Sache des Glaubens«. So nennen sich zwar auch Khomeinis Revolutionäre, nur dass sie den Zusatz *Chalk* weniger betonen. Chalk heißt Volk. In den deutschen Sprachgebrauch ist diese Gruppe als »Volks-Mudschaheddin« eingegangen. Es gibt sie seit 1965, damals war sie als Widerstandsgruppe gegen den Schah gegründet worden. Sie forderte, man müsse Islam und Sozialismus in Einklang bringen. Damit kam sie in Gegensatz zu Kommunisten und Sozialisten westlichen Zuschnitts, bald aber noch mehr zu Khomeinis Vorstellungen einer Sozialreform.

Die Volks-Mudschaheddin betrachteten sich laut Programm als »Partei Allahs, als Partei derer, die das höchste Wesen anbeten«. Allerdings, in der Art, wie sie über die Frömmigkeit der Khomeini-Fanatiker urteilen, ist durchaus noch der Einfluss westlichen Denkens zu spüren. So formulierten sie bezeichnenderweise in einer ihrer Propagandaschriften: »Das Hauptproblem an den kleinbürgerlichen religiösen Vorstellungen liegt darin, dass ihre Vertreter die Notwendigkeit, die gesellschaftlichen Widersprüche aufzuheben, nicht begreifen. Wir hingegen wissen sehr wohl, dass wir, wenn wir uns nicht auf die unterdrückten Klassen stützen, den höchsten Wert nicht erreichen können.« Ihr Führer Massud Radschawi konnte bereits zur Zeit des Schahs eine machtvolle Gefolgschaft aufbieten: Zehntausende von Jugendlichen aus Großstadtfamilien. Sie waren aufgeschlossen für westliche Sozialideen und verdammten gleichzeitig einen westlichen »Imperialismus«, sie bezeichneten sich als tiefgläubige Schiiten und zeigten sich gleichzeitig misstrauisch gegenüber konservativen Geistlichen.

Kaum war Khomeini aus dem Exil nach Ghom zurückgekehrt, forderte Radschawi bereits auch eine Gegenleistung für seine Mithilfe bei der Revolution. Er wünschte »eine gerechte und demokratische Landreform«, zinslose Darlehen für die Bauern und die Freiheit der Meinungsäußerung, alles Ziele, die unter der Schahregierung undenkbar gewesen wären. Aber er setzte sich auch für ein Gesetz ein, wie es Mohammad Reza Pahlevi schon schrittweise durchgesetzt hatte: die rechtliche Gleichstellung von Mann und Frau. Schroff wies Khomeini solche Forderungen zurück, er witterte in ihnen sowohl Einflüsse des »marxistischen« wie des »amerikanischen Imperialismus«.

Diese Absage hatte Folgen. Denn die Volks-Mudschaheddin ließen sich nicht von den schwerbewaffneten Revolutionsgarden Khomeinis einschüchtern, sie hatten selbst Waffen gehortet und waren im Partisanenkampf geschult. Ihre Antwort fiel ebenso schroff aus. Khomeini begehe »Verrat am Islam«, er leugne gerade die fortschrittlichen Ideale des Korans. Dann fielen die ersten Schüsse, ihnen folgten Straßenschlachten mit den Revolutionsgarden, und Attentate auf ranghohe Ajatollahs bildeten den Höhepunkt. Das prominenteste Opfer: Ajatollah Mohammed Beheschti, der als Khomeinis Kronprinz galt. Durch dieselbe Bombe starben im Juni 1981 über 70 weitere Gefolgsleute – »lauter treue und wertvolle Diener der Revolution«, klagte Khomeini. Viele Attentäter scheuten sich nicht, ihr eigenes Leben bei den Anschlägen zu opfern, oft sprengten sie sich mit ihren Opfern selbst in die Luft, getreu der Losung »sterben wie Märtyrer Hussein«.

Anfang der 1980er-Jahre wurden die Volks-Mudschaheddin zu Khomeinis mächtigsten und gefährlichsten Gegnern, die in allen größeren Städten ihre gut getarnten Widerstandsnester und Waffenlager besaßen. Sie traten mit dem Anspruch auf, sie erst würden die »wahre islamische Revolution« verwirklichen. Ihre Anhänger lasen am eifrigsten die Schriften von Ali Schariati und behaupteten, der große schiitische Revolutionstheoretiker hätte, wäre er noch am Leben, kaum eine geistige Heimat in Khomeinis »Islamischer Republik« finden können. Beide, die Volks-Mudschaheddin und Schariati, waren sich in einem einig: dass der Prophet Mohammed eine »klassenlose Gesellschaft« gepredigt habe und sein Enkel Hussein für dieses Ideal gestorben sei. Khomeini blieb für die Klassenkämpfer im Namen Allahs ein Heuchler, der es mit der sozialen Frage nicht ernst meinte.

Aber der Partisanenkrieg der Volks-Mudschaheddin im Iran währte nicht lange. Nur einen Monat, nachdem ihre Parteigänger mit einem spektakulären Bombenattentat Ajatollah Beheschti und 72 weitere Gefolgsleute ermordet hatten, floh ihr Führer Massud Radschawi vor den Vergeltungsmaßnahmen der Diktatur ins Exil nach Paris. Und es dauerte nicht einmal ein weiteres Jahr, bis es Khomeinis islamistischer Regierung gelingen konnte, mit massivem Gegenterror den »revolutionären Volkskrieg« der Opposition brutal zu beenden. Nach und nach wurde es still um die Volks-Mudschaheddin. Als ihre Führung den Hauptsitz nach Bagdad verlagerte und unter dem Schutz Saddam Husseins das Mullah-Regime zu bekämpfen versuchte, verlor ihre Organisation beim iranischen Volk viele Sympathien.

Zu den Gegnern einer »Islamischen Republik« im Sinne Khomeinis wurden bald aber auch Schiiten, die aus frommen, traditionell gesinnten Familien stammten und anfangs zu Khomeinis begeisterten Anhängern zählten. Zu ihnen gehörten, um nur die prominentesten zu nennen, Mehdi Bazargan und Abolhassan Banisadr.

Der 70-jährige Bazargan, einst Staatssekretär unter Mossadegh, dann Führer der nationalen Front gegen den Schah, ein anerkannter Erdölfachmann und ein frommer Schiit, war 1979 von Khomeini in das Amt des Ministerpräsidenten berufen worden. Wie Khomeini hatte Bazargan die Ansicht vertreten, Religion und Politik dürften nicht zu trennen sein. Neun Monate später aber schied er bereits wieder aus dem Amt. Der Grund: Bazargan, der etwas von Wirtschaft und Verwaltung verstand, wollte sich nicht ständig von Mullahs und Ajatollahs bevormunden lassen. Bazargan konnte die ranghohen Geistlichen nur als Ratgeber, nicht aber als Regierende anerkennen. In der komplizierten Gesellschaftsstruktur des 20. Jahrhunderts könne kein Geistlicher einem Minister Anweisungen in Sachfragen geben, so verteidigte er sich. Bazargan überstand den Machtverlust, ohne um sein Leben fürchten zu müssen, denn er äußerte weiterhin seinen Respekt gegenüber Khomeini. Er konnte sogar nach dem erzwungenen Rücktritt eine Organisation mit dem Namen »Iranische Freiheitsbewegung« gründen, die zwar offiziell nicht zugelassen, aber bei unauffälligem Verhalten doch geduldet wurde. Hochbetagt starb er als Leiter dieser Bewegung 1995.

Dramatischer verlief der politische Aufstieg und Niedergang von Abolhassan Banisadr, dem ersten Staatspräsidenten des Iran.

Banisadr, 1934 als Sohn eines angesehenen Ajatollah in Hamadan geboren, entstammt einer Familie, die viele schiitische Theologen hervorgebracht hat. Nach dem blutigen Aufstand gegen den Schah 1963 brach er sein Studium der Volkswirtschaft in Teheran ab und setzte es in Paris fort, wobei er sich im Exil sehr bald als Agitator gegen das Schah-Regime hervortat. 1970 nahm er erste Kontakte mit Khomeini auf, der seit 1964 in Nedschef, seinem irakischen Exil, das geistige Zentrum für Schah-Gegner bildete. Und als Khomeini 1978 auf Druck Saddam Husseins den Irak verlassen musste und ins Exil nach Frankreich überwechselte, wurde der dort lebende Banisadr zu einem seiner wichtigsten Berater. Banisadr gehörte zu den maßgeblichen Organisatoren, die eine Strategie für die Machtübernahme im Iran ausarbeiteten. Khomeini dankte ihm die Dienste, indem er ihn nach der Ausrufung der Islamischen Republik Iran zu einem der einflussreichsten Politiker eben dieser Republik machte. Den Höhepunkt seiner Laufbahn erreichte Banisadr ein Jahr später. Khomeini ebnete ihm den Weg, dass er als Favorit des Revolutionsführers für die ersten Wahlen zum Staatspräsidenten kandidieren konnte. Banisadr siegte am 25. Januar 1980 mit 75,5 Prozent der Stimmen.

Aber kaum im Amt, sah sich Banisadr auch schon mit Kritik konfrontiert. Religiös radikale Kräfte nahmen Anstoß vor allem an seinem wirtschaftspolitischen Kurs. Der diplomierte Volkswirt Banisadr, der während seines Studiums in Paris marxistische und schiitisch-sozialrevolutionäre Gedanken zu einer Theorie einer »islamischen Volkswirtschaft« verflochten hatte, wollte in diesem Sinne die Ökonomie des islamischen Iran gestalten. Derartige Gedanken rückten ihn geistig in die Nähe der Volks-Mudschaheddin. Ja, er knüpfte Kontakte zu ihrem Führer Massud Radschawi, in der Hoffnung, die Volks-Mudschaheddin als wertvolle Verbündete der theokratischen Regierung erhalten zu können. Die Hoffnung zerstob allerdings, je mehr die Volks-Mudschaheddin sich schon während des ersten Regierungsjahres dem Revolutionsführer Khomeini entfremdeten. Entsprechend unsicher blieb für den Staatspräsidenten die Machtbasis. Banisadr forderte Khomeinis radikal-orthodoxe Parteigänger zusätzlich mit der Ansicht heraus, man müsse engere politische Kontakte zu den Ländern Westeuropas herstellen, um den Einfluss der USA zu stoppen. Nicht genug damit. Zwischendurch äußerte Banisadr Kritik an der Geistlichkeit, weil sie sich seiner Meinung nach unsachgemäß in die Wirtschaftspolitik einmischte und damit notwendige Reformen blockierte.

Banisadrs Sturz war nur noch eine Frage der Zeit. Jeder einzelne Punkt seiner Reformansätze richtete sich gegen die Interessen radikal-orthodoxer Fundamentalisten. Nachdem die Volks-Mudschaheddin durch immer heftigere Terroranschläge zu Todfeinden des Regimes geworden waren, hatten Banisadrs Gegner endlich einen willkommenen Grund, den Staatspräsidenten bei Khomeini als einen unzuverlässigen Politiker anzuschwärzen. Khomeini übte nun ebenfalls scharfe Kritik an seinem ehemals engsten Vertrauten und entließ ihn nach heftigem Streit am 22. Juni aus dem Amt. Damit war für Banisadr jeder weitere Tag im Iran lebensgefährlich geworden. Im Juli 1981, einen Monat nach dem spektakulären Mord der Volks-Mudschaheddin an Ajatollah Beheschti und seinen Gefolgsleuten, verließ Banisadr an Bord eines gekaperten Militärflugzeugs fluchtartig den Iran – zusammen mit Massud Radschawi, dem Führer der Volks-Mudschaheddin. Seither lebt Banisadr im Exil in Paris, ständig in der Furcht, von Geheimagenten des Mullah-Regimes aufgespürt und ermordet zu werden. Seine Kontakte zu den Volks-Mudschaheddin hat er allerdings während der 1980er-Jahre wegen politischer Differenzen eingestellt.

Bazargan und Banisadr waren auf Jahrzehnte hinaus die einzigen herausragenden Politiker der »Islamischen Republik«, die einen weltlichen Beruf ausübten. Bald sollten vorrangig Geistliche die Ämter des Staatspräsidenten und der Minister bekleiden. Diese Weichenstellung leitete Khomeini persönlich ein. Allein auf diese Weise glaubte er sicher zu sein, dass seine Entscheidungen nicht mehr von der Eigenwilligkeit ziviler, auf Sachverstand pochender Politiker in Frage gestellt wurden.

Aber massive Kritik kam bald auch von anderer Seite, die

für das Selbstverständnis der theokratischen Machthaber noch gefährlicher werden konnte: nämlich von etlichen theologisch bedeutsamen Ajatollahs.

Taleghani und Schariat-Madari – Widerstand von ranghohen Geistlichen

Khomeini hatte sich zwar zum Führer einer breiten Volksbewegung aufschwingen können – aber er konnte seine Macht erst als endgültig gesichert sehen, wenn es ihm gelang, auch eine Mehrheit hoher Geistlicher auf seine Seite zu ziehen. Er brauchte die Zustimmung von Ajatollahs und Groß-Ajatollahs, um die unanfechtbare religiöse Autorität für seine »Islamische Republik« zu bekommen.

Doch gerade etliche der angesehensten religiösen Würdenträger lehnten das Modell eines Staates ab, in dem das Amt des politischen Führers mit dem eines Geistlichen in einer Person vereinigt sein sollte. Ihrer Meinung nach musste der Versuch scheitern, eine Staatsform aus der Frühzeit des Islam in wesentlichen Elementen zu kopieren, denn gar zu sehr hätten sich in eineinhalb Jahrtausenden die gesellschaftlichen Voraussetzungen gewandelt. Allein Fachleuten der Wirtschaft und Verwaltung sei es möglich, die komplexen Zusammenhänge eines Staates zu verstehen und geeignete Maßnahmen zu ergreifen. Geistliche sollten sich aus der praktischen Politik heraushalten, seien aber als religiöse Berater unverzichtbar und sollten in dieser Funktion darüber wachen, dass die Regierenden nach den Grundsätzen des Islam handelten.

Khomeinis großes Problem war, dass zwei der prominentesten Vertreter des hohen Klerus ihn kritisierten: zum einen Ajatollah Mahmud Taleghani, zum anderen Groß-Ajatollah Kazem Schariat-Madari. Dies waren ausgerechnet zwei Ajatollahs, die ebenfalls zu den geistigen Wegbereitern und vehementen Befürwortern der »Islamischen Revolution« zählten.

Mahmud Taleghani, 1911 geboren, war als leidenschaftlicher Gegner des Schahs bei den Volksunruhen im Juni 1963 erstmals verhaftet und mit vier Jahren Gefängnis bestraft worden. Wenige Jahre später kam er wegen erneuter Anstiftung zu Unruhen nochmals vor Gericht und wurde diesmal zu sechs Jahren Gefängnis verurteilt. Bevor Khomeini 1979 aus dem französischen Exil in den Iran zurückkehrte, galt Taleghani als ein weiterer maßgebender Führer der »Islamischen Revolution«. Dieses Ansehen trug dazu bei, dass er nach dem Sturz des Schah noch im selben Jahr zum Vorsitzenden des Expertenrats gewählt wurde. Es war jenes Gremium von 86 geistlichen Rechtsgelehrten, die über die endgültige Verfassung des neuen Staates abstimmen sollten.

Aber Taleghani entsprach in dieser machtvollen Position nicht Khomeinis strategischen Bedürfnissen, denn er lehnte entschieden das Vorhaben ab, die »Islamische Republik« in eine religiös-politische Diktatur umzuwandeln. Taleghani wünschte einen Staat, in dem eine parlamentarische Demokratie mit mehreren konkurrierenden Parteien möglich sein sollte. Diese Parteien müssten allerdings an eine »islamische Verfassung« gebunden sein (was nicht mit dem säkularen Verständnis westlicher Demokratie vereinbar ist). Einer seiner bekanntesten Kommentare, der im Internet unter dem Stichwort *Mahmud Taleghani* nachzulesen ist, lautet: »Eine mit Härte auferlegte Religion ist im Angesicht Gottes wertlos, und wertlos daher auch für sein Volk. Ein Schleier, einer Frau mit Gewalt aufgezwungen, ist sehr viel schlimmer als überhaupt kein Schleier.«

Taleghani starb, nur wenige Monate im Amt, am 9. September 1979. Er wurde 68 Jahre alt. Sein Tod kam völlig überraschend, denn am Abend zuvor hatte er noch ein sehr reges Gespräch mit dem sowjetischen Botschafter geführt. Drei Tage nach Taleghanis Tod stimmte der Expertenrat, dessen Vorsitzender er gewesen war, dem Prinzip von Khomeinis absoluter Herrschaft zu. Ein Zufall? Gegner Khomeinis äußerten den Verdacht, Taleghani sei als einflussreicher Kritiker des neuen Staatsmodells vergiftet worden – ein Verdacht, der sich weder beweisen noch widerlegen ließ.

Ein ähnliches Schicksal erlitt Khomeinis zweiter prominenter Kritiker aus den Reihen des hohen Klerus: Groß-Ajatollah Kazem Schariat-Madari. Er war schon seit den 1960er-Jahren ein Rivale gewesen, denn er war 1961 im Kampf um die Nachfolge des Groß-Ajatollah Borudscherdi gegen Khomeini angetreten, und hieraus war keiner der beiden Kandidaten als Sieger hervorgegangen (vergleiche hierzu den Abschnitt »Vom Ajatollah zum Politiker«).

Schariat-Madari wurde 1905 in Täbris geboren, war also um drei Jahre jünger als Khomeini. 1961, im Alter von 56 Jahren, rückte er zum Groß-Ajatollah auf, wodurch er in Ghom zum ranghöchsten Geistlichen wurde. Dieser Aufstieg in der religiösen Hierarchie blieb Khomeini versagt.

An Bildung war Schariat-Madari seinem Rivalen Khomeini in vielerlei Hinsicht überlegen. Er war wesentlich besser mit westlicher Philosophie vertraut und sprach zudem fließend französisch. Bei einem derart weit gespannten Horizont distanzierte er sich mehr und mehr von den herkömmlichen Positionen der Geistlichen. Schariat-Madari brach mit der bis dahin im Iran unangetasteten Tradition, Arabisch als die »Sprache Gottes« anzuerkennen und eine Interpretation des Korans nur in dieser Sprache zu dulden. Er veröffentlichte seine Koran-Interpretationen nicht nur auf Arabisch, sondern auch auf Persisch, obwohl muslimische Theologen das Persische für »ungeeignet« hielten, religiöse Fragen zu diskutieren. Er bestand später in seiner Position als Groß-Ajatollah und Leiter einer eigenen Religionsschule darauf, dass seine Studenten sich zu dieser neuen Haltung bekannten. Er war auch der erste ranghohe Kleriker, der in seiner Hochschule eine Abteilung für die Ausbildung von Frauen einrichtete; dies geschah 1973.

Schariat-Madari vertrat von vornherein die Ansicht, dass

Geistliche nicht Politiker werden sollten, da sie angesichts der komplexen gesellschaftlichen und wirtschaftlichen Verhältnisse nicht die Voraussetzungen hätten, einen Staat sachkundig zu regieren. Hier fühlte er sich voll und ganz der Haltung des Groß-Ajatollah Borudscherdi verpflichtet. Zum ersten heftigen Konflikt mit Khomeini kam es 1961. Damals, als Borudscherdi gestorben war, rivalisierten beide um die Nachfolge im Amt des Mardschai-e Taqlid, der »Quelle der Nachahmung«, und beide konnten keine überzeugende Mehrheit für sich gewinnen. In dieser Auseinandersetzung warf Schariat-Madari seinem Gegenspieler Khomeini vor, er stelle seine politischen Ziele über die Religion.

Der weltanschauliche Bruch, der sich damals für alle offenkundig abzeichnete, blieb für die nächsten Jahrzehnte bestehen. Schariat-Madari erwies allerdings Khomeini 1979 nach dem Sieg der »Islamischen Revolution« offiziell seine Reverenz, als er den Revolutionsführer in Ghom würdevoll empfing; dies war seine repräsentative Pflicht als ranghöchster Geistlicher in Irans bedeutendstem Zentrum religiöser Lehrstätten. Aber Schariat-Madari erklärte unmittelbar darauf in Interviews, dass sich die von Khomeini propagierte Regierung der Geistlichen keineswegs durch die schiitische Theologie begründen lasse. Daher sei der Verfassungsentwurf grundsätzlich abzulehnen.

Zur Bekräftigung seiner Aussagen gründete Schariat-Madari in Gegenposition zu Khomeinis Einheitspartei Hesbollah, der »Partei Allahs«, die »Partei der muslimischen Volksrepublik« – ein deutliches Signal, dass er eine Mehrparteien-Demokratie anstrebte. Schariat-Madaris Partei hatte nur eine kurze Lebensdauer, sie wurde bereits 1979, im Jahr ihrer Gründung, verboten. Im November desselben Jahres stürmten Revolutionsgardisten sein Haus in Teheran, töteten seinen Privatsekretär und verwüsteten die Wohnung. Einen Monat später wurde Schariat-Madari verhaftet mit der Begründung, er habe mit anderen

Oppositionellen einen Putsch geplant. Dann wurde er wieder freigelassen, aber er blieb unter strenger Beobachtung.

1982 wurde Schariat-Madari ein zweites Mal verhaftet. Khomeini sprach ihm den Titel eines Groß-Ajatollah ab und verbannte ihn in seine Heimatstadt Täbris, wo er den Rest seines Lebens unter Hausarrest zu verbringen hatte. In Schariat-Madaris Heimatprovinz Aserbeidschan demonstrierten Anhänger des populären Groß-Ajatollahs gegen dessen demütigende Entmachtung, die Demonstrationen weiteten sich zu einer Rebellion gegen die Zentralregierung in Teheran aus. Revolutionsgarden schlugen den Aufstand brutal nieder. Schariat-Madari litt an Prostatakrebs, aber die Behörden verweigerten ihm die nötige medizinische Versorgung, die sein Leben hätte verlängern können. Er starb 1986 in Täbris, 81 Jahre alt.

Mahmud Taleghani und Kasim Schariat-Madari waren aber nur die beiden herausragenden, auch in Europa bekannten Ajatollahs, die zu den religiös-politischen Vorstellungen Khomeinis auf Distanz rückten. Die Kritik einer Reihe anderer hoher Geistlicher ging in viele weitere Details. Etlichen maßgeblichen Korangelehrten, besonders Taleghani, erschien seine Lehre nicht nur zu radikal, sondern auch zu konservativ, vor allem aber zu eng. Die Kritiker stießen sich an vielen seiner rigorosen Verbote. So hielten sie es nicht für gerechtfertigt, Musik und Tanz zu ächten, nur weil Mohammeds Beduinen wenig davon hielten. Auch wollten sie den Frauen mehr Rechte zugestehen, als es Khomeini für richtig hielt. Wie Ali Schariati trennten sie sorgfältig die zeitlosen, unveränderbaren Wahrheiten des Islam von den nur zeitbedingten Traditionen.

Dass ranghohe Geistliche aus dem liberalen wie dem konservativen Lager den Obersten Imam offen kritisierten, machte dessen Lage brisanter als alle Kritik vonseiten westlich geschulter Intelligenz. Um die freie Diskussion nun auch noch innerhalb des Klerus weitgehend zu unterbinden, musste Khomeini endgültig darangehen, einen lückenlos überwachenden Geheimdienst – ganz wie der Schah – aufzubauen. Nicht minder musste er die Organisation seiner Revolutionsgarde perfektionieren.

Diese Garde, im Mai 1979 aus einer Vielzahl paramilitärischer Gruppierungen zu einer Einheit zusammengefasst, bestand zur Zeit ihrer Gründung aus ungefähr 10 000 Männern, einerseits Studenten, andererseits Jugendlichen aus den Armenvierteln der Großstädte. Khomeini verlieh ihnen den Ehrennamen *Pasdaran*, »Wächter der Revolution«. In Zukunft hatte die Garde nicht nur jene Untertanen strikt unter Kontrolle zu halten, die wegen ihrer westlichen Ausbildung oder einer »materialistischen« Grundhaltung ohnehin als »latent ungläubig« verdächtig waren, sondern selbst zutiefst religiöse Schiiten. Diese Garde, aus Zehntausenden arbeitsloser Slumbewohner rekrutiert, außerhalb aller militärischen Hierarchie gestellt, von engsten Vertrauten Khomeinis befehligt, sollte bald zum gefürchtetsten Aufsichtsorgan des Regimes werden. Ihre Stoßtrupps konnten ohne richterlichen Befehl Wohnungen durchsuchen, sie verhafteten nach eigenem Gutdünken, nicht selten aus reiner Willkür, sie folterten oder prügelten Verdächtige oft auch nur zur Einschüchterung. Die Macht der Pasdaran sollte sich noch verstärken, als 1980 der Krieg zwischen Iran und Irak ausbrach (davon später). Als unverzichtbare militärische Kraft wurden sie zu einer offiziellen Einheit der Armee, die Zahl ihrer Milizionäre wuchs auf über 300 000 Mann. In Friedenszeiten verringerte sich ihre Zahl zwar wieder auf rund 125 000, aber sie blieben auf Dauer das wirksamste Instrument, um die Macht des Regimes gegen eine aufbegehrende Opposition zu schützen.

Unter Khomeinis Regierung füllten sich die Gefängnisse bald so rasch mit politischen Gegnern wie zu Zeiten Mohammad Reza Pahlevis, und bald arbeiteten die Henker ebenso schnell wie vor der Revolution, wie aus einem Bericht der Organisation Amnesty International vom Dezember 1982 hervorging. 15000 Hinrichtungen wegen politischen Widerstands wurden allein während der Jahre 1979 bis 1982 registriert. Der fragwürdige Erfolg dieses Staatsterrors ließ nicht allzulange auf sich warten: Mitte der 1980er-Jahre war jeder nennenswerte Widerstand gegen das Regime niedergekämpft: Die Gegner saßen entweder im Gefängnis oder waren getötet, oder sie flohen ins Ausland, wo sie vergeblich darauf warteten, dass Khomeini oder seine Nachfolger angesichts sich verschärfender Widersprüche scheitern und die Volksmassen gegen sich aufbringen würden.

Der Krieg mit dem Irak – und die Dynamik des Märtyrerkults

Der Krieg kam überraschend. Es war der 22. September 1980, als Truppen des irakischen Diktators Saddam Hussein in einer blitzschnellen Aktion die Grenze zum Iran überschritten, um die erdöl- und erdgasreiche Provinz Chusistan zu erobern. Dabei handelte es sich um eine persische Provinz mit überwiegend arabischer Bevölkerung – aus irakischer Sicht war diese Region ursprünglich ein Teil des Irak gewesen. Der Streit um Chusistan (von den Irakern »Arabistan« genannt) ist schon etliche Jahrhunderte alt und die historischen Ansprüche sind nicht eindeutig zu belegen. Auf jeden Fall widersprach der Einmarsch in den Iran ohne vorhergehende Verhandlungen den internationalen Konventionen.

Saddam Hussein handelte also völkerrechtswidrig. Trotzdem hielten sich die Medien in der westlichen Welt wie in der Sowjetunion mit Kritik an dem Angriffskrieg zurück – oder sie gaben sogar wohlwollende Kommentare ab. Mehr noch: Eine Reihe westlicher Staaten, allen voran die USA, Großbritannien, Frankreich, Deutschland, aber auch die Sowjetunion, belieferten Saddam Hussein massiv mit Waffen. Denn damals erschien der Irak den USA und westeuropäischen Staaten nicht nur nützlich als preisgünstiger Lieferant von Erdöl und Erdgas, sondern man hielt darüber hinaus die dortige säkular orientierte Diktatur für ein ideologisches Bollwerk gegen die religiöse, antiwestliche Diktatur des Iran.

Für Saddam Hussein und seine westlichen Verbündeten erschien das Risiko eines militärischen Überfalls auf den Iran gering. Die Angreifer wie ihre Waffenlieferanten glaubten, die »Islamische Republik Iran« befinde sich aufgrund der zunehmenden innenpolitischen Konflikte und der wachsenden Wirtschaftskrise kurz vor dem Zusammenbruch. Man rechnete damit, dass ein Stoß von außen – eben ein kurzer Krieg – genügen würde, um das antiwestliche Mullah-Regime zu Fall zu bringen. Nach einem Umsturz würde sich im Iran rasch wieder eine Regierung installieren lassen, die wie das Schah-Regime voll den westlichen Interessen entspräche. Aber es kam anders. Wieder einmal wurden die Entwicklungen in der »Islamischen Republik Iran« von Außenstehenden voreilig und ohne Kenntnis der genauen Zusammenhänge beurteilt.

Kaum waren Saddam Husseins Siegesnachrichten nach den ersten Überraschungsangriffen verklungen, da sahen sich die Iraker einem Gegner gegenüber, der ihnen unheimlich erschien. Zu Tausenden stürmten ihnen schlecht bewaffnete Halbwüchsige mit dem Ruf »Allahu akbar!« entgegen, liefen ohne zu zögern in das Maschinengewehrfeuer, und über die Leichenberge stürmten besser bewaffnete Pasdaran, »Wächter der Revolution«, ihnen folgten reguläre Truppenverbände mit der modernsten Bewaffnung. Welle auf Welle von fanatischen Angreifern rollte heran, sie alle nur mit dem einen Ziel, die Gegner durch ihre Angriffe zu ermüden und damit den Nachfolgenden den Durchbruch in die feindlichen Linien zu ermöglichen.

Es geschah etwas, das die Militärstrategen in West und Ost für unmöglich gehalten hatten: Die eher schlecht bewaffneten Iraner konnten das besser gerüstete Heer der Iraker zurückschlagen; im August 1982 drangen die Iraner auf irakischen Boden vor. Und wieder stürmten die Angreifer ohne Rücksicht auf eigene Verluste vor. Augenzeugen berichteten, oft seien Kinder vorausgeschickt worden, die ahnungslos auf die von den Irakern versteckten Minen traten und damit den Nachstürmenden einen gefahrloseren Weg ebneten – über die zerfetzten Körper hinweg.

»Sterben wie der Märtyrer Hussein!« Khomeini und seine Mullahs hämmerten in unzähligen Radioansprachen ihren »Glaubenskämpfern« die Parole ein: Jetzt gelte es, einen zweiten Yazid, den Tyrannen Saddam Hussein, zu besiegen. Und: Nedschef und Kerbela, die heiligen Stätten der Schiiten, müssten von der Oberhoheit der Sunniten befreit werden. Noch einmal gelang es Khomeini, die Iraner zum Glaubensfeldzug und Opfertod aufzurufen, so wie es ihm am Ashura-Tag von 1978 geglückt war. »Hussein! … Hussein! …« Mit dem zornigen Ruf des Ashura-Tages stürmten sie in die Schlacht, jeder Soldat hatte am Hals einen Schlüssel hängen, der ihm angeblich nach dem Märtyrertod sofort das Tor zum Paradies öffnen werde.

Es war der Mythos des Ashura-Tages, der das Khomeini-Regime in der kritischen Situation der 1980er-Jahre stabilisierte. Dieser Mythos wurde reichlich strapaziert. Blättert man die englischsprachige Zeitschrift *Soroush – Botschaft der Islamischen Revolution* durch, die mehrmals im Jahr in Teheran erscheint und im Ausland für die Selbstdarstellung der Bewegung sorgen soll, so sieht man dies gerade dort bestätigt. Aus Anlass des Ashura-Tages vom November 1981 wimmelte es in der Zeitschrift von fettgedruckten Überschriften wie: »Reihen wir uns in die Armee Husseins ein, oder unterstützen wir die brutalen Gefolgsleute des Yazid?«, »Das Blut Husseins fließt rot von Kerbela nach Teheran«, »Märtyrertum – die höchste Form von Glück«, »Die Revolution begann in Kerbela«. Und ein Wort von Khomeini selber: »Es ist das Blut von Imam Hussein, das islamische Nationen anfeuert, sich zu erheben.« Eine Überschrift rückt gar den Schiitenführer Khomeini als direkten Nachkommen aus der Prophetenfamilie in die Nähe des Prophetenenkels: »Husseins Blut fließt in Khomeinis Adern.«

Eine weitere, aus westlicher Sicht schaurige Steigerung erreichte der Märtyrerkult auf dem »Gräberfeld des Paradieses«, dem ausgedehnten Friedhof Behescht-e Zahra südlich von Teheran, an der Straße zur heiligen Stadt Ghom. Dort wurde Anfang 1984 ein riesiger Brunnen errichtet, über dessen zahllose Kaskaden pausenlos rot gefärbtes Wasser strömte – ein Symbol für das Blut der Märtyrer, das im »Heiligen Krieg« gegen alle Feinde des Islam vergossen wurde. Lautsprecherparolen hämmerten den Friedhofsbesuchern während des Kriegs ständig ein, den Eltern der gefallenen Helden gebühre kein Beileid, sondern Glückwunsch, denn die Toten weilten als Märtyrer längst schon im Paradies.

Es war eine paradoxe Situation. Dieser Krieg war von Khomeini nicht gewollt, dieser Krieg wurde dem Iran von Saddam Hussein aufgezwungen. Aber Khomeini verstand es, die Krise zu seinen Gunsten zu nutzen und angesichts äußerster Bedrohung die politisch zerstrittenen Iraner (vorübergehend) unter seiner Führung zu einigen. Anstatt das theokratische Regime des Iran zu vernichten, erreichten Saddam Hussein und die mit ihm verbündeten westlichen Staaten also genau das Gegenteil: Sie halfen unfreiwillig, es zu stabilisieren.

Eine Zeitlang konnte sich Khomeini sogar in der Illusion wiegen, er könnte durch eine noch stärkere Mobilisierung opferbereiter »Glaubenskrieger« den Krieg gewinnen. Er glaubte, es ließen sich nicht nur die Iraner, sondern auch die irakischen Schiiten zum »Heiligen Krieg« gegen den sunnitischen Diktator Saddam Hussein bewegen. Die irakischen Schiiten machten rund 60 Prozent der Bevölkerung aus – und sie würden die iranischen Schiiten als Befreier vom sunnitischen Joch begrüßen. Nichts davon traf ein. Die Schiiten des Irak zogen es mehrheitlich vor, unter dem Befehl sunnitischer Iraker gegen den schiitischen Iran zu kämpfen. In diesem Verhalten ließen sie sich nicht nur von tief eingewurzelten Ressentiments der Araber gegen die Iraner leiten, sondern auch von der Abneigung gegen ein theokratisches Regime nach den ideologischen Vorstellungen Khomeinis.

Der Krieg endete 1988. Es war ein Krieg, bei dem es nur Verlierer gab. Obwohl die säkulare Diktatur unter Saddam Hussein und auch die islamistische Diktatur unter Khomeini angesichts externer Bedrohung die politisch zerstrittene Bevölkerung zusammenschweißen konnten, waren beide Systeme wirtschaftlich erheblich geschwächt – und deshalb zum Friedensschluss (offiziell: Waffenstillstand) gezwungen. Es war ein Krieg, der nur ungelöste Probleme hinterließ und somit Zündstoff für weitere Spannungen schuf. Sowohl der Irak als auch der Iran waren auf Jahre hinaus aus dem politischen Kräftespiel des Nahen Ostens verdrängt – dies war im Interesse westlicher Staaten wie auch Saudi-Arabiens. Es sah so aus, als könnte Saudi-Arabien, das den Krieg gegen den Iran finanziell intensiv unterstützt hatte, nun als der dominierende Erdöllieferant im Nahen Osten zur beherrschenden Regionalmacht werden.

Aber 1990 und 2003 folgten der zweite und der dritte Golfkrieg. Die radikalen Umbrüche dieser Jahre sorgten dafür, dass sich der Iran aus seiner politisch untergeordneten Stellung zu lösen vermochte und neben Saudi-Arabien zur rivalisierenden Regionalmacht im Nahen Osten aufstieg – mit nachhaltigen Konsequenzen (davon später mehr).

Die sozialen Probleme bleiben ungelöst

Der Krieg von 1980 bis 1988 hatte die Wirtschaftskrise des Iran nicht verursacht, sondern nur verschärft. Es zeigte sich im Laufe der folgenden Jahre, dass die islamistische Regierung über kein Konzept verfügte, jene Fehlentwicklungen nachhaltig zu korrigieren die unter den Schahs der Pahlevi-Dynastie ihren Anfang genommen hatten.

Die regierenden Islamisten sahen sich zwar nach eigenem Verständnis in ihren Entscheidungen »allein von göttlichen Gesetzen geleitet«, aber ihnen gelang vor allem eines nicht: die soziale Zeitbombe Teheran zu entschärfen. Das bisher unkontrollierte Wachstum von Großstadtslums mit all ihrem unsagbaren Elend zu stoppen, die Folgeerscheinungen einer von westlichen Vorbildern inspirierten Politik zu korrigieren – gerade mit der Lösung dieser Aufgaben hatte Khomeini erfolgreich vorführen wollen, was es hieß, von der Einsicht in göttliche Gesetze geleitet zu sein. Teheran sollte wieder kleiner werden, sollte sich gesundschrumpfen, indem während der 1980er-Jahre mindestens zwei Millionen entwurzelter Bauern in ihre Dörfer zurückkehrten. Teheran sollte seine Einwohnerzahl von fünf auf drei Millionen reduzieren, so lauteten die Vorgaben.

Um diese gewaltige Rückwanderung in Gang zu setzen, hätte es allerdings mehr als nur religiös-sozialrevolutionärer Rhetorik bedurft. Praktisch geschah nichts, was den Slumbewohnern eine Rückkehr in die Dörfer hätte schmackhaft machen können. Dabei hatten viele Mullahs und Ajatollahs unter der Schahregierung die Großgrundbesitzer kritisiert, sofern diese von den Bauern einen überhöhten Pachtzins forderten oder sie gar hungern ließen. Wie schon beschrieben, blieb aber ein Großteil der Geistlichen derart althergebrachten Ordnungsvorstellungen verhaftet, dass es ihnen undenkbar erschienen wäre, das Feudalsystem grundsätzlich in Frage zu stellen. Sie hatten nichts gegen Großgrundbesitzer einzuwenden, solange diese ihrer patriarchalischen Fürsorgepflicht nachkamen, die Islamisten bekämpften nur grobe Auswüchse. Ein gerechtes Feudalsystem definierten sie als »islamisch« – alternative Modelle lehnten dagegen die meisten als »westlich beeinflusst« und »unislamisch« ab.

Landreform auf der Grundlage des koranischen Rechts, göttlicher Gesetze, nicht bloß menschlichen Rechts! Solch tönenden Schlagworten folgte eine Reform, die genauso unzureichend war wie jene, die der Schah unter dem Schlagwort »Weiße Revolution« in Gang gesetzt hatte. Nur solche Großgrundbesitzer mussten ihre überdimensional großen Ländereien abtreten, die ihr Vermögen gar zu offensichtlich der Günstlingswirtschaft Mohammad Reza Pahlevis zu verdanken hatten. Weitere Enteignungsanträge einiger weniger sozialrevolutionär gesinnter Mullahs scheiterten am Vetorecht des »Islamischen Wächterrats«. Nur eine einzige Neuerung konnten die Reformer gegen den Widerstand der mehrheitlich feudalistisch denkenden Geistlichen durchsetzen: Brachliegendes, ungenutztes Land durfte Großgrundbesitzern weggenommen und an Kleinbauern verteilt werden. Stolz präsentierte die Revolutionsregierung 1983 die Zwischenbilanz einer Erfolgsstatistik. Seit 1979 seien über 20 000 Dörfer an das Stromnetz angeschlossen, seien Tausende von neuen Schulen gebaut worden. Eindrucksvolle Neuerungen, gewiss. Aber Fortschritte dieser Art hatte der Schah einst auch bewirkt, ohne die Probleme grundsätzlich zu lösen.

Die geistlichen Rechtsgelehrten stritten über Jahre hinaus um die richtige Anwendung »islamischer« Gesetze für die Landreform und leiteten nur vereinzelt sinnvolle Maßnahmen ein, dagegen darbten, ja hungerten die meisten Kleinbauern und Pächter weiterhin. Und so strömten, vergeblich auf Hilfe wartend, weiterhin notleidende Bauern auf Arbeitssuche in die Städte – die meisten in das ohnehin schon krebsartig wuchernde Ballungszentrum Teheran, mit verheerenden Folgen. War Teheran bereits durch die verfehlte Politik unter Mohammad Reza Pahlevi während der Jahre 1950 bis 1978 von einer Million auf fünf Millionen Einwohner gewachsen, so brauchte die Stadt unter der Herrschaft Khomeinis nur zehn Jahre, um von fünf auf über neun Millionen anzuschwellen. 1991 zählte Teheran schon an die elf Millionen Menschen! Innerhalb von nur zwölf Jahren seit dem Sturz des Schahs gab es in der Hauptstadt weitere sechs Millionen Bürger, ein Zuwachs von nahezu der Einwohnerzahl der Schweiz.

Teheran wuchs derart schnell nicht nur durch Zuwanderer aus Dörfern und Kleinstädten, sondern noch rascher durch die Zahl jener Kinder, die in den ohnehin übervölkerten Wohnvierteln, besonders den Slums, geboren wurden. Was der amerikanische Bevölkerungsexperte Samuel Preston in einer Studie von 1980 insgesamt als ein Charakteristikum für überlastete Ballungszentren der Dritten Welt feststellte, gilt mehr oder weniger auch für Teheran: 60 Prozent aller neuen Einwohner sind Neugeborene, und je ärmer die Wohnviertel, desto höher die Geburtenzahl. Das Bett des Elends ist fruchtbar, dieser schon seit Jahrzehnten häufig zitierte Satz trifft gerade für Teheran zu. Geschlechtsverkehr erscheint für die Ärmsten der Armen das einzige Vergnügen, das kostenlos und deshalb leicht zu haben ist. Und wo der Staat Sozialfürsorge nur unzureichend entwickelt hat oder es gar völlig an ihr fehlen lässt (ganz zu schweigen von einem Rentensystem), dort drängen besonders die Ärmeren auf eine große Zahl Kinder, von denen sie die nötige Versorgung im Alter erwarten.

Schon unter dem Schah war seit den 1960er-Jahren die Bevölkerung rascher gewachsen als in früheren Jahrzehnten. Eine bessere medizinische Versorgung bei gleichzeitig ausbleibender Sozialreform hatte – wie in vielen Ländern der Dritten Welt – einen solchen Prozess in Gang gesetzt. Damals schon waren die meisten Familien darauf bedacht, nun umso mehr Kinder zu zeugen, damit die Altersversorgung in einem möglichst zahlreichen Klan durch viele junge Arbeitskräfte besser als früher gewährleistet sei. Ein an sich logischer Gedanke. Fatal nur, wenn Millionen Menschen mit höherer Lebenserwartung als bisher so denken.

Aber erst unter dem Regime Khomeinis ist aus dem Bevölkerungsboom eine Bevölkerungslawine geworden. Die Mullahs taten am Anfang alles, um die Iraner zur Zeugung möglichst vieler Kinder zu ermutigen. Schließlich brauchte ein »starker Staat« ihrem Verständnis nach Massen an Menschen, die sich gegen die Feinde von außen mobilisieren ließen, sei es als Soldaten, sei es als »Märtyrer« (»Kanonenfutter« nennen wir es aus der mitteleuropäischen Perspektive von heute). Das Ergebnis war durchschlagend. Zählte der Iran noch Mitte der 1950er-Jahre erst 18 Millionen Einwohner, so waren es zwei Jahrzehnte später, gegen Ende der Schahregierung, an die 36 Millionen. Dann aber, in der »Islamischen Republik«, brauchte es nur noch ein einziges Jahrzehnt, um die Zahl auf 53 Millionen hochschießen zu lassen. (2017 sind es schon rund 80 Millionen Menschen). Die Wachstumsrate betrug pro Jahr 3,9 Prozent; der Iran lag mit einem solch fragwürdigen Rekord in der Spitzenkategorie der Entwicklungsländer. Gehen wir um nur ein Jahrhundert in der Geschichte des Iran zurück, so können wir erst die eigentlich maßlose Dimension des Wachstumssprungs ermessen. 1880 zählte die Bevölkerung 7,6 Millionen (1991 wies bereits die Hauptstadt Teheran um 3 Millionen Menschen mehr auf als damals das ganze Land!). 1902, im Geburtsjahr Khomeinis, war die Bevölkerung mit 9,5 Millionen registriert. Und so brauchte es nur die 87-jährige Lebenszeit dieses Revolutionsführers, damit der Iran seine Bevölkerung auf mehr als das Fünffache vermehrte.

1989, im Todesjahr Khomeinis, entschloss sich die Regierung zu einer dramatischen Kehrtwendung und ließ Mullahs in den Moscheen wie im Radio und im Fernsehen von den Segnungen der Geburtenkontrolle predigen. Sie hatte nämlich erkannt, dass das jäh ansteigende Bevölkerungswachstum jeden Ansatz zur Sozialreform gefährdete. Die Mullahs predigten damals allerdings vergeblich. Zu wundern braucht der gescheiterte Versuch einer Trendumkehr nicht. Denn Anfang der 1990er-Jahre ließ eine tiefgreifende Sozialreform nach wie vor auf sich warten. Weiterhin setzten daher gerade die ärmeren Familien auf möglichst viele Kinder als die einzige Hoffnung auf Altersversorgung.

Nach zehn Jahren »Islamischer Republik« ging es der Masse der Iraner keinesfalls besser als unter der Regierung Mohammad Reza Pahlevis. Im Gegenteil. Noch immer, so verriet eine Statistik des iranischen Finanz- und Wirtschaftsministeriums aus dem Jahr 1989 in erstaunlicher Offenheit, befanden sich 75 Prozent des Volkseinkommens in den Händen von nur 20 Prozent der Bevölkerung. 40 Prozent der Iraner konnten 1989 pro Tag nur 330 Rial ausgeben, doch so viel kostete bereits ein Kilo Kartoffeln. Die Miete für eine eher ärmliche Wohnung in Teheran entsprach bereits dem doppelten Monatseinkommen eines Arbeiters. Umso mehr waren die Einwohner gezwungen, in billige Randbezirke der Hauptstadt zu übersiedeln und täglich einen stundenlangen Arbeitsweg auf sich zu nehmen. Die Inflation betrug um die 40 Prozent.

Für ausländische Geschäftsleute war Teheran während dieser Zeit zur teuersten Stadt der Welt geworden. Die iranische Metropole rangierte nun, wollte man einen Lebensstil nach westlichem Standard pflegen, an Teuerung noch vor Tokio, ja, unter solchen Umständen gab man in Teheran doppelt so viel Geld wie in New York aus. Umso krasser die Diskrepanz zu den damals weit ausgedehnten ärmlichen Siedlungen am Südrand der Stadt.

Eine wachsende Klasse von Neureichen erregte immer mehr Neid und Ärger gerade bei den Armen und sozial Deklassierten. Neureiche kamen nun auch aus den Reihen der Mullahs und Ajatollahs selber. Zehn Jahre »Islamische Republik« genügten vielen hohen Geistlichen, die in Städten und Landbezirken Regierungsämter ausübten, zu ansehnlichem Reichtum zu gelangen, weil sie bei jeder Vergabe von Exportlizenzen und Bauaufträgen ein fettes Bakschisch kassierten.

Khomeini allerdings zeigte sich über jede Versuchung, Geld

zu raffen, erhaben; er blieb bis zu seinem Lebensende der bedürfnislos lebende, asketische Religionsgelehrte, weshalb ihn das einfache Volk umso mehr verehrte. Er hatte aber keine wirksamen Maßnahmen getroffen, um dem Machtmissbrauch Einhalt zu gebieten. Khomeini reagierte auch nicht, als sein designierter Nachfolger, Groß-Ajatollah Hossein Ali Montaseri, im Herbst 1987 sich mit einem offenen Brief an ihn, den »Imam«, wandte und sich über die gehäufte Korruption unter den Geistlichen mit folgenden Worten beklagte: »Wieso fahren manche Mullahs inzwischen die teuersten japanischen und deutschen Autos? Wieso wohnen jetzt Mullahs in Villen, die früher der Schahfamilie gehörten?« Man weiß nicht, ob Khomeini schwieg, weil er seine Macht eben auch auf diese immer reicher werdende Funktionärsschicht von Geistlichen stützte. Möglicherweise hatte er, 1987 schon durch Alter und Krankheit sichtbar gezeichnet, den Kontakt zur politischen Realität verloren.

Eine »Islamische Republik«, die angeblich allein auf göttliche Gesetze ausgerichtet ist? Wenn es derart »menschelte« wie unter der immer korrupter werdenden Führungsschicht, dann drohte eine baldige Glaubwürdigkeitskrise. Der Selbstreinigungsprozess kam unter Khomeini, diesem strengen, unbestechlichen Oberherrn, so gut wie nicht in Gang.

Khomeini – historisch eingeordnet

In der Nacht auf den Sonntag, den 4. Juni 1989, starb Khomeini im Alter von 87 Jahren in seinem Teheraner Wohnsitz an Darmkrebs.

»Die edle Seele des Führers der Muslime und freier Menschen überall«, so verkündete sein Sohn Ahmad über Rundfunk an das Volk, »Seine Exzellenz, der Imam Khomeini, ist in den Himmel aufgefahren, und sein Herz, das voll war von der Liebe zu Gott und für die Unterdrückten der Menschheit, hat aufgehört zu schlagen.«

Die Hysterie, die sich drei Tage später während des Staatsbegräbnisses bei den Volksmassen entlud, war beispiellos. An die vier Millionen Trauernde bewegten sich in der sengenden Junihitze aus Teheran und der weiteren Umgebung zum fast 30 Kilometer entfernten Märtyrerfriedhof Behescht-e Zahra, dem »Gräberfeld des Paradieses«. Ein düsteres, für Europäer kaum fassbares Bild: Wohin auch die Fernsehkameras ihr beobachtendes Auge richteten, schlugen sich schwarzgekleidete Iraner wie in Trance mit den Fäusten gegen die Brust und die Stirn; der Ruf »Allahu akbar«, »Gott ist am größten«, »Nichts geht über Gott«, brandete ständig aus der Menge. Als der Sarg auf dem Friedhof aus dem Hubschrauber gehoben wurde, gab es bei den Menschen kein Halten mehr, sie drängten nach vorne, rissen die Sperren nieder, jeder wollte das Leichentuch zu fassen bekommen, von dem die heilende Kraft des »Großen Imam« ausgehen sollte. Im Gedränge brach der Sarg auseinander, der Leichnam stürzte zu Boden und konnte, nachdem Wächter der Revolutionsgarde aus ihren Maschinenpistolen Warnschüsse abgegeben hatten, mit Mühe wieder im Hubschrauber geborgen und zurück ins Kühlhaus geflogen werden. Dutzende von Toten, zertrampelte, vom Hitzschlag getroffene, von der Erregung überwältigte Menschen soll die Massenhysterie gefordert haben, dazu an die 11 000 (!) Verletzte, so berichteten iranische Zeitungen am Tag nach dem Begräbnis.

Eine Hysterie, deren Nachwirkungen bald verblassen würden?

Am ersten Jahrestag von Khomeinis Tod, am 4. Juni 1990, versammelten sich um das inzwischen prachtvoll gebaute Mausoleum in Sichtweite des Märtyrerfriedhofs schätzungsweise acht Millionen (!) Trauernde zum Gedenken (wenn man den Nachrichten glauben darf) – fast so viele Menschen, wie damals Teheran Einwohner zählte, mehr als Österreich Einwohner hat.

Das ist ein Signal. Wir dürfen Khomeini nicht nur aus der

Distanz westlicher Beobachter, mit den Maßstäben unseres ganz anders gearteten kulturellen Hintergrunds bewerten. Wir müssen auf das Bewusstsein jener Millionen Iraner achten, die teilweise schon seit Generationen in übervölkerten Großstadtwohnvierteln, in Slums und verfallenden Dörfern leben – sie alle unter dem Druck wachsender Verelendung aus ihrem traditionellen Ordnungssystem herausgerissen. Diese Millionen, direkt oder indirekt vom Sog der Entwurzelung bedroht, hatten unter der Regierung der Pahlevi-Schahs teilweise mehr verloren als die gewohnte Sicherheit fest verankerter, bisher meist unreflektiert gelebter Normen – sie hatten auch ihr Selbstbewusstsein verloren. Umso mehr war bei ihnen die Sehnsucht nach einem Führer, einem Erlöser mit politischer wie religiöser Ausstrahlung gewachsen, der ihnen erneut Halt wie Selbstbewusstsein bieten sollte. Khomeini habe ihnen die Würde wiedergegeben, so war (und ist) übereinstimmend von vielen dieser »Entrechteten« zu hören.

Khomeini hat Slumbewohner wie verelendete Bauern, so scheint es, vom Minderwertigkeitskomplex befreit, ständig nur zu den verachteten Randgruppen, zu den ewigen Verlierern gezählt zu werden. Khomeini hat ja stets vor ihnen seine rhetorische Verbeugung gemacht. Etwa, wenn er, wie bereits zitiert, sagte: »... die erhabene islamische Revolution ist den Mühen dieser Schicht, den Beraubten, den Slum- und Ghettobewohnern zu Dank verpflichtet. Sie waren es, die diese Bewegung auf ihren Höhepunkt führten.«

Welch ein Kontrast zum Schah: Von dessen Regierung fühlten sich die Entwurzelten in ihrer Orientierungslosigkeit alleingelassen, übergangen, als bloße Versager eingestuft, die nun mal als unvermeidbare Opfer des Fortschritts unter die Räder kamen. Khomeini schaffte es zwar ebensowenig wie der Schah, den sozial Deklassierten ihr Los zu verbessern, wohl aber hat er sie spirituell enorm aufgewertet, er hat sie unter die eifrigsten, die besten Muslime eingereiht, er hat sie, die Habenichtse, zu den wertvollsten Wegbereitern einer besseren Zukunft erklärt. Mehr noch: Er hat ihnen das Gefühl gegeben, mit ihrer Glaubenskraft und ihrem Opfermut sogar dem gefürchteten, gehassten und insgeheim bewunderten Westen überlegen zu sein. Die Macht der Barfüßigen und Zerlumpten gegen all die hochentwickelte Technik und geballte Wirtschaftsmacht ausländischer Imperialisten! Je stärker der Glaube der Armen und Ausgebeuteten, desto eindrucksvoller würde am Ende der Sieg über die »nur materielle« Macht des Gegners sein!

Wie hohl und fragwürdig eine solche Perspektive aus unserer Sicht auch sein mag – eine derartige Zielgebung hat die Massen angefeuert. Nicht nur Iraner, sondern auch sozial Benachteiligte anderer islamischer Länder, nicht nur Schiiten, auch Sunniten ließen sich von diesen Parolen mitreißen.

Eine beängstigende Parallele finden wir nur wenige Jahre später bei einer anderen Erschütterung im Nahen Osten. Nun war es der irakische Diktator Saddam Hussein, der sich demagogisch mit Pathos an die »entrechteten und erniedrigten« Palästinenser wandte und als ihr Vorkämpfer auftrat. Er wurde – wenigstens einige Monate lang, von Mitte 1990 bis Anfang 1991 – zum umjubelten Führer dadurch, dass er unerschrocken gegen die Großmacht USA den »Heiligen Krieg« ausrief und erklärte: Was dem Irak an High-Tech der Waffen fehle, werde er durch überlegene Glaubensstärke und Kampfmoral seiner Soldaten mehr als wettmachen. Auch von ihm hieß es dann, er habe den Muslimen ihre Würde, ihren Stolz wiedergegeben, er habe sie (und so kommentierten es weniger schmeichelhaft westliche Journalisten) von dem tiefsitzenden Komplex befreit, gegenüber dem Westen nur die ewigen Verlierer zu sein. Die Illusion ist kurz gewesen, wir wissen es längst, Saddam Husseins Politik hat wesentlich dazu beigetragen, den Nahen Osten in die Katastrophe zu treiben – mit nachhaltigen Auswirkungen bis heute.

Zu denken geben muss über die Paradebeispiele Khomeini

und Saddam Hussein hinaus, dass sich ein derartiger Mechanismus im islamischen Orient immer wieder – bei wechselnder Führerfigur – in Gang setzen lässt. Radikaler könnte die Kulturkrise für Muslime nicht zutage treten, die zugleich auch eine Selbstbewusstseinskrise ist. Im Kollektivbewusstsein unbewältigt erscheint noch immer der Schock, die einstige Führungsrolle in der Kultur wie in der Politik an das rivalisierende Abendland verloren zu haben. Zweifellos hat von allen »Volksführern« während der 1980er-Jahre Khomeini am besten den Ton getroffen, um frustrierte Volksmassen mit einem aufputschenden Gegenmittel von diesem Schock abzulenken und ihnen, einer Droge gleich, das Gefühl trügerischer Stärke zu vermitteln. Gerade das mag seinen durchschlagenden Erfolg bei sozial Deklassierten und Gedemütigten erklären.

Der Schock, den abendländische Moderne und Überlegenheit auszulösen vermögen, bedeutet aber auch für so manchen muslimischen Intellektuellen ein unlösbares Problem. Daher braucht es nicht zu wundern, dass das Phänomen Khomeini eine Faszination selbst auf gebildete, nachdenkliche Muslime ausübte. Sogar einige von ihnen, die dem Fundamentalismus grundsätzlich nichts abgewinnen konnten, fanden vorsichtige, einschränkende Worte der Anerkennung. Dies konnte ich zu meiner Verblüffung in den 1990er-Jahren bei Gesprächen in den verschiedensten Ländern, von Marokko bis Indien, immer wieder feststellen.

Intellektuelle Kritiker, Schiiten wie Sunniten, sofern sie gläubige Muslime sind, stuften Khomeini zwar in seiner Auslegung heiliger Schriften als einseitig, ja als zu eng ein, aber sie betonten gleichzeitig: Khomeini sei trotzdem ein ernstzunehmender Koranexperte gewesen – und das werde im Westen nur allzuoft unterschätzt. Um seine Thesen auf der Grundlage des Glaubens zu erschüttern, sei viel Kenntnis notwendig gewesen, erst recht, sie zu widerlegen. Und gerade deshalb habe er es, mit seiner volkstümlich packenden Sprache, geschafft, massenwirksame Bewegung in das erstarrte Geistesleben des Islam zu bringen. Khomeini habe die Muslime in aller Welt erfolgreich provoziert, endlich grundsätzlich über ihre Religion nachzudenken, auszubrechen aus dem dumpfen Gewohnheitstrott und klar in Für und Wider Stellung zu beziehen. Gläubige seien in großer Zahl aufgerüttelt worden, Ernst zu machen mit der zuvor nur vage geäußerten Forderung, man solle sich nicht nur ökonomisch und politisch, sondern auch kulturell von unkritischer Anpassung an den Westen lösen. Khomeini habe es immerhin wie kaum sonst ein politischer Führer fertiggebracht, dem Westen die Stirn zu bieten. Wenn er hierbei auch viele Fehler gemacht habe, so habe er doch andere ermutigt, das gleiche Ziel mit viel differenzierterem Denken anzustreben. Khomeini stehe am Anfang einer epochalen Neuorientierung nicht nur des Iran, sondern der ganzen islamischen Welt.

Männer, die ich in den 1990er-Jahren so sprechen hörte, konnten teilweise mit guten Kenntnissen aus der europäischen Geschichte aufwarten. Besonders während der ersten Jahre, als Khomeinis »Islamische Republik« noch von revolutionären Unruhen erschüttert wurde, sind Vergleiche wie der folgende geäußert worden: Zwar fließe gegenwärtig viel Blut im Iran, aber das sei doch während der Französischen Revolution auch nicht anders gewesen. Niemand könne leugnen, dass die Revolution von 1789 eine neue, zukunftsweisende Epoche eingeleitet habe.

Khomeini hat sich in all seiner Widersprüchlichkeit dauerhaft in das Gedächtnis der Muslime, ja, der Welt eingegraben. Dies ganz im Gegensatz zu seinem Widersacher im Nachbarstaat, Saddam Hussein. Der Diktator von Bagdad bot mit seinem Auftreten nur eine flüchtige Episode, erschreckend zwar in der Zerstörungswut, belanglos aber in der geistigen Substanz. Saddam Hussein war in seiner Ideologie zu oberflächlich, zu sprunghaft: So schlüpfte er in die Rolle des glühenden Nationalisten und verspottete die Fundamentalisten als rückständig, solange sie ihm hinderlich waren; er wechselte aber sofort die Rhetorik und fing in aller Öffentlichkeit zu frömmeln an, als er sich auf die politische Hilfe radikal-orthodoxer Muslime angewiesen sah. Saddam Hussein identifizierte sich mit keiner Ideologie, er benutzte Ideologien austauschbar, sein einzig unverrückbares Ziel blieb die Macht, die ganze Macht. In diesem Sinn war Saddam Hussein sehr »modern«, dem machiavellistischen Typ eines westlichen Politikers näher als dem eines islamischen Glaubenskämpfers, für den er sich zuletzt im Golfkrieg von 1991 ausgab. Umso weniger konnte er, der wendige, letztlich prinzipienlose Gewaltmensch, dauerhaft von den Volksmassen als ein überzeugendes Vorbild verehrt werden.

Aus unserer westlichen Sicht neigen wir zu dem Urteil – und auch muslimische Kritiker äußern sich teilweise ähnlich –, Khomeini sei ein gerissener Taktiker gewesen und habe sich nur religiöser Phrasen bedient, um zur Macht zu gelangen. Ein Machtmensch im Gewand des Klerikers also. Mir scheint es genau umgekehrt: Als zutiefst religiöser Mensch glaubte Khomeini, nach der Macht greifen zu müssen, um religiöse Gesetze gegen den Widerstand einer irrenden Mehrheit durchzusetzen. Ideologische Schwenks und Kehrtwendungen, wie sie Saddam Hussein ständig vollzog, sind Khomeini zeitlebens fremd geblieben; unbeugsam hielt er an seinen Prinzipien fest, auch auf die Gefahr hin, von seinen anfangs überlegenen Gegnern, dem Schah-Regime, getötet zu werden. Märtyrer zu sein bedeutete ja seiner innersten Überzeugung nach keine Niederlage, sondern – getreu in der Nachfolge des Prophetenenkels Hussein – Sieg auf andere Weise. Entlarvten sich bei Saddam Hussein alle Bekenntnisse als bloß taktisches Kalkül, so glaubte Khomeini an das, was er sagte – und dies mit furchterregender Konsequenz.

Die Unterschiede zwischen beiden Despoten zeigten sich schon im Lebensstil. Obwohl Khomeini mit einer vermögenden Frau verheiratet war und ihm seine spätere Machtstellung zusätzlich alle Quellen der Bereicherung eröffnet hätte, wohnte er weiterhin spartanisch einfach, verzichtete er auf jeden persönlichen Luxus. Wenn er von sich sagte, Vorkämpfer für die sozial Entrechteten zu sein, so konnte er immerhin nicht der Heuchelei bezichtigt werden wie der »Sozialrevolutionär« Saddam Hussein: Dieser hatte schließlich Milliardensummen von den Erdöleinnahmen des Irak abgezweigt und auf private Bankkonten im vielgeschmähten imperialistischen Ausland verschoben. Umso überzeugender repräsentierte Khomeini den materiell bedürfnislosen Imam, der abgeschieden von allen politischen Niederungen über die großen Fragen einer religiös geprägten Gesellschaftsordnung nachdachte und nur, wenn nötig, durch sein klärendes Urteil in das Alltagsgeschehen eingriff. Umso überzeugender erschien er auch abgehoben von aller Tyrannei und Willkür, die die Revolutionsgarden in seinem Namen ausübten. So konnte bei vielen Iranern der Eindruck entstehen, Khomeini selber habe – anders als Saddam Hussein im Irak – mit den negativen Folgeerscheinungen seines Regimes wenig oder gar nichts zu tun, das Schlechte müsse man hauptsächlich fehlgeleiteten Parteigängern anlasten. Ähnlich hatten einst Stalinisten über ihr Idol Stalin geurteilt.

Dass dieser Ajatollah ein waches Gespür für Propaganda und politische Massenbetörung besaß, hat er allerdings zur Genüge bewiesen. Doch wenn man ihm auch unterstellen mag, er habe die Rolle des materiell bedürfnislosen, streng idealistischen Revolutionärs nur vollendet gespielt, so kann man in seiner ganzen Politikerlaufbahn keine andere Rolle entdecken als diese, und das bedeutet dann eben doch Identifikation. Auch der Terror, den er zweifelsohne selber angeordnet hat, stand aus seiner Sicht nicht im Gegensatz zum idealistischen Revolutionär. Khomeini war Überzeugungstäter, und als solcher hat er nie Skrupel gezeigt, Widerstrebende auf dem Altar seiner Ideen zu opfern. Aber: Ihm fehlte der Zynismus jener Diktatoren, die die Macht als Selbstzweck genießen, daher ist er nicht mit Saddam Hussein zu vergleichen. Ein derartiger Vergleich, oft genug geäußert, zielt am Kern von Khomeinis Terror vorbei. Khomeini blieb bei allem Blutvergießen einer jener fragwürdigen Weltverbesserer, die sich berufen fühlen, ihre Zeitgenossen notfalls mit unnachsichtiger Härte auf den von ihnen erkannten Pfad der Tugend zu führen. Dies erinnert an den nicht minder großen Fanatiker der Französischen Revolution: Robbespierre.

Die treffendste Parallele zu Khomeini in der abendländischen Geschichte finden wir allerdings – und dies ist naheliegend – im Mittelalter. Khomeini ähnelt im Ansatz dem unerbittlichen Bußprediger Savonarola, der Ende des 15. Jahrhunderts das Fürstentum Florenz mit revolutionärer Gewalt zu einem Gottesstaat umfunktionierte und, die Volksmassen mitreißend, seinen Bannfluch gegen »sittenlose«, »ungläubige« Politiker, Geschäftsleute und Geistliche schleuderte. Der Asket von Florenz wie der Asket von Ghom handelten gleichermaßen in dem Bewusstsein, am Beginn eines radikalen Zeitumbruchs zu leben – der Endzeit vor der entscheidenden Stunde der Erlösung: Savonarola sah die Wiederkunft Christi unmittelbar bevorstehen, Khomeini die Wiederkunft des Mahdi, des zwölften Imam. Beide versuchten sie in dieser letzten Phase, die bedrohten Werte eines betont religiös geprägten Zeitalters gegen den Vormarsch einer weltlichen Moderne, gegen einen immer stärkeren Pluralismus von Wertvorstellungen zu retten. Beide wollten sie durch ihr Bemühen dem nahenden Erlöser in ihrem eigenen politischen Wirkungskreis bereits die »gereinigte« Welt präsentieren. Beide schreckten sie bei der »Reinigung« nicht vor Blutvergießen zurück. Durch Khomeinis Willen sind allerdings um viele Tausende mehr »Fehlgeleitete« umgekommen als unter Savonarola, Khomeini besaß die größere Macht.

Aus der historischen Distanz betrachtet, fällt uns heute das

Urteil leicht, Savonarolas Nachwirkung sei zu einer Fußnote in der Weltgeschichte verkümmert. Der Regent des christlichen Gottesstaates von Florenz hat die Moderne nicht aufhalten können. Aber auch Khomeini vermochte keine nachhaltige Alternative zu den von ihm beklagten Fehlentwicklungen der Moderne zu entwickeln. Im Gegenteil: Er selber repräsentierte mit seinem Verhalten nur eine neue Variante der Religions- und Kulturkrise.

Trotzdem unterscheidet sich die theokratische Regierung des Iran in ihrer Struktur qualitativ erheblich von der in Saudi-Arabien und den Golf-Scheichtümern. Im Iran fächert sich die islamistische Bewegung in eine Vielzahl sehr unterschiedlicher geistiger Strömungen auf, und dies liegt daran, dass der Widerstand gegen das Schah-Regime von vornherein auf einer sehr differenzierten islamischen Kultur fußte. Daher verfiel die »Islamische Republik Iran« nach Khomeinis Tod nicht in ideologische Erstarrung – im Gegenteil: Angehörige einer wachsenden Bildungsschicht, unter ihnen entschiedene Parteigänger eines politischen Islam, ja auch etliche prominente Weggefährten Khomeinis, entwickelten eigene Gedanken, um ideologische Vorgaben des verstorbenen Revolutionsführers neu zu interpretieren, ja, zu hinterfragen und angesichts wachsender Krisen den veränderten Bedingungen anzupassen.

Unter umso größerer politischer und geistiger Spannung verlief die Entwicklung in den folgenden Jahrzehnten.

2. Politische und kulturelle Umbrüche nach Khomeinis Tod

Montaseri und Khamenei – die Konflikte bei der Nachfolge des Imam

Wer sollte nach Khomeinis Tod im Amt des Imam, des *Wali-Fakih,* des religiös-politischen Führers, nachfolgen? Diese Frage stand schon Mitte der 1980er-Jahre im Mittelpunkt der Diskussionen. Um die Nachfolge des greisen und kränkelnden Staatsoberhaupts möglichst ohne große Konflikte in die Wege zu leiten, trat schon 1985 der dafür zuständige Expertenrat zusammen, das Gremium von 86 hochrangigen Theologen und Korangelehrten.

Die Wahl endete wie erwartet, das Gremium hatte Hossein Ali Montaseri ausersehen. Khomeini selber hatte den entscheidenden Wink gegeben, es war eine Wahl ganz in seinem Sinn. Denn Montaseri gehörte zu den wenigen Geistlichen im Iran, die den Titel eines *Ajatollahal-uzma,* eines »Groß-Ajatollah«, hatten erwerben können (ihre Zahl schwankt zwischen sechs und zwölf). Und was noch wichtiger war: Montaseri war der einzige unter den ranghöchsten Klerikern, der Khomeini persönlich nahestand.

Montaseri, 1922 geboren, hatte zunächst in Isfahan und dann in Ghom studiert, wo er Schüler von Khomeini gewesen war. Er wurde dort bereits zu einem der engsten Mitarbeiter des prominenten Ajatollah und teilte voll und ganz dessen Ansicht, dass die »Islamische Republik Iran« allein durch einen ranghohen Geistlichen geführt werden könne, weltliche Politiker könnten dagegen nur untergeordnete Positionen einnehmen. Montaseri hatte wegen seiner religiös-politischen Äußerungen unter der Schah-Regierung mehrere Jahre im Gefängnis verbracht, zuletzt kurz vor dem Sieg der »Islamischen Revolution«. Khomeini berief ihn 1979 in den Expertenrat. Einer weiteren Karriere stand nichts mehr im Weg. Als am 9. September jenes Jahres Ajatollah Taleghani, der damalige Vorsitzende des Expertenrats starb, wählten die Mitglieder Montaseri zum neuen Präsidenten. Ein treuer Gefolgsmann Khomeinis übernahm damit an Stelle des regimekritischen, politisch unbequem gewordenen Taleghani die Leitung des überaus einflussreichen Gremiums.

Montaseri erwies in seiner neuen Machtfülle Khomeini drei Jahre später einen wichtigen Dienst: Er befürwortete 1982, dass Schariat-Madari, der schärfste und politisch gefährlichste Kritiker Khomeinis, wegen angeblicher Verschwörung den Titel des Groß-Ajatollah verlor und in die Verbannung nach Täbris geschickt wurde. Indem er als mächtiger Führer des Expertenrats seine Zustimmung zu diesem Urteil gab, trug Montaseri erheblich dazu bei, Khomeinis Macht weiter zu stabilisieren. Und er nützte damit auch seinem eigenen Aufstieg. 1985 wählte ihn der Expertenrat zum Nachfolger des Revolutionsführers.

Am 28. März 1989 aber, wenige Monate vor Khomeinis Tod, verzichtete Montaseri »freiwillig« auf die Nachfolge, indem er bekanntgab, sich nach Ghom zurückzuziehen und dort nur noch religiöse Studien zu pflegen. Nicht ganz freiwillig, wie für jeden politischen Beobachter klar war. Denn das designierte Staatsoberhaupt hatte es gewagt, am Sinn der Massenhinrichtungen politischer Gegner zu zweifeln. Dabei hatte Revolutionsführer Khomeini im Sommer 1988 selbst in zwei religiösen Rechtsgutachten die Hinrichtung von 4000 politischen Gefangenen angeordnet – eine Meldung, die durch die internationalen Medien ging. Khomeini zögerte allerdings, einen so bedeutenden Gefolgsmann wie Montaseri zu stürzen. Aber der Druck von den Gegnern des designierten Nachfolgers war zu groß. Was Montaseri bei einer ganzen Reihe politisch etablierter Ajatollahs und Mullahs besonders verhasst gemacht hatte, war seine (bereits erwähnte) Kritik an der Korruption. Der Sturz dieses Mannes signalisierte, wie wenig viele maßgebende Geistliche zu einer durchgreifenden Erneuerung bereit waren.

In der Nacht, als Montaseri die Macht verlor, habe der »Imam« mehrmals geweint, verkündete später Khomeinis Sohn Ahmad. Der »Imam« hatte allen Grund zum Weinen. Nicht nur, weil hier eine langjährige Freundschaft durch einen Machtkonflikt zerbrach. Mit Montaseri verschwand der einzige Groß-Ajatollah von der politischen Bühne, der grundsätzlich Khomeinis religiös-politische Konzeption bejahte.

Und damit war jenes Konzept ins Wanken gebracht, das Khomeini ein wesentliches Anliegen bedeutete: Der religiös-politische Führer der »Islamischen Republik Iran« sollte möglichst aus dem ranghöchsten Klerus hervorgehen. Keiner der verbleibenden Groß-Ajatollahs hätte nach strikt fundamentalistischen Maßstäben das Vertrauen der Führungsclique rund um Khomeini gewinnen können, denn selbst die konservativsten unter ihnen standen im Verdacht, Khomeinis Staatsmodell mit Distanz zu beurteilen. Alle kritisierten sie, dass sich Khomeini durch die Verfassung zum »Stellvertreter des Verborgenen Imam« und damit zu einer unantastbaren geistlichen Autorität habe erklären lassen. Eine solche Führung durfte ihrer Meinung nach erst ausgerufen werden, wenn der Mahdi selber als der unantastbare Regent, als der verheißene »Herr aller Zeiten«, den Gläubigen erscheine. Diese Spannung zwischen dem hohen Klerus und der theokratischen Regierung sollte sich nicht verringern – vor allem, weil sich Groß-Ajatollah Montaseri nicht auf Dauer von der politischen Bühne verdrängen ließ. Doch davon später.

Wer sollte nun Nachfolger im Amt des religiös-politischen Führers werden? Khomeinis Sohn Ahmad kam für die Nachfolge von vornherein nicht in Frage. Eine erste Hürde bedeutete die Tatsache, dass er als Geistlicher nicht den Titel des Ajatollah (»Zeichen Allahs«) erreicht hatte, sondern in der Mullah-Hierarchie eine Stufe tiefer mit dem Titel *Hodschat-al-Islam* (»Autorität des Islam«) stehengeblieben war. Schwerer aber wog, dass Sohn Ahmad nichts von den Führungsqualitäten, nichts vom politischen Gespür seines Vaters mitbekommen hatte, er war und blieb eben als Sohn des »Großen Imam«, nicht als Persönlichkeit mit eigenem Profil respektiert.

Wer aber sollte dann die Nachfolge antreten?

Schon einen Tag nach Khomeinis Tod trat der Expertenrat zusammen und wählte mit dem 48-jährigen Ali Khamenei einen Mann in das Amt des religiösen Führers, der acht Jahre lang Staatspräsident gewesen war – der dritte Staatspräsident, nachdem Banisadr 1981 gestürzt worden war und dessen Nachfolger Ali Radschai schon einen Monat nach seinem Amtsantritt bei einem Bombenattentat ums Leben gekommen war. Die Wahl ins höchste religiös-politische Amt ging rasch vonstatten, und das lässt den Schluss zu, dass Khomeini selbst noch diesen Nachfolger »empfohlen« hatte.

Ali Khamenei, 1939 als Sohn eines Geistlichen in Mesched, der bedeutendsten Pilgerstadt des Iran, geboren, entsprach allerdings nur bedingt den strengen Auswahlkriterien für das Amt. Denn Khamenei bekleidete wie der Sohn Khomeinis lediglich den Titel eines Hodschat-al-Islam – ein Makel, den die Wahlversammlung sofort korrigierte, indem sie dem neuen religiös-politischen Führer der »Islamischen Republik Iran« den Rang eines Ajatollah verlieh. Seine sonstigen Qualitäten: Er, der in Ghom als Schüler Khomeinis studiert hatte, unter dem Schah-Regime sechsmal inhaftiert war und im Gefängnis gefoltert wurde, galt als bedingungsloser Gefolgsmann Khomeinis. Khamenei schien damit am ehesten geeignet, das politische Erbe des »Großen Imam« gegen alle liberalen Abweichungen zu bewahren.

Rafsandschani, der wendige Pragmatiker

Noch einschneidender für die politische Zukunft der »Islamischen Republik« sollte die Wahl des neuen Staatspräsidenten werden. Aussichtsreichster Anwärter war der bisherige Parlamentspräsident Ali-Akbar Haschemi Rafsandschani, 55 Jahre alt. Auch er hatte in der Mullah-Hierarchie nicht den Titel eines Ajatollah, sondern nur den eines Hodschat-al-Islam erreicht. Aber er war ein wendiger, tatkräftiger, nüchtern auf die Praxis hin orientierter Politiker, der geschickt zwischen dem gemäßigten und dem radikalen Flügel der Khomeinisten zu taktieren verstand. Damit erwies er sich noch am ehesten als Garant, die explosive Spannung zwischen den ideologischen Fronten wie auch die verschärfte soziale Krise zu meistern.

Eine Probe seines taktischen Geschicks bot Rafsandschani sofort mit dem geglückten Versuch, beim Parlament durchzusetzen, dass das Amt des Staatspräsidenten mit dem des Ministerpräsidenten vereint werde – und damit konnte er, kaum ins neue Amt gehoben, unangefochtener als die Vorgänger Sachfragen der Politik angehen. Abhängig blieb er allerdings vom Schiedsgericht des religiösen Führers und dessen »Islamischem Wächterrat«, so dass es für die kommenden Jahre viel taktischen Geschicks bedurfte, um Kritik aus radikal-fundamentalistischen Reihen abzufangen.

Offiziell hatte sich an der Verfassung der »Islamischen Republik«, wie sie von Khomeini ins Leben gerufen worden war, nichts geändert. Ganz nach dem Willen des »Großen Imam« blieben sämtliche Schaltstellen der Macht mit Geistlichen besetzt, blieben zivile Fachleute der Politik und Verwaltung von allen bedeutsamen Entscheidungen ausgeschlossen.

Trotzdem hatten sich die Gewichte seit Khomeinis Tod entscheidend verschoben. Nun war der hohe Klerus endgültig aus der Politik verschwunden und nur noch in Moscheen wie geistlichen Hochschulen präsent. Es regierte der mittlere Klerus.

Aber noch bedeutender wurde die andere Verschiebung: Indem die Funktionen des Staatspräsidenten und des Ministerpräsidenten in einem Amt vereinigt waren, hatte die religiöse Führung um Ali Khamenei ein größeres politisches Gegengewicht bekommen. Viele der zukünftigen Konflikte der »Islamischen Republik« sollten sich an dieser neuen Situation entzünden. Ein erstes Beispiel bot bereits Rafsandschani.

Rafsandschani, 1934 als Sohn eines wohlhabenden Pistazienbauern in der ostiranischen Stadt Rafsandjan nahe Kerman geboren, war von seiner ganzen Mentalität her mehr auf die praktischen Belange von Politik und Wirtschaft konzentriert als auf religiös-dogmatische Fragen. Er hatte zwar schon als Vierzehnjähriger bei Khomeini in Ghom das Studium des geistlichen Rechts begonnen, hatte sich früh als islamischer Aktivist gegen die »gottlose« Schah-Regierung betätigt und war deshalb mehrmals im Gefängnis gewesen. Aber während seines Aufstiegs in Khomeinis Umgebung hatte er stets auch umsichtig für weltliche Bedürfnisse gesorgt. In Teheran war er etliche Jahre erfolgreich als Immobilienmakler tätig gewesen, mit dem gleichen Geschäftssinn vergrößerte er den ererbten Landbesitz. Nachdem er 1981 als treuer politischer Weggefährte Khomeinis zum Parlamentspräsidenten aufgerückt war, konnte er nun bedeutsame Kontakte knüpfen, um zum reichsten Großgrundbesitzer von Pistazienhainen im ganzen Iran zu werden. Zur weiteren Absicherung der Macht schleuste er seine Brüder in politisch einflussreiche Ämter.

Dem neuen Staats- und Regierungspräsidenten eilte der Ruf voraus, ein Pragmatiker zu sein. Dieses Image wäre zu Lebzeiten Khomeinis noch ein Hindernis gewesen, um eine steile Karriere bis an die Regierungsspitze anzustreben. Aber je krasser sich die wirtschaftliche Lage im Iran zuspitzte – die Inflation war 1989 auf über 40 Prozent, 1991 schließlich auf 60 Prozent angestiegen, die Großstadtslums wuchsen weiterhin bedrohlich unter dem Zustrom arbeitsuchender, hungernder Bauern –, desto eher standen die Zeichen günstig für einen Regierungschef mit den Fähigkeiten Rafsandschanis. Keiner war im Volk so beliebt wie er; zu seinen Freitagspredigten strömten regelmäßig Hunderttausende von Menschen. Er verstand in volkstümlichem Stil seine politischen Leitlinien zu verkünden, wobei er geschickt mit revolutionären Parolen die Radikalen bediente und mit versöhnlichen Appellen sich an die Gemäßigten wandte. Gerade seine Wendigkeit und Popularität gestatteten ihm, gegen den Widerstand der Radikalen nüchtern und rational, jenseits aller fundamentalistischen Ideologismen, die drängenden Wirtschaftsprobleme anzugehen.

Mehr als jeder andere in der Regierungsriege hatte Rafsandschani begriffen, dass sich mit steigenden Erdöleinnahmen allein der Aufschwung nicht finanzieren ließ. Mehr als allen anderen war ihm auch klar, dass das Land, nur auf die eigenen Führungskräfte in Wirtschaft und Verwaltung gestützt, die Misere nicht bewältigen konnte. Und so setzte er 1990 erste vorsichtige Schritte, um den Iran nach langer selbstgewählter Isolation wieder dem Ausland zu öffnen. Das dann auffälligste Signal war seine Haltung im Golfkrieg von 1991. Es war jener Krieg, in dem die USA gegen Saddam Hussein kämpften, nachdem der irakische Diktator das Emirat Kuwait überfallen und seinem Herrschaftsgebiet eingegliedert hatte. Rafsandschani unternahm zwar nichts dagegen, wenn radikale Mullahs forderten, der Iran solle an der Seite der Iraker gegen die »ungläubigen« Amerikaner kämpfen. Aber seine Regierung hielt strikt an der Neutralität fest und bot sich sogar als Vermittler zwischen dem Irak und den Alliierten unter Führung der USA an. Was Radikale nun weiterhin an Parolen mit aufputschenden Reden in den Moscheen oder den Medien verbreiteten, verblasste zu rhetorischem Theaterdonner angesichts der tatsächlichen Richtlinien der iranischen Politik.

Hinter allem vorsichtigen Taktieren kristallisierte sich immer klarer das eigentliche Ziel heraus: Rafsandschani wollte den Iran auf dem internationalen Parkett wieder salonfähig machen – besonders in Richtung Westen. Anders als Khomeini sprach er von Marktwirtschaft; anders als Khomeini versuchte er, Firmen aus westlichen und ostasiatischen Industriestaaten zu Joint-Venture-Projekten ins Land zu holen; anders als Khomeini (und hier verstieß er in der Tat gegen eine geheiligte Regel des »Großen Imam«) gab er zu erkennen, dass er auf dem westlichen Kapitalmarkt Geld borgen wolle. »Satan Amerika«, dieses von den Radikalen noch immer häufig gebrauchte Schimpfwort, vermied Rafsandschani möglichst. Dagegen bemühte er sich, die vor der islamischen Regierung geflohenen iranischen Fachkräfte, Techniker, Ärzte, Lehrer, Wissenschaftler und Geschäftsleute wieder ins Land zurückzuholen.

Um aber für westliche Firmen wie für die Exil-Iraner wieder attraktiv zu werden, musste Rafsandschani mehr als nur rhetorische Zeichen setzen. Er musste im eigenen Land beginnen, ein liberaleres Klima zu schaffen. So lockerte er, wenn auch kaum durchgreifend, die Zensur und ließ dem Volk mehr Freiraum für seine kulturellen Bedürfnisse. Duldete die Regierung schon während der letzten Lebensjahre Khomeinis stillschweigend, dass die Iraner in ihren Wohnungen Musik hörten, ohne die Polizei fürchten zu müssen, so gab Rafsandschani offiziell die Erlaubnis für diesen als »unislamisch« verpönten Genuss (wenn er auch weiterhin darauf bestand, dass Musik in aller Zurückgezogenheit gehört wurde). Auch ließ er, sehr zum Missfallen der Radikal-Orthodoxen, in Freitagspredigten verlauten, es wäre besser, die »zu strengen« Vorschriften in der Beziehung von Mann und Frau zu lockern. Auch ließ er es ohne Tadel geschehen, dass sich die Iraner mit persischer Geschichte aus vorislamischer Zeit beschäftigten.

»Normalisierung«, dies war ein Schlagwort, mit dem der pragmatisch denkende Rafsandschani gegenüber dem Westen zu operieren anfing. Tatsächlich aber hatten die Iraner entgegen allen Beteuerung ihres Staatspräsidenten Anfang der 1990er-Jahre teilweise immer noch mit drakonischen Strafen zu rechnen – Peitschenhiebe für Frauen, die es mit der Körperverhüllung nicht ganz so genau nahmen, wie es besonders strenge Sittenwächter für richtig hielten; Gefängnis für jene, die »anstößige« Bücher lasen, was auch immer die Richter unter dem Begriff des Unerlaubten summieren mochten; längere Haft und Folter erst recht für jene, die in den Verdacht gerieten, geheime Opposition zu treiben. Gefürchtet blieb vor allem die Revolutionsgarde der Pasdaran, sie war weiterhin ungehindert in Gruppen unterwegs, um jederzeit, nahezu überfallartig, »Feinde des Islam« dingfest zu machen.

Rafsandschani konnte eine Normalisierung nicht vorantreiben, solange die Garde unabhängig von seiner Befehlsgewalt operierte. Ursprünglich begriffen sich ja die Pasdaran – von Khomeini als eine Sondertruppe zum »Schutz der Revolution« außerhalb der Armee- und Polizeieinheiten geschaffen – nur als eine dem Imam ergebene Leibgarde. Zu Recht fürchteten nun die Gemäßigten seit Khomeinis Tod, die so stark gewordene Truppe könnte eine unentbehrliche Schutzmacht gerade für den radikalen Parteiflügel werden. Anzeichen für ein Nahverhältnis der Pasdaran zu den Radikalen gab es genug. Rafsandschani sah sich wachsendem Druck ausgesetzt, als Ali Khamenei, der religiös-politische Führer und Khomeinis Nachfolger, 1990 zum Flügel der Radikal-Orthodoxen überschwenkte. Khamenei gestattete es Rafsandschani nicht, die Pasdaran regulären Armee- oder Polizeieinheiten einzugliedern. Weiterhin waren so die Pasdaran im wörtlichen Sinn als »Wächter der Revolution« zu verstehen – eine nur von Khamenei abhängige Gruppierung, eine mögliche Keule in der Hand der Radikalen gegenüber den Gemäßigten. Ohne feste Kontrolle über die Pasdaran konnte Rafsandschani den Kurs des Regimes nicht grundsätzlich neu bestimmen.

Die Pasdaran, überwiegend aus dem Lumpenproletariat der

Teheraner Slums rekrutiert, sahen keinen Vorteil darin, westliche Industriekonzerne zur Zusammenarbeit ins Land zu holen. Denn bisher, so zeigten die Erfahrungen gerade der sozial Benachteiligten, hatten solche Prozesse nur einigen wenigen Reichen genutzt. Eine Annäherung an den Westen konnte diese Entwicklung sogar verstärken. Rafsandschani selber gehörte zu jenen, die sich durch Ausnutzung aller gebotenen Vorteile bereichert hatten und sich durch verbesserte Handelskontakte mit dem Westen noch weitere Vorteile erhofften.

Mitte April 1991 ging dann überraschend die Nachricht durch die Weltpresse, Rafsandschani sei es gelungen, die Pasdaran ihrer Sonderstellung als »Wächter der Revolution« zu entkleiden; er konnte die viele Tausende zählende Truppe dem Armeekommando unterstellen. Aber ohne Zustimmung der Radikal-Orthodoxen, der ideologischen Gegenspieler innerhalb seiner eigenen Partei, hätte der Regierungschef diesen Coup niemals bewerkstelligen können. Was war geschehen? In zähen Verhandlungen hatte Rafsandschani die Gegner jeder Reform durch harte Fakten überzeugen können. Falls er weiterhin nicht größere Unterstützung für seine Reformpolitik bekäme als bisher, dann würde die soziale Lage für einen beträchtlichen Teil der Iraner bald so bedrohlich, dass ein Aufstand losbrechen könne – diesmal aber gegen die Mullahs und Ajatollahs. Eine Liberalisierung der Wirtschaftspolitik hieße dagegen noch lange nicht, die religiösen Grundsätze der »Islamischen Republik« aufzuweichen. Die Radikalen unter den Geistlichen müssen schockiert gewesen sein über die düster geschilderte Lage, sonst wären sie niemals bereit gewesen, eine derartige Schwächung der Revolutionsgarde zu akzeptieren. Offenbar begriffen sie, dass, wenn sie nicht rechtzeitig einen Teil ihrer Macht abgaben, sie vielleicht in nicht allzu ferner Zeit – unter der Explosion gärender Unzufriedenheit im Volk – die ganze Macht verlieren könnten.

Rafsandschani setzte nach diesem Erfolg zu einer weiteren

Maßnahme an, die er zuvor niemals gegen den Willen der Radikal-Khomeinisten hätte durchsetzen können: Er gestattete den Kaufleuten nach mehr als zehn Jahren striktem Verbot, wieder englische und amerikanische Waren in den Iran zu importieren. Nichts könnte mehr seinen Zuwachs an Stärke auf der innenpolitischen Bühne demonstrieren, als dass er nun grünes Licht für eine weitere Öffnung hin zum Westen – auch zum bis dahin vielgelästerten »Satan Amerika« – geben konnte.

Normalisierung. Rafsandschani wehrte sich allerdings in Interviews mit ausländischen Journalisten vehement gegen die Auffassung, er wolle wieder zu einer Öffnung zurückkehren, wie sie unter dem Schah bestanden hatte. Seine Regierung wolle nicht den Fehler begehen, sich in eine derart einschnürende Abhängigkeit vom Ausland zu begeben wie einst der Schah. Daher wolle er auch nur sehr zurückhaltend Kredite auf dem internationalen Finanzmarkt aufnehmen. Man dürfe nicht vergessen, der Iran lebe nach islamischen Grundsätzen, und an diesem eigenständigen Weg halte er fest.

Eine Balancepolitik. Die radikal-orthodoxen Khomeinisten hielten sich mit ihrem Widerspruch zurück, solange es Rafsandschani gelang, die sozialen Spannungen im Iran zu verringern. Aber sobald der Staatspräsident mit seiner Reformpolitik in Schwierigkeiten geriet, meldeten sich die konservativen Kritiker auch schon wieder verstärkt zu Wort. Und die Schwierigkeiten ließen nicht auf sich warten. Rafsandschanis Popularität ließ deutlich nach, weil grassierende Korruption und eine schwerfällige Verwaltung den erhofften Aufschwung hemmten. Eine schmale Schicht profitierte zwar von den wirtschaftlichen Reformen und viele junge Männer und Frauen in städtischen Ballungsräumen begrüßten die kulturelle Liberalisierung. Aber etwa die Hälfte der damals rund 60 Millionen Iraner lebte weiterhin unter sehr ärmlichen Bedingungen.

Trotz solcher Spannungen gelang es Rafsandschani 1993, ein weiteres Mal in das Amt des Staatspräsidenten gewählt zu werden. Denn die konservativen Gegner konnten mit ihrer starr ideologischen, wirtschaftlich realitätsfernen Haltung für die Wähler keine überzeugende Alternative bieten. Allerdings warteten die doktrinären Verfechter einer »Islamischen Republik« auf ihre Chance im Mai 1997. Bei diesen Wahlen durfte der trotz seiner ambivalenten Politik noch immer populäre Staatspräsident Rafsandschani nicht mehr als Kandidat antreten (denn die Verfassung erlaubte ihm nur zwei Amtszeiten). Und so konnten die Konservativen hoffen, spätestens 1997 das Amt des Staatspräsidenten mit einem Vertreter ihrer radikal-islamischen Richtung zu besetzen.

Die nächste Wahl wurde zu einem Testfall für die weitere Entwicklung der »Islamischen Republik«.

Khatami, der gefährdete Hoffnungsträger

Mohammed Khatami, ein Geistlicher mit dem Titel eines *Hodschat-al-Islam*, »Autorität des Islam«, war noch zu Beginn des Jahres 1997 einer breiteren Weltöffentlichkeit unbekannt. Aber je näher der 23. Mai desselben Jahres rückte – jener Tag, an dem ein Nachfolger Rafsandschanis für das Amt des Staatspräsidenten gewählt wurde –, tauchte der Name Khatami immer öfter in den internationalen Medien auf. Erste Fotos eines Mannes mit schwarzem Turban (dem Abzeichen eines Prophetennachkommen), grauer Bart, meist ein Lächeln auf den Lippen, vermittelten den Eindruck eines gutmütigen, ja sanften Mannes. Iranische und erst recht westliche Beobachter ließen in ihrer Mehrzahl allerdings keinen Zweifel daran, dass der Kandidat nur Außenseiterchancen auf das zweithöchste Amt in der »Islamischen Republik Iran« haben würde.

Dann die Überraschung, die Sensation. Mohammed Khatami gewann die Wahl zum Staatspräsidenten mit 69,7 Prozent der Stimmen. Das war eine satte Zweidrittelmehrheit. Gewählt worden war er vom Volk in demonstrativer Opposition zum konservativen, reformunwilligen Flügel des Klerus. Weit abgeschlagen blieb der Gegenkandidat Ali-Akbar Nateq Nuri. Dabei war er der Favorit des Staatsoberhaupts Ali Khamenei, und ihm hatte das konservativ dominierte Staatsfernsehen erheblich mehr werbewirksame Auftritte zugestanden.

Nach seinem spektakulären Wahlerfolg ist Mohammed Khatami weltweit zur meistbeachteten Person iranischer Politik geworden. Aus westlicher Sicht wurde Khatami sehr bald – mehr als es sein Vorgänger Rafsandschani je sein konnte – zur Symbolfigur für eine neue Entwicklung innerhalb der »Islamischen Republik«. Im Iran selber blieb Khatami allerdings von Anfang an heftig umstritten, von den einen verehrt als Hoffnungsträger, von den anderen angefeindet als »unislamischer« Politiker. Ein verschärfter Konflikt zwischen dem Staatsoberhaupt Khamenei und dem neuen Staatspräsidenten bahnte sich an.

Die Wahl vom 23. Mai 1997 hat bei uns im Westen aber nicht nur Überraschung, sondern auch Irritation ausgelöst. Hier war etwas geschehen, das eigentlich in einer Diktatur nicht geschehen kann: Ein unbequemer Kandidat war gegen den Willen des politischen Establishments an die Macht gekommen. Anders als in vielen islamischen Staaten erschien die Wahl nicht auf die Art manipuliert, dass ein Präsident nahezu selbstverständlich rund 99 Prozent der Stimmen erhält. In der »Islamischen Republik Iran« wurden ernstzunehmende Gegenkandidaten aufgestellt, die den Ausgang jeder Wahl ungewiss machten. So sehr auch die einzelnen Kandidaten von strengen Zulassungskriterien des »Islamischen Wächterrats« abhängig sind, haben doch die Bürger im theokratisch regierten Iran mehr Spielraum, als es je unter dem Schah möglich war. Unter dem Schah konnte kein ranghoher Politiker durch das Volk gewählt werden. Aber wie passt dies zum Terror radikal-orthodoxer Mullahs gegenüber Andersdenkenden? Ist der Iran nicht ein Einparteienstaat?

Das Regime schiitischer Geistlicher ist, wie ich bereits erörterte, von Anfang an kein monolithischer Block gewesen. Ja, mehr noch: Die offizielle persische Bezeichnung *Jomhuri*, »Republik«, weist darauf hin, dass dem Volk ein Wahlrecht eingeräumt ist. Revolutionsführer Khomeini hatte 1979 gar über die neue, von ihm initiierte Verfassung durch das Volk abstimmen lassen. Dies ist das sogenannte republikanische Element, auf das nicht wenige Iraner immer wieder hinweisen. Von daher war es nur folgerichtig, dass auch über den Staatspräsidenten abgestimmt werden konnte und das Volk zwischen mehreren Kandidaten auswählen durfte. Für Khomeini und seine Berater schienen derartige Freiheiten anfangs kein Problem. Denn in der stürmischen Phase des Umbruchs waren die neuen Machthaber davon ausgegangen, dass die Iraner, die mit überwältigender Mehrheit gegen das Schah-Regime revoltiert hatten, nun mit der gleichen Mehrheit für die »gottgewollte« Verfassung einer vom »wahren Islam« geleiteten Republik stimmen würden. Aber da begannen schon die Probleme.

Nach dem Willen der neuen Regierung sollte der Wandel von der Schah-Diktatur hin zu einer »islamischen Demokratie« nicht bedeuten, dass man nun in einer pluralistischen Gesellschaft lebte. Es sollte vielmehr im Parlament eine Partei unter dem Namen *Hezbollah*, »Partei Gottes«, dominieren, die zwar in unterschiedliche Fraktionen gegliedert war, jedoch letzten Endes eine ideologische Einheit zu bilden hatte. Es war nicht vorgesehen, dass innerhalb der Hezbollah Fraktionen mit konträren Vorstellungen über die weitere Entwicklung der »Islamischen Republik« entstanden. Eine derartige Aufsplitterung entsprach zwar dem Pluralismus der einzelnen religiösen Fraktionen, in welche die schiitische Geistlichkeit ohnehin seit vielen Jahrhunderten geteilt ist – aber seit ein Staatspräsident mit erweiterter Machtbefugnis durch das Volk gewählt werden konnte, bekam der religiöse Pluralismus eine neue Dynamik. Denn nach dem Tod Khomeinis fehlten das Charisma und die erdrückende Autorität des »Vaters der Revolution«. Khomeinis Nachfolger Ali Khameini musste es also von Anfang an schwerer haben, sich gegen die wachsende Zahl reformorientierter Gruppierungen durchzusetzen. Bereits Rafsandschani hatte als Führer einer Reformfraktion eine Herausforderung bedeutet. Aber Khatami sollte zu einer noch viel größeren Herausforderung werden.

Wer ist Mohammed Khatami? Und welche Umstände haben seinen Aufstieg zum Staatspräsidenten begünstigt? Der lange Weg Khatamis ins Zentrum der Macht ist von vielen überraschenden Erfolgen, aber auch von vielen Rückschlägen und Niederlagen geprägt. Seine Biographie liefert eine neue Variante zu den Funktionsmechanismen der »Islamischen Republik Iran«.

Mohammed Khatami, 1943 in Ardakan nahe der zentraliranischen Stadt Yazd geboren, ist Sohn eines angesehenen Ajatollah. Er folgte der familiären Tradition und studierte von 1961 bis 1964 in der heiligen Stadt Ghom Theologie, von 1965 bis 1969 in Isfahan Literaturwissenschaft und Theologie. An der Universität Teheran machte er seinen Doktor der Theologie, erwarb sich also den Titel eines Hodschat-al-Islam. 1974 trat er der links-islamischen Organisation »Kämpfende Geistlichkeit« bei, die in Opposition zur Politik des Schahs soziale Gerechtigkeit im islamischen Sinn forderte. Khatami fühlte sich damit dem sozialrevolutionären Programm Khomeinis verbunden. Während der folgenden Jahre pflegte Khatami enge Kontakte mit Ajatollah Mohammed Beheschti, einem der einflussreichsten Politiker innerhalb der islamischen Revolutionsbewegung. Und dessen Förderung verdankte er es, dass er von 1978 bis 1980 das Islamische Zentrum in Hamburg leiten konnte (eine begehrte Position, welche Beheschti selbst von 1965 bis 1970 innehatte). Während seines Aufenthaltes in Hamburg lernte Khatami Deutsch (er beherrschte bereits Arabisch und Englisch). Darüber hinaus machte er sich intensiv mit westlicher Philosophie und den politischen Klassikern der Aufklärung, allen voran Montesquieu und Rousseau, vertraut. Und diese Auseinandersetzung wirkte zurück auf seine fortlaufenden Studien über islamische Reformdenker des 20. Jahrhunderts.

Im Iran, wo seit 1979 Khomeini regierte, erwartete ihn eine Reihe weiterer Verpflichtungen. 1980 zog er als Kandidat seiner Heimatstadt Ardakan ins »Islamische Parlament« ein. 1981 betraute ihn Khomeini mit der Leitung des renommierten Presseverlagshauses Kayhan. Und 1982 ernannte ihn Ministerpräsident Mir Hossein Mussawi zum »Minister für Kultur und islamische Führung«. Dieses Amt übte Khatami elf Jahre lang aus. Zunächst schien es so, als könne er nach freiem Gutdünken schalten und walten. Rasch erwarb er sich bei Intellektuellen und Künstlern den Ruf, entschieden für Meinungsfreiheit, für kulturelle Vielfalt, für eine konstruktive geistige Auseinandersetzung mit dem Westen einzutreten. Er ließ es zu, dass unabhängig arbeitende Presse- und Buchverlage entstehen konnten, und ermutigte zu freier Gestaltung. Mit gutem Beispiel ging er voran, indem er als vielbeachteter Buchautor einen kritischen Dialog zwischen islamischer und westlicher Philosophie entwickelte.

Zu jener Zeit geschah etwas, das aus westlicher Sicht nur schwer zu fassen ist: Ausgerechnet zu Beginn der Khomeini-Ära erlebte der Iran eine kulturelle Blütezeit; damals erschienen jedes Jahr etwa achtmal so viele philosophische Abhandlungen, Romane und Erzählungen zeitgenössischer Autoren wie unter der Herrschaft des Schahs Mohammad Reza Pahlevi. All jene Autoren, die aus Angst vor dem kaiserlichen Geheimdienst Savak ihre Werke in der Schublade hatten ruhen lassen oder gar wegen ihrer Veröffentlichung im Gefängnis gesessen hatten, wagten sich nun in der Aufbruchsstimmung einer propagierten »islamischen Demokratie« an die Öffentlichkeit. Entsprechend entfaltete bald auch das filmkünstlerische Schaffen eine bisher unvorstellbare Qualität. Literatur und Film sollten dann während der 1990er-Jahre sogar international Aufsehen erregen (davon später mehr).

Khatamis damalige Kulturpolitik können wir allerdings nicht im westlichen Sinn als liberal bezeichnen, denn auch für ihn endete die geistige Freiheit dort, wo die ideellen Grundlagen der »Islamischen Republik« in Frage gestellt wurden. Aber aus der Sicht radikal-orthodoxer »Khomeinisten« bewegte er sich doch schon an der Grenze zur Ketzerei. Und daher musste er es auch immer wieder in Kauf nehmen, dass etliche von ihm geschätzte Autoren und Künstler durch Schlägertrupps der »Revolutionswächter« zum Zweck der Einschüchterung verprügelt, verschleppt und eingesperrt wurden. Trotzdem konnte er sich während der ganzen Regierungszeit Khomeinis im Amt als Kulturminister halten. Khatami überstand alle Anfeindungen, weil er zuletzt vorsichtig taktierte und die Intellektuellen sowie die Künstler immer wieder vor einer falsch verstandenen Liberalisierung nach westlichem Vorbild warnte. Ohnehin ließ er, der als Religionsgelehrter in Fachkreisen hohes Ansehen genoss, keinen Zweifel an seiner Loyalität zum Prinzip der engen Verzahnung von Religion und Politik

Nach Khomeinis Tod 1989 verschoben sich die Machtverhältnisse entscheidend. Für Khatami war dieser Wandel nur günstig, so konnte es anfangs scheinen. Denn der neue religiös-politische Führer Ali Khamenei in der Nachfolge Khomeinis musste als konservativer »Wächter« seine Position erst noch festigen. Umso mehr Gewicht gewonnen hatte dagegen der neue Staatspräsident Rafsandschani. Wie schon erörtert, hatte Rafsandschani durchsetzen können, dass die Funktionen des Staatspräsidenten und des Ministerpräsidenten in einem Amt vereinigt wurden, und diese Verfassungsänderung hatte seinen politischen Spielraum beträchtlich erweitert. Rafsandschani, der wendige Reformer und Pragmatiker, musste naturgemäß in dem liberal-islamischen Kulturminister Khatami einen Verbündeten gegen die breite Front der radikal-orthodoxen »Khomeinisten« sehen. Beide arbeiteten auch gut zusammen. Der Anfang der Ära Rafsandschani – die zugleich auch eine Ära Khatami bedeutete – war gekennzeichnet durch eine zweite kulturelle Blüte.

Journalisten, Philosophen, Romanautoren und Filmregisseure erlebten mit einem Mal wieder einen geistigen Bewegungsspielraum, wie es ihn bisher nur in den Anfangsjahren der »Islamischen Republik« gegeben hatte. Eine Vielzahl neuer Zeitschriften, Romane und Filme mit relativ freimütiger Kritik an sozialen und kulturellen Krisenerscheinungen beflügelte plötzlich das öffentliche Leben, und spätestens jetzt wurden auch westliche Beobachter auf die Tatsache aufmerksam, dass trotz der wachsenden Verhärtung unter Khomeini der Iran keineswegs zur kulturellen Einöde geworden war. Von dieser Wahrnehmung her konnte es nur logisch erscheinen, dass Khatami so lange im Amt blieb, wie Rafsandschani Staatspräsident war. Weit gefehlt. Gerade jetzt begann für Khatami die schwerste Zeit, gerade jetzt brach seine erste Karriere jäh ab.

Die radikal-orthodoxe Front um Ali Khameini hatte sehr bald ausgefeilte Strategien entwickelt, um die Liberalisierungstendenzen der Reformer zu stoppen. Rafsandschani erschien zunächst unangreifbar, umso mehr konzentrierten die Konservativen ihre Aktionen auf den Kulturminister Khatami. Der erste Schlag kam 1990. Auf Druck der Konservativen musste Khatami die Leitung des Verlagshauses Kayhan aufgeben, weil, so lauteten die Vorwürfe, dort zu viele »antireligiöse« Autoren veröffentlichen durften. Mit Khatami wurden auch die meisten Redakteure und Autoren ausgewechselt. Damit ist aus der (für iranische Verhältnisse) liberalen Zeitung ein fanatisches Organ der Konservativen geworden.

Wie reagierte der Staatspräsident? Rafsandschani, immer vorsichtig nach allen Seiten taktierend, ließ die Konservativen gewähren, denn er wollte den Konflikt mit Ali Khamenei und dessen religiösem Wächteramt nicht weiter aufheizen.

Zwei Jahre waren Khatami noch als Kulturminister vergönnt. Während dieser Zeit nahmen die Attacken von Schlägertrupps gegen Redaktionen verschiedener Zeitungen und Brandanschläge auf etliche »antireligiöse« Buchhandlungen bedrohlich zu. Khatami zeigte Mut und erhob warnend seine Stimme. Er, der offiziell der oberste Zensor für islamische Kultur war, verurteilte solche Übergriffe als ungesetzlich und mahnte in einer Rede: Gewalt sei der falsche Weg, um unislamische Tendenzen zu verhindern; die Grundsätze der »islamischen und revolutionären Standhaftigkeit« verlangten, dass man sich mit den unterschiedlichen geistigen Strömungen friedlich auseinandersetze und die Meinungsfreiheit respektiere.

Appelle wie diese sollten Khatami zum Verhängnis werden. Ein Sturm der Entrüstung ging von der Mehrzahl der staatlich gelenkten Zeitungen aus und gipfelte in einem scharfen Leitartikel des Religionsführers Khamenei: Der Kulturminister sei zu lasch, um die unislamischen Tendenzen im Pressewesen, in Literatur und Kunst zu verhindern, er komme seiner Aufgabe als Zensor nicht nach. Auf Khameneis Leitartikel hin inszenierten die Konservativen Tumulte im Parlament, und je mehr die Situation außer Kontrolle geriet, desto lauter wurden die Rufe nach einem Rücktritt dieses »staatsgefährdenden« Ministers.

Unter dem Druck der Konservativen entließ Staatspräsident Rafsandschani 1992 seinen Kulturminister. Wieder erwies sich Rafsandschani als wendiger Pragmatiker – er opferte seinen liberalsten Minister, um auf diese Weise die »Khomeinisten« zu beschwichtigen und selber aus der Schusslinie zu kommen. Seinen treuen Gefolgsmann Khatami konnte er notgedrungen nur mager entschädigen, indem er ihn auf den politisch einflusslosen Posten des Direktors der Nationalbibliothek abschob. Nahezu vier Jahre verharrte Khatami dort, von einer Reihe Schriftsteller, Wissenschaftler und Filmregisseure als

Märtyrer verehrt, aber von der Öffentlichkeit bald weithin vergessen.

Während der vier Jahre von Khatamis politischer Abstinenz spitzte sich der Machtkonflikt zwischen Reformern und Konservativen bedrohlich zu – zugunsten der Konservativen. Nicht zu trennen war diese Entwicklung von der Tatsache, dass Rafsandschani als der Hoffnungsträger liberaler Reformer politisch an Boden verlor. Die Konservativen machten sich daher große Hoffnungen, die Wahlen im April 1993 zu ihren Gunsten zu entscheiden. Aber es gelang Rafsandschani, wie schon erwähnt, allen Widerständen zum Trotz, die Wahlen ein zweites Mal zu gewinnen – eben weil die Konservativen keine überzeugende Alternative zu bieten vermochten. Ihre Hoffnung konzentrierte sich daher auf die Wahl vom Mai 1997, bei der die Reformer ohnehin einen neuen Kandidaten präsentieren mussten. Aber konnten die Reformer anstelle von Rafsandschani überhaupt einen attraktiven Kandidaten bieten?

Da die Reformer ideologisch in verschiedene Fraktionen gespalten waren, konnten sie sich nur mühsam auf einen Anwärter einigen – auf Khatami. Der ehemalige Kulturminister war für keine Seite ein wirklicher Wunschkandidat, denn bei den Politikern beider Reformfraktionen erregte er wegen seiner geradlinigen Eigenwilligkeit Misstrauen. Dagegen hatten gerade solche Eigenschaften den gestürzten Kulturminister bei Studenten und der schmalen städtischen Bildungsschicht als Idol weiterleben lassen. Wenn schon kein Politiker mit der Ausstrahlung eines Rafsandschani mehr zur Verfügung stand, dann konnte Khatami noch am ehesten Wählerstimmen ernten, so kalkulierten die maßgeblichen Strategen der beiden einflussreichsten Reformfraktionen. Und doch blieb ihnen – zunächst – das bedrückende Gefühl, dass ihr Kandidat nur begrenzte Außenseiterchancen besaß. Dem breiten Volk war er ohnehin kaum bekannt.

Khatami im wachsenden Konflikt mit Reformgegnern

Die Schwierigkeiten begannen schon damit, den gestürzten Kulturminister Khatami überhaupt als Kandidaten für das zweithöchste Staatsamt aufzustellen. Denn die Voraussetzungen für eine solche Kandidatur zeigen, wie wenig die iranischen Präsidentschaftswahlen mit Demokratie im westlichen Sinn zu tun haben.

Der zwölfköpfige Wächterrat einer ranghohen Geistlichkeit entscheidet über die Zulassung der Kandidaten und legt hierbei äußerst strenge Maßstäbe an. Jeder einzelne Bewerber wird penibel auf seine »islamische« Verfassungstreue hin überprüft. Von vornherein scheiden damit all jene aus, die im Verdacht stehen, die theokratischen Prinzipien der »Islamischen Republik« auch nur entfernt in Frage zu stellen. 328 Bewerber waren für die Präsidentschaftswahlen im Mai 1997 angetreten, nur vier Personen wurden zugelassen. Darunter auch Khatami. Dieses Verfahren lässt den Schluss zu, dass Khatami trotz seiner turbulenten Vergangenheit als Kulturminister eben doch als weitgehend systemtreu eingestuft wurde. Außerdem galt er besonders aus der Sicht des Wächterrats als chancenloser Außenseiter, der zu keiner ernsthaften Gefahr für den Kandidaten der Konservativen werden konnte.

Dass es anders gekommen ist und Khatami bei der Wahl am 23. Mai 1997 triumphal über den konservativen Favoriten Nateq Nuri siegte, hat dann die Gegner wie die Anhänger gleichermaßen überrascht. Was sind die Ursachen für den Erdrutschsieg?

Gewählt hatten Khatami erwartungsgemäß die meisten Intellektuellen, Studenten, Akademiker und Technokraten, sie hatten sich ja von vornherein als Anhänger deklariert. Aber sie allein hätten den Durchbruch bei weitem nicht erreichen können. Gewählt hatten ihn überwiegend auch die Jugendlichen.

Und diese Tatsache wiegt schwer, denn rund 70 Prozent der iranischen Bevölkerung war 1997 jünger als 25 Jahre (wobei das aktive Wahlrecht für Sechzehnjährige beginnt). Die Jugendlichen signalisierten mit überwältigender Mehrheit, dass sie es satt hatten, in allen Bereichen ihres Lebens bis hin zu simplen Freizeitvergnügungen von einer bigotten Geistlichkeit gegängelt zu werden. Den Wahlreden Khatamis hatten sie entnehmen können, dass unter seiner Regierung die Freiräume erheblich größer sein würden.

Eine besondere Überraschung aber bot das Wahlverhalten der Frauen. Überwiegend stimmten auch sie für den Reformkandidaten. Von Khatami erwarteten sie, dass er gerade den Frauen mehr Freiheiten bringen würde. In seinen Reden hatte er ausdrücklich versprochen, die Frauen sollten nicht mehr so rigoros durch die Geistlichkeit in ihrem Verhalten bevormundet werden; auch sollten sie mehr Chancen für den Aufstieg im Berufsleben haben, ja, ihnen sollten in Zukunft selbst hohe Ämter im Rechtswesen und der Politik offenstehen.

Die Wahlreden Khatamis waren immer wieder von Randalierern oder gar von Schlägertrupps gestört worden, und diese Störaktionen »im Namen Gottes« hatten zugenommen, je mehr der liberale Kandidat von Zuhörern bejubelt wurde. Aber die Einschüchterungsversuche, vom klerikalen Machtzentrum gelenkt, erreichten das Gegenteil: Sie trieben dem liberalen Kandidaten gerade deshalb mehr Wähler zu.

Kaum an der Macht, setzte Khatami mit der Vergabe von Ministerposten eine Reihe verheißungsvoller Signale. Er besetzte die Ämter durchweg mit entschiedenen Anhängern seines Reformkurses. Aber für das größte Aufsehen sorgte er, als er auch eine Frau in die Reihe seiner fünf Stellvertreter aufnahm: die Professorin und Frauenrechtlerin Masoumeh Ebtekar, die an einer amerikanischen Universität über ein Thema der Immunbiologie promoviert hatte. Erstmals rückte eine Frau in das hohe Amt eines Vizepräsidenten der Islamischen Republik auf. Und damit hatte der neue Staatspräsident für die Frauen ein erstes Signal gegeben, dass er seine Wahlversprechen in die Praxis umsetzen wollte.

Taktische Rücksicht auf den konservativen Flügel des Klerus nahm Khatami allerdings, indem er die Schlüsselstellung des Geheimdienstchefs weiterhin einem Vertrauensmann des Staatsoberhaupts Khamenei überließ. Er wusste nur zu gut, dass der weitverzweigte Apparat des Geheimdienstes ohnehin mit Sympathisanten der radikal-religiösen Fraktionen durchsetzt war und bedingungslos Khamenei gehorchte. Ohnehin besaß das Staatsoberhaupt zusammen mit dem zwölfköpfigen Islamischen Wächterrat und der konservativen Mehrheit im Parlament Machtmittel genug, Gesetzesvorhaben liberaler Minister zu verzögern, zu verwässern oder auch zu verhindern. Umso mehr war Khatami darauf angewiesen, durch Zugeständnisse von vornherein mit seinen Gegnern eine Verhandlungsbasis zu wahren.

Rafsandschani blieb für Khatami als Verbündeter erhalten, wenn auch mit Vorbehalt. Der scheidende Staatspräsident übernahm die Leitung der »Schiedskommission« – eines 30-köpfigen Gremiums, das zwischen der Regierung Khatamis und dem konservativ dominierten Parlament vermitteln sollte. In dieser Funktion behielt Rafsandschani weiterhin wesentlichen Einfluss auf die Tagespolitik. Aber unklar blieb von Anfang an, ob Rafsandschani diesen Einfluss immer nur zugunsten von Khatami geltend machen würde. Denn wie die letzten Jahre gezeigt hatten, hat der wendige Pragmatiker Rafsandschani nur zeitweise Khatami intensiv unterstützt. Die Interessen von Rafsandschanis Fraktion »Diener des Aufbaus« deckten sich ja nur bedingt mit denen von Khatamis Fraktion »Gesellschaft der kämpfenden Geistlichkeit«.

In bedrohlicher Schwebe blieb also von Anfang an, wie lange sich Khatami angesichts der vielen konservativen Gegner – wie auch der uneinigen Reformer – an der Macht würde halten können. Schon innerhalb der ersten Monate von Khatamis Regierungszeit spitzte sich der Machtkampf zu.

Im Sommer 1997 starteten die Konservativen eine Kampagne gegen Khatamis liberalen Innenminister, den Geistlichen Abdullah Nuri. Sie warfen ihm vor, er betreibe als Herausgeber der Zeitschrift *Khordad* eine unislamische Propaganda und stelle die revolutionären Werte des Gottesstaates in Frage. Konkret hatte Nuri entschieden wie zuvor kein anderer Geistlicher gefordert, die Macht der religiös-politischen Führung einzuschränken und das demokratische Element in der islamischen Verfassung zu stärken. Im Juni 1998 erzwang schließlich die konservative Parlamentsmehrheit die Absetzung des Ministers. Damit verlor Khatami seinen wertvollsten Verbündeten. Kurzfristig gelang es ihm allerdings, die Situation zu retten, indem er taktisch geschickt für den Abgesetzten einen zusätzlichen Posten als Vizeminister schuf. Aber die Gegner ruhten nicht. Ihnen gelang es, Nuri vor ein »Sondergericht für Geistliche« zu bringen, und dieses Gericht fällte im November 1999 ein schwerwiegendes Urteil: fünf Jahre Gefängnis für den Geistlichen im Rang eines Hodschat-al-Islam, weil er angeblich den »Islam verunglimpft« und säkulare Tendenzen im Iran unterstützt habe. Bereits am Tag der Urteilsverkündung wurde der Angeklagte, einst ein enger Vertrauter des Revolutionsführers Khomeini, ins berüchtigte Evin-Gefängnis eingeliefert. Die von ihm herausgegebene Zeitschrift *Khordad* wurde nun endgültig verboten.

Montaseri und andere Kritiker in Gefahr

Vor Terror geschützt blieben nicht einmal akademisch ranghöchste Kleriker, sobald sie kritisch ihre Stimme erhoben. Diese Erfahrung sollte wieder einmal Groß-Ajatollah Hossein Ali Montaseri machen.

Montaseri, der berühmte Religionsgelehrte, befand sich

ohnehin in einer sehr prekären Situation. Er war, wie schon erörtert, 1985 vom Gremium der 86 ranghohen Geistlichen auf Empfehlung Khomeinis zu dessen Nachfolger in das Amt des Staatsoberhaupts gewählt worden. Er hatte aber 1989 wegen seiner offenen Kritik an Fehlentwicklungen der »Islamischen Republik« auf die Nachfolge verzichten müssen. An seine Stelle war dann ein Geistlicher aus dem mittleren Klerus gerückt: Ali Khamenei. Seitdem lebte Montaseri als Professor für Theologie und islamisches Recht zurückgezogen in der heiligen Stadt Ghom, zeitweilig unter Hausarrest und mit Lehrverbot belegt. Aber als der Machtkampf zwischen den konservativen und liberalen Fraktionen sich schon im ersten Halbjahr unter der Regierung von Staatspräsident Khatami immer mehr verschärfte, durchbrach der inzwischen 75-jährige Groß-Ajatollah seine erzwungene Zurückhaltung.

Im November 1997 stellte Montaseri in einer seiner Freitagspredigten mutig aktuelle Bezüge her. Er sprach dem religiös-politischen Führer Khamenei das Recht ab, sich in die Tagespolitik einzumischen, denn im Unterschied zu Khatami sei Khamenei nicht vom Volk gewählt. Montaseri ging noch einen Schritt weiter, indem er forderte, die religiöse Führung solle sich aus der aktiven Politik zurückziehen und sich auf die Funktion eines geistlichen Ratgebers beschränken. Anstelle von Religionsführer Khamenei solle Staatspräsident Khatami das Oberkommando der Armee und der Sicherheitskräfte übernehmen, denn letztlich sei Khatami für die Tagespolitik verantwortlich.

Die Botschaft dieser Predigt erregte Aufsehen im ganzen Iran. Für Khamenei war die Kritik alarmierend – besonders weil sie von Montaseri kam. Khamenei genoss ja beim hohen Klerus nur wenig Ansehen. Viele Ajatollahs betrachteten ihn nur als einen linientreuen politischen Aktivisten, der nie durch eine grundlegende Interpretation des Koran einen Nachweis für seine besondere theologische Befähigung erbracht hatte. Ihnen blieb unvergessen, dass Khamenei erst unmittelbar vor seiner Ernennung zum religiös-politischen Führer aus dem mittleren Klerus rasch in den Rang eines Ajatollah befördert worden war. Dagegen galt Montaseri seit vielen Jahrzehnten als eine geistig überragende Autorität des schiitischen Islam – ihn hätte eine Reihe hoher Kleriker am liebsten im Amt des *Wali Fakih,* des religiös-politischen Führers, gesehen.

Khamenei reagierte heftig auf die Kritik. Scharf verurteilte er die »unislamischen« Äußerungen, und nur wenig später drang eine Gruppe bewaffneter *Ansar-e Hezbollah,* »Helfer der Partei Gottes«, in Montaseris theologisches Lehrzentrum ein und zerschlug das Mobiliar. Tausende organisierte Anhänger der radikal-religiösen Fraktion zogen durch die Straßen von Ghom und forderten den Tod des »Abtrünnigen«. Den Bedrohten selbst wagten sie allerdings nicht anzurühren, zu groß war Montaseris Ansehen und Beliebtheit in weiten Kreisen der Bevölkerung. Allerdings musste der Groß-Ajatollah von da an wieder unter striktem Hausarrest leben.

Es blieb nicht beim Krieg der Worte. Es blieb auch nicht bei Einschüchterungsaktionen durch Schlägerbanden der Ansar-e Hezbollah. Im Dezember 1998 erregte eine Mordserie die Öffentlichkeit: Fünf prominente Reformbefürworter wurden mit durchschnittenen Kehlen oder erdrosselt aufgefunden. Und einen Monat später bestätigte sich der schreckliche Verdacht: Mitarbeiter des Geheimdienstes waren die Mörder. Staatspräsident Khatami konnte zwar durchsetzen, dass die Täter vor Gericht gestellt und zu Gefängnisstrafen verurteilt wurden, aber die Macht des konservativen Blocks vermochte er damit nicht zu brechen.

Die Konservativen konnten sich allerdings nur äußerst kurze Zeit in der Illusion wiegen, nun schon den Machtkampf zu ihren Gunsten entschieden zu haben. Am 8. Juli 1999, einen Tag nach dem Verbot der Zeitung *Salam,* formierten sich in Teheran erste Protestdemonstrationen von Studenten. Und während der folgenden Tage weiteten sich die Proteste auf alle größeren Städte des Iran aus. Zu Tausenden zogen die Studenten mit Sprechchören durch die Straßen und forderten Meinungsfreiheit. Überall ging die Polizei mit Schlagstöcken und Tränengas gegen die Demonstranten vor, es kam zu Straßenschlachten mit vielen Verletzten und schließlich, nach massivem Militäreinsatz, zu Todesfällen. Am heftigsten wüteten die Unruhen in Teheran, wo sich Bewohner der Hauptstadt den Studenten angeschlossen hatten. Rund 10 000 Demonstranten zogen von der Universität zum Innenministerium, wobei, so zeigten Pressefotos, Studenten Plakate mit dem Porträt des Staatspräsidenten Khatami mit sich führten. Es war die größte Unruhe, die den Iran seit dem Sturz des Schahs, 20 Jahre zuvor, erfasst hatte. Vielen Studenten war diese Parallele auch bewusst, denn sie griffen eine Parole der einstigen Demonstranten gegen das Schah-Regime auf und riefen nun den Soldaten des Mullah-Regimes zu: »Armeebrüder, warum Brüder töten?!«

Westliche Beobachter, aber auch eine Reihe Exil-Iraner werteten diese heftigen Unruhen als ein untrügliches Anzeichen vom nahenden Ende des Mullah-Regimes. Der Zeitpunkt könne nicht mehr lange auf sich warten lassen, dass das System der »Islamischen Republik« vollends an seinen inneren Widersprüchen zerbrechen werde, so lauteten vielerorts ausländische Kommentare.

Solche Prognosen trafen allerdings nicht zu. Das Militär schlug den Aufstand brutal nieder, Tausende Demonstranten verschwanden hinter Gefängnismauern, etliche Studentenführer wurden zum Tode verurteilt. Und im September, nur zwei Monate nach dem landesweiten Aufstand, verbot die iranische Justiz auch die Tageszeitung *Neshat*, das zweite wichtige Sprachrohr der Reformer, aus nichtigem Anlass: Die Zeitung hatte die Abschaffung der Todesstrafe und der Blutrache gefordert (beides durch die Scharia gestattet). Keine weiteren

Unruhen folgten, die Kräfte waren erschöpft. Allerdings nahm das konservativ dominierte Parlament das verschärfte Pressegesetz wieder zurück, um späteren Unruhen vorzubeugen.

Staatspräsident Khatami hatte während des heftig tobenden Aufstands die Studenten zu Ruhe und Besonnenheit, zu Abkehr von jeder Gewalt aufgerufen. Mehr konnte er nicht tun, wohl wissend, dass seine eigene Stellung zunehmend gefährdet war, je offensichtlicher er sich auf die Seite der Demonstranten stellte. Das Militär wie auch der Geheimdienst blieben fest unter der Kontrolle des Staatsoberhaupts Khamenei.

Rafsandschani, der ehemalige Staatspräsident und nun einflussreiche Vorstand der Schiedskommission, rückte wieder einmal auf vorsichtige Distanz zu seinem Verbündeten Khatami. Nachdem die Zeitung *Neshat* verboten worden war, betonte Rafsandschani in einer Freitagspredigt: Niemandem sei es erlaubt, das Scharia-Recht der Todesstrafe und der Blutrache zu kritisieren, denn eine solche Kritik schwäche den Islam und bedeute eine Verschwörung gegen das Land.

Drohte nun eine Kluft endgültig auch zwischen den Reformern?

Im Dezember 1999 jubelten Studenten in einer Massenversammlung ihrem Idol, dem Staatspräsidenten Khatami, zu. Aber als Khatami in seiner Rede darauf zu sprechen kam, bei den nächsten Wahlen wieder ein Bündnis mit der Rafsandschani-Fraktion zu schließen, antworteten ihm Sprechchöre der Zuhörer: Mit Rafsandschani sei politischer Fortschritt unmöglich.

Die Front der Konservativen schien wieder gestärkt, je offener die Reformgruppen untereinander ihre Konflikte austrugen. Und doch hatten die orthodoxen Ideologen der »Islamischen Republik« keinerlei Grund zum Triumph. Denn die Anzeichen für den inneren Zerfall ihrer Ordnung waren so deutlich wie nie zuvor. Die führenden Regimekritiker waren ja keinesfalls Intellektuelle, die etwa noch aus der Schah-Zeit ihre

»unislamische«, »säkulare« Ideologie bewahrt hatten und sich nun wieder an die Öffentlichkeit wagten. In ihrer Mehrzahl waren die Gegner Geistliche, viele mit hohem akademischen Rang, die sich zur »Islamischen Revolution« bekannten, aber abweichende Meinungen gegen den offiziellen Kurs der Regierung äußerten. Was sich schon während der ersten Regierungsjahre Khomeinis in vagen Konturen abgezeichnet hatte, war nun endgültig zur machtvollen Gewissheit geworden: Die eigentliche Gefahr für die Ideologie des »Khomeinismus« kam weniger durch Feinde von außen als durch Gruppierungen im Inneren.

Damit aber trat der Iran in eine Entwicklungsphase, in der es den Anschein hatte, dass sich der Fundamentalismus in seiner bisherigen Struktur nach und nach aufzulösen begann.

»Keine Religion verfügt über die absolute Wahrheit«

»Die Geschichte des Menschen ist eine Geschichte des Wandels seiner Glaubensüberzeugungen und Ideen. Alle Meinungsverschiedenheiten zwischen den Denkern, zwischen den Anhängern der Doktrinen wie auch die grundsätzlichen Konflikte zwischen den Konfessionen einer Religion und sogar die gedanklichen Widersprüche innerhalb der einzelnen Konfessionen bezeugen, dass niemand beanspruchen kann, über die absolute Wahrheit zu verfügen.«

Diese Überlegungen eines prominenten iranischen Intellektuellen fanden sich am 26. September 1998 im Feuilleton der *Frankfurter Allgemeinen Zeitung*. Er gab sich in seiner differenzierten Abhandlung ausdrücklich als frommer Schiit zu erkennen. Ist seine Kritik am Diktat der »Islamischen Republik« nicht eindeutig? Bevor ich seinen Namen nenne, noch ein weiterer Ausschnitt aus der Abhandlung.

»Welchen Islam meinen wir denn, wenn wir von *dem* Islam sprechen? Den Islam ... der Mystiker, der Orthodoxie oder der

Buchstabenfrommen? Sie alle bezeugen die Relativität der menschlichen Erkenntnis und also auch jener Erkenntnis, welche die Menschen von der Religion haben. ... Die essentielle Schwierigkeit einer Gemeinschaft von Gläubigen ist also, dass sie zwar an Wahrheiten und Wirklichkeiten glaubt, die absolut und heilig sind. Damit ist auch ihr Verhältnis zu jenen absoluten Wahrheiten und Wirklichkeiten relativ. Solange sich diese Gemeinschaft ihrer Grenzen und Begrenztheiten bewusst ist, wird dieser Widerspruch nicht zum Verhängnis. Zur Katastrophe kommt es in einer Gemeinschaft von Gläubigen erst, wenn sie die Absolutheit und Heiligkeit der Religion auf die relativen, fehlerhaften, zeitlich und räumlich gebundenen Wahrnehmungen des Menschen von der Religion überträgt; wenn die Auffassungen, zu denen der Mensch in seiner Begrenztheit gelangt ist, für die Religion selbst gehalten werden, und wenn die Idee aufkommt, dass nur ein Gläubiger ist, wer sich genau diese Auffassung zu eigen macht. Der Grund, dass Menschen zu Sündern und Ketzern erklärt oder dass Kriege geführt werden, ist in vielen Fällen hier zu suchen.«

Mit derart deutlichen Worten kann sich nur ein »säkularer« Gegner des iranischen Gottesstaates geäußert haben, ein Muslim, der durch die historisch-kritische Schule westlichen Denkens gegangen ist. So will es scheinen. Hat der Autor gar in Deutschland politisches Asyl gefunden und bedient sich deshalb einer deutschen Zeitung als Sprachrohr?

Der Autor ist Mohammed Khatami. Er war zu diesem Zeitpunkt gerade eineinhalb Jahre Präsident eben dieser »Islamischen Republik«.

Eine deutsche Zeitung benutzte der Präsident als Forum, um dem Westen eine Botschaft mit vielerlei Facetten zu übermitteln. Auf den ersten Blick warb Khatami im Ausland einzig um geistige Partner für einen weltanschaulich kritischen Dialog zwischen islamischer und westlicher Welt. Hierbei machte er darauf aufmerksam, dass im Iran selber schon eine Auseinandersetzung zwischen einzelnen religiös-politischen Fraktionen in Gang gekommen war. Der Westen sollte also nicht länger jene iranischen Intellektuellen ignorieren, die sich weltoffen mit Problemen auseinandersetzten und international dialogfähig waren. Aber ins handfest Politische übersetzt, bedeutet dies: Der Iran wollte seine internationale Isolierung beendet wissen, die seit der »Islamischen Revolution« 1979 das Land wirtschaftlich sehr belastete. Dem kulturellen Dialog sollten wirtschaftlich normale Handelsbeziehungen folgen.

Khatami selber präsentierte sich mit seinen liberalen Äußerungen zur Religion als verlässlichen Ansprechpartner, als die Galionsfigur einer Öffnung nach Europa. Dass er zuerst eine deutsche Zeitung als Forum wählte, hat mit seinem fast zweijährigen Aufenthalt in Deutschland zu tun. Er war am besten mit der deutschen Öffentlichkeit vertraut. Aber die Signale richtete er an alle europäischen Industriestaaten, wusste doch Khatami – ebenso wie sein Vorgänger Rafsandschani das gewusst hat –, dass die Europäer insgesamt längst ein Interesse daran hatten, das unter amerikanischem Druck verhängte Wirtschaftsembargo aufzuweichen.

Aufschlussreich ist, mit welchen Worten Khatami in seiner Abhandlung die westliche Zivilisation definiert: Sie sei »diejenige Zivilisation, ohne deren Werte und Errungenschaften das Leben auch von nichtwestlichen Menschen überhaupt nicht mehr möglich ist«. Und am Ende kommt er zu dem Schluss: »Ich meine, dass die westliche Zivilisation eine kraftvolle Realität unserer Tage ist. Auch wenn der Westen für uns unangenehme politische Aspekte hat und es kaum nichtwestliche Völker und Länder gibt, die die Peitschenhiebe seiner politischen und wirtschaftlichen Ausbeutung nicht auf dem eigenen Rücken gespürt haben, so besteht der Westen doch nicht nur aus Politik und Wirtschaft. Der Westen ist eine Zivilisation und Kultur, die auf spezifischen Werten und Auffassungen beruht; ohne sie zu kennen, wird unsere Kenntnis des

Westens oberflächlich, äußerlich und irreführend sein. Auf der einen Seite müssen wir vor den Unzulänglichkeiten des Westens auf der Hut sein, und auf der anderen Seite müssen wir seine Errungenschaften übernehmen. Beides ist möglich, wenn wir ein Stadium der geistigen und historischen Reife erreichen und die Kraft erlangen, zu erkennen und eine eigene Wahl zu treffen.«

Ähnlich hatte sich Khatami schon am 1. August 1998 in einem Artikel in derselben deutschen Zeitung über den Konflikt zwischen traditionell islamisch-iranischer Kultur und dem Westen geäußert: Es sei weder logisch noch menschlich, sich ohne Wenn und Aber in die Hegemonie des Westens zu fügen; ebenso unmöglich sei es jedoch, sich gegen zahlreiche Erscheinungsformen westlicher Zivilisation aufzulehnen. Mit Zwang, dürren Gesetzesworten und den Befehlen der Politik sei die kulturelle Invasion des Westens, seien die gesellschaftlichen und sozialen Schwierigkeiten des Iran jedenfalls nicht zu bewältigen.

Wenn auch die hier zitierten Ausführungen eindeutige Botschaften an westliche Leser waren – im Iran äußerte sich Khatami nicht gleichermaßen direkt –, so strahlte doch die deutsche Veröffentlichung auf den Iran zurück und wurde dort von Anhängern begrüßt, von Gegnern heftig abgelehnt. Aus der Sicht radikal-khomeinistischer Kreise musste eine solche Abhandlung einen Verrat an der Idee des theokratisch strukturierten Staates bedeuten.

Khatami war allerdings nicht der Vordenker eines solchen Umbruchs. Ihm kommt nur das Verdienst zu, dass er sehr früh die Ursachen und Antriebe eines derartigen Denkens erkannt und als Politiker wie als Buchautor gefördert hat. Dieses entschiedene Engagement hebt den Staatspräsidenten über seinen Vorgänger Rafsandschani hinaus, der ja auch schon die Engstirnigkeit und Inkompetenz der religiösen Führung überwinden wollte.

Die Ursprünge dieses religiös-kulturellen Umbruchs sind bei Philosophen, Schriftstellern und Dichtern zu suchen. Nahezu alle waren sie anfangs vom Ideal einer »Islamischen Revolution«, ja, auch von der Ausstrahlung des Revolutionsführers Khomeini fasziniert.

Sorusch, der unbequeme Denker

»Religion ist göttlich, aber ihre Interpretation ist durch und durch menschlich und weltlich. All dies impliziert, dass Religion immer umgeben ist von einer Masse zeitgenössischer Daten und Überlegungen, mit denen sie sich in ständigem Austausch befindet. Ihre Interpretation bleibt so lange konstant, wie auch diese externen Elemente konstant bleiben. Sobald diese sich verändern, wird sich die Veränderung auch im Verständnis der Religion niederschlagen. Daher verändert sich die Wissenschaft von der Religion nicht aufgrund einer Verschwörung oder einer Geistesverwirrung ..., sondern es handelt sich um das natürliche Ergebnis der Evolution menschlichen Wissens.«

Ein Text wie dieser könnte von Staatspräsident Khatami verfasst worden sein. Aber diese Überlegungen stammen von dem iranischen Theologen und Philosophen Abdulkarim Sorusch und sind am 22. Dezember 1995 in der deutschen Wochenzeitung *Die Zeit* veröffentlicht worden – drei Jahre bevor Khatami sich an die europäische Öffentlichkeit wandte.

Sorusch wird von westlichen Islamkennern gerne als ein »Luther des Islam« bezeichnet. Bei aller Problematik, solche Prädikate aus unserem Kulturkreis auf die islamische Welt zu übertragen, unterstreicht diese Einschätzung doch die einschneidende Bedeutung von Sorusch. Er kann als jener Denker im Iran gelten, der für gläubige Muslime geistig wegbereitend wurde, um eine Alternative zur fundamentalistischen Ideologie der religiös-politischen Führung zu bilden.

Sorusch fordert die strikte Trennung von Religion und Politik. Aus westlicher Sicht ist er damit ein »säkularer« Denker. Viele radikal-orthodoxe Mullahs lehnen ihn deshalb als »Ketzer«, ja als einen »Gottlosen« ab. Schon 1991 hatte der religiös-politische Führer Ali Khamenei die Anweisung gegeben, Soruschs »zersetzende« Thesen nicht mehr in den staatlichen Medien zu verbreiten. Schlägertrupps im Auftrag »religiöser Wächter« sprengten immer wieder seine Vorträge im Iran. Die Säle sind überfüllt, wenn Sorusch als Redner auftritt, so dass sein Wirken zu einem Politikum geworden ist.

Abdulkarim Sorusch, 1945 geboren und damit zwei Jahre jünger als Khatami, hat in Teheran sowie in der heiligen Stadt Ghom Philosophie und Theologie studiert. Anschließend ging er nach London und Cambridge, um dort in einem Zweitstudium Chemie und Wissenschaftstheorie zu absolvieren. Wenig attraktiv erschien ihm zunächst eine Rückkehr in den Iran, wo unter der Schah-Diktatur eine drückende Zensur und nur geringe berufliche Chancen auf Akademiker warteten. Aber als der Schah 1979 gestürzt wurde und die »Islamische Republik Iran« unter Khomeinis Führung entstand, übersiedelte der fromme Schiit mit vielen Illusionen wieder in die Heimat. Voller Idealismus engagierte er sich für das neue islamische Staatswesen, hier Khatami und anderen muslimischen Intellektuellen ähnlich. Er wurde Mitglied im »Rat der Islamischen Kulturrevolution«, ein glühender Aktivist, der es als eine Ehre betrachtete, etliche Reden für den Großen Imam Ajatollah Khomeini verfassen zu dürfen. Die Begeisterung hielt aber nicht lange an. Bereits 1984 kündigte Sorusch die Mitgliedschaft, ernüchtert durch den engstirnigen Radikalismus vieler seiner Mitstreiter. Er wurde Dozent für Philosophie an der Universität von Teheran. Damals war Khatami bereits zwei Jahre als Kulturminister im Amt, und unter dessen Schutz konnte Sorusch noch eine Zeitlang der Illusion huldigen, in der »Islamischen Republik« könne sich ein islamischer Pluralismus entfalten.

Sorusch griff lebhaft in die anfangs noch öffentlich geführte Diskussion ein, ob eine religiöse Führung angesichts der modernen komplizierten Gesellschaftsstruktur überhaupt einem Minister Anweisungen in Sachfragen geben könne. Und Sorusch wurde bald zu einem prominenten Sprecher jener, die forderten, die Geistlichkeit solle die Tagespolitik weitgehend Fachleuten aus der Wirtschaft und der Verwaltung überlassen und selber nur eine religiöse Aufsichtsfunktion ausüben. Aber wenn auch Sorusch nach Pluralismus verlangte – er wünschte nicht wie politische Denker des Westens einen säkularen, religiös wertneutralen Staat. Sorusch hielt ausdrücklich an einem Staat mit islamischem Wertesystem fest, und damit stimmte er zumindest im Grundsätzlichen mit den Reformgeistlichen Taleghani, Schariat-Madari und letztendlich auch Montaseri überein.

Für Sorusch waren die Lehrbedingungen 1989 am günstigsten, unmittelbar nach dem Tod Khomeinis. Damals war für kurze Zeit ein Machtvakuum entstanden, das anfangs am besten Staatspräsident Rafsandschani und Kulturminister Khatami zu füllen vermochten. Je mehr aber Religionsführer Ali Khamenei in der Nachfolge Khomeinis seine Position festigen konnte, desto schwieriger wurde es für Sorusch. Wie schon erwähnt, verbot Khamenei 1991 den staatlich kontrollierten Medien, weiterhin die »zersetzenden« Thesen des populären religiösen Philosophen zu verbreiten. Ein Lehrverbot folgte nicht, dazu fehlte vorerst noch die Handhabe. Umso intensiver wütete der Terror auf dem Universitätsgelände durch Störaktionen der radikal-islamischen Garde Ansar-e Hezbollah.

Wie der Terror im Einzelnen aussah, können wir einem offenen Brief entnehmen, den Sorusch hilfesuchend 1996 an den damals amtierenden Staatspräsidenten Rafsandschani geschrieben hat. Der Brief ist am 14. Juni 1996 auch in der deutschen Wochenzeitung *Die Zeit* abgedruckt worden. Dort heißt es unter anderem: »Herr Präsident, es wird Ihnen nicht entgangen sein, dass ich seit fast einem Jahr die Zielscheibe von Sensationsmache, Einschüchterungsversuchen und Gewalt seitens bestimmter einflussreicher Kreise und der ihnen hörigen Presse bin. … Alle Türen verschließen sich mir. An der Universität von Teheran wurde mir in diesem akademischen Jahr nur ein einziges Seminar zugeteilt, und selbst das habe ich mehrfach absagen müssen. Ich soll Graduiertenkurse in Philosophie und Sozialwissenschaften unterrichten – …, aber jedesmal wenn ich mich auf den Weg zur sozialwissenschaftlichen Fakultät mache, wird mein Leben ernsthaft bedroht. Ich muss Spießruten laufen, mir den Weg durch Gruppen von Menschen bahnen, die mir zu Fuß und auf Motorrädern den Weg versperren, Obszönitäten zurufen und zur Gewalt entschlossen scheinen. … Die Hochschulverwaltung hat sich sehr bemüht, mit dem Problem fertig zu werden. Aber sie ist daran gescheitert, dass meine Angreifer die offene oder versteckte Unterstützung von verschiedenen Autoritäten genießen, darunter das Büro von Revolutionsführer Ajatollah Khamenei. … Herr Präsident, wie soll ich meinen Studenten glaubhaft machen, dass sie Hoffnung für die Zukunft haben können? … Vor allem aber frage ich Sie: Wie können wir es widerspruchslos hinnehmen, dass alle diese Akte der Bigotterie, der Perfidie, der Inquisition und der ideologischen Rigidität im Namen unserer geliebten Religion verübt werden? … Ich schäme mich für eine Universität, in der eine einzelne Gruppe den Tod der Wissenschaft und die Geburt der Barbarei feiern kann.«

Rafsandschani, der selbst immer wieder Distanz zu radikalreligiösen Kreisen demonstriert hatte, vermied eine offene Parteinahme für Sorusch. Zu aufgeheizt erschien ihm die Stimmung, zu geschwächt war seine eigene Position, seit die Fraktion der Konservativen im März und April 1996 bei Parlamentswahlen ihre Mehrheit hatte ausbauen können. Zudem hatten die Unruhen um den populären Philosophen Sorusch schon im Oktober des Jahres 1995 zu einer gefährlichen Zuspitzung geführt. Damals hatten rund 7000 Studenten auf den Straßen Teherans gegen die Übergriffe fanatischer Muslime auf Sorusch protestiert, es war die größte unabhängige Demonstration seit Beginn der 1980er-Jahre gewesen. Auch damals hatte Sorusch an den Staatspräsidenten Rafsandschani appelliert, die freie Meinungsäußerung besser zu schützen. Und damals hatte Rafsandschani ebenso geschwiegen wie jetzt.

Erst nachdem Khatami 1997 zum Staatspräsidenten gewählt worden war, besserte sich für Sorusch nach und nach die Situation. Ein erstes Signal in diese Richtung: Überraschend konnte Sorusch im Oktober 1997 zu einer internationalen Konferenz nach Nikosia in Zypern ausreisen. Gastgeber waren mehrere islamische Staaten, die auf neutralem Boden Vortragsredner aus unterschiedlichen Ländern geladen hatten. Das Ziel der Veranstalter war, einen Gedankenaustausch zwischen Vertretern des politischen Islam und der säkularen Staatsidee des Westens in Gang zu setzen. Der Iran war wesentlich an der Planung beteiligt – und kein Zufall war es, dass dies unter der Regie des neuen Staatspräsidenten Khatami geschehen konnte.

Für den Iran bot die Konferenz in Zypern ein geeignetes Forum, die bisherige politische Isolation zu durchbrechen und vom international schlechten Ruf des »geistig engen Gottesstaates« wegzukommen. Khatami hatte gegen die Fraktion der »Khomeinisten« durchsetzen können, dass Sorusch als ein wichtiger Gastredner entsandt wurde. In der Tat: Sorusch bot der Weltöffentlichkeit eine überraschende, für den Westen ungewohnte Präsentation der »Islamischen Republik Iran«. In seinem Vortrag bezog er scharf Stellung gegen das Referat eines anderen Gastredners, des Harvard-Professors Samuel Huntington. Bestsellerautor Huntington hatte bekanntlich international Aufsehen mit einem Buch erregt, in dem er die These vertrat, das 21. Jahrhundert werde gekennzeichnet sein durch einen »Kampf der Kulturen«, einen *Clash of Civilisations*. Hierbei spitze sich der Gegensatz zwischen abendländischer und islamischer Welt am krassesten zu. Sorusch betonte aber im Gegensatz zu Huntingtons intoleranter Abgrenzung, dass es sehr viele gemeinsame geistige Wurzeln für Muslime und für Christen gebe, und daher sei auf allen Ebenen ein Dialog zwischen den geistesverwandten Kulturräumen der islamischen und der abendländischen Welt möglich. Der Vortrag bedeutete einen persönlichen Erfolg für Sorusch, aber auch einen Propagandaerfolg für die »Islamische Republik«, die ihn entsandt hatte.

Aber kaum im Iran zurück, erwarteten Sorusch neue Schikanen. Der religiös-politische Führer Khamenei entzog Sorusch die Lehrerlaubnis wegen »antiislamischer« Tendenzen und demonstrierte damit, dass die »Khomeinisten« wenig stolz auf das liberale Aushängeschild eines Paradeintellektuellen waren. Die Schikane war allerdings nicht von Dauer. 1999 konnte Sorusch an der Universität von Teheran vereinzelt wieder Vorträge halten – jetzt sogar, ohne dass die Veranstaltungen durch Schlägertrupps gesprengt wurden.

Dieses Auf und Ab am Beispiel eines populären und zugleich heftig umstrittenen Philosophen zeigt anschaulich, wie unentschieden selbst nach zwanzig Jahren im Iran der Machtkampf zwischen starr orthodoxen und reformbereiten Fraktionen geblieben war.

Im Juli 1999 gab Sorusch dem österreichischen Nachrichtenmagazin *Profil* ein aufschlussreiches Interview. Dort (in der Ausgabe vom 12. Juli) äußerte er sich über die religiös-politischen Spannungen im Iran mit folgenden Worten: »Keine Religion ist eine Wahrheit ›an sich‹, sondern sie ist Wahrheit ›für sich‹, das heißt für ihre Anhänger. Deshalb fordern wir einen religiösen Pluralismus. Die monistische Denkweise, welche die anderen religiösen Richtungen nicht duldet, ist ein großes Übel. Unser Ziel ist es, den Islam mit der Demokratie zu versöhnen. Ideen dieser Art sind ein Dorn in den Augen der herrschenden Macht.« Über Khatami sagte er: »Einer der Gründe für Khatamis Erfolg war die Tatsache, dass der geistige Boden für seine Wahl längst vorbereitet war. Seine Losungen der Demokratie, der Freiheit und der zivilen Gesellschaft fanden bei den gebildeten Schichten immensen Anklang. Schon seit der Revolution war ich der Meinung, dass die Gebildeten in unserem Land auf lange Sicht keinen Vormund akzeptieren werden. Den Führern leistet nur das unkundige Volk blinde Gefolgschaft. Der religiöse Führer, Herr Khamenei, wollte auch die Gebildeten führen. Aber es gelang ihm nicht. In dieses Vakuum trat Mohammed Khatami ein, der selbst ein islamischer Intellektueller ist. Er wurde zum Wortführer einer aufgeklärten Jugend. Das ist ein seltener Fall in unserer Geschichte, dass ein Politiker auch die geistige Führung der gebildeten Teile des Volkes innehat.«

Auf die Frage, welche Rolle Staatspräsident Khatami innerhalb dieses Wandels voraussichtlich noch spielen werde, äußerte sich Sorusch allerdings skeptisch: »Khatami ist zwar der Initiator des Wandels, aber nicht unbedingt sein Vollender. Die Gesellschaft bewegt sich schneller als er, so dass seine Lösungen sehr bald veraltet sein könnten. Vielleicht werden sich bald andere Kräfte an die Spitze der Erneuerung setzen. ... Schauen Sie sich die Studenten, die Jugend, die Presse, die Bücher und die Debatten an. Sie sind die Garanten dafür, dass der gesellschaftliche Wandel im Iran unumkehrbar ist.«

Doulatabadi, der Dichter zwischen allen Fronten

»Zivilisationsfeindlichkeit« – mit diesem Verdikt hatten einst die Zensoren des Schah-Regimes seine frühen Romane belegt. »Antireligiöse Literatur« – so wird sein Werk immer wieder von den Zensoren der »Islamischen Republik« abgekanzelt. Keiner Regierung war er genehm, hier wie dort hatte er unter Verfolgung zu leiden, hier wie dort blieb er unbeirrbar und geriet in letzter Konsequenz als Dichter zwischen alle Fronten. Aber dass er diese Spannung geistig wie psychisch aushielt, hat seinem Werk die unverwechselbare Eigenständigkeit und Größe gegeben.

Die Rede ist von Mahmud Doulatabadi. Im Iran ist er seit den 1980er-Jahren einer der populärsten Romanautoren der gebildeten Leserschicht. Und von der internationalen Literaturkritik wird er inzwischen als einer der wichtigsten oder gar als der bedeutendste iranische Schriftsteller der Gegenwart gefeiert, ein Dichter, der einen Beitrag zur zeitgenössischen Weltliteratur leistet.

Ausgerechnet unter der Diktatur eines islamistisch orientierten Staates ist Doulatabadi zu derartigem Ruhm gekommen. Aber wie kann sich dort überhaupt Literatur von Rang entfalten? Und wie sich ein anspruchsvolles Leserpublikum gegen drückende Bevormundung behaupten?

Aus dem Iran dringen zu uns vor allem Nachrichten über die harte Zensur und ihre Folgen. Diese Zensur kann lebensgefährlich sein, wie wir spätestens seit dem 14. Februar 1989 wissen. Damals verhängte Ajatollah Khomeini das Todesurteil über den britisch-indischen Autor Salman Rushdie mit der Begründung, Rushdie habe mit seinem Roman *Die satanischen Verse* in schlimmster Form Gotteslästerung begangen und das Andenken des Propheten Mohammed in den Schmutz gezerrt. Der skandalöse Urteilsspruch erregte weltweit Aufsehen. Zum einen hatte bisher kein ranghoher islamischer Würdenträger einem Muslim außerhalb des eigenen Herrschaftsbereichs eine derartige Strafe zudiktiert. Zum anderen hatte Khomeini Killerkommandos ermutigt, gegen ein Kopfgeld in Millionenhöhe die »Hinrichtung« im Ausland zu vollziehen. Das Todesurteil gegen Salman Rushdie (auf dem auch Khomeinis Nachfolger Ali Khamenei unnachgiebig beharrte) hat unsere Vorstellung wesentlich beeinflusst, im Iran könne eigentlich kein nennenswertes literarisches Leben existieren.

Aber spätestens seit dem wachsenden Ruhm des Dichters Doulatabadi sind wir gezwungen, die kulturelle Situation im

Iran differenzierter zu betrachten. Zumal Doulatabadi die herausragende Figur einer breiteren Bewegung ist.

1997 war Doulatabadi Gast auf der Frankfurter Buchmesse. Zu diesem Zeitpunkt lagen etliche seiner wichtigsten Bücher bereits in deutscher Übersetzung und auch in anderen westlichen Sprachen vor. Aber ob der Autor überhaupt der Einladung ins Ausland folgen konnte, war bis zuletzt offen geblieben, denn das Mullah-Regime hatte ihm unter fadenscheinigen Gründen schikanös zunächst die Ausreise verweigert. Solche Umstände zeigen, wie prekär – und wie paradox – die Situation für Doulatabadi eigentlich ist. Zeitweise sind seine Werke im Ausland leichter zu bekommen als in der eigenen Heimat. Trotzdem bleibt er im Iran der gefeierte Autor, trotzdem kann er dort weiterhin Bücher veröffentlichen.

Doulatabadis Karriere ist erstaunlich. Er entstammt nicht etwa der schmalen Bildungsschicht, die in den wenigen Großstädten zu Hause ist – sein Heimatort befindet sich in einer ländlichen Region, wo es noch Mitte des 20. Jahrhunderts die Ausnahme war, dass ein Heranwachsender lesen und schreiben lernte.

Mahmud Doulatabadi wurde 1940 als Sohn eines Schusters im dörflichen Marktflecken Doulatabad geboren und wuchs unter sehr ärmlichen Verhältnissen in einer neunköpfigen Familie heran. Eine aus Lehmhäusern zusammengewürfelte Siedlung, am Rand der großen Salzwüste zwischen Mesched und Teheran gelegen, so war das Dorf weitgehend unberührt von Fortschritt, unberührt auch von wirtschaftlicher Förderung geblieben. Mühsam nur konnten sich dort die Menschen mit Ackerbau, Kamel- und Schafzucht am Leben erhalten. Das Elend des Marktfleckens Doulatabad verschlimmerte sich, nachdem der Schah 1963 mit viel Propaganda die sogenannte »Weiße Revolution« eingeleitet und die »Befreiung« der Bauern aus traditionellen Fesseln verkündet hatte. Diese wenig durchdachte Reform nützte, wie schon erörtert, nur den Großbauern und den Bauern aus der Mittelschicht, während die zahlreichen Kleinbauern und erst recht die Landarbeiter benachteiligt blieben und umso zahlreicher aus den Dörfern arbeitsuchend abwanderten. Auch der junge Mahmud verließ nun endgültig sein Dorf, nachdem er zwischendurch schon unter elenden Bedingungen in einer nahen Kreisstadt gearbeitet hatte. Jahre vorher waren bereits die älteren Geschwister in die Slums von Großstädten übersiedelt.

Dieses Trauma vom Niedergang eines Dorfes und der Auflösung traditioneller Familienstrukturen wurde zum prägenden Erlebnis für den jungen Mahmud und sollte später zu einem Hauptthema seiner Romane ausreifen.

Doulatabadi fristete mit wechselnden Berufen ein unstetes Leben: Er betätigte sich in verschiedenen Städten als Friseur, Kartenabreißer in Kinos, Fahrradmechaniker, Lagerverwalter und schließlich in Teheran als Annoncenwerber für die Tageszeitung *Kayhan,* zuletzt dann als Schauspieler, bevor er zu schreiben begann.

An Bildung brachte der ehemalige Dorfbewohner nur wenig mit, so musste es auf den ersten Blick erscheinen. Lesen und Schreiben hatte der junge Mahmud nur zwei Jahre lang in einer Koranschule gelernt. Darüber hinaus hatte er seinen Sprachschatz erweitert, indem er begierig durchreisenden Geschichtenerzählern zuhörte, die auf Marktplätzen und in Teestuben einem überwiegend analphabetischen Publikum iranische Sagen zum Besten gaben oder auch popularisierte Fassungen der Werke von persischen Klassikern wie Firdausi, Saadi und Hafis rezitierten. Hilfe bot ihm überdies sein Vater, der trotz seiner Armut die wichtigsten Klassikerausgaben persischer Dichtung besaß und zu den wenigen gebildeten Männern im Dorf gehörte. Moderne Literatur lernte der junge Mahmud naturgemäß erst in den Städten kennen, als er mühsam im Abendgymnasium die bisher versäumte Bildung nachholte. Aber diese Autoren waren keine Iraner; Mitte des 20. Jahrhunderts hatte sich eine zeitgenössische iranische Romanliteratur noch kaum entwickeln können. Der junge Mahmud las nun, wie es für die städtische Bildungsschicht typisch war, westliche Autoren. Für ihn prägend wurden die Romane von Albert Camus, William Faulkner und John Dos Passos.

Östliche und westliche Vorbilder wurden somit gleichermaßen für das Werk des ehemaligen Dorfbewohners Doulatabadi fruchtbar: einerseits die üppig verschlungene orientalische Erzähltradition, durchtränkt von persisch-traditioneller Symbolik, andererseits die Naturalistik europäischer und amerikanischer Milieuschilderung. Viele Werke zeitgenössischer iranischer Autoren leben aus dieser Spannung. Doulatabadi aber sollte zu einem der großen Wegbereiter dieser neuen Literatur werden.

1966 erschienen erste Erzählungen, in denen der damals Sechsundzwanzigjährige das soziale Elend von Bauern und Kleinstädtern beschrieb. Aber schon lernte er die Zensur des Schah-Regimes kennen. Denn es galt als zersetzend, soziale und politische Konflikte deutlich beim Namen zu nennen. Kritik an der Modernisierungspolitik des Schahs bedeutete Kritik an der Zivilisation. 1975 verhaftete ihn die Geheimpolizei des Schahs und ließ ihn für zwei Jahre im Gefängnis verschwinden. Anlass war ein von ihm verfasster systemkritischer Zeitungsartikel sowie »sozialkritische Tendenzen«, die die Zensoren in seinem beschlagnahmten Romanfragment *Die Unteren* entdeckten.

Als Doulatabadi 1977 das Gefängnis wieder verlassen konnte, war das Schah-Regime bereits durch schwere Unruhen erschüttert. Und kurz bevor Khomeini 1979 aus dem Exil triumphal in den Iran zurückkehrte, konnte Doulatabadi jenen Roman veröffentlichen, der seinen literarischen Ruf begründete: *Der leere Platz von Ssolutsch*.

Darin beschreibt er den Niedergang eines Dorfes und den Zerfall einer Familie – damit das Trauma der eigenen Kindheit.

Ein Dorf am Rand der großen Salzwüste wird zum Mikrokosmos jener bäuerlich-traditionellen Welt, die unter den Folgen korrupter Feudalherrschaft und der misslungenen »Weißen Revolution« des Schahs schwer zu leiden hat. Im Zentrum des Geschehens steht die Familie des Ofensetzers Ssolutsch. Da das Dorf kaum mehr eine Chance zum wirtschaftlichen Überleben bietet, verlässt Ssolutsch seine Heimat, arbeitet in der Fremde, lässt nichts mehr von sich hören und gilt bald als verschollen. Zurück bleiben seine Frau, zwei halbwüchsige Söhne und eine elfjährige Tochter. Ihr Leben ist brutal eingeengt durch dörfliche Traditionen, die aus der Sicht der Bauern als islamisch gelten und doch kaum etwas mit dem Koran zu tun haben. Hilflos preisgegeben ist die alleingelassene Frau den Nachstellungen der Männer, die nur zum Schein respektieren, dass eine Frau ohne männlichen Schutz im Dorf ihre Familie ernähren muss. In ihrer Verzweiflung gibt die Mutter die elfjährige Tochter einem älteren, wohlhabenden Mann zur Ehe und hofft, dass jetzt die Tochter versorgt und die Söhne bei dem Schwiegersohn wenigstens Arbeit als Kameltreiber bekämen. Die Hoffnung zerplatzt jäh. Die elfjährige Braut, die nach islamischem Gesetz das heiratsfähige Alter noch gar nicht erreicht hat, wird in der Hochzeitsnacht brutal von ihrem Gatten vergewaltigt und versinkt in Depression. Umso gereizter reagiert der »betrogene« Ehemann gegenüber der Familie. Am Ende ist die Familie zerbrochen. Ssolutsch kommt ins Dorf zurück, als längst alles zu spät ist. Die Familie verlässt das Dorf, um getrennt voneinander irgendwo arbeitsuchend in einem Großstadtslum zu überleben.

Doulatabadi ist mit seiner präzisen Milieuschilderung stark vom sozialkritischen Stil europäischer Romane beeinflusst. Andererseits bleibt er islamisch-iranischen Traditionen verhaftet. In der Beschreibung wechseln naturalistische Elemente aus dem Alltagsbewusstsein der Bauern mit symbolischen Bezügen zu Koran und altpersischer Dichtung. Deutlich wirken in dem Roman Gedanken nach, wie sie Firdausi in seinem klassischen Versepos *Schah nameh,* »Das Buch der Könige«, entwickelt hat. In dieses Versepos aus dem 11. Jahrhundert sind aber noch viel ältere Traditionen verwoben, und sie kommen ebenfalls bei Doulatabadi zum Ausdruck: der ewige metaphysische Kampf zwischen Licht und Dunkel, Gott und Dämonen, Kultur und Barbarei – ein Dualismus, dessen Ursprünge sich bis auf den altiranischen Religionsstifter Zarathustra zurückverfolgen lassen.

Der leere Platz von Ssolutsch wurde zum Erfolg bei einem literarisch gebildeten Publikum der Großstädte. Die Leser begrüßten, dass hier endlich soziale Zustände konkret, ohne jede Beschönigung dargestellt wurden und der Autor zudem aus dem symbolischen Fundus iranischer Tradition schöpfte. Für die Zensoren des Mullah-Regimes stellte dieser Roman zunächst kein Problem dar. Das Buch konnte ja als eine schonungslose Abrechnung mit den Zuständen zur Zeit des Schah-Regimes verstanden werden. Außerdem trat der Autor für eine unverfälschte Sozial- und Gerechtigkeitslehre auf der Grundlage des Koran ein. Aber in späteren Jahren sahen die Zensoren des Mullah-Regimes den Roman aus einem anderen Blickwinkel. Als sich unter der neuen Regierung an der sozialen Krise nur wenig änderte, konnte ein schonungsloser Realismus wie in diesem Roman auch als Kritik an der Realität des Gottesstaates verstanden werden. Und plötzlich sorgten die Zensoren dafür, dass der Roman nicht mehr an die Buchhandlungen ausgeliefert werden konnte.

Nur die ersten Jahre der Ära Khomeini hatten für iranische Schriftsteller und Dichter eine Freiheit gebracht, wie sie bis dahin unvorstellbar erschienen war. Es war jene Zeit, als – durch die Initiative auch des Kulturministers Khatami – jedes Jahr etwa achtmal so viele Romane veröffentlicht wurden wie unter dem Schah-Regime. Viele der Autoren, die zuvor ihre Werke aus Angst vor Zensur, Verhaftung und Folter hatten in der Schublade liegen lassen, wagten sich jetzt an die Öffentlichkeit. Viele von ihnen hatten – wie Doulatabadi – mit der »Islamischen Revolution« sympathisiert, in der Meinung, nach deren Sieg beginne endlich eine freie Diskussion über soziale, religiöse und kulturelle Fragen. Khomeini selbst hatte diese Erwartung im unruhig gewordenen Volk auch bestärkt, indem er von seinem Pariser Exil aus eine demokratische Gesellschaft mit Meinungsfreiheit und einem Mehrparteiensystem versprach. Damals war es für Khomeini noch unmöglich gewesen, offen eine neue Form von totalitärer Herrschaft zu propagieren.

In der illusionären Aufbruchstimmung einer »islamischen Kulturrevolution« fand Doulatabadi die Kraft, seinen fünfbändigen Roman zu vollenden, den er als sein Hauptwerk ansieht: *Kelidar,* ein monumentales Epos von nahezu 3000 Seiten. Und er fand gerade in dieser Zeit ein Publikum, das begierig war, die neugewonnene Lesefreiheit zu nutzen.

Kelidar, dessen erster Band 1983 in Teheran erschien, wurde zum größten Publikumserfolg der iranischen Romanliteratur überhaupt. Bis zum Jahr 1997 wurden in 13 Auflagen 60 000 Exemplare verkauft – ungewöhnlich für ein Land der sogenannten »Dritten Welt«, in dem die Kaufkraft sehr niedrig und die Bildungsschicht sehr dünn ist. Noch Mitte der 1980er-Jahre, als *Kelidar* erschien, waren noch fast 40 Prozent der Iraner Analphabeten; in vielen Dörfern lag die Rate sogar bei über 60 Prozent, in abgelegenen Gegenden ohnehin höher.

Was sind die Ursachen für einen derartigen Erfolg?

Auf der Frankfurter Buchmesse 1997 hat Doulatabadi in Interviews aufschlussreiche Erklärungen über sein Werk und die kulturelle Situation seines Landes geliefert. Wichtige Informationen verdanke ich in diesem Zusammenhang dem Journalisten Horst Sumerauer, der, gut vertraut mit moderner iranischer Literatur, in Frankfurt mit Doulatabadi ein Gespräch führte und anschließend für das Deutschland-Radio Berlin eine Sendung über die literarische Bedeutung des Dichters gestaltete. In dem dort enthaltenen Interview äußerte Doulatabadi die Vermutung, sein Nomaden-Epos *Kelidar* habe bei den Iranern eine lang unterdrückte Sehnsucht befriedigt, habe etwas längst Verschüttetes im Herzen seiner Landsleute wieder zum Klingen gebracht. Er glaube, dass die Iraner »das Buch als einen Aufruf empfanden, sich wieder auf menschliche Weise auf unsere Vergangenheit zu besinnen«.

Diese Erklärung zielt auf ein schwerwiegendes kulturelles Defizit im Iran. Unter dem Schah-Regime waren die traditionellen Lebensformen der Kleinstädte und Dörfer und erst recht des Nomadendaseins pauschal als rückständig, als veraltet verächtlich gemacht worden. Und wer diese Lebensformen positiv bewertete, geriet in Gefahr, als zivilisationsfeindlich abgestempelt zu werden. Doulatabadi ging mit seinem Roman *Kelidar* das Wagnis ein, die iranisch-orientalische Tradition als einen unverzichtbaren kulturellen Wert darzustellen. Mehr noch: Doulatabadi sah in dieser Tradition einen Schlüssel zum Selbstverständnis des eigenen Volkes.

Indem der Autor aber orientalische Lebensformen in ihrer ganzen Vielfalt beschrieb, wandte er sich nicht nur gegen die ideologischen Vorgaben des einstigen Schah-Regimes. Er verstieß ebenso gegen die Normen des Mullah-Regimes. Denn die fundamentalistischen Dogmatiker wollen ja an Tradition nur gelten lassen, was exakt ihrem engen Verständnis von Koran und Scharia entspricht. Auch ihre Einschränkung erlaubt keine unbefangene und differenzierte Auseinandersetzung mit traditionellen Werten.

Kelidar ist der Name eines Berges im nördlichen Iran, in dessen Umkreis kurdische Nomadenstämme sowie Bauern einen vergeblichen Kampf gegen Großgrundbesitzer und korrupte Steuereintreiber führen. In eindringlichen Charakterbildern beschreibt Doulatabadi eine Gesellschaftsordnung, die durch das Vordringen einer bürokratischen, städtisch geprägten Zivilisation in ihrer Substanz bedroht ist. Und kritisch setzt er sich mit den provinziellen Machthabern des Schah-Regimes auseinander, die durch Misswirtschaft und Willkürherrschaft sämtliche Fortschrittsverheißungen ad absurdum führten. Aber er bleibt vor der Versuchung bewahrt, nun umgekehrt die nomadische und bäuerliche Welt zu idealisieren oder gar zu romantisieren. Mit der unbestechlichen Genauigkeit eines Chronisten bringt er, bei allem Respekt vor einer alten Kultur, die barbarischen Auswüchse wie Familienfehden, Blutrache und Unterdrückung der Frauen zur Sprache. Die traditionelle Gesellschaftsordnung erscheint gefährdet nicht nur durch den Druck von außen, sondern auch durch Fehlentwicklungen im Inneren. Damit gelingt Doulatabadi auf hohem literarischem Niveau die exemplarische Darstellung eines Gesellschaftskonfliktes, wie er sich in vielen Regionen des islamischen Orients, ja, ähnlich in der ganzen sogenannten Dritten Welt abspielt.

Der Erfolg des Roman-Epos *Kelidar* schützte Doulatabadi allerdings nur vorübergehend vor Anfeindungen. Spätestens 1990 war es mit der Atempause vorbei, als er *Die Reise* veröffentlichte.

Der Kurzroman *Die Reise* nimmt eine Sonderstellung im Gesamtwerk Doulatabadis ein. Diesmal verzichtet der Autor völlig auf den symbolischen Bezug zu Textstellen im Koran und der klassischen persischen Literatur. Schauplatz ist ein trostloser, umweltgeschädigter Industrieort im Norden des Iran. Entsprechend losgelöst aus traditionellen Bindungen ist das Bewusstsein der Romanpersonen. Ein arbeitslos gewordener Schmied reist voller Hoffnung zur Saisonarbeit in den Golfstaat Kuwait, wird dort durch einen Unfall verkrüppelt und kehrt ohne soziale Absicherung in seinen Heimatort zurück. Da er wegen seiner Behinderung seine Familie nicht mehr ernähren kann, traut er sich nicht nach Hause. Ohnehin hat sich seine Frau während seiner Abwesenheit auf eine heimliche Liebesbeziehung mit einem Wanderarbeiter eingelassen. Verzweifelt begeht der Heimkehrer Selbstmord.

Doulatabadi hat hier eine Reihe Themen erörtert, die unter der Herrschaft der Mullahs mit einem Tabu belegt sind: Verlust von traditionellen Bindungen, Ehebruch, Selbstmord. Hinzu kommt, und dies verschärft die Situation, dass der Autor mit psychologischem Einfühlungsvermögen die Motive seiner handelnden Figuren verständlich macht. Doulatabadi schildert schonungslos den Zustand einer sozialen und kulturellen Entwurzelung, wie sie – nach offizieller Version der religiösen Führung – eigentlich nur unter dem Regime des Schahs möglich war. Aber der Autor siedelt den trostlosen Industrieort mit grassierender Arbeitslosigkeit und der Hoffnungslosigkeit seiner Bewohner in der Gegenwart an. Er gibt damit zu verstehen, dass sich nach zehn Jahren »Islamische Republik« an der einstigen Krise nicht viel geändert hat.

Zum eigentlichen Skandal wird für die strengen Zensoren des Gottesstaates hierbei nicht der Hinweis auf die soziale Misere, sondern die religiöse Desorientierung. Deutlich genug in Worte gekleidet ist dieses Lebensgefühl bei jenem Wanderarbeiter, der eine heimliche Liebesbeziehung mit der Frau des Schmieds begonnen hat. Im Gespräch mit seiner Geliebten sagt er einmal: »Du kannst dir nicht vorstellen, wie es in meinem Kopf aussieht, wenn ich mich in meine Gedanken und Phantasien versenke. … Auf einmal, wie am Ende einer Sackgasse, stehe ich verdutzt da und frage mich, was das Ganze bedeuten soll. … Wenn du mich aber fragst, was ich suche, weiß ich keine Antwort.« So spricht ein Mensch, dem die Welt fremd geworden ist und der ohne klare metaphysische Sinnvorgabe den Alltag meistern muss.

Doulatabadi hat in seinem Interview mit dem Journalisten Horst Sumerauer betont, dass seine Romane vom französischen Existentialismus beeinflusst seien, und das sei kein Zufall, denn Jean-Paul Sartre und Albert Camus seien bei iranischen Intellektuellen schon zur Zeit des Schahs beliebte Autoren gewesen. Ihn fasziniere vor allem die Existenzphilosophie von Camus, sie habe in der Tat wesentliche Spuren in seinem Roman *Die Reise* hinterlassen.

Der Druck der Zensur auf Doulatabadi wurde während der folgenden Jahre immer stärker. Dies geschah zu jener Zeit, als Khatami aus dem Amt des Kulturministers gedrängt wurde und der Machtkampf zwischen dem starr orthodoxen Religionsführer Khamenei und dem pragmatisch taktierenden Staatspräsidenten Rafsandschani sich immer mehr verschärfte. Zuerst wurde *Die Reise* verboten, dann *Der leere Platz von Ssolutsch*, und schließlich durfte auch *Kelidar* nach der 13. Auflage nicht mehr gedruckt werden.

Eine derartige Zensur währte allerdings nur bis 1997, bis Khatami in das Amt des Staatspräsidenten gewählt wurde. Denn dann entstanden für anspruchsvolle sozialkritische Literatur erneut Freiräume. Aber unter dessen Nachfolger Ahmadinedschad (über ihn später) hatte Doulatabadi erneut mit Schwierigkeiten zu kämpfen. Exakt während dessen Regierungszeit, im Jahr 2008, schloss der Autor ein weiteres Werk mit dem Titel *Der Colonel* ab.

Der Colonel unterscheidet sich von allen vorhergehenden Romanen dadurch, dass er sich politisch eindeutig auf die Umbrüche der »Islamischen Revolution« bezieht. Geschildert wird das Schicksal einer iranischen Familie, deren Oberhaupt ein ehemaliger Offizier der Schah-Armee, ein Colonel, ist. Er hat drei Söhne und zwei Töchter. Jedes Mitglied dieser Familie repräsentiert eine politische Strömung in der Vielfalt miteinander rivalisierender Gruppierungen nach der Revolution von 1979, angefangen von der kommunistischen Tudeh-Partei über die Volks-Mudschaheddin bis hin zu den Anhängern Khomeinis. Und sie alle werden Opfer des radikalen Umbruchs, entweder sterben sie in Straßenkämpfen oder sie werden von den neuen Machthabern hingerichtet. Allein der jüngste Sohn, der sich als Freiwilliger in den Krieg gegen den Irak meldet, wird vom islamistischen Regime geschätzt, er aber stirbt auf dem Schlachtfeld und wird als »Märtyrer« geehrt. Der Colonel, der ratlos den Untergang seiner Familie erlebt, begeht Selbstmord.

Kein Roman Doulatabadis ist derart düster wie dieser. Keiner bezieht sich auch derart direkt auf die blutigen Konsequenzen der »Islamischen Revolution«. Es braucht nicht zu wundern, dass das Manuskript des *Colonel* 2008 bei der Zensurbehörde hängen blieb. Der Roman ist bis heute nicht im persischen Original erschienen, dafür aber 2010 in deutscher Übersetzung und in anderen westlichen Sprachen.

Für Doulatabadi bleibt es weiterhin schwierig, einen Weg zu seiner Leserschaft im Iran zu finden. Aber trotzdem verbreitet sich sein Werk, und gerade er ist an vorderster Stelle in die Literaturgeschichte der iranischen Moderne eingegangen.

Terror und Bildungspolitik im Widerstreit

Im Oktober 1994 demonstrierten 134 Autoren, Intellektuelle und Künstler – unter ihnen auch Doulatabadi – mit dem Mut der Verzweiflung gegen den wachsenden Terror der religiösen Aufsichtsbehörde. Sie verfassten ein Manifest gegen die Einschränkung der Meinungsfreiheit und verschickten es an das iranische Kulturministerium, etliche iranische Zeitungen und ausländische Schriftstellerorganisationen. In vollem Wortlaut abgedruckt wurden die mutigen Forderungen in der Monatszeitschrift *Takapu,* dem auflagenstärksten Literaturjournal Teherans. Ein vergeblicher Versuch. Das Literaturjournal wurde wenig später verboten, gerade wegen dieser Veröffentlichung. Und das war erst der Anfang eines immer stärker werdenden Terrors der radikal-orthodoxen Führungskreise gegen missliebige Intellektuelle und Künstler.

Doulatabadi überstand den wachsenden Terror ohne derartige Bedrohungen. Zu groß war bereits seine Popularität im Iran, zu groß sein Ansehen bei einer Bildungsschicht des westlichen Auslands. Aber unbeschadet kam auch er nicht davon. Unter fadenscheinigen Gründen verweigerten ihm die Behörden immer wieder die Reisegenehmigung, sobald er eine Einladung zu europäischen Symposien und Schriftstellerkongressen bekam. Ein Wandel zum Besseren zeichnete sich für Doulatabadi – vorübergehend – erst ab, nachdem, wie schon erwähnt, Khatami 1997 mit überwältigender Mehrheit in das Amt des Staatspräsidenten gewählt wurde.

Doulatabadi gehört einer Generation an, die einen kulturellen Umbruch mit immer größerer Beschleunigung erlebt hat. Unter Schah Mohammad Reza Pahlevi haben sich die Spannungen zwischen Machthabern und Schriftstellern niemals mit derartiger Heftigkeit und Breitenwirkung entladen. Dabei waren die Zensoren des Schah-Regimes genauso unduldsam gegen Andersdenkende. Aber unter der Herrschaft der Geistlichen kam ein neuer Faktor hinzu. Nicht nur die Zahl systemkritischer Intellektueller hat sich vergrößert. Noch viel entscheidender ist, dass sich das Bildungsniveau der einzelnen Bevölkerungsschichten beträchtlich verbessert hat – dank der forcierten Bildungspolitik der Mullahs.

Anfang der 1940er-Jahre, als Doulatabadi noch ein Kind war und der Vater des letzten Schahs das Land regierte, waren nahezu drei Viertel der Iraner Analphabeten. Und als 1979 der letzte Schah gestürzt wurde, waren es noch immer 63 Prozent. Aber schon nach zehn Jahren Islamische Republik hatte sich der Anteil der Analphabeten auf rund 36 Prozent verringert, am Beginn des 21. Jahrhunderts waren es nur noch 28 Prozent und für das Jahr 2017 können noch etwas mehr als 18 Prozent der Bevölkerung über 14 Jahre nicht lesen und schreiben, wovon vorwiegend iranische Frauen betroffen sind. Dieser dramatische Fortschritt in der Bildungspolitik bescherte den Romanschriftstellern, Sachbuchautoren und religiösen Philosophen ein erheblich größeres Publikum. Entsprechend verstärkte sich von Jahr zu Jahr die Wirkung von Büchern auf eine lesekundige Öffentlichkeit. Und so erst konnte Doulatabadi bei breiteren Schichten Aufmerksamkeit erregen. Aber für die Zensoren des Mullah-Regimes wurde es schwieriger, das Anwachsen an Meinungsvielfalt zu kontrollieren.

Gerade diese Entwicklung hatte die Kulturpolitiker des Gottesstaates in eine paradoxe Situation gebracht. Einerseits konnten sie stolz darauf sein, im Iran eine der erfolgreichsten Bildungsoffensiven der islamischen Welt gestartet zu haben. Andererseits musste die zunehmende Vielfalt an Bildung zu einem verstärkten Bedürfnis nach Demokratie führen – ein Bedürfnis, das sich durch Verordnungen nicht mehr unterdrücken ließ.

Aus unserer westlichen Sicht überrascht es, dass ausgerechnet der »Gottesstaat« Iran – mit einem Image des »finsteren Mittelalters« behaftet – eine derart dynamische Bildungspolitik eingeleitet hat. Innerhalb von nur zwei Jahrzehnten war es der Revolutionsregierung gelungen, zahlreiche andere islamische Staaten an Ausbildungsstandards nicht nur einzuholen, sondern zu überholen. Das Statistische Jahrbuch der UNESCO liefert uns mit Erhebungen bereits aus dem Jahr 1995 aufschlussreiche Vergleichsdaten. Damals, als der Iran den Anteil seiner Analphabeten auf rund 30 Prozent hatte senken können, gab es nur noch drei islamische Staaten mit größeren Erfolgen: an der Spitze der Libanon mit nur 7 Prozent Analphabeten, Jordanien mit 14 Prozent, die Türkei mit 17 Prozent. Dagegen waren Tunesien und Ägypten – uns als Staaten mit säkularen Reformprogrammen geläufig – längst überrundet: Tunesien hatte 1995 noch immer einen Anteil von 33 Prozent Analphabeten, Ägypten gar von 48 Prozent. Ohnehin weit abgeschlagen blieben Staaten, die fundamentalistisch regiert oder stark traditionalistisch geprägt sind: Afghanistan mit 68 Prozent, Pakistan mit 62 Prozent, der Jemen mit 63 Prozent Analphabeten.

Früh hatten die revolutionären Muslime unter Khomeini zwar erkannt, dass nur eine breit angelegte Alphabetisierung der Schlüssel sei, um die Unterentwicklung des Iran zu beseitigen. Welch ein Kontrast zu vielen anderen islamistisch orientierten Regierungen! Aber die Mehrzahl der iranischen Politiker ahnte kaum, dass dieser Entwicklungsprozess bald das geschlossene System ihres Staates sprengen musste. Unwiderruflich ging so die Islamische Republik Iran spätestens im dritten Jahrzehnt ihres Bestehens einem neuen Umbruch entgegen, dessen Folgen immer noch nicht abzusehen, aber durchaus zu ahnen sind.

Filmregisseure in der »Islamischen Republik«

Filme aus dem Iran … Mitte der 1990er-Jahre nahm man in Europa und den USA erstaunt zur Kenntnis, dass in der »Islamischen Republik« zunehmend Spielfilme produziert wurden, die mehr zu bieten hatten als nur dürftiges Propagandamaterial des Regimes. Iranische Spielfilme errangen höchste Auszeichnungen auf den internationalen Filmfestspielen von Cannes und Venedig bis Berlin und Montreal, und seither ist es für Cineasten zur Selbstverständlichkeit geworden, iranische Filmregisseure in einem Atemzug mit den Großen der westlichen Filmgeschichte zu nennen.

In das Bewusstsein der Europäer und Amerikaner ist diese Entwicklung vor allem in den Jahren 1997 bis 2005 gerückt. Damals konnte Staatspräsident Khatami maßgebend Einfluss auf die kulturelle Entwicklung der »Islamischen Republik« nehmen. Diese Entwicklung hatte schon eingesetzt, als Khatami noch Kulturminister war. Allerdings war – und ist bis heute – vielen dieser künstlerisch höchst bedeutenden Filme ein sehr ambivalentes Schicksal beschieden: Sie genießen die größte Anerkennung im westlichen Ausland und sind im Iran teilweise sehr umstritten, etliche sogar verboten. Ich muss hier allerdings eine begrenzte (und subjektive) Auswahl in der Aufzählung von Filmen und ihrer Regisseure treffen.

Die erste Aufmerksamkeit in Europa und den USA erntete Abbas Kiarostami, als er im Mai 1997 für seinen Spielfilm *Der Geschmack der Kirsche* bei den Filmfestspielen in Cannes die Goldene Palme gewann. Es war der erste iranische Film überhaupt, der mit einem international anerkannten Preis geehrt wurde – und dies für ein Thema, das aus traditionell islamischer Sicht ein Tabu verletzte. Im Mittelpunkt der Handlung steht ein Mann, der wegen einer tiefen existentiellen Krise Selbstmord begehen will. Er fühlt sich dabei nur seinem eigenen Gewissen verantwortlich und verwahrt sich strikt dagegen, von Geistlichen bevormundet zu werden. Er duldet nur ihre Beratung, die ihm aber in seinem Gefühl der Ausweglosigkeit nicht hilft. Dies ist ein Film, der im westlichen Ausland sehr gelobt, im Iran aber wegen seiner »unislamischen Gesinnung« unterdrückt wurde. Am Ruhm dieses Regisseurs, der noch weitere künstlerisch bedeutsame Werke schuf, änderte dies jedoch nichts.

Ein ähnliches Schicksal wie *Der Geschmack der Kirsche* erlitt der im Jahr 2000 bei den Filmfestspielen in Venedig mit dem Goldenen Löwen ausgezeichnete Film *Dayereh, Der Kreis*. Thema ist die Unterdrückung der iranischen Frauen durch eine rigide patriarchalische Gesellschaft, und als Schauplatz wird die nur in ihrem äußeren Erscheinungsbild moderne Metropole Teheran vorgeführt. Der Regisseur Jafar Panahi geriet wegen dieses Films sehr früh in das Schussfeld der iranischen Zensur, *Der Kreis* wurde nur sehr zögerlich für die Aufführung in Venedig freigegeben und danach trotz des wachsenden internationalen Ruhms im Iran verboten. Auf das Verbot hatte Khatami keinen Einfluss, denn die Zensurbehörde untersteht dem Staatsoberhaupt, in diesem Fall also Khamenei. Der Regisseur Jafar Panahi, der mit anderen Filmen noch weitere Preise in internationalen Wettbewerben gewann, wurde 2010 sogar wegen »unislamischer Gesinnung« verhaftet, zu sechs Jahren Gefängnis auf Bewährung und zu 20 Jahren Berufsverbot verurteilt. Dies geschah allerdings erst unter der Regierung von Staatspräsident Mahmud Ahmadinedschad, der seit 2005 mit Billigung von Khamenei eine scharfe Gegenoffensive zur liberalen Kulturpolitik seines Vorgängers Khatami einleitete. Panahi produzierte heimlich weitere Filme und ließ sie ins Ausland schmuggeln. Unter ihnen gewann der 2015 produzierte Film *Taxi Teheran* im selben Jahr den Goldenen Bären bei den Festspielen in Berlin.

Herausragende Bedeutung erlangte auch der Regisseur Bahman Ghobadi, der bei den Filmfestspielen von Cannes 2000 für seinen Film *Die Zeit der trunkenen Pferde*, einer Milieuschilderung iranisch-kurdischen Dorflebens, den Regiepreis bekam – und im Iran wegen seiner eminent sozialkritischen Haltung umstritten blieb.

Besonderes Aufsehen erregte im Iran wie im Ausland Mohsen Makhmalbaf. Er gewann 2001 in Cannes die Goldene Palme für seinen Film *Die Reise nach Kandahar*, einer beklemmenden Schilderung der Taliban-Diktatur. Makhmalbaf ist ein Regisseur, der anfangs für das Mullah-Regime religiös-politische Propagandafilme drehte, dann aber 1989 mit dem Film *Die Hochzeit der Auserwählten* die Ideologie der »Islamischen Republik« erstmals kritisch hinterfragte und in der Folge mit weiteren Filmen dieser Art im Iran heftige Debatten auslöste. Trotz großer Popularität im eigenen Land musste auch er immer wieder befürchten, dass der eine oder andere seiner Filme verboten wurde.

Eine Ausnahmestellung nimmt der Regisseur Dariush Mehrjui ein. Er hat bereits 1969 mit dem Film *Die Kuh* und 1971 mit *Der Briefträger* wichtige Beiträge zur internationalen Filmgeschichte geliefert, also noch zur Regierungszeit des Schahs, und gilt damit als die graue Eminenz der iranischen Regisseure. Es sind Filme, die unter der Schah-Diktatur wegen »zersetzender Tendenzen« verboten waren, dann unter der Ära Khatami zu breiter Wirkung kommen konnten, um später auch in der »Islamischen Republik« von einer argwöhnischen Zensur bedroht zu sein.

Wie schon angedeutet, hat Khatamis Nachfolger Ahmadinedschad die Filmschaffenden des Iran durch eine strengere Zensur in ihrer freien künstlerischen Entfaltung stark eingeschränkt. Aber selbst unter diesem ideologisch rigiden Staatspräsidenten gab es noch Überraschungen. So wurde im Februar 2011 der Regisseur Ashgar Farhadi für seinen Film *Nader und Simin – eine Trennung* auf den Filmfestspielen von Berlin mit dem Goldenen Bären ausgezeichnet und 2012 in Hollywood mit dem Oscar als bester ausländischer Film. Er schildert ein Ehedrama, an dessen Beispiel sehr differenziert die sozialen und religiösen Widersprüche der iranischen Gesellschaft zur Darstellung kommen. Dieser Film durfte trotz seiner deutlichen Sozialkritik in iranischen Kinos gespielt werden. Daran zeigt sich, dass es im Iran bis heute durch ideologisch gegensätzlich orientierte Zensurbeamte ein Hin und Her von Verbot und Gewährenlassen gibt.

Ashgar Farhadi konnte fünf Jahre später mit seinem Spielfilm *Forushande (The Salesman)* wiederum internationale Aufmerksamkeit erregen. 2017 erhielt er zum zweiten Mal den Oscar für den besten ausländischen Film. Und bei den Filmfestspielen in Cannes gewann er den Preis für das beste Drehbuch. Das Thema war diesmal für die iranische Zensur noch heikler: Geschildert wird das Unwesen von geheimer Prostitution in scheinbar moralisch intakten bürgerlichen Kreisen Teherans, wobei die Konflikte eskalieren, als es zu einer Vergewaltigung kommt. Thematisiert ist ein Konflikt, der im islamistisch regierten Iran weitgehend totgeschwiegen wird. Dass der Film die Zensur passieren und zu einem internationalen Wettbewerb gesandt werden konnte, zeigt wiederum, dass es ideologisch ganz unterschiedlich orientierte Aufsichtsbeamte gibt. Aber *The Salesman* ist während der Regierung von Staatspräsident Rohani unter liberaleren Rahmenbedingungen entstanden als *Nader und Simin*.

Frauenemanzipation und »Islamische Republik«

Masoumeh Ebtekar … Der Name beschäftigt seit dem Wahlsieg des liberalen Geistlichen Khatami im Mai 1997 die westlichen Medien. Erstmals seit dem Bestehen der »Islamischen Republik« ist eine Frau in ein hohes politisches Amt aufgestiegen. Der neue Staatspräsident Khatami hatte sie zu einer seiner fünf Stellvertreter berufen. Sie übernahm außerdem die politische Leitung der Umweltschutzbehörde.

Masoumeh Ebtekar … Der Name ist in den gärenden Anfangsjahren der »Islamischen Republik« schon einmal kurz in den Medien aufgetaucht (um dann aber rasch wieder vergessen zu werden). Im November 1979 war sie als Sprecherin jener radikalen Studenten aufgetreten, die in Teheran die amerikanische Botschaft besetzt und die dortigen Angestellten als Geiseln genommen hatten. »Tod dem Satan Amerika …!« Wie die anderen Botschaftsbesetzer hatte die damals 18-jährige Studentin den »antiimperialistischen« Kampfruf skandiert. Welche Wendung ihr Lebensweg dann aber genommen hatte, verschweigen heute meist die offiziellen iranischen Biographien: Die Tochter aus reichem Haus ging zum Studium in die USA, ausgerechnet in das Land des Erzfeindes, aus dem laut offizieller Propaganda der übelste kulturelle Einfluss auf die übrige Welt ausgeht. Sie verließ den Iran zu jenem Zeitpunkt, als dort Schulen und Universitäten radikal »islamisiert« wurden und der Lehrbetrieb zunächst in ein Chaos stürzte.

Ebtekar studierte in den USA Chemie und promovierte über ein Thema der Immunbiologie, gleichzeitig machte sie sich mit den Emanzipationsproblemen amerikanischer Frauenbewegungen vertraut. Sie war aber keine Emigrantin, sie »verwestlichte« auch nicht durch die intensive Berührung mit der fremden Zivilisation, sie nahm nur einzelne Anregungen auf. Dann kehrte sie in den Gottesstaat Iran zurück, legte den Tschador an – und konnte als beruflich hochqualifizierte Frau ihr Wissen umsetzen: Zuerst arbeitete sie als Journalistin in der damals noch liberalen Zeitung *Kayhan,* dann wurde sie Professorin für Chemie an der Universität von Teheran, außerdem führte sie als engagierte islamische Feministin bei den Frauenkonferenzen in Nairobi und 1995 in Peking die iranische Delegation.

Eine Frau in hohen akademischen und später politischen Ämtern? Und dann auch noch eine Feministin?

All das sind Entwicklungen, die aus unserer landläufigen Sicht diametral den ideologischen Positionen eines islamistisch regierten Staates widersprechen. In lebhafter Erinnerung sind bei uns noch die Bilder, wie sich Millionen iranischer Städterinnen nach dem Sieg der Islamischen Revolution wieder an den Tschador gewöhnen mussten, eine strenge Verhüllung, die bei den Frauen zur Schah-Zeit in großen Städten längst nicht mehr üblich war. Peitschenhiebe, Geld- und Gefängnisstrafen hatten jeden Widerstand der Frauen im Keim erstickt. Auch sind unter der Herrschaft Khomeinis mehrere liberale Ansätze im Familienrecht, wie sie der Schah durchgesetzt hatte, wieder verschwunden. Zum 1. Mai 1979 wurde das Heiratsalter für Mädchen wieder von 18 auf 13 Jahre gesenkt, wurden die Einschränkungen der Polygamie aufgehoben, wurde die Scheidung für Frauen wieder beträchtlich erschwert, wurde der außereheliche Geschlechtsverkehr wieder unter Strafe gestellt.

Aber es gab schon in den ersten Jahren der »Islamischen Republik« gegenläufige Bewegungen – und sie sind begründet durch die unterschiedlichen geistigen Strömungen, in die der Islam von Anfang an gespalten war.

Bereits 1979 wurde in der Verfassung das aktive und passive

Wahlrecht der Frauen verankert. Das geschah ja, wie bereits geschildert, mit ausdrücklicher Billigung des Groß-Ajatollah Khomeini – er, der 1963 noch gegen eine entsprechende Reform des Schahs protestiert hatte. In dieser Hinsicht sind die iranischen Fundamentalisten also nicht hinter die Reformansätze des Schahs zurückgegangen. In dieser Hinsicht unterscheidet sich der Iran von allen anderen fundamentalistisch regierten Staaten, so vom Königreich Saudi-Arabien, so vom Sudan, erst recht vom Gottesstaat der afghanischen Taliban. Frauen können demnach in der »Islamischen Republik Iran« nicht nur wie die Männer gleichberechtigt zur Wahlurne gehen, sie können sich auch um politische Ämter bewerben.

Im Verlauf von zwei Jahrzehnten sind dann auch schon iranische Frauen als Abgeordnete ins Parlament eingezogen – anfangs eine verschwindend kleine Minderheit, aber bei den Parlamentswahlen im Februar 2000 waren immerhin schon über zehn Prozent der Kandidaten Frauen. Diese Situation ist besser als in manchen islamischen Ländern, die aus unserer Sicht als säkular gelten. Entsprechend eindrucksvoll ist die Wahlbeteiligung der Frauen. Neben den Jugendlichen war es ja vor allem die Masse weiblicher Wähler, die im Mai 1997 Khatami zu seinem überwältigenden Sieg verholfen hat. Dagegen nimmt in den meisten arabischen Staaten nur ein verschwindend kleiner Bruchteil der Frauen das ihnen verfassungsrechtlich zustehende Wahlrecht wahr.

Eindrucksvoll erscheint die Situation iranischer Frauen auch im Bildungsbereich. Schon in der Ära Khomeini stand den Frauen eine Vielfalt an Möglichkeiten in der Ausbildung offen, bis hin zur Universität. Und diese Tendenz hat sich während der achtziger und neunziger Jahre noch verstärkt. Erst bei näherem Hinsehen ist es dann doch nur ein halber Erfolg. Wenn auch die Zahl der Analphabeten nach dem Sturz des Schahs drastisch geschrumpft ist – von 63 auf 28 Prozent –, so sind die Unterschiede bei Männern und Frauen nach wie vor beträchtlich: Bei Männern konnte die Rate auf 21 Prozent gesenkt werden, bei Frauen erst auf 34 Prozent. Trotzdem schneidet die »Islamische Republik Iran« selbst mit diesem zwiespältigen Ergebnis noch gut gegenüber vielen anderen islamischen Staaten ab.

Wie ein Blick auf das bereits zitierte Statistische Jahrbuch der UNESCO von 1995 zeigt, haben wiederum nur drei Staaten bessere Zahlen als der Iran – allerdings mit der bezeichnenden Einschränkung, dass auch dort der prozentuale Abstand zwischen Männern und Frauen relativ groß bleibt. So sind im Libanon rund 5 Prozent der Männer und 10 Prozent der Frauen Analphabeten, in Jordanien steht das Verhältnis etwa 10 zu 20 Prozent, in der Türkei sogar 8 zu 27 Prozent. Ein ähnliches Missverhältnis bieten reformorientierte »säkulare« Staaten wie Tunesien und Ägypten, nur eben mit gesteigerten Zahlen. Während in Tunesien noch 21 Prozent der Männer, meist Ältere in Dörfern, nicht lesen und schreiben können, sind es bei den Frauen 45 Prozent. Entsprechend in Ägypten: 36 Prozent der Männer und 61 Prozent der Frauen. Ohnehin deprimierend sind die Verhältnisse in den meisten fundamentalistisch oder traditionalistisch orientierten Staaten, wo die Bildungschancen für Männer und Frauen miserabel sind. In Afghanistan haben 68 Prozent der Männer und 85 Prozent der Frauen keine Schule besucht, in Pakistan ist das Verhältnis 50 zu 75 Prozent, im Jemen 43 zu 82 Prozent.

Zurück zum Iran. Wenn dort auch die Bildungsmöglichkeiten für Frauen erheblich besser sind als in allen anderen islamistisch regierten Staaten, bleibt die Situation zwiespältig. Gerade auch im Berufsleben. So mussten und müssen die Frauen strikt getrennt von den Männern lernen und arbeiten, waren und sind sie unter den Tschador oder andere stark verhüllende Kleidung verbannt. Andererseits wächst im Iran eine Frauengeneration heran, bei der der prozentuale Anteil qualifizierter Studentinnen und Frauen in akademischen Berufen nicht geringer ist als in anderen islamischen Staaten mit expansiver Bildungspolitik. Auch im Iran gibt es Journalistinnen, Wissenschaftlerinnen, Schriftstellerinnen, Lehrerinnen, Ärztinnen, Geschäftsfrauen. Aufsehen erregt hat das Debüt einer 17-jährigen Filmregisseurin, die 1998 mit ihrem Film *Sib, Der Apfel*, in dokumentarischen Szenen das Schicksal zweier unterdrückter Mädchen beschreibt. Ihr Name: Samira Makhmalbaf, Tochter des berühmten Filmregisseurs.

Eine dieser Karrierefrauen, die Gynäkologin und Parlamentsabgeordnete Marzieh Vahid-Dastdscherdi, erklärte in einem Interview mit der österreichischen Zeitung *Der Standard* am 8. März 1996: Nach der Revolution von 1979 habe sich das iranische Bildungswesen drastisch verbessert; an den Volksschulen seien inzwischen 48 Prozent Mädchen, an den Universitäten 43 Prozent, in der Schah-Zeit seien es nur 23 Prozent gewesen. Während der nächsten Jahre gelte es durchzusetzen, dass im Parlament rund 40 Prozent weibliche Abgeordnete sitzen. Und: »Wir fordern auch Ministerämter.«

Wie realistisch sind solche Forderungen?

Ein Jahr nach diesen selbstbewussten Äußerungen einer politischen Aktivistin hatte es immerhin erste Vorstöße in diese Richtung gegeben. Der neue Staatspräsident Khatami, der ohne die Masse weiblicher Stimmen die Wahl nicht hätte gewinnen können, bedankte sich bei den Frauen durch einige mutige Personalentscheidungen. Zu seiner Stellvertreterin machte er, wie schon erwähnt, Masoumeh Ebtekar. Aber andererseits: Khatami hatte fünf Posten für Stellvertreter zu vergeben; die anderen vier gingen an Männer. Gravierender war die nächste Einschränkung. Khatami konnte sein Wahlversprechen nicht einlösen, politisch wirkende Frauen zu Ministerinnen zu ernennen, denn mit dieser Absicht war er an die Zustimmung des Parlaments gebunden – das Parlament aber war im Jahr 1997 noch von einer konservativen Mehrheit beherrscht, und diese lehnte Khatamis weibliche Kandidaten brüsk ab.

Werfen wir einen Blick auf die bestehenden Traditionen, dann werden erst die Schwierigkeiten deutlich, mit denen die Reformkräfte zu kämpfen haben.

Nach wie vor gilt im Iran die Zeugenaussage einer Frau vor Gericht nur halb so viel wie die eines Mannes. Nach wie vor erhält ein Mann bei einer Erbschaft doppelt so viel wie eine Frau. Nach wie vor muss eine Frau bei ihrem Mann die Erlaubnis einholen, berufstätig zu sein oder ins Ausland zu reisen; der Gatte kann ihr beides verbieten, wenn es die »familiäre Situation« erfordert. Nach wie vor sind außerehelicher und vorehelicher Geschlechtsverkehr mit strengen Strafen bedroht, wobei die Frau meist schlimmer bestraft wird. Nach wie vor ist für den Mann die Scheidung leichter als für die Frau, auch werden ihm in der Regel die Kinder zugesprochen. Nach wie vor kann der Mann mehrere Frauen heiraten (sogar Christinnen oder Jüdinnen als Gläubige der »Buch-Religionen«), während der umgekehrte Fall undenkbar bleibt.

Aber in der »Islamischen Republik Iran« wird längst die Diskussion öffentlich geführt, welche dieser Gesetze denn tatsächlich von Gott gewollt sind oder ob nicht manche dieser Traditionen erst durch menschliche Fehlinterpretationen entstanden. Reformorientierte Frauen stehen in diesem Kampf nicht allein – wichtige Schützenhilfe erhalten sie von einer Reihe reformorientierter Politiker, an ihrer Spitze Khatami und Rafsandschani, beide mit dem geistlichen Rang eines Hodschat-al-Islam, »Autorität des Islam«, ausgestattet. Ohnehin können die Frauen auf Unterstützung von Theologen und Philosophen wie Sorusch rechnen, der ja sagt: »Religion ist göttlich, aber ihre Interpretation ist durch und durch menschlich und weltlich.« Außerdem können sie sich mit ihrer Forderung nach einer islamisch orientierten Frauenemanzipation bereits auf Ali Schariati, den großen kritischen Wegbereiter der »Islamischen Revolution«, berufen.

Aufschlussreich ist in diesem Zusammenhang, was die Vizepräsidentin Masoumeh Ebtekar im Oktober 1995 Journalisten des österreichischen Nachrichtenmagazins *Profil* gegenüber sagte: »Auch im Islam gibt es den Faktor der Dynamik. Differenzen zwischen den verschiedenen Fraktionen der Geistlichkeit wird es jedoch immer geben. Diejenigen, die heute über die Umsetzung des Islam in der Regierung nachdenken, sind jedoch Pragmatiker und Realisten.« Ebtekar äußerte entschieden die Ansicht, *Ightehad* (die zeitgemäße Auslegung des Koran und anderer islamischer Überlieferung) müsse bei den gegenwärtigen Spannungen die entscheidende Rolle spielen. Wenn auch die Scharia am »göttlichen Koran« orientiert sei, bleibe die Scharia doch menschliches Werk, und daher können ihre Satzungen kritisch überprüft und modernen Erfordernissen angepasst werden.

Was Ebtekar mit modernen Erfordernissen meinte, sprach sie im Interview konkret an. Die Todesstrafe für Ehebrecherinnen sei abzuschaffen, erklärte sie, psychologische Faktoren müssten bei der Bemessung eines Strafmaßes stärker berücksichtigt werden. Hier würden schon viele geistliche Richter dieselbe Ansicht äußern. Allerdings müsse Ehebruch weiterhin als ein Delikt geahndet werden, denn man wünsche im Iran keine moralische Entartung wie im Westen. An diesem Punkt hatte für die Vizepräsidentin dann doch alle liberale Gesetzgebung zu enden. Sie lehnte eine Emanzipation ab, die sich für größere individuelle Rechte der Frau einsetzt. Die »Heiligkeit der Familie«, die Unterordnung unter familiäre Normen, habe im Islam für die Frau Vorrang.

In anderer Hinsicht aber ließ Ebtekar aufhorchen. Sie sprach sich dafür aus, dass Frauen nicht nur wie jetzt schon als Rechtsanwältinnen, sondern auch als Richterinnen arbeiten sollten. Eine Reihe geistlicher Richter im Iran würden sich bereits für eine derartige Reform einsetzen. Das bedeutet eine Entwicklung, wie sie selbst noch in zahlreichen islamischen Staaten mit säkularer Regierung auf heftigen konservativen Widerstand stößt (und bisher nur in der Türkei und in Marokko durchgesetzt ist). Im Iran aber bekommt ein solcher Wandel eine besondere Brisanz, weil Khomeini die Richterinnen und Rechtsanwältinnen des säkularen Schah-Regimes rigoros aus ihren Ämtern entfernen ließ. Khomeinis Begründung lautete: Der Koran und die schiitische Überlieferung erlaubten Frauen im Richteramt nicht, zudem würden viele Iraner die Entscheidungen von Richterinnen nicht akzeptieren, was zum Chaos führe. Zehn Jahre nach Khomeinis Tod war eine offene Diskussion über dieses Thema nicht mehr tabu. Ob es aber bald zu tiefgreifendem Wandel kommt?

Der mühsame Fortschritt für Frauen

Neue Gesetze müssen nicht unbedingt schon eine echte Reform bedeuten. Deutlich demonstriert dies die Reform des Scheidungsrechts, die erst nach langem Hin und Her zustande kam: Die Frau darf nun auch die Scheidung beantragen. Auf den ersten Blick bedeutet dies einen beachtlichen Fortschritt. Denn die konservative Geistlichkeit unter Führung Khomeinis hatte ein derartiges Gesetz der Schah-Regierung noch entschieden bekämpft. Aber wie sieht das neue Gesetz im Detail aus? Anders als der Mann muss die Frau die Scheidungsabsicht ankündigen. Anders als der Mann ist die Frau davon abhängig, ob der Ehepartner in die Scheidung einwilligt. Weigert sich der Gatte, bleibt der Frau nur der mühsame Weg zum Gericht. Ein langwieriges Gerichtsverfahren können sich aber nur zahlungskräftige – und selbstbewusste – Frauen leisten. Die Scheidung erreicht die Frau meist nur dann, wenn sie auf die ihr rechtlich zustehende Mitgift verzichtet. Zudem werden die Kinder noch fast immer dem Mann zugesprochen. All das sind Barrieren, an denen viele Frauen scheitern. Und damit bleiben sie dazu verurteilt, sich weiterhin auf Gedeih und Verderb ihrer längst zerrütteten Ehegemeinschaft einzufügen.

Welchen Stellenwert hat der Iran mit einer derartigen Reform? Werfen wir zum Vergleich einen Blick auf das »säkulare« Ägypten, Syrien, Jordanien und den Irak. Überall dort wurde ebenfalls eine Reform des Scheidungsrechts eingeführt – mit exakt dem gleichen zwiespältigen Ergebnis. Wenn auch die dortigen Regierungen den Einfluss der Geistlichkeit weitgehend aus der Politik verdrängen konnten, so haben sie doch in einem Punkt durchwegs dem Druck einer überwiegend konservativen Geistlichkeit nachgegeben: Die Scharia hat in puncto Familienrecht ihre Gültigkeit behalten. Dieser Kompromiss sichert den weltlichen Machthabern den politischen Burgfrieden mit den religiös konservativen Instanzen. Und so kommt es zu dem paradoxen Sachverhalt, dass viele sogenannte säkulare Staaten des Vorderen Orients in der Problemlösung der Frauenfrage nicht viel fortschrittlicher sind als der islamistisch regierte Staat Iran. Oder umgekehrt gesagt: Das iranische Mullah-Regime ist mit seiner Frauenpolitik in mancher Hinsicht genauso modern wie etliche seiner säkularen Nachbarstaaten. Ja, der Iran kann sogar als außerordentlich fortschrittlich gelten, wenn man seine Reformen mit der starr traditionalistischen Beharrung der meisten Emirate am Persischen Golf oder gar Saudi-Arabiens und erst recht des afghanischen Taliban-Staates vergleicht.

Eine Ausnahme bildet allerdings die Türkei: Dort ist seit Atatürk die Scharia konsequent zugunsten einer westlich orientierten Gesetzgebung verdrängt worden, entsprechend westlich ausgerichtet ist das Ehe- und Scheidungsrecht. Bekanntlich bestehen aber auch in der Türkei beträchtliche Gegensätze zwischen den Reformabsichten und dem Alltagsverhalten. Nach wie vor dürfen sich auch viele türkische Frauen ihren Gatten nicht selbst aussuchen, das besorgt oft noch die Familie.

Die »Islamische Republik Iran« bietet eine weitere Überraschung: Aufsehen erregte im Sommer 1998 das Erscheinen einer neuen Zeitschrift mit dem programmatischen Titel *Zan*,

»Die Frau«. Es war die erste Zeitung, die sich vorrangig mit Frauenproblemen und Emanzipation befasste, und weitere solcher Zeitungen sollten bald folgen. Herausgeberin und Chefredakteurin von *Zan* war Faezeh Haschemi, die jüngste Tochter des Ex-Präsidenten Rafsandschani. Die 36-jährige Frau, verheiratet mit dem Sohn eines berühmten Ajatollah, war bei den Wahlen im Mai 1997 durch die Stimmen vieler Frauen der Hauptstadt Teheran als Abgeordnete ins Parlament eingezogen, und als Sprachrohr ihrer politischen Arbeit gründete sie die Frauenzeitung. Über die Finanzierung ihrer Zeitung musste sie sich keine Gedanken machen, schließlich gilt der Rafsandschani-Klan als eine der reichsten Familien des Iran. Zu ihren ersten provokanten Forderungen gehörte es, man müsse den Frauen mehr Sport gestatten, etwa Radfahren, Joggen, Reiten – was bisher für Frauen verboten ist, denn ein solcher Anblick könne fremde Männer sexuell erregen. Bei Interviews mit westlichen Journalisten erscheint Frau Haschemi zwar stets im schwarzen Tschador, aber unter dem Saum lugt manchmal, wie auf Fotos zu sehen ist, kess das Ende einer modischen Hose hervor: Blue Jeans.

Im selben Jahr 1998 entstand bereits eine zweite Frauenzeitschrift mit dem Titel *Hedschar* (benannt nach jener ägyptischen Sklavin, die dem Propheten Abraham den Sohn Ismael schenkte). Herausgeberin war Azam Taleghani, die Tochter des Ajatollah Mahmud Taleghani. Ihr Vater hatte einst zu Khomeinis wichtigsten politischen Weggefährten gehört, war aber, wie schon erörtert, in Ungnade gefallen, weil er die starr dogmatische Diktatur des Mullah-Regimes ablehnte und einen islamischen Staat mit einem Mehrparteiensystem befürwortete.

Beunruhigend für die religiös konservative Führung des Iran musste die Tatsache sein, dass Frauen wie Faezeh Haschemi und Azam Taleghani eben nicht Töchter säkularer, verwestlichter Intellektueller sind. Der islamische Feminismus keimte in prominenten Kreisen des schiitischen Klerus.

Tschador und andere »islamische« Kleidung

Für uns im Westen ist vor allem der Tschador zum beklemmenden Symbol einer »islamischen« Verhüllung der Frau geworden. Jede Frau habe einen solchen Tschador oder ein Kopftuch mit weitem Mantel zu tragen, und dabei dürfe das Tuch nicht einmal eine Haarsträhne sichtbar lassen, andernfalls habe die ertappte Frau mit einer hohen Geldstrafe oder mit Peitschenhieben zu rechnen, so und ähnlich lauten seit 1979 die Informationen in den Medien.

Dazu passt die weitere Meldung, wie sie 1986 durch die westlichen Medien ging: Die Bekleidungsvorschriften waren noch verschärft worden. Von nun an hatten Frauen bereits bei der Anreise im Flugzeug nach »islamischer« Sitte gekleidet zu sein – nicht nur Iranerinnen, auch Europäerinnen und Amerikanerinnen –, andernfalls sollte ein im Flughafen installiertes Schnellgericht Geldstrafen gegen jene Einreisenden verhängen, die in ihren Kleidungsgewohnheiten »westliche Kultur fortsetzen«. Sittenwächter wie sie forderten allerdings nicht generell den Tschador, sie ließen auch, speziell bei Ausländerinnen, ein den ganzen Körper verhüllendes Gewand und ein Kopftuch gelten.

Ein derartiger Verhüllungs-Fanatismus ist nicht von der besonderen Situation des Iran zu trennen. Er bedeutet einen radikalen Gegenschlag gegen jene Emanzipation, wie sie Schah Mohammad Reza Pahlevi mit viel Propaganda und doch nur halbherzig und inkonsequent eingeleitet hatte. 1963 hatte er zwar das allgemeine Wahlrecht für Frauen gesetzlich verankert und 1967 außerdem ein besseres Scheidungsrecht zugunsten der Frauen ausarbeiten lassen. Aber der Schah hatte sich wenig darum gekümmert, ob diese Reformen über die schmale Oberschicht hinausdrangen und auch breiten Volksschichten zugute kamen. Ja, er hatte niemals versucht, den Wandel hin zu einer größeren Freizügigkeit dem Volk mit schrittweiser und behutsamer Aufklärungsarbeit nahezubringen.

Umso explosiver wurden die Missverständnisse. Denn Kleinstädter und Bauern wie auch die vielen Großstadtbewohner winkeliger Altstadtbezirke, ärmlicher Vororte und Slums mussten schockiert sein, wenn sie plötzlich auf den Boulevards der modernen Stadtzentren »entblößte« Frauen in kurzen Röcken und kurzärmeligen Blusen antrafen, womöglich Arm in Arm mit ihrem Freund. Es war ein Verhalten, das bisher offiziell als »hurenhaft« eingestuft war. Und dieses Verhalten stachelte die Aggressionen all jener an, denen eine solche Freizügigkeit verwehrt und letztlich auch unverständlich blieb. Umso leichter hatten es prüde Mullahs und Ajatollahs, Emanzipation als eine Sittenlosigkeit aus dem Westen anzuprangern, als eine Gefahr für die Moral. In der Tat: Wo zuvor die Verhüllung sexuelle Reize in der Öffentlichkeit dämpfte, musste der rasche, gar zu rasche Wandel im Erscheinungsbild die Männer umso mehr aufreizen. Die Zudringlichkeiten gegenüber »entblößten« Frauen nahmen zu. Umso überzeugender klang für viele das Argument von Geistlichen: Die Verhüllung bedeute Schutz sowohl für Frauen wie für Männer.

Aber Anfang der 1990er-Jahre – in den ersten Jahren nach Khomeinis Tod – häuften sich Pressefotos, die belegten, dass auf den großstädtischen Boulevards, besonders Teherans, die Frauen es mit den strengen Verhüllungsvorschriften nicht mehr ganz genau nahmen. Keineswegs dominierte in den Hauptgeschäftsstraßen der Tschador; viele Frauen und Mädchen trugen lange Kleider westlichen Zuschnitts, hierzu ein Kopftuch, das manche nach hinten geschoben hatten, damit über der Stirn und teils auch an der Seite das Haar sichtbar blieb. In ihrem ganzen Habitus und Auftreten waren sie als Frauen der Oberschicht zu identifizieren.

Aus westlicher Sicht konnte der Eindruck entstehen, unter dem Regime des »Pragmatikers« Rafsandschani böten sich erste Anzeichen, dass sich die Kleiderordnung und in ihrem Gefolge der gesamte Sittenkodex »entislamisiere«. Dieser Betrachtungsweise liegt ein falscher Ausgangspunkt zugrunde. Der Tschador oder gar die Verschleierung ist den iranischen Frauen nicht zwingend vorgeschrieben, eine Abweichung von dieser Sitte bedeutet daher noch lange nicht eine Absage an eine konservative Form der Islamisierung. Tatsächlich ist die Haltung khomeinistischer Fundamentalisten zu Islam und Tradition differenzierter, als sie im Westen meist kolportiert wird.

Khomeini als die wegweisende Autorität äußerte sich beispielsweise über den bei uns so bekannten Tschador folgendermaßen: »Der Tschador ist eine nichtislamische, altiranische Sitte. Es gibt im Gegensatz zur Kopfbedeckung keine Vorschrift, ihn zu tragen.« Und damit eröffnete er selber offiziell für Frauen aus großstädtisch-bürgerlichen Schichten die Chance, zum Kopftuch ein Kleid oder einen Mantel westlichen Zuschnitts anzuziehen, sofern nur Arme und Beine genügend bedeckt sind, sofern der Schnitt nicht sexuell aufreizend die Körperformen betont. Gleichwohl hatte Khomeini nichts gegen den Tschador einzuwenden, verhüllt der weite Umhang ja besser als jede andere Kleidung den Frauenkörper. Daher dämpfte er nicht den Eifer jener Sittenwächter, denen besonders am Tschador gelegen war und ist. Aber ihm blieb klar, dass der Tschador ein Merkmal kleinstädtischer und bäuerlicher Mentalität – der »Provinz« – war, und er versuchte keineswegs, diese Tracht der Großstadtbevölkerung aufzuzwingen. In Teheran selber ist der Tschador bis heute vor allem ein Kennzeichen jener Millionen Frauen geblieben, die aus ländlichen Bezirken in die Metropole zugewandert sind.

Rafsandschani erläuterte diesen spannungsvollen Gegensatz im März 1991 gegenüber westlichen Journalisten des Nachrichtenmagazins *Der Spiegel* mit folgenden Worten: »Es gibt bei uns zwei Strömungen, die eine radikal, die andere gemäßigter. Die einen wollen die Frauen mehr verhüllt haben, die anderen weniger. Was der Islam vorschreibt, liegt in der Mitte dieser beiden Strömungen; jedem ist es möglich, diese Vorschriften zu beachten. … Was in meinem Land derzeit praktiziert wird, übertrifft an Strenge die Vorschriften des Islam. Unsere persischen Traditionen sind rigoroser als das, was der Islam lehrt und vorschreibt.« Rafsandschani selber machte kein Geheimnis daraus, dass er für eine »gemäßigte Verhüllung« eintrat, mehr noch, dass er auch insgesamt die Beschränkungen im Verhaltenskodex von Mann und Frau gelockert haben wollte. Mit solchen in Freitagspredigten immer wieder geäußerten Ansichten war er allerdings bei einem Teil des Klerus und der radikalen Fundamentalisten wiederholt auf Unwillen gestoßen. Aber was unter Rafsandschani begann, setzte sich unter Khatami intensiv fort. Immer freizügiger zeigen Frauen bei zurückgeschobenem Kopftuch ihr Haar, kürzer werden die Röcke und Mäntel, so zumindest wandelt sich das Erscheinungsbild in größeren Städten.

Uns im Westen mag es allerdings verblüffen, dass nicht einmal die Radikalen unter den Khomeinisten von den Frauen fordern, die untere Gesichtshälfte mit einem Schleier zu bedecken. Hätten sie nicht Anlass? Diese Sitte war schließlich bei der Kleinstadtbevölkerung, teils auch in größeren Städten, bis ins 20. Jahrhundert hinein relativ verbreitet gewesen. Erst unter Schah Reza Pahlevi hatte sich daran einiges geändert, als er 1936 den Gesichtsschleier verbieten ließ und die Polizei anwies, jeder Frau bei Nichtbeachtung des Gesetzes den Schleier herunterzureißen. Als der Schah 1941 gestürzt wurde, sind die Frauen zwar teilweise wieder demonstrativ zum Schleier zurückgekehrt, aber seither hat sich im Iran eine großstädtisch-bürgerliche Schicht fortwährend für eine Abschaffung dieser »reaktionären Sitte« eingesetzt. Während der folgenden Jahrzehnte ist der Gesichtsschleier mehr und mehr auch aus dem Straßenbild kleinerer Städte verschwunden; geblieben ist allerdings der Tschador.

Für die Fundamentalisten hätte sich nach dem Sieg der »Islamischen Revolution« 1979 die Chance geboten, nun wieder die Radikalverschleierung zu fordern, zumal ja ein Schah, der die Geistlichkeit oft genug mit »gottlosen« Gesetzen provoziert hatte, das Verbot einst ausgesprochen hatte. Nichts geschah. Im Gegenteil betonte Khomeini für diesen Fall erst recht, es handle sich um eine altiranische Tradition.

Anders als den Tschador lehnte Khomeini den Gesichtsschleier ab. Der Gesichtsschleier war ja, wie an anderer Stelle schon beschrieben, bereits Jahrhunderte vor der islamischen Epoche im Reich der Sassaniden üblich gewesen. Haremsfrauen der Fürstenhöfe trugen den Schleier bei öffentlichen Auftritten, damit ihre Gesichter gewöhnlichen Untertanen verborgen blieben. Diese elitäre Gepflogenheit hatte in späteren Jahrhunderten auch an islamischen Fürstenhöfen Einzug gehalten und war erst während des 17. und 18. Jahrhunderts unter veränderten Bedingungen teilweise im Volk üblich geworden. Ja, nun wollten sogar die Männer auch unterer Schichten prinzipiell ihre Frauen vor den Blicken fremder Männer gänzlich verborgen haben. Khomeini verwarf aus diesen, ihm sehr wohl bekannten Gründen das Tragen eines Gesichtsschleiers als eine feudalistische, vom Volk unreflektiert nachgeahmte Sitte. In diesem Sinn äußerte er sein Befremden über die rigorose Verschleierung in Saudi-Arabien und etlichen Golfscheichtümern, ebenso in Afghanistan sowie im Jemen und betonte, die dortige Kleiderordnung habe nichts mit islamischer Vorschrift zu tun.

Gerade in dieser Hinsicht blieb Khomeini beweglicher als manche radikal-orthodoxen Fundamentalisten anderer muslimischer Länder, beweglicher auch als so mancher iranische Traditionalist. Man wird daher in der »Islamischen Republik Iran« kaum einmal eine Frau antreffen, die etwa ein Tuch über Mund und Nase gezogen hätte, es sei denn, sie sieht eine Kamera auf sich gerichtet. Wenn wir in der westlichen Presse trotzdem immer wieder vom strikten Schleierzwang im Iran lesen – und dabei in beigefügten Fotos doch nur Frauen mit unverhüllten (!) Gesichtern im Tschador oder mit Kopftuch sehen –, so macht gerade das unseren nachlässigen, vorurteilsfördernden Sprachgebrauch deutlich.

Auch für Männer existiert im Iran eine »islamische« Kleiderordnung. Und auch diese Bestimmungen sind geeignet, manche unserer liebgewordenen Vorstellungen über den rückwärtsgewandten Fundamentalismus zu relativieren. Mitte der 1980er-Jahre verbot die Regierung Khomeini nicht nur den Iranern, sondern ebenso ausländischen Besuchern, zum Anzug eine Krawatte zu tragen, denn die Krawatte galt nach offizieller Verlautbarung als »Ausdruck dekadenter westlicher Kultur«, genauso Hemden mit kurzen Ärmeln und T-Shirts. Nicht verboten wurden allerdings Blue Jeans. Aus unserer Sicht muss das erstaunen, gilt doch gerade diese Hosenmode als ein Symbol des »american style«. Die iranischen Fundamentalisten sehen das anscheinend anders. Blue Jeans trugen zum Teil selbst jene »Wächter der Revolution«, die in Demonstrationen immer wieder lautstark gegen den »Satan Amerika« und seine »dekadente Zivilisation« protestierend durch Teherans Straßen zogen.

Keineswegs wollen Fundamentalisten mit islamischen Bekleidungsvorschriften durchweg traditionelle Mode konservieren. Mag der Tschador für viele Iraner auch emotional eine Bedeutung haben, so lehnen viele Stadtbewohner diesen Umhang – mit der Billigung von Geistlichen – ab. Ohnehin ist größeren Teilen der Bevölkerung jeder Bezug zum persischen Turban oder Kaftan verlorengegangen. Und angesichts dieser Tatsache fällt es nicht einmal den reaktionärsten Fundamentalisten ein, aus Protest gegen westliche Überfremdung die westliche Konfektionskleidung wieder abschaffen zu wollen. Mullahs und Ajatollahs, die als Geistliche selber Turban und Kaftan tragen, ordnen diese Kleidungsstücke – soweit sie profane Alltagskleidung sind – grundsätzlich einer austauschbaren Tradition zu, sie sprechen hier nicht von einer unveränderlichen islamischen Ordnung.

Dieselbe Haltung finden wir bei Fundamentalisten in der Türkei, dort, wo seit den 1920er-Jahren durch die Reformen Atatürks die meisten Muslime ihre gefühlsmäßige Bindung an die traditionelle Mode verloren haben. Anders in Nordafrika, anders in Pakistan und Indien, anders in Afghanistan. Dort hat sich westliche Kleidung bisher nur bei einer »westlich« denkenden Oberschicht durchsetzen können – und dort bietet sich Fundamentalisten ein Anlass, sowohl Turban als auch Kaftan, Djellabah und Burnus zur politischen Demonstration gegen westliche Überfremdung optisch wirksam einzusetzen. Mit religiöser Substanz hat allerdings dieser Protest nichts zu tun, so urteilen viele Fundamentalisten in allen Teilen der islamischen Welt mehr oder weniger gleich.

3. Muslimische Nachbarn und die ungelösten Probleme

Iran und Irak – die Spannung bleibt

Im September 1988 endete der acht Jahre dauernde Krieg zwischen Irak und Iran, der unter dem Namen »Erster Golfkrieg« in die Geschichte eingegangen ist. Aber nur zwei Jahre später, im August 1990, bahnte sich der »Zweite Golfkrieg« an – und wieder war es der irakische Diktator Saddam Hussein, der den folgenschweren Konflikt auslöste. Dieser zweite Krieg ist eng mit den verhängnisvollen Nachwirkungen des ersten verflochten.

In der äußerst blutigen Materialschlacht von 1980 bis 1988 hatten sowohl der Irak als auch der Iran erhebliche Verluste an Menschen erlitten und nachhaltig an wirtschaftlicher Kraft eingebüßt, ohne dass es einen Sieger gegeben hätte. Besonders verhängnisvoll waren die Folgen für den Irak. Das Land, das 1979 noch über massive Finanzreserven verfügt hatte, war 1988 um einiges mehr als der Iran verschuldet. Angesichts eines derartigen wirtschaftlichen Niedergangs fasste Saddam Hussein den Entschluss, das benachbarte Golf-Emirat Kuwait mit einem Überraschungsangriff zu erobern und dem Irak einzuverleiben. Er startete den »Blitzkrieg« mit juristisch unhaltbaren Gebietsansprüchen. Ziel waren Kuweits Erdölfelder, mit deren hohen Erträgen der Diktator seine Staatskasse wieder zu füllen hoffte.

Am 2. August 1990 marschierten irakische Truppen in das militärisch unterlegene Kuwait ein. Aber wie schon 1980 ließ sich Saddam Hussein von einer verhängnisvollen Fehleinschätzung leiten. Er glaubte, die westlichen Staaten würden die Annektion Kuwaits stillschweigend dulden, weil er für sie ein unverzichtbarer Verbündeter gegen den Iran sei. Die bisherigen Bündnispartner unter Führung der USA forderten ihn jedoch zum sofortigen Rückzug auf. Als der Diktator sich weigerte und die Frist für ein Ultimatum verstreichen ließ, begannen die Westmächte am 16. Januar 1991 ihren Angriff. Der nur wenige Wochen dauernde Krieg endete mit einer vernichtenden Niederlage des Irak. Die Wirtschaftskrise im Irak verschärfte sich, und es war offensichtlich, dass sich das einst ökonomisch starke Land von diesem Schlag auf viele Jahre hinaus nicht mehr erholen würde. Umso mehr wucherten nun die Spekulationen, welcher der Nachbarstaaten das nun aufbrechende Machtvakuum im Irak am ehesten zu seinen Gunsten zu nutzen versuchen könnte.

Kaum war der Krieg zu Ende, wurden in westlichen Medien die Befürchtungen laut, vor allem der Iran werde vom Niedergang des bisher rivalisierenden Nachbarstaates profitieren und zur künftig bestimmenden Großmacht am Golf aufsteigen. Diese Furcht erhielt ihr besonderes Gewicht durch die Vermutung, nun könne dem Regime in Teheran gelingen, was Khomeini wenige Jahre zuvor noch verwehrt war: die »islamische Revolution« in den Irak zu exportieren, wo ja rund 60 Prozent der Bevölkerung Schiiten sind. Damit könnte eine antiwestliche Allianz zweier fundamentalistisch regierter Staaten von gefährlicher politischer Sprengkraft entstehen.

Die ersten Nachkriegstage schienen diese Auffassung vordergründig durchaus zu bestätigen. Nachdem sich die Nachricht von der Niederlage Saddam Husseins im Land verbreitet hatte, brandete auch schon ein Aufstand der irakischen Schiiten los und erfasste, einem Flächenbrand gleich, Städte und Dörfer südlich von Bagdad. Und schon meldete ein Ajatollah seinen Anspruch auf die Nachfolge im Amt des Regierungschefs an, ein irakischer Fundamentalist, der 1983 vor der Verfolgung durch die Baath-Sozialisten ins Exil nach Teheran geflohen und dort zum engen Vertrauten Khomeinis geworden war: der 52-jährige Muhammad Baqir al-Hakim, Spross einer berühmten Klerikerfamilie.

Die Amerikaner sahen sich 1991 nun mit der Gefahr eines zweiten islamistischen Regimes konfrontiert, das unter iranischer Vorherrschaft zu einem weiteren Gegner der USA werden könnte. Sie reagierten entsprechend. Hatten sie während des Krieges noch die Iraker zum Aufstand gegen den »blutrünstigen«, »menschenverachtenden Diktator« aufgerufen, so gab US-Präsident George Bush nun den im südlichen Irak stationierten Truppen den Befehl, sich neutral zu verhalten und nicht in den Bürgerkrieg einzugreifen. Ungehindert konnten so die Republikanergarden des geschlagenen Diktators in Sichtweite amerikanischer Panzer nach Süden vorstoßen und in die heiligen Städte Nedschef und Kerbela sowie in die Hafenstadt Basra einrücken, wo der Aufstand der Schiiten am heftigsten tobte. Ungerührt ließ es die US-Regierung geschehen, dass Saddam Husseins Garden mit bestausgerüsteten Panzern, Geschützen und Hubschraubern die Aufständischen zu Tausenden abschlachteten und schwere Zerstörungen anrichteten.

Bei den Amerikanern stand hinter einer derart menschenverachtenden Politik die zynisch-pragmatische Überlegung, eher noch einen Diktator vom Typ Saddam Hussein in Kauf zu nehmen als die drohende Aussicht, der Irak könnte jahrelang durch einen Bürgerkrieg zerrissen sein und würde letztendlich den Iran stärken. Nach dieser Logik brauchte die Diktatur im Irak nicht beseitigt, sondern nur geschwächt zu werden – und in diesem Zustand sollte das Regime Saddam Husseins als eine Ordnungsmacht weiterhin westlichen Interessen dienen.

Aus ähnlichen Erwägungen heraus ließ es die US-Regierung zu, dass Saddam Husseins Republikanergarden den Aufstand der Kurden im Norden des Irak mit äußerster Brutalität niederschlugen. Denn würden die Kurden nach einem Sieg über Saddam Hussein einen eigenen Staat auf irakischem Boden errichten, könnte dies Signalwirkung für die Kurden Anatoliens in ihrem Kampf gegen die Türkei haben. Und eine solche Entwicklung würde den Westmächten einen Konflikt zusätzlich mit dem NATO-Partner Türkei schaffen.

Könnte der Irak ein von islamistischen Schiiten regierter Staat nach dem Vorbild des Iran werden? Diese Befürchtung machte in den ersten Jahren nach dem Golfkrieg immer wieder in westlichen Medien die Runde. Aber einem derartigen Szenario fehlte 1991 jede ernsthafte Grundlage. Anders als im Iran bilden im Irak die Sunniten einen starken Bevölkerungsanteil von rund 40 Prozent, und sie würden sich kaum einer bisher ungewohnten schiitischen Regierung beugen – besonders dann nicht, wenn sich Verbindungslinien zum bisher feindlichen Nachbarstaat Iran abzeichneten. Außerdem hielten viele schiitische Iraker Distanz zur islamistischen Regierung im Iran, sie waren geprägt durch die säkulare Ideologie und den arabischen Nationalismus der Baath-Sozialisten. Gerade aus diesem Grund war es Khomeini wenige Jahre zuvor im Krieg von 1980 bis 1988 nicht gelungen, die schiitischen Glaubensbrüder im Irak zum Aufstand gegen das Baath-Regime Saddam Husseins zu bewegen.

Aber der Irak wurde zu Beginn des 21. Jahrhunderts erst recht zu einem explosiven Krisenherd, als zum dritten Mal ein Golfkrieg die Region erschütterte. Und dieses Mal entwickelte sich die Situation mit völlig anderen Konsequenzen – sowohl für die westlichen Staaten als auch für den Iran.

Ausgelöst wurde dieser Krieg allerdings nicht durch Saddam Hussein, sondern durch westliche Staaten. Am 20. März 2003 marschierten amerikanische und britische Truppen im Irak ein. Diesen dritten Golfkrieg begründeten die Invasoren damit, dass es gelte, die Gefahr von Saddam Husseins Massenvernichtungswaffen zu beseitigen. Den entscheidenden Anstoß für diesen Angriff gab US-Präsident George W. Bush, der Sohn des früheren US-Präsidenten George Bush. Er wollte zu Ende bringen, was sein Vater 1991 auf halbem Weg abgebrochen hatte, und er scheute sich nicht, gefälschte Dokumente als Beweis für die Existenz geheimer Massenvernichtungswaffen im Irak zu benützen. Den Eroberern ging es allerdings keineswegs darum, anstelle einer menschenverachtenden Diktatur eine Demokratie nach westlichem Vorbild zu installieren, wie sie offiziell ankündigten. Ihr vorrangiges Ziel war vielmehr, die Ausbeutung irakischer Erdölvorkommen für die nächsten Jahrzehnte völlig unter westliche Kontrolle zu bringen. Hierbei begingen die amerikanischen und britischen Strategen allerdings einen entscheidenden Fehler, indem sie die schon Jahrzehnte zuvor geäußerte Warnung von Nahost-Experten ignorierten: Der Sturz Saddam Husseins könnte zu einem gefährlichen Machtvakuum, ja, zu einem Bürgerkrieg führen, sollten die Westmächte keine nachhaltige Strategie für eine Nachkriegsordnung parat haben – und der hauptsächliche Nutznießer solcher Versäumnisse würde der Iran sein.

Exakt das, wovor man gewarnt hatte, sollte eintreten. Die amerikanischen und britischen Truppen benötigten zwar nur 20 Kriegstage, um am 9. April 2003 in Bagdad einzumarschieren und das Regime Saddam Husseins nach 24-jähriger Gewaltherrschaft zu beseitigen, aber die vage propagierte »neue Ordnung« mündete geradewegs ins politische Chaos. Die Eroberer leiteten zunächst als wesentlichen Teil ihres Versprechens demokratische Wahlen ein, bei denen erwartungsgemäß die schiitische Mehrheit der Iraker eine Regierung mit einem schiitischen Ministerpräsidenten stellen konnte – bisher unvorstellbar im Irak. Die Eroberer ließen zu, dass der von 2006 an amtierende Ministerpräsident Nuri al-Maliki die bisher privilegierten Sunniten im selben Maß diktatorisch unterdrückte, wie es zuvor die Sunniten mit den Schiiten praktiziert hatten. Der zynische Sinn dieses Gewährenlassens war: Die Eroberer wollten anstelle des widerspenstigen Diktators Saddam Hussein einen willfährigen Regenten; und dieser sollte notfalls mit despotischen Maßnahmen dafür sorgen, dass amerikanischen und britischen Erdölkonzernen besonders günstige Bedingungen eingeräumt wurden. Als Zuwachs an Demokratie konnte auch nicht gewertet werden, dass die gewählte schiitische Regierung dem sunnitischen Diktator Saddam Hussein den Prozess machte und ihn am 30. Dezember 2006 hinrichten ließ.

Anstelle des Diktators amtierte nun nicht etwa ein überzeugter Demokrat, dem es notwendig erschienen wäre, die verschiedenen Gruppierungen des multi-religiösen, multi-ethnischen und multi-kulturellen Irak zu versöhnen. Im Gegenteil. Je intensiver die Schiiten unter ihrem Ministerpräsidenten Nuri al-Maliki die Sunniten unterdrückten, desto mehr spaltete sich der Irak. Anders als zuvor Saddam Hussein, gelang es dem neuen Machthaber nicht, die feindlichen Gruppierungen mit Gewalt seiner Kontrolle zu unterwerfen. Die breit gefächerte Opposition sunnitischer Iraker war zu stark. In ihr sammelten sich nicht nur Politiker, Offiziere und Geheimdienstbeamte des entmachteten Baath-Regimes wie auch wirtschaftlich deklassierte Geschäftsleute sunnitischer Konfession. Zu ihnen gesellten sich auch radikal-sunnitische Organisationen. In die vorderste Front der sunnitischen Extremisten rückte hierbei die al-Qaida mit ihrem Idol Osama bin Laden und die 2006 gegründete Organisation »Islamischer Staat im Irak« (aus der wenige Jahre später die Terror-Organisation »Islamischer Staat« unter Führung des »Kalifen« Abu Bakr al-Baghdadi hervorgehen sollte).

Die westlichen Besatzungsmächte USA und Großbritannien sahen hilflos zu, wie sich aus dem Kampf zwischen den neuen schiitischen Machthabern und der sunnitischen Opposition ein mörderischer Krieg entlang religiös-politischer Grenzlinien entwickelte. Der Prozess schien nahezu unausweichlich, weil beide Seiten mächtige Verbündete im Ausland gewinnen konnten: Für die sunnitischen Rebellen leisteten das radikal-sunnitische Regime in Saudi-Arabien sowie etliche sunnitische Golf-Emirate militärische und finanzielle Hilfe – für die schiitische Regierung wurde das schiitische Regime des Iran zum unverzichtbaren Verbündeten.

Und nun bahnte sich eine Entwicklung an, welche die Westmächte unter Führung der USA unbedingt hatten verhindern wollen: Der Iran konnte seinen Einfluss im Irak wesentlich stärken, ja, mehr noch, der Iran gewann größeres politisches Gewicht in der gesamten arabischen Welt. Damit wurde der Iran zu einer bedrohlichen Konkurrenz für Saudi-Arabien, dessen Regime radikal-sunnitische Rebellen im Irak förderte und so seinen Einfluss im Nahen Osten ebenfalls ausdehnen wollte.

Im multi-religiösen Irak kristallisierte sich seit 2006 immer mehr eine Tendenz heraus, wie sie dann später im Jahr 2011 auch das multi-religiöse Syrien erfassen sollte. Der Irak wie Syrien zerfielen unaufhaltsam in religiös-politisch verfeindete Gebiete – und hier wie dort gelang es dem Iran, seine Position als Regionalmacht auszubauen. Es zeichnete sich eine Machtverschiebung ab, die noch am Ende des 20. Jahrhunderts unvorstellbar gewesen wäre (davon später mehr).

Iran und Afghanistan – zwei islamistisch regierte Staaten im Konflikt

Beinahe wäre es zum Krieg gekommen. Eine Viertelmillion Soldaten schickte die Regierung der »Islamische Republik Iran« im September 1998 schwer bewaffnet zum Aufmarsch an die Westgrenze Afghanistans. Die Drohgebärde galt den 25 000 Soldaten, die auf der anderen Seite Stellung bezogen hatten – »Glaubenskrieger« des Taliban-Regimes.

Zwei fundamentalistisch regierte Staaten vor einem bewaffneten Konflikt? Würde es nicht näherliegen, dass beide Regierungen sich gemäß ihrer Ideologie verbrüdern und eine Abwehrfront gegen den Westen bilden?

Radikal-islamische Gruppierungen hegen oft keine brüderlichen Gefühle füreinander, wenngleich dies ihrer Propaganda schroff widerspricht. Schon die innenpolitischen Spannungen des Iran belegen dies. Im Iran ist ja, wie wir gesehen haben, sogar die Einheitspartei der Hezbollah in politisch verfeindete Fraktionen zerfallen. Zu innenpolitischer Geschlossenheit ist es kurzfristig immer nur dann gekommen, wenn ein Feind von außen drohte. Umso ferner muss es den einzelnen Gruppierungen im Iran liegen, etwa Gemeinsamkeiten mit den Fraktionen des benachbarten Afghanistan zu entdecken.

Krasser noch als im Iran ist die Aufsplitterung in Afghanistan. Dort war das fundamentalistische Bündnis der Mudschaheddin (»Glaubenskrieger«) sofort in sich erbittert bekämpfende Gruppierungen zerfallen, als die sowjetischen Besatzungstruppen 1988 das Land verlassen hatten und 1991 das pro-sowjetische Regime besiegt war. Nachdem der gemeinsame Feind fehlte, dominierten bei den afghanischen Stämmen plötzlich wieder die früheren konfessionellen und ethnischen Gegensätze von Sunniten und Schiiten, von Paschtunen, Hazarah, Turkmenen, Usbeken, Tadschiken. Und als die Milizen der Taliban von 1994 bis 1996 nahezu drei Viertel von Afghanistan unterwarfen, konnte ihr extrem fundamentalistischer Gottesstaat letztendlich nur eine brutale Zwangsherrschaft über ein ethnisch und religiös zerrissenes Gebiet bedeuten.

Talib heißt Schüler, im übertragenen Sinn Koranschüler (*Taliban* ist der Plural). Diese Bewegung hatte sich aus einem Stamm der Paschtunen gebildet, die mit ihrer Bevölkerung rund 60 Prozent der Afghanen ausmachen. Die Taliban vertreten unter den fundamentalistischen Gruppierungen eine besonders radikale Form sunnitischer Rechtgläubigkeit. Ihre Intoleranz richtet sich vor allem gegen Schiiten, Abneigung demonstrieren sie jedoch fast ebenso heftig gegen gemäßigte

Sunniten und letztlich gegen alle Nicht-Paschtunen. In offenen Konflikt mit den Iranern gerieten die Taliban, als sie im Sommer 1998 während des Bürgerkriegs im Norden Afghanistans ein Massaker unter pro-iranischen Schiiten vom Stamm der Hazarah anrichteten und bei dem Gemetzel auch neun iranische Diplomaten töteten.

Die eigentlichen Ursachen für die Feindschaft zwischen beiden islamistisch regierten Staaten liegen aber tiefer, sie gründen nicht nur auf dem konfessionellen Gegensatz von Schiiten und Sunniten, nicht nur auf dem ethnischen Gegensatz von Iranern und Paschtunen. Verschärfend kommt hinzu, dass die iranischen Mullahs und die Geistlichen der Taliban ein sehr unterschiedliches Zivilisationsniveau im Hintergrund haben – was erheblich ihre jeweilige Auffassung von Religion und Politik beeinflusst.

Das Gefälle der Zivilisationen springt jedem Reisenden sofort ins Auge. Als ich 1964 das erste Mal vom Iran aus nach Afghanistan einreiste, erlebte ich schon innerhalb weniger Kilometer einen schroffen Kontrast. Es endeten die Asphaltstraßen und Stromleitungen, es gab nicht einmal in größeren Städten Kinos und kaum Zeitungskioske. Im ganzen Land traf ich nur auf Frauen mit Totalverschleierung (selbst das Gesicht und die Augen waren mit einem Gazeschleier verdeckt), lediglich in der Hauptstadt Kabul gab es Ausnahmen. Und die Männer trugen fast durchweg Turban und einen langen Umhang, oft einen Krummdolch in der Schärpe, in Dörfern oft ein Gewehr. Das archaische Bild und die entsprechend verkrusteten Stammestraditionen hatten sich erst zu ändern begonnen, nachdem 1977 durch einen Putsch ein pro-sowjetisches Regime an die Macht gekommen war. Aber für tiefergehende Reformen hatte die Zeit nicht gereicht. Als zwei Jahrzehnte später die Taliban mit drakonischer Härte gegen die »unislamischen« Reformen des besiegten Regimes wüteten, stellten sie nur die Verhältnisse der sechziger Jahre wieder her, und damit war schon die Basis für einen Gottesstaat nach ihrem Gutdünken gelegt. Sie verboten den Frauen wieder die Berufstätigkeit, nahmen ihnen das Wahlrecht, zwangen sie wieder unter die Totalverschleierung, sie verboten den Männern die westliche Kleidung, sie verboten Kino, Fernsehen, Video und Musikkassetten.

Die Taliban verstanden sich zwar als Koranschüler, aber viele von ihnen waren Analphabeten und verdankten ihre Korankenntnisse nur einem oberflächlichen mündlichen Unterricht. Entsprechend gering war bei ihnen die Anzahl gut ausgebildeter Geistlicher. Entsprechend vage nur konnte ihre Vorstellung eines reinen Islam am Koran orientiert sein, und nur gar zu rasch neigten sie dazu, die über Jahrhunderte konservierten und erstarrten Stammestraditionen mit den Idealen einer ursprünglich islamischen Gesellschaft gleichzusetzen.

Voller Unverständnis mussten daher die meisten Ideologen des Taliban-Gottesstaates die Vorgänge in der benachbarten »Islamischen Republik Iran« beobachten. Ihnen erschien es bereits als schwerer Verstoß gegen den Willen Gottes, dass Frauen im Iran höhere Schulen besuchen, sogar akademische Berufe ausüben, das Wahlrecht besitzen, ja, manche Frauen darüber hinaus als Abgeordnete in das Parlament gewählt worden sind und politische Funktionen ausüben. Nicht minder irritieren musste die Taliban, dass unter der Herrschaft iranischer Mullahs Film und Fernsehen nicht als Teufelswerk verdammt sind, sondern eine große Rolle spielen.

Umgekehrt sahen iranische Muslime oft mit Geringschätzung auf afghanische Muslime herab, dies mit der Attitüde des Hauptstädters gegenüber entlegenen Provinzlern. Während im Iran verschiedene ideologische Fraktionen intellektuelle religiöse Diskussionen führten, fehlten dazu in Afghanistan von vornherein die Voraussetzungen. Der Begriff »Taliban« war während der 1990er-Jahre im Iran sogar zu einem Synonym für besondere Rückständigkeit, geistige Enge und starren Dogmatismus geworden. Ein interessantes Signal bedeutete es, dass

Iraner »Taliban« auch schon als Schimpfwort in ihrem innenpolitisch-religiösen Konflikt benutzten. Bei Straßendemonstrationen gegen Pressezensur und Beschränkung der Meinungsfreiheit skandierten Studenten in Sprechchören »Taliban! Taliban!« und meinten damit den reformunwilligen Klerus mit Ali Khamenei an der Spitze – eine gewagte Provokation, denn eine solche Benennung bedeutete sogar für die konservativsten Mullahs eine Beleidigung.

Im März des Jahres 2001 wurde der Weltöffentlichkeit erneut drastisch vor Augen geführt, welch tiefe Kluft die beiden islamistisch regierten Staaten Iran und Afghanistan vor allem auf kultureller Ebene trennt. Soldaten der Taliban vernichteten damals mit Raketenbeschuss die weltberühmten Buddha-Statuen von Bamiyan, Monumentalstatuen, die im 4. und 5. Jahrhundert unserer Zeitrechnung aus einer Felswand gemeißelt worden sind und als museale Relikte bis dahin die islamische Herrschaft überdauert haben. Scheich Mohammed Omar, der Führer der Taliban, hatte die Zerstörung dieser kulturhistorisch einmaligen Denkmäler mit dem Argument begründet, die »Götzen« könnten von »Irregeleiteten« wieder angebetet werden.

Neben westlichen Regierungen reagierten auch viele islamische mit Empörung – unter ihnen die der »Islamischen Republik Iran«. Dass es sich bei der Protestnote des Iran nicht um geheuchelte Empörung handelte, konnte gerade zu dieser Zeit eine aufwendige Wanderausstellung verdeutlichen, die das Nationalmuseum Teheran in verschiedenen europäischen Städten präsentierte: »7000 Jahre persische Kunst«. Gezeigt wurden kostbare Objekte überwiegend aus vorislamischen Epochen – unter ihnen Götterstandbilder, die von Muslimen der iranischen Bildungsschicht zwar als heidnisch, aber andererseits als Erbe iranischer Kultur angesehen wurden. Ich besichtigte die Objekte in Wien.

Zurück zur Gefahr einer militärischen Konfrontation. Im

September 1998 schuf der beiderseitige Truppenaufmarsch entlang der iranisch-afghanischen Grenze zwar wochenlang eine explosive Spannung, aber schließlich zogen beide Regierungen ihre Soldaten zurück. Weder der Iran noch Afghanistan waren für einen Krieg mit solcher Tragweite gerüstet. Wirtschaftlich wären die Folgen für beide Staaten verheerend gewesen.

Drei Jahre später allerdings kam es in der Krisenregion Afghanistan dann doch zum Krieg, wenn auch mit völlig anderer Konstellation. Im Oktober 2001 marschierten Truppen westlicher Staaten unter Führung der USA in Afghanistan ein. Der Auslöser für den Krieg war die Tatsache, dass das Taliban-Regime weiterhin der Organisation al-Qaida und ihrem Führer Osama bin Laden Unterschlupf gewährte und damit die strategischen Planer des verheerenden Terroranschlags vom 11. September 2001 auf das World Trade Center in New York und das Pentagon nahe Washington schützte. Aber aufschlussreich war in diesem Zusammenhang, dass der Iran mit einer Reihe anderer islamischer Staaten den Einmarsch westlicher Truppen in Afghanistan ausdrücklich billigte.

Nach dem Sturz des Taliban-Regimes und der Flucht der al-Qaida war jedoch die Situation in Afghanistan wieder wie Jahrzehnte zuvor: Die Macht einer (vage) reformwilligen Zentralregierung vermochte sich effizient allein in der Hauptstadt Kabul und ihrer Umgebung zu entfalten, dagegen regierten in den Provinzen die rivalisierenden und teils heftig zerstrittenen Stammesfürsten nach eigenem Gutdünken – oft nicht weniger starr traditionalistisch als die Taliban. Und die Lage komplizierte sich noch dadurch, dass in entlegenen Gegenden flüchtige Taliban sich neu formierten und durch Überfälle auf Gegner zur permanenten Unsicherheit des Landes beitrugen.

An der tiefen Kluft zwischen den beiden islamistisch orientierten Staaten Iran und Afghanistan konnte sich auf diese Weise weiterhin nichts grundlegend ändern.

4. Zugespitzte Gegensätze

Ein weiterer Vormarsch der Reformer?

Freitag, der 4. Juni 1999 … Nahezu eine Million Menschen strömten bei glühender Hitze vorbei am Märtyrerfriedhof Behescht-e Zahra, dem »Gräberfeld des Paradieses«, Ruhestätte für viele Tausende Gefallene des iranisch-irakischen Krieges am Südrand der Megastadt Teheran. Ziel war das benachbarte Mausoleum von Khomeini. Genau zehn Jahre war es her, dass der »Vater der Revolution« gestorben war; seinem Andenken galt es nun in einer gigantischen Massenveranstaltung zu huldigen.

Gigantisch ist das Mausoleum selbst. Massig ragt der milliardenteure Baukomplex mit dem Grabraum, einer Grabmoschee, Schulen, Restaurants und Übernachtungsstätten für Pilger aus der Ebene. Vergoldet sind Kuppeln, bunt verfliest die Minarette, und in weiterer Bautätigkeit sollen auch die vielen Betonwände mit buntglasierten Keramikziegeln verkleidet werden. Damit soll die Weihestätte vollends die Atmosphäre eines Wallfahrtszentrums im traditionell persischen Stil gewinnen – Khomeinis Grabstätte als ein die Zeiten überdauerndes Symbol schiitischer Frömmigkeit.

Staatsoberhaupt Ali Khamenei hielt vor dem Mausoleum eine flammende Rede, in der er sich zu den unveränderbaren, unantastbaren Prinzipien der Islamischen Revolution bekannte. Wieder einmal bekräftigte er die schroffe Abgrenzung gegenüber dem Westen und warnte vor Abweichlern in den eigenen Reihen. Die unübersehbare Menge antwortete ihm wie gewohnt in ritualisierten Sprechchören »Nieder mit Amerika!«, »Nieder mit Israel!«, »Nieder mit schlecht verschleierten Frauen!«.

Zwanzig Jahre nach dem Sieg der Islamischen Revolution, zehn Jahre nach dem Tod des »Großen Imam« Khomeini hatte sich innenpolitisch nichts an der Macht der religiös-politischen Führung, außenpolitisch nichts an der Abgrenzung gegenüber dem Westen geändert. Dies sollte die unmissverständliche Botschaft an jenem 4. Juni 1999 für das iranische Volk, für die Weltöffentlichkeit sein. Aber wie viele Iraner bekannten sich tatsächlich noch aus voller Überzeugung zu solchen im Ritual erstarrten Parolen? Wie repräsentativ war die eine Million Zuhörer, die auf dem Gelände vor Khomeinis Mausoleum in perfekter Massenregie aufgeboten wurde?

Nur einen Monat später erschütterten schwere Unruhen den Iran. Im Juli 1999 kam es, wie schon erörtert, zur größten regimekritischen Demonstration, die es seit Bestehen der «Islamischen Republik« gegeben hat. Studenten forderten mehr Presse- und Meinungsfreiheit, und ihnen schlossen sich in vielen Städten andere Bürger an. Nur unter massivem Einsatz des Militärs konnten die Unruhen blutig niedergeschlagen werden. Khamenei überstand diesen Aufruhr allein deshalb, weil er die absolute Kontrolle über das Militär, den Polizeiapparat, den Geheimdienst und die Justiz hatte.

Die konservativen Mullah-Fraktionen hatten allen Grund, mit düsteren Vorahnungen den Parlamentswahlen vom 18. Februar 2000 entgegenzusehen. Schon die Wahl Khatamis zum Staatspräsidenten 1997 hatte die Gewichte zugunsten der Reformer verschoben. Wie aber ließ sich ein zweiter Wahlsieg der Reformer verhindern, wo doch schwere Unruhen gegen die Konservativen das Land erschüttert hatten?

Nicht Gewalt, sondern friedliche Manöver waren nun gefordert, um einen weiteren Vormarsch der Reformer zu stoppen. Das beste Werkzeug hierzu bot der konservativ dominierte

»Islamische Wächterrat«. Diesem Gremium von zwölf geistlichen Rechtsgelehrten stand ja laut Verfassung zu, die Bewerber um einen Parlamentssitz auf ihre islamische Zuverlässigkeit hin zu überprüfen und gegebenenfalls abzulehnen. Bisher war es auf diese Weise stets gelungen, viele reformorientierte Anwärter mit fadenscheinigen Argumenten von einer Kandidatur auszuschließen – ein wesentlicher Grund, weshalb konservative Kandidaten bisher das Übergewicht behielten und sich nahezu zwanzig Jahre im Parlament eine Mehrheit sichern konnten.

Auch diesmal manipulierte die Prüfungskommission entsprechend die Auswahl der Bewerber. Allein im Wahlbezirk Teheran gelang es durch taktische Winkelzüge, rund 70 profilierte Reformanhänger an einer Kandidatur zu hindern. Aber dann die Überraschung: Der 18. Februar 2000, der Tag der sechsten Parlamentswahl seit Bestehen der Islamischen Republik Iran, wurde zu einem Triumph der Reformer. Erstmals nach 21 Jahren verloren die Konservativen ihre Mehrheit im Parlament. In der Hauptstadt Teheran errangen die Reformer ihren eindrucksvollsten Sieg. Von den 30 Parlamentssitzen gewannen sie 29. Die meisten Stimmen bekam Mohammad-Reza Khatami, der Bruder des Staatspräsidenten, Arzt mit Studium in England, ein 40-jähriger Quereinsteiger. Dies zeigte, dass alle taktischen Manöver der Konservativen nichts nutzten, um bei den Wahlen den weitverbreiteten Wunsch nach Veränderung zu blockieren.

Khatami ging sichtlich gestärkt aus den Wahlen hervor. Zu überschwenglicher Freude hatte er trotzdem keinen Anlass. Zwar waren nun die Zeiten vorbei, dass eine konservative Mehrheit im Parlament seine Gesetzesvorhaben oder die Ernennung »unislamisch« denkender Minister verhindern konnte. Aber die eigentliche Macht konzentrierte sich auch weiterhin weder im Parlament noch beim Staatspräsidenten – sondern bei dem Verlierer der Volkswahl: bei Khamenei. Er blieb im Amt des religiös-politischen Führers und des Staatsoberhaupts unantastbar. Er, der sich nur mit einem Gremium ranghoher Geistlicher abzusprechen hatte, bestimmte ja die Richtlinien der Politik, er konnte dem Staatspräsidenten sein Misstrauen aussprechen und besaß als Oberbefehlshaber des Heeres die Machtmittel, Khatami abzusetzen (ein Instrument, das bekanntlich auch Khomeini gegen Banisadr eingesetzt hatte). Khatami musste sich daher trotz seines Wahltriumphes hüten, den religiös-politischen Führer Khamenei durch allzu liberale Gesetzesvorhaben zu provozieren.

Die Spannungen zwischen Konservativen und Reformern spitzten sich im April 2000 gefährlich zu – im Streit darüber, wie weit die Meinungsfreiheit gehen dürfe. Der Anlass war eine Tagung der Heinrich-Böll-Stiftung in Berlin unter dem Titel »Dialog der Kulturen«, zu der auch Religionsgelehrte aus dem Iran eingeladen waren. Etliche von ihnen äußerten Thesen, die von der religiös-politischen Führung unter Ali Khamenei als Provokation empfunden wurden. Eine dieser Reden, die am 4. Mai 2000 in der deutschen Wochenzeitung *Die Zeit* abgedruckt wurde, kann dies besonders anschaulich verdeutlichen.

»Reform-Islam und die moderne Gesellschaft« lautete der Titel dieses Vortrags. Gehalten wurde er von Hassan Yusefi Eshkevari, einem der prominentesten Reform-Kleriker des Iran mit dem akademischen Titel eines Hodschat-al-Islam.

Eshkevari traf in seinem Vortrag eine sorgfältige Unterscheidung zwischen drei Bereichen des Islam. Der erste Bereich umfasst die Weltanschauung und die erkenntnistheoretischen Grundsätze über den Glauben an Gott und die Auferstehung, der zweite das gesamte Wertesystem und der dritte die praktischen Gebote im Alltag. Unantastbar und ewig seien der erste und zweite Bereich, aber anders sei es mit dem dritten Bereich, den praktischen Geboten für den Alltag. Diese Gebote seien abhängig von zeitlichen und räumlichen Veränderungen. Mohammed habe zufällig in Medina gewirkt und sich daher an den dort bestehenden gesellschaftlichen Erfordernissen orientiert. Der Redner schloss daraus: »Das bedeutet, dass heute die gesellschaftlichen Gebote des Islam zum Teil anders lauten würden, wenn der Prophet nicht in Medina, sondern in Athen, Rom oder in der Hauptstadt der Sassaniden, Ktesiphon, gelebt hätte. … Aus dem bereits Gesagten kann man folgern, dass sämtliche Bestimmungen, die das Familienrecht oder die Rechte der Frauen oder ähnliches betreffen, inhaltlich veränderbar sind, denn sie unterliegen den Veränderungen der Zeit und des Raumes.« Zur konkreten Situation der Frauen setzte der Redner ein weiteres Signal: »In Bezug auf Kleidervorschriften kann man noch hinzufügen, dass diese Vorschriften, selbst wenn sie unveränderbar wären, zu den Individualrechten gehören und man folglich niemand zu ihrer Einhaltung zwingen kann.«

Solche Positionen bedeuteten für jeden islamischen Fundamentalisten einen skandalösen Unglauben, wie er nur von westlichem Denken beeinflusst sein kann. Schließlich ist ja aus fundamentalistischer Sicht ein Großteil der sozial-religiösen Gebote über alle historische Gebundenheit und Relativierung erhaben, für alle Zeiten unveränderbar.

Der Redner kehrte nach dem abrupten Ende der Konferenz nicht in den Iran zurück, wohl wissend, welche Schwierigkeiten ihn dort erwarteten. Aus Furcht vor Verhaftung hielt er sich drei Monate lang in verschiedenen Ländern Europas auf, und als er nach langem Zögern im August dann doch die Rückkehr in die Heimat wagte, bestätigten sich seine Befürchtungen, er wurde verhaftet und zu einer mehrjährigen Gefängnisstrafe verurteilt. (Im Februar 2005 wurde er aus der Haft entlassen und lebt seither im Exil in Deutschland.)

Eshkevari benannte in der auf Deutsch veröffentlichten Fassung seines Vortrags deutlich seine Gegner: »Es ist bekannt, dass die Traditionalisten und Fundamentalisten gegen jede Erneuerung einen erbitterten Widerstand leisten und jede Reform als einen Angriff gegen die Religion deuten. Sie verfügen im Iran noch immer über eine große Macht. Selbstverständlich ist ihr Widerstand auch darauf zurückzuführen, dass sie ihre politische Macht und ihre Klassen- und Standesinteressen wahren wollen. Das Geschrei über die Iran-Konferenz in Berlin und der erlassene Haftbefehl gegen mich wegen meines Engagements für religiöse Erneuerung und gesellschaftliche Reformen sind auf den Widerstand der Fundamentalisten zurückzuführen.«

Khatami verhielt sich anlässlich solcher Auseinandersetzungen zurückhaltend. Zwar billigte er stillschweigend Argumente wie die des Korangelehrten Eshkevari als einen wichtigen Diskussionsbeitrag im Diskurs einer »islamischen Demokratie«, aber er ergriff nicht eindeutig Partei für den Kritiker. Khatami wollte letzten Endes keiner Entwicklung Vorschub leisten, die in eine grundsätzliche Kritik oder in Zweifel am Prinzip von Khomeinis »Islamischer Republik« münden konnte. Khatami gab unmissverständlich zu verstehen, dass die Debatte um Reformen nur innerhalb bestimmter Grenzen geführt werden durfte. Einerseits befürwortete er Meinungsfreiheit innerhalb des Islam und lehnte entschieden die fundamentalistische Praxis ab, andersdenkende Muslime als »unislamisch« auszugrenzen. Andererseits aber war es auch für Khatami selbstverständlich, dass die hohen politischen Ämter mit Geistlichen zu besetzen sind und diese ihre Deutungshoheit über den Charakter des islamischen Staates behalten.

In dieser Hinsicht blieb Khatami »Khomeinist« und berief sich auch immer wieder auf Aussprüche Khomeinis. Und daher war es nicht bloße Taktik, als er in seiner ersten Rede nach der Wahl betonte, er werde kein Gesetz gegen islamische Normen verabschieden. Khatami wollte nur die politischen Kompetenzen zwischen dem religiös-politischen Führer Khamenei und dem Staatspräsidenten anders gewichtet haben. Aber seine Reformen sollten letztlich das System der »Islamischen Republik Iran« stärken, sollten es flexibler machen, sollten es besser rüsten für die unzähligen sozialen, politischen und kulturellen Umbrüche. Hier stand Khatami in einer Reihe mit Systemkritikern wie den hohen Geistlichen Kazim Schariat-Madari, Mahmud Taleghani, Hossein Ali Montaseri und Abdullah Nuri.

Aus Khatamis Sicht konnte zwar eine reformierte »Islamische Republik« das Ziel sein – diese sollte aber im Kern ihre »khomeinistische« Doktrin bewahren. Das war ein ambivalentes Konzept, dem noch allerlei Zerreißproben bevorstanden.

Hafis, Goethe – und Khatami

Wie weltoffen war Khatami? Diese Frage bekam eine neue Dimension, als der iranische Staatspräsident im Juni des Jahres 2000 bei einem Staatsbesuch in Deutschland eine Rede über die geistige Wesensverwandtschaft von Hafis und Goethe hielt – und damit auch Grundsätzliches über den Dialog zwischen östlicher und westlicher Kultur äußerte. Die vielbeachtete Rede schien so ganz und gar nicht in das Bild zu passen, das viele westliche Beobachter vom islamistisch regierten Iran hatten und haben.

Hafis ist ja, wie ich bereits im Abschnitt »Saadi und Hafis, Persiens große Dichter in Schiras« darstellte, bis heute der meistverehrte Dichter im Iran – und gleichzeitig sehr umstritten. Deshalb bedeutet eine analytische Stellungnahme jenseits unverbindlicher Floskeln über die unvergleichliche Schönheit der Poesie eine intellektuelle Gratwanderung, ein Wagnis. Als Hafis 1389 starb, verweigerten ihm ja schiitische Geistliche anfangs ein Begräbnis nach islamischem Ritus, weil er ein Ketzer sei, und erst nach heftigen Protesten zahlreicher Verehrer des Dichters gaben die Geistlichen ihren Widerstand auf. Was also würde Khatami als Repräsentant der »Islamischen Republik Iran« angesichts dieses Hintergrunds über Hafis sagen?

Am 10. Juli 2000 traf Khatami in Berlin ein. 35 Jahre zuvor hatte Schah Mohammad Reza Pahlevi als letzter führender iranischer Politiker Deutschland besucht. Die lange Pause war die Folge politischer Spannungen, die mit den Studentendemonstrationen gegen den Schah 1967 in Berlin begonnen hatten. Und seit dem Machtwechsel durch Khomeini waren die diplomatischen Beziehungen noch wesentlich stärker belastet. Ein Wandel hatte sich erst wieder durch den Wahlsieg der Reformer im Iran am 18. Februar 2000 angebahnt, als nicht nur der Iran, sondern auch europäische Staaten und die USA Signale einer Annäherung, eines »politischen Tauwetters«, aussandten. Im Vordergrund stand für alle das Interesse, die wirtschaftlichen Beziehungen zu verbessern. Und mit diesem Ziel war Khatami auch nach Deutschland gekommen. Aber die Bedeutung von Khatamis Staatsbesuch lag nicht minder in den kulturellen Symbolen. Ein besonderer Anknüpfungspunkt bot hier Hafis, weil sich von diesem Dichter der persischen Klassik eine historische Verbindung zur Literatur der deutschen Klassik herstellen lässt.

Sorgfältig vorbereitet war von Deutschen wie von Iranern Khatamis Abstecher nach Weimar, dem Wohnort Goethes. Dort war auf dem Beethoven-Platz im Auftrag der deutschen UNESCO-Kommission ein Goethe-Hafis-Denkmal errichtet worden und sollte nun vom iranischen Präsidenten feierlich enthüllt werden. Das Denkmal bezieht sich auf Goethes *West-östlichen Divan,* jenen 1819 erschienenen Gedichtzyklus, in dem Goethe seine Wesensverwandtschaft mit dem persischen Dichter Hafis bekundete und für einen Dialog zwischen Okzident und Orient plädierte – zu Beginn des 19. Jahrhunderts ein noch ungewöhnlicher Gedanke. Präsident Khatami nahm während seiner Rede im Weimarer Schloss ausdrücklich Bezug auf Hafis und Goethe, als er sein Kernthema, den Dialog der Kulturen, einem deutschen Publikum darlegte. Was er über beide Dichter sagte, beleuchtete aus einem neuen Blickwinkel sein Verständnis vom Iran als östlicher Kulturnation und dem Westen.

Einige Auszüge aus dieser denkwürdigen Rede, die in der *Frankfurter Allgemeinen Zeitung* vom 13. Juli abgedruckt ist, mögen dies verdeutlichen. »Hafis ist ein Symbol des islamisch-iranischen Denkens und der Identität. ... Jeder Iraner entdeckt in Hafis einen unentdeckten Teil seines kulturellen Gedächtnisses. Goethe hat sogar durch den Schleier der Annäherungsübersetzungen ›die Sprache des Übersinnlichen‹ verstanden und sich mit ihr in Verbindung gesetzt. Dies zeugt natürlich von Goethes Genie. Es ist aber auch ein Beispiel für das richtige Ziel und den entsprechenden Weg im Dialog der Kulturen, der Zivilisationen und der Völker. Im *West-östlichen Divan* von Goethe gibt es keine Anzeichen kolonialistischer Absichten und hegemonialer Interessen, die leider die westliche Politik in den letzten Jahrhunderten des öfteren begleitet haben. Dort geht der westliche Dichter über das Kennenlernen des ›Anderen‹ hinaus und versucht mit ihm ins Gespräch zu kommen.« Khatami spannte von den beiden großen Dichtern Hafis und Goethe einen Bogen zur aktuellen Situation eines Dialogs zwischen Ost und West, indem er sagte: »Die Erkenntnis des ›Anderen‹ geht mit der Selbsterkenntnis einher. ... In der anderen Richtung sind wir selber das Objekt der Erkenntnis. Wir betrachten uns von außen und mit Distanz. Daher geht die Selbsterkenntnis stets mit der Selbstkritik einher.«

Hafis ... Goethe ... Selbsterkenntnis ... Selbstkritik ... Der Politiker Khatami, der nach eigenem Bekenntnis stolz darauf ist, ein Bücher lesender Intellektueller zu sein, wagte mit seiner Rede wieder einmal eine riskante Gratwanderung. Auch wenn er zu einem westlichen Publikum sprach, so war ihm doch bewusst, dass seine Aussagen im Iran von Anhängern wie von Gegnern an den Schalthebeln der Macht sorgfältig registriert wurden.

Gedichte aus dem *Diwan* des Hafis waren die ersten zehn

Jahre nach der Revolution von 1979 im Iran von den fundamentalistischen Machthabern mit viel Argwohn betrachtet worden. Aus ihrer Sicht stellten eine Reihe der im 14. Jahrhundert geschriebenen Verse eine Gefahr für Rechtgläubige dar. Die herrschenden Kleriker verübelten dem berühmtesten Lyriker persischer Sprache, dass er freizügig den Genuss von Wein und Liebe pries. Zwar verwendete Hafis die Motive von Wein und Liebe als Metaphern, um die Sehnsucht des Menschen sichtbar zu machen, im Rausch und in der Ekstase Raum und Zeit zu überspringen und dem Göttlichen näherzukommen – aber aus fundamentalistischer Perspektive blieb dies eine Provokation. Denn Hafis betonte das Subjektive des religiösen Glaubens, den »inneren Weg«, die persönliche Annäherung an Gott und sparte nicht mit bissig ironischen Äußerungen über engstirnige, dogmatisch bevormundende Korangelehrte. Erst nach Khomeinis Tod, mit ersten Ansätzen seit der Ära Rafsandschani, ist Hafis schrittweise wieder zu Ehren gekommen; allerdings dürfen seither seine Werke nur in Auszügen zitiert werden. Khatami aber war es, der immer wieder darauf hinwies, dass *Hafis* ein ehrender Beiname des Dichters ist (dessen eigentlicher Name Mohammed Schamseddin lautet). Dieser Ehrentitel bezeichnet einen Menschen, der den ganzen Koran auswendig zitieren kann – ein schriftkundiger, gläubiger Muslim also.

Hafis und Goethe in einem Atemzug zu nennen bedeutete für Khatami ein weiteres Wagnis. Schließlich hatte Goethe geistig eine wesentlich größere Distanz zum dogmatischen Christentum eingenommen als Hafis zum dogmatischen Islam. Wenn also Khatami die beiden großen Dichter als gleichrangige Partner in einem vorbildlichen Dialog zwischen Ost und West pries, dann rückte er sie auf gleiche Ebene. Entschiedener könnte Khatami nicht dazu aufrufen, dogmatisch enge Grenzen zu überschreiten, um zu einer freieren Religiosität und Form des Denkens zu finden. Im Abschluss seiner Rede spannte der Präsident der Islamischen Republik Iran den Bogen wiederum zu aktuellen Erfordernissen: Der Islam müsse sich »aus dem Engpass der versteinerten und rückwärtsgewandten Ansichten befreien«.

Welche von Hafis' Gedichten für konservative Parteigänger nach wie vor eine Provokation darstellen, lässt sich an zwei Beispielen veranschaulichen. So etwa folgende ganz aktuell anmutende Kritik am Klerus des 14. Jahrhunderts: »Die Pfaffen, die vor Kanzel und Altar / viel Pracht entfalten – wenn sie allein sind / frönen sie anderem Dienst. / Ich habe eine Frage, bring sie zum Gelehrten: / Jene, die uns Reue anempfehlen – / warum zeigen sie sich nicht reuig? / Sie glauben offenbar nicht ans Gericht, / da sie mit so viel Heuchelei / den Gottesdienst verrichten! / O Herr, setz diese Nichtwisser auf die Esel, / die ihnen zustehen.« (Zitat nach der Übersetzung von Cyrus Atabay.)

Nicht weniger anstößig erscheint folgendes Gedicht, das als »Testament des Hafis« gilt: »Da ich im Trunke sterben werde, / bringt mich auf die Art der Trunkenen unter die Erde. / Baut aus dem Rebstock mir einen Sarg, / auf dem Weg zur Kharabad (der Weinschenke für Dichter und Denker) grabt mir ein Grab. / Die Totenwäsche mit dem Wasser nehmt vor, / auf trunkenen Schultern hebt mich empor. / Nichts als Wein schüttet auf mein Grab. / Zu meiner Trauerfeier bringt nur die Robab (ein Saiteninstrument). / Eine Bedingung stell ich zu meinem Tod wieder, / dass mir keiner weint, außer die Musik vom Harfenspieler.« (Zitat nach der Übersetzung von Purandocht Pirayech.)

Sind solche Gedichte von Hafis für Bürger der »Islamischen Republik Iran« heute zugänglich?

Eine Überraschung erlebte ich, als ich im November 2016 das Mausoleum des Hafis in Schiras besuchte. In einer nahegelegenen Buchhandlung kaufte ich einen ins Deutsche übersetzten Gedichtband mit dem Titel *Rosen und die Nachtigall*, persisch *Gol-o-Bolbol,* erschienen in Teheran. Dort fand ich das oben zitierte Gedicht »Testament von Hafis«. Zunächst dachte ich, es handle sich um eine spezielle Ausgabe für deutsche Leser und diese bleibe daher den meisten Iranern verschlossen – aber neben der deutschen Übersetzung fand sich der Text im persischen Original. Dasselbe galt für die englischsprachige Version. Waren diese Bücher der staatlichen Zensur entgangen? Oder sind sie mehr oder weniger geduldet? Das Letztere ist wahrscheinlicher. Schließlich lassen sich die Texte eines derart berühmten Dichters nur schwer unterdrücken, vor allem seit Staatspräsidenten wie Rafsandschani und erst recht Khatami Signale gegeben haben, Literatur der persischen Klassik solle in größerer Bandbreite veröffentlicht werden. Ohnehin können Befürworter einer größeren kulturellen Toleranz darauf verweisen, dass es gar nicht konkret um den Genuss von Alkohol geht, sondern dass »Wein« und »Trunkenheit« als Metaphern für grenzüberschreitendes Denken zu deuten sind. Und die Kritik am Klerus bezieht sich auf das Fehlverhalten vieler Geistlicher im Verlauf der Jahrhunderte. Was aber, wenn solche Relativierungen nicht von allen Lesern so verstanden werden? Wenn gar konkrete Bezüge zur Gegenwart hergestellt werden?

Hafis stellt mit seiner Vielschichtigkeit nicht nur ein literarisches Phänomen, sondern auch eine gesellschaftliche und politische Provokation dar. Dieser Eindruck drängte sich mir gerade beim Besuch des Hafis-Mausoleums in Schiras auf, angesichts der Besuchermassen. Ich begann mich zu fragen, ob die vielen iranischen Frauen und Männer nur aus Bewunderung für die Schönheit und Gefühlsintensität der poetischen Verse kommen. Oder verehren nicht wenige von ihnen in Hafis auch den Rebellen gegen soziale, politische und religiöse Bevormundung?

Ich besuchte das Hafis-Mausoleum mehrere Male zu Zeiten, in denen der Andrang von Besuchern groß war; an einem Freitag, dem »islamischen Sonntag«, wie auch in einer Vollmondnacht. Die Abenddämmerung und der immer intensiver leuchtende Mond, dazu die Silhouetten von Zypressen, Pinien und Palmen gegen den Nachthimmel, die aufflammenden Lichter rund um den Kuppelbau des Mausoleums, aus Lautsprechern in melancholisch gedehntem Gesang Verse von Hafis – dies ist ein Fest für die Sinne, das den Besuch zu einem unvergesslichen Erlebnis macht (noch stärker als beim Grab des Dichters Saadi, das zwei Kilometer weiter östlich ein zweites wichtiges Ziel ist).

Der Alabastergrabstein, mit Ornamenten und arabisch-persischen Schriftzeichen überzogen, war ständig umringt von Männern und Frauen, viele davon im Alter zwischen zwanzig und dreißig Jahren. Sie alle legten den Zeigefinger der rechten Hand auf den Sarkophag, dann bewegten sich ihre Lippen, oft waren die Augen dabei geschlossen. Ob die Besucher nun leise Verse von Hafis zitierten oder Gebete sprachen, konnte ich nicht beurteilen.

Ich habe mir von Iranern sagen lassen, beides werde hier praktiziert. Junge Leute würden um eine gute Ehe, um Trost bei einer unglücklichen Liebe, um Erfolg in der Schule oder im Beruf bitten. Hafis sei für sie ein Heiliger, der im Grab ihre Gebete höre und sie als ein freundlicher Vermittler an Gott weiterleite. Hafis habe hier eine Funktion wie viele verstorbene Scheiche einer Derwisch-Bruderschaft, Hafis sei ja selber Mitglied einer Bruderschaft gewesen. Viele der Besucher aber würden auch Verse von Hafis zitieren, in denen eine Liebe zwischen Mann und Frau jenseits einengender Konventionen besungen werde. Oder Verse, in denen ein Islam gepriesen werde, der nicht bestimmt sei durch die starre Dogmatik von Korangelehrten, Verse mit dem Lob einer Religion, welche die Grenzen aller dogmatisch fixierten Religionen überschreite – im Sinne der Sufis und Derwische eben. Das seien Verse, die so manchem Zensor nicht gefallen würden. Aber das seien nun mal Verse von Hafis.

Die Iraner, die in dieser Form über die Wirkung von Hafis berichteten, taten dies meist mit leicht ironischem Tonfall. Sie wollten mir damit verdeutlichen, dass die vielschichtigen Aussagen des großen Dichters in mancherlei Hinsicht nicht identisch seien mit der offiziellen Haltung religiöser Dogmatiker. Das heißt, wer Hafis demonstrativ verehrt, setzt sich mehr oder weniger auch über religiöse und politische Bevormundung hinweg.

Wer mit eigenen Augen gesehen hat, wie stark besucht das Grab des Dichters Hafis in Schiras ist und quasi zu einem Pilgerort mit der Aura des Sakralen geworden ist, der wird verstehen: Keine Regierung kann durch Verbote die Verehrung des Dichters in eine enge ideologische Richtung kanalisieren. Staatspräsident Khatami hat es in seiner Weimarer Rede vom Juli 2000 sehr diplomatisch ausgedrückt: »Jeder Iraner entdeckt in Hafis einen verborgenen Teil seines kulturellen Gedächtnisses.« Ein solcher Kommentar macht deutlich, wo Khatami selber als ranghoher Vertreter der iranischen Regierung steht: auf der Seite derer, die eine ideologische Kanalisierung ablehnen und eine Vielfalt an Interpretationsmöglichkeiten wünschen.

Diese Haltung hat Khatami auch ausdrücklich in Deutschland vertreten. Daher konnte sein dreitägiger Staatsbesuch in Deutschland als großer Propagandaerfolg des Präsidenten gewertet werden, zumindest aus der Sicht seiner unmittelbaren iranischen Gefolgschaft wie von vielen westlichen Beobachtern. Aber kaum zurück im Iran, musste sich Khatami wieder einer harten und sehr widersprüchlichen politischen Realität ausgesetzt sehen. Nur drei Tage nach seiner Heimkehr war Khatami mit einem fatalen Gerichtsurteil konfrontiert. Ein Militärgericht hatte nach monatelangem Prozess 18 Mitglieder des Geheimdienstes und ranghohe Offiziere freigesprochen, die angeklagt waren, im Juli vorigen Jahres gegen demonstrierende Studenten ohne Befehl besonders brutal vorgegangen zu sein. Größere Proteste gegen dieses Gerichtsurteil blieben aus. Zum einen waren ja fast alle liberalen Zeitungen seit April verboten. Zum andern äußerten aber auch führende Reformpolitiker, allen voran Khatami, nur sehr vorsichtige Kritik – dies im drückenden Bewusstsein, dass die Kontrolle über die Justiz, das Militär und den Geheimdienst eben ausschließlich das religiös-politische Staatsoberhaupt Khamenei ausübte.

Diese Vorgänge legten wieder einmal offen, wie eng der Spielraum des Staatspräsidenten Khatami eigentlich war – und auf welch unsicheren Voraussetzungen seine Aufforderung zum »Dialog der Kulturen« beruhte. Der Westen blieb also weiterhin mit der Tatsache konfrontiert, dass im Iran eine Doppelherrschaft bestand und der Machtkampf noch lange nicht entschieden war. Dementsprechend sollten sich in den folgenden Jahren weitere – und noch weitaus größere – Konflikte entladen.

Aghadscheri fordert einen »islamischen Protestantismus«

Am 19. Juni 2002 jährte sich der Todestag des iranischen Gelehrten und Politikers Ali Schariati zum 25. Mal. Aus Anlass dieses Jubiläums wurden in der »Islamischen Republik Iran« zahlreiche Reden zu seinen Ehren gehalten.

Schariati galt schließlich nach offizieller Ideologie als ein geistiger Wegbereiter der »Islamischen Revolution«. Er hatte ja, wie bereits geschildert, unter der Herrschaft des letzten Schah dem Märtyrer-Mythos der schiitischen Tradition einen neuen, aktuellen politischen Bezug gegeben und gerade so dem Widerstand des Volkes gegen die damalige Regierung eine zusätzliche Dynamik verliehen. Die Redner in den Moscheen, im Parlament und auch in den Universitäten brachten genau das zum Ausdruck, wobei sie hervorhoben, dass Schariati 1977 durch Geheimagenten des Schahs ermordet worden war und dass er auf diese Weise selber, dem Beispiel des Prophetenenkels Hussein folgend, im Kampf gegen einen ungläubigen Tyrannen zum opferungsbereiten Märtyrer geworden sei.

Die meisten Redner gingen allerdings nicht über das hinaus, was die Doktrin des Gottesstaates zuließ. Mit ihrem Lob stutzten sie das geistige Erbe Schariatis zurecht, dass es so erscheinen musste, als ob der unbequeme Denker bereits in der politischen Vorherrschaft der Mullahs und Ajatollahs die ideale Vollendung der Islamischen Revolution gesehen hätte. Aber gerade damit scheuten die Redner jene weitergehende Reflexion über verhängnisvolle Fehlentwicklungen des Islam, die der revolutionäre Theoretiker Schariati den iranischen Muslimen abverlangte.

Einer der Redner machte jedoch eine Ausnahme: der 1957 geborene Reformpolitiker Haschem Aghadscheri, der als Professor für Geschichte einen Lehrstuhl an der Tarbiat-Modaress-Universität von Teheran innehatte. Seine Rede zum Gedenken Schariatis zeugte von dem hohen Niveau, auf dem grundsätzliche religiöse und philosophische Fragen in der »Islamischen Republik Iran« reflektiert werden konnten – hier deutlich in der Tradition des Philosophen Sorusch. Es waren Gedanken, die beträchtlich über jene hinausgingen, die in vielen anderen Staaten der islamischen Welt öffentlich erörtert werden. Aber ebenso drastisch machte die Rede deutlich, wo im Iran des Jahres 2002 weiterhin die Grenzen zur Meinungsfreiheit lagen – und dass ein derartiger Mut zu offener Diskussion über heikle Themen nach wie vor lebensgefährlich sein konnte. Die Rede brachte dem Autor das Todesurteil. Darüber hinaus führte sie zu landesweiten Unruhen und wurde auf diese Weise zu einem heftig erörterten Thema auch in den westlichen Medien. Ein solcher Konflikt demonstrierte wieder einmal mehr, dass das ideologische Selbstverständnis des Gottesstaates im geistigen wie politischen Widerstreit seiner Anhänger immer stärker erschüttert wurde.

Was war der Sprengstoff dieser Rede?

Aghadscheri leitete seinen Vortrag, von dem Auszüge in der deutschen Wochenzeitung *Die Zeit* am 18. Dezember 2002 abgedruckt wurden, mit folgenden Worten ein: »Es ist mir eine Ehre, heute – am 25. Jahrestag des Märtyrertodes meines Bruders, Freundes und Gleichgesinnten Dr. Ali Schariati – zu euch zu sprechen. Das Thema meiner heutigen Rede ist der islamische Protestantismus. … Dr. Schariati sah, dass das Hauptproblem des Iran kultureller Art ist. Solange die Kultur und Denkweise der Gesellschaft sich nicht ändern, können die Regime kommen und gehen, aber kein grundlegendes Problem wird gelöst werden können. Der kulturelle Kern der iranischen Gesellschaft ist aber die Religion. … Hier setzt Dr. Schariati mit seinem Projekt des islamischen Protestantismus ein.«

An späterer Stelle des Vortrags sagte Aghadscheri: »Der Protestantismus war eine religiöse Bewegung im Europa des 15. und 16. Jahrhunderts, und viele ihrer Protagonisten wie Calvin und Luther waren Geistliche und Priester. Aber sie waren Priester, die die Kirche und die Geistlichkeit kritisierten. Die protestantische Bewegung wollte das Christentum aus den Händen des Klerus und die Religion aus den Händen des Papstes befreien.« Und: »Die heutige schiitische Hierarchie ist eine Imitation der christlichen Kirche. Die Unterteilungen … sind katholisch, nicht islamisch. Manche Kleriker sind so angetan von dem, was sie zu tun versuchen, dass sie sich schon selbst für Ikonen halten.« Und: »Der heutige Islam sollte der Kern-Islam sein, nicht der Islam der Tradition. Der islamische Protestantismus ist ein vernünftiger, praktizierbarer und menschlicher Islam. Viele Leute, die an der islamischen Revolution keinen Anteil hatten, bewegen sich jetzt auf der öffentlichen Bühne und sagen, dass der traditionelle Islam der wahre Islam sei. … Gerade deshalb ist der Gedanke des islamischen Protestantismus wichtiger denn je.«

Aghadscheri forderte, die Geistlichkeit des Iran solle auf ihre politische Führungsfunktion verzichten und sich auf die Rolle des religiösen Wächteramts beschränken, was ohnehin Einfluss genug bedeute. Nur nach dem Rückzug aus der aktiven Tagespolitik könne die Geistlichkeit wieder unparteiisch den Geist des wahren Islam repräsentieren. Es sei falsch, eine religiöse Tradition – nur weil sie sich als selbstverständlich eingebürgert habe – schon unveränderbar als gottgewollt einzustufen. In diesem Zusammenhang drängte Aghadscheri darauf, man müsse auch bei der Interpretation des Koran zeitbedingte, historisch wandelbare Aussagen von den ewigen Kernwahrheiten des Islam trennen.

Diese Rede, die Aghadscheri in der Millionenstadt Hamadan unter lebhaftem Beifall gehalten hatte, war allerdings zunächst nur einer schmalen intellektuellen Öffentlichkeit bekannt gewesen. Erst nachdem einer der Zuhörer den heimlich auf Tonband aufgenommenen Vortrag provokativ ins Internet gestellt hatte, verbreiteten sich die Aussagen rasch im ganzen Iran. Damit erst wurde das Gesagte zum staatspolitischen Skandal. Aghadscheri wurde verhaftet, und am 6. November erging das Urteil gegen ihn: 74 Peitschenhiebe, anschließend Tod durch den Strang wegen Gotteslästerung und »Beleidigung des Propheten Mohammed«.

Das Urteil traf einen Reformpolitiker, der sich ausdrücklich zu den Idealen der Islamischen Revolution, ja ausdrücklich auch zum Märtyrertum für die »heiligen Ziele des Islam« bekannte. Aghadscheri hatte als Soldat im Krieg gegen das »ungläubige« Regime des Irak in den achtziger Jahren ein Bein verloren und wurde deshalb als Kriegsheld geehrt. Aber nun hatte er mit seiner Kritik an Missständen des Gottesstaats eine Tabugrenze überschritten, indem er nicht nur, wie es viele taten, einzelne fehlgeleitete Geistliche kritisierte, sondern die religiös-politische Struktur grundsätzlich verändert haben wollte. Die religiös-politische Führung sah sich durch diese Rede substantiell in Frage gestellt.

Staatsoberhaupt Khamenei hatte allerdings die Wirkung des

Todesurteils in der Öffentlichkeit völlig unterschätzt. Ratlos musste er zur Kenntnis nehmen, dass schon einen Tag nach der Urteilsverkündung in iranischen Städten Tausende Studenten demonstrierend durch die Straßen zogen und sich ihnen mehr und mehr Bürger anschlossen, die ebenfalls mit der Reformbewegung sympathisierten. Es waren Demonstranten, die sich weder durch ein offizielles Verbot ihrer Proteste noch durch den Aufmarsch von Polizeitruppen noch durch Verhaftungen abschrecken ließen. Immer deutlicher wurde so, wie groß die Zahl jener gerade in der Bildungsschicht war, die die Verfassung der »Islamischen Republik Iran« als unzulänglich ablehnten und daher den »Märtyrer« Aghadscheri als einen Helden, eine neue Symbolfigur ihrer eigenen Sehnsüchte und ihres eigenen Unmuts feierten.

Die religiöse Führung unter Khamenei versuchte zunächst weitergehende Diskussionen über Aghadscheris aufsehenerregende Reden und das Gerichtsurteil brutal zu unterdrücken. Allerdings erreichten die »katholischen« Machthaber mit ihren Maßnahmen gegen die »Protestanten« genau das Gegenteil. Die Studentenproteste nahmen in vielen Städten immer größere Ausmaße an und drohten zu einem landesweiten Aufruhr auszuufern. Außerdem stellten sich 81 Parlamentsabgeordnete mit schriftlichen Erklärungen hinter den Verurteilten. Und nicht nur Staatspräsident Khatami lehnte entschieden den Richterspruch ab, sondern auch der viel konservativere Parlamentspräsident Mehdi Karroubi, ein Geistlicher im Rang eines Hodschat-al-Islam, »Autorität des Islam«, sagte öffentlich, dass er sich für dieses Todesurteil schäme. Angesichts derart geballter Demonstrationen lenkte Religionsführer Khamenei plötzlich ein und bot eine Neuaufnahme des Gerichtsverfahrens an, das, so nun die offizielle Begründung, mit Formfehlern behaftet sei. Das Ergebnis war, dass das Todesurteil nach langer Verzögerung im Juli 2003 in eine Haftstrafe von vier Jahren umgewandelt wurde.

Bemerkenswert an diesen Vorgängen sind vor allem zwei Faktoren. Zum einen: Prominente Intellektuelle, Geistliche und Politiker wagten sich mit ihrer Kritik an bestehenden Verhältnissen unter Einsatz sogar ihres Lebens immer weiter aus der Deckung und fanden hierbei Rückhalt bei einer breiteren Bildungsschicht. Zum andern: Die religiös-politische Führung ließ sich durch die heftigen Proteste aus der Bildungsschicht beeindrucken und sah sich zu Zugeständnissen genötigt.

Aus westlicher Sicht musste hierbei am meisten überraschen, dass ein solcher Konflikt nicht etwa zwischen einer säkular orientierten und einer fundamentalistisch ausgerichteten Gruppierung ausgetragen wurde – sondern zwischen einer dialektisch beweglichen und einer starr dogmatischen Gruppierung innerhalb jenes Lagers, das sich den Idealen der »Islamischen Revolution« verpflichtet fühlte.

Erstaunlich musste aus westlicher Sicht aber auch erscheinen, dass in iranischen Städten ein Intellektueller derart bekannt, ja populär werden konnte. Nach der Verkündung von Aghadscheris Todesurteil waren schließlich Hunderttausende Menschen protestierend auf die Straßen gegangen. Dies deutete auf einen beträchtlichen Wandel der sozialen und kulturellen Rahmenbedingungen hin. Endgültig waren die Zeiten vorbei, in denen Diskussionen über religiös-politische Grundsatzfragen auf elitär abgeschirmte Zirkel beschränkt blieben. Der Anteil derjenigen, die über eine höhere Bildung vefügten, hatte sich beträchtlich gesteigert. Sieben Prozent der iranischen Jugend studierte inzwischen an einer Universität, ihr prozentualer Anteil überstieg damit um mehr als das Doppelte den Anteil der Schah-Zeit. 57 Prozent waren als Besucher einer höheren Schule registriert, laut einer Statistik des Jahres 2001. Ohnehin hatte sich das Bildungsniveau der iranischen Bevölkerung insgesamt entscheidend verbessert: Rund 70 Prozent konnten zu Beginn des 21. Jahrhunderts lesen und schreiben, gegen Ende der Schah-Herrschaft waren es erst 37 Prozent gewesen.

Das Mullah-Regime konnte einerseits auf das Ergebnis einer solch offensiven Bildungspolitik stolz sein. Andererseits drohte nun den Regierenden vollends die Kontrolle über die eindrucksvoll gewachsene Bildungsschicht zu entgleiten. Zwar wünschten selbst die konservativsten Ideologen eine möglichst große Zahl gut ausgebildeter Wissenschaftler, Ärzte und Lehrer, weil sich nur mit ihrer Hilfe die kulturelle und besonders die technologische Rückständigkeit des Iran überwinden ließ. Aber die immer größer werdende Meinungsvielfalt innerhalb der Bildungsschicht brachte eben auch ein Bedürfnis mit sich, das den Strukturen eines totalitär regierten Staates völlig zuwiderlief: das Bedürfnis nach einer offenen Gesellschaft.

Khamenei und Montaseri – ein neuer Konflikt

Die Situation für das Staatsoberhaupt Khamenei war prekär. Zwar besaß er Macht genug, um mit Polizeigewalt jederzeit Kritik an seiner Amtsführung zu unterdrücken. Aber er musste registrieren, dass es ihm weiterhin nicht gelingen konnte, große Teile der Bildungsschicht durch geistige Überzeugungsarbeit zu gewinnen. Sogar eine beträchtliche Zahl ranghoher Geistlicher äußerte immer wieder Kritik an politischen Maßnahmen der religiösen Führung – was für Khamenei noch problematischer war. Aber der heikelste Punkt: Einer Reihe Geistlicher erschien Khamenei selber nicht als der überzeugendste Repräsentant im Amt des religiös-politischen Staatsoberhaupts.

Khamenei hatte ja, wie ich schon im Abschnitt »Montaseri und Khamenei – die Konflikte bei der Nachfolge des Imam« ausführlich erörterte, unter problematischen Begleitumständen die Nachfolge des verstorbenen Revolutionsführers Khomeini angetreten. Zum eigentlichen Nachfolger war damals Hossein Ali Montaseri vorgesehen, einer der wenigen Geistlichen des Iran, die wie Khomeini den Titel eines *Ajatollah al-uzma*, »Groß-Ajatollah«, hatten erwerben können. (Die Zahl dieser ranghöchsten Geistlichen bewegt sich zwischen sechs und zwölf.) Montaseri hatte allerdings im März 1989, drei Monate vor Khomeinis Tod, gewagt, die wachsende Korruption vieler Mullahs und Ajatollahs heftig zu kritisieren. Darüber hinaus hatte er öffentlich geäußert, er halte es für unvereinbar mit den Idealen der Islamischen Republik, politische Opposition durch Haft, Folter oder gar Hinrichtung zu bekämpfen. Montaseri war wegen dieser mutigen Kritik an Missständen des islamistisch regierten Staates bei den Regierenden damals in Ungnade gefallen und entmachtet worden. Und erst daraufhin hatte ein Gremium geistlicher Rechtsgelehrter den damaligen Staatspräsidenten Ali Khamenei in das Amt des religiös-politischen Staatsoberhaupts gewählt.

Aber diese Wahl 1989 war von ranghohen Geistlichen außerhalb des Machtzirkels nie wirklich akzeptiert worden, denn der jetzige Nachfolger hatte aus ihrer Sicht gegenüber dem entmachteten Nachfolger beträchtliche Mängel aufzuweisen. Khamenei hatte bis unmittelbar vor seinem Amtsantritt lediglich den Titel eines *Hodschat-al-Islam*, einer »Autorität des Islam«, geführt und war erst im letzten Moment vom besagten Gremium geistlicher Rechtsgelehrter zum Ajatollah befördert worden, um den offensichtlichen Makel zu tilgen. Seither hatte Khamenei gegen die abschätzige Nachrede anzukämpfen, dass er den Titel eines Ajatollah eigentlich nur seiner bedingungslosen Gefolgschaftstreue gegenüber Khomeini zu verdanken habe, nicht jedoch seiner Fähigkeit als Theologe und geistlicher Rechtsgelehrter.

Einige der Ajatollahs gingen in ihrer Opposition sogar noch einen Schritt weiter. Sie gaben mehr oder weniger versteckt zu erkennen, dass ihnen immer noch Groß-Ajatollah Montaseri als der geeignetste Repräsentant im Amt des religiös-politischen Staatsoberhaupts erschien. Dies war für Khamenei aus zwei Gründen brisant, nicht nur weil diese ranghöchsten Geistlichen mit ihrer unverminderten Sympathie für Montaseri auch dessen Kritik am Machtmissbrauch politisch tätiger Mullahs billigten. Darüber hinaus akzeptierten sie auch stillschweigend, dass Montaseri 1997 mutig für die Reformpolitik des Staatspräsidenten Khatami eingetreten war – und Religionsführer Khamenei sogar aufgefordert hatte, zugunsten des Staatspräsidenten auf die politische Leitung der »Islamischen Republik Iran« zu verzichten. Diese Kritik Montaseris unterschied sich im Kern nicht von dem, was 2002 Aghadscheri vertrat.

1997 hatte Khamenei auf Montaseri ebenso heftig reagiert wie 2002 auf Aghadscheri. Er hatte (wie bereits im Abschnitt »Montaseri und andere Kritiker in Gefahr« beschrieben) eine Gruppe bewaffneter *Ansar-e-Hezbollah*, »Helfer der Partei Gottes«, in Montaseris theologisches Lehrzentrum von Ghom geschickt und dort zur Einschüchterung das Mobiliar zerschlagen lassen. Er hatte Tausende organisierte Anhänger der radikal-religiösen Fraktion durch die Straßen von Ghom marschieren lassen mit dem Ruf »Tod für Montaseri«. Aber nachdem die vielen Zuschauer passiv geblieben waren und sich nicht wie erhofft an den Ausschreitungen beteiligten, schreckte Khamenei vor einem Todesurteil zurück. Er hatte sich – mit Rücksicht auf die ungebrochen hohe Popularität Montaseris – damit begnügen müssen, den gefährlichen Kritiker zu strengem Hausarrest und Redeverbot zu verurteilen.

Das mangelnde Ansehen machte Khamenei – und damit die gesamte bisherige Machtstruktur der »Islamischen Republik Iran« – verwundbar. Es bedeutete für Khamenei ein Alarmsignal, dass er 1997 nicht schärfer gegen Montaseri hatte vorgehen können, ebenso, dass er 2002 das Todesurteil gegen Aghadscheri, das doch zur Abschreckung gedacht war, zurückziehen musste.

Im Januar 2003, nur zwei Monate nach den Studentenunruhen zur Unterstützung für den »Märtyrer« Aghadscheri, erwartete das Staatsoberhaupt Khamenei eine neue Demütigung.

Wiederum musste er unter dem Druck der Öffentlichkeit ein von ihm angeordnetes Urteil revidieren. Diesmal geschah es auf Verlangen ranghoher Geistlicher, die der Reformbewegung nahestanden. Khamenei hatte den Groß-Ajatollah Montaseri aus dem mehr als fünf Jahre dauernden Hausarrest zu entlassen. Nur sehr zögernd hatte sich Khamenei zu der Einsicht durchringen können, dass es der Autorität der religiösen Führung auf Dauer schwer schaden musste, ausgerechnet den angesehensten und populärsten Ajatollah des Iran derart lange in Haft zu halten und ihn möglicherweise in Gefangenschaft als Märtyrer sterben zu lassen. Eine »großzügige« Haftentlassung erschien da als die kleinere Gefahr. Montaseri war zum Zeitpunkt seiner neugewonnenen Freiheit ohnehin schon 81 Jahre alt und wirkte sehr gebrechlich, weshalb er kaum mehr eine aktive Rolle im vieldiskutierten Reformprozess spielen konnte. Aber Khamenei fürchtete zu Recht, dass sein gefährlichster Gegner intellektuell noch vital genug war, um kritisch die politische Situation zu kommentieren.

Und so kam es: Montaseri äußerte sich bereits unmittelbar nach seiner Freilassung, umgeben von Mullahs und Ajatollahs, in Interviews mit Journalisten des In- wie Auslands wieder unverblümt offen wie einst vor seiner Verhaftung. In verschiedenen Interviews rief er Staatspräsident Khatami dazu auf, weiterhin entschlossen seine Reformarbeit fortzusetzen und sich keinem Druck zu beugen. Und er kritisierte wieder scharf den Islamischen Wächterrat, der in unzulässiger Weise viele der vom Parlament verabschiedeten Reformgesetze für »unislamisch« erkläre und damit politisch undurchführbar mache. Auf die erstaunte Frage von Journalisten über seine derart offene Kritik antwortete er (so eine Auskunft in der *Neuen Zürcher Zeitung* vom 31. Januar 2003): Weder er noch seine Söhne hätten den Behörden irgendwelche Zusagen der Zurückhaltung gemacht. Er habe auch gar nicht um seine Freilassung angesucht, denn: »Ich bitte niemand um etwas, außer Gott den Allmächtigen.« Seine religiöse Pflicht verlange von ihm, auch weiterhin zu aktuellen Fragen des Glaubens und der Politik Stellung zu nehmen.

Für die ohnehin angeschlagene Autorität des Staatsoberhaupts Khamenei bedeuteten solch öffentlich ausgesprochene Erklärungen einen weiteren Verlust an Glaubwürdigkeit. Der Prozess schien unaufhaltsam, dass nicht nur Intellektuelle einer wachsenden städtischen Bildungsschicht, sondern zunehmend auch ranghohe Geistliche – mit Montaseri als Vorbild – öffentlich provokativ die Rolle der religiös-politischen Führung in ihrer bisherigen Form ablehnten.

Für Khamenei galt es nun, trotz wachsender Schwierigkeiten politische Mittel und Wege zu finden, um seine Machtstellung zu behaupten – und damit den Bestand der »khomeinistischen« Staatsordnung möglichst unverändert zu erhalten. Das darauffolgende Jahr wurde in dieser Hinsicht zu einer Zerreißprobe für das ideologische Selbstverständnis der »Islamischen Republik Iran«.

Der Pyrrhussieg der Konservativen

Das Jahr 2004 begann im Iran mit einem politischen Eklat, dessen Folgen sofort in der Weltöffentlichkeit registriert wurden. Am 13. Januar verbot der zwölfköpfige Islamische Wächterrat mehr als 80 Abgeordneten des Reformflügels, bei der Parlamentswahl am 20. Februar für eine weitere Legislaturperiode zu kandidieren. Die offizielle Begründung des von Religionsführer Khamenei abhängigen Gremiums lautete: Das unislamische Verhalten dieser Kandidaten verstoße gegen die Verfassung der Islamischen Republik.

Besonders brisant an diesem Verbot war, dass auch Mohammad-Reza Khatami, der jüngere Bruder des Staatspräsidenten Mohammed Khatami, zu den Ausgeschlossenen gehörte, ebenso seine Frau Zahra Eshragi, eine Enkelin des Revolutionsführers Khomeini. Der Bruder des Staatspräsidenten, einst ein militantes Mitglied der Revolutionsgarden und anfangs auch ein glühender Verehrer Khomeinis, galt seit den späten 1990er-Jahren als der eigentliche politische Führer der Reformbewegung. Er nannte viel offener als der Staatspräsident selber die Missstände einer unzulänglichen Demokratie beim Namen, wollte die Machtbefugnisse des religiös-politischen Führers Khamenei noch stärker eingeschränkt haben und trat unter anderem auch dafür ein, den Verhüllungszwang für Frauen völlig aufzuheben. Den Bruder des Staatspräsidenten zu entmachten bedeutete einen schweren Schlag gegen die Reformbewegung.

Staatspräsident Khatami drohte in einer ersten Reaktion mit Rücktritt, ebenso vier der sechs Vizepräsidenten, 16 Minister und landesweit 28 Gouverneure. Außerdem protestierten 130 Abgeordnete der Reform-Parteien im Parlament mit einem mehrtägigen Sitzstreik. Aber unbeeindruckt von all diesen Demonstrationen setzte der Islamische Wächterrat während der folgenden Woche seine Säuberungsaktion fort und schloss nun nahezu 2000 reformierte Kandidaten von der Wahl aus. Von der größten Reformpartei, deren Führer der Bruder des Staatspräsidenten war, durften nun nur noch vier der insgesamt 80 Abgeordneten abermals zur Wahl antreten.

Viel hing nun davon ab, wie sich Staatspräsident Khatami weiter verhielt. Sein Spielraum für politisches Handeln war ja eng. Denn gemäß der Verfassung hatte er sich bei strittigen Fragen prinzipiell den Weisungen des Staatsoberhaupts Khamenei und des Islamischen Wächterrats unterzuordnen. Für Khatami würde als wirkungsvolle Verweigerung allein der Rücktritt bleiben.

Khatami scheute den Rücktritt. Er beugte sich dem Diktat der religiös-politischen Führung und gab damit ein Signal auch an seine politischen Weggefährten. Aber er hörte nicht auf, an die Reformierbarkeit des Systems von innen heraus zu glauben.

Ihm erschien es immer noch möglich, dass die Regierenden in einem schrittweisen Prozess die autoritären Strukturen überwinden und letztendlich das Ideal einer islamischen Demokratie verwirklichen könnten. Von diesem Glauben ließ er sich trotz aller persönlichen Demütigungen durch die religiös-politische Führung nicht abbringen. Strikt wies er die Kritik enttäuschter Reformer zurück, dass seine Zukunftsvision längst schon durch die immer deutlicher werdenden strukturellen Widersprüche der real existierenden »Islamischen Republik Iran« widerlegt sei. Khatami wurde hier zur tragischen Figur.

In einem Interview, das Khatami am 27. Januar 2004 der österreichischen Zeitung *Der Standard* gegeben hatte, war bei allen bitteren Anspielungen auf die gegenwärtigen Machtverhältnisse im Gottesstaat Iran noch viel von seinem optimistischen – und doch verzweifelt trotzigen – Glauben an eine »islamische Demokratie« zu spüren. Er sagte dort unter anderem über Demokratie und die damit verbundene Notwendigkeit zum Dialog, wobei er einen Vergleich zum Westen zog: »Ein interner Dialog ist … viel schwieriger in unseren (islamischen) Ländern, die keine demokratische Tradition haben, die nie gelernt haben, einen Dialog zu führen. Wir sind eine Gesellschaft, die jahrhundertelang unter Unterdrückung gelitten hat. Zum Dialog muss man erzogen werden, und das ist in diktatorischen Systemen nicht möglich. Aber je mehr wir Fortschritte auf demokratischem Gebiet machen, je mehr Institutionen und Organisationen – wie im Westen die Parteien – zustande kommen, desto besser wird es werden. Dialog muss man lernen … Ich bin sicher, dass dieser Dialog (auf religiöser und kultureller Ebene) auch den politischen beeinflussen kann, den es im Moment jedoch nicht gibt – im Moment will derjenige, der mehr Macht hat, seine Meinung diktieren. Das ist Monolog, nicht Dialog.«

Über die Situation unterdrückter Frauen im islamistisch regierten Iran erklärte Khatami im selben Interview: »Ich, als

Geistlicher, sage Ihnen hier, wir haben in unseren theologischen Grundsätzen nichts, was muslimische Frauen zwingen könnte, ein Kopftuch zu tragen. Das dürfen wir nicht. Was Sie hier sehen, das ist eine gesellschaftliche Tradition im Iran, das hat mit dem Islam nichts zu tun. Und wir dürfen Menschen überhaupt nicht zwingen, ihr privates Leben auf eine bestimmte Art und Weise zu leben. Aber ich bin sicher, dass die Zeit viele von diesen Problemen lösen wird.«

Khatami sagte all dies – was wie ein politisches Vermächtnis anmutete – drei Wochen vor den Parlamentswahlen. Zu dieser Zeit startete der Islamische Wächterrat noch einmal eine Säuberungsaktion und verweigerte »aus Sorge« um die Ideale eines religiös geführten Staates weiteren reformorientierten Kandidaten die Zulassung zur Wahl. Die Zahl der Abgewiesenen war damit letztendlich auf rund 4000 angestiegen. Ein Großteil des Reformflügels war auf diese Weise politisch blockiert, und von vornherein stand nun die absolute Mehrheit der konservativen Bewerber im Parlament fest. Für Khatami bedeutete dies noch einmal eine bittere Lektion: Endgültig war das Ideal einer »islamischen Demokratie« zur Farce verkommen.

Der Islamische Wächterrat hatte das zu Ende gebracht, was er ohnehin schon die ganze Legislaturperiode von 2000 bis 2004 erfolgreich betrieben hatte: der Reformbewegung trotz ihrer Zweidrittelmehrheit im Parlament jede tiefergehende politische Wirksamkeit zu nehmen. Die zwölf Geistlichen des Islamischen Wächterrats hatten innerhalb von vier Jahren 111 der insgesamt 295 Gesetze für ungültig erklärt, die von Khatamis Regierung eingebracht wurden, darunter befanden sich fast alle wichtigen Reformvorhaben (so die Zahlenangaben der *Süddeutschen Zeitung* vom 17. Januar 2004). Eine derartige politische Lähmung durch den Islamischen Wächterrat war einer der wesentlichen Gründe, weshalb die Reformbewegung schon lange vor der Wahl im Volk ihren Nimbus als Hoffnungsträger verloren hatte.

Ein weiterer Faktor kam aber noch hinzu, der die Überzeugungskraft der Regierung Khatami bei vielen ihrer Sympathisanten schmälerte: Die einzelnen Reformgruppierungen, in radikalere und gemäßigtere Flügel aufgefächert, konnten sich nicht grundsätzlich in der Frage einigen, inwieweit denn nun die Macht der religiösen Führung zugunsten der Reformkräfte einzuschränken sei. Das hatte zur Folge, dass die Wähler, die auf politische Veränderung hofften, immer deutlicher auch ihre Enttäuschung über Khatami äußerten. Dem Staatspräsidenten warfen sie vor, nicht entschieden genug Stellung gegenüber dem Staatsoberhaupt Khamenei zu beziehen. Ja, die entschiedensten Reformbefürworter kritisierten zunehmend an ihrem einstigen Idol Khatami, er kuriere mit seiner Art von Politik letztlich nur an Symptomen.

Die Parlamentswahl vom 20. Februar 2004 führte zum erwarteten Ergebnis. Nun konnten die Konservativen die absolute Mehrheit zurückgewinnen, die sie vier Jahre zuvor an die Reformgruppierungen verloren hatten. Damals, im Februar 2000, hatten ja die Reformer eine satte Zweidrittelmehrheit deshalb bekommen, weil es ihnen gelungen war, eine unzufriedene, auf Veränderung hoffende Stadtbevölkerung zu mobilisieren. Den Wahlerfolg des Jahres 2004 verdankten dagegen die Konservativen hauptsächlich den Bewohnern von Dörfern und Kleinstädten. Ohnehin neigten diese Wähler aufgrund ihres traditionellen Verständnisses von Islam mehr oder weniger dazu, eine Regierung mit strikt islamischer Ideologie zu akzeptieren. Aber dass diese Wähler äußerst zahlreich zu den Urnen strömten und die »richtigen« Kandidaten wählten, dazu hatten Mullahs auch mit ihrer Propaganda kräftig nachgeholfen; sie brauchten die überwiegend obrigkeitsgläubigen Bauern und Kleinstädter nur an ihre »heilige Pflicht« zu erinnern und ihnen notfalls unverhohlen mit sozialen Sanktionen zu drohen. Druck auf eine ungebildete, traditionsverhaftete Bevölkerung auszuüben war in einer überschaubaren ländlichen und kleinstädtischen Sozialordnung leichter als in den Städten.

In den Städten und Ballungsräumen, wo ja schon nahezu zwei Drittel der iranischen Bevölkerung lebten – und wo es hauptsächlich zu heftigen Demonstrationen gegen die reformunwilligen Konservativen gekommen war –, blieben dagegen zahlreiche ehemalige Sympathisanten Khatamis den Wahlen fern. Dies geschah zum einen aus Empörung über die unverfroren manipulierte Wahl, zum andern aus Resignation über die eingeengten Möglichkeiten einer echten Reformpolitik. Entsprechend gering war diesmal die Wahlbeteiligung: Die offiziellen Angaben schwankten zwischen 43 und 50 Prozent. Bei den Parlamentswahlen des Jahres 2000 waren es noch 67 Prozent gewesen.

Khamenei hatte also gesiegt. Aber es war ein Pyrrhussieg, der dem nahekam, was einst für den legendären König Pyrrhus im 3. Jahrhundert vor unserer Zeitrechnung bei seinem Schlachtensieg über die Römer zutraf: Der Sieg war durch Verluste an Soldaten so teuer erkauft, dass der König zu geschwächt war, um weitere Kämpfe siegreich zu bestehen.

So paradox es auf den ersten Blick auch anmuten mag: Nicht nur Khatami, sondern auch Khamenei und seine »khomeinistische« Gefolgschaft waren nach diesem Wahlsieg – oder treffender: Wahlbetrug – schwächer geworden. Nun sah sich die religiös-politische Führung noch deutlicher von weiten Teilen der Stadtbevölkerung isoliert, entsprechend musste sie sich noch mehr als bisher auf Gewaltherrschaft durch Polizei und Militär stützen.

Krisen mit immer neuen Facetten

Wie stark die Abneigung gegen die rigide religiös-politische Führung des Iran besonders unter Städtern geworden war, ließ sich im Jahr 2004 schon an zahlreichen Alltagsdetails ablesen.

Allerdings traten nun auch Formen der Rebellion immer offensichtlicher zutage, die sich nicht intellektuell kritisch oder politisch aktiv äußerten, sondern vorwiegend emotional, ja oft in rein passiver Verweigerung. Doch selbst diese Haltung bedeutete für das Mullah-Regime eine beträchtliche Gefahr, zumal Jugendliche wesentliche Träger eines solchen Protests waren.

Die Jugendlichen waren inzwischen gar zum Hauptproblem für die religiöse Führung geworden, dies vor allem wegen ihrer großen Zahl. Rund 60 Prozent der iranischen Bevölkerung waren zu Beginn des 21. Jahrhunderts bereits unter 20 Jahre alt, dagegen nur noch etwa sechs Prozent über 60 Jahre alt. Die Machthaber rekrutierten sich aber überwiegend aus dieser verschwindend kleinen Minderheit der sechs Prozent. Umso schwieriger wurde damit die Situation für eine Regierung der alten Männer, die sich ohnehin schon schwer genug damit taten, ihre Wertmaßstäbe überzeugend an die Jugend zu vermitteln.

Viele Jugendliche vor allem in Großstädten würden mehr oder weniger offen rebellieren, dies erzählten mir übereinstimmend etliche in Deutschland und Österreich lebende Iraner sowie westliche Journalisten, die nach dem »Wahlsieg« der Konservativen 2004 neue Eindrücke in iranischen Städten hatten sammeln können. Längst sei es bei der Mehrheit von Söhnen und Töchtern aus sozial besser gestellten Familien üblich geworden, verbotene westliche Spielfilme im Fernsehen über Satellitensender zu konsumieren. Und längst würden über das Internet nicht nur verbotene ausländische Nachrichten, sondern massenhaft auch die offiziell verpönte Popmusik des »dekadenten Westens« abgerufen.

Je mehr aber, so erfuhr ich im Gespräch mit Journalisten, der politische Druck der Konservativen auf die freie Meinungsäußerung und die Bevormundung im Lebensstil noch zunehme, desto stärker wachse bei jungen Leuten auch die

Neigung, eine Flucht aus der religiös-gesellschaftlichen Enge in soziale Nischen des passiven Konsumierens anzutreten. Das sei eine Art von Resignation – und doch eine aggressive Verweigerung. Mehr denn je würden junge Leute aus unterschiedlichsten sozialen Schichten heimlich sexuelle Kontakte bereits vor der Ehe anknüpfen und sich über die Moralvorschriften der Mullahs meist nur noch verächtlich äußern. Söhne und Töchter aus besser gestellten Familien träfen sich darüber hinaus zu Partys in sorgfältig abgeschirmten Wohnungen, wo sie begeistert westliche Popmusik hörten, wo unverheiratete Paare exzessiv miteinander tanzten, wo viel Alkohol getrunken und zunehmend auch Rauschgift konsumiert werde.

Harte Drogen wie Heroin und Opium seien inzwischen vor allem in der Megastadt Teheran zu einem schwerwiegenden Problem geworden. Im Iran insgesamt werde die Zahl inzwischen auf rund zwei Millionen Rauschgiftsüchtige geschätzt. Es handle sich bei den Süchtigen oft um Arbeitslose, die jede soziale und religiöse Perspektive in ihrem Leben verloren hätten. Ein weiteres schwerwiegendes Problem sei die ständig wachsende Zahl von AIDS-Kranken, was bei den vielen außerehelichen, heimlichen sexuellen Kontakten kein Wunder sei. Der Gottesstaat Iran, so kommentierte mir gegenüber ein Exil-Iraner mit bitterer Ironie, sei inzwischen von all jenen Fehlentwicklungen bedrängt, die die religiöse Führung hartnäckig immer noch als eine typische Dekadenz nur des »gottlosen Westens« anprangere.

Prostitution sei ohnehin in den größeren Städten zu einem unkontrollierbaren Phänomen geworden, und dies bei Iranern quer durch alle sozialen Schichten. Sogar in Mesched und Ghom, den beiden wichtigsten Pilgerzentren des Iran, habe die Zahl der Prostituierten beträchtlich zugenommen. In Mesched und Ghom seien die Zustände inzwischen nicht mehr viel besser als zur Zeit der Renaissance-Päpste im sittlich verwahrlosten Rom, erklärte mir sarkastisch ein Iraner der städtischen Bildungsschicht.

Die letztere Meinung mutet im ersten Moment übertrieben an. Aber sie passt durchaus zu einem Ereignis, das 2001 in iranischen und schließlich auch in westlichen Medien Schlagzeilen gemacht hat: In Mesched hatte ein Serienmörder 16 Prostituierte mit einem Schal erdrosselt und nach seiner Festnahme den Polizeibeamten als Motiv angegeben, er habe »die Huren für Gott getötet«, um die heilige Stadt von der Sünde zu reinigen und den Islam zu schützen. Falls er nicht verhaftet worden wäre, hätte er aus Liebe zur Religion noch einige Hundert Prostituierte hingerichtet. Zusätzlich beklemmend an diesen Vorgängen war, dass wenige Tage nach der Verhaftung Nachahmungstäter fünf weitere Prostituierte in Mesched töteten, und selbst dies waren nicht die letzten Morde. Aber nicht genug damit: Orthodoxe Parteigänger des islamistisch regierten Staates äußerten 2001 mehr oder weniger unverhohlen Verständnis für die Gewalttaten, ja nicht wenige priesen den verhafteten Serienmörder als einen Gläubigen und forderten seine Freilassung. Wenn auch diese radikal »Frommen« nicht Gehör bei der Gerichtsbarkeit fanden und der Verbrecher in Haft blieb, so erschien es bedenklich genug, dass ideologische Scharfmacher ungehindert die Lynchjustiz an »Sünderinnen« loben durften.

Letztendlich war es ohnehin das Prinzip der religiösen Führung, Dekadenz gewaltsam zu bekämpfen, anstatt sich gründlicher mit den sozialen Wurzeln der Misere auseinanderzusetzen und den Konflikt friedlich zu bewältigen. Diese Neigung zur Gewalt zeigte sich erneut in aller Deutlichkeit nach dem »Wahlsieg« der Konservativen 2004, durch den die Radikal-Orthodoxen im Parlament wieder das politische Übergewicht gegenüber den Reformpolitikern gewonnen hatten.

Neuerdings konnte nun wieder von einer konservativen Mehrheit der Abgeordneten abgesegnet werden, dass »Wächter der Revolution« ausschwärmten, um Liebespaare in Parks aufzuspüren, die verbotene voreheliche Kontakte hatten. Nun drangen bewaffnete Trupps bärtiger Männer auch wieder häufiger in Wohnungen ein, in denen verbotene Partys unverheirateter Paare mit Alkoholgenuss stattfanden. Und vermehrt kam es wieder zu den berüchtigten Strafmaßnahmen in den Gefängnissen des Sittengerichts: jeweils 74 Hiebe mit der geflochtenen Lederpeitsche für die Ertappten, Männer wie Frauen gleichermaßen, eine schwere Körperstrafe, wobei die massiven Striemen auf dem Rücken erst Wochen später völlig verheilt sind.

Diese Verschärfung der Polizeigewalt seit Mitte 2004 zeigte aber nur die Hilflosigkeit der religiösen Führung, die an gesellschaftlichen Symptomen herumkurierte. Ihr fehlte ein Konzept, um wirksam gegen die Ursachen der Krise anzukämpfen. Doch wie sollte das auch möglich sein? Die konservativ starren Bewahrer »islamischer Werte« vermochten aufgrund ihrer ideologischen Scheuklappen die Ursachen nicht einmal hinreichend zu erkennen. Und so konnten sie nur zur Kenntnis nehmen, dass sich das »Böse« selbst durch verstärkten Polizeieinsatz nicht bannen ließ; die Delikte waren zu zahlreich. Viele Jugendliche seien auch gar nicht mehr einzuschüchtern, wie mir Iraner erklärten, denn das Risiko, ertappt zu werden, sei bei sorgfältiger Tarnung nicht sehr groß, und notfalls nähmen die Betroffenen Gefängnis und Auspeitschung in Kauf.

Ein »schamloser« Film und der große Publikumserfolg

Wie krass in der »Islamischen Republik Iran« ideologisch-religiöser Anspruch und Realität auseinanderklafften, machte im Mai 2004, drei Monate nach dem Wahlsieg der Konservativen, besonders der Massenerfolg eines systemkritischen Films deutlich. *Marmulak, Die Eidechse*, eine Filmkomödie des Regisseurs

Kamal Tabrizi, erzielte innerhalb von drei Wochen ein Einspielergebnis, wie es bisher noch keinem iranischen Spielfilm beschieden war.

Die Eidechse, so ein Bericht der *Washington Post* vom 14. Juli 2004, ist eine Gauner- und Gesellschaftskomödie mit turbulenter Handlung. Ein Sträfling flieht aus dem Gefängnis, nachdem es ihm gelungen ist, in das Gewand eines Mullah zu schlüpfen. Zu urkomischen Situationen kommt es, weil die Verkleidung den Gauner zwingt, auf seiner Flucht das Gehabe eines frommen Geistlichen anzunehmen. Salbungsvoll und verschmitzt zugleich erteilt er, unterwegs in verschiedenen Dörfern, den ahnungslosen Bauern Belehrungen über Moral und Gottesfurcht. Solche Szenen stellen – zur Erheiterung des Publikums – das hohle Pathos so mancher echter Mullahs bloß. Brisant hierbei: Der verkleidete »Fromme« zeigt sich tolerant, wenn es darum geht, Verständnis für die Unmoral unverheirateter Paare zu haben, oder macht sich gar über die Heuchelei von Geistlichen lustig. Und weil der Gauner den einfachen Leuten in ihrer Not auch noch bauernschlau Ratschläge zum sozialen Überleben gibt, hebt er sich außerdem kontrastreich von jenen Mullahs ab, die wohlhabend sind und kein Ohr für Notleidende haben.

Drei Wochen hatte das iranische Publikum Zeit, sich über die Mullah-Satire grimmig zu amüsieren. Dann war der Film aus allen Kinos verschwunden. Die Zensur hatte Druck ausgeübt, und Ajatollah Ahmad Dschannati, der Vorsitzende des gefürchteten Islamischen Wächterrats, lieferte dazu eine knappe Begründung: Der Film sei schamlos und habe einen äußerst schlechten Einfluss auf das Volk. Wieder hatte sich die religiöse Führung mit einer repressiven Maßnahme durchgesetzt.

Dabei war die Meinung der Geistlichen über diesen Film nicht einhellig negativ. Mullahs und Ajatollahs, die mit der Reformbewegung sympathisierten, meinten nach Prüfung des

Films, diese Komödie unterscheide in ihrer Kritik sorgfältig zwischen Geistlichen, die sich gewissenhaft an die Gebote des Islam hielten, und solchen, die ihr Amt aus Eitelkeit, Macht- oder Geldgier missbrauchten. Nirgends werde im Film die Religion selber in ihrer Würde angetastet. Befürworter wie diese liberal und selbstkritisch eingestellten Geistlichen konnten sich mit einem solchen Urteil auf das Ministerium für Kultur und Islamische Führung berufen, das – bis dahin noch eine Bastion der Reformbewegung – den Film zur öffentlichen Aufführung freigegeben hatte.

In den *Iran News*, einer der vier englischsprachigen Zeitungen des Iran, wurde *Die Eidechse* sogar ausdrücklich gelobt. Es hieß dort, die Komödie mache sich in brillant satirischem Stil über die schiitische Geistlichkeit lustig, und ein solcher Spott sei im Iran so populär wie ihr katholisches Gegenstück im Europa des 16. Jahrhunderts. Bemerkenswert an diesem Lob: Der iranische Journalist nahm ähnlich wie der offiziell verfemte Historiker Haschem Aghadscheri Bezug auf die schwere Krise des Katholizismus zur Zeit der Renaissance-Päpste und Luthers – und spielte hiermit auf eine Situation an, die einst in Europa dringend nach einer Reformation verlangt hatte.

Für die religiös-politische Führung war der immense Publikumserfolg ausgerechnet dieses Films ein weiteres beunruhigendes Anzeichen dafür, wie wenig Ansehen nicht nur die Regierung des Staates, sondern auch der durchschnittliche Kleriker bei einem Großteil der Stadtbewohner noch besaß. Dieser beklemmende Eindruck hielt die Machthaber schließlich davon ab, nun allzu rigoros auf der Befolgung des Verbots zu beharren. Die Zensoren schritten nicht ein, als die bissige Filmkomödie bald als Video-Kopie im Straßenhandel angeboten wurde, dort reißenden Absatz fand und, mit dem Reiz des Verbotenen behaftet, vollends Kultstatus erlangte. Denn nur indem die religiöse Führung sich hier zurückhielt, konnte sie vermeiden, die Stimmung im Volk noch weiter aufzuheizen.

Im Endeffekt gaben sich die Machthaber also damit zufrieden, dass *Die Eidechse* wenigstens öffentlich kein Aufsehen mehr erregte.

Eine derartige Taktik verfolgte die religiös-politische Führung schließlich auch, als sie stillschweigend zuließ, dass Iraner verbotene Fernsehberichte und Spielfilme des Auslands über Satellitensender konsumierten. Bedingung war nur: Das Verbotene durfte nach außen hin nicht auffallen und zur Nachahmung anregen. Entsprechend veranlassten die Regierenden, dass die »Wächter der Revolution« ihre aggressive Suche in Parks und Wohnungen nach unverheirateten und alkoholtrinkenden Liebespaaren weniger intensiv betrieben. Bedingung war auch hier: Die »Sünder« durften nicht öffentlich provozieren.

Es war ein riskantes Taktieren zwischen wechselweise hartem Zugreifen und Gewährenlassen. Aber die Regierenden sahen so noch die beste Chance, um die gärende Unruhe in den Städten halbwegs zu dämpfen. Nur gar zu gut wussten die konservativen Machthaber, dass die Basis ihrer Macht immer schmaler wurde. Sie konnten sich verlässlich nur noch auf die traditionell gesinnte Bevölkerung in Dörfern und Kleinstädten stützen – und auf Polizei und Militär, die vom Regime durch zahlreiche Privilegien gehätschelt wurden.

Unter diesen Bedingungen endete die Amtszeit des Staatspräsidenten Khatami, dem laut Verfassung kein drittes Mal gestattet war, zur Wahl anzutreten. Ohnehin war sein Ruf angeschlagen, nachdem die konservativen Kräfte durch allerlei taktische Manöver und Manipulationen seinen Reformkurs erheblich gebremst hatten.

Aber wer würde ihm folgen? Die Frage war im Wahljahr 2005 völlig offen.

Ahmadinedschad und der neue Vorstoß der Konservativen

Die stechenden Augen, der durchdringende Blick, das kantige Gesicht, der Dreitagebart, die schlichten Jacken meist in beiger Farbe, damit hat sich Mahmud Ahmadinedschad der Weltöffentlichkeit eingeprägt. Er war als Nachfolger von Mohammad Khatami der sechste Staatspräsident der »Islamischen Republik Iran« und regierte zwei Amtsperioden lang von 2005 bis 2013. Aber der promovierte Bauingenieur war erst der dritte Präsident, der nicht aus den Reihen der Geistlichen kam (nach dem diplomierten Volkswirt Abolhassan Banisadr, der von 1980 bis 1981 kurz regierte, und dessen Nachfolger Ali Radschai, einem Mathematiklehrer, der 1981 nach nur wenigen Wochen durch ein Attentat starb).

Ahmadinedschad unterschied sich allerdings im Typus von all seinen Vorgängern. Er, religiös ein radikaler Fundamentalist, fiel international vor allem dadurch auf, dass er sich erheblich weniger dialogbereit und viel aggressiver gegenüber seinen Verhandlungspartnern zeigte. So erwarb er sich rasch den Ruf, einer der unberechenbarsten, ja, einer der gefährlichsten Politiker des Iran zu sein.

Wie hat es zu einem derartigen Wandel kommen können? Und wer ist dieser Mann, der sich von seinen Vorgängern derart unterscheidet?

Mahmud Ahmadinedschad wurde 1956 in Aradan, einem Dorf rund 80 Kilometer östlich von Teheran, geboren. Sein Vater, ein Schmied, sah jedoch in der von Landwirtschaft und Viehzucht geprägten Region keine Zukunft, übersiedelte deshalb 1957 nach Teheran und kam dort als Geschäftsmann in der metallverarbeitenden Industrie zu einem bescheidenen Wohlstand. Geld investierte er vor allem in die Ausbildung seiner Kinder, und so ermöglichte er dem Sohn Mahmud den Besuch einer teuren Privatschule. Mahmud, intelligent und ehrgeizig, fiel besonders durch seine Leistungen in naturwissenschaftlichen Fächern wie auch in Englisch auf und schloss als einer der Besten seines Jahrgangs die Schule ab. 1975 schrieb er sich an der Universität Teheran im Fach Tiefbau ein. Daneben aber engagierte sich der Student in der radikal-schiitischen Bewegung »Studenten, die der Linie des Imam folgen«. Es war eine Organisation, die im Untergrund gegen das säkulare Schah-Regime arbeitete. Die heftigen Unruhen von 1978 und der Sturz des Schahs veranlassten Ahmadinedschad, das Studium abzubrechen und sich der Bewegung der »Islamischen Revolution« anzuschließen. Ein Foto zeigt ihn direkt am Wagen des Ajatollah Khomeini bei dessen Rückkehr aus dem Exil am 1. Februar 1979.

Ahmadinedschad konnte sein Studium aber zunächst auch unter der neuen Regierung nicht fortsetzen, denn im September 1980 begann der irakische Diktator Saddam Hussein den Krieg gegen den Iran, und Ahmadinedschad meldete sich angesichts der Invasion irakischer Truppen als Freiwilliger. Er trat der Miliz der *Pasdaran*, der »Revolutionswächter«, bei und wechselte 1981 zur *Basidsch-e Mostaz'afin* über, die von Khomeini geschaffen worden war. Ihr Name bedeutet »Mobilisierte der Unterdrückten«. Diese Einheit der Basidschi bildete eine paramilitärische Miliz und war organisatorisch eine Abteilung der Pasdaran. Ihr war in diesem Krieg, der acht Jahre dauerte, eine besondere Aufgabe zugedacht, wie sie Ajatollah Ahmad Dschannati, der damalige Vorsitzende des »Islamischen Wächterrats« formulierte: »Wir brauchen eine 20-Millionen-Armee von Basidschis. Eine solche Armee muss bereit sein, für Gott zu leben, auf dem Weg Gottes zu sterben und den Dschihad zu führen, um Gott zu gefallen.« (Nachzulesen unter dem *Wikipedia*-Stichwort »Basidsch-e Mostaz'afin«.)

Die iranische Regierung unter Khomeini mobilisierte für die Basidschi vor allem Schüler und Studenten, die ohne besondere militärische Ausbildung auf die Schlachtfelder geschickt wurden, um im Ansturm auf die irakischen Feinde die im Boden versteckten Minen zur Explosion zu bringen. Die Basidschi, meist unbewaffnete Jugendliche, die eine weiße oder rote Stirnbinde mit der Aufschrift *Allahu akbar,* »Gott ist am größten«, trugen, opferten ganz bewusst ihr Leben, um für die nachstürmenden Einheiten der Pasdaran und der regulären Armee das Feld zu ebnen. Bei einem einzigen Angriff wurden manchmal bis zu 4000 Schüler und Studenten von Minen zerfetzt – um als Märtyrer in einem »heiligen Krieg« zu sterben wie Hussein, der Enkel Mohammeds, gegen die Übermacht ungläubiger Feinde.

Ahmadinedschad war der Einheit allerdings nicht beigetreten, um als »Minenräumer« geopfert zu werden. Er war im Krieg unverzichtbar mit seiner Begabung für die Lösung technischer und organisatorischer Probleme. Damit stieg er zum Kommandeur einer technischen Einheit auf. Der Krieg und das geistige Umfeld der Basidschi-Miliz radikalisierten Ahmadinedschad vollends in seinen religiösen Ansichten. Er kam nun in Kontakt mit Ajatollahs und Religionsgelehrten, die mehr als andere eine unversöhnliche Haltung gegen »ungläubige« Feinde und Andersdenkende entfalteten (darüber ausführlicher im nachfolgenden Abschnitt über den Ajatollah Mesbah Yazdi).

Die iranische Regierung räumte den Kriegsteilnehmern wie auch den Familien der »Märtyrer« eine soziale Vorzugstellung ein. Nur die vom Krieg unmittelbar Betroffenen konnten zinslose Darlehen für ihre Existenzsicherung sowie eine Garantie für Arbeits- und Studienplätze erhalten. Ahmadinedschad hatte es unter derartigen Rahmenbedingungen leichter, trotz grassierender Arbeitslosigkeit und mangelhaft ausgestatteter Universitäten Karriere zu machen. 1989 schloss er sein Studium als Bauingenieur ab und promovierte 1997 über das Thema »Transportwesen und Verkehrstransportplanung«.

Der Rückhalt bei den Basidschi-Milizen wie auch bei extrem konservativen Geistlichen ermöglichte Ahmadinedschad während der 1990er-Jahre den Einstieg in die Politik. Zunächst war er Bürgermeister in zwei kleineren Städten der Provinz Aserbeidschan, dann wurde er Gouverneur von Ardabil und 2003 gelang es ihm durch massive Werbung konservativer Geistlicher, bei den Kommunalwahlen zum Bürgermeister von Teheran gewählt zu werden. Der Karrieresprung in die Führungsriege der iranischen Hauptstadt markierte einen vorläufigen Höhepunkt. Wie aber war sein Wahlsieg in einer Stadt möglich, wo doch die dort tonangebende Bildungsschicht bisher mehrheitlich eher für reformbereite, weltoffene Kandidaten gestimmt hatte?

Ahmadinedschad hatte in Teheran intensiver als all seine Vorgänger um die vielen Millionen sozial Benachteiligter geworben, die im Süden der Megastadt dicht gedrängt in übervölkerten, verslumten Stadtvierteln lebten. Er hatte erfolgreich Stimmung gemacht gegen »die da oben«, die wohlhabenden Bewohner der besseren Stadtviertel sowie die korrupten Geschäftsleute und Bürokraten. Mehr noch: Er polemisierte auch gegen Geistliche, die sich durch Korruption bereichert hatten. Er wollte eine Revolution zugunsten der Entrechteten und Unterdrückten einleiten, eine Revolution, wie sie einst Khomeini begonnen habe. Mit solchen Parolen konnte er zahlreiche Nichtwähler mobilisieren und die Wahlen gewinnen. Kaum an der Macht, ließ er auch schon Taten folgen. Er ließ in den Elendsvierteln Sozialwohnungen bauen, Sportplätze und Parks anlegen. Außerdem verzichtete er auf die pompöse Dienstvilla seiner Vorgänger, ließ sie verkaufen, verwendete das Geld für Sozialprojekte und wohnte in einem schlichten Mietshaus.

Aber Ahmadinedschad propagierte neben den »islamisch-sozialistischen« Tendenzen eine betont konservative Religiosität. Er aktivierte die Pasdaran- und Basidschi-Milizen, um rigoros gegen Kulturzentren der Hauptstadt vorzugehen, in denen er »unislamisches« Gedankengut vermutete. Außerdem forderte er die Frauen auf, sich wieder konsequent an die »islamischen« Kleidervorschriften zu halten. Sie sollten den lockeren Umgang mit Kopftuch und Mantel aufgeben, der sich in größeren Städten unter der Regierung von Rafsandschani und Khatami eingebürgert hatte.

Ahmadinedschad war allerdings gegenüber Frauen nicht in dem Sinn reaktionär, wie es viele im Westen von einem muslimischen Fundamentalisten erwarten. Ein anschauliches Beispiel liefert hier die Situation seiner eigenen Familie. Seine Ehefrau besaß ein Diplom für Ingenieurswissenschaft, außerdem ein Diplom für Pädagogik, die Tochter erwarb ein Diplom als Elektro-Ingenieurin. Bemerkenswert erscheint, dass die Frauen in der Familie dieses radikalen Islamisten den Männern an Ausbildung nicht nachstanden. Dies aber spiegelt nur die gesellschaftliche Situation in der »Islamischen Republik Iran« wider, wo die Frauen nahezu die Hälfte aller Studienplätze an den Universitäten innehaben. In der Bildungspolitik benachteiligte der Iran die Frauen also nicht. Entscheidend war dagegen, dass Männer und Frauen öffentlich in streng getrennten Sphären zu leben hatten. Und auf dieser strikten Trennung beharrte Ahmadinedschad entschiedener als viele andere Politiker in Teheran.

Ahmadinedschad bedeutete für jene, die mehr Demokratie und freieren kulturellen Austausch wünschten, einen Rückschritt – aber für jene, die unter sozial unwürdigen Bedingungen lebten, eine Hoffnung. Er wurde bei den »Entrechteten« populär, denn er sorgte für zusätzliche Sozialwohnungen. Er präsentierte sich religiös und kulturell äußerst konservativ, aber in seiner Eigenschaft als Organisator progressiv – dies war eine Mischung, die ihn aus der Sicht der konservativen Wähler attraktiv für weitere politische Aufgaben erscheinen ließ. Und durch diesen Rückhalt fühlte sich Ahmadinedschad ermutigt, den nächsten Schritt zu wagen und im Sommer 2005 für das Amt des Staatspräsidenten zu kandidieren.

Die Chancen für einen Wahlsieg erschienen allerdings auf den ersten Blick nicht besonders aussichtsreich. Für die Wahl in das hohe Amt meldeten sich rund 1000 Kandidaten. Zwar schloss der »Islamische Wächterrat« einen Großteil der liberalen Bewerber wegen »mangelnder islamischer Prinzipientreue« aus, aber Ahmadinedschad rangierte laut Umfragen in der Wählergunst landesweit nur auf Platz 8. An der Spitze der zugelassenen Bewerber befand sich Rafsandschani. Der ehemalige Staatspräsident wollte 2005 an die Macht zurückkehren. Und wie es schien, konnte ihm angesichts seiner immer noch hohen Popularitätswerte kein anderer Kandidat den Sieg streitig machen. Dann gab es jedoch eine Überraschung: Bei den Wahlen am 17. Juni 2005 lag zwar Rafsandschani mit 21 Prozent der Stimmen in Führung, aber knapp hinter ihm folgte Ahmadinedschad mit 19 Prozent der Stimmen. Viele Iraner der Bildungsschicht sprachen von Wahlbetrug, auch Rafsandschani tat dies. Aber dann noch einmal eine Überraschung: Am 26. Juni siegte bei der Stichwahl Ahmadinedschad mit 62 Prozent der Stimmen gegen Rafsandschani, der bis zuletzt als Favorit gegolten hatte.

Der Verdacht, dass die religiös-politische Führung unter Khamenei im ersten Wahlgang die Stimmenauszählung manipuliert hatte, lag nahe. Denn Khamenei hatte ein Interesse daran, durch einen hohen Stimmenanteil Ahmadinedschads die reformorientierten Konkurrenten auszuschalten. Aber im Vorfeld der Stichwahl hatte Khamenei einen Sieg Rafsandschanis gewünscht, weil dieser gewiefte Taktiker besser als der provokative Ahmadinedschad zwischen zerstrittenen Gruppierungen zu vermitteln verstand. Der Wahlkampf hatte jedoch in der Endphase eine Eigendynamik gewonnen, die das Staatsoberhaupt Khamenei nicht mehr hinreichend nach eigenen strategischen Interessen steuern konnte. Ahmadinedschad vermochte landesweit die Massen der sozial Benachteiligten erfolgreich gegen »die da oben« zu mobilisieren, gegen die reichen Geschäftsleute und die reich gewordenen Geistlichen, zu denen auch Rafsandschani gehörte.

Dass Khamenei den neuen Staatspräsidenten nur bedingt schätzte, belegte bereits in den ersten Wochen folgende Tatsache: Khamenei lehnte alle Minister ab, die Ahmadinedschad bei der Regierungsbildung vorschlug. Und das konservativ dominierte Parlament folgte der Empfehlung des religiös-politischen Führers. Dies war eine schwere Demütigung für Ahmadinedschad. Khamenei demonstrierte – ähnlich wie schon die Jahre zuvor gegenüber Khatami –, wer der eigentlich Mächtige im Iran war. Letztendlich konnte der neue Staatspräsident nur Minister auswählen, die in erster Linie dem Staatsoberhaupt Khamenei Rechenschaft schuldeten. Und in der Folge zeichnete sich immer deutlicher ab, dass sich zwischen Khamenei und Ahmadinedschad ein Konfliktfeld aufbaute. Allerdings hatten die Konflikte ganz andere Gründe als zuvor diejenigen zwischen Khamenei und Khatami. Den gravierenden Unterschied machte die radikal-fundamentalistische Ideologie des neuen Staatspräsidenten aus.

Mesbah Yazdi, der radikale Mentor Ahmadinedschads

Ein graubärtiger Mann mit weißem Turban, einem hageren Gesicht und randloser Brille, so ist Ajatollah Mohammed Taghi Mesbah Yazdi auf Fotos präsent. Der westlichen Öffentlichkeit ist dieser hohe Geistliche allerdings lange Zeit völlig unbekannt geblieben. Dies änderte sich erst im Juni 2005, als Ahmadinedschad zum Staatspräsidenten gewählt wurde.

Ajatollah Yazdi war es gewesen, der in einer Fatwa (einem religiösen Gutachten) die Milizen der Pasdaran und Basidschi aufgefordert hatte, Ahmadinedschad zu wählen. Er hatte damit wesentlich zu dessen Sieg beigetragen. Dieser Ajatollah war es auch gewesen, zu dem sich Ahmadinedschad nach der gewonnenen Wahl zuallererst begeben hatte, um sich segnen zu lassen. Und mit diesem Ajatollah sprach er in den folgenden Jahren immer wieder die Richtlinien seiner Politik ab.

Mesbah Yazdi, ein entschiedener Gegner von Rafsandschani wie von Khatami, stieg im Bündnis mit dem Staatspräsidenten Ahmadinedschad zu einem der einflussreichsten Ideologen der »Islamischen Republik Iran« auf. Aber mehr noch: Er entwickelte sich zu einem gewichtigen Gegenspieler des Staatsoberhaupts Khamenei.

Mesbah Yazdi wurde 1934 in Yazd geboren. Die Stadt ist berühmt für ihre prächtigen Moscheen und ihre traditionelle Architektur von Lehmziegelbauten. In der Nähe dieser Stadt kam neun Jahre später Khatami zur Welt. 1952 begann Yazdi in Ghom mit dem Studium islamischer Theologie und leitete dort seit 1975 die Haghani-Schule, die durch eine extrem konservative Auslegung der Scharia auffiel. Als Leiter dieser Schule war Yazdi naturgemäß ein besonders fanatischer Gegner des säkularen Schah-Regimes, aber er hat, wie ihm später konservative Rivalen vorwarfen, an keiner Demonstration gegen den Schah teilgenommen. Yazdi konnte nach dem Sieg der »Islamischen Revolution« unter Khomeinis Regierung auch keine nennenswerte Position erringen. Sein Aufstieg bahnte sich schrittweise erst während des acht Jahre dauernden Kriegs zwischen Irak und Iran an, in dem er zu einem maßgebenden Prediger der Basidschi-Miliz wurde und dort starken Rückhalt fand.

1998 schaffte es Yazdi, in den Expertenrat gewählt zu werden, in jenes einflussreiche Gremium, das für die Wahl des Staatsoberhaupts zuständig ist. Außerdem konnte er für etliche Jahre das prestigeträchtige Amt des Predigers in der Freitagsmoschee von Teheran ausüben. In diesen religiös-politischen Funktionen machte er es sich zur Aufgabe, einen Beitrag zu leisten, um die »Islamische Republik Iran« von allen Fehlentwicklungen zu »reinigen« – und hierzu zählte er die Reformpolitik, welche Rafsandschani und Khatami über zwei Jahrzehnte eingeleitet hatten. Aus Yazdis Sicht hatten beide Staatspräsidenten die Ideale der »Islamischen Revolution« verraten und den Iran auf Abwege geführt.

Auf den ersten Blick mutet es so an, als habe sich Yazdi mit seiner Gegnerschaft zu Rafsandschani und Khatami ideologisch auf derselben Linie bewegt wie das Staatsoberhaupt Khamenei. Aber bei näherem Betrachten zeigt sich, wie tief die religiös-politische Kluft gerade auch zwischen diesen beiden ist. Was die Inhalte von Yazdis radikal-fundamentalistischer Ideologie ausmacht, veranschaulicht ein Essay der deutsch-iranischen Islamwissenschaftlerin Katajun Amirpur in der Wochenzeitung *Die Zeit* vom 14. Dezember 2006.

Yazdi verstand sich zwar als treuer Gefolgsmann Khomeinis, des Ahnvaters der »Islamischen Revolution«, aber er lehnte für den theokratisch regierten Staat Iran die Bezeichnung »Republik« und die entsprechenden Konsequenzen ab. Denn »Republik« sei ein aus europäischem Denken entlehnter Begriff und bedeute, dass das Volk durch Wahlen die Politik der islamischen Regierung beeinflussen könne. Das Staatsoberhaupt dürfe jedoch nicht von der Zustimmung des Volkes abhängig sein, der religiös-politische Führer werde allein von Gott zu seinen Entscheidungen ermächtigt und schulde daher allein Gott Rechenschaft. Insofern habe das Parlament überhaupt keine Funktion, es sei überflüssig. Das Staatsoberhaupt bekomme von Gott seine Erleuchtung und sei damit in seinem Denken ganz nahe der Unfehlbarkeit. Mesbah Yazdi verlieh dem religiös-politischen Führer des Iran damit fast ein Prädikat, das nach orthodox-schiitischer Lehre nur dem Propheten Mohammed und den zwölf heiligen Imamen zukommt.

Vielen Schiiten muss es als Ketzerei erscheinen, dass es außerhalb der heiligen Liga der zwölf Imame Geistliche mit einem Attribut von Unfehlbarkeit geben könne. Khomeini selbst hat nie den Anspruch erhoben, unantastbar und von Gott direkt eingesetzt zu sein. Vielmehr hat er seinen Anspruch auf religiös-politische Führung von der Zustimmung eines vom Volk gewählten Expertenrates abhängig gemacht. Dass solche Wahlen manipuliert werden können, ist ein anderes Problem.

Yazdi argumentierte umgekehrt. Aus seiner Sicht bedeutete es eine schwere Ketzerei, überhaupt das Volk über eine von Gott geleitete Regierung abstimmen zu lassen. Für ihn war es vollends unislamisch, dass Staatspräsidenten vom Volk gewählt werden, denn auf diese Weise seien so fragwürdige Personen wie Banisadr, Rafsandschani und Khatami an die Macht gekommen, Politiker, deren Denken durch westliche Einflüsse verdorben sei.

Yazdi lehnte also auf allen Ebenen das republikanische Element in der Verfassung des theokratisch regierten Iran ab und ließ nur das islamische Element gelten. Damit geriet er in Gegensatz zum Republik-Verständnis Khomeinis und Khameneis. Mehr noch: Yazdi rückte in die Nähe eines religiös-politischen Despotismus, wie ihn die radikalen Ideologen des wahhabitischen Islam vertreten, in Saudi-Arabien, bei der al-Qaida, beim sogenannten »Islamischen Staat«, bei den Taliban. Im wahhabitischen Islam radikaler Prägung ist es unvorstellbar, dass ein religiös-politischer Führer auf die Zustimmung des Volkes achten müsse. Undenkbar ist so auch eine Situation wie im Iran, dass nämlich ein Staatspräsident gewählt wird, der in einen religiös oder politisch begründeten Interessenkonflikt mit dem Staatsoberhaupt geraten könnte. Exakt die Gefahr eines derartigen Interessenkonflikts wollte Yazdi im Iran beseitigen, indem er für einen islamischen Staat ohne den Zusatz »Republik« plädierte.

In diesem Zusammenhang war es für Yazdi selbstverständlich, dass jede Diskussion über die Deutung des Koran aufhören müsse, denn dieser Pluralismus führe zu bodenloser Relativierung der einzigen Wahrheit. Jeder Muslim, der die als unfehlbar erkannten Grundsätze des Islam in Frage stelle, müsse sofort getötet werden. Eine derartig drastische Drohung richtete sich gegen philosophisch kritische Denker wie Sorusch und erst recht gegen Aghadscheri.

Besorgniserregend war, dass ein solch radikal-fundamentalistischer Ideologe wie Yazdi immer mehr an Einfluss gewann, einerseits durch den Wahlsieg Ahmadinedschads und andererseits durch die Unterstützung seitens der Basidschi-Miliz. 1998 hatte Yazdi bereits erreicht, in den Expertenrat gewählt zu werden. Aber 2006, nachdem Ahmadinedschad schon ein Jahr mit starkem Rückhalt konservativer Volksschichten regierte, hoffte Yazdi den ganz großen Sprung zu schaffen: Er trat als erster Kandidat des ultra-konservativen, radikal-fundamentalistischen Lagers an, um bei den anstehenden Wahlen nun auch noch der Vorsitzende des Expertenrates zu werden. Damit stünde er an der Spitze jenes höchst einflussreichen Gremiums der 86 Geistlichen, die beim Tod des Staatsoberhaupts den Nachfolger wählt.

Einem Gerücht zufolge litt Khamenei schon seit Jahren an Krebs, mit seinem Ableben musste jederzeit gerechnet werden. Yazdi glaubte gute Chancen zu haben, als Führer des Expertenrates Nachfolger Khameneis zu werden. Seinem eigenen Verständnis nach würde er aber in diese Position nicht gelangen, weil er von Menschen gewählt würde, sondern weil die Wähler von Gott zu dieser richtigen Entscheidung gelenkt würden. Und einmal im höchsten Amt, könnte er zum Werkzeug Gottes werden und die »Islamische Republik Iran« endlich von sämtlichen Fehlentwicklung und westlichen Einflüssen reinigen.

Der chancenreichste Gegenkandidat bei dieser Schicksalswahl am 15. Dezember 2006 war allerdings Rafsandschani, ausgerechnet einer der bedeutendsten Politiker, die das republikanische Element betonten. Die Wahl endete für Yazdi mit einer herben Enttäuschung. Er landete auf dem siebten Platz, während Rafsandschani in das Amt des Vorsitzenden gewählt wurde. Yazdi konnte sich zwar als einfaches Mitglied des Expertenrates noch zehn weitere Jahre behaupten, aber 2016 verlor er – durch Volkswahl – auch diesen Sitz. Zu jenem Zeitpunkt amtierte Ahmadinedschad nicht mehr als Staatspräsident. Auf ihn war 2013 mit Hassan Rohani ein liberaler Kandidat gefolgt.

War damit der Vormarsch radikal-fundamentalistischer Ideologen gestoppt? Dies blieb eine offene Frage. Aber eindeutig war, dass die Politik Ahmadinedschads von 2005 bis 2013 unfreiwillig das Ihre dazu beigetragen hat, den Einfluss der militant Konservativen zu schwächen.

Atombombe? Antisemitismus? Fragen zur iranischen Außenpolitik

Außenpolitisch hat sich Ahmadinedschad der westlichen Welt vor allem mit zwei Hauptlinien seiner aggressiven Rhetorik eingeprägt. Er verteidigte gegenüber den USA und Europa die Entwicklung des Iran zu einer Atommacht und forderte darüber hinaus die Vernichtung des Staates Israel.

Gab es zwischen beiden Stoßrichtungen eine direkte Verbindung? Strebte der Iran die Entwicklung einer Atombombe an – mit dem Ziel, andere Staaten der Region einzuschüchtern oder gar die Bombe einzusetzen? Und genoss Ahmadinedschad für seine Äußerungen die volle Unterstützung des Staatsoberhaupts Khamenei?

Von besonderer Brisanz ist die Frage nach der Entwicklung einer Atombombe.

Die USA hatten bereits 1967 einen ersten Forschungsreaktor an die Schah-Regierung geliefert, aber die Bauarbeiten waren 1979 nach dem Sieg der »Islamischen Revolution« eingestellt worden. Die Situation stellte sich allerdings anders dar, als 2002 oppositionelle Exil-Iraner erstmals über die geheim betriebene Urananreicherungsanlage in Natans und den Schwerwasserreaktor in Arrak berichteten. 2003 bestätigte Khatami diese Informationen, betonte jedoch, dass der Iran allein eine friedliche Nutzung der Atomenergie anstrebe. Dies bezweifelten die USA wie auch die meisten europäischen Staaten.

Der Atomkonflikt verschärfte sich, als Ahmadinedschad an die Macht kam. Dazu trug besonders das aggressive Auftreten des Präsidenten bei. Dieser formulierte wesentlich undiplomatischer als dies der taktisch wendige Rafsandschani getan hätte. Staatsoberhaupt Khamenei ließ aber Ahmadinedschad gewähren, was darauf schließen ließ, dass dessen antiwestliche Provokationen in seinem Sinn waren.

Weshalb jedoch wäre es für den Iran überhaupt sinnvoll, trotz der offensichtlichen Wirtschaftskrise eine derart teure Technologie zu entwickeln? Hätte die Regierung dieses Geld nicht besser in Sozialprojekte investieren sollen? Bei Gesprächen mit Iranern bekam ich sehr unterschiedliche Antworten zu hören.

Die meisten Iraner beteuerten, die Atomenergie würde ohnehin nur friedlich genutzt, und sie sei unverzichtbar, weil die marode Wirtschaft dringend eine derartige Technologie benötige. Andere argumentierten: Wenn der Westen den Iran an einer solchen Entwicklung hindere, dann bedeute dies nur, dass der Westen den wirtschaftlichen Aufschwung der »Islamischen Republik Iran« bremsen wolle. Man könne zwar Ahmadinedschad in mancherlei Hinsicht kritisieren, aber Recht müsse man ihm geben, wenn er beim Thema Atompolitik aggressiv gegen den Westen auftrete. Wiederum andere Iraner betonten von vornherein, dass es Sinn mache, die Atomforschung auch für militärische Zwecke zu nutzen. Der Iran benötige die Atombombe aus Gründen der nationalen Sicherheit. Hätte der Iran 1980 bereits die Bombe besessen, dann hätte Saddam Hussein niemals einen Angriff gewagt und sogar Giftgas eingesetzt. Der Iran würde die Bombe allein zur Verteidigung benützen, der Iran sei friedliebend und habe schon seit nahezu 300 Jahren keinen Krieg mehr gegen einen Nachbarstaat begonnen.

Was aber bedeuteten die Aufrufe Ahmadinedschads, den Staat Israel zu vernichten? Könnte die Bombe nicht gerade dann zum Einsatz kommen?

Diese Frage, von westlichen Journalisten häufig gestellt, unterließ ich, weil sie mir von vornherein absurd erschien. Eine Atombombe auf einem flächenmäßig so kleinen Staat wie Israel abzuwerfen, würde genauso Einwohner der angrenzenden arabischen Nachbarstaaten ins Verderben reißen, und sie sind Muslime, die der Iran ja bei ihrem Kampf gegen die »Zionisten« unterstützen will. Zudem würde ein solcher Krieg den Iran in einen selbstmörderischen Konflikt mit den USA stürzen.

Bei dieser Frage kommen wir zur zweiten Stoßrichtung von Ahmadinedschads aggressiver Rhetorik: der Feindschaft gegen Israel. Diese Feindschaft ist gekoppelt mit einem fanatischen Antizionismus oder Antisemitismus. Aber hat der Iran überhaupt ein strategisches Interesse an einem Krieg mit Israel?

Unbestreitbar ist, dass die »Islamische Republik Iran« von Anfang an Israel vehement das Existenzrecht abgestritten hat und damit klar von der Politik der Schah-Regierung abgerückt ist. Der Iran reiht sich damit jedoch nur in die Front vieler anderer islamischer, besonders arabischer Staaten ein. Aber die meisten Muslime lassen sich in ihrer Feindschaft gegen Israel nicht von einem antisemitischen, sondern von einem antizionistischen Affekt leiten. Zwischen beiden Haltungen besteht – und dies wird in der westlichen Öffentlichkeit leider zu wenig diskutiert – ein grundlegender Unterschied. Man kann die Begriffe »antisemitisch« und »antizionistisch« nicht beliebig austauschen, denn der erstere hat einen rassistischen, der letztere einen rein politischen Hintergrund.

Sogar die meisten radikalen Muslime billigen den Juden mit ihrem geistesverwandten Glauben das Bürgerrecht in einem islamisch regierten Staat zu. Sie lehnen aber einen eigenen jüdischen Staat mit »zionistischer Ideologie« mitten im islamischen Kulturraum ab. In diesem Sinn argumentiert die radikal-schiitische Hisbollah im Libanon, in diesem Sinn auch die radikal-sunnitische Hamas im Westjordanland und in Gaza. In diesem Sinn muss man auch die Äußerungen des iranischen Staatspräsidenten Ahmadinedschad verstehen. Der sprach zwar ständig von der Vernichtung Israels, nicht aber von der Vernichtung der Juden. Ahmadinedschad gratulierte jedes Jahr den jüdischen Staatsbürgern des Iran zu ihrem Neujahrsfest wie auch zum Passahfest. Damit folgte er den traditionellen Gepflogenheiten aller anderen iranischen Staatspräsidenten (dasselbe gilt auch für Glückwünsche an Christen zum Oster- und Weihnachtsfest). Die »Islamische Republik Iran« hält, wie schon mehrmals erwähnt, ausdrücklich an der vom Koran vorgeschriebenen Toleranz gegen Juden (und Christen) fest. Es ist ja auch im Parlament des theokratisch regierten Staates ein Abgeordnetensitz für einen Juden reserviert. Khomeini als Ahnvater der »Islamischen Revolution« und flammender Gegner Israels hat außerdem in einer eindeutigen Richtlinie verkündet: Toleranz gegen Juden sei ein religiöses Gebot, Voraussetzung sei allerdings, dass die Juden nicht mit Israel sympathisierten.

Ahmadinedschad ging allerdings über diese traditionell antizionistische Haltung hinaus, indem er anfing, den Völkermord an den Juden durch Hitler-Deutschland zu leugnen und den Holocaust als eine Propaganda-Lüge der Juden zu bezeichnen. Solche Phrasen haben ihren Ursprung aber nicht in der Ideologie irgendwelcher radikal-islamischen Gruppierungen, sondern bei jener von Neo-Nazis in Europa. Ahmadinedschad gehört zur kleinen Minderheit jener Muslime, die einen antisemitischen Jargon aus Europa übernommen haben. Aufschlussreich ist in diesem Zusammenhang, dass etwa der Palästinenser-Führer Yassir Arafat sogar in seiner früheren radikalen Gegnerschaft zu Israel nie den Holocaust geleugnet und nie die religiöse Toleranz gegenüber Juden in Frage gestellt hat. Auch tun dies die meisten Mitglieder der radikal israelfeindlichen Organisation Hamas nicht. Chalid Maschaal, der politische Führer der Hamas begrüßte zwar den Appell des iranischen Staatspräsidenten zur Vernichtung Israels, er distanzierte sich jedoch 2006 von dessen skandalösen Äußerungen zum Holocaust (nachzulesen in einem Interview mit dem deutschen Nachrichtenmagazin *Der Spiegel*, 6/2006).

Kaum einem Muslim würde es einfallen, die Juden etwa als Rasse zu diffamieren und auf diese Weise eine ideologische Haltung aus Europa zu übernehmen. Der rassistisch geprägte Antisemitismus ist auch Ahmadinedschad fremd. Dass der iranische Staatspräsident Phrasen europäischer Neo-Nazis übernommen hat, zeugt von seiner mangelnden Kenntnis europäischer Geschichte. Der fähige Technokrat Ahmadinedschad erwies sich als unfähig, historische und geistesgeschichtliche Zusammenhänge eines fremden Kulturraums differenziert zu analysieren. Daher sein leichtfertiger Umgang mit Schlagworten, die ihm kurzfristig für den politischen Tagesgebrauch als Provokation nützlich erschienen.

Ahmadinedschad erntete mit seinen Äußerungen zum Holocaust bei führenden Politikern des Iran keinen Beifall. Staatsoberhaupt Khamenei schwieg beharrlich, obwohl er andererseits der Vernichtung Israels dezidiert zustimmte. Und Rafsandschani, der ehemalige Staatspräsident – als Vorsitzender des Expertenrats sowie des Schlichtungsrats immer noch sehr einflussreich – rückte öffentlich auf Distanz zu Ahmadinedschad, indem er erklärte: Er habe nichts gegen Juden. Rafsandschani wies darauf hin, dass im Iran über 30 000 Juden unbehelligt leben und ihre Synagogen besuchen könnten.

Weshalb aber versteifte sich Ahmadinedschad auf solch antisemitisch anmutende Äußerungen? Und weshalb hinderte ihn die religiös-politische Führung unter Khamenei nicht an solchen skandalösen Provokationen?

Den rhetorisch brachialen Staatspräsidenten Ahmadinedschad und das rhetorisch zurückhaltende Staatsoberhaupt Khamenei verband in diesem heiklen Punkt ein gemeinsames Interesse. Beiden ging es letzten Endes nicht um Israel, sondern um ein strategisch weiter gestecktes Ziel in den arabischen Nahost-Staaten. Dem Iran lag und liegt vor allem daran, durch seine proklamierte Feindschaft zu Israel Sympathien bei den Arabern aller Konfessionen zu gewinnen und auf diese Weise den politischen Einfluss im arabischen Raum auszuweiten. Allein solche Erwägungen standen im Mittelpunkt der iranischen Nahost-Strategie. Die proklamierte Feindschaft zu Israel war Mittel zum Zweck und ist nur so lange nützlich wie die Araber in einen unversöhnlichen Konflikt mit Israel verstrickt sind. Der Iran hatte nie ein Interesse daran, Krieg gegen Israel zu führen. Denn anders als das Westjordanland, Jordanien, Syrien und der Libanon besitzt der Iran keine gemeinsame Grenze mit Israel und muss sich daher nicht militärisch bedroht fühlen.

Ein »Glaubenskrieg« zwischen Schiiten und Sunniten im Nahen Osten?

Irak und Syrien ... Diese beiden Staaten rückten für den Iran in den Mittelpunkt außenpolitischer Interessen. Denn im Irak und in Syrien bahnten sich Entwicklungen an, die für die Schiiten des ganzen Nahen und Mittleren Ostens kritisch wurden.

Im Irak hatte sich ein Umbruch bereits im März 2003 angedeutet. Damals waren amerikanische und britische Truppen einmarschiert und hatten das Regime Saddam Husseins gestürzt. Die bisher unterdrückten Schiiten, kaum an der Macht, unterdrückten ebenso brutal die bisher privilegierten Sunniten. Es kam zu bürgerkriegsähnlichen Auseinandersetzungen. In der sunnitischen Opposition sammelten sich nicht nur ehemalige Politiker, Offiziere und Geheimdienstbeamte des entmachteten Regimes, hinzu kamen Milizen radikal-islamischer

Terror-Organisationen wie die der al-Qaida und des sogenannten »Islamischen Staates« (IS). Diese Organisationen wurden für den Iran zur besonderen Herausforderung, denn sie riefen zum Glaubenskrieg gegen die schiitischen »Ketzer« auf und wüteten fanatischer und grausamer als alle anderen Gruppierungen gegen die Schiiten. Der Iran sah sich veranlasst, auf der Seite der bedrohten irakischen Schiiten in den Bürgerkrieg einzugreifen. Ahmadinedschad sandte zu diesem Zweck Pasdaran- und Basidschi-Milizen in den Irak.

Seit dem Februar 2011 entwickelte sich jedoch auch in Syrien ein verheerender Bürgerkrieg. Das Jahr 2011 ging mit dem Schlagwort »Arabischer Frühling« in die Geschichte ein, weil es Massenproteste gegen korrupte Regierungen in arabischen Ländern von Nordafrika bis in den Nahen Osten gab, in der (vergeblichen) Hoffnung auf einen grundsätzlichen politischen Wandel. Aber in Syrien entstand aus den Unruhen ein blutiger Konflikt, der im Verlauf der folgenden Jahre die Grundfesten des Nationalstaates erschütterte, ähnlich wie im Irak. Der Iran fühlte sich gedrängt, auch in den Konflikt in Syrien einzugreifen. Denn es galt einen langjährigen Verbündeten, den Diktator Baschar al-Assad, den Sohn von Hafiz al-Assad, gegen Aufständische zu verteidigen. Die besondere Brisanz bestand auch hier darin, dass ein Großteil der Rebellen sich aus den Reihen sunnitischer Extremisten rekrutierte – viele davon mit starkem Affekt gegen Schiiten und den Iran, allen voran der IS, der im Norden Syriens strategisch bedeutende Gebiete erobert hatte. Ahmadinedschad sandte auch hier Pasdaran- und Basidschi-Milizen – unterstützt von Kontingenten der schiitischen Hisbollah im Libanon, die ja mit der »Islamischen Republik Iran« verbündet waren.

Dem Iran ging es bei dem Zweifrontenkrieg im Irak und Syrien mehr als nur um eine Parteinahme für bedrohte Schiiten, mehr als um einen konfessionell orientierten Glaubenskrieg. Es ging um strategische Interessen weit über religiöse

Grenzen hinaus. Indem der Iran die instabilen Regimes im Irak und Syrien zu stützen versuchte, konnte er seinen politischen Einfluss in der gesamten arabischen Region festigen – mit dem Ziel, zur beherrschenden Regionalmacht zu werden. Allerdings bekam der Iran es mit zwei anderen Staaten zu tun, die dasselbe Interesse hatten: mit der Türkei und Saudi-Arabien.

Die Bevölkerung der Türkei und Saudi-Arabiens ist überwiegend sunnitisch, und hier wie dort ist der Affekt gegen Schiiten weit verbreitet. Aber während es in der Türkei eine religiös tolerante Bildungsschicht gibt, fehlt in Saudi-Arabien eine solche Gruppierung. In Saudi-Arabien wie in den Golf-Emiraten dominiert der wahhabitische Islam mit seiner radikal-fundamentalistischen Prägung, die viel gemeinsam hat mit der Radikalität von al-Qaida und IS. Entsprechend unterschiedlich sind auch die Aktivitäten der Türkei und Saudi-Arabiens in den Bürgerkriegswirren des Nahen Ostens. Die Türkei unter der Regierung des autoritären Präsidenten Erdoğan unterstützt in Syrien sunnitische Rebellen, die einen »moderaten Islam« und eine (relative) Toleranz gegen Andersgläubige propagieren. Dagegen fördert Saudi-Arabien massiv radikal-fundamentalistische Sunniten mit der Neigung zu extremer Intoleranz, so die al-Qaida und den IS.

Der schiitische Iran rivalisiert also mit zwei sehr unterschiedlichen sunnitischen Staaten um die Vorherrschaft im Nahen Osten. Und die Gefahr droht, dass damit aus einem ursprünglich politischen Interessenkonflikt ein konfessionell begründeter Krieg zwischen Schiiten und Sunniten entsteht. Manches spricht für eine derartige verhängnisvolle Dynamik.

Die wesentliche Triebkraft für eine solche Tendenz konzentriert sich allerdings nicht in der »Islamischen Republik Iran«. Zwar hat Khomeini in der Anfangsphase seiner islamistischen Regierung immer wieder kämpferische Parolen der schiitischen Konfession propagiert – und es finden sich ja bis heute keine sunnitischen Moscheen in der Megastadt Teheran –, aber der Iran hat sich im Lauf der Jahrzehnte immer wieder um Mäßigung im Kontakt mit Sunniten bemüht. Die Türkei kann ebenso wenig für die Entwicklung zu einem konfessionell orientierten Glaubenskrieg verantwortlich gemacht werden. Zwar tendiert Präsident Erdoğan immer eindeutiger dazu, anstelle der bisher labilen Demokratie ein diktatorisches Regime zu errichten, auch macht er kein Hehl aus seiner Abneigung gegen die schiitisch geprägte Glaubensgruppe der Alawiten. Aber gerade Erdoğan überschreitet immer wieder pragmatisch die religiösen Grenzen. So hat er noch 2008 mit dem alawitischen Diktator Baschar al-Assad ein Bündnis für wirtschaftliche Zusammenarbeit geschlossen, ja, demonstrativ seine Freundschaft zu Assad bekundet, bevor er in den Kampf gegen ihn eintrat. Erdoğans Politik ist in den Unruhen des Nahen Ostens weniger von religiösen als von politischen und wirtschaftlichen Überlegungen bestimmt (vergleiche hierzu meine ausführliche Darstellung im Buch *Türkei verstehen. Von Atatürk bis Erdoğan).*

Völlig anders ist die Situation in Saudi-Arabien. Dort erklärte der Großmufti Abdul-Aziz al-Sheik, dass die schiitischen Iraner keine Muslime seien, man müsse sie als verkappte Anhänger der Religion des persischen Religionsstifters Zarathustra sehen. Dies äußerte immerhin der oberste islamische Rechtsgelehrte des wahhabitischen Königreichs. Und ein weiterer ranghoher Rechtsgelehrter Saudi-Arabiens, Scheich Adel al-Kalbani, der langjährige Imam der Großen Moschee in Mekka, beschimpfte die Schiiten als »Gotteslästerer« und fügte dieser Aussage hinzu: »Wir folgen denselben Gedanken wie IS, nur praktizieren wir sie in kultivierter Weise.« (Zitat nach einem Artikel von Martin Gehlen in *Die Presse* vom 5. Juli 2016.) In solchen Erklärungen hoher saudischer Geistlicher wird sehr stark die konfessionelle Abgrenzung betont. Sie gestehen den Schiiten nicht einmal zu, Muslime zu sein, sondern unterstellen ihnen, vom »rechten Glauben« abgefallen zu sein. Indirekt ist damit ausgesprochen, dass man solche »Apostaten« töten darf, und exakt dies praktiziert der IS mit gefangenen Schiiten.

Wenn man also in den eskalierenden Bürgerkriegen des Nahen Ostens einen bewusst geschürten Glaubenskrieg zwischen Schiiten und Sunniten orten will, dann steht als der eigentliche Brandstifter nicht der schiitische Iran, auch nicht die sunnitische Türkei im Vordergrund. Die größte Gefahr geht vom radikal-sunnitischen Saudi-Arabien aus – mit seiner ideologischen Nähe zum »Islamischen Staat« und zur al-Qaida.

Die Ursachen der »Grünen Revolution«

Hunderttausende Menschen in Protestdemonstrationen auf den Straßen Teherans, Isfahans und anderer iranischer Städte, Männer und Frauen aller sozialen Schichten, vorwiegend jedoch des Mittelstandes. Hunderttausende Menschen mit grünen Fahnen, grünen Stirnbändern und dem Ruf *Allahu akbar,* »Gott ist am größten«, »Nichts geht über Gott«. Dann das Gewehrfeuer der Pasdaran- und Basidschi-Milizen, die Verhaftungen und überfüllten Gefängnisse ...

Die Unruhen im Juni 2009 erinnerten in vielerlei Hinsicht an jene vom Juli 1999. Damals hatten Zehntausende in Teheran und schließlich auch in anderen Städten gegen die zunehmende Einschränkung der Pressefreiheit und den wachsenden ideologischen Druck konservativer Kräfte protestiert. Aber die Unruhen zehn Jahre später bekamen eine noch größere Dimension, die Rebellen selber sprachen von einer Revolution, mehr noch, von einer »Grünen Revolution« in Anspielung auf die Symbolfarbe des Islam. Die Städte des Iran erlebten nun Demonstrationen, wie es sie seit den Protesten im Zeichen der »Islamischen Revolution« gegen den Schah 1978 und 1979 nicht mehr gegeben hatte. Der Anlass war diesmal der umstrittene Wahlsieg des Präsidenten Ahmadinedschad für eine zweite Amtszeit.

Die Krise hatte sich bereits ein bis zwei Jahre vor dem Wahltermin 2009 zugespitzt. Wieder hatte sich die Situation der Meinungsfreiheit beträchtlich verschlechtert. Gerade Ahmadinedschad versuchte viele jener Freiheiten, die sein Vorgänger Khatami gefördert hatte, durch eine strengere Zensur rückgängig zu machen – mit der Begründung, es handle sich um westlich beeinflusstes Denken. Aber noch mehr schürte die wachsende Wirtschaftskrise den Unmut.

Zehn Prozent der Iraner seien sehr reich, 90 Prozent dagegen würden immer mehr verarmen, so charakterisierte Shirin Ebadi, die iranische Menschenrechtsaktivistin und Friedensnobelpreisträgerin von 2003, die soziale Entwicklung in einem Interview mit der *Neuen Zürcher Zeitung*. Die von ihr beschriebenen Zustände bildeten einen schroffen Kontrast zu jenem Wahlversprechen, das Ahmadinedschad im Sommer 2005 bei seiner ersten Kandidatur gegeben hatte – nämlich die soziale Lage vor allem der ärmsten Bevölkerungsschichten zu verbessern. Viele Anhänger des Präsidenten sahen als Ursache für den rapiden wirtschaftlichen Niedergang allein die Sanktionen an, welche die USA und europäische Staaten wegen des iranischen Atomprogramms verhängt hatten. Gegner des Präsidenten bestätigten zwar die verheerende Wirkung der Sanktionen, aber sie schrieben Ahmadinedschad eine Mitschuld zu. Einerseits – so konnte ich Gesprächen entnehmen – habe Ahmadinedschad durch seine kompromisslose Haltung in den Verhandlungen die Verschärfung der Sanktionen provoziert, andererseits habe er selber wirtschaftspolitisch gravierende Fehler begangen. Er habe sich keine Gedanken darüber gemacht, wie sich seine vielen Sozialprojekte finanzieren ließen, und er habe damit ein Chaos heraufbeschworen und die Verelendung nur noch gesteigert.

Ahmadinedschad hatte allen Grund, angesichts des weit verbreiteten Unmuts um seine Wiederwahl im Juni 2009 zu fürchten. Jene Wähler, die einst mit Rafsandschani und Khatami sympathisiert hatten, sahen nun die Chance gekommen, wieder einen reformorientierten Kandidaten an die Macht zu bringen. Aber wie schon oft wurde auch diesmal der Islamische Wächterrat aktiv und siebte die Mehrzahl solcher Kandidaten aus. Dies konnte nicht ohne stillschweigende Duldung des Staatsoberhaupts Khamenei geschehen.

Von den reformorientierten Kandidaten konnten nur zwei politisch profilierte Persönlichkeiten die strenge Kontrolle des Islamischen Wächterrats passieren: Mir-Hossein Mussawi und Mehdi Karroubi. Beide bekannten sich ausdrücklich zur »Islamischen Republik« und ließen zunächst nur vage ein Programm für grundlegende Reformen erkennen. Mir-Hossein Mussawi war in den 1980er-Jahren Ministerpräsident gewesen und hatte sich damals im Krieg gegen den Irak als effizienter Organisator und Wirtschaftspolitiker erwiesen. Und Mehdi Karroubi, ein Geistlicher im Rang eines Hodschat-al-Islam, hatte einige Jahre als Parlamentspräsident zwischen reformorientierten und konservativen Fraktionen vermittelt. Zum Favoriten der Reformer wurde Mir-Hossein Mussawi. Er hatte die publikumswirksame Idee, Grün, die Symbolfarbe des Islam, zur Symbolfarbe seiner Kandidatur zu machen, und so setzte er ein Zeichen, dass er ein gläubiger Muslim sei, aber sich gegen Ahmadinedschads extrem konservativen Islam wende.

Die Wahl für das Amt des Staatspräsidenten am 12. Juni endete mit einer Überraschung. Der Amtsinhaber Ahmadinedschad siegte mit 68,6 Prozent der Stimmen, wodurch eine Stichwahl in einem zweiten Wahlgang überflüssig wurde. Kaum war das Ergebnis bekannt gegeben, formierten sich in Teheran und bald auch in anderen iranischen Städten große Demonstrationen – was zeigte, wie intensiv das Misstrauen gegen die praktizierte »Demokratie« der theokratischen Regierung war. Mussawi forderte Neuwahlen mit der Begründung, die Wahl am 12. Juni sei manipuliert worden.

Angesichts der wachsenden Unruhen im ganzen Land befahl

Staatsoberhaupt Khamenei, den Aufstand niederzuschlagen. Milizen der Pasdaran sowie der Basidschi erledigten die blutige Aufgabe. Es existieren keine verlässlichen Zahlen darüber, wie viele Verletzte und Tote es im Verlauf der folgenden Wochen gegeben hat und wie viele Menschen in Gefängnissen verschwanden.

Khamenei forderte die Demonstranten auf, das amtliche Wahlergebnis anzuerkennen, und er empfing Ahmadinedschad demonstrativ zu einem Gespräch als Auftakt zu dessen zweiter Amtsperiode. Aber er zog die Hand zurück, als Ahmadinedschad diese küssen wollte – vor laufenden Fernsehkameras: Auch dies war eine gezielte Demonstration des Staatsoberhaupts. Khamenei akzeptierte zwar Ahmadinedschad für eine zweite Amtszeit, weil sich aus seiner Sicht so am ehesten die Ordnung wieder herstellen ließ. Aber er hätte einen Kandidaten bevorzugt, der mit einer gemäßigt konservativen Haltung ideologisch zwischen Ahmadinedschad und Mussawi stand.

Es bleibt umstritten, wie tief die Kluft zwischen Khamenei und Ahmadinedschad tatsächlich war. Denn Khameneis zweitältester Sohn Mojtaba Khamenei hatte als Theologiestudent in Ghom einen Teil seiner Ausbildung ausgerechnet bei Mesbah Yazdi, dem radikalen Mentor Ahmadinedschads, absolviert und pflegte seitdem auch enge Kontakte mit der Basidschi-Miliz. Mojtaba Khamenei hatte die maßgebliche Kontrolle über diese Miliz, als es galt, den Aufstand von 2009 blutig niederzuschlagen. Und er hatte Ahmadinedschad bereits intensiv bei den Präsidentschaftswahlen von 2005 unterstützt (nachzulesen in *Wikipedia* unter dem Stichwort »Mojtaba Khamenei«). Der Sohn hätte ohne die Billigung seines Vaters niemals so handeln können.

Für das Staatsoberhaupt Khamenei war angesichts der eigenen ambivalenten Taktik die Krise noch nicht bewältigt. Im Gegenteil: Die Krise verschärfte sich, denn immer mehr Mitglieder der reformorientierten Gruppierungen traten plötzlich mit einem gesteigerten Anspruch auf. Sie wollten nicht nur eine grüne Bewegung repräsentieren, sondern eine »Grüne Revolution« einleiten. Sie wollten einen grundsätzlichen Kurswechsel erzwingen und es nicht bei einzelnen Korrekturen belassen.

Die Rebellen gewannen wertvolle Verbündete gerade bei religiösen Würdenträgern. Und es kam, wie die iranische Aktivistin Shirin Ebadi in der *Neuen Zürcher Zeitung* am 7. Dezember 2009 formulierte, »zu einer tiefen Spaltung unter den Geistlichen. Eine Gruppe ist kleiner, aber einflussreicher. Sie befindet sich auf der Seite der Regierung. Die andere ist zahlenmäßig größer. Sie steht auf der Seite der Protestbewegung.« Unter den Verbündeten der Reformer fanden sich eine Reihe ranghoher Geistlicher. In der Kritik relativ gemäßigt äußerten sich allerdings die zwei ehemaligen Staatspräsidenten Rafsandschani und Khatami. Beide bekundeten ihre Sympathie für die Reformer und bezweifelten den Wahlsieg von Ahmadinedschad, sie kritisierten auch das brutale Vorgehen der Pasdaran und Basidschi. Aber sie wagten nicht den weiteren Schritt, die religiös-politische Neuorientierung der »Islamischen Republik Iran« zu fordern. Dies taten andere hohe Geistliche: Mohsen Kadivar, Jusuf Sanei – und mit besonderer Wirkung Hossein Ali Montaseri.

Der Groß-Ajatollah Montaseri war zwar offiziell aus dem politischen Rampenlicht verschwunden, seit ihn Ajatollah Khomeini entmachtet hatte und Khamenei als designierter Nachfolger an seine Stelle getreten war. Aber Montaseri war für viele Gläubige weiterhin eine überragende, ja, die höchste religiöse Autorität geblieben. Der Konflikt zwischen dem entmachteten und dem amtierenden Nachfolger Khomeinis spitzte sich zu, als Montaseri 1997 in einer Freitagspredigt Khamenei das Recht absprach, sich in die aktuelle Tagespolitik einzumischen. Montaseri plädierte dafür, dass sich der religiös-politische Führer auf die Rolle eines obersten Ratgebers zurückziehen und dem Staatspräsidenten die politische Macht überlassen solle. Seit dieser Freitagspredigt war die ideologische Kluft zwischen Montaseri und Khamenei unüberbrückbar. Schlägertrupps drangen damals in Montaseris Wohnhaus in Ghom und zertrümmerten die Einrichtung (vergleiche hierzu den Abschnitt »Montaseri und andere Kritiker in Gefahr«). Aber Montaseri ließ sich nicht einschüchtern, er meldete sich aus seinem Binnen-Exil in Ghom immer wieder unerschrocken mit kritischen Kommentaren zur aktuellen Politik. Und Khamenei wagte es nicht, den äußerst populären Groß-Ajatollah zu inhaftieren.

Montaseri meldete sich auch im heftig tobenden Wahlkampf von 2009 zu Wort. Seine Kritik wurde vor allem dadurch explosiv, dass er nicht nur Ahmadinedschads Wahlsieg für manipuliert hielt – sondern dass er dem Staatsoberhaupt Khamenei vorwarf, einen solch fragwürdigen Präsidenten zu stützen und den Aufstand blutig niederschlagen zu lassen. In einer Fatwa, einem religiösen Rechtsgutachten, nannte er Khamenei einen Despoten. Und in späteren Kommentaren, die von seinen Anhängern in die Öffentlichkeit getragen wurden, bezeichnete er die »Islamische Republik Iran« in ihrem derzeitigen Zustand weder als republikanisch noch als islamisch. (Diese Aussage entnahm ich dem bereits erwähnten Interview von Shirin Ebadi in der *Neuen Zürcher Zeitung* vom 7. Dezember 2009.)

Montaseri war zum Zeitpunkt der Wahl bereits 87 Jahre alt, aber er schien noch rüstig genug, um die Protestbewegung der »Grünen Revolution« im Herbst 2009 mit weiteren kritischen Kommentaren zu begleiten. Und die Demonstrationen nahmen in den Monaten November und Dezember an Heftigkeit zu, nicht nur in Teheran, sondern auch in anderen großen Städten.

Das vorläufige Scheitern einer Rebellion?

Am 19. Dezember 2009 geschah jedoch etwas, das den Unruhen eine besondere Dynamik verlieh. An diesem Tag starb Montaseri in seinem Wohnhaus in Ghom. Die Nachricht verbreitete sich wie ein Lauffeuer im ganzen Land, und die Zahl der Menschen bei der Trauerfeier und Beerdigung in Ghom war unübersehbar. Und es war kein Zufall, dass sich unter den Trauergästen auch die beiden Galionsfiguren der Opposition, Mussawi und Karroubi, befanden. Allerdings widmeten die staatlichen Medien Montaseris Tod nur wenige Worte. Trotzdem konnten die Machthaber nicht verhindern, dass dem verfemten Groß-Ajatollah aufgrund seines hohen Ansehens die Ehre zuteil wurde, ein Grab im Gelände des Schreins der Fatemeh Masoumeh in Ghom, der zweitheiligsten Pilgerstätte iranischer Schiiten, zu erhalten. Und erst recht konnten sie nicht verhindern, dass sein Tod – ausgerechnet in einer Phase des großen religiös-politischen Aufbegehrens – die Verehrung der Anhänger noch steigerte.

Die Spannung stieg, weil in der aufgeheizten Situation etliche hohe Geistliche in ihren Reden die Erklärung Montaseris bekräftigten, dass die »Islamische Republik Iran« in ihrem derzeitigen Zustand weder republikanisch noch islamisch sei. An vorderster Stelle dieser Reformtheologen standen neben Mehdi Karroubi der ranghohe Geistliche Mohsen Kadivar und Groß-Ajatollah Jusuf Sanei – Korangelehrte, die unter dem Schah verfolgt worden und dann treue Gefolgsleute Khomeinis gewesen waren. Diese Theologen waren zu der Überzeugung gekommen, man müsse das System reformieren, wenn man es erhalten wolle, und damit gerieten sie in Konflikt mit der religiös-politischen Führung.

Mohsen Kadivar erklärte in einem Interview mit dem deutschen Nachrichtenmagazin *Der Spiegel* (53/2009) den Ausgangspunkt seines Konflikts, wie er symptomatisch auch für viele andere Reformtheologen seiner Richtung war: »Hossein Ali Montaseri … war mein Lehrer, mein spiritueller Führer, mein Vater – der wichtigste Mensch in meinem Leben. Ich habe als junger Mann bei ihm studiert, als er Stellvertreter des Revolutionsführers (Khomeini) war, und ich habe ihn für seinen Kampf an der Seite Khomeinis bewundert – aber dann auch für seine aufrichtige Kritik an ihm. Ich habe geweint, als Khomeini ihn verstoßen hat. Für Iran war Groß-Ajatollah Montaseri eine wahre Lichtgestalt und zuletzt ein geistiger Lenker der grünen Opposition.«

Kadivar urteilte über die spätere Entwicklung des Iran: »Der schiitische Gottesstaat in seiner bisherigen Form ist gescheitert – was ja keiner so unmissverständlich ausgesprochen hat wie mein Lehrer in den vergangenen Monaten. Übrigens hatte Groß-Ajatollah Montaseri schon bei seinem Zerwürfnis mit Khomeini drei Monate vor dessen Tod 1989 gesagt: Dieser Staat ist so ganz anders als der, den wir uns erträumt, auf den wir hingearbeitet haben. Aber versagt hat nicht der Islam, sondern eine besondere Interpretation des Islam.« Kadivar antwortete auf die Frage, ob er in seinem Arbeitszimmer noch immer das Bild Khomeinis hängen habe: »Das Khomeini-Bild habe ich längst abgehängt, allerdings auch kein Foto meines Vorbilds Montaseri aufgehängt. Da prangt nun ein Koranvers – Gott ist größer als jeder Mensch.«

Für Khamenei ergab sich eine schwierige Situation. Er hatte, wie bereits erwähnt, anstelle von Ahmadinedschad einen eher moderaten Staatspräsidenten gewünscht, der allerdings in deutlicher Distanz zu den Reformtheologen stehen sollte. Aber ihm blieb der ungeliebte Ahmadinedschad erhalten, und Khamenei musste die Stellung des Präsidenten und seine »rechtmäßige« Wiederwahl verteidigen, um nicht die vorgegebene Staatsordnung zu gefährden. Daher setzte er weiter (mit Hilfe seines Sohnes Mojtaba Khamenei) gnadenlos die Milizen der Pasdaran und Basidschi ein, bis der Aufstand niedergeschlagen war. Khamenei und Ahmadinedschad konnten auf die Treue der Milizen zählen, weil die Pasdaran und Basidschi ja durch umfangreiche Privilegien an das Regime gebunden waren.

Im Frühjahr 2010 war im Iran die Ruhe nach außen hin wieder hergestellt, ohne dass sich die Gegensätze zwischen Reformern und Konservativen mildern ließen. Aber die Staatsmacht konnte die Führer der gescheiterten »Grünen Revolution« nur durch Einschüchterung zum Schweigen bringen. Mir-Hossein Mussawi und Mehdi Karroubi wurden zu langjährigem Hausarrest verurteilt – so wie es einst Montaseri geschehen war. Jusuf Sanei musste erleben, dass Basidschi seine Wohnung in Ghom schwer verwüsteten – wiederum eine Parallele zu Montaseri. Und dem ehemaligen Staatspräsidenten Khatami wurde verboten, Bücher zu publizieren, auch durften Zeitungen weder aus seinen Vorträgen zitieren noch Fotos von ihm veröffentlichen. Ajatollah Mohsen Kadivar kehrte von einem Lehraufenthalt in den USA nicht mehr in den Iran zurück, weil er mit Sanktionen rechnen musste.

Wie schwierig die Situation für die Machthaber letztlich war, zeigt folgende Tatsache: Keiner dieser prominenten Geistlichen wurde zu einer Gefängnisstrafe verurteilt, sondern man begnügte sich bei ihnen, die einst treue Anhänger Khomeinis gewesen sind, mit halbherzigen Einschüchterungsversuchen.

Besonders ambivalent aber war die Haltung Khameneis gegenüber Rafsandschani. Der ehemalige Staatspräsident war zur Zeit der Unruhen der Vorsitzende des Expertenrats, einer der mächtigsten Institutionen der »Islamischen Republik«. Rafsandschani gegenüber musste sich Khamenei äußerst vorsichtig verhalten, wollte er in der Auseinandersetzung mit diesem gewieften Taktiker nicht seine eigene Position gefährden. Schon in den Jahren zuvor waren die beiden durch eine Hassliebe verbunden gewesen, sie hatten sich gegenseitig bekämpft, waren aber auch aufeinander angewiesen. Und an der Ambivalenz dieser Beziehung sollte sich auch in Zukunft nichts ändern.

Mit derartigen innenpolitischen Spannungen ging die zweite Amtszeit des Präsidenten Ahmadinedschad 2013 zu Ende.

5. Eine ungewisse Zukunft

Rohani, ein neuer Hoffnungsträger?

Ein graubärtiger Mann mit weißem Turban und randloser Brille, im Aussehen dem ehemaligen Staatspräsidenten Khatami ähnlich – so präsentierte sich der am 11. April 2013 gewählte Staatspräsident Hassan Rohani auf Pressefotos. Er war wie seine Vorgänger Rafsandschani und Khatami ein Mullah im Rang eines Hodschat-al-Islam, eine Stufe unter der eines Ajatollah.

Hassan Rohani, 1948 in der Provinz Semnan östlich von Teheran geboren, stammte aus einer sehr religiösen Familie, die in Opposition zum Schah-Regime stand. Wie viele andere Theologiestudenten zog es ihn nach Ghom, wo er in Kontakt mit Khomeini kam. 1978 folgte er Khomeini in dessen französisches Exil, kehrte mit ihm in den Iran zurück, und im Golfkrieg von 1980 bis 1988 stieg er in hohe militärische Ränge auf; von 1983 bis 1991 war er Kommandant der nationalen Luftverteidigung. 2003 wurde er von Staatspräsident Khatami zum Chefunterhändler ernannt, um mit den USA und westeuropäischen Staaten die Konflikte um das umstrittene Atomprogramm des Iran zu lösen. Politisch stand Rohani sowohl Rafsandschani als auch Khatami nahe. Es war also kaum überraschend, dass ihn Staatspräsident Ahmadinedschad aus dem Amt des Chefunterhändlers verdrängte und ihn durch einen kompromisslosen Politiker ersetzte.

Im Frühjahr 2013 war Rohani einer unter vielen Kandidaten

zur Wahl des Staatspräsidenten. Seine Chancen schienen anfangs nicht besonders aussichtsreich. Denn der Islamische Wächterrat siebte wieder einmal einen Großteil der liberalen Bewerber wegen »unislamischer Gesinnung« aus. Aber Rohani war einer der Wenigen, die unter den Reformern zugelassen wurden – eben weil er sich als ein früher Weggefährte Khomeinis große Verdienste erworben hatte und nicht zum inneren Kreis der reformorientierten Politiker gehörte. Khamenei bevorzugte bei diesen Präsidentschaftswahlen wieder einen Kandidaten, der religiös konservativ war. Sein Favorit kam jedoch auch dieses Mal nur auf den zweiten Platz. Die Wahl am 11. April 2013 gewann Rohani mit 50,7 Prozent der Wählerstimmen, so dass eine Stichwahl nicht mehr nötig war.

Auf das Ergebnis reagierte Khamenei wiederum flexibel. Er akzeptierte nun einen Staatspräsidenten, der viel weltoffener war als Ahmadinedschad. Denn Rohani konnte gerade mit den Vorschusslorbeeren eines liberalen Hoffnungsträgers nützlich sein, die gefährlich aufgeladene Spannung in der Innenpolitik zu mildern sowie auch die Konflikte in der Außenpolitik zu entschärfen. Je mehr dem Iran ein wirtschaftliches Desaster durch das Embargo westlicher Staaten seit 2012 drohte, desto mehr war ein diplomatisch wendiger Staatspräsident vom Typ Rohanis gefragt, um durch Verhandlungen den Druck der Wirtschaftssanktionen zu beenden.

Rohani schrieb zu Beginn seiner Amtszeit – mit Billigung des Staatsoberhaupts Khamenei – einen Brief an den US-Präsidenten Barack Obama. Darin gab er zu erkennen, dass der Iran die Verhandlungen über das iranische Atomprogramm wieder aufnehmen wolle, die von Ahmadinedschad im Dezember 2009 abgebrochen worden waren. Und Rohani, der kompromissfähige Politiker, fand in Obama den richtigen Partner zur richtigen Zeit. Denn auch die amerikanische Regierung war mehr denn je an einer Lösung des Problems interessiert, seit der bisher maßgebliche Erdöllieferant Saudi-Arabien im syrischen

Bürgerkrieg radikal-islamische Organisationen wie die al-Qaida und den »Islamischen Staat« unterstützte. Die USA versuchten, sich schrittweise aus der Erdöl-Abhängigkeit von Saudi-Arabien zu lösen. Es galt, den ebenfalls rohstoffreichen Iran als einen zweiten wichtigen Handelspartner zu gewinnen, mit dem sich wirtschaftlich Druck auf das wahhabitische Königreich der Saudis ausüben ließ.

In dieser Hinsicht deckten sich die Interessen der USA mit denen vieler westeuropäischer Staaten. Längst hatte das Argument an Überzeugungskraft verloren, man müsse den Iran wegen seines radikal-islamischen, anti-westlichen Regimes bekämpfen. Denn es ließ sich längst nicht mehr verleugnen, dass Saudi-Arabien mit seiner religiös-politischen Ideologie viel radikaler und despotischer war als der Iran.

Bereits Ende November 2013 gelang in Genf ein Durchbruch bei den Atomverhandlungen. Es wurden Rahmenbedingungen vereinbart, unter denen der Iran seine Uran-Anreicherung so weit einschränkte, dass die Produktion von Atombomben unmöglich war, und im Gegenzug würden die Sanktionen westlicher Staaten schrittweise aufgehoben. Was sich in Genf angebahnt hatte, kam eineinhalb Jahre später, am 15. Juni 2015, zum Abschluss. In Wien einigten sich der Iran mit den USA, den fünf Veto-Mächten der Vereinten Nationen und Deutschland endgültig in den letzten strittigen Punkten. Bereits Wochen nach diesem historischen Abkommen begann der Wettlauf westlicher Staaten, um in der Hoffnung auf Milliardengewinne Wirtschaftsbeziehungen mit dem Iran einzuleiten. Und für den Iran eröffnete sich nun die Chance, nach Jahren des ökonomischen Niedergangs wieder zu einer boomenden Regionalmacht aufzusteigen.

Rohani erwies sich politisch auch in anderen Zusammenhängen als überaus geschmeidig, um den Iran aus der Isolation zu führen. Er setzte neue Akzente in der Israel-Politik. Dies hatte er schon im September 2013, erst zwei Monate im Amt, begonnen. Rohani gratulierte den Juden zu *Rosh Hashana*, dem jüdischen Neujahrsfest. Mit diesem Glückwunsch unterschied er sich auf den ersten Blick allerdings nicht von all seinen Vorgängern; sogar Ahmadinedschad hatte ja, wie bereits erwähnt, den Juden stets zu ihren religiösen Festen gratuliert. Aber in einem wesentlichen Punkt setzte Rohani einen neuen Akzent: Er gratulierte nicht nur den Juden des Iran, sondern ausdrücklich »allen Juden«, und damit schloss er die Juden Israels mit ein. Rohani distanzierte sich auch ausdrücklich von Ahmadinedschads skandalösen Äußerungen über den Holocaust. Allerdings hielt er eine diplomatische Anerkennung Israels erst für denkbar, wenn Israels »ungerechte Politik gegen die Palästinenser« beendet sei.

Positive Signale aus dem Iran … Es schien so, als seien nun die Reformer endgültig auf dem Vormarsch. Eine solche Entwicklung schien sich innenpolitisch besonders bei den Parlamentswahlen im Februar 2016 zu bestätigen. Obwohl wiederum der Islamische Wächterrat vielen Vertretern des Reformflügels die Kandidatur verweigerte, gewann dieser die meisten Stimmen, am augenfälligsten in Teheran. Dort, wo sich mehr als in jeder anderen iranischen Stadt eine Bildungsschicht konzentriert, gingen alle 30 Parlamentssitze an reformorientierte Kandidaten. In den einzelnen Provinzen verschoben sich die Machtverhältnisse ebenfalls zugunsten der Opposition, wenn auch nicht so eindeutig wie in der Hauptstadt. Die Konservativen und die religiösen Radikalen, die bisher zusammen rund 65 Prozent der Parlamentssitze besetzt hatten, fielen mit ihrem Anteil überall auf unter 50 Prozent. Eine solche Umwälzung konnte als späte Reaktion auf die unterdrückte »Grüne Revolution« von 2009 verstanden werden.

Der Wechsel von Ahmadinedschad zu Rohani hatte auch Folgen für einen Wirtschaftszweig, auf den die Iraner besondere Hoffnungen setzten: den Tourismus. 2014 erlebten die Hotels im Iran einen bisher nie dagewesenen Ansturm von Touristen aus dem westlichen Ausland. Erstmals nach dem Sieg der »Islamischen Revolution« 1979 begannen internationale Hotelketten ihre Rückkehr in den Iran zu planen, und europäische Fluglinien nahmen wieder direkte Verbindungen nach Teheran und schließlich auch Isfahan auf. Innerhalb eines einzigen Jahres verdoppelte sich der Anteil westlicher Besucher; die wenigen Hotels waren rasch ausgebucht.

Aber wie nachhaltig konnten die Auswirkungen einer Politik der Öffnung unter Rohani tatsächlich sein?

Es gab nämlich auch entgegengesetzte Signale. 2016 veröffentlichte Amnesty International einen Bericht, wonach die Zahl der Hinrichtungen im Iran – ausgerechnet unter der Regierung des Staatspräsidenten Rohani – rasant stieg. Vom Januar bis Juli 2016 sollen nach Angaben der Menschenrechtsorganisation 694 Menschen gehängt worden sein. Das waren im Durchschnitt drei Exekutionen pro Tag: in der Mehrzahl wegen Drogenhandels oder Besitzes von Drogen (im Iran spielt ja, wie bereits berichtet, das Rauschgiftproblem eine große Rolle), aber auch wegen Korruption oder wegen »Feindschaft gegen Gott«; das Letztere betrifft vehemente Kritiker des religiösen Systems wie auch Atheisten. In keinem anderen Land der Welt sei die Zahl der Hinrichtungen im Vergleich zur Gesamtbevölkerung höher, ist einem Bericht in der *Presse*, Wien, vom 26. Juli 2016 zu entnehmen. Die gleichen Angaben finden sich auch in anderen Medien.

Aber auch bei Alltagsdelikten wurde hart eingeschritten. »Irans Sittenpolizei intensiviert ihre Repressalien«, lautete die Überschrift eines Artikels in der *Presse* vom 30. Mai 2016. Als Beispiel wurde über eine Studentenparty berichtet, bei der junge Frauen und Männer nach Abschluss ihres Universitätsexamens ausgelassen tanzten. Die Studentinnen trugen keine Kopftücher und waren auch sonst nach den Maßstäben islamischer Sitte nur unzureichend verhüllt. Polizisten stürmten das Haus. Das Scharia-Gericht verurteilte sämtliche Partygäste zu jeweils 99 Peitschenhieben. Dieser Vorfall in der Stadt Qazvin war aber kein Einzelfall, ähnliche Meldungen kamen im selben Monat aus Kerman und Semnan. Die dort verhafteten Partygäste wurden zu Peitschenhieben und zusätzlich zu Gefängnisstrafen verurteilt.

Rohani konnte wenig gegen die rabiaten Revolutionsgarden und die hart urteilenden Richter unternehmen, denn beide Organe unterstanden direkt dem Staatsoberhaupt Khamenei. Und dieser ließ die Milizen der Pasdaran und Basidschi ebenso gewähren wie die Richter mit ihren drakonischen Maßnahmen »zur Wahrung der Ordnung«. Solche Vorgänge zeigten wieder einmal, wie begrenzt die Macht des Staatspräsidenten im Iran eigentlich ist. Es wiederholte sich unter Rohani eine Entwicklung, wie sie sich ähnlich schon unter Khatami angebahnt hatte.

Aus der Sicht der religiös-politischen Hardliner gab Rohani mit seiner Politik der Öffnung den Iran den »verderblichen Einflüssen des Westens« preis. Aus diesem Grund bezogen sie Front nicht nur gegen die reformorientierte Innenpolitik, sondern auch gegen das Atomabkommen, gegen den wachsenden Einfluss westlicher Investoren sowie gegen den stetig anschwellenden Zustrom westlicher Touristen.

Khamenei und Rafsandschani – eine ambivalente Beziehung bis zuletzt

Ein weiterer Rückschlag für Rohani folgte. Am 8. Januar 2017 starb Rafsandschani in Teheran überraschend an einem Herzinfarkt. Er war 82 Jahre alt geworden und bis zuletzt äußerst aktiv im politischen Leben präsent gewesen. Rohani, der sich am 19. Mai 2017 erneut der Wahl für das Präsidentenamt stellen musste, verlor mit ihm einen seiner wichtigsten Unterstützer.

Der Tod Rafsandschanis demonstrierte aber auch, wie kompliziert, wie vielschichtig, wie widersprüchlich das Machtgefüge der »Islamischen Republik Iran« eigentlich ist. Hunderttausende Menschen folgten dem Sarg durch die Straßen Teherans, und als der Verstorbene im Mausoleum Khomeinis einen Ehrenplatz erhielt, war die gesamte Regierungsspitze bei der Zeremonie versammelt. Fotos zeigen, wie sich Staatspräsident Rohani und Staatsoberhaupt Khamenei einträchtig nebeneinander vor dem Sarg verneigten. Aber wie groß war die Eintracht tatsächlich? Und auf welche Weise waren Rohani und Khamenei mit Rafsandschani verbunden?

Für die iranische Öffentlichkeit waren die Spannungen zwischen Rohani und Khamenei kein Geheimnis, ebenso wenig wie die zwischen Khamenei und Rafsandschani. Umso überraschender mutet es an, in welcher Form Staatsoberhaupt Khamenei dem Verstorbenen in einem Kondolenzschreiben huldigte. Die Übersetzung aus dem Persischen ins Deutsche verdanke ich Hossein Pur Khassalian. Ich zitiere daraus einige Auszüge: »Der Verlust eines Frontkameraden und engsten Kollegen bereitet mir Schmerz und Herzensleid. Unvorstellbar …, wie groß unsere Harmonie und unser Gleichklang waren. … Selbst die gelegentlichen unterschiedlichen Schlussfolgerungen störten niemals unsere fest fundierte Freundschaft.«

Ich kam mit Iranern ins Gespräch, die dieses überschwengliche Kondolenzschreiben als Beweis dafür ansahen, dass Khamenei mit Rafsandschani eben trotz aller offensichtlichen Gegensätze verbunden war. Andere dagegen sahen in diesem Schreiben einen weiteren Schachzug des gewieften Taktikers Khamenei. Der religiös-politische Führer des Iran hatte sich im Verlauf der Jahrzehnte mal mit Zuneigung, mal mit Abneigung über Rafsandschani geäußert, jeweils nach Lage seiner eigenen Interessen. Unverzichtbar war Rafsandschani für Khamenei gewesen, weil er es wie kein anderer Politiker verstanden hatte, zwischen liberal orientierten Reformern und starr konservativen Gruppierungen zu vermitteln. Unverzichtbar war er aber auch gewesen, weil er reformorientierte Kräfte hier und da bremste. Khamenei – der sich ebenfalls nicht eindeutig mit einer politischen Gruppierung identifizierte – hatte den »Brückenbauer« Rafsandschani benötigt, um durch geschicktes Ausbalancieren die Stabilität der »Islamischen Republik Iran« zu erhalten.

Ein wesentlicher Gegensatz zwischen Khamenei und Rafsandschani blieb trotzdem bis zuletzt unüberbrückbar bestehen: Khamenei neigte in kritischen Situationen dazu, mit Gewalt gegen die Opposition vorzugehen. Dagegen hatte Rafsandschani versucht, bis zu einem gewissen Grad die Reformer zu unterstützen, um durch schrittweise Veränderungen den Staat vor einem revolutionären Umsturz zu bewahren.

Im kritischen Jahr 2017 wurde für Khamenei die Situation durch Rafsandschanis Tod schwieriger. Sollten bei den Präsidentschaftswahlen am 19. Mai 2017 die Konflikte zwischen Reformkräften und religiös-politischen Hardlinern eskalieren, so würde der bisher wichtigste Partner fehlen, um die Konflikte durch geschickte Vermittlung einzudämmen. Auch für Khamenei, nicht nur für Rohani, war ein wichtiger Partner verloren gegangen.

Die Präsidentschaftswahl von 2017

Mitte April waren für die Präsidentschaftswahlen des Iran 1636 Bewerbungen eingelangt, 137 davon stammten von Frauen. Aber wieder übte der Islamische Wächterrat eine äußerst fragwürdige Kontrollfunktion aus und verbot einem Großteil der liberalen Bewerber wegen »unislamischer Gesinnung« die Teilnahme. Übrig blieben – neben dem Amtsinhaber Rohani – fünf Kandidaten, und auch diesmal war keine einzige Frau dabei.

Aufsehen erregte im Vorfeld dieses Auswahlverfahrens, dass Mahmud Ahmadinedschad eine erneute Kandidatur angekündigt hatte. Aber Khamenei empfahl dem ehemaligen Staatspräsidenten, auf den Versuch einer politischen Rückkehr zu verzichten. Khamenei stieß sich ja, wie schon mehrmals erwähnt, an dessen radikal-fundamentalistischer Ideologie, die ihn mit Ajatollah Mesbah Yazdi verband. Der latent schwelende Konflikt flammte noch einmal auf, als Ahmadinedschad die »Empfehlung« des religiös-politischen Führers ignorierte und sich trotzdem in die Liste der Bewerber eintragen ließ. Aber daraufhin folgte der Islamische Wächterrat Khameneis Empfehlung und beendete mit seinem Verbot endgültig die Karriere des umstrittenen ehemaligen Staatspräsidenten. Es war dieselbe Institution, die 2005 Ahmadinedschad wegen dessen Staatstreue als Bewerber zugelassen hatte.

Wer aber war Khameneis Favorit bei den Präsidentschaftswahlen von 2017? Etwa der reformorientierte Amtsinhaber Rohani? Oder Ajatollah Ebrahim Raisi? Dieser Wortführer der religiös-konservativen Front kristallisierte sich immer mehr unter den fünf weiteren zugelassenen Bewerbern als der aussichtsreichste Gegenkandidat heraus. Khamenei hielt sich jedoch mit eindeutiger Parteinahme zurück.

Ebrahim Raisi, 1960 in der Pilgerstadt Mesched geboren, wies in der Biographie manche Gemeinsamkeiten mit Khamenei auf. Gemeinsam war ihnen derselbe Geburtsort, gemeinsam also die Herkunft aus einer religiös konservativen Region. Und beide absolvierten ihr Studium in Ghom. Bei Raisi war der Schwerpunkt der Ausbildung islamisches Recht, und er machte früh Karriere als geistlicher Richter. Aber dieser rasche Aufstieg war auch schon früh durch fragwürdiges Verhalten belastet. Im Sommer 1988, als Revolutionsführer Khomeini mit zwei religiösen Rechtsgutachten die Massenhinrichtung von rund 4000 politischen Gefangenen und Oppositionellen anordnete, war der 27-jährige Raisi einer der eifrigsten Vollstrecker. Er war neben drei anderen ranghohen geistlichen Rechtsgelehrten der Hauptverantwortliche für die juristische Absegnung der Todesurteile. Für ihn war das, wie er später im Wahlkampf bekundete, ein notwendiger Schritt, um die Errungenschaften der

»Islamischen Revolution« gegen ihre Feinde zu verteidigen. Dieser »notwendige Schritt« half ihm, seine Karriere weiter auszubauen. Er wurde nicht nur Ajatollah, sondern auch Generalstaatsanwalt der »Islamischen Republik«. Staatsoberhaupt Khamenei hatte ihn dazu ernannt, und diese Position hat Raisi drei Jahrzehnte lang als einer der mächtigsten Politiker im Justizwesen behalten. Er blieb hierbei seinem Prinzip treu, indem er durchweg für harte Strafen plädierte, so auch für die Steinigung bei Ehebruch.

Im August 2016 ernannte Khamenei den Generalstaatsanwalt letztendlich zum Leiter der Imam-Reza-Stiftung von Mesched. Das war ein zusätzliches Signal, dass Khamenei den ideologischen Hardliner schätzte. Nun wurde Ajatollah Raisi endgültig zu einer der einflussreichsten Persönlichkeiten der »Islamischen Republik«, denn er kontrollierte in seiner neuen Funktion die üppigen Einnahmen der heiligsten Pilgerstadt des Iran. Er leitete eine Stiftung, die sich zum größten Wirtschaftsimperium des Iran mit Banken, Fabriken, Firmen und Hotels entwickelt hatte. Eine solch ehrenvolle Stellung konnte, so mutmaßten bald Anhänger sowie Gegner, beste Voraussetzungen bieten, um Khameneis Nachfolger im Amt des Staatsoberhaupts zu werden. Dass Raisi auch noch Träger des schwarzen Turbans war – und er sich damit als ein direkter Nachkomme des Propheten Mohammed und dessen Enkel Hussein auswies – bedeutete eine weitere Gemeinsamkeit sowohl mit Khamenei als auch mit Khomeini.

Der Wahlkampf zwischen dem reformorientierten Staatspräsidenten Rohani und seinem extrem konservativen Herausforderer Raisi spaltete den Iran. Rohani wusste die Mehrheit der Bewohner von städtischen Ballungsräumen hinter sich, die eine weitere Öffnung des Iran wünschten, Raisi dagegen die Mehrheit der kleineren Städte und Dörfer, die die bisher erreichte Öffnung wieder rückgängig machen wollten. Je hitziger der Wahlkampf mit gegenseitigen rhetorischen Attacken verlief und je erregter Demonstranten beider Gruppierungen durch die Straßen zogen, desto nervöser zeigte sich die religiöspolitische Führung. Khamenei warnte in einer Ansprache, dass das Militär sofort einschreiten würde, falls Unruhestifter die Wahlen stören sollten. Diese Warnung erinnerte an das Jahr 2009, als die Situation außer Kontrolle geriet, und sie war an die einstigen Anhänger der »Grünen Revolution« und jetzigen Sympathisanten Rohanis gerichtet. Aber Khamenei vermied es weiterhin, eindeutig Partei für Raisi zu ergreifen.

Rohani hatte in den Meinungsumfragen nur einen leichten Vorsprung, was den Ausgang der Wahl höchst ungewiss erscheinen ließ. Vor allem hatte er mit einem Problem zu kämpfen: Die hochfliegenden Erwartungen der Bevölkerung nach dem erfolgreichen Abschluss der Atomverhandlungen und dem versprochenen Ende der Wirtschaftssanktionen hatten sich nicht erfüllt. Nach wie vor lag die Arbeitslosenrate vor allem bei Jugendlichen bei nahezu 30 Prozent, auch flossen statt der erwarteten Auslandsinvestitionen von rund 50 Milliarden Dollar nur rund zwei Milliarden ins Land. Das lag nicht nur an der Schwerfälligkeit iranischer Bürokratie, sondern mehr noch an den USA, die nur sehr zögernd die Sanktionen lockerten und vor allem Investitionen amerikanischer Firmen blockierten. Die enttäuschten Erwartungen lieferten dem ideologischen Hardliner Raisi den Vorwand, das ohnehin vorhandene Misstrauen gegen den »Satan Amerika« erneut anzuheizen. Und er versprach milliardenschwere Sozialprogramme für die notleidende Bevölkerung. Hier unterschied er sich nicht von dem Populisten Ahmadinedschad, der die Frage schuldig geblieben war, wie sich die Hilfe finanzieren ließ.

Rohani blieb angesichts dieses Angriffs in der Defensive, er konnte nur darauf verweisen, dass die Argumente seiner Kritiker in wirtschaftlichen Sachfragen unseriös seien. Er ging aber in die Offensive, um Raisi fundamental in dessen religiöspolitischer Glaubwürdigkeit zu treffen. Ihm kam dabei ein

Tondokument zu Hilfe, das im Sommer 2016 an die iranische Öffentlichkeit gelangte. Ahmad Montaseri, der älteste Sohn des 2009 verstorbenen Groß-Ajatollah Hossein Ali Montaseri, hatte eine 40 Minuten dauernde Protestrede seines Vaters ins Internet gestellt. Es handelte sich um einen Auftritt des Groß-Ajatollah im Sommer 1988, als Khomeini die Hinrichtung von rund 4 000 politischen Gefangenen angeordnet hatte. Montaseri kritisierte in dieser Rede vor allem jene vier Richter, die die Todesurteile im Eilverfahren unterzeichneten – unter ihnen Raisi. »Das ist das größte Verbrechen in der Islamischen Republik«, sagte Montaseri, »die Geschichte wird uns dafür verurteilen.« Der Groß-Ajatollah verlor durch diese Krise das Amt als Nachfolger Khomeinis, Raisi dagegen stieg nach den Massenhinrichtungen auf der Karriereleiter steil nach oben. Im Präsidentschaftswahlkampf von 2017 kam mit dieser Tonbandaufnahme wieder der offiziell totgeschwiegene Name Montaseri zu Ehren, der zuletzt bei den Unruhen der »Grünen Revolution« von 2009 eine beherrschende Rolle gespielt hatte.

Die Demonstranten im Gefolge von Rohani knüpften ohnehin mit provokanten Signalen an die unbewältigten Konflikte des Jahres 2009 an. Viele Frauen und Männer trugen wieder die grünen Arm- und Stirnbinden der »Grünen Revolution«, wofür sie riskierten, verhaftet zu werden. Andere trugen violette Binden und T-Shirts, die neue Symbolfarbe des Rohani-Lagers. »Wir waren grün, aber eure Knüppel haben uns violett gemacht«, hallte es in Sprechchören – in Anspielung auf die vielen Blutergüsse der Demonstrationen von 2009 (so nachzulesen in einem Bericht von Martin Gehlen in der *Presse*, Wien, vom 18. Mai 2017). Auf Fotos war zu sehen, dass Demonstranten große Porträts des ehemaligen Staatspräsidenten Khatami hochhielten, was strikt verboten war, und sie skandierten in Sprechchören: »Lasst Mussawi und Karroubi frei!«

Am 9. Mai 2017 erschien in der reformfreundlichen Zeitung *Shargh* (»Osten«) eine flammende Wahlrede, die Rohani in

Hamadan gehalten hatte. Ich zitiere einige Auszüge (die Übersetzung verdanke ich Hossein Pur Khassalian). Rohani kritisierte seine Gegner mit folgenden Worten: »Was glaubt ihr, wie viel Prozent der Wähler zu euch stehen? Ihr habt acht Jahre lang (unter der Regierung von Ahmadinedschad) eine Politik geführt, die das elementare Interesse unserer Nation geschädigt hat. Ihr habt dazu beigetragen, dass die Sanktionen gegen uns verschärft wurden. Ihr habt aus den Sanktionen mit krummen Wegen meist Gewinne gemacht. Ihr habt nur Verhaften und Töten gelernt. Ihr habt uns verboten, Fotos von unseren geliebten Politikern zu zeigen (gemeint sind Khatami, Mussawi und Karroubi). Ihr sorgt für die Trennung der Geschlechter in den Ministerien und Universitäten. Ihr habt die Beschäftigung der Frauen eingeschränkt.«

Rohani kritisierte die religiös-konservativen Kräfte im Iran so heftig und kompromisslos wie kein anderer führender Reform-Politiker seit 2009. Er wagte Tabus zu brechen, was bis dahin nur unter vorgehaltener Hand gewagt wurde. Wie reagierte Khamenei? Musste er sich nicht spätestens jetzt persönlich angegriffen fühlen? Khamenei schwieg. So wie er es vermied, den Gegenkandidaten Raisi öffentlich zu loben, so unterließ er es, Rohani öffentlich zu tadeln. Und wieder stellte sich die Frage: Wen von beiden Kandidaten bevorzugte Khamenei in letzter Konsequenz?

Staatsoberhaupt Khamenei war im Verlauf seiner Amtszeit seit 1989 mit sehr unterschiedlichen Staatspräsidenten konfrontiert gewesen, und jedes Mal hatte sich gezeigt, dass bei ihm stets pragmatische, taktische Überlegungen im Vordergrund standen. So auch bei Rohani. Khamenei hatte ihn vier Jahre zuvor bei den Wahlen nicht als Wunschkandidaten gesehen, aber er konnte ihn als nützlichen Partner betrachten, um den Iran aus seiner politischen und wirtschaftlichen Isolation befreien. Deshalb konnte er auch bei den Wahlen von 2017 kein massives Interesse daran haben, diesen Partner völlig ins

Abseits zu drängen. Denn das würde die Unruhen wieder anheizen, wie 2009. Andererseits konnte ihm auch nicht daran gelegen sein, Rohanis extrem konservativen Gegner auffällig zu fördern, denn auch dies würde erneut Unruhen schüren. Der religiös-politische Führer Khamenei musste neutral erscheinen, denn so ließen sich die weltanschaulich miteinander verfeindeten Gruppierungen am besten unter Kontrolle halten.

Am 19. Mai 2017 gewann Rohani bereits im ersten Durchgang mit 57 Prozent der Wählerstimmen die absolute Mehrheit. Zehntausende Iraner feierten mit Autokorsos und Hupkonzerten den überzeugenden Wahlsieg des Kandidaten, der für Reformen und Dialog stand. Dies geschah vor allem in Teheran, Isfahan, Schiras, aber auch in Mesched, der Heimatstadt des Gegenkandidaten Raisi.

Besonders einschneidend war der Sieg in der Megastadt Teheran, wo parallel auch eine Kommunalwahl für den Stadtrat und damit für das Bürgermeisteramt stattfand. Die Reformer eroberten alle 21 Sitze. Der ehemalige Staatspräsident Khatami spielte hier bei der Mobilisierung eine entscheidende Rolle. Er hatte über Internet und Twitter massiv Wahlempfehlungen für Kandidaten abgegeben, und die Wähler folgten überwiegend seinen Vorschlägen – sie folgten damit demonstrativ einem Politiker, dem durch das Staatsoberhaupt Khamenei strikt jede Äußerung in der Öffentlichkeit verboten war. Maßgebend zum Sieg in Teheran hatte aber auch der dortige Spitzenkandidat der Reformer beigetragen: Mohsen Haschemi Rafsandschani, der älteste Sohn des ehemaligen Staatspräsidenten. Der Sohn, der bereits 2013 Rohani intensiv im Wahlkampf unterstützt hatte, konnte nun das einflussreiche Amt des Oberbürgermeisters von Teheran antreten. Für die religiös Konservativen, die 14 Jahre lang dieses Amt besetzt hatten – unter anderen auch mit Ahmadinedschad –, war dies ein schwerer Schlag. Sie hatten in den meisten großen Städten des Iran an Einfluss verloren und konnten nur in kleineren

Städten und vor allem in ländlichen Regionen die Mehrheit halten.

Die reformfreundliche Zeitung *Shargh* begrüßte Rohanis Triumph mit dem Kommentar, nun könne die Politik der Öffnung fortgesetzt werden. Die konservative Zeitung *Keyhan* dagegen vertrat die Meinung, die massive Unterstützung ausländischer Medien habe entscheidend zum Wahlsieg Rohanis beigetragen. Hiermit unterstellten die Verlierer, der eigentliche Wille des Volkes sei wegen Manipulation von außen nicht zum Tragen gekommen. Das Staatsoberhaupt Khamenei allerdings kommentierte Rohanis Sieg diplomatisch vorsichtig und pragmatisch: Er lobte die hohe Wahlbeteiligung und erklärte, der Wahlgewinner sei das iranische Volk.

Eine iranische Zivilgesellschaft – unterwegs mit einem Aktivisten

Im Sommer 2016 lernte ich Hossein Pur Khassalian kennen. Der Deutsch-Iraner hatte per E-Mail Kontakt mit mir aufgenommen, weil er etliche meiner Bücher zum Thema Islam gelesen hatte. Nach längerem Gedankenaustausch bot er mir an, mich auf meiner schon geplanten Studienreise durch den Iran ein Stück zu begleiten. Wir würden fünf Tage gemeinsam unterwegs sein, und er würde mir hierbei gerne einige Sozialprojekte zeigen, die er im Iran betreute. Ich betrachtete dies als einmalige Chance, das theokratisch regierte Land jenseits der üblichen Perspektiven kennenzulernen.

Hossein Pur Khassalian, 1938 als Sohn eines Finanzbeamten in einer nordiranischen Kleinstadt am Kaspischen Meer geboren, kam 1957 nach Bonn, um Medizin zu studieren. Er war zur damaligen Zeit schon »politisiert«, denn prägend war für ihn in früher Jugend der Militärputsch gegen den iranischen Ministerpräsidenten Mossadegh (1953) und die anschließende Diktatur des Schahs Mohammad Reza Pahlevi gewesen.

Der Kontrast zur deutschen Demokratie wurde für ihn zu einer grundlegenden Erfahrung. Er engagierte sich mit anderen Deutsch-Iranern in einer politischen Bewegung, die sich gegen das Schah-Regime für einen iranischen Staat im Sinne Mossadeghs einsetzte. Ursprünglich hatte er vor, nach seiner Ausbildung als Facharzt für Urologie in den Iran zurückzukehren, aber kurze Besuche dort endeten jedesmal mit Verhaftungen und Verhören durch die Polizei des Schah-Regimes, so dass er in Deutschland blieb.

Pur Khassalian konnte jedoch auch nicht in seine Heimat zurückkehren, als 1979 nach dem Sturz des Schahs die »Islamische Republik Iran« entstand. Denn er hatte eine Arztpraxis eröffnet und ein Gründungsdarlehen abzuzahlen, außerdem besuchten seine Söhne hier die Schule. Er blieb jedoch nicht nur aus finanziellen Gründen, sondern auch weil Deutschland für ihn eine zweite Heimat geworden war. Aber, so schrieb er mir, »die Revolution und die Entwicklung der Republik interessierten mich umso mehr, ja, ich fühlte mich verpflichtet, zum Erfolg der Revolution beizutragen«. Daher reiste er jedes Jahr mehrmals in den Iran, zumal seine Hilfe als Arzt im Krieg zwischen Iran und Irak von 1980 bis 1988 dringend gebraucht wurde. Er lieferte Medikamente und arbeitete als Freiwilliger in den Krankenhäusern von Teheran wie auch an der Front. Schließlich reifte in ihm der Entschluss, auf Dauer Sozialprojekte und Bildungseinrichtungen in seinem krisengeschüttelten Heimatland zu unterstützen. Er habe, wie er mir erzählte, 36 Jahre lang als Belegarzt im Spital sowie in seiner Praxis genügend Geld verdient, er wohne in einem schönen Haus und sein Vater habe zu ihm gesagt: Das Totenhemd habe keine Taschen, er müsse mit seinem Geld Notleidenden helfen, allein das bringe Segen, allein das sei Gott wohlgefällig.

Pur Khassalian bekannte sich, als ich ihn kennenlernte, nach wie vor zu den ideellen Grundprinzipien der »Islamischen Republik«, allerdings, so schrieb er mir, »mit den Kenntnissen aus meiner zweiten Heimat Deutschland betrachtete ich die Entwicklung im Iran sehr kritisch«.

Unser erstes gemeinsames Ziel während der Iran-Reise im November 2016 war ein Kinderhilfswerk in Teheran. Das Haus befand sich in der Altstadt inmitten verwinkelter Gassen, ein zweistöckiges, nach außen hin unscheinbares Gebäude. Wir wurden von neun Frauen mittleren Alters empfangen. Alle gaben uns Männern zur Begrüßung die Hand, was einen Bruch mit dem offiziellen islamischen Verhaltenskodex des Iran darstellte, aber das schien – abgeschirmt von der Öffentlichkeit – eine bewusste Demonstration zu sein. Alle hatten ein akademisches Diplom, alle gehörten wohl zur Mittel- oder Oberschicht. Und alle arbeiteten ehrenamtlich in einer Hilfsorganisation für Kinder, die aus desolaten Familien stammten oder gar ohne Eltern als sogenannte Straßenkinder zu überleben versuchten. Diese Kinder sollten in dem Haus, das soeben renoviert wurde und ein weiteres Stockwerk aufgesetzt bekam, eine Heimstatt finden.

Die Frauen betreuten mehr als hundert Kinder und sorgten auch für deren Schulausbildung. Der Unterricht erfolgte aber nicht an öffentlichen Schulen, sondern privat, erzogen wurde nach den Prinzipien der italienischen Pädagogin Maria Montessori. Wie das? Montessori trat doch für eine strikt »antiautoritäre« Erziehung ein, die den Kindern möglichst viel Freiheit für individuelle Entwicklung und Selbstbestimmung gibt. Kann dies im Sinn eines islamisch regierten Staates mit seinen autoritären Vorgaben im gesamten Erziehungswesen sein?

Die Frauen antworteten: Finanziert werde ihr Projekt nicht vom Staat, und sie wollten das auch gar nicht, denn dann müssten sie sich dem Diktat der Schulbehörde beugen. Geld für die Pädagogik nach dem Montessori-Prinzip erhielten sie ausschließlich von Iranern aus dem Ausland, einer von ihnen sei Dr. Hossein Pur Khassalian, ein anderer ein iranisch-kanadischer Geschäftsmann, der habe das Haus hier gekauft. Die iranische Regierung begrüße ja einerseits, dass ausländische Investoren Sozialprojekte finanzierten, denn angesichts der anhaltenden Sanktionen der USA und der damit verbundenen Wirtschaftskrise sei der Staat auf solche Hilfe angewiesen. Andererseits beobachte die Regierung eine derartige Entwicklungsarbeit mit großem Misstrauen. Aber die Regierung lasse sie gewähren, solange sie nicht die Verfassung der »Islamischen Republik« in Frage stellten. Und sie stünden treu zu den Prinzipien der Republik, sie wünschten allerdings eine Reihe von Reformen. Es sei und bleibe ein schwieriger Balanceakt.

Die Frauen, alle mit Kopftuch und in weiten Kleidern, verabschiedeten sich wieder mit einem Händedruck von uns Männern. Aber als wir vor die Haustür traten und ich dort zum Abschied der uns begleitenden Frau noch einmal die Hand reichen wollte, wehrte sie erschrocken ab. Auf der Straße waren wir fremden Blicken ausgesetzt.

Wir reisten weiter nach Lahijan, unserem zweiten gemeinsamen Ziel. Die beschauliche Kleinstadt mit 150 000 Einwohnern liegt etwa 300 Kilometer nordwestlich von Teheran, nahe dem Kaspischen Meer und mit Blick auf das Elburs-Gebirge. Dort, nicht weit von Pur Khassalians Geburtsort entfernt, besuchten wir vier Schulen, die von ihm finanziell unterstützt werden. Das sei dringend notwendig, erklärte er, denn das Wirtschaftsembargo der USA und westeuropäischer Staaten wie auch die unsachgemäße Wirtschaftspolitik des Staatspräsidenten Ahmadinedschad – eine verhängnisvolle Verkettung – habe den Iran in eine existenzbedrohende Krise getrieben. Viele der kleineren Schulen stünden finanziell vor dem Zusammenbruch, und damit drohe in den iranischen Provinzen eine ganze Generation ohne ausreichende Bildung aufzuwachsen. Um den Zusammenbruch des Schulsystems zu verhindern, seien private Sponsoren des Inlands, erst recht aber Iraner des Auslands aktiv geworden. Er selbst hatte den Aufbau einer der vier Schulen, die nach Ajatollah Ali Motahari benannt ist (einem berühmten politischen Weggefährten von Khomeini), gänzlich finanziert.

Englisch sei seit vielen Jahren Pflichtfach an Gymnasien sowie an Realschulen, seit drei Jahren auch an Grundschulen, erklärte Pur Khassalian, der Iran öffne sich so der Welt um einen weiteren wichtigen Schritt. Aber keiner unserer Begleiter sprach englisch, dabei handelte es sich um Lehrer und Stadträte, allerdings beherrschten ihre Söhne und Töchter im Alter von 15 bis 18 Jahren die Fremdsprache zumindest schon in Grundzügen, wie wir bei späteren Begegnungen feststellen konnten. In zwei der Schulen saßen Mädchen und Jungen gemischt im Klassenzimmer, sie waren allerdings erst zwischen acht und zehn Jahre alt. Die Mädchen trugen bereits Kopftücher. Auf die Frage der Lehrerin, wer nach Abschluss der Grundschule eine weiterführende Schule besuchen wolle, schnellten sämtliche Arme hoch.

Zwei der vier Schulen wurden von Frauen geleitet. Das mutete erstaunlich modern an. Aber die Direktorinnen trugen wie die anderen Lehrerinnen einen schwarzen Tschador, der den ganzen Körper verhüllte und nur das Gesicht freiließ. Welch ein Kontrast zu den Frauen in Teheran mit ihren farbigen Kopftüchern und den westlich geschnittenen Mänteln und Blusen. Eine der beiden Direktorinnen betonte, dass den Mädchen wie den Knaben gleichermaßen der Weg zu jeglicher Bildung offenstehe. Ein eindrucksvoller Beleg erschien uns, dass ein zehnjähriges Mädchen sehr selbstbewusst eine Ansprache anlässlich unseres Besuches absolvierte und ihr die Direktorin das Mikrofon hielt. Viele der Reden, die wir im Verlauf von zwei Tagen hörten, wurden mit religiösen Formeln wie *Bismillah*, »Im Namen Gottes«, und *Allahu akbar*, »Gott ist am größten«, »Nichts ist größer als Gott«, begleitet, und manchmal stimmten die Zuhörer in diese Formeln mit lauten Stimmen ein.

Pur Khassalian selber hielt ebenfalls Reden, von denen er mir eine im Nachhinein in wesentlichen Punkten zusammenfasste. Sie war voller Kritik an einer noch immer problematischen Haltung vieler Iraner. Er ermahnte die Zuhörer, man solle im Iran endlich aufhören darauf zu vertrauen, dass aus dem Ausland reichlich Spendengelder flössen. Man solle vielmehr lernen, eigene Initiative und Phantasie zu entwickeln und in diesem Zusammenhang kritisch auch alles Übernommene prüfen. Auch solle man sich nicht darauf verlassen, dass sich Entwicklungsprojekte mit Einnahmen aus dem Erdölgeschäft finanzieren ließen. Der Erdölpreis könne rapid fallen, was ja immer wieder geschehen sei. Viele Iraner würden sich von solchen äußeren Bedingungen abhängig machen, anstatt darüber nachzudenken, wie man sich ohne fremde Hilfe weiterentwickeln könne. Dazu sei Bildung ein unverzichtbares Mittel, aber eben auch nur ein Schritt unter vielen.

Pur Khassalian sagte zum Abschluss unserer gemeinsamen Reise, er hoffe, es sei ihm gelungen zu zeigen, dass die iranische Gesellschaft von heute nicht in erster Linie reaktionär islamistisch sei, wie das oft in westlichen Medien dargestellt werde, sondern dass es zur Genüge Gegenkräfte gebe. Er hat aufschlussreiche Belege in dieser Hinsicht geliefert.

Islam? Republik? Überraschende Kommentare

Der Taxifahrer musterte mich neugierig von der Seite. Er sprach relativ flüssiges Englisch, weil er, wie ich bald erfuhr, ein Studium der Wirtschaftswissenschaften abgeschlossen hatte. Aber er war arbeitslos und konnte sich nur als Taxifahrer durchbringen, wie so viele andere Akademiker in Teheran.

Wie mir der Iran gefalle? Ich antwortete: Mir imponiere die iranische Kultur, vor allem die prachtvollen Moscheen, und mich beeindrucke die Freundlichkeit der Menschen. Ich vermied es zunächst, über Politik zu sprechen, weil ich nicht wusste, wie sehr ich meinen Gesprächspartner damit in Verlegenheit bringen könnte. Der Taxifahrer erklärte jedoch zu meiner Überraschung: Der Iran sei wunderbar, oh ja, nicht aber die Regierung. – Was er von der Regierung halte? – Nichts, gar nichts. – Ob er Khamenei ablehne? – Ja. – Grundsätzlich? – Ja. – Und Khomeini? – Ja. – Grundsätzlich? – Ja. Er lachte und winkte geringschätzig ab. Diese Art von religiöser Politik sei schon vom Ansatz her falsch. Es sei doch eine Anmaßung, einem Volk eine ganz bestimmte Form von Religion aufzuzwingen. Für ihn bedeute auch der jetzige Staatspräsident Rohani keine Hoffnung. Denn ob die Regierung etwas mehr liberal oder autoritär sei, ach, es sei letztlich doch dieselbe Linie. – Wie er zur Religion stehe? – Er sei Muslim, und er finde, der Islam sei eine Religion des Friedens und der Toleranz. Solange sich die Politiker tatsächlich an diese Ideale hielten … Er winkte wieder ab.

Ich fragte: Ob die Regierung des Schah im Rückblick für viele Iraner besser gewesen sei? – Nein, nein! Kaum jemand im Iran wünsche sich diese Zeit zurück. Damals habe es schon Aufstände gegen eine Diktatur gegeben, wesentlich stärkere als jetzt. – Ob er 2009 an den Protestmärschen gegen Ahmadinedschad teilgenommen habe? – Viele hätten das in Teheran getan, ja, im ganzen Iran. Viele. – Aber nicht alle hätten das System grundsätzlich abgelehnt, oder? Er schwieg plötzlich und konzentrierte sich auf den Verkehr.

Was ich in Teheran gesehen hätte? Er nahm das Gespräch nach einer kurzen Pause wieder auf. Ich zählte etliche der bekannten touristischen Ziele auf, wobei er bei jedem Namen anerkennend nickte. Als letztes Ziel nannte ich das Mausoleum von Khomeini, neugierig, wie er darauf reagieren würde. Er musterte mich mit hochgezogenen Augenbrauen. Wieso ich dort gewesen sei? Wieso das einen Ausländer interessiere? Er wohne seit mehr als dreißig Jahren in Teheran, aber in dieses Mausoleum werde er sich bestimmt nie verirren.

Der Zufall hatte mich in dieses Taxi geführt. War der Fahrer ein Ausnahmefall? Oder vielleicht doch nicht? In der Megastadt

Teheran sind immerhin im Februar 2016 bei den Parlamentswahlen alle 30 zur Verfügung stehenden Abgeordnetensitze an reformorientierte Kandidaten gegangen. In dieser Metropole tragen die Frauen, mehr als in jeder anderen iranischen Stadt, die Kopftücher sehr nachlässig und zeigen provokativ viel Haar.

Ich erzählte Hossein Pur Khassalian von den Kommentaren des Taxifahrers. Er berichtete mir von einem ganz ähnlichen Gespräch in einem Teheraner Taxi. Abgeschirmt in einem Auto würden die Leute so manches von sich geben, sofern sie Vertrauen zu ihrem Begleiter gefasst hätten. Auch dieser Fahrer sei ein arbeitsloser Akademiker gewesen, er habe islamisches Recht studiert. Pur Khassalian hatte ihn gefragt, was er an der iranischen Verfassung gut finde, was schlecht. Der Fahrer habe geantwortet: Er lehne die Verfassung dieser »Islamischen Republik« grundsätzlich ab, sie müsste ganz anders strukturiert sein. – Was er sich als Alternative vorstelle? Der Fahrer habe auf diese Frage geschwiegen. Er habe zwar islamisches Recht studiert, so urteilte Pur Khassalian, aber er habe den Eindruck erweckt, als könne er sich eine konkrete Alternative zum bestehenden System eben doch nicht vorstellen. Hauptsache sei, dass das jetzige Regime verschwinde. So hätten viele Iraner auch bei der Rebellion gegen den Schah gedacht.

Eine Ausnahme seien solche Kritiker nicht, erklärte Pur Khassalian, vor allem nicht in Teheran. Seiner eigenen Einschätzung nach lehne ungefähr ein Drittel der iranischen Bevölkerung die Verfassung der Republik ab oder stünde ihr zumindest gleichgültig gegenüber. Es seien Leute, die kaum an einer Parlamentswahl teilnähmen, und wenn sie es täten, dann nur, um einen ihnen besonders unliebsamen Kandidaten an einem Wahlsieg zu hindern. Ein weiteres Drittel bejahe dagegen die Republik prinzipiell, wünsche sich aber weitreichende Reformen. Allein das letzte Drittel sei bereit, die Republik in ihrem jetzigen Zustand mit Leib und Seele zu verteidigen.

Die iranische Bevölkerung bilde jedenfalls alles andere als einen monolithischen Block im Sinn eines fanatischen Gottesstaates, wie das in westlichen Medien oft behauptet werde. Man müsse vielmehr von einer dreigeteilten Gesellschaft sprechen, deren weitere Entwicklung man schwer voraussagen könne. Hossein Pur Khassalian rechnet sich zu jenem Drittel, das die Verfassung zwar grundsätzlich bejaht, aber Reformen für dringend nötig hält.

Ich lernte einen weiteren Iraner jener reformorientierten Gruppierung kennen. Das Gespräch mit ihm vermittelte einen Eindruck von den Schwierigkeiten und Ambivalenzen dieser Haltung. Er ist ein Verwaltungsbeamter, der in Teheran lebt und nebenberuflich als Journalist bei einer kleinen Zeitung arbeitet. Er hob lobend hervor, dass der Iran heute der erste schiitische Staat sei, der sich wirklich als islamisch bezeichnen könne – im Unterschied zur Dynastie der Safawiden, die im 16. Jahrhundert den schiitischen Glauben im Iran durchgesetzt habe, aber nicht streng gläubig gewesen sei. Die Schahs der Safawiden hätten Alkohol getrunken, auch seien sie in ihrem Sexualverhalten oft unmoralisch gewesen. Die heutige Verfassung sei nicht nur islamischer, sondern es komme auch noch ein republikanisches Element hinzu, und dies bedeute eine Entwicklung hin zur Demokratie. – Demokratie? Ob er etwa das Staatsoberhaupt Khamenei kritisieren dürfe?

Er antwortete: Es sei möglich, kritisch Stellung zu religiöspolitischen Entscheidungen Khameneis zu beziehen. Er zögerte plötzlich und korrigierte seine Aussage mit leicht ironischem Unterton: Er kritisiere Khameneis Entscheidungen nicht, er *interpretiere* sie. Allerdings sei das nicht ungefährlich, seine Freunde hätten ihn schon gewarnt, er müsse aufpassen, dass er nicht irgendwann im Gefängnis lande. Aber er interpretiere so vielschichtig und doppeldeutig, dass man ihn nicht auf eine eindeutige Haltung festlegen könne. Viele der Leser würden die Botschaft trotzdem verstehen, und gerade darauf gründe seine Hoffnung. – Das bedeute tatsächlich eine Entwicklung zur Demokratie? – Das sei ein Schritt in Richtung Demokratie. Man müsse die Möglichkeiten nutzen, die in der Verfassung angelegt seien.

Mein Gesprächspartner bekannte sich zu Staatspräsident Rohani und lehnte dessen Vorgänger Ahmadinedschad strikt ab. Er bekannte sich auch zu Rafsandschani und vor allem zu Khatami. Ich fragte: Aber es sei doch inzwischen verboten, Texte und Bilder von Khatami zu veröffentlichen, oder etwa nicht? – Ja, aber trotz aller Verbote sei Khatami unvergessen, es seien nach wie vor seine Bücher und Artikel heimlich im Umlauf, was zeige, dass seine Popularität nicht zu unterdrücken sei. Er glaube, dass das republikanisch-demokratische Element im Iran entwicklungsfähig sei, man müsse nur die nötige Geduld und Hartnäckigkeit aufbringen. Man müsse sich nur darauf besinnen, was Khomeini als Begründer der »Islamischen Revolution« wirklich gesagt, wirklich gemeint habe.

Khomeini … Was hat er wirklich gesagt, wirklich gemeint? Für westliche Beobachter ist es schwierig, sich in der Vielzahl der Interpretationen und Gespräche zurechtzufinden.

Auf weitere Widersprüchlichkeiten stieß ich in Ghom, jener Stadt, die das Zentrum schiitischer Theologie im Iran bildet und in der Khomeini nahezu vier Jahrzehnte lang lebte. Als ich im November 2016 Khomeinis Wohnhaus dort besuchte, sagte mein iranischer Begleiter auf Englisch in ehrfürchtigem Tonfall: »In diesem Haus wurde die Islamische Revolution geboren.« Das einstöckige Gebäude ist zur Straße hin fensterlos, im Innenhof gibt es ein paar Bäume. Es wird an der Außenmauer überragt von einer riesigen Plakatwand, die in persischer und in englischer Sprache auf »The founder of the Islamic Revolution« hinweist. Mein Begleiter erklärte, Khomeini habe in diesem Haus zeitweise auch noch als Staatsoberhaupt des Iran gewohnt. Er sei ein Asket gewesen, habe das Einfache geliebt und allen Prunk verabscheut, Khomeini sei ein absolut vorbildlicher Muslim an der Spitze des islamischen Staates gewesen.

In derselben Stadt erlebte ich Stunden später ein ganz anderes Gespräch. Ich ging mit meiner Frau und Freunden durch das Heiligtum der Fatemeh Masoumeh, das zweitwichtigste Pilgerziel der Schiiten im Iran. Uns begleitete als obligate Führerin durch die einzelnen Höfe und Wandelgänge des Schreins eine Frau im schwarzen Tschador. Ich habe in der Einleitung des Buches bereits auf sie hingewiesen. Sie hatte, wie schon erwähnt, zu unserer Überraschung betont, sie respektiere alle Religionen; entscheidend sei, dass Humanität praktiziert werde, dagegen seien die dogmatischen Unterschiede zweitrangig. Diese Frau gab aber darüber hinaus auch einen weiteren für uns überraschenden Kommentar über Khomeini und seinen Nachfolger Khamenei ab.

Ich fragte sie, welcher Ajatollah im Iran für sie die höchste religiöse Autorität besitze, und erwartete – nur wenige Kilometer vom ehemaligen Wohnort Khomeinis entfernt – eine entsprechend eindeutige Antwort. Die Gefragte zögerte, als müsse sie nach Worten suchen. Khomeini? Ich sagte den Namen in ihr Schweigen hinein. Sie schüttelte den Kopf. Khamenei? Sie schüttelte wieder den Kopf und antwortete schließlich: Khomeini sei kein wirklicher Ajatollah gewesen, sondern eher ein Politiker, dasselbe gelte für Khamenei. Sie nannte den Namen ihres meist verehrten Ajatollah, der mir allerdings unbekannt war. Ein »wirklicher Ajatollah« müsse sich vor allem auf die Religion konzentrieren, erklärte sie, er dürfe nur beratend auf die Politiker einwirken. Sie sprach sich also dezidiert dagegen aus, dass religiöse Funktionen und politische Herrschaft untrennbar in einer Führungspersönlichkeit vereint sein sollten.

Mich erinnerte eine derartige Haltung an die des Groß-Ajatollah Montaseri, den designierten und später entmachteten Nachfolger Khomeinis, er hatte ja mit einem solchen Argument Khamenei kritisiert. Ich fragte sie, ob sie Montaseri für

für einen »wirklichen Ajatollah« halte. Ihr Gesicht wurde beim Namen dieses offiziell verfemten Religionsgelehrten starr, sie lenkte zu einem anderen Gesprächsthema über. Detailliert über ihren religiös-politischen Standort wollte sie dann doch keine Auskunft geben. Unklar war, ob sie zu Montaseri Distanz wahrte oder ob sie insgeheim mit ihm sympathisierte.

Weitere Überraschungen erwarteten uns, als wir unterwegs durch den Iran unsere Reiseziele nannten. Wir begannen mit Namen wie Isfahan, Schiras, Persepolis, Yazd ... und wir ernteten jedesmal anerkennendes Kopfnicken. Ghom? Nicht wenige der Fragenden wirkten plötzlich verblüfft. Was wir denn an Ghom interessant fänden? Manche erklärten, in Ghom seien sie nie gewesen, und dort würden sie auch nie hinfahren. Das waren ähnliche Auskünfte, wie ich sie hier und da im Hinblick auf Khomeinis Mausoleum erhalten hatte.

Wie repräsentativ sind solche Auskünfte?

Wir kamen naturgemäß nur mit Männern und Frauen in Kontakt, die englisch sprachen, und nicht mit der Mehrzahl derjenigen, die keine Fremdsprache beherrschen. Insofern geben solche Begegnungen nur einen schmalen Ausschnitt von Meinungen wider, aber sie verdeutlichen immerhin, dass sich die iranische Bevölkerung in eine Vielzahl sehr unterschiedlicher Gruppierungen auffächert. Und angesichts der Vielfalt ist es schwer einzuschätzen, welchen Rückhalt die Regierung in der Bevölkerung tatsächlich hat.

Die Herausforderung der westlichen Moderne – ein Dialog auf Augenhöhe?

»Speed-Dating in Teheran. Der Iran bringt exzellente Wissenschaftler hervor.« Diese Überschrift lese ich in der deutschen Wochenzeitung *Die Zeit* vom 16. März 2017. Dem Bericht entnehme ich folgende Daten:

»Im Iran stieg die Zahl der Studierenden von 2,8 Millionen

im Jahr 2007 auf 4,4 Millionen im Jahr 2013. Und der Anteil iranischer Forscher an der weltweiten Zahl wissenschaftlicher Veröffentlichungen vervierfachte sich zwischen 2005 und 2015, damit rückte das Land auf Platz 16 in der Welt vor. Besonders rasant ist die Entwicklung in der Nano-Technik, hier rangiert der Iran auf Platz 7 der Publikationsweltrangliste. Demnächst soll eine ähnliche Initiative in der Biotechnologie erfolgen.«

Für viele westliche Beobachter sind solche Informationen eine Überraschung. Ausgerechnet die »Islamische Republik Iran« – mit ihren extremen Spannungen zwischen religiösen Hardlinern und Reformern – fällt international zunehmend durch herausragende Leistungen in den Naturwissenschaften auf. Genau besehen handelt es sich zwar vorwiegend um iranische Männer und Frauen, die an renommierten Universitäten in den USA, Kanada, Großbritannien und Deutschland studiert haben, aber sie kehrten in ihre Heimat zurück und arbeiteten seitdem an iranischen Universitäten. Bereits Staatspräsident Rafsandschani hatte erste Versuche unternommen, iranische Wissenschaftler mit lukrativen Angeboten zurückzuholen, Khatami und Rohani intensivierten diese Bemühungen. Sie gaben der Weltöffentlichkeit zu verstehen, dass der Iran interessiert sei, sich intensiv mit westlichem Denken auseinanderzusetzen, um dadurch im wissenschaftlichen Dialog langfristig als gleichrangiger Partner anerkannt zu werden.

Die Überraschungen für westliche Beobachter gehen aber noch weiter. Das Interesse einer (noch schmalen) iranischen Bildungsschicht bezieht sich darüber hinaus auch auf westliche Philosophie. Dies verleiht dem angestrebten Dialog eine zusätzliche Dimension. Welche Philosophen sind gemeint?

In verschiedenen Buchhandlungen von Teheran, Isfahan, Schiras und Ghom entdeckte ich Bücher, die auf dem Titelblatt ein Porträt von Immanuel Kant präsentierten. Ja, hier und da stieß ich auch auf ein Buch über Friedrich Nietzsche. Oder Sören Kierkegaard. Oder Ludwig Wittgenstein. Dies erlebte ich im November 2016, als die »Islamische Republik Iran« schon mehr als drei Jahrzehnte bestand.

Wie kann es möglich sein, dass Bücher über herausragende Denker westlicher Moderne im Iran angeboten werden? Regieren dort nicht muslimische Theokraten, die ein Interesse daran haben müssten, sich gegenüber westlichen Einflüssen auf philosophisch-religiöser Ebene weitgehend abzuschotten? Interessant ist in diesem Zusammenhang, dass solche Bücher nicht nur in englischer Sprache angeboten werden und damit lediglich einer schmalen Bildungsschicht zugänglich wären, sie sind auch in persischer Sprache veröffentlicht.

Immanuel Kants Philosophie bedeutet bereits aus der Sicht konservativer Christen, erst recht aber aus der Sicht orthodoxer Muslime eine Provokation. Kant war schließlich jener wegweisende Denker, der entschieden die Frage stellte, inwieweit sich überhaupt objektive Erkenntnis über die Welt, die Metaphysik und Gott gewinnen lasse. Und er kam zu einem für die weitere Entwicklung westlicher Geistesgeschichte folgenreichen Schluss: Das wahre Wesen der Dinge bleibt uns verborgen, denn wir sind an unsere Sinne gebunden und können die Welt nur subjektiv wahrnehmen. Folglich ist es nicht möglich zu beweisen, dass es einen Gott gibt, noch lässt sich dies widerlegen. Das bedeutet, dass keine Religion und keine Philosophie den Anspruch erheben kann, über die absolute Wahrheit einer göttlichen Offenbarung oder rationalen Erkenntnis zu verfügen. Daraus wiederum folgt, dass der Staat keine Religion zur Staatsreligion erhöhen darf. Vielmehr sollte der Staat religiös neutral, also säkular, sein und alle Weltanschauungen gleichermaßen unter seinen Schutz stellen.

Friedrich Nietzsches Denken bildet für ein orthodoxes Glaubensverständnis eine noch größere Provokation. Denn Nietzsche bekannte sich ja mit seinem Motto vom »Tod Gottes« zu einem geradezu militanten Atheismus und lehnte die Metaphysik grundsätzlich als einen verhängnisvollen Irrweg menschlichen Denkens ab. Für Iraner mag zwar von Interesse sein, dass sich Nietzsche ausgiebig mit Zarathustra beschäftigte, aber Nietzsche verwandelte den großen persischen Religionsstifter zu einer Symbolfigur für die »Umwertung aller Werte«, eben zu einer Absage an einen traditionellen Glauben an Gott (vergleiche hierzu das Kapitel »Also sprach Zarathustra«).

Wieso sind Bücher über die Philosophie von Kant und Nietzsche im theokratisch regierten Iran trotzdem zugänglich? Wieso sind sogar manche Originaltexte dieser Autoren ins Persische übersetzt? Die Frage stellt sich auch in Hinblick auf Kierkegaard und Wittgenstein. Im Folgenden versuche ich die Frage am Beispiel Kants zu beantworten, denn dieser findet von allen Vordenkern westlicher Moderne im Iran das größte Interesse.

Erste Bekanntschaft mit der Lehre des Philosophen Kant konnte die iranische Bevölkerung zwar schon Mitte des 20. Jahrhunderts unter der Diktatur der Pahlevi-Schahs machen. Aber damals erschien im Iran noch kein Buch, das sich ausschließlich mit Kant beschäftigte; auch wurde noch keines seiner Werke ins Persische übersetzt. Beides geschah erst unter der Diktatur der Ajatollahs und Modschtaheds seit 1979. Innerhalb von drei Jahrzehnten verbreitete sich die Kantsche Lehre im Iran sprunghaft. Sein wegweisendes Werk *Die Kritik der reinen Vernunft* erlebte in persischer Übersetzung drei Auflagen. *Die Kritik der praktischen Vernunft* und *Die Kritik der Urteilskraft* sind 2005 übersetzt worden.

Dies erfahre ich aus einem Essay des iranischen Philosophen und Politikers Gholam Ali Haddad-Adel; er hat seine Ausführungen 2013 im Internet unter folgendem Titel veröffentlicht: »Gründe für das Interesse an Immanuel Kant in der Islamischen Republik Iran« (die Übersetzung ins Deutsche stammt von Hossein Pur Khassalian). Der Verfasser dieses Essays hat sich im Iran als der prominenteste Interpret und als Übersetzer der Werke Kants einen Namen gemacht. Seine religiöse und politische Haltung geben Aufschluss über das vielschichtige und auch ambivalente Interesse im Iran für den großen Philosophen der europäischen Aufklärung.

Gholam Ali Haddad-Adel wurde 1945 in Teheran geboren, promovierte in Philosophie an der Universität Teheran und schloss ein Physik-Studium mit dem Master-Grad ab. An der Universität Teheran lehrt er Philosophie des Abendlands, er gehört dem Hohen Rat der Wissenschaft und Erziehung an und ist seit 1991 Leiter der Akademie für persische Sprache und Dichtung. In seinen Reden zitiert er gleichermaßen den Koran und Kant. Auch plädiert er für eine vorsichtige Entspannung im Verhältnis mit den USA und erklärt: »Unsere Aufgabe besteht darin, das schiefe Bild der Islamischen Republik im Westen zurechtzurücken.« So lese ich in *Wikipedia* über Gholam Ali Haddad-Adel.

Man fragt sich angesichts solcher Informationen, inwieweit dieser Wissenschaftler mit den ideologischen Vorgaben der religiös-politischen Führung zurechtkommt. Hier bietet sich für uns eine Überraschung, ja, eine Irritation. Die Tochter Haddad-Adels ist mit Mojtaba Khamenei verheiratet, dem zweitältesten Sohn des Staatsoberhaupts Ali Khamenei. Damit verfügt Haddad-Adel über einen engen Kontakt zum religiös-politischen Führer des Iran. Irritierend ist aber vor allem die Funktion des Schwiegersohns Mojtaba Khamenei. Dieser hatte ja, wie bereits im Abschnitt *Die Ursachen der Grünen Revolution* erwähnt, maßgeblich daran mitgewirkt, die Demonstrationen der reformorientierten Opposition brutal niederzuschlagen. Er hatte dezidiert für Staatspräsident Ahmadinedschad Partei ergriffen. Und er hatte als Theologiestudent in Ghom einen Teil seiner Ausbildung ausgerechnet bei Ahmadinedschads radikalem Mentor Mesbah Yazdi absolviert. Vor diesem Hintergrund bekommt die Bedeutung von Haddad-Adel als einem wichtigen Interpreten Kants eine zusätzliche Dimension. Hinzu kommt, dass Haddad-Adel das Todesurteil verteidigte, das Ajatollah

Khomeini 1989 gegen den britisch-indischen Autor Salman Rushdie wegen »Beleidigung des Propheten Mohammed« verhängt hatte.

Was Haddad-Adel in dem bereits erwähnten Essay schreibt, mutet aber auf den ersten Blick ungemein weltoffen an: »Eigentlich darf es nicht überraschen, dass Immanuel Kant im Iran große Beliebtheit genießt. Ein Philosoph seiner Größenordnung kann nur die Herzen aller Denker und Gelehrten dieser Welt erobern. Viele sind der Meinung, dass Immanuel Kant für die moderne Zeit dieselbe Bedeutung hat, die Aristoteles in der antiken Philosophie genießt. Seine Ideen waren für die Philosophie ebenso revolutionär wie die Ideen des Kopernikus für die Astronomie.«

Dieser Würdigung folgt allerdings eine gegenläufige Argumentation, die ich in Ausschnitten zitiere: »Dennoch darf man daraus nicht schließen, dass man solche Ideen überall, speziell im Iran, ausnahmslos unkritisch aufnimmt. Der vorliegende Text möchte auf einige kritische Punkte hinweisen. ... Die Philosophiestudenten, die auch in der islamischen Philosophie bewandert sind, sind in der Lage, auf die schwache Seite der Kantschen Philosophie und die seiner Kollegen – wie David Hume – hinzuweisen. Denn für Kant und andere (wie etwa Hume) haben nur die Dinge eine Bedeutung, die umfassend und notwendig sind und somit innerhalb des menschlichen Denkens einen Platz finden. ... Muslimische Studenten und Denker finden mit Leichtigkeit heraus, wo die Schwächen der Aufklärung liegen. ... Mit der Errichtung der Islamischen Republik hat sich eine Ansicht durchgesetzt, die westlichen kulturellen Elemente kritisch zu untersuchen, die atheistisch-säkularen Aussagen zu meiden und stattdessen die islamischen Grundprinzipien neu zu interpretieren. ... Vor diesem Hintergrund – und weil Kant ohnehin die Kultur der Aufklärung verkörpert – werden seine Werke als Lehrmaterial geschätzt und angewendet.«

Diese Argumentation habe ich selber in Diskussionen mit gläubigen und zugleich weltoffenen Muslimen – sowohl im Iran wie auch in anderen islamischen Ländern – immer wieder erlebt. Sie deckt sich mit dem Eindruck, den der Kulturwissenschaftler Wolfgang Müller-Funk in einem Artikel der *Presse*, Wien, am 20. April 2013 nach einem Besuch in Teheran beschrieb: »Unsere Gesprächspartner betonen immer wieder die Rationalität ihrer Argumentation. ... Als wir auf die Herausforderung, die die modernen Wissenschaften für das Christentum bedeuten, zu sprechen kommen, setzen unsere Gesprächspartner eine unmissverständliche Differenz. Für sie sind das zwei streng getrennte Welten: hier die Welt der Religion mit ihren Gewissheiten und unumstößlichen Wahrheiten, dort die Welt der Wissenschaft, deren Befunde ja lediglich Hypothesen seien. Schon deshalb hat die Aufklärung als historisches Ereignis wie als Prinzip keinen rechten Platz in diesem theologischen Diskurs, kann und darf es in dieser Interpretation des Islam eigentlich keine Religionskritik geben, von der das säkulare Christentum im Westen nachhaltig geprägt ist. Zugleich aber ist eine Toleranz von oben möglich, die Kopernikus und Darwin ebenso betrifft wie eventuell auch Freud. Und natürlich die (anderen) ›göttlichen‹ Religionen Christentum und Judentum. ... Das Heilige aber ist seiner ganzen Definition nach das, was sich jeder Kritik entzieht.«

Der Kulturwissenschaftler Müller-Funk kommt zu einem Ergebnis, das ich aufgrund meiner eigenen Erfahrung nur bestätigen kann. Bei den iranischen Gesprächspartnern sei, so schrieb er, »der Wunsch nach Anerkennung im interkulturellen Dialog ablesbar. Wir wollen in unserem *way of life* von der westlichen Seite, vor allem aber von den Christen, so anerkannt werden, wie wir gläubige Muslime sind. Diese Aufforderung zur Anerkennung schließt natürlich die politische Verfasstheit im Iran mit ein. Das ist eine vertrackte Verknüpfung, die unserem Dialog enge Grenzen setzt. Übrigens stellen wir uns hierzulande nur selten die Frage, was wir von den verschiedenen Ausformungen des Islam eigentlich lernen, aufnehmen und integrieren können.«

Der Eindruck iranischer Weltoffenheit bleibt letztlich ambivalent, sowohl was die gegensätzlichen Argumente, als auch was die Person des Kant-Interpreten Gholam Ali Haddad-Adel betrifft. Aber bemerkenswert ist, und dies muss anerkannt werden: Das theokratische Herrschaftssystem der »Islamischen Republik Iran« schließt sich nicht hermetisch im eigenen Weltbild ein, es versucht nicht, anderes Denken grob abzuwerten, wie dies unter dem Diktat vieler islamistisch regierter Staaten geschieht. Im Gegenteil: Die Bereitschaft zum Dialog mit Andersdenkenden ist intensiv und ehrlich.

In diesem Zusammenhang bedeutet es für iranische Muslime allerdings ein beträchtliches Risiko, die Originaltexte von Philosophen wie Kant oder gar Nietzsche ins Persische zu übersetzen. Denn damit hat jeder Leser die Chance, die Kommentare der muslimischen Religionsgelehrten kritisch an fremdem Denken zu messen. Zwar erhoffen sich die Regierenden, wie es Haddad-Adel andeutet, dass der Iran durch das Studium westlicher Kulturen vitale Anstöße erhält, um die islamischen Grundprinzipien neu zu interpretieren und sie dadurch umso mehr zu festigen. Aber das Risiko eines solchen Dialogs bleibt, dass sich in der geistigen Auseinandersetzung das eigene islamische Weltbild auf nicht steuerbare, unvorhersehbare Weise ändert. Dies könnte aus der Sicht konservativer Muslime eine enorme Gefahr für die orthodoxe Dogmatik des Islam bedeuten. Andererseits könnten reformorientierte Muslime darin auch die enorme Chance sehen, dass sich die islamische Kultur schöpferisch weiterentwickelt.

Allen Bedenken zum Trotz führt am Dialog der Kulturen und Religionen kein Weg vorbei. Wenn auch die offizielle religiöspolitische Führung des Iran sich nach wie vor gegen »verderbliche Einflüsse einer Verwestlichung« abgrenzt, so wird doch die Bildungsschicht des Iran immer breiter, und sie bringt die Voraussetzungen für einen geistig weit gespannten Gedankenaustausch mit. Hierzu zählen an vorderster Stelle Wissenschaftler, Philosophen und Künstler, aber zunehmend auch Religionsgelehrte mit grenzüberschreitendem Denken. Gerade Mullahs, Modschtaheds und Ajatollahs demonstrieren in immer größerer Zahl, dass sie den Islam als eine Religion und Kultur mit ungeheurer Bandbreite verstehen – und dass die Krise einer totalitären Verengung im religiösen Diskurs überwunden werden muss.

Reformen? Die weiterhin ungelösten Probleme

Das Ergebnis der Präsidentschaftswahlen vom 19. Mai 2017 war für Rohani überraschend gut. Trotzdem stellt sich die Frage, ob der Sieg des reformorientierten Politikers ausreichen wird, um Strukturveränderungen durchzusetzen. Auch die ehemaligen Staatspräsidenten Rafsandschani und Khatami vermochten eindrucksvolle Wahlsiege zu erringen, aber ihre Ansätze zu grundsätzlichen Reformen scheiterten oft am Veto des Staatsoberhaupts Khamenei oder des Islamischen Wächterrats. Immer wieder zeigte sich, dass religiös-konservative Gruppierungen stark und wendig genug waren, um ihr Verständnis eines islamisch regierten Staates gegen »unislamische Neuerungen« zu behaupten. Wie stark oder wie schwach sind die Wahlverlierer von 2017? Und inwieweit kann Staatsoberhaupt Khamenei in diesem Spannungsfeld von Reformern und konservativen »Bewahrern« den Ausschlag in die eine oder andere Richtung geben?

Für Rohani hing in seiner zweiten Amtszeit viel davon ab, ob er die schwere Wirtschaftskrise meistern kann. Auch Wochen nach seinem Wahlerfolg war die Arbeitslosenrate vor allem bei Jugendlichen unverändert hoch, und die Investitionen ausländischer Firmen blieben nach wie vor weit unter den

Erwartungen. Die Ursachen liegen, wie schon erwähnt, nur teilweise bei der Schwerfälligkeit iranischer Bürokratie, mehr jedoch bei den USA, die schleppend langsam die Sanktionen lockern und dafür sorgen, dass der Iran lediglich in Teilbereichen Anschluss an den internationalen Zahlungsverkehr findet. Bei den Amerikanern spielt immer noch die strategische Überlegung eine Rolle, den Iran »aus Sicherheitsgründen« an einem raschen Aufstieg zu einer dominierenden Regionalmacht zu hindern.

Die Situation hat sich verschärft, seit US-Präsident Trump 2017 eine schroffe Abkehr von der moderaten, auf Ausgleich bedachten Außenpolitik seines Vorgängers Obama vollzog. Trump bezeichnete bei seinem Besuch in Saudi-Arabien im Mai 2017 die iranische Regierung als ein »despotisches Mullah-Regime«, das eine »Speerspitze des globalen Terrorismus« bilde. Dabei ging Trump nicht mit einem einzigen Satz auf die viel größeren demokratischen Defizite der saudischen Machthaber und die von ihnen finanzierten Terror-Organisationen ein. Er schloss mit Irans Erzfeind Saudi-Arabien einen Vertrag über Waffenlieferungen von über 110 Milliarden Dollar ab. Eine derart einseitige Parteinahme der USA bedeutet eine weitere Verschärfung der ohnehin schon explosiven Rivalität der beiden dominierenden Regionalmächte Iran und Saudi-Arabien im Nahen Osten.

Ich war ja im November 2016, zur Zeit des Wahlsieges von Trump, im Iran und erfuhr dort in Gesprächen mit Männern und Frauen, wie sie die Zukunft ihres Landes nach einer solch gravierenden Veränderung einschätzten. Ich bekam vorwiegend die Meinung zu hören, die ideologischen Hardliner in den USA würden mit ihrer Politik radikale Gruppierungen im Iran darin bestärken, dass nur eine erneut schroffe Abwehrhaltung gegen den Westen die »Islamische Republik« vor Schaden bewahren würde, und solche Angstparolen könnten Rohani den Sieg bei den Wahlen im Mai 2017 kosten. Es ist nicht zu der befürchteten Niederlage Rohanis gekommen, aber die Gefahr besteht, dass der Staatspräsident in seiner zweiten Amtszeit durch gezielte Aktionen von Extremisten, ob nun des Iran oder des Auslands, in Bedrängnis kommen könnte.

Mit einer ersten großen Provokation war Rohani bereits zweieinhalb Wochen nach seinem Wahltriumph konfrontiert. Am Vormittag des 7. Juni stürmten Attentäter das Parlament in Teheran und zeitgleich das zwanzig Kilometer entfernte Mausoleum des Ajatollah Khomeini. Sie erschossen zwölf Menschen und verletzten mehr als fünfzig, etliche lebensgefährlich, die fünf Terroristen selbst wurden getötet. Zu dem Doppelattentat bekannte sich die Terror-Organisation »Islamischer Staat«. Es war das erste Mal, dass diese radikal-sunnitische Miliz im schiitischen Iran einen Anschlag verübte. Dabei hatte der IS schon seit einigen Monaten Attentate im Iran angedroht, als Vergeltung für den massiven Einsatz iranischer Truppen in Syrien und im Irak gegen den IS. Aber bisher war es der Terror-Organisation nicht gelungen, das dicht gewobene Überwachungsnetz des iranischen Geheimdienstes zu unterlaufen. Erfolg hatte sie erst, als sie Attentäter iranischer Herkunft hatten mobilisieren können, die sich besonders gut zu tarnen vermochten. Sie, Angehörige sunnitischer Minderheiten, fühlten sich von den schiitischen Machthabern der »Islamischen Republik« unterdrückt und waren deshalb für die Parolen des IS empfänglich, man müsse die iranische Regierung durch eine Folge von Terrorakten destabilisieren und so ließe sich auf lange Sicht das »schiitische Joch« abschütteln.

Die Weltöffentlichkeit wurde durch diesen Terrorakt auf ein Problem aufmerksam, das in der westlichen Wahrnehmung weitgehend ausgeblendet ist. Die sunnitische Minderheit des Iran, rund zehn Prozent der Bevölkerung, konzentriert sich bei den Kurden in Regionen der Provinz Aserbeidschan sowie in den südöstlich gelegenen Provinzen Sistan und Belutschistan. Die letzteren Volksgruppen sind ethnisch und kulturell mit denen im Nachbarstaat Pakistan verwandt. Sowohl Kurden als auch Sistani und Belutschen hatten immer wieder Anschläge gegen iranische Polizisten und Soldaten verübt, weil sie sich von der schiitischen Zentralregierung seit dem Sieg der »Islamischen Revolution« 1979 religiös wie sozial ausgegrenzt fühlten. Es war nur eine Frage der Zeit, dass eine radikal-sunnitische Organisation diese Unzufriedenheit für ihre Zwecke zu instrumentalisieren vermochte. Die iranischen Behörden machten allerdings keine Angaben darüber, aus welcher Region die Attentäter des 7. Juni 2017 kamen.

Die Internet- und Videobotschaften des IS waren mit glaubenskämpferischem Fanatismus aufgeladen. Man werde den Iran erobern und ihn wieder zu einer sunnitischen Nation machen, war nach dem Doppelattentat am 7. Juni auf der IS-Website *Amaq* (»Die Tiefe«) zu lesen. Der Angriff auf Khomeinis Mausoleum und das Parlament, zwei symbolisch herausragende Monumente der »Islamischen Republik Iran«, sollte als Auftakt dieser Eroberung zu verstehen sein.

Für Rohani wurde das Attentat zur Bedrohung seiner politischen Überzeugungen. Denn nun meldeten sich sofort seine Gegner vor allem aus den radikal-fundamentalistischen Kreisen der Pasdaran-Milizen zu Wort. Sie riefen zu verschärften Maßnahmen gegen die Sunniten innerhalb des Iran sowie des Auslands auf. Damit stellten sie alle Vermittlungsversuche des Staatspräsidenten zwischen gegensätzlichen Gruppierungen entschieden in Frage. Das heißt in letzter Konsequenz: anstelle von Dialog harte Konfrontation. Das bedeutet außenpolitisch: Die Rivalität zwischen dem Iran als der erklärten Schutzmacht aller Schiiten und Saudi-Arabien als der Schutzmacht aller Sunniten könnte sich weiter zuspitzen, ja, in einen Krieg münden. Gerade der IS würde eine solche Entwicklung begrüßen, aber auch nicht wenige Fanatiker aus den Reihen der Pasdaran.

Inwieweit kann Rohani mit seiner moderaten, konsensbereiten Politik gegensteuern? Ich komme hier auf die schon einmal geäußerte Feststellung zurück: Viel hängt davon ab, ob es Rohani schafft, die schwere Wirtschaftskrise zu beseitigen oder wenigstens beträchtlich zu mildern. Und dies wird nicht einfach sein, da er sich nicht nur mit radikal orientierten Gegnern im eigenen Land konfrontiert sieht, sondern ebenso mit ideologischen Hardlinern in benachbarten islamischen Ländern, aber auch in den USA. Scheitert Rohani an solchen Widerständen, könnte das einem Nachfolger vom Typ eines Ebrahim Raisi oder eines Mahmud Ahmadinedschad den Weg ebnen. Für den Iran hätte das eine Dauerkrise ohne erkennbaren Ausweg zur Folge.

Besondere Bedeutung kommt angesichts dieser drohenden Entwicklung wieder einmal dem iranischen Staatsoberhaupt zu. Der religiös-politische Führer bestimmt ja letztlich in vielen Aspekten die Richtlinien der Politik. Im Jahr 2017 stellte sich allerdings die Frage, wie lange der 78 Jahre alte Ajatollah Ali Khamenei noch regieren wird. Es ist ein offenes Geheimnis, dass er an Krebs leidet und dass iranische wie westliche Beobachter mit seinem baldigen Tod rechnen. Wer wird Nachfolger – und was könnte sich dann ändern?

In westlichen Medien war immer wieder zu lesen, dass Ajatollah Ebrahim Raisi, der unterlegene Bewerber gegen Rohani, ein Wunschkandidat von Khamenei für die Nachfolge im höchsten Amt sei. Als Beleg dafür gilt, dass Khamenei 2016 Raisi zum Leiter der Imam-Reza-Stiftung von Mesched ernannt hat. Eine solch ehrenvolle Position bietet beste Voraussetzungen, dass der extrem konservative Ajatollah für noch höhere Weihen bestimmt sein könnte. Ohne Zweifel hat Khamenei ihn in dieses Amt befördert, um die religiös-konservative Front gegen die Reformer zu stärken. Aber Khamenei hat sich nie eindeutig für ihn als Nachfolger ausgesprochen.

Es liegt ohnehin nicht in der Macht des iranischen Staatsoberhaupts, den Nachfolger zu bestimmen. Gerade in dieser Hinsicht stößt der Einfluss des religiös-politischen Führers an seine Grenzen. Die Entscheidung über die Nachfolge steht, wie schon mehrmals erwähnt, dem Gremium des Expertenrats zu, der aus 86 hohen Geistlichen besteht. Und die Mitglieder des Expertenrats werden vom Volk im Abstand von acht Jahren gewählt, so sieht es die Verfassung vor. Dies ist ein eindeutig republikanisches Element, wenn auch die Auswahl der Kandidaten durch den Islamischen Wächterrat ideologisch eingeschränkt wird. Aber selbst eine solch »gelenkte Demokratie« findet sich in keinem anderen islamistisch regierten Staat. Dass also der extrem konservative Kandidat Raisi gewählt wird, ist angesichts solch vielfältiger Faktoren höchst ungewiss.

Ob Khameneis Nachfolger eher ein liberales oder konservatives Staatsoberhaupt sein wird, hängt davon ab, aus welchen politischen Gruppierungen sich der Expertenrat zusammensetzt. Im Verlauf der Jahre hat sich die Gewichtung immer wieder verschoben. Eine Zeitlang hat es so ausgesehen, als ob ein radikal-religiöser Ideologe wie Mesbah Yazdi sogar der Vorsitzende des Expertenrats werden könnte. Aber Mesbah Yazdi verlor, wie bereits erwähnt, 2006 die Wahl gegen den reformorientierten Kandidaten Rafsandschani, und 2016 wurde er sogar als einfaches Mitglied des Expertenrats abgewählt. Die politische Tendenz in diesem machtpolitisch wichtigen Gremium wies demnach in den letzten Jahren eher in Richtung der Reformer. Dass es so bleiben würde, wurde bald zur Illusion. Aber deutlich war, dass sich die Reformer trotz der schwierigen Bedingungen in dem politisch und weltanschaulich gespaltenen Staat weiterhin als beharrliche Kraft zu behaupten vermochten.

Ein großes Problem blieb aber das Staatsoberhaupt Khamenei als wichtiger Machtfaktor. Er hat sich nicht als fähig erwiesen, den Anstoß zu geben, erstarrte Strukturen zu verändern. Er ist stets nur ein taktisch gewiefter Verwalter bestehender Strukturen gewesen. Zwar hat er nie mit radikalen Ideologen wie Mesbah Yazdi sympathisiert, aber ebenso wenig mit betont liberal orientierten Reformern. Er hat stets eine Machtbalance zwischen den widerstreitenden Fronten gesucht, weil ihm allein dies ein Überleben der »Islamischen Republik Iran« im Sinne Khomeinis zu garantieren schien. Und er hat sich nicht gescheut, notfalls Gewalt für die Bewahrung des Bestehenden einzusetzen. Dies zeigt, dass es nötig wäre, einen Nachfolger Khameneis zu wählen, der wesentlich mehr Mut sowie auch Phantasie zur geistigen Auseinandersetzung mit Andersdenkenden besitzt. Nur so könnte sich die »Islamische Republik Iran« zu einem Staat entwickeln, der auf die Gewalt einer Diktatur verzichtet und eine Entwicklung zu mehr Pluralismus zulässt.

Wie allerdings die folgenden Jahre von 2017 bis 2024 zeigten, deutet nichts auf eine optimistische Prognose für die Zukunft hin. Im Gegenteil: Die Macht der radikalen Fundamentalisten ist gewachsen – und umso mehr auch die weltanschaulichen Gegensätze durch den Widerstand reformorientierter Gegner. Bereits gegen Ende des Jahres 2017 spitzten sich die Konflikte zwischen starren Traditionalisten und einer frustrierten Bevölkerung weiter zu. Hierbei vermischten sich soziale, politische und religiöse Krise höchst explosiv.

Aufstände gegen soziale und politische Fehlentwicklungen

Am 28. Dezember 2017 formierte sich in Mesched, der heiligsten Pilgerstadt des schiitischen Iran, Menschen zu einer großen Demonstration. Ihr Slogan lautete: »Tod für Rohani.« Sie protestierten in Sprechchören dagegen, dass die Preise für Lebensmittel drastisch gestiegen seien und die Regierung trotzdem die Sozialleistungen gerade für die ärmere Bevölkerung um die Hälfte gekürzt habe. Und weiter: Sie würden eine derartige Regierung ablehnen, die nicht »im islamischen Geist« ihre Macht ausübe.

Weshalb geschah dies in Mesched? Diese Stadt liegt weit im Osten des Iran, schon nahe an der afghanischen Grenze, sie ist umgeben von provinziellen Kleinstädten und Dörfern mit meist konservativ gläubigen Bewohnern. Dass sich dort soziale Protestbewegungen formierten, war neu, bisher hatten sich solche Demonstrationen hauptsächlich in Ballungsräumen von Großstädten gebildet, wo eine rasch aufstrebende Industrie immer stärkere soziale Gegensätze verursacht hat. Jetzt protestierten erstmals zahlreich Menschen, die in der Provinz leben und wegen ihrer Verwurzelung in konservativen Strukturen zu den treuesten Anhängern des theokratischen Regimes zählen. Ihnen ging es allerdings nicht darum, mehr geistige und politische Freiheit im Sinne einer »Islamischen Demokratie« zu fordern, wie es 2009 die Demonstranten aus der städtischen Mittelschicht bei ihrem Protest einer »Grünen Revolution« wagten. Den Menschen der Provinz war ausschließlich daran gelegen, ihre soziale Lage zu bessern, denn viele vegetierten am Existenzminimum. Sie rekrutierten sich vorwiegend aus Männern einfacher Herkunft und geringer Ausbildung, in deren Altersgruppe die Arbeitslosigkeit auf über 40 Prozent gestiegen war.

Aber dass ausgerechnet die Pilgerstadt Mesched zum Ausgangspunkt eines derartigen sozialen Protests wurde, hat einen speziellen politischen Hintergrund. Der Protest wurde von ideologischen Hardlinern gesteuert, die in erster Linie der Regierung Rohani schaden wollten. Hinter dem Protest standen vor allem zwei einflussreiche Persönlichkeiten. Die eine war Ebrahim Raisi, der wenige Monate zuvor die Wahl gegen Rohani verloren hatte. Er übte trotzdem Macht aus, denn er war ja 2016 von Staatsoberhaupt Khamenei zum Leiter der Imam-Reza-Stiftung in Mesched ernannt worden, das war ein Karrieresprung gewesen, der ihm auch im Wahlkampf 2017 hätte helfen sollen. Die andere Persönlichkeit war Raisis Schwiegervater Ajatollah Ahmad Alam-Alhoda, er war der

Gebetsvorsteher des Heiligtums in Mesched und ein ebenso erbitterter Gegner des als »zu liberal« empfundenen Präsidenten Rohani. Die Absicht dieser beiden geistlichen Leitfiguren konservativer Hardliner war, dass sich die Slogans der Demonstranten von Mesched rasch über den ganzen Iran verbreiten und die Regierung Rohani erheblich in Bedrängnis bringen sollten.

Dieser Plan funktionierte vor allem deshalb, weil im Iran während der letzten zwei Jahrzehnte das Smartphone zur massenhaften Verbreitung von Nachrichten, Slogans, Propaganda und Fotos schon für mehr als die Hälfte der Bevölkerung möglich geworden war. Inzwischen, so erklärte im Januar 2018 angesichts der raschen Ausbreitung des Aufstands die Iran-Expertin Narges Bajoghli im österreichischen Nachrichtenmagazin *Profil*, hätten viele Leute sogar in den Provinzen Smartphones. Die Kosten seien beträchtlich gesunken, daher sei es für viele selbstverständlich geworden, alles rasch zu registrieren, was im Iran geschehe. Aber die ideologischen Hardliner, die mit ihrer Aktion vor allem auf Rohani zielten und zufrieden waren, dass die Demonstranten in Sprechchören »Tod für Rohani« riefen, erlebten eine böse Überraschung. Ebenso oft ertönte auch »Tod für Khamenei«.

Die Ursache war: Bald nahmen an diesem Aufstand Angehörige der Mittelschicht in großen Städten teil, weil auch sie sich von sozialem Abstieg bedroht fühlten. Ihr Protest richtete sich weniger gegen die Regierung Rohani – obwohl auch sie vom mangelnden Erfolg der Wirtschaftspolitik enttäuscht waren –, sie konzentrierten sich stärker auf Khamenei, denn sie sahen die eigentliche Ursache für die Misere im religiös-politischen System mit seinen strukturellen Fehlentwicklungen. Für Khamenei wurde eine derartige Situation besonders gefährlich, denn der Protest ging nun nicht mehr wie bisher vorwiegend von dieser ohnehin kritisch gesinnten Mittelschicht aus, sondern darüber hinaus auch von bisher treu ergebenen Anhängern. Eine solche Wendung konnte aber auch nicht im Interesse von Ajatollah Raisi und anderen extrem konservativen Gegnern Rohanis sein, denn ihnen lag weiterhin an einer unantastbaren Autorität des islamistischen Staatsoberhaupts – wenn es auch nicht deutlich wurde, ob sie auf Dauer Khamenei in diesem Amt akzeptieren wollten.

Angesichts der diesmal besonders heftigen Unruhen nutzte es dem Staatsoberhaupt Khamenei sowie der Regierung Rohani wenig, dass sie argumentierten: Die Kürzungen von Sozialleistungen seien nötig, weil die Wirtschaftssanktionen ausländischer Mächte, vor allem der USA, die Finanzkraft des Staates immer mehr einschränkten. Wahr an der offiziellen Propaganda ist allerdings, dass der wirtschaftliche Boykott durch westliche Mächte zu der Verelendung breiter Volksschichten beitrug. Aber nicht die Sanktionen des Auslands bildeten die wesentliche Ursache für die wachsende soziale Krise. Auch nicht die Maßnahmen der Regierung Rohani. Denn ihre Minister mussten sich den Verordnungen anpassen, die Khamenei und sein religiös-politisches Gremium vorgaben. Die Regierung Rohani habe, so erfuhr ich von Iranern in Deutschland und Österreich, auf zwei Drittel der Staatseinnahmen keinen Einfluss. Diese große Summe werde vielmehr als »Geheimhaushalt« definiert und fließe an verschiedene religiöse Stiftungen und Organisationen von Revolutionsgarden, die das Geld für ihren Bedarf verwendeten. Inzwischen würde noch mehr Geld als bisher an solche Organisationen abgezweigt, Summen, die den Notleidenden für Sozialleistungen fehlen würden.

In diesem Zusammenhang ist ein Aspekt der Kritik, der in diesem Aufstand eine größere Rolle spielte als bei früheren Revolten, näher zu betrachten: die Kritik an der Außenpolitik des Iran. Viel iranisches Geld floss in die Kassen schiitisch-revolutionärer Milizen, die in arabischen Staaten eingesetzt werden, um dort den politischen Einfluss der Islamischen Republik Iran zu stärken. Dies gilt vorrangig für Syrien, den

Irak, Libanon und Jemen. Diesen Staaten ist gemeinsam, dass sie über viele Jahre hinweg durch Bürgerkriege gespalten wurden und sogar noch in einem trügerischen Frieden in feindliche Fronten aufgespalten blieben. Dort bekämpfen sich sunnitische und schiitische Gruppierungen, wobei sich wirtschaftliche, politische und religiöse Konflikte vermischten, es sind Kämpfe entlang der religiösen Grenzlinien. Der Iran sah hier die Chance, auf Seiten der schiitischen Minderheiten militärisch sowie finanziell einzugreifen und sich damit als Schutzmacht der »wahren Gläubigen« auch im Ausland zu präsentieren.

Aber explosiv wurde die Situation dadurch, dass nun umgekehrt Saudi-Arabien und schließlich auch die Türkei sich militärisch mit Gruppen der sunnitischen Mehrheit verbündeten und als Schutzmacht sunnitischer Muslime auftraten. Der Iran, Saudi-Arabien und die Türkei wurden so zu jenen dominierenden Regionalmächten, die um den stärksten Einfluss im Nahen Osten kämpften – und damit in von Bürgerkriegen erschütterten Staaten Stellvertreterkriege führten. Diese Kriege kosteten allen Beteiligten viel Geld. Nicht nur der Iran, sondern auch Saudi-Arabien und die Türkei litten wirtschaftlich verstärkt unter den Folgen. Am intensivsten aber der Iran. Um so gefährlicher war es im Iran, dass Demonstranten immer vehementer forderten, der Staat solle sich hauptsächlich um notleidende Menschen im eigenen Land kümmern, nicht um irgendwelche Schiiten in der arabischen Welt.

Aber so sehr sich der Unmut gegen die kostspieligen Auslandseinsätze richtete, blieb General Qasem Soleimani, der Führer dieser Operationen, von diesen Protesten verschont. Er, 1957 als Sohn einer armen Bauernfamilie in der Provinz Kerman geboren, ein früher Anhänger der Islamischen Revolution, war seit 1998 Kommandeur der Al-Quds-Brigaden, jener Unterabteilung der Revolutionsbrigaden, die Spezialeinsätze im Ausland durchführen. Der Name Al Quds, »die Heilige«, bezieht sich auf

Jerusalem und steht damit symbolisch für die Befreiung aller islamischen Siedlungsgebiete von ausländischem »Imperialismus«. General Soleimani hatte wesentlich dazu beigetragen, dass die Hisbollah im Libanon stark an militärischer wie auch politischer Bedeutung gewonnen hatte, ebenso hatte er in den Bürgerkriegen Syriens und des Irak im Kampf gegen sunnitische Gruppierungen entscheidend den Einfluss des Iran verstärkt. Die Popularität des Generals Soleimani hatte bei der iranischen Bevölkerung einen Zustimmungswert von rund 83 Prozent erreicht, dies geschah ausgerechnet in jenem Jahr 2018, als in Demonstrationen wütend gefordert wurde, man solle das Geld nicht für Auslandseinsätze, sondern für die Notleidenden im Iran verwenden. So war es später in einem Online-Bericht des Berliner *Tagesspiegel* am 3. Januar 2020 zu lesen, dies zu dem Zeitpunkt, als Soleimani durch eine US-amerikanische Drohne nahe dem Flughafen von Bagdad getötet worden war. Der nationale Stolz auf einen international gefürchteten Gegner des »amerikanischen Imperialismus« überwog die Bedenken gegen die hohen Kosten der Auslandseinsätze und die drohende Verarmung der eigenen Bevölkerung.

Aber das Problem verschärfte sich andererseits auch dadurch, dass sich der Iran im Ausland nicht nur mit etlichen radikalen schiitischen Organisationen verbündeten, sondern ebenso mit einer radikalen sunnitischen: der Hamas. Diese Organisation, deren arabischer Name mit »Eifer« zu übersetzen ist, war 1987 im israelisch besetzten Westjordanland gegründet worden. Es geschah in Opposition zur »Palästinensischen Befreiungsorganisation« (PLO), die von 1965 von Jassir Arafat bis zu seinem Tod 2004 geführt wurde. Aber während die PLO eine nationalistisch-säkular orientierte Bewegung im Kampf gegen den Staat Israel blieb, ist die Hamas eine nationalistisch radikal-islamische Organisation, die sich von der ägyptischen Muslim-Bruderschaft herleitet. Die Hamas lehnt im Gegensatz zur PLO jeden Kompromiss mit Israel ab, so besonders das

Abkommen mit dem Ergebnis einer Zweistaatenlösung, wie es 1993 zwischen Arafat und dem israelischen Präsidenten Jitzchak Rabin unter Vermittlung der USA in die Wege geleitet wurde. Die Hamas besteht darauf, dass der Staat Israel zerstört werden müsse und an seiner Stelle allein ein »islamischer Staat Palästina« zu installieren sei, unter dessen Regierung Juden zwar leben dürfen, aber nur als eine religiös geduldete Minderheit. Mit dieser Zielsetzung ist die radikal-sunnitische Hamas identisch mit der radikal-schiitischen Hisbollah – und insofern unterstützt das radikal-schiitische Regime des Iran beide israelfeindlichen Organisationen gleichermaßen. Ohne die massive militärische und finanzielle Hilfe des Iran wäre es der Hamas nicht möglich gewesen, am 7. Oktober 2023 einen brutalen Angriffskrieg gegen Israel zu beginnen.

Aber ob es sich nun um Bündnisse des Iran mit radikalen Organisationen im Libanon, Syrien, dem Irak, dem Jemen oder des Gazastreifens handelt – all diese Versuche, durch kriegerische Aktionen im Nahen Osten den eigenen Einfluss zu stärken, belasten den Iran erheblich. Und es bleibt offen, wie lange der Iran eine solche Zerreißprobe noch aushalten kann. Denn der von inneren Widersprüchen ohnehin schon angeschlagene »Gottesstaat« kommt nicht zur Ruhe.

Dieser Aufstand an der Wende von 2017 zu 2018 war heftig, aber er dauerte nur knapp über eine Woche. Dann gelang es Truppen von Polizei und Militär, die Rebellion brutal niederzuschlagen. Die Schwäche der Demonstranten lag vor allem darin, dass sie als sozial und weltanschaulich sehr unterschiedliche Gruppierungen nicht miteinander kommunizierten. Ihnen fehlten dazu kulturell die Voraussetzungen. Doch es bedeutete für die Regierenden nur eine trügerische, nur vordergründig erzielte Ruhe. Dieser Aufstand blieb nicht der einzige, der innerhalb kurzer Zeit zu weiteren Erschütterungen des islamistischen Staates Iran führen sollte.

Der nächste Aufstand bahnte sich Ende Dezember 2017, also

nahezu zur selben Zeit parallel an. Er entzündete sich an einem weiteren schon seit Jahrzehnten schwelenden Konflikt, nämlich der Frauenfrage. Diese Revolte dauerte bis Mitte Februar 2018. Was jedoch während der folgenden Wochen geschah, bot Szenen, wie sie bisher im Gottesstaat Iran erst recht nicht vorstellbar waren. Begonnen hatte es mit einer 31jährigen Frau, die in Teheran Ende Dezember sich an einer verkehrsreichen Ausfahrtstraße auf einen erhöhten Stromkasten stellte, ihr Kopftuch abnahm, es an einen Stock band und demonstrativ hochhielt, wobei ihr offenes Haar im Wind flatterte. Diese Frau, Mutter zweier Kinder, wurde zwar wenig später von der Polizei verhaftet und verschwand für vier Wochen im Gefängnis. Aber viele Autofahrer und Fußgänger hatten sie mit ihrem Smartphone fotografiert oder gefilmt, und diese Bilder verbreiteten sich innerhalb weniger Stunden im ganzen Iran. Wieder trug der Gebrauch von Smartphones dazu bei, eine heikle Szene rasch im ganzen Land verbreiten und so in vielen Städten Demonstrationen auszulösen. Vida Mohaved, so der Name dieser mutigen Frau, ist mit ihrer Demonstration durch Smartphone-Fotos zur Ikone der nun beginnenden Frauen-Protestbewegung geworden. Sie ist zwar nach ihrer vierwöchigen Haft nicht mehr an die Öffentlichkeit getreten, anscheinend massiv eingeschüchtert durch Drohungen im Gefängnis. Aber zahlreiche Frauen im ganzen Iran haben diese rebellische Geste nachgeahmt, indem auch sie an belebten Straßen auf erhöhte Stromkästen oder Parkmauern stiegen und dort ihr abgenommenes Kopftuch auf einer Stange schwenkten. Sie alle sahen sich ermutigt durch die parallel schon bestehenden Proteste vieler sozial bedrohter Familien. Zwar gelang es Polizei und Militär, auch diese Rebellion brutal niederzuschlagen, aber die Demonstrationen der Frauen haben sich erst vier Wochen später, Mitte Februar, unterdrücken lassen.

Ruhe kehrte ein, jedoch wieder eine nur trügerische Ruhe, denn bereits eineinhalb Jahre später, im November 2019, brach der nächste Aufstand los. Ausgelöst wurden diese Proteste, als die Regierung Rohani eine Benzinpreiserhöhung bekannt gab. Schon eine derartige Ankündigung genügte, um neuerlich Massenproteste auszulösen.

Der Novemberaufstand von 2019 war weitaus heftiger als jener an der Wende von 2017 zu 2018. Diesmal zogen bis zu 200 000 Menschen wütend durch die Straßen – fünfmal mehr als vor eineinhalb Jahren (so lese ich Online in einem Bericht des Berliner *Tagesspiegel* vom 2. Dezember 2019). Dieser Aufstand wurde von politischen Beobachtern im Iran wie im Ausland als eine Fortsetzung der Unruhen Anfang 2018 betrachtet. Diesmal waren neben den sozial Benachteiligten der unteren Einkommensschichten noch wesentlich mehr Angehörige der Mittelschicht beteiligt, denn sie fühlten sich intensiver als je zuvor durch Misswirtschaft und Korruption einer schmalen Oberschicht bedroht und fürchteten den sozialen Abstieg. Die Unruhen erschienen für die Machthaber noch gefährlicher als vorangegangene Revolten, eben weil Unterschicht und Mittelschicht gemeinsam Instanzen des bestehenden Staates heftig kritisierten. Mehr als je zuvor zertrampelten nun Demonstranten Bilder des Staatsoberhaupts Khamenei.

In ungefähr hundert verschiedenen Städten gab es gefilmte Szenen brennender Autos, brennender Häuser, verwüsteter Straßen, rennender Menschen, prügelnder sowie schießender Polizisten und Soldaten. Die Unruhen im November dauerten knapp zwei Wochen, dann konnten sie auch diesmal mit äußerster Gewalt niedergekämpft werden. Etwa 1500 Menschen sollen innerhalb der 14 Tage getötet worden sein, berichtete die Nachrichtenagentur Reuters unter Berufung auf drei Vertreter des iranischen Innenministeriums. Unter den Toten waren mindestens 17 Teenager und rund 400 Frauen. Und das beklemmende Gefühl ist geblieben, dass es noch zu weiteren Unruhen kommen wird und die Islamische Republik Iran noch stärker als bisher um das politische Überleben kämpfen muss.

Unter solchen Vorzeichen stand dann auch der Präsidentschaftswahlkampf 2021, an dem Ajatollah Ebrahim Raisi ein weiteres Mal als Kandidat antrat.

Präsident Raisi und die Kritik an »Islamischer Demokratie«

Der 25. Mai 2021 ist in der Geschichte des theokratisch regierten Iran ein Datum, das einen Einschnitt bedeutet. An diesem Tag traf der Islamische Wächterrat für die bevorstehende Präsidentschaftswahl eine Entscheidung von bisher nicht gekannter Radikalität. Die zwölf extrem konservativen Mitglieder lehnten von den 592 Bewerbern zu dieser »Wahl des Volkes« mehr als 98 Prozent ab. Übrig blieben nur noch sieben Kandidaten, die ebenfalls sehr »islamisch« im Sinne des Wächterrats orientiert waren, und von ihnen traten vier noch vor dem Wahltag zurück. Auf diese Weise war für Ebrahim Raisi der Weg frei, dass er gegen noch zwei verbliebene Bewerber als der aussichtsreichste Kandidat einen eindeutigen Sieg erringen konnte. (Rohani durfte ja ohnehin nicht mehr antreten, weil die Verfassung einem Präsidenten nur zwei Amtszeiten gestattete).

Das zeigt: Innerhalb von vier Jahrzehnten Islamischer Republik Iran hatte sich das Verhalten des Wächterrats immer mehr als eine unverblümte Manipulation entlarvt. 1980, als Ajatollah Khomeini gerade erst eineinhalb Jahre an der Macht war, hatten sich zur Wahl des ihm untergeordneten Staatspräsidenten 124 Bewerber angemeldet, 95 von ihnen wurden nach der ideologischen Kontrolle des Wächterrats zur Wahl zugelassen. 1997 jedoch konnten bei 238 Bewerbern nur noch vier die strenge Kontrolle überstehen. Und 2013, als die Zahl der Bewerber auf 628 angewachsen war, konnten nur noch sechs die Kontrolle passieren. So lese ich bei Hossein Pur Khassalian in seinem sehr informativen Essay mit dem Titel *Unterschiedliche Handschriften in der Verfassung der Islamischen Republik Iran*. (Der

Essay ist im Juli 2014 in der Zeitschrift des Kölner Forums für Internationale Beziehungen und Sicherheitspolitik erschienen. Ich habe bereits im Abschnitt *Toleranz? Intoleranz? Die Duldung religiöser Minderheiten* aus diesem Essay zitiert.)

Weshalb bedeutete nun dieser 25. Mai 2021 einen Einschnitt? »Ein Putsch-ähnliches Ereignis«, so kommentierte derselbe Autor Pur Khassalian das Verhalten des Wächterrats. Ich zitiere im Folgenden aus einem Vortrag, den er am 24. August 2021 in Bonn hielt. Der Vortrag hat den oben genannten Titel *Ein Putsch-ähnliches Ereignis* und der Untertitel lautet: *Ein Versuch weg von der »Republik« hin zum Islamischen Staat.* Diese Formulierungen signalisieren, dass der Autor bewusst eine namensgleiche Parallele zur Diktatur der Terrororganisation Islamischer Staat herstellen wollte. Die Frage ist hierbei: Was unterscheidet die Vorgangsweise des Islamischen Wächterrats 2021 von früheren schon fragwürdigen Ausleseverfahren, so dass man nun das Wort »Putsch« verwenden kann? Pur Khassalian schreibt: »Das war eine groß angelegte Aussortierung von Kandidaten in einem noch nie dagewesenen Umfang. Denn nicht nur die Kandidaten der Reformer sind ausgeschlossen worden, sondern auch einige aus der Reihe der treuen Fundamentalisten, allerdings diejenigen, die für ihre moderate Art bekannt sind. Damit noch nicht genug, es wurden Persönlichkeiten ausgeschlossen, die bisher als Stütze des Staates galten, Kräfte, die bisher große Leistungen für die Revolution vollbracht haben, unter ihnen sechs Ex-Minister und fünf hochrangige Offiziere der Revolutionsgarde.«

Sogar Ali Laridschani, einer der engsten Vertrauten des Staatsoberhauptes Khamenei, befand sich unter den aussortierten Bewerbern. Dies irritierte selbst viele konservative Befürworter der theokratischen Staatsordnung. Laridschani, 1958 geboren, war erstmals öffentlichkeitswirksam in Erscheinung getreten, als er, ein wortgewaltiger Vertreter der konservativen Fraktion, die Reformpolitik des Staatspräsidenten Khatami scharf kritisiert hatte. 2008 wurde er in das einflussreiche Amt des Parlamentspräsidenten gewählt, zwischendurch war er bei den Verhandlungen des Atomabkommens in Wien der führende Ansprechpartner des Iran. Staatsoberhaupt Khamenei hatte 2021 zu erkennen gegeben, dass für ihn Laridschani als ein diplomatisch gewandter Konservativer mit Auslandserfahrung der eigentliche Wunschkandidat sei. Nach bisheriger Gepflogenheit wäre eine solche Ansage für das Verhalten des Wächterrats mehr oder weniger ausschlaggebend gewesen. Diesmal jedoch ignorierten die zwölf Entscheidungsträger die Empfehlung des übergeordneten Staatsoberhaupts. Khamenei forderte daraufhin in einer öffentlichen Rede, die Zurückweisung Laridschanis zu korrigieren. Der Wächterrat reagierte auch jetzt nicht. (So lese ich in *Der Spiegel* in der Ausgabe vom 12. August 2021.) Dies bedeutete eine öffentliche Demütigung für Khamenei. Erstmals zeichnete sich in aller Deutlichkeit ab, dass das Staatsoberhaupt nicht mehr die einst unantastbare Macht besaß. Dagegen hatten Fundamentalisten des radikalsten Flügels, die bisher nur unauffällig im Hintergrund agieren konnten, den stärksten Einfluss anstelle von Khamenei auf den Islamischen Wächterrat gewonnen.

Für diese Fundamentalisten war Ajatollah Ebrahim Raisi der Favorit. Es war jener Kandidat, der bereits in der Präsidentschaftswahl 2017 intensiv vom Islamischen Wächterrat gefördert wurde und der trotzdem gegen den ideologisch gemäßigten Geistlichen Rohani verloren hatte. Unter völlig neuen politischen und sozialen Rahmenbedingungen versuchten nun die radikalen Fundamentalisten einen zweiten Anlauf, um diesmal ihrem bevorzugten Kandidaten zum Wahlsieg zu verhelfen. Die harten wirtschaftlichen Sanktionen, die die USA auf Veranlassung des Präsidenten Trump verschärft hatten, verschlimmerte die ohnehin schon bestehende Wirtschaftskrise. Und weil die Politiker des Reformflügels gegen diesen Druck der USA hilflos blieben, verloren sie weiter an Vertrauen bei ihren Anhängern. Damit sah der Islamische Wächterrat die Chance, bei der jetzigen Kandidatenauslese einen »Putsch« zu wagen, so dass nur noch Ebrahim Raisi als aussichtsreicher Bewerber übrigblieb. Unausweichlich war daher, dass Raisi am 18. Juli 2021 die Wahl zum Präsidenten gewann. Er konnte 72 Prozent der Stimmen für sich verbuchen. Unter den zwei Gegenkandidaten vermochte nur Mohsen Rezani, der Führer der Revolutionsgarde von 1981 bis 1997, mit 13 Prozent ein nennenswertes Ergebnis zu erzielen, auch er ein extrem konservativer Befürworter des theokratischen Staates. Mit Ebrahim Raisi wurde damit ein Geistlicher Präsident, der mit einem üblen Ruf zu kämpfen hatte. Er war ja 1988 als stellvertretender Generalstaatsanwalt für die Massenhinrichtung von rund 5000 Häftlingen in Teheran maßgeblich verantwortlich, und er bekannte sich auch selbstbewusst zu dieser Verantwortung im Namen der »Islamischen Revolution«.

Mit dem Wahlsieg des extrem islamistischen Ajatollah Raisi hatten die Fundamentalisten des radikalsten Flügels nun mehr als jemals zuvor ein politisches Übergewicht gegenüber den moderaten Reformpolitikern gewonnen. Raisi selbst ist allerdings eher ein Bürokrat mit Organisationstalent, weniger ein religiös orientierter Politiker, der eigenständig eine ideologische Position entwickelt hätte. Wer aber sind die eigenständigen Ideologen, die ihn an die Macht brachten? Bei der Antwort müssen wir etliche Jahre zurückgehen.

Die bedeutsamste Funktion hat hier Ajatollah Ahmad Alam-Alhoda, der wortgewaltige Freitags-Gebetsvorsteher in Irans wichtigster Pilgerstadt Mesched. Er ist, wie bereits erwähnt, Ebrahim Raisis Schwiegervater. Was die Radikalität seiner religiös-politischen Ansichten ausmacht, verdeutlicht eine Rede, die er 2017 nach der Wahlniederlage Raisis gegen Rohani gehalten hat – und die exemplarisch ist für die Ideologie des radikalsten Flügels schiitscher Fundamentalisten im Iran. Die Rede, am 30. Mai 2017 in der Teheraner Tageszeitung *Schargh* veröffentlicht, gipfelt in folgender Aussage: »Es ist eine Sünde, das Volk sich selbst zu überlassen und die Menschen nicht zu kontrollieren. Wer dem Volk zubilligt mitzuentscheiden, vernachlässigt seine Führungspflicht. So wird für das Volk Tür und Tor zur Herrschaft geöffnet. Und wenn *Sie* ihre Herrschaftspflicht vernachlässigen, werden nach den Wahlen Ungläubige hervorkommen mit der Absicht, über die Gläubigen zu bestimmen. Dann werden wir bald das Gleiche erleben, was damals Imam Hossein in Kerbela erlebt hat: Mit nur 72 Helfern stand er einem Heer mit 120 000 Soldaten gegenüber.«

Diese Rede ist in westlichen Medien nicht veröffentlicht worden. Ich verdanke die Information wieder dem Deutsch-Iraner Hossein Pur Khassalian, der Ausschnitte aus dem Zeitungsartikel für seinen bereits erwähnten Vortrag *Ein Putschähnliches Ereignis* ins Deutsche übersetzt hat. Bemerkenswert an der Rede des radikal-islamistischen Ajatollah ist die Anrede *Sie*, ohne dass der Name des Angesprochenen genannt wird. Aber jeder iranische Leser weiß, dass damit das Staatsoberhaupt Khamenei gemeint ist. An dieser Textstelle wird besonders deutlich, wie stark sich der Konflikt zwischen den radikalen Islamisten und Khamenei entwickelt hat. Und dies, so der Kommentar von Pur Khassalian, widerspreche der in den westlichen Medien weit verbreiteten These, Khamenei sei eng mit den Fanatikern verbündet. Die extreme Kritik an Khamenei bekommt ein besonderes Gewicht dadurch, dass Ajatollah Alam-Alhoda auf das historische Trauma anspielt, das im Jahr 680 unserer Zeitrechnung endgültig zur Spaltung in eine schiitische und eine sunnitische Konfession geführt hat. Hossein (arabisch: Hussein), der Enkel des Propheten Mohammed, gehört ja als Märtyrer zu den herausragenden Gläubigen und ist einer der bedeutendsten Leitfiguren der Schiiten. Dagegen sind die zahlenmäßig weit überlegenen Gegner in der Schlacht von Kerbela »Ungläubige«, aus deren Geisteshaltung sich die Konfession der Sunniten entwickelt hat. Khamenei, das Staatsoberhaupt des schiitischen Gottesstaates Iran, wird hier in die Nähe der »ungläubigen Sunniten« gerückt.

Ebenso einflussreich für die Ideologie der Radikal-Fundamentalisten ist Ajatollah Mesbah Yazdi geworden. Ich bin bereits im Abschnitt *Mesbah Yazdi, der radikale Mentor Ahmadinedschads* ausführlich auf seine extreme Position eingegangen. Aber ich komme hier noch einmal auf die Grundzüge seiner Weltanschauung zurück, denn sie hat unter den neuen religiös-politischen Rahmenbedingungen erheblich an Bedeutung gewonnen. Mesbah Yazdi war wie Alam-Alhoda ein entschiedener Gegner der früheren Staatspräsidenten Rafsandschani und Khatami gewesen, indem er ihnen vorgeworfen hatte, keine echten Muslime zu sein. Mehr noch: Yazdi kritisierte sogar Ajatollah Khomeini, die eigentlich unantastbare Leitfigur der »Islamischen Revolution«, und dies tat er entschieden zumindest in einem Punkt: Khomeini habe den Begriff »Republik« für den islamischen Staat Iran verwendet und damit positiv bewertet. Dieser Begriff passe aber nicht zu einem von Gott gewollten Staatswesen. Denn »Republik« sei ein aus westlichem Denken entlehnter Begriff und bedeute, dass das Volk durch Wahlen die Politik einer islamischen Regierung beeinflussen oder sogar maßgeblich lenken könne. Gerade deshalb sei die Kombination von Islam und Republik, also »Islamische Republik«, unpassend, denn gerade das islamische Staatsoberhaupt dürfe nicht von der Zustimmung des Volkes abhängig sein. Der religiös-politische Führer werde allein von Gott durch Offenbarungswahrheiten zu Entscheidungen ermächtigt, er schulde daher allein Gott Rechenschaft. Mesbah Yazdis Stellungnahme ist am 16. Juni 2017 in der Teheraner Tageszeitung *Schargh* veröffentlicht worden, ebenfalls wie zwei Wochen zuvor die Rede von Alam-Alhoda.

Staatsoberhaupt Khamenei hatte auf diesen scharfen Angriff bereits zwei Tage später reagiert, indem er schrieb: Von Gott zum Verwalten befähigt zu sein, sei anders als in der Regierung die Führung der Menschen in die Hand zu nehmen. Hierzu brauche man die Zustimmung der Mehrheit. Als der Prophet gestorben sei und die Mehrheit sich nicht für Ali, den Schwiegersohn Mohammeds, entschied, habe Ali sich diesem Urteil gefügt. Dabei sei Ali von Gott und von Mohammed zur direkten Nachfolge ausersehen gewesen. (Die Antwort ist den *Aftab-news* entnommen, ich zitiere in der Übersetzung von Pur Khassalian.)

Schon bei den Wahlen 2016 für das Parlament und für den Expertenrat hatte Khameini entschieden ein derartiges Bekenntnis zum Wahlrecht vertreten. Einen Aufruf zur freien Meinungsäußerung der Gläubigen präsentierte Khamenei vor allem auf Wahlplakaten, wie Pur Khassalian als hautnaher Beobachter in Teheran beobachten konnte. Er hat eines dieser Wahlplakate am 26. Februar 2016 fotografiert und mir den übersetzten Text zugesandt. Der Text lautet: »Die Stimmen der Menschen sind (...) ein von Gott bestimmtes Ur-Recht für alle Menschen, über ihr eigenes Schicksal selbst zu entscheiden. Wenn unsere Brüder und Schwestern ihre Stimmzettel in die Urne einwerfen, ist es die religiöse Pflicht eines jeden, damit korrekt umzugehen. (...) Für wen auch immer die Mehrheit sich entscheidet, ich werde ihre Entscheidung verteidigen.« In dieser Wahl von 2016 haben ja die radikal gesinnten Fundamentalisten eine eindeutige Niederlage erlitten, besonders deutlich in Teheran. Keiner der 30 Kandidaten, die auf der Liste aufgestellt waren, sind gewählt worden. Und Mesbah Yazdi hatte damals durch eine demokratische Wahl seinen Sitz im Expertenrat verloren (wie bereits im Abschnitt *Reformen? Die ungelösten Probleme* erwähnt). Ein solch heftiger Konflikt zeigt, dass das Staatsoberhaupt Khamenei und seine radikal-fundamentalistischen Gegner unvereinbare Standpunkte vertraten. Allerdings muss in diesem Zusammenhang wieder betont werden, dass Khomeini sowie Khamenei eine Vorstellung von »Demokratie« vertreten, die wenig mit westlichen Vorstellungen zu tun hat.

Nun zurück zu dem Verhalten des Wächterrats bei den Präsidentschaftswahlen am 25. Mai 2021. Diesmal hatte der Islamische Wächterrat sogar Mahmud Ahmadinedschad, den radikalen Favoriten des Ajatollah Mesbah Yazdi, von einer nochmaligen Kandidatur für das Präsidentenamt ausgeschlossen hat. Yazdi jedoch hatte nicht mehr die Möglichkeit, zu dieser Maßnahme Stellung zu beziehen, denn er war am 1. Januar 2021 im Alter von 88 Jahren gestorben. Aber wahrscheinlich hätte er diesen Beschluss des Wächterrats ohne große Widerrede akzeptiert, denn auch aus der Sicht von Yazdi besaß Ajatollah Raisi von vornherein die höhere Qualifikation: Raisi ist ja im Unterschied zu Ahmadinedschad ein ranghoher Geistlicher – Raisi passte damit noch mehr in das Wunschbild radikaler Islamisten.

Durch den stark manipulierten Wahlsieg Raisis bereits im ersten Durchgang war das Prinzip einer »Islamischen Demokratie« aus der Sicht selbst vieler gläubiger Schiiten immer mehr unglaubwürdig geworden. Nun hatten jene Kräfte die absolute Macht gewonnen, die zwar die Bezeichnung »Islamische Republik« nominell bestehen ließen, aber faktisch »Islamischer Staat« meinten. Dies bedeutet religiös-politisch die Nähe zu einer Despotie, wie sie die radikalen Ideologen des wahhabitisch geprägten Islam vertreten: so die Machthaber in Saudi-Arabien, so noch radikaler die Terrororganisationen al-Qaida sowie der »Islamische Staat« (IS) und die Taliban. Eine solche Parallele wird natürlich von der jetzt radikal-fundamentalistischen Regierung des theokratischen Iran empört bestritten. Dies geschieht vor allem, weil sie nicht mit sunnitischen Diktatoren verglichen werden will.

Welch ein Gegensatz zu dem, was Staatspräsident Khatami von 1997 bis 2005 praktizieren wollte. Khatami hatte mehr als jeder andere iranische Staatspräsident versucht, das ursprünglich von Khomeini propagierte Modell einer »Islamischen Demokratie« mit folgendem Anspruch umzusetzen: Der Islam müsse zwar Staatsreligion sein, aber hierbei habe der Staat offen zu bleiben für einen Dialog mit Andersdenkenden innerhalb der eigenen Religion sowie auch anderer Religionen. Khatami musste allerdings am Widerstand seiner zahlreichen Gegner scheitern. Und dies hatte mit dem Verhalten von Khomeini selbst zu tun. Denn Khomeini als der ideologische Begründer der Islamischen Revolution hatte aus machtpolitischen Gründen das von ihm geforderte Ideal einer »Islamischen Demokratie« immer wieder außer Kraft gesetzt, sobald er feststellen musste, dass Muslime abweichende Meinungen gegenüber seiner eigenen Vorstellung von Islam äußerten. Khomeinis Argumentation lautete dann: Kritik am iranischen Revolutionsführer gefährde die »Einheit« der Gläubigen. Und so konnten sich gerade auch jene Ideologen, die von vornherein die Dialogbereitschaft Khatamis abgelehnt hatten, mit ihrer Haltung ebenso auf Khomeini berufen - und auf einem völlig autoritären Staatsmodell beharren.

Die Entwicklung seit 2021 verstrickte die »Islamische Republik Iran« in immer stärkere Widersprüche. Auf der einen Seite hofften Radikal-Fundamentalisten, dass sie es nach dem Tod des greisen Staatsoberhaupts Khamenei schaffen könnten, den radikalen Staatspräsidenten Raisi auch noch in das höchste Amt aufrücken zu lassen, und damit würde ihre Form eines »Islamischen Staates« auf Dauer zementiert. Aber auf der anderen Seite nahm auch die Zahl derjenigen rapide zu, die nun vollends am Prinzip einer »Islamischen Republik« mit dem Anspruch einer »Islamischen Demokratie« zweifelten. Desto mehr zeichnete sich bei solchen Kritikern die Sehnsucht nach einem Staat ab, in dem Religion nicht mehr eine herrschende Rolle spielt. Mehr noch: Die Tendenz bei nicht wenigen Demonstranten ging inzwischen sogar so weit, dass sie begannen, einen religiös geprägten Staat überhaupt abzulehnen. Für sie bedeutete der Begriff »säkular« nicht mehr, wie offiziell vorgeschrieben, ein Schimpfwort.

Dieser Gegensatz verschärfte sich 2022 noch einmal, als ein weiterer Aufstand gegen das Regime ausbrach. Es geschah nur eineinhalb Jahre später, als Staatspräsident Raisi zu regieren begann.

Die bisher größte Rebellion gegen das Regime

Diese Fotos wurden international bekannt: Demonstranten trugen durch die Straßen zahlreicher iranischer Städte das stark vergrößerte Bild einer jungen Frau mit locker gebundenem Kopftuch und deutlich sichtbaren Haarsträhnen. Viele der protestierenden Frauen gingen in diesen Demonstrationen ebenfalls mit locker gebundenem Kopftuch oder gar provokant mit offenem Haar. Das Bild, das sie hochhielten, zeigte Mahsa Amini. Die 22 Jahre junge Frau war am 13. September 2022 in Teheran von der Sittenpolizei verhaftet worden, weil sie ihr Kopftuch »nicht vorschriftsmäßig« gebunden hatte, und sie war im Polizeigewahrsam derart verprügelt worden, dass sie ins Koma fiel und drei Tage später, am 16. September, in einem Teheraner Spital starb.

Skandalöse Vorfälle wie diese hatte es seit vielen Jahren immer wieder gegeben, dass Frauen von der Polizei wegen »unislamischen« Verhaltens festgenommen und abgeschieden von der Öffentlichkeit misshandelt, ausgepeitscht, ja, vergewaltigt wurden und daraufhin starben. Auch hatten Demonstranten immer wieder gegen solche Missstände protestiert aus dem Gefühl der Betroffenheit, ein solches Schicksal könne jeder Frau in einem derartigen Regime drohen. Aber bisher hatten solche Vorfälle nicht derart große Demonstrationen wie im September 2022 ausgelöst. Nun, da das Smartphone für mehr Menschen als jemals zuvor verfügbar war und Nachrichten sich rascher als jemals zuvor verbreiten ließen, kam es zu der intensivsten Rebellion gegen das theokratische Regime seit der Gründung der Islamischen Republik Iran.

Es begann damit, dass auf den Tod Mahsa Aminis schon am ersten Tag Nilofaar Hamedi, eine iranische Journalistin der Teheraner Tageszeitung *Schargh*, aufmerksam geworden ist. Sie hatte ein Gespräch mit den verzweifelten Eltern der getöteten Frau geführt, hatte den Bericht in der Zeitung sowie im Internet veröffentlicht und auch noch ein Foto der Tochter, das die Eltern ihr gaben, ins Netz gestellt. Entsprechend rasch wurde das Verbrechen im ganzen Iran bekannt. Entscheidend war aber auch, dass sich die Wut nicht nur gegen die Polizei und den verantwortlichen Innenminister entlud, sondern vor allem gegen den radikal fundamentalistischen Präsidenten Raisi, denn jener hatte dafür gesorgt, dass die Bekleidungsvorschriften für Frauen durch die Sittenpolizei besonders streng überwacht wurden.

Nach dem Ausbruch der Unruhen im September 2022 nützte es allerdings der Polizei wenig, dass sie auf Befehl von Raisi die Journalistin Nilofaar Hamedi verhafteten und in das berüchtigte Evin-Gefängnis einlieferten, wo sie über Monate in Haft blieb. Im Gegenteil. Nun bekam nicht nur die getötete Mahsa Amini als Opfer einen Kultstatus der neuen Protestbewegung, sondern auch die inhaftierte Journalistin. Vergeblich war es auch, dass Khamenei versuchte, auf die entstehenden Unruhen mäßigend einzuwirken, indem er in einer Rede beteuerte, der Tod dieser Frau habe ihm »das Herz gebrochen« (wie in verschiedenen westlichen Zeitungen berichtet wurde). Solche Beteuerungen beeindruckten die Demonstrierenden nicht, denn Khamenei erklärte in derselben Rede, die junge Frau sei durch einen Kreislaufkollaps gestorben, es sei also eine Verleumdung, Polizisten als Gewalttäter zu verdächtigen. Und er betonte, ausländische Agenten würden als die eigentlichen Drahtzieher Unruhe stiften.

Es dauerte nur ein bis zwei Wochen nach dem Tod Mahsa Aminis, dass sich in vielen größeren Städten des Iran Tausende Menschen in Demonstrationen sammelten. Frauen nahmen provokativ ihre Kopftücher ab und verbrannten sie auf offener Straße unter dem Beifall vieler Zuschauer. Menschen aller sozialen Schichten waren in diesen Demonstrationen unterwegs – Frauen und Männer gleichermaßen. Denn es ging nicht nur darum, für die Rechte unterdrückter Frauen einzutreten, der Protest gegen den Kopftuchzwang war nur der Anlass für ein umfassendes Aufbegehren. Es handelte sich auch nicht nur um die Fortsetzung der Unruhen vom Januar und Februar 2018. Jetzt waren die Aggressionen radikaler. Jetzt verbrannten Demonstranten öffentlich Bilder nicht nur des Staatspräsidenten Raisi, auch nicht nur des Staatsoberhaupts Khamenei, sondern vermehrt auch Porträts von Khomeini, dem Begründer der Islamischen Republik Iran. Mehr noch: Videos wurden verbreitet, dass Frauen und Männer im Vorbeigehen Mullahs den Turban vom Kopf schlugen und davonrannten. Es waren Signale eines grundsätzlichen Aufruhrs großer Volksmassen gegen das theokratische System insgesamt. Dies hatte es in einer derartigen sozialen Breite und Intensität bisher noch nicht gegeben.

Staatspräsident Raisi forderte ein überaus hartes und schnelles Vorgehen. Und Khamenei, der angesichts der bedrohlichen Lage zunächst dazu neigte, aus taktischen Erwägungen zwischen den feindlichen Fronten zu vermitteln, billigte sehr bald die brutale Entschlossenheit des Staatspräsidenten. Rund 500 Menschen kamen bei den nun folgenden Straßenschlachten zwischen paramilitärischen Milizen und Demonstranten ums Leben, so die Bilanz bis Jahresende. Trotzdem sahen sich Khamenei und Raisi vorübergehend gezwungen, dass sie sich dann doch zu Zugeständnissen bereit erklärten. Einige gravierende Ereignisse ließen beide ranghohe Politiker bei ihrem harten Vorgehen plötzlich zögern.

Einen Schock bedeutete es für die Machthaber, was Mitte November bei den Fußballweltmeisterschaften in Doha, der Hauptstadt des Emirats Katar, geschah. Die elf Spieler der iranischen Mannschaft standen vor dem Beginn des Wettkampfes im Stadion beim Klang der iranischen Nationalhymne, anstatt den Text zu singen, mit zusammengepressten Lippen und starrem Blick da, und diese Szene wurde vom Fernsehsender in alle Welt übertragen. Die prominenten Fußballer demonstrierten damit vor einem internationalen Publikum ihre Sympathie mit den Demonstranten, dabei waren sie noch wenige Tage vorher von Khamenei feierlich in Teheran verabschiedet worden. Sie wagten diese ungeheure Provokation in dem Bewusstsein, dass sie angesichts ihrer Prominenz und Popularität nicht so repressiv behandelt werden konnten wie die Demonstranten. Dass sie allerdings zukünftig von den Machthabern nicht mehr wie bisher hofiert würden, nahmen sie in Kauf.

Eine weitere böse Überraschung bedeutete für das theokratische Regime das Verhalten zweier prominenter Frauen, die offiziell eigentlich der Regierung nahestehen sollten. Die eine Frau war Farideh Moradchani, eine Nichte des Staatsoberhaupts Khamenei. Sie, die das Kopftuch aus Überzeugung trägt, kritisierte in einem weit verbreiteten Video das Vorgehen der Regierung gegen die Demonstranten als »mörderisch«. Daraufhin wurde sie verhaftet und verschwand im Gefängnis. Die andere Frau war Faezeh Haschemi, die Tochter des ehemaligen Staatspräsidenten Rafsandschani. Sie, die herausragende Führerin einer Frauenbewegung und Gattin eines Ajatollah, trägt das Kopftuch ebenfalls aus Überzeugung, aber sie marschierte im Herbst 2022 in vorderster Linie der Demonstranten und vertrat öffentlichkeitswirksam die Forderung nach mehr Freiheit. Auch sie wurde verhaftet und verschwand für die Dauer einiger Monate im Gefängnis.

Derartige Vorfälle, die das Ansehen des iranischen Regimes nicht nur im eigenen Land, sondern auch international weiter schädigten, veranlasste die Machthaber, vorübergehend die Maßnahmen gegen die Demonstranten zu mäßigen. Khamenei wie Raisi versprachen, es werde demnächst die Sittenpolizei abgeschafft und damit würden keine strengen Kontrollen mehr stattfinden, es werde das »islamische« Kopftuch nur noch »empfohlen«. Tatsächlich konnten sich Frauen bald in größeren Städten viel freier bewegen als bisher. So waren nun sogar im deutschen und österreichischen Fernsehen Szenen zu sehen, dass Frauen ungeniert mit offenem Haar durch Basare gehen und einkaufen konnten. Besonders in Teheran gehörte es plötzlich zum bisher undenkbaren Erscheinungsbild, dass Frauen in reichen wie auch in ärmeren Wohnvierteln ohne Kopftuch zur Arbeit gehen konnten. Eine solche Veränderung galt als der sichtbarste Erfolg der seit September 2022 andauernden Protestbewegung.

Aber spätestens im April 2023 war es mit diesen Erfolgen auch schon wieder vorbei. Nachdem die großen Demonstrationen mit vielen tausend Menschen in den Städten spärlicher wurden und der Protest an Stoßkraft verlor, fühlte sich das Regime wieder stark genug, um erneut den Kopftuchzwang durchzusetzen. Denn sowohl Khamenei wie auch Raisi sahen das Kopftuch als ein unverzichtbares »islamisches« Kleidungsstück an, ohne das die Islamische Republik Iran einen Teil ihrer Identität verlieren würde. Ja, die Regierenden drohten sogar strengere Strafen als zuvor an. Die alten Konflikte bekamen daraufhin wieder ihre Schärfe, gerade weil sich zeigte, dass das Einlenken der Machthaber nur aus taktischen Gründen vorübergehend gewesen war. Nun ging das Regime wieder erbarmungslos gegen neu entstehende Demonstrationen vor. Die große Zahl schwer bewaffneter und straff organisierter Milizen sowie eine wieder zunehmende Zahl von Verhaftungen und von Hinrichtungen machte es möglich, die Demonstranten immer mehr einzuschüchtern. Weitere Schikanen kamen hinzu. So stellten die Behörden Personalausweise, Führerscheine und sonstige Belege nicht mehr aus, wenn den Antragstellern die Teilnahme an Protesten nachgewiesen werden konnte.

Mehr als zuvor wurden nun gegen die Unruhen auch Frauen eingesetzt, die, meist in schwarzem Tschador, von Haus zu Haus zogen und die Familien über das richtige Verständnis von Islam belehren sollten, andere meldeten sich in Zeitungen und Fachzeitschriften zu Wort. In den Vordergrund rückte hier Jamileh Alam-Alhoda, die Gattin des Staatspräsidenten Ebrahim Raisi und Tochter des Ajatollah Ahmad Alam-Alhoda. Bisher wäre es im islamistisch regierten Iran undenkbar gewesen, dass die Frau eines Präsidenten derart in die Öffentlichkeit getreten wäre. Aber nun schien es gerade ideologischen Hardlinern dringend nötig, dass eine Frau aus ihren eigenen Reihen in Zeitungen schrieb, eine Frau, die über ein abgeschlossenes Studium der Pädagogik verfügte und den Lehrauftrag an einer Universität hatte.

Diese Mischung aus offen brutaler Unterdrückung und scheindemokratischer Überzeugungsarbeit sollte die Protestbewegung endgültig zum Erliegen bringen. Auf den ersten oberflächlichen Blick schien es so, als könnte dies gelingen. Im Frühsommer 2023 kehrte Ruhe ein. Es hatte zwar einige Monate länger gedauert als bei allen vorherigen Aufständen. Aber es war Ruhe. Doch Ruhe um welchen Preis? Selbst viele junge Menschen, die in der Islamischen Republik geboren und somit unter einer streng »islamischen« Erziehung aufgewachsen waren, äußerten immer mehr Distanz zu den anfangs geglaubten Idealen.

Hinzu kam, dass am 6. Oktober dieses Jahres 2023 ein weiteres Ereignis den »Unruhestiftern« eine moralische Stütze bot und das Regime erneut in Erklärungsnotstand brachte. An diesem Tag wurde der Friedensnobelpreis an Nages Mohammadi, eine der führenden Aktivistinnen im Kampf um die Menschenrechte, verliehen. Sie war die zweite iranische Frau, die diese Auszeichnung erhielt. Das erste Mal war dies 20 Jahre früher mit der Menschenrechtsaktivistin Shirin Ebadi geschehen. Nages Mohammadi konnte allerdings nicht persönlich nach

Oslo reisen, um den Preis entgegenzunehmen, denn sie befand sich im berüchtigten Evin-Gefängnis von Teheran, da sie im Januar 2022 wegen »Handlungen gegen die nationale Sicherheit« zu einer zehnjährigen Haftstrafe und 74 Peitschenhieben verurteilt worden war. Und ein derartiges Urteil war nicht zum ersten Mal erfolgt. Mohammadi, die an der Imam-Khomeini-Universität Physik studiert hatte und als Ingenieurin tätig gewesen war, wurde erstmals bereits 1998 wegen regimekritischer Aktivitäten verhaftet. Insgesamt ist sie bisher 13-mal festgenommen worden, fünfmal verurteilt und insgesamt mit 31 Jahren Gefängnis bestraft worden. Ihr Familienleben wurde auf diese Weise völlig zerstört. So die Information in einer Reihe westlicher Medien.

Ein weiteres Problem kam auf das theokratische Regime des Iran hinzu. Gerade auch Theologen, einst wichtige Wegbereiter der »Islamischen Revolution«, zeigten in immer größerem Maß Verständnis für das regimekritische, ja, religionskritische Verhalten der Demonstranten. Zusätzliche Konflikte waren vorprogrammiert, die nun immer mehr in die alles beherrschende Frage mündeten: Wie lange noch kann das Regime weitere Zerreißproben politisch überleben?

Warum Sorusch und viele andere modern denkende Theologen im Exil leben

»Der Islam war im Volk so verwurzelt, dass nur eine Islamische Revolution diese Wurzeln ausreißen konnte.« Dieses Zitat stammt von Abdolkarim Sorusch, dem prominentesten und umstrittensten Theologen des Iran.

Ich entnehme diese Worte einem 2023 erschienen Buch der iranischen Autorin Katajun Amirpur auf Seite 221. Das Buch hat den absichtsvoll provokanten und zugleich irritierenden Titel *Iran ohne Islam. Der Aufstand gegen den Gottesstaat*. Welche Signale gehen von einem solchen Titel aus? Bewegt sich ausgerechnet der »Gottesstaat« Iran immer mehr einer Situation entgegen, dass er bald »ohne Islam« sein wird – oder ist dieser Zustand jetzt schon erreicht, wobei es nur die Machthaber und viele ihrer Anhänger nicht wahrhaben wollen?

Ich bin im Abschnitt *Sorusch, der unbequeme Denker* bereits ausführlich auf den Theologen eingegangen, habe allerdings seine geistige Entwicklung nur bis in das Jahr 1999 beschrieben. Sorusch war zu diesem Zeitpunkt schon ein herausragender Kritiker gewesen, aber damals wäre für ihn eine Ablehnung des islamistischen Regimes noch undenkbar erschienen. Sorusch hatte ja in Ghom schiitische Theologie studiert, dies noch während des Schah-Regimes, war 1979 nach dem Sieg der »Islamischen Revolution« ein entschiedener Anhänger des Ajatollah Khomeini geworden und hatte es als eine große Ehre betrachtet, etliche Reden für den Revolutionsführer zu verfassen. Aber fünf Jahre später, 1984, hatte er seine Mitgliedschaft im »Rat der Islamischen Kulturrevolution« gekündigt, weil er über die Anfeindungen durch geistig engstirnige Mitglieder schockiert war. Bei seiner anschließenden Lehrtätigkeit als Dozent für Philosophie an einer Universität in Teheran konnte ihm zwar ein sehr interessiertes Publikum zuhören, aber immer wieder hatten radikal-schiitische Anhänger des Regimes seine Veranstaltungen gestört. Keine Polizei war eingeschritten, um solche Pöbeleien zu verhindern, im Gegenteil, die Polizei hätte gar nicht eingreifen dürfen. Bereits 1991, zwei Jahre nach Khomeinis Tod, hatte der Nachfolger Ajatollah Khamenei befohlen, Soruschs »zersetzende Lehre« nicht mehr in staatlichen Medien zu verbreiten.

Sorusch hatte unter der Regierung des Staatspräsidenten Khatami noch einmal kurz die Gelegenheit, im Bündnis mit dem liberal denkenden Geistlichen auf die Zukunft eines weltoffenen religiösen Dialogs zu hoffen. Aber schon 1996 hatte Sorusch den Iran für längere Vortragsreisen verlassen. Er war nur noch sporadisch in seine Heimat zurückgekehrt, um dann nach weiteren Anfeindungen selbst in der Ära Khatami ab dem Jahr 2000 endgültig im Exil zu bleiben. Er lehrt seitdem abwechselnd an Universitäten in Europa und den USA.

An der Entwicklung des hochkarätigen Theologen Sorusch lässt sich exemplarisch ablesen, was es bedeutet, dass sich ausgerechnet herausragende Denker als Befürworter eines theokratischen Staatswesens von diesem Ideal abwandten. Sorush und viele andere Menschen seiner Geisteshaltung neigten immer mehr dazu, das System eines säkularen Staates zu bejahen – ohne allerdings das Prinzip einer »Islamischen Revolution« völlig aufzugeben. Sie verstanden nun »Islam« und »Revolution« anders. Was aber wurde zum entscheidenden Kriterium, dass für gläubige Schiiten wie Sorusch ein Aufenthalt im Gottesstaat Iran unmöglich geworden ist?

Sorusch hatte bereits 1995, als er noch Dozent für Philosophie in Teheran war, den traditionellen Glauben insoweit in Frage gestellt, indem er verneinte, es könne über alle Zeiten hinweg eine unveränderbare Interpretation des Koran geben. Exemplarisch war hierfür eine Erklärung, die er im selben Jahr 1995 am 22. Februar in der deutschen Wochenzeitung *Die Zeit* geliefert hatte. Ich zitiere nochmals einen zentralen Aspekt dieses Artikels: »Religion ist göttlich, aber ihre Interpretation ist durch und durch menschlich. All dies impliziert, dass Religion immer umgeben ist von einer Reihe zeitgenössischer Daten und Überlegungen, mit denen sie sich im Austausch befindet. Ihre Interpretation bleibt so lange konstant, wie auch diese externen Momente konstant bleiben. Sobald diese sich verändern, wird sich diese Veränderung auch im Verständnis der Religion niederschlagen.«

Bereits mit einem solchen Kommentar hatte es Sorusch schwer, weiterhin unbehelligt unter dem dogmatisch immer mehr sich verhärtenden Regime zu leben. Dies lag daran, dass die Machthaber den Eindruck gewonnen hatten, gerade der prominente Theologe Sorusch sei stark beeinflusst von westlichen, »unislamischen« Denkern. So etwa von Karl Popper mit seinem 1945 veröffentlichten Buch *Die offene Gesellschaft und ihre Feinde.* In diesem Buch bezog der jüdisch-deutsche Autor grundsätzlich Position gegen totalitäres Denken in einer »geschlossenen Gesellschaft«. Popper propagierte das Modell einer demokratischen Gesellschaft, die keine verordnete absolute Wahrheit als übergeordnetes Prinzip kennt, denn den Menschen sei es unmöglich, eine absolute Wahrheit zu erkennen. Dass Sorusch tatsächlich von Popper beeinflusst ist, bestätigt Katajun Amirpur in ihrem Buch *Iran ohne Islam* auf Seite 45. Sorusch hat Poppers Buch wahrscheinlich schon in England gelesen, wo er ja in London und Cambridge in einem Zweitstudium Chemie absolviert hat (dies noch zur Zeit des Schah-Regimes). Aber ausgerechnet *Die offene Gesellschaft und ihre Feinde* war schließlich auch in Buchhandlungen der Islamischen Republik zu bekommen. Mehr noch: Ebenso gab es dort religionskritische Bücher von Hannah Arendt, Hans-Georg Gadamer und Jürgen Habermas zu kaufen, ohnehin von religiös weltoffenen Theologen wie Hans Küng, Karl Barth und Paul Tillich. Dies stellte die Iranerin Amirpur 1994 beim Rundgang durch etliche Buchhandlungen in Teheran fest (geschildert in *Iran ohne Islam,* Seite 75 f). Ein solcher Sachverhalt deckt sich mit meinen Eindrücken aus dem Jahr 2016, als ich Bücher von Immanuel Kant und Friedrich Nietzsche persisch übersetzt in Buchhandlungen von Teheran, Isfahan und Schiras entdeckte. Beide Jahre, 1994 und 2016, signalisieren also, dass es im Iran weiterhin eine Weltoffenheit in kulturellen Nischen gab, auch nachdem Sorusch wegen bedrohlicher Schikanen den Heimatstaat längst verlassen hatte. Eine geistige Auseinandersetzung mit einem Autor wie Popper konnte also nicht der eigentliche Skandal sein, um als Theologe für das islamistische Regime untragbar zu werden. Das Problem war vielmehr, welche Konsequenzen ein Theologe wie Sorusch aus der westlichen Lektüre zog.

Ich habe im Abschnitt *Die Herausforderung der westlichen Moderne – ein Dialog auf Augenhöhe?* darauf hingewiesen, dass eine »Offenheit« für westliche Autoren sogar vom Regime demonstriert wurde und einen Kontrast zur intoleranten Abgrenzung anderer islamistisch regierter Staaten bieten sollte. Es sollte gezeigt werden, dass iranisch-schiitische Theologen selbstbewusst genug seien, um die provokanten Thesen westlicher Denker zu widerlegen. Dieser Erwartung sollte ursprünglich auch Sorusch entsprechen. Gerade er, der international bekannteste Theologe des Iran, sollte in der geistigen Auseinandersetzung mit dem »Westen« eine besonders wirksame Werbung abgeben, wie erfolgreich in der Islamischen Republik Iran »islamische Grundprinzipien« gegen »atheistisch-säkulare« Thesen verteidigt werden.

Sorusch hat sich allerdings, anders als ihm viele seiner Gegner vorwerfen, nicht nur von westlichen Denkern beeinflussen lassen. Hinzu kommen zwei wegweisende muslimische Theologen, die ebenfalls über bisherige dogmatische Grenzen entschlossen hinausgegangen sind: Nasr Hamid Abu Zaid und Ömer Özsoy. Der Ägypter Abu Zaid, sunnitischer Muslim, war der erste, der mit einer bis dahin nicht gekannten Eindeutigkeit forderte: Die Interpretation des Koran solle einsichtig machen, dass die sprachliche Fassung des Heiligen Buches abhängig sei von den kulturellen und sozialen Bedingungen zu Lebzeiten des Propheten Mohammed. Aber diese Ansicht allein war nicht schon provokant, dass zwischen ewigen und zeitgebundenen Botschaften des Koran unterschieden werden müsse, sondern in einer weiterführenden These: Gott sei *nicht* der Autor des Koran, sondern der Prophet Mohammed.

Aus westlicher Sicht ist eine derartige Form von Provokation schwer nachvollziehbar. Wer wollte daran zweifeln, dass Mohammed den Koran verfasst hat, so wie die Evangelisten Markus, Matthäus, Lukas und Johannes die Autoren des Neuen Testaments sind? Das traditionelle Dogma des Koran beharrt aber exakt auf diesem Unterschied: Die Evangelisten seien Autoren, die als Menschen durch ihre kulturelle Umgebung beeinflusst worden seien und daher in entscheidenden Punkten von der »göttlichen Wahrheit« abwichen. Das Neue Testament habe also einen menschlichen Ursprung. Mohammed dagegen habe verkündet, was ihm ein Engel Gottes Wort für Wort mitgeteilt habe, kein einziger Satz stamme von Mohammed selbst. Der Ägypter Abu Zaid war daher der erste muslimische Theologe, der betonte: Mohammed sei der Autor des Koran und habe sich als Mensch wie die anderen Autoren heiliger Schriften von kulturellen Einflüssen leiten lassen, daher könnten manche Aussagen nur als zeitbedingt verstanden werden.

Diese These vertritt zu Beginn des 21. Jahrhunderts ebenso entschieden der türkische Theologe Ömer Özsoy, angeregt von Abu Zaid. Beiden gemeinsam ist, dass sie einen Teil ihrer Studienzeit im Ausland verbrachten, Abu Zaid in den USA, Özsoy in Deutschland. Abu Zaid wurde aber in Ägypten von einem Gericht verurteilt, er müsse von seiner Frau geschieden werden, weil er vom islamischen Glauben abgefallen sei. Abu Zaid floh daraufhin ins Ausland, denn er fürchtete sich nach diesem Gerichtsurteil vor Attentaten fanatischer Sunniten. Er lebte seither im Exil in der holländischen Stadt Leyden, wo er einen Lehrauftrag für Vergleichende Religionswissenschaften erhielt. Der Sunnit Ömer Özsoy musste in der Türkei keine derartige Diskriminierung erleben, denn dort existierte die von Atatürk verabschiedete säkulare Verfassung, auch wenn sie inzwischen schon ideologisch durch »islamisch« orientierte Politiker ideell aufgeweicht wurde. Aber selbst unter der Regierung Erdogan konnte Özsoy durch kein Gericht wegen »Unglaubens« verurteilt werden. Allerdings fand Özsoy hauptsächlich im westlichen Ausland große Beachtung, nicht in der Türkei selbst, dies schützte ihn vor einem Attentat durch muslimische Fanatiker.

Der Iraner Sorusch ging in seiner Deutung des Koran zunächst nicht so weit wie der Ägypter Abu Zaid und der Türke

Özsoy. Zwar schrieb auch er von der »Masse zeitgenössischer Daten« im Heiligen Buch, aber er meinte damit, dass nur die Interpretation des Koran »menschlich« und daher auch Irrtümern unterworfen sei. Sorusch bezeichnete dagegen den Koran als »göttlich« und vermied es, Mohammed als Autor zu benennen, der als Mensch abhängig von der damaligen kulturellen Umwelt gewesen sei. Hätte Sorusch den Propheten Mohammed als Verfasser des Koran bezeichnet, dann hätte der Theologe im Iran noch mehr um sein Leben fürchten müssen als Abu Zaid in Ägypten. Ein Gericht hätte Sorusch nahezu zwangsläufig wegen Abfall vom Islam zu einer langen Gefängnisstrafe oder gar zum Tod verurteilt.

Seit dem Jahr 2000 im Exil hat Sorusch dort zu der gleichen Konsequenz wie Abu Zaid und Özsoy gefunden. Er schrieb nun auch: »Die Sprache des Koran ist rein menschlich und weltlich. Gott sprach nicht, er schrieb auch kein Buch. Er (Mohammed) war ein historischer Mensch, der im Namen Gottes sprach. Und die göttliche Eingebung war nichts anderes als Mohammeds persönliche Erfahrung.« Wie die Bibel sei auch der Koran ein Werk, das wie alle menschlichen Werke fehlerhaft sein kann. Mohammeds Wissen entspreche ganz dem Wissen seiner Zeit, daher seien spätere Interpreten aufgerufen, ihrer Zeit gemäß dem Koran neu auszulegen. (Diese Information verdanke ich einem Artikel des schiitischen Iraners Ali Sadrzadeh: *Exiliranische Gelehrte rütteln an den Grundfesten der Schia.* Internet: Oantara.de. Iran Journal 2016.)

Was gab Sorusch den letzten Anstoß zu diesem Tabubruch? War es etwa nicht doch die immer intensivere Auseinandersetzung mit historisch-kritischem Denken westlicher Herkunft? Zu dieser Frage hat der schiitische Reform-Kleriker Hassan Yusefi Eshkevari Stellung bezogen, dessen Wirken ich bereits im Abschnitt *Ein weiterer Vormarsch der Reformer?* beschrieben habe. Eshkevari hatte im Jahr 2000 bei einer Tagung der Heinrich-Böll-Stiftung in Berlin einen regimekritischen Vortrag gehalten, wurde nach seiner Rückkehr in den Iran zu einer mehrjährigen Gefängnisstrafe verurteilt und lebt seit seiner Entlassung 2005 im deutschen Exil in Bonn. Eshkevari antwortete 2016 auf die heikle Frage nach der geistigen Entwicklung des Theologen Sorusch: Ja, Sorusch sei durch westliches Denken wesentlich beeinflusst worden. Das gelte für alle, die in den vergangenen 150 Jahren im schiitischen Islam als Erneuerer aufgetreten seien. Sie alle hätten eine Zeit lang im westlichen Ausland gelebt, sie alle hätten dort westliche Literatur gelesen. Und jeder Gedanke, der in naher Zukunft den Islam wegweisend verändere, werde »das Werk von Exilierten« sein (ebenfalls eine Information des oben genannten Internets).

Was der schiitische Korangelehrte Eshkevari in Bezug auf seine eigene Konfession sagte, gilt genauso für die Sunniten, aus deren Kulturraum ja Abu Zaid und Özsoy kommen. Und die Folge ist: Die theologischen Tabubrecher haben in westlichen Demokratien mit pluralistischer Meinungsvielfalt erheblich mehr Chancen als in ihren islamischen Heimatstaaten, geistige Anregungen von unterschiedlichen weltanschaulichen Richtungen zu bekommen und eigene Gedanken in den Diskurs einzubringen. Ja, sie können aus dem Exil zurückwirken auf ihre Herkunftsländer, seit E-Mail und Internet die Kommunikation beschleunigen und sich nicht mehr engmaschig kontrollieren lassen. Zwar lehnt noch immer eine Mehrheit der Muslime, ob Schiiten oder Sunniten, die analytische Methodik historisch-kritischer Wissenschaft gerade in Hinblick auf die eigene Religion ab. Aber eine Minderheit in der muslimischen Bildungsschicht zeigt sich interessiert an einem derart neuen Denkansatz. Und es bleibt abzuwarten, ob ein solcher Prozess nicht doch in etlichen Jahren an Breite gewinnt, oder noch auf längere Dauer durch eine Gegenbewegung von »Rechtgläubigen« aufgehalten werden kann.

Warum Aghadscheri, der »islamische Protestant«, nicht im Exil ist

Im Zusammenhang mit der Entwicklung von Sorusch interessierte mich, ob etwa auch Haschem Aghadscheri inzwischen im Exil lebt. Er, ein Befürworter der »Islamischen Revolution«, hatte ja, wie ich im Abschnitt *Aghadscheri fordert einen »islamischen Protestantismus«* beschrieb, 2002 mit einer besonders mutigen Rede das Regime in Frage gestellt. Er hatte erklärt, der Gottesstaat müsse gründlich von religiös-politischen Fehlentwicklungen gereinigt werden, es müsse eine Reformation stattfinden, wie es sie bei den Christen im 16. Jahrhundert gegeben habe, denn die gegenwärtige Herrschaftsform im Iran sei in ihrer Hierarchie »katholisch«, sie müsse »protestantisch« – und damit demokratischer – werden. Aghadscheri wollte mit diesem historischen Vergleich allerdings nicht die katholische Konfession gegenüber der protestantischen grundsätzlich abwerten. Er zielte vielmehr darauf ab, allein die Päpste und katholischen Bischöfe des 16. Jahrhunderts mit ihrem mangelnden Reformwillen zu kritisieren. Nur auf diese Weise wollte er eine Parallele zu den islamistischen Machthabern des theokratischen Iran herstellen. Doch gerade so traf er den Nerv einer wesentlichen Krise des Iran. Aghadscheri wurde zum Tod verurteilt, aber große Protestdemonstrationen in iranischen Städten haben ihn vor der Hinrichtung bewahrt, er wurde zu einer vierjährigen Haftstrafe »begnadigt«. Und dann?

In *Wikipedia* las ich 2023, dass Aghadscheri bereits nach zwei Jahren Haft gegen Zahlung einer Kaution freigelassen worden sei. Und er sei weiterhin Professor für Geschichte an der Tarbiat-Moderess-Universität in Teheran. Ob er sich an späteren Protestbewegungen beteiligt und ob er sich weiterhin auffallend regimekritisch geäußert hat, ließ sich den mir vorliegenden Informationen nicht entnehmen. Im Exil befindet er sich anscheinend nicht. Ich wandte mich angesichts solch lückenhafter Auskünfte wieder an den Deutsch-Iraner Hossein Pur Khassalian. Von ihm habe ich immer wieder Texte aus dem Iran gesendet bekommen, die in der westlichen Presse nicht veröffentlicht werden. So auch dieses Mal.

Pur Khassalian lieferte mir Mitte August 2023, nachdem er auf meine Anfragen hin selbst recherchiert hatte, etliche Artikel über Aghadscheri aus verschiedenen Teheraner Tageszeitungen sowie aus Briefen an Pur Khassalian selbst. Dadurch erfuhr ich, dass Aghadscheri im Unterschied zu Sorusch und anderen markanten Regimekritikern eben nicht im Exil lebt, ja, mehr noch, dass er tatsächlich bis heute seinen Beruf als Professor für Geschichte an der bisherigen Universität ausüben kann. Die Ursachen sind vielschichtig. Aufschlussreich ist hierbei: Die Zeitungen *Etemad, Ham-Mihan, Schargh und Hamdeli* gehören zu jenen wenigen Publikationen, die nach wie vor nicht nur die Meinung absolut regimetreuer Autoren veröffentlichen, sondern im Gegenzug immer noch auch Vertreter reformorientierter Richtungen zu Wort kommen lassen. Dies zeigt, dass es dem Regime bei aller Radikalisierung noch nicht gelungen ist, die Opposition völlig zu unterdrücken. Im Gegenteil, dies deutet darauf hin, dass die weltanschaulichen Gräben in aller Schärfe weiter bestehen.

Ich bekam in diesem Zusammenhang 2023 eine Reihe neuer Informationen. Aghadscheri hatte Pur Khassalian in einem Brief persönlich mitgeteilt, dass er bereits 2004 nach nur zwei Jahren Haft freigelassen wurde, ohne dass weiter von einer anschließenden Verbannung an einen entlegenen Ort oder einem Berufsverbot die Rede gewesen sei. Auch habe weder er noch seine Unterstützer eine Kaution für seine Freilassung bezahlen müssen (dies widerspricht den Angaben in der deutschen *Wikipedia* über seine Person). Er habe sogar als Professor an der Universität in Teheran eine Einladung in die USA annehmen können, um dort in einem wissenschaftlichen Forum seine Thesen zu vertreten. Dies sei noch unter der Regierung von Khatami geschehen. Aber bei seiner Abreise 2006 in die USA sei es mit der trügerischen Freiheit auch schon wieder vorbei gewesen. Er sei bei seinem Einstieg in das Flugzeug verhaftet worden, man habe ihm den Reisepass mit Auslandsvisum abgenommen, und wenig später habe man ihm mitgeteilt, dass er 15 Jahre lang mit einem Ausreiseverbot belegt sei. Dies sei jedoch erst geschehen, nachdem der weltoffene Präsident Khatami nicht mehr an der Macht gewesen sei, sondern Ahmadinedschad bereits ein Jahr lang regierte.

Der ideologische Hardliner Ahmadinedschad versuchte, die liberalen Reformen seines Vorgängers weitgehend zu beseitigen. Der Zweck der neuen brutalen Maßnahme war, Aghadscheri daran zu hindern, seine regimekritischen Thesen öffentlichkeitswirksam im westlichen Ausland zu verbreiten. Darüber hinaus galt es dem Versuch vorzubeugen, dass der ideologisch unzuverlässige Professor vielleicht in den USA bleiben könnte und im Exil seine Kritik noch unverblümter äußern würde – mit der großen Gefahr, dass eine solche Kritik in persischer Sprache dann vom Ausland aus auf den Heimatstaat noch stärker wirken würde.

Widersprüchlich mutet allerdings eine weitere Maßnahme der islamistischen Machthaber an: Dem Professor war zwar anfangs die Reise gestattet und erst im letzten Moment verhindert worden, aber ihm blieb auch dann erlaubt, an der bisherigen Universität in Teheran tätig zu sein. Das Widersprüchliche ist damit zu erklären, dass im Machtzentrum zwei gegensätzliche Gruppierungen rivalisierten. Auf der einen Seite waren dies die taktierenden Islamisten mit Staatsoberhaupt Khamenei als dem markantesten Vertreter, der stets darauf bedacht war, strategisch zwischen den gegensätzlichen Fronten zu vermitteln. Khamenei war es auch, der ein fanatisches Vorgehen gegen Aghadscheri verhinderte. Auf der anderen Seite aber beharrten radikale Fundamentalisten weiterhin darauf, dass das Todesurteil gegen den »ungläubigen Protestanten« möglichst rasch vollstreckt werden sollte. Aghadscheri nannte in seinem Brief an Pur Khassalian einen fanatischen Gegner mit Namen: Ajatollah Mesbah Yazdi.

Das Staatsoberhaupt Khamenei hielt seine schützende Hand über Aghadscheri, jedoch nicht, weil er dessen Kritik auch nur vage gebilligt hätte, sondern weil er fürchtete, eine langwierige Gefängnisstrafe oder gar die Todesstrafe würde aus dem Kritiker einen verehrten Märtyrer machen. Aghadscheri würde so erst recht zu einer Ikone des Widerstands werden. Ein von den Machthabern getöteter Kritiker, der sehr populär war, erschien Khamenei gefährlicher als ein weiterhin an der Universität tätiger Staatsbeamter. Dem äußeren Anschein nach war damit der offiziellen Version einer »Islamischen Demokratie« weiterhin Respekt gezollt. Der Vorwurf, dass die Islamische Republik Iran eigentlich eine brutale Diktatur sei, sollte so ins Leere laufen.

Khamenei und seine engen Gefolgsleute wandten eine andere Methode als die radikalen Fundamentalisten an, um einen derart namhaften Kritiker in seiner Wirksamkeit einzuschränken. Aghadscheri musste seine Vorlesungen jetzt noch strenger kontrolliert halten und es war ihm verboten, wissenschaftliche Tagungen zu veranstalten oder auch nur an solchen teilzunehmen. Immer wieder drangen Beamte des Geheimdienstes in seine Arbeitsräume ein, beschlagnahmten die Computer und nahmen sie zur Überprüfung mit. Außerdem wurde ihm verwehrt, weitere wissenschaftliche Werke zu veröffentlichen. Aber die Erwartungen der islamistischen Machthaber haben sich trotzdem nicht erfüllt, Aghadscheri in seinem Widerstand zu brechen. Zwar hütete sich der strikt überwachte Professor, weiterhin so offensiv einen »islamischen Protestantismus« zu fordern, wie er dies 2002 getan hat, aber er blieb in seinem Verhalten kritisch eingestellt

2018 wurde er noch einmal wegen »Propaganda gegen die Regierung« angeklagt, jetzt unter der Regierung des eher gemäßigten Präsidenten Rohani. Das Urteil für eine weitere Gefängnisstrafe von einem Jahr blieb jedoch in der Schwebe, weil Aghadscheri Berufung einlegte (was ihm die formelle Demokratie erlaubte). Nach seiner Berufung hat er nichts mehr von seinen Klägern gehört. Und Professor blieb er immer noch. Und das Verbot der Ausreise wurde über die bisher vorgegebenen 15 Jahre hinaus auf eine unbestimmte Frist hinaus verlängert. Die Ursache war ein Interview gewesen, das Aghadscheri am 17. Januar 2018 der Teheraner Tageszeitung *Etemad* gegeben hatte. In diesem Interview hatte er die Vorteile einer demokratischen Staatsordnung hervorgehoben, wobei er betonte, die Religion dürfe die freie Meinungsäußerung nicht einschränken. Zwar könne die Islamische Republik Iran weiterhin ein vorbildliches Modell sein, aber die Menschen müssten demokratisch regiert werden und sollten frei über religiöse Themen diskutieren können.

Neue Schwierigkeiten bereitete ihm ein Protestbrief, den er am 18. November 2019 veröffentlichte. In diesem Brief nahm er Bezug auf die Unruhen, die in diesem Monat wegen der starken Erhöhung der Benzin- und Ölpreise ausgebrochen waren und nun auch viele Angehörige der Mittelschicht in wirtschaftliche Bedrängnis brachten. Aghadscheri kritisierte scharf die Regierung, die zulasse, dass Polizisten und Milizionäre Demonstranten erschießen. Die Folge dieses Briefes war: Aghadscheri wurde von der Staatsanwaltschaft zum Verhör befohlen, aber sonst geschah nichts.

Aghadscheri bewies noch größeren Mut in einem Interview, das er am 5. Dezember 2022 der Teheraner Tageszeitung *Ham-Mihan* gab. Dort sagte er, man könne die gegenwärtigen Verhältnisse der Islamischen Republik Iran mit jenen in der Endzeit der Sowjetunion vergleichen. Nach seiner eigenen Einschätzung seien rund 80 Prozent der iranischen Bevölkerung mit dem vorhandenen System unzufrieden und nur noch rund 20 Prozent würden das Regime in seiner jetzigen Form bejahen.

Man müsse in diesem Zusammenhang auch die Position des Führers hinterfragen. Ein Staat brauche zwar Führung, »aber eine personifizierte Führung schade jeder Bewegung.«

Dieses Interview hatte Aghadscheri zu einer Zeit gegeben, als der Aufstand anlässlich des gewaltsamen Todes von Mahsa Amini wegen ihres »nicht vorschriftsmäßig getragenen Kopftuchs« das Regime bereits mehrere Monate einer bisher unbekannt heftigen Zerreißprobe ausgesetzt hatte. Die Machthaber hatten sich angesichts einer solchen Dynamik vorübergehend kompromissbereit gegen Kritiker gezeigt. In einer derartigen Situation konnte auch Aghadscheri nichts geschehen. Man hat ihn auch dann in Ruhe gelassen, nachdem das Regime seit dem frühen Sommer 2023 wieder scharf gegen Demonstranten vorging. Aghadscheri hat ja auch Mitte August dieses Jahres die Anfragen von Pur Khassalian ungehindert beantworten können, deren Inhalt ich dann zu lesen bekam. Aber es bleibt für den noch immer amtierenden Professor ein Dasein quälender Ungewissheit gegenüber einem unberechenbaren Regime. Es scheint weiterhin für die Machthaber gefährlicher zu sein, aus Aghadscheri durch Gefängnisstrafe oder gar durch Hinrichtung einen Märtyrer zu machen, anstatt ihn wie bisher stark eingeschränkt im Amt als Professor zu lassen.

Vom theokratischen zum säkularen Staat? 2023 die aktuelle Frage

Wie religiös ist die Zukunft des Iran? Die Antwort ist nicht einfach angesichts der widersprüchlichen Informationen.

Ich hatte bei meinem Aufenthalt im Iran 2016 mehrmals die nahezu gleichlautende Einschätzung zu hören bekommen: Nur etwa ein Drittel der Bevölkerung akzeptiere voll und ganz den theokratischen Staat in seiner gegenwärtigen Form, ein weiteres Drittel billige zwar die Islamische Republik prinzipiell, äußere aber ein Unbehagen wegen der Fehlentwicklungen und wünsche Reformen, dagegen lehne das letzte Drittel den theokratischen Staat grundsätzlich ab (so habe ich dies bereits ausführlich im Abschnitt *Islam? Republik? Überraschende Kommentare* geschildert).

Bei Exil-Iranern in Deutschland und Österreich konnte ich allerdings eine wesentlich deutlichere Distanz zum Regime erleben. Dort traf ich einerseits auf Skeptiker, die einen theokratischen Staat zwar als »absurd« abtaten, sich trotzdem mehr oder weniger zum Islam bekannten. Andererseits sprach ich zur Genüge auch mit solchen, die sich offen als Atheisten zu erkennen gaben, wie das im »Gottesstaat« Iran selbst kaum jemand so eindeutig wagte. Manche dieser Atheisten nannten als Ursache für ihren verlorenen Glauben die fatale Entwicklung des »Mullah-Regimes«. Aber viele wiesen auch auf die fatalen Zustände in anderen islamischen Staaten hin, mehr noch, auf die Weltordnung insgesamt, die aus den Fugen geraten sei. Wie könne man da noch an einen Gott glauben, der die Welt sinnvoll lenke? Sie stellten Überlegungen an, wie man sie oft auch bei Atheisten des westlichen Kulturraums erlebt. Solche weltanschaulich festgelegten Atheisten sind nicht mehr durch Argumente zu erreichen, wie sie reformorientierte Theologen – etwa Sorusch, Eshkevari und Aghadscheri – verwenden, entsprechend glauben sie auch nicht mehr an eine religiös geprägte Zukunft des Iran.

Aber wie religiös sind die Menschen im Iran tatsächlich noch? In zahlreichen westlichen Presseberichten liest man, dass die Moscheen im Iran inzwischen genauso leer seien wie die Kirchen in vielen westeuropäischen Staaten. Zur Zeit der Schah-Diktatur sei noch mehr als die Hälfte der iranischen Bevölkerung regelmäßig zum Freitagsgebet gegangen. Damals habe der Besuch einer Moschee vielen noch religiösen Halt geboten, vor allem auch als Ausdruck eines Protests gegen das »ungläubige« Schah-Regime. 2023 dagegen würden nur noch fünf Prozent der Bevölkerung regelmäßig am Freitagsgebet in einer Moschee teilnehmen. Eine derart veränderte Haltung kann ebenfalls als Protest verstanden werden – aber nun gegen jenes Regime, das anfangs populär gewesen ist, weil es den »ungläubigen« Schah als Diktator zu stürzen vermochte. Heute können sich in der iranischen Bevölkerung immer mehr Menschen vorstellen, in einer strikt säkularen Staatsordnung zu leben, obwohl – oder gerade *weil* – der Begriff »säkular« zu einem schlimmen Schimpfwort im theokratisch regierten Iran geworden ist.

Ein Alarmsignal muss für die islamistischen Machthaber bedeuten, dass sogar bei entschiedenen Befürwortern einer »Islamischen Revolution« entsprechende Überlegungen eine Rolle spielen. An prominenter Stelle ist hier Faezeh Haschemi zu nennen, die Tochter des ehemaligen Staatspräsidenten Rafsandschani. Sie, die namhafte Führerin einer iranischen Frauenbewegung, hatte jahrelang geglaubt, sie könne innerhalb des theokratischen Staates Reformen durchsetzen, aber nachdem sie mehrmals wegen ihrer Aktivitäten angefeindet wurde und sogar ins Gefängnis musste, hatte sie 2021 über das Medium *Audio App* an viele Tausende Benutzer die Botschaft gerichtet: Sie sehe die Zukunft des Iran nicht mehr als Islamische Republik, sondern nur als säkularen Staat mit einer strikten Trennung von Religion und Politik; das »islamische« System in der jetzigen Form befinde sich in einer Sackgasse, es brauche einen radikalen Wandel. So war in *Der Spiegel* vom 12. Juli 2021 zu lesen. Ähnliches las ich in der Wiener Tageszeitung *Die Presse* vom 7. Juni 2023 über Shirin Ebadi, die iranische Menschenrechtsaktivistin. Ebadi, die 2003 Friedensnobelpreis bekommen hat und seit 2009 im Exil in Großbritannien lebt, sagte in einem Interview: Die meisten Menschen im Iran, vor allem jüngere Leute in den Städten, seien zwar durch das Regime von frühester Jugend an »islamisch« indoktriniert worden seien, aber sie hätten die theokratische Regierung gründlich satt und würden einen säkularen Staat wünschen.

Ich entnehme dem 2023 erschienenen Buch *Iran ohne Islam. Der Aufstand genen den Gottesstaat* detaillierte Informationen, dass inzwischen eine große Mehrheit der iranischen Bevölkerung das Prinzip eines »islamischen« Staates ablehnt. Die Autorin Katajun Amirpur, Professorin für Iranistik an der Universität Köln, schreibt auf Seite 223: Der Iran sei aktuellen Umfragen zufolge jener Staat im Nahen und Mittleren Osten, dessen Bildungsschicht mit Abstand am meisten säkular orientiert sei. Das heiße, viele Angehörige der Bildungsschicht würden im Iran nicht nur wünschen, dass Geistliche keinen Einfluss mehr auf die Politik nehmen sollten, viele stünden dem Islam gleichgültig oder sogar ablehnend gegenüber. Sie würden inzwischen sagen: Wenn die Praxis im Iran der reine Islam sei, dann besser »keinen reinen Islam«. Denn der Islam, wie er im Iran von der Regierung verordnet werde, lasse sich gleichsetzen mit Unfreiheit, Gängelung und Korruption. Die Sehnsucht nach Demokratie sei intensiv. Besonders Studierende würden inzwischen sagen, wenn mit dem Islam kein demokratischer Staat zu machen sei, dann eben einen Iran ohne Islam.

Die Autorin Amirpur zieht die Bilanz, dass den theokratischen Machthabern im Iran mehr als nur das Konzept verloren gegangen sei – ihnen gehe auch die Religion verloren. Es sei die paradoxe Situation eingetreten, wie sie Sorusch als der bedeutendste iranische Theologe formuliert habe: Der Islam sei im iranischen Volk so verwurzelt, dass nur eine Islamische Revolution diese Wurzeln habe ausreißen können. Allerdings betont Amirpur schon auf Seite 20 und folgenden Seiten ihres Buches, dass der »Aufstand gegen den Gottesstaat« nicht grundsätzlich als antiislamisch zu verstehen ist, selbst wenn es zu einem »beliebten Volkssport« geworden sei, den Mullahs auf der Straße im Vorbeigehen den Turban vom Kopf zu schlagen, oder dass Frauen öffentlich ihr Kopftuch verbrennen. Die Aufständischen seien nur insofern antiislamisch, als sie den Islam der Islamischen Republik Iran zurückweisen, deren Machthaber mit dem

Anspruch auftreten, der Islam sei die Lösung. Stattdessen betonen sie als Kritiker: Der islamistisch geprägte Islam sei Teil des Problems.

Ein äußerst kritischer Zeitpunkt für das politische Überleben des theokratischen Systems wird sein, wenn das 83 Jahre alte Staatsoberhaupt Ajatollah Khamenei stirbt. Ajatollah Raisi wird alles tun, um dessen Nachfolger zu werden. Aber die Position der radikal-fundamentalistischen Anhänger ist alles andere als gefestigt. Nach Khameneis Tod könnten Machtkämpfe beginnen, deren Heftigkeit die Islamische Republik aufgrund ihrer weltanschaulichen Widersprüche noch mehr als bisher belasten würde. Ob aber der theokratische Staat deshalb bald zerbrechen wird, ist nicht garantiert. Denn das Regime ist mit seinen Polizeitruppen und besonders seiner Revolutionsgarde militärisch bestens gerüstet, außerdem sind diese »Wächter des Regimes« mit vielen sozialen Privilegien ausgestattet, die sie bei einem Sturz der Regierung verlieren würden. Diese Truppen werden also bis zuletzt dafür kämpfen, die bestehenden Verhältnisse zu erhalten. Damit können auch die Konflikte noch auf weitere Jahre erhalten bleiben.

Trotzt allem stellt sich die Frage, ob es nach einem Zusammenbruch des theokratischen Regimes zu einem säkularen Staat, ja, darüber hinaus zu einer säkularen Demokratie kommen könnte. Die Antwort kann gegenwärtig nur lauten: Die Rahmenbedingungen sind nicht günstig. Eine Demokratie hat es im Iran bisher nicht gegeben, höchstens fehlgeschlagene Versuche. Die vielfach geäußerte Forderung nach Demokratie signalisiert zwar die Sehnsucht nach Freiheit jenseits der bisherigen Unterdrückung. Aber eine solche Sehnsucht hat intensiv bereits unter der Diktatur des Schahs bestanden – und Ajatollah Khomeini mit seiner Islamischen Revolution konnte vor allem auch deshalb zahlreiche Anhänger finden, weil er anstelle der Schah-Diktatur eine »Islamische Demokratie« versprochen hat. Es könnte eine ähnliche Enttäuschung nach dem

Sturz des theokratischen Systems entstehen, wenn nun ein neues Regime wieder mit der Verheißung von Demokratie an die Macht käme.

Ein vergleichender Blick auf Europa zeigt: Es hat mehr als ein Jahrhundert gedauert, bis aus der Forderung nach Freiheit in einer Reihe von Staaten eine funktionierende Demokratie entstanden ist. Und beim Blick auf den islamischen Kulturraum ist deutlich geworden: Es hat zwar immer wieder Revolutionen gegeben, die ein erstarrtes traditionell islamisches System stürzten und an seiner Stelle einen säkularen Staat, ja, vereinzelt sogar eine säkulare Demokratie proklamierten. Aber solch neue Staatsformen haben sich nur unvollkommen entwickelt, vor allem die Verheißung von Demokratie. Dies hat sich besonders augenfällig an den Beispielen Türkei, Ägypten und Tunesien erwiesen. Andere Staaten sind sogar angesichts einer solchen Entwicklung durch sich verstärkende Krisen, ja, Bürgerkriege, in verschiedene Herrschaftsgebiete zerbröselt, die entlang religiöser Grenzlinien von Sunniten, Schiiten, Christen entstanden. So geschah dies in Syrien, Irak und Libanon, denn dort hat von vornherein eine langsam gewachsene Tradition eines Nationalstaates gefehlt. Hierzu lässt sich auch Afghanistan zählen, das zwar inzwischen wieder notdürftig durch die despotische Herrschaft der Taliban als »Staat« zusammengehalten wird, tatsächlich jedoch weiterhin in rivalisierende Regionen von Klans und ethnischen sowie religiöse Gruppierungen aufgesplittert ist.

Der Iran dagegen ist seit etlichen Jahrhunderten ein Staat mit weitgehend unverrückbaren Grenzen geblieben, deshalb droht ihm ein derartiger Zerfall nicht. Was den Iran allerdings weiterhin einer Zerreißprobe aussetzen wird, ist die Spannung zwischen religiös konservativen und reformorientierten Kräften und andererseits zwischen Anhängern religiöser oder säkularer Ideologie. Dies bedeutet eine Parallele zur Entwicklung etwa in Ägypten und der Türkei. Und das heißt: Welche Regierung im Iran in den nächsten Jahren oder Jahrzehnten an der Macht sein wird – der Iran wird auf jeden Fall weltanschaulich ein gespaltener Staat mit beträchtlichem Konfliktpotential bleiben.

Die weiter drohenden Konflikte mit anderen Staaten

Entscheidend für die Zukunft des Iran in den nächsten Jahrzehnten wird nicht nur die Beziehung zu den Nachbarstaaten sein, sondern auch, wie sich die Staaten des Westens verhalten. Besonders wichtig sind hier die USA, denn gerade sie haben lange Zeit die politischen Veränderungen im Iran wesentlich beeinflusst und dort Ansätze zu einer weiteren Entwicklung von Demokratie verhindert.

Das enge Bündnis zwischen dem Schah-Regime und der US-amerikanischen Regierung hat den USA den Ruf eingebracht, eine skrupellose »imperialistische« Macht zu sein, denn sie sei aus eigenem Geschäftsinteresse daran interessiert, an der Seite des Schahs demokratisch orientierte Reformbewegungen des Iran zu unterdrücken. Dieser Ruf blieb gerade auch dann erhalten, als seit 1979 Ajatollah Khomeini und seit 1989 sein Nachfolger Ajatollah Khamenei regierten. Denn weil nun die wirtschaftlichen Interessen der USA nicht mehr dominant wie bisher im Iran durchgesetzt werden konnten, rückten die meisten amerikanischen Politiker auf schroffe Distanz zum »Mullah-Regime«. Sie lehnten die Regierung im Iran unverblümt als eine Diktatur ab und vertraten die Ansicht, mit ihr dürften »demokratische Staaten« keinen Kontakt mehr haben, vor allem keine wirtschaftlichen Beziehungen mehr pflegen.

Heuchlerisch war dieses Argument in zweierlei Hinsicht. Denn auch das Schah-Regime war ja eine Diktatur mit einem gefürchteten Geheimdienst gewesen. Dagegen verharmlosten die meisten amerikanischen Politiker ihre Beziehung zu Saudi-Arabien. Der arabische Erdölstaat blieb weiterhin ein überaus begehrter Handelspartner, obwohl bekannt war, dass das wahhabitisch geprägte Königreich auf viel radikalere Weise eine Diktatur mit islamistischer Ideologie bildet als der »Gottesstaat Iran«. In Saudi-Arabien sind Wahlen, wie sie im Iran anfangs noch relativ frei stattfanden, von vornherein undenkbar gewesen, und selbst Wahlen, wie sie später im Iran nur noch manipuliert stattfanden, konnten sich in Saudi-Arabien nicht entwickeln. Auch besaßen die Frauen im Iran trotz aller Einschränkungen stets mehr Rechte als jene in Saudi-Arabien. Unglaubwürdig wurden vor allem zwei US-Präsidenten in ihrer »demokratischen« Gegnerschaft zum »despotischen Gottesstaat Iran«: George W. Bush und Donald Trump.

George W. Bush war es ja, der 2002 den Iran beschuldigte, dessen »Mullah-Regime« bilde neben den Diktaturen im Irak und Nordkorea eine »Achse des Bösen« gegen die »freie Welt«. Unter der Regierung von George W. Bush verstärkten die USA die wirtschaftlichen Sanktionen gegen den Iran, anstatt dass sie zumindest mit den reformorientierten Gruppierungen unter Staatspräsident Khatami einen Dialog begonnen hätten. Eine Hilfe für iranische Reformkräfte hatten zwar schon die Vorgänger vermieden, aber nun wurden Kontakte demonstrativer als je zuvor unterbunden, und eine derart undifferenzierte Haltung, alle iranischen Politiker gleichermaßen als fanatische »Feinde des Westens« zu verdammen, hat wesentlich dazu beigetragen, Khatami zu schwächen und den Weg freizumachen für einen fanatischen islamistischen Nachfolger wie Ahmadenidschad.

Eine ähnliche Dynamik setzte dann auch Präsident Trump seit 2017 in Gang. Er grenzte sich erneut radikal gegen den Iran ab, verschärfte hierbei auch noch einmal die wirtschaftlichen Sanktionen und hat dadurch den Staatspräsidenten Rohani derart geschwächt, dass fanatische Islamisten nun wieder von der politischen Krise am meisten profitieren konnten. Desto mehr intensivierte gerade Trump den Kontakt zur Diktatur Saudi-

Arabiens. Wie zuvor George W. Bush mit seiner Politik erheblich die Versuche seines Vorgängers Bill Clinton unwirksam gemacht hat, die Beziehungen zum Iran rationaler zu gestalten, so tat dies Donald Trump gegenüber seinem Vorgänger Barack Obama. Und die Frage ist, ob unter solchen Rahmenbedingungen Donald Trumps Nachfolger Joe Biden eine Chance hat, die schwerwiegenden Fehler seit 1953 zu korrigieren. Denn Biden hat nicht nur mit Widerständen im ideologisch weiter radikalisierten Machtzentrum des Iran zu rechnen, sondern auch mit einer verhärteten Haltung in den USA selbst.

Ein zusätzliches Problem für die Zukunft des Iran bedeutet aber auch die Rivalität des Iran mit Saudi-Arabien. Ich habe bereits im Abschnitt *Ein »Glaubenskrieg« zwischen Schiiten und Sunniten im Nahen Osten?* darauf hingewiesen, dass die »Islamische Republik Iran« mit keinem anderen Staat des islamischen Kulturraums derart in explosive Spannungen verwickelt ist wie mit dem Königreich Saudi-Arabien. Die Rivalität hat mit der geistig verwandten Struktur der beiden Systeme zu tun. Beide Staaten vertreten den Anspruch, mit ihrer Vorstellung von Theokratie die einzig wahre Form von Islam zu praktizieren und damit für alle anderen islamischen Staaten das verpflichtende Vorbild zu sein.

Brandgefährlich im wahrsten Sinn des Wortes wird die Situation dadurch, dass nicht wenige Politiker des Iran eine missionarische Aggressivität beweisen, den schiitischen Islam weiter auch im arabischen Kulturraum zu verbreiten. Andererseits gehen die Machthaber Saudi-Arabiens noch radikaler vor, ihren wahhabitisch-sunnitischen Islam unter »ungläubigen« Muslimen als das allein gültige Bekenntnis zu verbreiten. Explosiv an dieser Tendenz ist auch, dass beide Staaten über reiche Erdölvorkommen verfügen und als Lieferanten international begehrt sind. Der Iran wird allerdings von einer Reihe westlicher Staaten auf Druck der USA wirtschaftlich sanktioniert, so dass Saudi-Arabien einseitig begünstigt ist. Aber der

Iran hat neue Käufer durch eine immer engere Verbindung vor allem mit China und anderen asiatischen Staaten gefunden, was neue Spannungen erzeugt. Das Geld gestattet beiden Staaten, militärisch hoch gerüstet zu sein.

Die Rivalität zwischen dem Iran und Saudi-Arabien hatte in den letzten Jahren eine besondere Schärfe gewonnen, seit sie 2016 die diplomatischen Beziehungen abgebrochen hatten. Beide Staaten versuchten daraufhin desto mehr im Nahen Osten Mitglieder ihrer eigenen Konfession, ob nun Schiiten oder Sunniten, zu mobilisieren, um den politischen Einfluss zu vergrößern. Und so ist es, wie schon mehrmals erwähnt, zu den verheerenden Stellvertreterkriegen im Libanon, Syrien, Irak und Jemen gekommen. Der schiitische Gottesstaat Iran und der sunnitische Gottesstaat Saudi-Arabien sind jedoch 2023 mehr oder weniger zu der Einsicht gelangt, dass diese Stellvertreterkriege wirtschaftlich ruinös sind, und beide Staaten haben – zur Überraschung der westlichen Welt – nahezu überall ihre kriegerischen Aktivitäten stark gedrosselt oder sogar eingestellt. Mehr noch: Sie haben 2023 wieder diplomatische Beziehungen aufgenommen. An dem fundamentalistisch zugespitzten Konflikt zwischen Schiiten und Sunniten ändert sich damit allerdings nichts grundsätzlich, der Konflikt ist nur eingefroren. Sowohl der Iran als auch Saudi-Arabien müssen mit ihrer jetzigen enorm krisenanfälligen Staatsform um ihr politisches Überleben fürchten, und schon deshalb schließen sie aus taktischen Erwägungen – das heißt, mit Blick auf ihre wirtschaftlichen Schwierigkeiten – vorübergehend Frieden. Der Konflikt kann unter veränderten Rahmenbedingungen wieder aufflammen.

Das folgenschwere Attentat in Kerman. Seit 3. Januar 2024 eine weitere Krise

Was den Konflikt zwischen Schiiten und Sunniten betrifft, drohte die größte Gefahr für das islamistische Regime des Iran Anfang 2024 zunächst innenpolitisch. Am 3. Januar 2024 kam es in der südostiranischen Stadt Kerman zu einem Sprengstoffattentat, bei dem über 90 Menschen starben und nahezu 280 weitere teilweise schwer verletzt wurden. Es war das verheerendste Attentat in der 45-jährigen Geschichte der Islamischen Republik – nicht nur in seinem Ausmaß an Opfern, sondern auch in seiner folgenschweren symbolischen Bedeutung. Die Symbolik ist sowohl mit der Stadt Kerman als auch mit dem Datum 3. Januar verknüpft. Die volle Tragweite wurde allerdings erst deutlich, nachdem sich die Urheber dieses Massakers zu ihrer Tat bekannten: Es waren Strategen des IS, der radikalsunnitischen Terrororganisation »Islamischer Staat«.

Doch zunächst einige Hinweise zur Vorgeschichte des Attentats. Kerman ist die Hauptstadt der gleichnamigen iranischen Provinz, in der 1957 Qasem Soleimani geboren wurde. In der Hauptstadt findet seit 2020 jedes Jahr am 3. Januar eine Gedenkfeier für Soleimani statt. Soleimani wurde am 3. Januar 2020 von einer ferngesteuerten US-amerikanischen Drohne getötet, und damit hatte der Iran einen seiner bedeutendsten Generäle und Politiker verloren. Ich habe im Abschnitt *Aufstand gegen soziale und politische Fehlentwicklungen* bereits auf Soleimani hingewiesen. Ich möchte nun aber die wichtige Funktion erläutern, die der General auch noch vier Jahre nach seinem gewaltsamen Tod für das Regime besitzt.

Nach dem Sieg der Islamischen Revolution 1979 hatte Qasem Soleimani rasch Karriere als Soldat gemacht und war 1998 zum Kommandeur der Al-Quds-Miliz aufgestiegen. Diese Miliz weist mit ihrem Namen Al-Quds (»die Heilige«) auf Jerusalem hin und strebt nach offizieller iranischer Propaganda die Befreiung aller islamischen Gebiete von der Herrschaft der Nichtmuslime an, also die Juden und der mit ihnen verbündeten »westlichen Imperialisten«. Al-Quds ist eine Abteilung der mächtigen Revolutionsgarde und hat die Aufgabe, außerhalb des Iran militärische Spezialeinsätze durchzuführen, um den Einfluss des eigenen schiitischen Staates in sunnitisch dominierten Kulturräumen des Nahen und Mittleren Ostens auszuweiten. Hauptsächlich unter der Führung Soleimanis wurde im multireligiösen Libanon die Zusammenarbeit mit der Hisbollah, einer schiitischen Organisation, ausgebaut und erheblich gestärkt. In Afghanistan hatte Soleimanis Miliz, verbündet mit den USA, erfolgreich die radikal-sunnitischen Taliban bekämpft. Im Irak hatte Soleimani nach dem Abzug der US-amerikanischen Truppen die schiitische Regierung gegen den Widerstand der irakischen Sunniten massiv gestärkt. Anschließend trug Soleimani wesentlich dazu bei, die radikal-sunnitische Terrororganisation »Islamischer Staat« (IS) im Irak wie in Syrien zu besiegen. In Syrien hatte er außerdem, verbündet mit Russland, geholfen, um Baschar al-Assad als Angehörigen der Alawiten, einer schiitischen Sekte, an der Macht zu halten; hierbei galt es ebenfalls, sunnitische Gegner zu besiegen. Aber Soleimani hatte in jedem dieser Staaten weit über das Militärische hinaus gewirkt. Überall hatte er ein vom iranischen Regime finanziertes Netzwerk schiitischer Hilfsorganisationen, Schulen und religiöser Zentren geschaffen und verfestigte auf diese Weise den religiös-politischen Einfluss der Islamischen Republik über den Iran hinaus.

Mit diesen Aktivitäten war Soleimani für die iranischen Machthaber und für einen Großteil der iranischen Bevölkerung zu einer Ikone des schiitischen Kampfes geworden. Gerade dadurch wurde er aber für viele Sunniten zur Zielscheibe des religiös-politischen Hasses. Nachdem Soleimani am 3. Januar 2020 durch eine US-amerikanischen Drohne getötet worden war und viele Sunniten den Tod des herausragenden Gegners begrüßten, veranstalteten die Machthaber des Iran jedes Jahr am Todestag Soleimanis nahe seinem Grab in Kerman eine große Zeremonie. Zu dieser Gedenkfeier kommen viele Tausende Besucher, um den »großen Märtyrer« zu ehren. Am 3. Januar 2024, dem vierten Jahrestag Soleimanis gewaltsamem Tod, endete diese Gedenkfeier nicht mit feudalem Pomp, sondern in einem verheerenden Attentat. Der Selbstmordanschlag mit der bisher höchsten Opferzahl in der Islamischen Republik heizte den Konflikt zwischen Schiiten und Sunniten erneut an, wobei die Spannungen weit über den Iran hinaus gehen.

Die iranische Regierung versuchte zunächst, Israel und die USA als die treibenden Kräfte des Attentats verantwortlich zu machen. Sie wollte damit betonen, dass es sich um einen Konflikt zwischen dem bedrohten Iran und »imperialistischen Mächten« handle. Diese Propaganda schien die ohnehin schon aufgeheizte Stimmung seit dem 7. Oktober 2023 noch weiter zu verschärfen. An diesem Tag hatte die radikal-sunnitische Hamas einen brutalen Angriffskrieg gegen Israel begonnen – und der Iran hatte sich demonstrativ auf die Seite der Hamas gestellt. Aber die Propaganda war von vornherein wenig überzeugend. Zum einen hatten weder Israel noch die USA ein Interesse daran, dass sich der Iran durch ein solch »israelisch-amerikanisches« Attentat veranlasst fühlte, aktiv in die Kämpfe einzugreifen, denn der Krieg könnte sich dadurch zu einem unkontrollierbaren Flächenbrand im ganzen Nahen Osten ausweiten. Andererseits hatte Israel bei seinen Attentaten gezielt Gegner in führender Position ausgewählt und bisher vermieden, dass viele zivile Opfer zu beklagen waren. Bereits einen Tag nach dem verheerenden Terrorakt meldeten sich dann Strategen des »Islamische Staates« als die Urheber.

Seit dem 4. Januar 2024 rückte der IS wieder weltweit in die Schlagzeilen der Medien. Der IS konnte auf diese Weise demonstrieren, wie verhängnisvoll es für seine Gegner gewesen ist, dass sie die Bedeutung ihrer radikal-sunnitischen Organisation nach den militärischen Niederlagen im Irak und in Syrien sowie nach dem Tod ihres spirituellen Führers Abu Bakr al-Baghdadi 2019 unterschätzt haben. Die Gefährlichkeit des IS hatte sich nach dem Verlust des eigenen Staates desto mehr auf Zweigorganisationen in anderen Teilen Asiens, sowie nach Afrika und auch Europa verlagert. Ein bevorzugtes neues Operationsgebiet war das vom Bürgerkrieg aufgesplitterte Afghanistan geworden, wo der IS neben den radikal-sunnitischen Taliban zahlreiche Terroranschläge gegen die schiitische Minderheit ausübte. Als die Taliban im August 2021 wieder die Herrschaft über ganz Afghanistan gewonnen hatten, wütete der IS mit Terrorattacken nun auch gegen die Taliban, denn der IS nahm den kurzzeitig Verbündeten übel, dass sie mit schiitischen Revolutionsgarden des Iran kooperierten und damit ihre kompromisslose Feindschaft gegen Schiiten aufgaben. Zum zentralen Rückzugsgebiet des IS wurde schließlich das gebirgig zerklüftete Afghanistan, von wo aus seine Kämpfer nun auch Anschläge gegen den Iran durchführten. Erstmals hatte es ja, wie bereits im Abschnitt *Reformen? Die weiterhin ungelösten Probleme* geschildert, Anschläge des IS gegen den Iran am 7. Juni 2017 durch das Doppelattentat auf das Parlament in Teheran und das Khomeini-Mausoleum gegeben. Ein weiteres terroristisches Ziel wurde am 26. Oktober 2022 das Pilgerzentrum Schah-Tscheragh in Schiras, das drittwichtigste Heiligtum des schiitischen Iran.

Der Terroranschlag in Kerman am 4. Jahrestag von Soleimanis Tod hatte für den IS eine besondere Bedeutung – gerade, weil sich dort das Grab Soleimanis befindet. Denn Soleimani als der Führer der Al-Quds-Miliz hatte mehr als jeder andere General dazu beigetragen, dass der IS im Irak sowie Syrien besiegt wurde und damit seinen dort gegründeten Staat verlor. Der IS wollte entschieden demonstrieren, dass Soleimanis Sieg nur vorläufig und nicht von Dauer gewesen sei. Der Iran solle wie auch alle anderen schiitischen »Ketzer« den IS weiterhin oder erneut als die kompromissloseste Organisation für den »allein richtigen« sunnitischen Glauben fürchten. Der IS wollte darüber hinaus mit diesem besonders brutalen Attentat in Kerman verhindern, dass der schiitische »Gottesstaat« Iran und der sunnitische »Gottesstaat« Saudi-Arabien diplomatische Beziehungen aufnehmen, was sich bereits angebahnt hatte. Der IS verzieh den Machthabern in Saudi-Arabien diese pragmatisch orientierte Kehrtwendung nicht und betrachtete sich jetzt erst recht als der einzig wahre Vertreter eines dogmatisch »reinen« wahhabitischen Islam.

Für das iranische Regime bedeutete der Terroranschlag am 3. Januar 2024 eine neue Form der Bedrohung. Denn der IS demonstrierte, dass der »ketzerische schiitische Gottesstaat« dem iranischen Volk immer weniger Sicherheit im eigenen Herrschaftsbereich zu bieten vermochte. Das Dilemma der iranischen Regierung bestand darin, nicht in der Lage zu sein, auf diese Bedrohung so hart zu reagieren, wie sie es in fanatischen Ankündigungen versprach. Es folgten nur Verhaftungen einiger Verdächtigen im Iran. Außerdem griffen am 14. Januar Einheiten der Revolutionsgarde etliche verbliebene Stützpunkte des IS in Syrien und dem Irak sowie auch in einigen mehrheitlich sunnitischen Gebieten des Iran selbst an. Aber das iranische Regime hatte eine »Antwort« auf den Terroranschlag in Kerman allein in jenen Regionen parat, wo seine Soldaten in politisch zersplitterten Regionen wirkungsvoll eingreifen konnten. Nur dazu reichte die militärische Spannkraft, weil zur selben Zeit der Krieg zwischen der Hamas und Israel tobte – und der Iran auch in diesen Konflikt verwickelt war. Der IS als Organisation konnte auf diese Weise kaum entscheidend geschwächt werden, zumal dessen wichtigste Stützpunkte in Afghanistan unangetastet blieben.

Die sich weiter zuspitzende Krise

Der Angriffskrieg der Hamas gegen Israel, der am 7. Oktober 2023 begonnen hatte, wurde für die Islamische Republik Iran im Jahr 2024 zu einer noch stärkeren Belastung als das IS-Attentat in Kerman. Denn viele Araber, ob nun schiitisch oder sunnitisch, erwarteten vom militärisch hochgerüsteten Iran, dass er nicht nur seine verbündeten Organisationen im Libanon, Syrien, Irak und Jemen zu punktuellen Angriffen gegen Israel ermunterte, sondern selbst massiv in den Krieg eingreifen würde. Die islamistischen Machthaber des Iran hatten seit Beginn ihrer Regierungszeit 1979 verkündet, Israel müsse als Staat beseitigt werden und die Juden könnten nur als religiös geduldete Minderheit unter islamischer Regierung leben. Mit dieser Parole hatten sie bei vielen Arabern Beifall gefunden, auch wenn ein Großteil von ihnen sunnitisch war. Anfangs hatte der schiitische Iran nur die radikal-schiitische Hisbollah im Libanon gefördert, um größeren Einfluss im Nahen Osten zu gewinnen, später auch die radikal-sunnitische Hamas, weil beide Organisationen gleichermaßen unversöhnliche Feinde Israels sind. Nun aber, da die Hamas einen Krieg gegen Israel angefacht hatte und viele arabische Staaten zumindest rhetorisch auf Seite dieser islamistischen »Befreiungsbewegung« waren, zögerte der Iran, in den Krieg aktiv als Verbündeter mit seiner gut gerüsteten Armee einzugreifen. Ebenso zögerte die schiitische Hisbollah, obwohl sie ebenfalls gut gerüstet war. Wie das? Der Iran sowie der Libanon sind Staaten, die sich politisch sowie wirtschaftlich immer intensiver in unlösbare Probleme verstrickt haben. Wenn nun die Islamische Republik Iran und die mit ihnen verbündete Hisbollah ihr Versprechen wahrmachen würden, an der Seite der Hamas einen Vernichtungskrieg gegen Israel zu führen, könnte dies ihre eigene Macht erheblich gefährden. Dies weiß aber auch der IS, und gerade deshalb konnte die radikalste aller islamistischen Terror-organisationen die Chance nützen, um den ohnehin schon geschwächten Iran noch mehr zu schwächen.

Eine Analyse in der ARD-Tagesschau bereits am 4. Januar 2024 wies darauf hin, wie labil die Situation für das iranische Regime einerseits durch den Krieg zwischen der Hamas und Israel sowie andererseits durch das IS-Attentat in Kerman geworden ist. In der Analyse heißt es, die Mehrheit der iranischen Bevölkerung würde sich dagegen wehren, dass der Iran sich aktiv am Krieg gegen Israel beteilige. Immer deutlicher werde das Unbehagen artikuliert, dass die Regierung ausländische Verbündete wie die Hisbollah im Libanon, die Regierung im Irak und in Syrien, ebenso die Huthi im Jemen und letztlich sogar die sunnitische Terrorbewegung der Hamas finanziell stark unterstütze, aber zwei Drittel der iranischen Bevölkerung würden unter der Armutsgrenze leben. Diesem Widerspruch entspringe der hauptsächliche Widerstand gegen die Außenpolitik der iranischen Regierung. Die dramatisch sinkende Zustimmung für das Regime sogar bei vielen konservativen Schiiten zeige sich auch daran, dass Staatsoberhaupt Khamenei die Bevölkerung nahezu flehentlich dazu aufrufe, unbedingt am 1. März 2024 an den Wahlen zum Parlament wie zum Expertenrat teilzunehmen. Die Dringlichkeit dieses Aufrufs beweise, dass Khamenei sehr wohl wisse, wie gering die Wahlbeteiligung sein werde. Laut aktuellen Umfragen wollen rund 90 Prozent der iranischen Bevölkerung nicht mehr wählen. Das sei eine fatale Prognose, zumal bei der letzten Parlamentswahl vier Jahre zuvor noch rund 43 Prozent der Wahlberechtigten zur Urne gegangen seien, und dies sei damals schon als eine bedenkliche Krise verstanden worden.

Die Gefahr einer derart geringen Wahlbeteiligung von nur noch rund 10 Prozent ist ein besonderer Indikator für die rasch gewachsene Unglaubwürdigkeit der Islamischen Republik. Als Khomeini 1979 am Anfang seiner Regierungszeit das Prinzip einer »Islamischen Demokratie« eingeführt und sich damit schroff von der Diktatur des Schah-Regimes distanziert hatte, brachte ein Großteil der iranischen Bevölkerung dem islamistischen Regime Sympathie entgegen. Aber je mehr die Wahlen durch die Kontrolle des Islamischen Wächterrats zu Scheinwahlen abglitten, begannen selbst bisher treue Anhänger des Regimes am bisherigen Machtgefüge zu zweifeln. Wenn also bei den kommenden Wahlen am 1. März 2024 tatsächlich überhaupt nur noch 10 Prozent wählen gingen, würde das Regime noch mehr als bisher in seinen ideologischen Grundfesten erschüttert sein. Aber ein derartiger weiterer Verlust an Glaubwürdigkeit zeigt sich nicht nur angesichts der Wahlen für das Parlament sowie des Staatspräsidenten – sondern ebenso angesichts der Wahlen für den Expertenrat, einer Institution, deren Bedeutung im Westen oft unterschätzt wird.

Der Expertenrat, von Khomeini schon zu Beginn seiner Regierungszeit installiert, dient dazu, um die Wahl eines Nachfolgers nach dem Tod des Staatsoberhaupts durchzuführen. Diese Instanz ist ebenfalls nach den Grundsätzen einer »Islamischen Demokratie« konzipiert, denn die 86 Mitglieder sind ranghohe Geistliche, die durch kein Regierungsgremium bestimmt, sondern die Mitglieder des Expertenrats können alle acht Jahre von der iranischen Bevölkerung neu gewählt werden.

Erstmals hat es 1982 eine derartige Volkswahl gegeben. Die letzte Volkswahl hat 2016 stattgefunden, aber sie war, wie ich im Abschnitt *Reformen? Die weiterhin ungelösten Probleme* bereits geschildert habe, für die Anhänger des radikal konservativen Flügels negativ ausgegangen. 2016 hatten reformorientierte Kandidaten die Mehrheit errungen, hingegen verlor Mesbah Yazdi als ein führender Ideologe der radikalen Fundamentalisten seinen Sitz im Expertenrat. Das war eine Niederlage, die vor allem dann weitreichende Folgen hat, falls die unterlegene religiöse Front nicht innerhalb des nächsten Jahrzehnts wirksam gegensteuern kann.

Die Volkswahl am 1. März 2024 bekommt ein besonderes Gewicht dadurch, dass das amtierende Staatsoberhaupt Khamenei inzwischen 84 Jahre alt und krebskrank ist, er wird mit hoher Wahrscheinlichkeit die nächste Wahl 2032 nicht mehr erleben. Daher ist es für die radikalen Fundamentalisten ausschlaggebend, dass am 1. März 2024 vorwiegend Kandidaten ihrer Richtung über das nächste Staatsoberhaupt entscheiden könne: Nur dann hat Ebrahim Raisi die Chance, Nachfolger von Ali Khamenei zu werden. Entsprechend aktiv wird das Kontrollorgan des extrem konservativen Wächterrats vorgehen und wegen »unislamischer Gesinnung« möglichst viele reformorientierte Kandidaten von der Wahl ausschließen.

Ein erstes aufsehenerregendes Signal sendeten die Wächter der »islamischen« Verfassung, indem sie am 24. Januar 2024 Hassan Rohani verboten, für eine Mitgliedschaft im Expertenrat zu kandidieren. Die Begründung lautete: Rohani habe mehrmals die Regierung heftig kritisiert und sich bei den Unruhen seit 2022 auf die Seite der Demonstranten gestellt. Rohani, der ja von 2013 bis 2021 Staatspräsident war und bei den Wahlen 2017 seinen Gegenkandidaten Ebrahim Raisi besiegt hatte, besaß immer noch erheblichen politischen Einfluss. Deshalb könnte er, in den Expertenrat gewählt, zur Gefahr für die Ziele der radikalen Konservativen werden. Aber gerade weil der Wächterrat nun versuchte, durch zahlreiche fragwürdige Ausschlussverfahren die Wahlen nun wieder beträchtlich zu manipulieren, wird ein Großteil der iranischen Bevölkerung die Wahl am 1. März ignorieren, ob es sich nun um die Abgeordneten für das Parlament oder um die Mitglieder für den Expertenrat handelt.

Ein passiver Widerstand auf diese Art heizt die ohnehin schon schwelenden innenpolitischen Konflikte weiter an. Und gerade auch eine solche Zuspitzung der Krise lässt die Machthaber des Iran zögern, mit ihrer Armee aktiv in den Krieg zwischen der Hamas und Israel einzugreifen. Es bleibt, so der aktuelle Stand von Anfang Februar 2024, nach wie vor bei finanziellen Spenden und Waffen für die sunnitische Hamas und erst recht für die schiitischen Verbündeten im Libanon, Syrien, Irak und Jemen. Jede weitergehende Aktivität könnte das iranische Regime, dessen Stabilität ohnehin immer brüchiger wird und dessen Macht zusehends erodiert, zusätzlich gefährden. Die iranische Regierung ist jetzt mehr denn je auf die gut gerüstete Armee sowie die straff organisierte Revolutionsgarde angewiesen, wenn sie weiterhin das eigene Volk unterdrücken will. Je mehr also iranische Soldaten außerhalb des Iran kämpfen, desto mehr könnten die vielen innenpolitischen Gegner des Regimes sich ermutigt fühlen, erneut einen Aufstand zu wagen, um einen Systemwechsel erneut anzustoßen oder möglicherweise sogar zu erreichen. Nutzen der IS oder andere sunnitische Terrororganisationen diese Situation für ihre Ziele aus und bringen sie durch weitere spektakuläre Attentate das iranische Regime ins Wanken, dann könnten solche Ereignisse das Ende des »Gottesstaates Iran« beschleunigen.

Wohin steuert der Iran?

Das gegenwärtig noch bestehende System wird wegen seiner sich zunehmend verschärfenden Widersprüche einen tiefgehenden Umbruch auf lange Sicht nicht aufhalten und verhindern können. Daraus folgt aber keineswegs, dass damit der Islam als Religion und Kultur nachhaltig beschädigt würde. Gerade in der Phase erheblicher Veränderungen könnten religiös reformorientierte Denker im Iran wieder erstarken. Wichtig wäre allerdings, dass eine Rückbesinnung auf die reichhaltige Tradition der eigenen iranischen Kultur frei von ideologischen Scheuklappen erfolgt – und sich iranische Denker vorurteilsfrei mit westlicher Kultur auseinandersetzen können. Ansätze in beide Richtungen hat es ja in der Islamischen Republik Iran, wie ich zu zeigen versuchte, gegeben und gibt es immer noch. Solche Vorarbeiten werden jedoch immer wieder unterbunden. Dabei ist im Iran das intellektuelle Potential für einen grundsätzlichen Wandel vorhanden. Ungewiss ist nur, ob der Iran bald die Chance hat, sich freier als bisher zu entfalten. Weltanschauliche und politische Irritationen könnten angesichts der gegenwärtigen Widersprüche zunächst so intensiv sein, dass die iranische Kultur – wieder einmal – einer beträchtlichen Zerreißprobe ausgesetzt sein wird.

Wohin also steuert der Iran? Angesichts solch komplexer Krisen können noch Jahre vergehen, bis wir eine eindeutige Antwort auf diese Fragen haben.

ANHANG

Zeittafel

Um 2500 vor unserer Zeitrechnung: Das Reich von Elam mit der Hauptstadt Susa entsteht. Dieses Volk (Herkunft unbekannt) schafft die erste hochentwickelte Kultur im Gebiet des späteren Iran. Um 2200 errichten sie in ihren Städten die ersten Kuppelbauten der Menschheitsgeschichte.

Um 2200: Arische Stämme aus Zentralasien beginnen, über das Elbursgebirge nach Süden vorzudringen. Die eroberten Gebiete nennen sie »Iran«, »Land der Arier«. Weitere arische Stämme erobern seit 1900 Teile Nordindiens und errichten dort ab 1500 die Kastenordnung der Hindus.

Um 2100: Abraham verlässt Mesopotamien und lässt sich in Kanaan nieder. Ihm schreiben später die Juden, Christen und Muslime zu, als Erster den Monotheismus gepredigt zu haben.

1728 bis 1686: Hochblüte des Babylonischen Reiches. König Hammurabi verfasst ein vorbildliches Gesetzeswerk. Davon werden die Ägypter, später auch Moses und schließlich der persische Großkönig Dareios I. beeinflusst.

Um 1250: Die Aramäer, arabische Semiten, die seit 2000 nach Mesopotamien eindrangen, gründen Kleinstaaten an Euphrat und Tigris. Seit dem 8. Jahrhundert ist ihre Sprache Verkehrssprache in Vorderasien und wird erst 900 Jahre später durch das Koran-Arabisch verdrängt. – Das Reich von Elam erreicht seine höchste Blüte, erstmals ist im Gebiet des heutigen Iran eine Hochkultur zu verzeichnen. Elam erstreckt sich vom südlichen Iran bis nach Mesopotamien hinein.

Um 1000 oder 900: Die arischen Stämme der Meder und Perser wandern aus Südrussland ein und siedeln westlich des heutigen Täbris.

Um 800: Die Perser lassen sich im Gebiet des heutigen Schiras nieder und machen es zu ihrem Stammland »Parsa«.

708: Deiokes begründet das Mederreich mit der Hauptstadt Ekbatana.

Um 700: In der iranischen Landschaft Parsa entsteht unter Achämenes die Dynastie der Achämeniden.

636: Die Assyrer zerstören das Reich von Elam.

635: Die Meder erobern große Teile des Iran, die Perser werden ihre Vasallen.

Um 630: Zarathustra wird bei Baktra (Afghanistan) geboren.

612: Die Meder zerstören das Assyrerreich.

Um 610: Zarathustra begibt sich zur Meditation in die Einsamkeit und begründet während der folgenden zwei Jahrzehnte seine Religion.

604 bis 562: Blüte des Neubabylonischen Reiches unter Nebukadnezar.

590: Zarathustra muss aus seiner Heimat Baktrien fliehen.

588: Zarathustra bekehrt König Vishtaspa von Chorasmien (Chorassan).

587: Nebukadnezar zerstört Jerusalem und führt große Teile des jüdischen Volkes in die sogenannte »Babylonische Gefangenschaft«. Dort empfängt das Judentum neue religiöse Impulse (zum Beispiel durch die Sintflutsage und den Schöpfungsmythos).

559: Kyros II. wird Herrscher der medischen Provinz Parsa.

Um 553: Zarathustra stirbt (vermutlich als Märtyrer).

550: Kyros erobert die medische Hauptstadt Ekbatana. Mit dem Sieg über die Meder beginnt der glanzvolle Aufstieg der Achämeniden zu den Herrschern des frühesten Weltreiches der Geschichte.

546: Kyros verleibt Kleinasien seinem Reich ein.

540: Kyros erobert Belutschistan und Baktrien, Zarathustras Heimat.

539: Kyros erobert Babylon. Persien wird Weltmacht.

538: Kyros entlässt die Juden aus der Babylonischen Gefangenschaft. Während der folgenden Jahrhunderte kommen die Juden als Untertanen Persiens mit dem Gedankengut Zarathustras in Berührung und übernehmen von ihm die Vorstellung eines Jenseits und eines Jüngsten Gerichts.

530: Kyros fällt im Kampf gegen die Skythen. Nachfolger wird sein Sohn Kambyses II.

525: Kambyses II. unterwirft Ägypten.

522 bis 486: Dareios I. regiert. Unter seiner Herrschaft wird die Ostgrenze bis zum Industal (512) ausgedehnt. In seiner Regierungszeit ist zum ersten Mal die persische Verehrung Zarathustras nachweisbar. Dareios sorgt für eine straffe Staatsorganisation, die vorbildlich für spätere Weltreiche wird. Außerdem führt er nach medischem Vorbild das Gottkönigtum ein. Residenzstädte sind Susa (für Verwaltung) und Persepolis (für Zeremonien).

508/507: Kleisthenes schafft die Grundlagen zur attischen Demokratie.

490: Die Athener besiegen die Truppen des Dareios bei Marathon.

486 bis 465: Xerxes I., Sohn des Dareios, regiert.

480: Die Perser unter Xerxes siegen gegen die Griechen in der Schlacht bei den Thermopylen und zerstören Athen mit der Akropolis. Aber in der Seeschlacht von Salamis siegen die Griechen.

479: Die Griechen siegen bei Platää abermals über die Perser.

472: In Athen wird die Tragödie des Aischylos »Die Perser« uraufgeführt. Sie stellt die erste geistige Aufarbeitung des Triumphes über die persische Großmacht dar.

465 bis 424: Unter Artaxerxes I. zerfällt Persiens Macht im Westen, vor allem an der griechisch besiedelten Küste Kleinasiens.

449: Die Athener besiegen die Perser in der Doppelschlacht von Salamis auf Zypern. Ende der Perserkriege.

Um 438: Die Zeremonienstadt Persepolis wird nach acht Jahrzehnten Bauzeit fertiggestellt. – Im selben Jahrzehnt wird in Athen der Parthenon vollendet. Zur Regierungszeit von Perikles erreicht Griechenland den Höhepunkt seiner klassischen Epoche.

Um 433: Herodot, weitgereist im Vorderen und Mittleren Orient, verfasst seine Geschichte der Perser.

423 bis 404: Dareios II. regiert. Ägypten kann sich durch einen Aufstand von Persiens Herrschaft befreien.

333 bis 323: Alexander der Große zerstört das persische Großreich. Mit der Ermordung von Dareios III. erlischt 330 die Dynastie der Achämeniden. 333 Sieg bei Issos, 331 Eroberung von Babylon und Susa, 330 Zerstörung von Persepolis, 325 Vorstoß bis Indien, 323 Tod Alexanders in Babylon.

323 bis 280: Nachfolgekämpfe unter den Generalen Alexanders um die Herrschaft im eroberten Weltreich. 312 gelangen die Seleukiden in der Osthälfte zur Herrschaft. Unter ihrer Regierung wird die Hellenisierung Persiens vorangetrieben.

250 v. Chr. bis 225 n. Chr.: Der iranische Stamm der Parther besiegt die Seleukiden. Die Parther begründen die Dynastie der

Arsakiden. Unter ihrer Herrschaft bleibt der hellenische Einfluss bestehen.

225 bis 651: Die persischen Sassaniden besiegen die Parther und errichten das »Neupersische Reich«. Bewusst knüpfen sie an die Tradition der Achämeniden an, übernehmen die Herrschaftsform des Gottkönigtums und fördern verstärkt die Religion Zarathustras. Hauptstadt ist Ktesiphon nördlich von Babylon.

260: Der Sassanide Schapur I. nimmt in der Schlacht von Edessa den römischen Kaiser Valerian gefangen und erobert Mesopotamien.

273: Der Religionsstifter Mani wird in Ktesiphon hingerichtet.

Um 500 bis 529: Mazdak fordert eine Reformation der Zarathustrareligion und predigt kommunistische Ideale. Bauernunruhen erschüttern das Sassanidenreich.

527 bis 565: Der oströmische Kaiser Justinian führt, angeregt vom Gottkönigtum der Sassaniden, eine Herrschaftsform mit ähnlichen Attributen im Byzantinischen (Oströmischen) Reich ein.

531 bis 579: Unter Chosrau I. erreicht das Sassanidenreich seine größte Ausdehnung: von Mesopotamien bis zum Indus. Höhepunkt sassanidischer Kultur. Seide aus China und das Schachspiel aus Indien gelangen zum ersten Mal in den Westen.

Um 570: Mohammed wird in Mekka geboren.

602 bis 627: Persien und das Byzantinische (Oströmische) Reich führen Krieg, aus dem beide Großmächte sehr geschwächt hervorgehen.

610: Mohammed beginnt in Mekka zu predigen.

622: Mohammed muss mit seinen Anhängern von Mekka nach Medina fliehen. Die »Hedschra« (= Auswanderung) markiert den Beginn der islamischen Zeitrechnung.

632: Mohammed stirbt. Arabien ist dem Islam unterworfen.

632 bis 634: Kalif (= Nachfolger) Abu Bakr unternimmt erste Eroberungszüge nach Syrien und Persien.

634 bis 644: Kalif Omar erobert Syrien, Palästina und weite Teile Persiens. Unter seiner Führung besetzen die Araber 637 Ktesiphon, 642 besiegen sie die Perser entscheidend bei Nihawend.

644 bis 656: Kalif Othman legt 653 die erste schriftlich fixierte Ausgabe des Korans vor.

651: Yazdegerd III. wird auf der Flucht ermordet. Damit endet das Geschlecht der Sassaniden. Ihr Großreich ist fast völlig den Arabern unterworfen.

656 bis 661: Ali, Vetter und Schwiegersohn des Propheten, ist Kalif. Unter seiner Regierung bahnt sich die islamische Religionsspaltung in Sunniten und Schiiten an.

661 bis 680: Nach Alis Ermordung wird Muawiya Kalif und begründet die Dynastie der Omayyaden. Er macht Damaskus zu seiner Residenz. Die Araber dringen im Westen weit nach Nordafrika, im Osten bis nach Baktra vor.

680: Alis Sohn Hussein meldet nach Muawiyas Tod Thronansprüche an. Muawiyas Sohn Yazid aber lässt Hussein bei Kerbela (Irak) töten. Nach dem Mord am Prophetenenkel ist die Religionsspaltung nicht mehr aufzuhalten. Während der zwei folgenden Jahrhunderte bilden sich zwei unversöhnliche Gruppierungen: Sunniten und Schiiten.

711/712: Die Araber erobern im Westen Spanien und dringen im Osten in das Indusgebiet ein.

743: Kalif al-Walid II. übernimmt als erster muslimischer Herrscher aus Persien den Brauch des Harems. Streng abgeschlossene Haremsgemächer waren zuvor im Islam unbekannt.

749/750: Die Dynastie der Omayyaden wird durch Sunniten und Schiiten aus Persien gestürzt. Die arabisch-persische Dynastie der Abbasiden kommt zur Macht, bekennt sich zum sunnitischen Glauben und bekämpft die Schiiten.

754 bis 775: Kalif Abu Dschafar al-Mansur wird zum eigentlichen Begründer der Abbasidendynastie. Er macht 762 Bagdad zu seiner Residenz und führt das persische Hofzeremoniell der Sassaniden ein. Der arabische Einfluss geht zurück, Perser bestimmen zunehmend die Entwicklung des Islam.

762: Ismail, der umstrittene 7. Imam der Schiiten, stirbt. Ein Teil der Schiiten will mit seinem Tod die Reihe der Imame beendet wissen und spaltet sich während der folgenden Jahrzehnte mit der Bewegung der »Siebener-Schiiten« ab.

773: Kalif Abu Dschafar al-Mansur lässt das indische Rechensystem in seinem Reich einführen. Die Zahlen werden während des 13. Jahrhunderts in Europa als »arabische Zahlen« bekannt.

786 bis 809: Harun al-Raschid, ein Zeitgenosse Karls des Großen, macht Bagdad zur prächtigsten Stadt der damaligen Welt.

793: Die in China erfundene Papierherstellung gelangt über

Samarkand nach Bagdad. Erst um 1280 entsteht die erste Papierfabrik im christlichen Abendland (Italien). 1390 wird erstmals in Deutschland Papier hergestellt (Nürnberg).

813 bis 833: Mamun, Harun al-Raschids Sohn, führt das Abbasidenreich zur höchsten kulturellen Blüte. Islamische Wissenschaftler und Philosophen beginnen, intensiv persische und griechische Werke zu studieren. Aristoteles wird zum vielgelesenen Philosophen, lange bevor ihn das christliche Europa zur Kenntnis nimmt.

817: Ali Reza, der 8. Imam der Schiiten, stirbt in Mesched. Der damals relativ unbedeutende Ort wird Jahrhunderte später zum wichtigsten Pilgerzentrum des schiitischen Iran.

821 bis 873: Die Dynastie der Tahiriden herrscht in Chorassan. Nominell ist sie noch den Abbasiden untergeordnet, regiert aber faktisch selbständig. Mit ihr beginnt schrittweise die politische Loslösung Persiens vom Abbasidenreich.

825: Kalif Mamun begründet in Bagdad das »Haus der Weisheit« (Bait al-hikma), in dem Werke der Wissenschaft und Philosophie aus dem Griechischen sowie aus asiatischen Sprachen ins Arabische übersetzt werden. Die wissenschaftlich überaus erfolgreiche Akademie besteht bis zur Zerstörung Bagdads durch die Mongolen 1258.

Um 826: Der persische Mathematiker al-Chwarizmi führt in Bagdad das Rechnen mit indischen Ziffern ein. Dieses Zehnerzahlensystem mit der Ziffer Null wurde im Jahr 628 in Nordindien von dem hinduistischen Mathematiker Brahmagupta entwickelt. Es wird in späteren Jahrhunderten über den islamischen Kulturraum als »arabische Zahlen« an das Abendland weitergegeben. Al-Chwarizmi entwickelt außerdem die Grundsätze der Algebra und des Rechnens mit Logarithmen.

Seit 833: Unter Kalif Mustasim beginnt der politische Zerfall des Abbasidenreiches. Türkische Gardetruppen kommen zunehmend zu Einfluss und schwächen die Macht der Kalifen.

864 bis 999: Die sunnitische Dynastie der persischen Samaniden steigt auf und wird um 900 zur beherrschenden Macht im östlichen Iran. Ihre Hauptstadt ist Buchara. Dort werden seit Beginn des 10. Jahrhunderts altpersische Chroniken studiert. Ein nationalpersisches, antiarabisches Bewusstsein bahnt sich an. Die Samaniden leiten ihre Herkunft von den Sassaniden ab.

868: Die Bewegung der »Siebener-Schiiten« entfacht unter Ali ibn Muhammad den ersten Sklavenaufstand gegen die Abbasidenkalifen.

874: Muhammad al-Muntazar, der 12. Imam der Schiiten, wird unter ungeklärten Umständen ermordet. Jahrzehnte nach seinem geheimnisvollen Verschwinden bildet sich die Lehre vom »Verborgenen Imam«. Die Bewegung der »Zwölfer-Schiiten« entsteht.

899: Hamdan Qarmat, Sozialrevolutionär aus der Bewegung der Siebener-Schiiten, entfacht den zweiten großen Sklavenaufstand gegen die Abbasiden und gründet am Persischen Golf einen Staat mit kommunistischen Eigentumsidealen (besteht bis etwa 940).

Um 930: In Bagdad entstehen große Teile von *Tausendundeiner Nacht*.

Um 930 bis 1055: Die persischen Buijden, »Zwölfer-Schiiten«, beginnen Teile Persiens zu erobern und bleiben ein Jahrhundert lang eine bestimmende Macht.

936: Der türkische Gardeführer Muhammad ibn Raiq nimmt den Abbasidenkalifen vollends die politische Macht. Von 936 bis 1258 besitzt das Kalifat von Bagdad für die Sunniten nur noch religiös-symbolische Bedeutung.

940: Firdausi (Abu al-Qasim Mansur) wird in Tus (Provinz Chorassan) geboren.

969 bis 1171: Die schiitischen Fatimiden regieren in Ägypten und Syrien. Ihre Kalifen bedrohen das sunnitische Kalifat von Bagdad. Die geistige Einheit des islamischen Kulturraums ist für alle sichtbar zerrissen.

977 bis 1186: Die sunnitische Dynastie der Ghaznaviden beherrscht von Ghazni aus große Teile des östlichen Iran. Ihr mächtigster Sultan wird Mahmud von Ghazni (998 bis 1030).

978: Firdausi beginnt, in Buchara an seinem *Königsbuch* zu arbeiten.

980: Avicenna (Ibn Sina) wird bei Buchara geboren.

998: Firdausi wechselt an den Hof des Mahmud von Ghazni über und stellt dort im Jahr 1012 sein *Königsbuch* fertig.

1021: Firdausi stirbt in Tus.

1037: Avicenna stirbt in Hamadan. Die Seldschuken erobern Chorassan.

1045: Omar Chayyam wird in Neischapur (Chorassan) geboren.

1051: Der Seldschukenfürst Togrul macht Isfahan zur Residenz seines Reiches. Der Turkstamm der Seldschuken hat sich seit dem 9. Jahrhundert in den östlichen Randgebieten des Kalifats ausgebreitet und im 10. Jahrhundert den sunnitischen Islam angenommen.

1055: Togrul rückt in Bagdad ein und wird »Schutzherr des Kalifen«. Er nimmt den Titel »Sultan«, »Herr der weltlichen Gewalt« an.

1063: Togrul stirbt in Rey (nahe Teheran). Sein Mausoleum ist bis heute erhalten.

1071: Die Seldschuken erobern Anatolien, das zur Keimzelle eines späteren Großtürkischen Reiches (unter den Osmanen) wird.

1080: In Anatolien begründet der Seldschukenführer Sulaiman das eigenständige Sultanat von Rum mit Konya als Hauptstadt. Der persische Einfluss bleibt beträchtlich.

Um 1090: Hasan-i Sabbah, ein Siebener-Schiit, begründet den Orden der Assassinen.

1096 bis 1270: Das Zeitalter der Kreuzzüge.

1122: Omar Chayyam stirbt in Neischapur.

1184: Saadi wird in Schiras geboren.

1194: Die Seldschuken verlieren ihre Macht in Persien, autonome Kleinfürstentümer entstehen.

1207: Dschelaleddin Rumi wird in Balch (Afghanistan) geboren.

1220: Die Mongolen unter Dschingis Khan erobern Persien. Ein Jahrhundert der Verwüstung folgt.

1226: Dschelaleddin Rumi kommt nach Konya, der Hauptstadt des Seldschukenreiches Rum in Anatolien. Er wird dort zum großen Dichter und Mystiker.

Um 1230: Über Sizilien und das maurische Spanien gelangen zum ersten Mal Schriften islamischer und griechischer Autoren ins christliche Europa, ebenso die »arabischen« Zahlen.

1255 bis 1336: In Persien regieren die mongolischen Il-Khane.

1256: Die Mongolen vernichten den Orden der Assassinen.

1258: Die Mongolen zerstören Bagdad. Ende des abbasidischen Kalifats. Nach der Vernichtung dieses überragenden islamischen Kulturzentrums hört das Arabische auf, die völkerverbindende Gelehrtensprache aller Muslime zu sein. Das Persische und bald auch das Türkische werden zur Konkurrenz.

1273: Dschelaleddin Rumi stirbt in Konya.

1282: Saadi stirbt in Schiras.

1301: Der sunnitische Derwischscheich Safi ad-Din gründet den Orden von Ardebil.

1309: Der Il-Khan Oltschaitu tritt zum schiitischen Glauben über.

1316: Oltschaitus Nachfolger Abu Said wechselt zum sunnitischen Islam. In den nächsten Jahrzehnten folgen fast alle mongolischen Fürsten diesem Beispiel, damit bleibt in Persien weiterhin die Vorherrschaft des sunnitischen Islam bestehen.

1326: Hafis wird in Schiras geboren. Die Osmanen erobern Bursa und machen die Stadt zur Residenz ihres aufstrebenden Reiches.

1369 bis 1405: Der Mongolenkhan Timur fällt in Persien ein und begründet die Dynastie der Timuriden. Hauptstadt ist Samarkand, ein neues Kulturzentrum des Islam.

1380 bis 1501: Die Timuriden regieren in Persien. Unter ihrer Herrschaft kommen die Technik der bunten Fayenceverkleidung und die Miniaturmalerei zu besonderem Glanz.

1390: Hafis stirbt in Schiras.

1392: Der Derwischorden von Ardebil wendet sich unter Hodscha Ali den Zwölfer-Schiiten zu und wird sozialrevolutionär.

Um 1450: Der Ordensstaat von Ardebil organisiert sich militärisch und erlangt großen Einfluss im nordwestlichen Iran und in Ostanatolien.

1453: Die Osmanen erobern unter Sultan Mehmed II. Konstantinopel. Ihr Reich ist damit endgültig die beherrschende Großmacht des Islam.

1453 bis 1478: Türkische Lokaldynastien in Nordpersien schwächen die Macht der Timuriden entscheidend. Persien ist in zahlreiche Fürstentümer zersplittert.

1501 bis 1524: Ismail, der Ordensführer von Ardebil, erobert Persien und Teile des Irak. Er führt den Glauben der Zwölfer-Schiiten als Staatsreligion ein. Innerhalb eines Jahrzehnts bekennen sich alle Kernprovinzen Persiens zur Schia (bis heute). Die nicht eroberten persisch geprägten Fürstentümer Turkestans (Samarkand und Buchara) bleiben sunnitisch, ebenso Teile des Irak und Afghanistans.

1501 bis 1722: Die von Ismail begründete schiitische Dynastie der Safawiden regiert. Sie belebt die altpersische Tradition des Gottkönigtums wieder.

1514: In der Schlacht von Tschaldiran unterliegen die Perser dem sunnitischen Osmanensultan Selim I. Den weiteren Eroberungen der Schiiten ist Einhalt geboten. Schah Ismail verlegt daraufhin seine Residenz vom militärisch ungesicherten Täbris nach Qazvin nordwestlich von Teheran.

1516: Die Osmanen unter Selim I. erobern Syrien und Ägypten.

1524 bis 1576: Unter Ismails Nachfolger Tahmasp verlieren die Perser den Irak an die sunnitischen Osmanen.

1526: Babur, ein Nachkomme des sunnitischen Mongolenkhans Timur, erobert vom nördlichen Afghanistan aus Nordindien und begründet die Dynastie der Moguln (1526–1857).

1587 bis 1629: Nach einem Jahrzehnt der Thronwirren wird Abbas I., »der Große«, Schah. Unter seiner Regierung erreicht das Safawidenreich die höchste Blüte. Er verlegt 1598 die Residenz von Qazvin nach Isfahan. Die neue Hauptstadt wird politisch wie kulturell zum Mittelpunkt des Iran (bis 1722).

1616: Abbas erobert den von den Türken besetzten Irak zurück und renoviert die schiitischen Hauptheiligtümer Nedschef und Kerbela. In Persien selbst fördert er die Nationalheiligtümer. Mesched und Ghom werden während der folgenden Jahrzehnte zu bedeutenden Pilgerzentren, Ghom außerdem zur wichtigsten Ausbildungsstätte für Geistliche.

1629 bis 1722: Unter Abbas' schwachen Nachfolgern verliert das Amt des Schahs stark an Ansehen. Der Einfluss der schiitischen Geistlichkeit auf die Politik nimmt zu.

1638: Die Osmanen erobern den Irak zurück, der bis 1918 von ihnen beherrscht wird. Die schiitischen Hauptheiligtümer Nedschef und Kerbela bleiben unter sunnitischer Oberhoheit (bis zum Sturz Saddam Husseins 2003).

1722: Sturz der Safawiden durch die afghanische Dynastie von Kandahar.

1730 bis 1747: Nadir vertreibt 1729 die Afghanen und lässt sich zum Schah krönen. 1739 erobert er Teile Indiens und bringt aus Delhi den berühmten »Pfauenthron« der Moguln nach Persien. Nach seiner Ermordung herrscht Anarchie.

1747: Afghanistan löst sich von dem geschwächten Persien und begründet ein unabhängiges Königreich. Der Staat existiert bis heute (wenn auch durch Bürgerkriegswirren zerrissen).

1771: Der französische Orientalist Anquetil-Duperron übersetzt als Erster das *Awesta* und weckt damit für Europa das Interesse an Zarathustras Lehre. Bereits 1776 ins Deutsche übertragen.

1794 bis 1797: Nach langen Machtkämpfen gelangt in Persien Mohammed Kadschar auf den Thron und begründet die Dynastie der Kadscharen.

1794 bis 1925: Unter der Dynastie der Kadscharen gelangt Persien zunehmend unter das Diktat europäischer Mächte. Despotische Herrscher und fortschrittsfeindliche Mullahs verhindern jede durchgreifende Reform. Persien wird »Entwicklungsland«.

1796: Teheran wird Hauptstadt Persiens.

1819: Goethes *West-östlicher Divan* wird veröffentlicht. Der Gedichtzyklus stellt einen Bezug zum *Diwan* des persischen Dichters Hafis her und ist ein frühes Zeugnis für den Versuch von Europäern, einen vertieften kulturellen Dialog mit dem »Osten«, der islamischen Welt, zu beginnen.

1825 bis 1828: Nach einem verlorenen Krieg muss Persien an Russland den Kaukasus mit Baku, Teile von Aserbeidschan und Georgien abtreten.

1844: Die religiöse Sekte der Babi, der späteren Baha'i, entsteht.

1848 bis 1864: Verfolgung und Vertreibung der Babi. Hinrichtung ihres Führers Sayyid Ali Muhammad Schirazi (Bab) 1850 auf Veranlassung des Schahs Naser ad-Din (1847–1896).

1856/1857: Persien versucht, Afghanistan zurückzuerobern. Aber die Briten greifen militärisch ein und zwingen den Schah Naser ad-Din, die Unabhängigkeit Afghanistans anzuerkennen.

1863: Aus der Sekte der Babi geht die Bewegung der Baha'i hervor. Nach der Vertreibung ihrer Führer aus Persien wird Haifa in Palästina ihr Zentrum.

1868: Die Russen erobern Turkestan mit Buchara und Samarkand. Diese einst glanzvollen persischen Kulturzentren bleiben bis zur Auflösung der Sowjetunion 1991 unter russischer Herrschaft.

1872: Die bankrotte Regierung unter Schah Naser ad-Din überlässt Großbritannien einen Teil seiner Bodenschätze gegen relativ geringe Gewinnbeteiligung.

1878: Die Kosakenbrigade als Truppenteil der persischen Polizei wird geschaffen. Sie steht unter dem Kommando russischer Offiziere. Damit verstärkt sich der russische Einfluss. Reza Pahlevi wird in der Provinz Masanderan geboren.

1889: Die persische Regierung unter Schah Naser ad-Din tritt an Großbritannien das Recht ab, wichtige Vorkommen an Edelmetallen auszubeuten.

1890 bis 1892: Iranische Nationalisten und Ajatollahs schüren einen Volksaufstand und zwingen Schah Naser ad-Din, seinen Vertrag mit den Briten über das Tabakmonopol zu annullieren.

1892: Nietzsches *Also sprach Zarathustra* erscheint.

1896: Schah Naser ad-Din wird von einem persischen Nationalisten erschossen.

1897: Die systematische Ausgrabung von Susa beginnt unter der Leitung französischer Archäologen.

1901: Die Konzession für Erdölbohrungen in Persien wird von Schah Muzaffar ad-Din an die Briten vergeben.

1902: Khomeini wird in Khomein, nahe Ghom, geboren.

1905/1906: In Teheran bricht eine Revolution aus. Protestiert wird gegen die unfähige Regierung und die rasche Zunahme des ausländischen Einflusses. Schah Muzaffar ad-Din muss der Bildung eines Parlaments und einer konstitutionellen Monarchie zustimmen.

1908: Schah Mohammed Ali löst das Parlament auf und befiehlt, seine Führer hinzurichten. Den darauf folgenden Volksaufstand lässt er blutig niederschlagen; russische Truppen helfen ihm. Erste Erdölfunde in Persien.

1909: Die Anglo-Persian Oil Company wird gegründet, um die persischen Erdölfelder auszubeuten.

1909: Aufständische zwingen Achmed Schah, das Parlament wieder einzusetzen. Er regiert seitdem in einer konstitutionellen Monarchie (bis 1925).

1911: Das persische Parlament löst das Justizministerium auf, das unter geistlichem Einfluss steht. Ein bürgerliches Gesetzbuch nach französischem Vorbild wird ausgearbeitet.

1918: Nach dem Ende des Ersten Weltkriegs nimmt der britische Einfluss in Persien noch weiter zu. Persiens Wirtschaft steht völlig unter Kontrolle der Briten.

1919: Mohammad Reza Pahlevi, der letzte Schah des Iran, wird in Teheran geboren.

Die persische Regierung veranlasst die Einführung von Mädchenschulen, bisher undenkbar. Scharfer Widerstand der Geistlichkeit.

1921: Reza Khan, Kosakenoffizier, stürzt durch einen Militärputsch die Regierung in Teheran. Formell bleibt Achmed Schah im Amt. Tatsächlich aber regiert Reza Khan.

Der 19-jährige Khomeini beginnt sein religiöses Studium bei einem Ajatollah in Arak.

1922: Das Osmanenreich, nach dem verlorenen Weltkrieg 1918 auf sein Kernland Türkei geschrumpft, bricht zusammen. Der letzte Osmanensultan Mehmed VI. geht ins Exil, während Mustafa Kemal (Atatürk) die Macht ergreift.

Khomeini wechselt an die Hochschule von Ghom.

1923: Reza Khan wird Premierminister. Daraufhin hält sich Achmed Schah »zur Kur« in Europa auf und kehrt nicht zurück.

1924: Atatürk unterbindet allen Einfluss islamischer Rechtsgelehrter auf die Politik und lässt die Koranschulen schließen.

1925: Reza Khan erklärt Achmed Schah für abgesetzt. Damit endigt die Kadscharen-Dynastie. Reza Khan besteigt als Schah Reza Pahlevi den Thron.

1925 bis 1979: Die Dynastie Pahlevi regiert absolut. Das Parlament besteht zwar formell weiter, darf aber keine demokratische Kontrolle ausüben. Unter den Pahlevi wird der Iran energisch und rücksichtslos zugleich modernisiert. Atatürk ist das erklärte Vorbild. Neue Spannungen mit der Geistlichkeit, aber auch mit den ärmeren Volksschichten entstehen.

Seit 1925: Im Iran wird die islamische Zeitrechnung, in Mondjahren gerechnet, nach westlichem Vorbild durch eine Rechnung nach Sonnenjahren ersetzt. Ausgangspunkt der Zählung bleibt aber die Hedschra, 622 n. Chr.

1927: Reza Pahlevi prügelt in Ghom öffentlich einen Mullah, der seine Reformen zu kritisieren wagt. Die Kluft zwischen Regierung und Geistlichen ist seitdem nicht mehr zu überbrücken.

Teheran erhält einen Flugplatz mit Anschluss an das internationale Flugnetz.

1928: Atatürk lässt sämtliche religiösen Formeln aus der Verfassung streichen und erklärt die Türkei offiziell zum säkularen Staat mit einer strikten Trennung von Politik und Religion.

Reza Pahlevi schließt, von Atatürk inspiriert, islamische Rechtsgelehrte von allem Einfluss auf Politik und Religion aus.

In Kairo gründet Hasan al-Banna als Reaktion auf den »Verrat am Islam«, wie er die Verwestlichung in der Türkei nennt, die Muslimbruderschaft. Damit beginnt die Entwicklung der modernen islamistischen Bewegungen, Jahrzehnte vor Khomeini.

1931: Die Ausgrabungen von Persepolis beginnen unter der Leitung amerikanischer Archäologen.

1934: Reza Pahlevi weist die Universität von Teheran an, von nun an auch Studentinnen aufzunehmen.

Ali Schariati wird in der Provinz Chorassan geboren, Ali Haschemi Rafsandschani in Rafsandjan (Provinz Kerman).

1935: Reza Pahlevi lässt die amtliche Bezeichnung »Persia« (Persien) durch »Iran« ersetzen. Die Regierung setzt sich verstärkt für eine Rückbesinnung auf »iranische Traditionen« ein.

Um 1935: Khomeini erwirbt in Ghom den höchsten akademischen Grad eines Modschtahed. Seine Vorlesungen über islamische Moral finden regen Zulauf.

1936: Reza Pahlevi verbietet gegen den heftigen Widerstand der Geistlichen die Verschleierung der Frau (sein Nachfolger hebt 1941 das Verbot auf Druck konservativer Kreise wieder auf).

1939: Ali Khamenei wird in Mesched geboren.

1940: Mahmud Doulatabadi wird im Dorf Doulatabad (Provinz Chorassan) geboren.

Um 1940: Khomeini wird Ajatollah.

1941: Großbritannien und die Sowjetunion besetzen den Iran. Schah Reza Pahlevi muss aufgrund seiner Parteinahme für die Deutschen im Zweiten Weltkrieg abdanken und dem 22-jährigen Sohn den Thron überlassen. Nach dem Sturz Reza Pahlevis schreibt Khomeini sein erstes politisches Buch gegen die Dynastie Pahlevi.

1941 bis 1979: Mohammad Reza Pahlevi regiert.

1943: Mohammad Khatami wird in Ardakan (bei Yazd) geboren.

1944: Reza Pahlevi stirbt im Exil in Johannesburg (Südafrika).

1945: Abdulkarim Sorusch wird in Teheran geboren.

1946: Die Sowjets weigern sich, ihre Truppen aus Aserbeidschan abzuziehen. Nur die Drohung mit dem Einsatz von Atomwaffen vonseiten der USA kann Stalin daran hindern, die iranische Provinz der Sowjetunion einzugliedern (1828 war bereits der Nordteil Aserbeidschans von den Russen annektiert worden).

1949: Die neue Verfassung ermächtigt den Schah, das Parlament »im Notfall« aufzulösen.

1951 bis 1953: Mohammad Mossadegh ist Premierminister. Er verstaatlicht die Ölindustrie und zwingt die Briten, den Iran zu verlassen. 1953 muss der Schah fliehen, kann jedoch zurückkehren, nachdem loyale Truppen – mit Hilfe des amerikanischen

Geheimdienstes CIA – Mossadegh gestürzt haben. Die Ölindustrie bleibt verstaatlicht, Großbritanniens Einfluss ist beschnitten. Dagegen erlangen die USA durch gezielte Wirtschaftshilfe vorrangigen Einfluss (bis 1979).

1956: Mahmud Ahmadinedschad wird in Aradan nahe Teheran geboren.

1957: Die Savak, die gefürchtete Organisation der iranischen Geheimpolizei, wird gegründet.

1960: Am 13. Februar, dem Geburtstag des Mahdi, des Verborgenen Imam, wird in Hamburg der Grundstein zur Imam-Ali-Moschee gelegt. Die schiitische Moschee wird nach ihrer Fertigstellung 1966 zum religiös-kulturellen Zentrum der in Deutschland lebenden Iraner. Ohnehin ist die Hafenstadt Hamburg ein Zentrum deutsch-iranischer Handelsbeziehungen.

1961: Nach dem Tod des Schiitenführers Ajatollah Borudscherdi können sich die maßgebenden Geistlichen des Iran auf kein neues Oberhaupt einigen. Ajatollah Khomeini steht in der vorderen Linie der Bewerber.

1961 bis 1964: Khatami studiert in Ghom Theologie.

1962: Der Schah sieht sich durch die zunehmende Verelendung der Bauern veranlasst, eine Bodenreform durchzuführen. Die Reform ist der liberalen und sozialistischen Opposition zu »kapitalistisch«, den Geistlichen zu »unislamisch«.

1963: Der Schah verkündet das Wahlrecht der Frauen. Dieses neue Gesetz und die Bodenreform, die er jetzt »Weiße Revolution« nennt, stoßen bei der Geistlichkeit auf heftigen Widerstand. Im Juni kommt es zu schweren Unruhen. Zum ersten Mal tritt Khomeini politisch hervor. Der Schah lässt den Aufstand mit brutaler Härte niederschlagen.

1964: Khomeini wird wegen seiner politischen Aktivitäten aus dem Iran verbannt. Bis 1965 lebt er im Exil in Bursa (Türkei), dann übersiedelt er nach Nedschef (Irak).

1965: Ali Schariati kehrt nach seinem Studium in Paris in den Iran zurück und wirkt als Buchautor, Lehrer und Redner bis zu seiner Verhaftung 1973.

Im Iran entsteht die gegen den Schah gerichtete Bewegung der »Volks-Mudschaheddin«. Ihr Führer ist Massud Radschawi.

1965 bis 1969: Khatami studiert in Isfahan Religions- und Literaturwissenschaft.

1965 bis 1970: Ajatollah Mohammed Beheschti ist Leiter des Islamischen Zentrums in Hamburg. Er bekennt sich schon damals zu Khomeini und betätigt sich als Agitator unter den iranischen Studenten in Deutschland. Auf Druck des Schahs wird er 1970 abberufen.

1966: Doulatabadi beginnt seine schriftstellerische Laufbahn mit ersten Erzählungen.

1967: Im Iran wird das Scheidungsrecht zugunsten der Frau verändert. Der Mann kann seine Ehefrau nicht mehr ohne Angabe von Gründen verstoßen.

Mohammad Mossadegh stirbt in Teheran.

Am 2. Juni kommt es bei dem Besuch des Schahs in Berlin zu massiven Demonstrationen deutscher Studenten und Exil-Iraner gegen die iranische Diktatur. Im Verlauf der Tumulte wird der deutsche Student Benno Ohnesorg von einem Polizisten erschossen. Die Ereignisse in Berlin radikalisieren die deutsche Studentenbewegung und die damit verbundene »Außerparlamentarische Opposition«.

Am 5. Juni beginnt im Nahen Osten der sogenannte »Sechstagekrieg«, hierbei erleiden die arabischen Staaten gegen Israel eine verheerende Niederlage. Durch ihr militärisches und politisches Versagen müssen die säkularen Regierungen arabischer Nationalisten einen schweren Vertrauensschwund bei der Masse ihrer enttäuschten Anhänger hinnehmen. Und davon profitieren radikal-islamische Bewegungen. Obwohl etliche von ihnen schon seit Jahrzehnten bestehen, erhalten sie jetzt erst beträchtlichen Zulauf. Den Anfang machen die Muslimbruderschaften in Ägypten und Syrien.

1968: Durch einen Putsch erringt im Irak die Baath-Partei, die bereits seit 1963 beträchtlichen Einfluss ausübt, die Alleinherrschaft. Stellvertreter des Partei- und Regierungschefs Hasan al-Bakr wird Saddam Hussein.

1969: Der Filmregisseur Dariush Mehrjui liefert mit seinem Film *Die Kuh* (einer sozialkritischen Schilderung des Landlebens) das erste große Meisterwerk in der iranischen Filmgeschichte. Unter dem Schah wegen »zersetzender« Kritik verboten, später in der Ära Khatami rehabilitiert und geschätzt.

1970: Abolhassan Banisadr nimmt mit Khomeini erste Kontakte in dessen irakischem Exil auf.

Um 1970: Die sogenannte »Islamische Wiedergeburt« als Massenbewegung nimmt ihren Anfang. Immer mehr muslimische Staaten beginnen, die »Verwestlichung« öffentlich abzulehnen, und fordern die Rückbesinnung auf die traditionellen Werte des Islam.

Mitte der 1970er-Jahre beginnen im Westen die Medien von »Fundamentalismus« zu sprechen.

1971: Der Schah feiert mit geladenen Gästen aus aller Welt bei Persepolis das »2500. Jahr der iranischen Monarchie« (seit Kyros). Die Feierlichkeiten können aber nicht vollständig von der Schattenseite der iranischen Wirklichkeit ablenken: Der rasante technische Fortschritt bringt Wohlstand nur für wenige, dagegen bleiben die Massen im Elend und leiden unter der Zerstörung ihrer traditionellen Strukturen.

Dariush Mehrjui erregt mit dem Spielfilm *Der Briefträger* internationales Aufsehen, der Film wird aber wegen seiner scharfen Sozialkritik vom Schah-Regime verboten und kommt im Iran erst unter Khatami in die Kinos.

Um 1971: Khomeini verfasst in Nedschef sein wegweisendes Buch *Das Königreich der Rechtsgelehrten.*

1974: Khatami tritt der Organisation »Kämpfende Geistlichkeit« bei.

1975: Doulatabadi wird wegen eines regimekritischen Zeitungsartikels für zwei Jahre als politischer Häftling eingesperrt.

1976: Der Schah verkündet per Gesetz eine »iranische« Zeitrechnung, beginnend mit Kyros dem Großen. Aber Volksunruhen unter Führung der Geistlichen zwingen ihn, wieder zur islamischen Zählung zurückzukehren.

Ali Schariati gelingt die Flucht ins Ausland. Ein Jahr später, im Juni 1977, wird er von Savak-Agenten in London ermordet.

1977: 20. Januar: In den USA wird Jimmy Carter Präsident. Er regiert bis 20. Januar 1981

In Nedschef ermorden im November Savak-Agenten Khomeinis ältesten Sohn Mustafa.

1978: Im Januar beginnen im Iran Volksunruhen von bisher nicht gekannter Heftigkeit gegen den Schah. Ausgangspunkt ist die heilige Stadt Ghom.

Die Regierung des Irak, vom Schah unter Druck gesetzt, verweigert Khomeini ein weiteres Exil. Khomeini übersiedelt nach

Neauphle-le-Château bei Paris und schürt von dort die Unruhen im Iran.

Banisadr wird in Frankreich zu einem der wichtigsten Berater Khomeinis.

Khatami wird auf Vorschlag von Ajatollah Beheschti Leiter des Islamischen Zentrums in Hamburg. (1980 ruft ihn Khomeini für politische Aufgaben in den Iran zurück.)

Düstere Bilanz der Ära Pahlevi seit den 1950er- Jahren: Teheran ist von einer Million auf 5 Millionen Einwohner gewachsen, viele der Zuwanderer vegetieren in Slums.

Die Unruhen gegen den Schah erreichen ihren Höhepunkt im Dezember am Tag der »Ashura« – im Gedenken an den Märtyrertod des Prophetenenkels Hussein. Endgültig erhält die Rebellion das Prädikat der »Islamischen Revolution«.

1979: Schah Mohammad Reza Pahlevi flieht am 16. Januar aus dem Iran. Damit endet die Dynastie der Pahlevi. Khomeini kehrt am 1. Februar in den Iran zurück. Nach einer Volksabstimmung im März wird am 1. April die »Islamische Republik Iran« ausgerufen.

Sorusch kehrt nach Studienjahren in London und Oxford in den Iran zurück und wird Mitglied im Rat der Islamischen Kulturrevolution.

Doulatabadis erster großer Roman *Der leere Platz von Ssolutsch* erscheint in Teheran (auf Deutsch 1991).

Im Juni wird Saddam Hussein, seit Jahren schon der »starke Mann« der Baath-Partei, unumschränkter Diktator des Irak.

Im November besetzen radikale Studenten die amerikanische Botschaft in Teheran und nehmen 63 Botschaftsangehörige als Geiseln, um von den USA die Auslieferung des Schahs zu erzwingen. (Erst Anfang 1981 kann die »Geiselaffäre« beigelegt werden.)

Mehdi Bazargan muss bereits neun Monate nach Amtsantritt als Ministerpräsident im November wegen Differenzen mit Khomeini zurücktreten. Im Dezember wird die Verfassung der »Islamischen Republik« durch eine Volksabstimmung legitimiert. Die politischen Richtlinien gehen nun offiziell allein von geistlichen Führern aus.

Ende Dezember besetzen sowjetische Truppen Afghanistan, um das dort 1977 an die Macht gekommene pro-kommunistische Regime gegen Aufständische zu schützen. Ein heftiger Bürgerkrieg beginnt, der erst 1989 endet.

1980: Am 25. Januar wird Banisadr durch Volkswahl mit mehr als 75 Prozent der Stimmen der erste Staatspräsident der Islamischen Republik.

Am 20. Februar wird der »Islamische Wächterrat« geschaffen, der aus 12 Mitgliedern besteht. Die ranghohen Geistlichen sollen bei Parlamentswahlen die Kandidaten auf ihre »islamische Verfassungstreue« prüfen (eine Machtstellung, die später zugunsten der Konservativen missbraucht wird).

Khatami wird von den Einwohnern seiner Heimatstadt Ardakan als Abgeordneter ins Parlament gewählt.

Das islamistische Regime des Iran schließt mit dem säkularen Baath-Regime Syriens unter Präsident Hafiz al-Assad ein Zweckbündnis gegen das Baath-Regime Saddam Husseins im Irak.

Mohammad Reza Pahlevi stirbt am 27. Juli im Exil in Kairo an Krebs.

Zur Tausendjahrfeier des Geburtstags von Avicenna lädt die Regierung der Teilrepublik Usbekistan (damals noch Sowjetunion) ein internationales Publikum in das Heimatdorf des großen Gelehrten bei Buchara zu Feierlichkeiten.

Im September beginnt Saddam Hussein den Krieg gegen den Iran, um die Vorherrschaft im Schatt el Arab zu erringen. Er wird mit Geld und Waffen durch die USA und westeuropäische Staaten unterstützt, aber auch massiv durch Saudi-Arabien – mit dem Interesse, das Regime des »antiwestlichen Gottesstaates Iran« zu stürzen.

1981: 20. Januar: In den USA wird Ronald Reagan Präsident. Er regiert bis 20. Januar 1989.

Am 22. Juni entlässt Khomeini Staatspräsident Banisadr wegen schwerer Differenzen aus dem Amt. Dessen Nachfolger wird Ali Radschai. Ende Juni wird Ajatollah Beheschti, mächtigster Politiker nach Khomeini, zusammen mit 72 geistlichen Politikern bei einem Bombenattentat durch die Volks-Mudschaheddin getötet.

Banisadr verlässt im Juli zusammen mit Radschawi, dem Führer der Volks-Mudschaheddin, an Bord eines gekaperten Militärflugzeugs fluchtartig den Iran. Sie gehen ins Exil nach Paris.

Ende August stirbt Staatspräsident Radschai nach nur 33 Amtstagen durch ein Attentat. Ihm folgt Ali Khamenei, bisher Parlamentspräsident, er erhält am 2. Oktober durch Volkswahl 95 Prozent der Stimmen. Neuer Parlamentspräsident wird Rafsandschani.

Khatami wird von Khomeini mit der Leitung des renommierten Kayhan-Verlags betraut.

1981 bis 1989: Gholam Hussein Karbastschi ist Bürgermeister von Isfahan und saniert die vernachlässigte Metropole.

Khatami wird unter Ministerpräsident Mir-Hossein Mussawi Minister für Kultur und islamische Führung. Er behält das Amt bis 1992.

1982: Khomeini entmachtet seinen größten geistlichen Widersacher, Ajatollah Schariat-Madari. In der Folge gelingt es Khomeinis Parteigängern, vollends jegliche Opposition auszuschalten.

1983: Der erste Band von Doulatabadis Roman *Kelidar* erscheint, das fünfbändige Werk wird während der folgenden Jahre ein Massenerfolg.

1984: Sorusch erlebt seinen ersten tiefgehenden Konflikt mit dem Mullah-Regime. Er tritt aus dem Rat der Islamischen Kulturrevolution aus. Seither arbeitet er (unter Schikanen) als Universitätsdozent in Teheran.

1985: Groß-Ajatollah Montaseri wird von einem geistlichen Gremium, dem Expertenrat, zum designierten Nachfolger Khomeinis im Amt des religiös-politischen Führers bestimmt.

1987: Mohsen Makhmalbaf tritt erstmals mit einem regimekritischen Spielfilm an die Öffentlichkeit. Während der 1990er-Jahre wird er zum bekanntesten Filmregisseur des Iran.

1988: Im Mai beginnt der sowjetische Truppenabzug aus Afghanistan. Aber der Bürgerkrieg zwischen dem pro-kommunistischen Regime und den Mudschaheddin geht weiter. (Nach der Niederlage der Pro-Kommunisten 1991 bekämpfen sich die zerstrittenen Mudschaheddin untereinander.)

Im Sommer veranlasst Khomeini durch zwei religiöse Rechtsgutachten die Massenhinrichtung von rund 4000 politischen Gefangenen. Einer der vier Richter, die die Todesurteile im Schnellverfahren unterzeichnen, ist Ebrahim Raisi (2017 der unterlegene Präsidentschaftskandidat gegen Rohani).

Im September endet der Krieg zwischen Iran und Irak, wobei keine der beiden Seiten Vorteile erringen konnte. Der drohende wirtschaftliche Ruin zwingt beide Staaten zum Waffenstillstand.

Sowohl der Iran als auch der Irak sind auf Jahre hinaus aus dem machtpolitischen Kräftespiel des Nahen Osten verdrängt. An ihrer Stelle gewinnt Saudi-Arabien als der nun allein wichtige Erdölproduzent im Nahen Osten verstärkt an Einfluss.

1989: 20. Januar: In den USA wird George Bush Präsident. Er regiert bis 20. Januar 1993.

Khomeini verkündet am 14. Februar das Todesurteil gegen Salman Rushdie wegen seines Buches *Die satanischen Verse*.

Groß-Ajatollah Montaseri, der designierte Nachfolger Khomeinis im Amt des religiösen Führers, wird am 28. März wegen seiner öffentlichen Kritik an Terrorpraktiken des Regimes entmachtet. Er zieht sich nach Ghom zurück, wo er – von vielen weiterhin als die eigentlich moralische Autorität der Revolution verehrt – sehr abgeschirmt leben muss.

In den muslimischen Sowjetrepubliken, vor allem Aserbeidschan und Usbekistan, gewinnen die Unabhängigkeitsbestrebungen an Gewicht; anti-russische Ausschreitungen.

Am 4. Juni stirbt Khomeini in Teheran an Darmkrebs. Massenhysterie bei seiner Beerdigung am 6. Juni. Nach Khomeinis Tod wird Ali Khamenei, der bisherige Staatspräsident, vom Expertenrat als Nachfolger in das Amt des religiös-politischen Führers gewählt. Rafsandschani, der bisherige Parlamentspräsident, rückt in das Amt des Staatspräsidenten nach. Er wird am 28. Juni durch Volkswahl zum vierten Staatspräsidenten des Iran mit 94,5 Prozent der Stimmen. Rafsandschani übernimmt ein politisch gestärktes Amt, denn von nun an sind die Funktionen des Staatspräsidenten und Ministerpräsidenten vereint, um das Regieren effizienter zu machen.

Unter der Ära Khomeini ist Teheran von 1979 bis 1989 von 5 Millionen auf 9 Millionen Einwohner gewachsen; die Slums dehnen sich unter dem Druck der Zuwanderer unaufhaltsam aus.

1989 bis 1998: Gholam Hussein Karbastschi amtiert erfolgreich als Bürgermeister von Teheran, verbessert durch strenge Umweltauflagen die Stadtluft und entschärft den chaotischen Verkehr.

1990: Am 4. Juni, dem ersten Jahrestag von Khomeinis Tod, versammeln sich an seinem Mausoleum bei Teheran rund 8 Millionen Menschen.

Am 2. August besetzt Saddam Hussein Kuwait. Er hofft, durch

die Besitznahme der Erdölquellen den eigenen Staat zu sanieren (der durch den Krieg gegen den Iran wirtschaftlich ruiniert wurde).

Mitte August: Die schiitische Zeynab-Moschee in einem Vorort von Damaskus, finanziert vom schiitischen Regime im Iran, ist nach zehn Jahren Bauzeit fertiggestellt. Die größte schiitische Moschee Syriens, benannt nach einer Tochter des Prophetenenkels Hussein, ist perfekt im persischen Stil errichtet und wird zum Ziel vieler arabischer wie auch iranischer Schiiten, was den Einfluss des Iran in der arabischen Welt beträchtlich stärkt.

Khatami muss auf Druck der Konservativen die Leitung des Kayhan-Verlags aufgeben. Die renommierte Zeitung verliert ihr liberales Gepräge und wird zu einem Propagandainstrument der Konservativen.

Doulatabadis Roman *Die Reise* erscheint (auf Deutsch 1992).

1991: Nachdem Saddam Hussein einen Rückzug aus Kuwait kategorisch abgelehnt hat, beginnt am 16. Januar unter Führung der USA der »Golfkrieg« und endet am 28. Februar mit der Niederlage des Irak. Im März bricht im Irak der Aufstand der Schiiten und der Kurden gegen Saddam Hussein los. Im Verlauf der Kämpfe werden Nedschef und Kerbela, die heiligen Städte der Schiiten, schwer verwüstet. Da die US-Truppen den Aufständischen alle Hilfe verweigern, setzt katastrophales Flüchtlingselend ein. Die US-Regierung unter George Bush bewahrt das Regime Saddam Hussein vor dem völligen Zusammenbruch – aus der Überlegung heraus, der Irak könnte ohne diktatorische Gewalt in mehrere Teilregionen zerfallen und das Gleichgewicht im Nahen Osten noch mehr als bisher bedrohen.

Im April gelingt es Rafsandschani, die Revolutionsgarde der Pasdaran in ihrem Einfluss entscheidend zu beschneiden. Seine Politik der Öffnung gegenüber dem Westen macht Fortschritte.

Staatsoberhaupt Khamenei gibt Anweisung, Soruschs »zersetzende« Thesen nicht mehr in den staatlichen Medien zu verbreiten. Schlägertrupps bedrohen Sorusch und stören im Verlauf der nächsten Jahre immer wieder seine Vorlesungen.

Mitte Juni besucht der österreichische Bundespräsident Kurt Waldheim als erstes westliches Staatsoberhaupt seit 1979 den Iran.

Am 21. Dezember wird die Sowjetunion offiziell aufgelöst. Die bisherigen Teilrepubliken schließen sich zur »Gemeinschaft Unabhängiger Staaten« zusammen. Damit endet die mehr als 120

Jahre dauernde russische Fremdherrschaft über die mehrheitlich islamisch bevölkerten Staaten Aserbeidschan, Turkmenistan, Usbekistan, Tadschikistan, Kirgistan und Kasachstan.

1992: Der Iran beginnt im Januar mit einer diplomatischen Offensive, um seinen Einfluss in den nun unabhängigen islamischen Republiken Zentralasiens auszudehnen.

Khatami muss auf Druck der Konservativen von seinem Amt als Minister für Kultur und islamische Führung zurücktreten und wird auf den Posten des Leiters der Nationalbibliothek abgeschoben.

Die Parlamentswahl im April beschert Rafsandschanis Fraktion Gewinne, was die Reformpolitik absichert. Aber die konservative Mehrheit im Parlament bleibt bestehen.

Im Herbst mehren sich die Indizien, dass der Iran mit massiven Waffenkäufen zur militärischen Großmacht hochrüstet.

Teheran ist von 1989 bis 1992 von 9 auf 13 Millionen Einwohner gewachsen. Die sozialen Probleme des Iran bleiben ungelöst.

Im Sommer erschüttern Hungerunruhen eine Reihe iranischer Städte.

1993: 20. Januar: In den USA wird Bill Clinton Präsident. Er regiert bis 20. Januar 2001.

Rafsandschani wird im April zum zweiten Mal in das Amt des Staatspräsidenten gewählt, muss aber starke Stimmenverluste hinnehmen. Seine Popularität hat deutlich nachgelassen, da die bisher eingeleiteten Reformen nicht den erhofften Aufschwung gebracht haben. Rund die Hälfte der rund 60 Millionen Iraner lebt unter der Armutsgrenze.

1994: Im September marschieren Taliban-Milizen aus ihrem Exil in Pakistan nach Afghanistan ein und beginnen mit der schrittweisen Eroberung des Landes.

Im Oktober veröffentlichen 134 iranische Autoren einen aufsehenerregenden Appell gegen Zensur, Meinungsunterdrückung und Menschenrechtsverletzungen im Iran. Das Manifest geht an das iranische Kulturministerium, etliche iranische Zeitungen und einige internationale Schriftstellerorganisationen.

1995: Mehdi Bazargan stirbt am 20. Januar.

Im Februar setzt die konservative Mehrheit im Parlament ein Verbot des Satelliten-Fernsehens durch, um »unislamische« Informationen aus dem Ausland zu verhindern.

Im März stirbt Khomeinis Sohn Ahmad an einem Herzinfarkt.

Im Oktober demonstrieren in Teheran rund 7000 Studenten gegen die Übergriffe militanter Gruppen auf Sorusch, der während seiner Vorlesungen lebensgefährlich bedroht wird. Es ist die größte unabhängige Demonstration seit Beginn der 1980er-Jahre.

1996: Im Januar wird Abbas Maroufi, Schriftsteller und Herausgeber der Literaturzeitschrift *Gardun*, wegen »Herabwürdigung des Islam« zu sechs Monaten Gefängnis verurteilt, kann aber nach Deutschland ausreisen.

Bei den Parlamentswahlen im März und April können die Konservativen (unter Khamenei) ihre Mehrheit gegen die »Technokraten« (unter Rafsandschani) ausbauen.

Sorusch beklagt sich im Juni in einem offenen Brief an Staatspräsident Rafsandschani über den verstärkten Terror militanter Gruppen gegen ihn.

Im September erobern die afghanischen Taliban-Milizen Kabul, und im November kontrollieren sie bereits rund 70 Prozent des vom Bürgerkrieg der Mudschaheddin zerrissenen Landes.

1997: Die Wahlen am 23. Mai zum Staatspräsidenten enden mit einem Triumph für den liberalen Kandidaten Mohammad Khatami: Der Geistliche siegt mit 69,7 Prozent der Stimmen über seinen konservativen Gegner Nateq Nuri. Das Ergebnis ist sensationell, weil erstmals ein Kandidat gegen den Willen der konservativen religiösen Führung an die Macht gekommen ist. Vor allem jüngere Wähler und Frauen haben zu diesem Sieg beigetragen. Der langjährige Außenminister Velayati tritt ab, an seine Stelle kommt Kamal Charrasi. Innenminister wird Abdullah Nuri. Der bisherige Staatspräsident Rafsandschani wird Vorsitzender der »Schiedskommission«, ihm fällt damit die Vermittlung zwischen politisch rivalisierenden Gruppierungen zu; er behält also weiterhin großen politischen Einfluss.

Im Mai erhält der iranische Film *Der Geschmack der Kirsche* von Abbas Kiarostami auf den Filmfestspielen von Cannes die Goldene Palme.

Am 23. August tritt Khatami sein Amt als der fünfte Staatspräsident der Islamischen Republik Iran an.

Gholam Hussein Karbastschi, der populäre Bürgermeister von Teheran und wichtige Gefolgsmann von Khatami wie von Rafsandschani, gerät während der Sommermonate erstmals in die Schusslinie der Konservativen. Seine Gegner werfen ihm vor, unrechtmäßig Steuergelder für die Wahlkampffinanzierung Khatamis abgezweigt zu haben.

Groß-Ajatollah Montaseri, der einstige designierte Nachfolger Khomeinis, äußert sich im November positiv zum Wahlerfolg Khatamis. Andererseits spricht er dem Staatsoberhaupt Khamenei das Recht ab, auf die Tagespolitik Einfluss zu nehmen, denn im Unterschied zu Khatami sei er nicht vom Volk gewählt. Die Reaktion ist heftig: Terrortrupps verwüsten in Ghom das theologische Lehrzentrum Montaseris und fordern seinen Tod. Khamenei geht scharf gegen Anhänger Montaseris vor (Gefängnisstrafen), lässt aber Montaseri unbehelligt, er fürchtet dessen Popularität.

Sorusch nimmt im November an einer Religionskonferenz in Zypern teil und tritt für einen Dialog der Weltreligionen ein.

1998: Khatami äußert im Januar in einem Interview mit dem amerikanischen Fernsehsender CNN erstmals öffentlich seine Dialogbereitschaft mit den USA.

Im April wird Gholam Hussein Karbastschi, Teherans Bürgermeister, wegen »Korruption« verhaftet, aber nach einer Protestdemonstration von mehreren Zehntausend Menschen in Teheran zunächst wieder freigelassen. Im Juli wird er schließlich zu fünf Jahren Gefängnis verurteilt und muss ab Mai 1999 ins Gefängnis. Das Urteil soll die Reformkräfte schwächen. (Im Januar 2000 wird Karbastschi auf Intervention Khatamis und Rafsandschanis wieder freigelassen.)

Im Juni erzwingt die konservative Parlamentsmehrheit die Absetzung des liberalen Innenministers Abdullah Nuri wegen »unislamischer« Politik. Wiederum sind die Reformkräfte um einen wichtigen Vertreter geschwächt. Khatami schafft daraufhin für Nuri taktisch geschickt das Amt eines »Vizeministers für politische Entwicklung«.

Ajatollah Mesbah Yazdi, der führende Ideologe des religiös-radikalen Flügels, kommt durch Volkswahl in das einflussreiche Gremium des Expertenrats.

Im Sommer erscheint in Teheran erstmals eine feministische Tageszeitung mit dem Titel *Zan, Die Frau*. Herausgeberin ist Faezeh Haschemi, eine Tochter Rafsandschanis.

Rund 200 neue Zeitungspublikationen werden im Verlauf des Sommers zugelassen, die dann – auf einer schmalen politischen

Gratwanderung – für mehr Meinungsfreiheit und Demokratie eintreten.

Die Ermordung von neun iranischen Diplomaten durch Taliban-Milizen in der afghanischen Stadt Mazar-e Scharif treibt den Iran und Afghanistan im September vorübergehend an den Rand eines Krieges.

Fünf liberale Schriftsteller und Politiker werden im November und Dezember ermordet. Verdächtigt wird der iranische Geheimdienst.

Im Dezember ordnet ein Gericht an, die feministische Zeitung *Zan* habe ihr Erscheinen für zwei Wochen wegen »Verleumdung« einzustellen.

Ende Dezember versucht Staatsoberhaupt Khamenei, ranghohe Ajatollahs für die Absicht zu gewinnen, Staatspräsident Khatami aufgrund »religiöser Bedenken« zum Rücktritt aufzufordern. Die Ajatollahs lehnen ab.

1999: Bei Kommunalwahlen im Februar müssen die Konservativen eine schwere Niederlage hinnehmen. In Teheran wird kein einziger ihrer Kandidaten gewählt.

Khatami reist im März zu einem Staatsbesuch nach Italien. Es ist die erste Visite eines Regierungschefs der Islamischen Republik Iran in einem westlichen Land. Damit ist ein wichtiger Schritt getan, um die bisherige außenpolitische Isolation des Westens zu lockern.

Eine Million Iraner versammelt sich am 4. Juni vor dem Mausoleum Khomeinis, zum Gedenken an den zehnten Todestag des »Vaters der Revolution«. Die Veranstaltung ist ein Propagandainstrument der Konservativen.

Anfang Juli verabschiedet die parlamentarische Mehrheit der Konservativen ein verschärftes Pressegesetz: Zukünftig können Journalisten vor einem Revolutionsgericht als Saboteure und Spione abgeurteilt werden. Wenig später lässt die iranische Justiz die Zeitung *Salam* schließen, die engagiert den Regierungskurs Khatamis unterstützt.

Am 8. Juli kommt es in Teheran zu ersten Demonstrationen von Studenten für Pressefreiheit. Während der folgenden Tage weiten sich die Studentenproteste auf den ganzen Iran aus und werden zur größten regimekritischen Demonstration, die es im Iran seit Beginn der Islamischen Republik gegeben hat. Die Unruhen werden blutig unterdrückt, etliche Studenten zum Tod verurteilt. Aber das verschärfte Pressegesetz wird wieder gemildert, um die Regimekritiker zu beschwichtigen.

Im Oktober reist Khatami zu einem Staatsbesuch nach Frankreich.

Ende November verurteilt der iranische Sondergerichtshof für Geistliche Khatamis früheren Innenminister Abdullah Nuri zu fünf Jahren Gefängnis wegen »islamfeindlicher Propaganda«. Die von ihm herausgegebene Zeitschrift *Khordad* wird verboten. (Im Februar 2000 wird Nuri nach dem Wahlsieg der Reformer vorzeitig auf Bewährung entlassen.)

Ende des Jahres brechen in der Erdölprovinz Chusistan Hungerunruhen aus.

2000: Bei den Parlamentswahlen vom 18. Februar verlieren die Konservativen nach 21 Jahren Herrschaft erstmals die Mehrheit der Abgeordnetensitze an die Reformgruppierungen unter Führung von Khatami. Nach vorläufiger Stimmenauszählung steht für die Reformer gar eine Zweidrittelmehrheit in Aussicht. Besonders erfolgreich sind sie in Teheran, dort erringen sie von 30 verfügbaren Sitzen 29. Weit abgeschlagen ist der konservative Block mit seiner ideologischen Nähe zu Staatsoberhaupt Khamenei. Eine Niederlage erleidet auch Rafsandschani, der mit seiner Fraktion als ein Vermittler zwischen Reformern und Konservativen angetreten ist.

Ende April verbietet das iranische Pressegericht 18 wichtige Reformzeitungen, nachdem das Parlament – noch in seiner alten Sitzverteilung mit konservativer Mehrheit – ein verschärftes Pressegesetz verabschiedet hat. Angesichts der angespannten politischen Lage äußern die Reformpolitiker nur zaghafte Kritik, um die konservativen Gegner nicht zu einem Putsch zu provozieren. Entsprechend klein bleiben diesmal die Demonstrationen für Pressefreiheit.

Im Mai werden bei den Filmfestspielen in Cannes zwei iranische Spielfilme mit Preisen ausgezeichnet: *Die Zeit der trunkenen Pferde* von Bahman Ghobadi; *Die Wandtafel* von Samira Makhmalbaf.

Vom 10. bis 12. Juni besucht Khatami Deutschland. Es ist der erste Staatsbesuch eines führenden iranischen Politikers nach 33 Jahren – seit dem Besuch des Schahs im Juni 1967. Khatami hält in Weimar eine denkwürdige Rede zur geistigen Beziehung zwischen Hafis und Goethe.

Im September wird der iranische Regisseur Jafar Panahi bei den Filmfestspielen von Venedig mit dem Goldenen Löwen ausgezeichnet. Er erhält den Preis für den Film *Dayereh (Der Kreis),* in dem er die Unterdrückung iranischer Frauen durch eine rigide patriarchalische Gesellschaft schildert. Erst drei Tage vor Beginn des Festivals hat die iranische Zensur den Film für die Aufführung freigegeben. Aber die Zulassung im Iran lässt auf sich warten. (1995 ist Panahi bereits für seinen Film *Der weiße Ballon* bei den Filmfestspielen von Cannes mit der goldenen Kamera geehrt worden.)

Die Islamische Republik Iran hat in den 21 Jahren ihres Bestehens beachtliche Fortschritte bei der Alphabetisierung erzielt. Gegen Ende der Schah-Herrschaft 1978 waren noch 63 Prozent der Iraner Analphabeten, ihr Anteil ist auf 28 Prozent gesunken. 97 Prozent der Jugend wird eingeschult. Mit diesem Erfolg ist der Iran in das Spitzenfeld innerhalb der islamischen Länder aufgerückt. Bessere Zahlen haben nur der Libanon, Jordanien und die Türkei vorzuweisen, dagegen fallen andere reformorientierte Staaten wie Tunesien und Ägypten zurück, ohnehin zurück liegen die noch stark traditionalistisch geprägten Staaten. Aber das rasante Bevölkerungswachstum belastet weiterhin schwer die wirtschaftliche Entwicklung.

Die Bilanz des Bevölkerungswachstums innerhalb von nur 50 Jahren: 1950 hatte der Iran 16,5 Millionen Einwohner gezählt, 1980 aber schon 32 Millionen, und im Jahr 2000 sind es annähernd 70 Millionen.

Nach aktuellem Stand sind 98,5 Prozent der Iraner Muslime, davon rund 90 Prozent Schiiten, rund 10 Prozent Sunniten. Zu den anerkannten religiösen Minderheiten gehören 120 000 armenische Christen, 60 000 Juden und 40 000 Zarathustrier.

2001: Im Februar kommt der Wiener Kardinal Christoph Schönborn nach Teheran und trifft zu interreligiösen Gesprächen mit iranischen Geistlichen zusammen, auch mit Staatsoberhaupt Khamenei.

Das Taliban-Regime in Afghanistan lässt Anfang März die weltberühmten Buddha-Statuen von Bamiyan als letzte Überbleibsel des »Götzenglaubens« zerstören. Die Monumentalstatuen sind im 3. und 4. Jahrhundert errichtet worden.

Im Mai wird bei den Filmfestspielen in Cannes der iranische Spielfilm *Kandahar* von Mohsen Makhmalbaf ausgezeichnet. Der

Film schildert eindringlich die Tyrannei des Taliban-Regimes in Afghanistan.

Der iranische Spielfilm *Banu (Die Dame)* erreicht nach langer Verzögerung das westliche Publikum. Der 1992 gedrehte, sozialkritische Film konnte im Herkunftsland erst 1998, nach der Wahl Khatamis zum Staatspräsidenten, öffentlich gezeigt werden. Regisseur Dariush Mehrjui, der große Pionier des iranischen Autorenkinos, erlebt außerdem mit seinen Filmen *Die Kuh* (1969) und *Der Briefträger* (1971), die unter dem Schah verboten waren, nun auch im Iran Anerkennung.

Khatami gewinnt am 8. Juni die Wahl für eine zweite Amtszeit als Staatspräsident mit 77 Prozent der Stimmen (noch um 7 Prozent mehr als 1977). Allerdings ist die Wahlbeteiligung geringer (67 Prozent, 1997 bei seiner ersten Wahl waren es noch 83 Prozent). Wieder verdankt er seinen Sieg vor allem der Jugend (vielen Erstwählern) und den Frauen in den Städten.

11. September: Die Organisation al-Qaida verübt den Terroranschlag auf das World Trade Center in New York und das Pentagon nahe Washington, über 3000 Menschen sterben. Dieses für die USA traumatische Ereignis liefert dem seit Januar 2001 amtierenden Präsidenten George W. Bush die Möglichkeit, seine auf Konfrontation gehende Großmachtpolitik zu radikalisieren.

Am 7. Oktober beginnen westliche Truppen unter Führung der USA den Angriff auf Afghanistan, um das Hauptquartier der dort verschanzten al-Qaida zu zerstören sowie das Taliban-Regime zu stürzen. Der Iran steht neben einer Reihe anderer islamischer Staaten auf seiten der Westmächte gegen die Taliban und al-Qaida, befürwortet aber keinen langandauernden Krieg.

Die ehemalige Kaiserin Soraya, 1958 von Schah Mohammad Reza Pahlevi wegen Kinderlosigkeit geschieden, stirbt Ende Oktober 69-jährig in Paris.

Mitte Dezember ist in Afghanistan das Taliban-Regime militärisch besiegt, aber in entlegenen Regionen können sich geflohene Anhänger der Taliban behaupten und bedeuten weiterhin eine Bedrohung für das politisch, ethnisch und religiös aufgespaltene Land. Die Organisation al-Qaida übersteht die Angriffe und baut im Untergrund ihr internationales Netzwerk weiter aus.

2002: US-Präsident George W. Bush bezichtigt am 9. Januar den Iran, Irak und Nordkorea, eine »Achse des Bösen« zu bilden. Im

Iran gibt es Massenproteste gegen diese Äußerung. Sogar der gemäßigte Staatspräsident Khatami reagiert scharf. Damit ist die seit 1998 vorsichtig eingeleitete Annäherungspolitik zwischen dem Iran und den USA ins Stocken gekommen.

Staatspräsident Khatami kommt im März nach Österreich. Dies ist sein vierter Staatsbesuch im westlichen Ausland.

Der Historiker Haschem Aghadscheri fordert im Juni anlässlich des 25. Todestages von Ali Schariati gründliche Reformen im theokratisch regierten Iran, vor allem eine Stärkung des demokratischen Elements, und er kritisiert die Machtfülle von Staatsoberhaupt Khamenei. Er wird im November wegen dieser Rede zum Tod verurteilt. Daraufhin kommt es zu schweren Studentenunruhen in etlichen iranischen Städten, worauf Khamenei eine Neuaufnahme des Verfahrens verspricht. (Im Juli 2003 wird das Todesurteil für Aghadscheri in eine vierjährige Haftstrafe umgewandelt.)

In der Türkei erringt am 3. November Recep Tayyip Erdoğan mit seiner im Jahr 2000 gegründeten islamisch konservativen Partei AKP die absolute Mehrheit, er spielt seither in der türkischen Politik eine maßgebende Rolle.

Iraner im Exil berichten gegen Jahresende erstmals von einem geheimen Atomprogramm des Iran.

2003: Ende Januar entlässt Staatsoberhaupt Khamenei den oppositionellen Groß-Ajatollah Montaseri aus dem seit 1997 verhängten Hausarrest in Ghom. Khamenei möchte auf diese Weise der Möglichkeit vorbeugen, dass der ehemals designierte Nachfolger Khomeinis und überaus populäre Reformtheologe als Märtyrer verehrt wird.

Am 20. März marschieren amerikanische und britische Truppen im Irak ein – angeblich, um die Gefahr durch Massenvernichtungswaffen zu bannen, tatsächlich aber, um für die nächsten Jahrzehnte die Ausbeutung der reichen Erdölvorkommen dem dortigen antiwestlichen Regime zu entziehen und unter eigene Kontrolle zu bringen. Nach drei Wochen Krieg ist am 9. April die 24-jährige Gewaltherrschaft Saddam Husseins beseitigt.

Die USA verstärken ihre Drohungen gegen den Iran und Syrien. Sie kündigen den beiden Nachbarstaaten des Irak mehr oder weniger unverhohlen an, es könnte ihnen das gleiche Schicksal wie dem Irak bevorstehen, falls sie sich »nicht kooperationsbereit« zeigen.

Studentenunruhen, die Anfang Juni in Teheran begonnen haben, weiten sich im Verlauf des Monats auf andere iranische Städte aus. Die Proteste richten sich erstmals deutlich auch gegen Staatspräsident Khatami, dem die Studenten vorwerfen, er sei zu kompromissbereit gegenüber Staatsoberhaupt Khamenei.

Im Irak gewinnen nach dem Zusammenbruch der sunnitischen Diktatur Saddam Husseins verstärkt die Schiiten an politischem Einfluss, die rund 60 Prozent der Bevölkerung ausmachen. Die Schiiten kämpfen aber nicht nur gegen die amerikanische und britische Besatzung, sondern sind auch untereinander heftig zerstritten. Während der folgenden Monate löst sich der Irak immer mehr in religiös, ethnisch und politisch zerstrittene Gruppierungen von Schiiten, Sunniten, Arabern und Kurden auf.

Der Iran gewinnt nach dem Sturz der sunnitischen Machthaber im Irak wieder verstärkt Einfluss im Nahen Osten, indem er zur Schutzmacht der irakischen Schiiten wird. Dies verschärft aber auch den Konflikt mit Saudi-Arabien, das sich nun als Schutzmacht der irakischen Sunniten definiert.

Die iranische Bürgerrechtlerin Shirin Ebadi erhält am 10. Oktober den Friedensnobelpreis zugesprochen, gelobt wird vor allem ihr mutiges Eintreten für unterdrückte Frauen im theokratisch regierten Iran. Sie ist die erste Muslimin und die elfte Frau, die einen Nobelpreis bekommt.

Mahmud Ahmadinedschad wird zum Bürgermeister von Teheran gewählt. Er übt dieses Amt bis zu seiner Wahl zum Staatspräsidenten 2005 aus.

Saddam Hussein wird acht Monate nach dem Ende des Irak-Krieges durch den Verrat eines Gefolgsmanns am 13. Dezember in einem Versteck nahe seiner Heimatstadt Tikrit von amerikanischen Soldaten aufgespürt und verhaftet.

Ein schweres Erdbeben zerstört am 26. Dezember im Südosten des Iran die historische Altstadt von Bam fast vollständig, ebenso die Festung, die als das älteste noch existierende Tonziegelbauwerk der Welt gilt (im Kern seit rund 2000 Jahren bestehend). Über 40 000 Menschen sterben.

2004: Anfang Januar: In Afghanistan kommt nach dem Einmarsch der Nato-Truppen 2001 eine neue Verfassung zustande, die mit dem Prinzip von Demokratie und Menschenrechten das despotische System der Taliban ablösen soll. Die Hauptstadt Kabul wird zum Zentrum der Reformen, aber die Neuerungen haben in vielen der Provinzen kaum Erfolg.

Der Islamische Wächterrat verbietet am 13. Januar mehr als 80 Abgeordneten des Reformflügels, bei der Wahl am 20. Februar für eine weitere Legislaturperiode zu kandidieren. Die offizielle Begründung lautet: wegen unislamischen Verhaltens. Zu den Ausgeschlossenen gehört auch Mohammad-Reza Khatami, der Führer der größten Reformgruppierung und jüngere Bruder des Staatspräsidenten. In der folgenden Woche werden zusätzlich rund 2000 reformorientierte Kandidaten ausgeschlossen.

Der Islamische Wächterrat hat während der Legislaturperiode, die vom Februar 2000 bis Februar 2004 dauert, von den 295 im Parlament verabschiedeten Gesetzen 111 für unislamisch und daher für ungültig erklärt – und auf diese Weise gerade die wichtigsten Initiativen blockiert, die die Zweidrittelmehrheit der Reformer in Gang gesetzt hat.

Am 17. Februar, drei Tage vor der Parlamentswahl im Iran, ist auf Anordnung des Islamischen Wächterrats rund 4000 reformorientierten Kandidaten die Teilnahme verboten. Damit ist die absolute Mehrheit der Konservativen für die kommende Legislaturperiode vorprogrammiert – und die islamische Demokratie endgültig zur Farce verkommen.

20. Februar: Wie erwartet gewinnen die Konservativen in der manipulierten Wahl die absolute Mehrheit. Die Angaben zur Wahlbeteiligung schwanken zwischen 43 und 50 Prozent. Bei den Parlamentswahlen vom Februar 2000 sind es noch 67 Prozent gewesen. Viele bisherige Sympathisanten der Reformbewegung sind diesmal der Wahl aus Resignation ferngeblieben. Für die reformorientierten Gruppierungen unter der Führung Khatamis bedeutet dies den Abstieg in die politische Bedeutungslosigkeit, sie haben ihren Rückhalt im Volk verloren. Aber der »Wahlsieg« der Konservativen kann nicht über die Tatsache hinwegtäuschen, dass das reformunwillige Regime von großen Teilen besonders der Stadtbevölkerung abgelehnt wird.

65 Prozent der Iraner leben inzwischen in Städten. 1960 sind es erst 15 Prozent gewesen. Aber bereits 1978 – kurz vor dem Zusammenbruch der Regierung des Schah – war die Zahl durch die rapid wachsende Landflucht auf nahezu 50 Prozent gestiegen. 28 Prozent der Iraner leben inzwischen sogar in Ballungszentren mit

mehr als einer Million Einwohnern. Vor allem in diesen großen Städten konzentriert sich eine Bildungsschicht, die immer schwieriger durch die theokratische Regierung zu lenken ist.

Im Mai spielt die Filmkomödie *Die Eidechse* des Regisseurs Kamal Tabrizi innerhalb von drei Wochen den größten Publikumserfolg der iranischen Filmgeschichte ein. Der Film ist eine Satire auf die Doppelmoral der konservativen Mullahs. Auf Druck der religiösen Führung wird der Film zwar aus den Kinos verbannt, aber der Verkauf von Videokopien floriert weiterhin.

Die grassierende Arbeitslosigkeit und die ideelle Perspektivlosigkeit vieler Jugendlicher und junger Erwachsener hat verheerende Folgen gerade im sozialen Verhalten. Prostitution und Rauschgiftkonsum sind in den Großstädten – besonders in Teheran – zu einem nur noch schwer kontrollierbaren Massenphänomen geworden. Inzwischen werden zwei Millionen Iraner als rauschgiftsüchtig eingeschätzt.

Anfang August brechen in der irakischen Pilgerstadt Nedschef heftige Kämpfe zwischen der »Mahdi-Armee« des schiitischen Predigers Muktada al-Sadr und den amerikanischen Besatzungstruppen aus. Die Kämpfe, die sich um die Imam-Ali-Moschee mit dem Grabmal des Kalifen Ali konzentrieren, dauern drei Wochen. Erst als sich Groß-Ajatollah Ali al-Sistani, die wichtigste religiöse Autorität der irakischen Schiiten, als Vermittler einschaltet, können die verlustreichen Kämpfe beendet werden. Damit ist die Gefahr eines Aufstands der Schiiten im Irak vorerst gebannt. Die irakische Übergangsregierung beschuldigt den Iran, die Aufständischen heimlich mit Waffen und Geld zu versorgen. Die Spannungen zwischen Irak und Iran verstärken sich.

Seit September kommt es zwischen dem Iran und westlichen Staaten zu erheblichen Spannungen, weil der Iran in den Verdacht geraten ist, Kernkraftwerke nicht nur zur friedlichen Nutzung der Atomenergie zu errichten. Internationale Beobachter vermuten, dass der Iran vielleicht schon 2008 in der Lage sein könnte, eine Atombombe herzustellen.

Oktober: Hamid Karsai wird in demokratischen Wahlen zum Präsidenten der »Islamischen Republik Afghanistan« gewählt. Er regiert bis 2014.

Im Zeitraum von 1960 bis 2004 sind die größten iranischen Städte um das Vier-, Sechs-, Achtfache, manche gar um das Zehnfache ihrer Einwohnerzahl gewachsen: Teheran von 2,5 Millionen auf rund 15 Millionen, Isfahan von 300 000 auf 1,3 Millionen, Mesched von 200 000 auf über 2 Millionen, Ghom von 100 000 auf 1,2 Millionen, Schiras von 230 000 auf 1,3 Millionen, Täbris von 350 000 auf 1,7 Millionen, Hamadan von 150 000 auf 1,2 Millionen. Die Bevölkerungszahl des Iran, die 1960 noch 22 Millionen betrug, hat 72 Millionen erreicht, rund 60 Prozent der Iraner sind unter 20 Jahre alt. Für das Jahr 2010 wird die Einwohnerzahl auf 81 Millionen geschätzt.

2005: Mahmud Ahmadinedschad gewinnt am 26. Juni gegen seinen Herausforderer Rafsandschani die Wahl für das Amt des iranischen Staatspräsidenten im zweiten Durchgang mit 62 Prozent der Stimmen.

2006: Im Irak wird Mitte Oktober die Terror-Organisation »Islamischer Staat im Irak« (ISIS) gegründet, aus der später der »Islamische Staat« (IS) hervorgeht. Sie ist als Widerstandsgruppe vorerst noch der al-Qaida unter Führung von Osama bin Laden untergeordnet.

Ajatollah Mesbah Yazdi, der radikale Mentor Ahmadinedschads, tritt bei der Wahl um den Vorsitz des Expertenrats an, erreicht aber nur den 7. Platz und muss dem Vorsitz seinem Herausforderer Rafsandschani überlassen.

Am 30. Dezember wird Saddam Hussein auf Veranlassung der schiitischen Regierung in Bagdad hingerichtet.

2007: Im Juli erringt in der Türkei die AKP des Ministerpräsidenten Erdoğan bei vorgezogenen Neuwahlen einen Erdrutschsieg und kann die 2002 gewonnene Macht noch ausbauen.

2008: Der Roman *Der Colonel* von Doulatabadi wird von der iranischen Zensurbehörde verboten, er erscheint aber 2010 im westlichen Ausland.

2009: 20. Januar: In den USA wird Barack Obama Präsident. Er regiert bis 20. Januar 2017.

Am 12. Juni wird Ahmadinedschad zum zweiten Mal in das Amt des Staatspräsidenten gewählt, mit 68,2 Prozent der Stimmen. Die Opposition unter Führung von Mir-Hossein Mussawi und Mehdi Karroubi bezeichnet das Ergebnis als Wahlfälschung und organisiert Demonstrationen. Die nächsten Monate sind von den schwersten Unruhen seit Bestehen der »Islamischen Republik Iran« bestimmt. Hohe Geistliche wie Politiker sympathisieren mit der sogenannten »Grünen Revolution«, so Rafsandschani, Khatami, Yusuf Sanei, Mohsen Kadivar und Hossein Ali Montaseri. Staatsoberhaupt Khamenei lässt den Aufstand blutig niederschlagen.

Am 19. Dezember stirbt Groß-Ajatollah Montaseri im Alter von 87 Jahren in Ghom. Sein Begräbnis dort wird zu einer großen politischen Demonstration gegen die religiös-politischen Hardliner.

2010: Im Februar, nachdem die Unruhen der »Grünen Revolution« im Iran endgültig niedergeschlagen sind, werden Mussawi und Karroubi zu jahrelangem Hausarrest verurteilt und Khatami darf nicht mehr in den Medien erwähnt werden.

Abu Bakr al-Baghdadi wird Mitte Mai neuer Anführer des »Islamischen Staates im Irak«.

Am 17. Dezember beginnen die Unruhen des »Arabischen Frühlings«. Tunesien ist Ausgangspunkt der Massenproteste gegen Korruption, Misswirtschaft und Ausbeutung.

2011: Im Januar greifen die Unruhen des »Arabischen Frühlings« auf Ägypten, im Februar auf Libyen, im März auf Syrien über.

Am 2. Mai wird Osama bin Laden, der Führer der al-Qaida, von einer amerikanischen Spezialeinheit in seinem pakistanischen Versteck erschossen.

Der iranische Regisseur Ashgar Farhadi gewinnt mit seinem Film *Nader und Simin – eine Trennung* bei den Filmfestspielen in Berlin den Goldenen Bären.

Im Dezember ziehen die amerikanischen und britischen Besatzungstruppen aus dem Irak ab. Die Sunniten, die unter dem sunnitischen Diktator Saddam Hussein zahlreiche Privilegien genossen, werden nun vom schiitischen Ministerpräsidenten Nuri al-Maliki unterdrückt. Dies begünstigt in den entstehenden bürgerkriegsähnlichen Unruhen den politischen und militärischen Aufstieg radikal-sunnitischer Gruppierungen.

2012: Ashgar Farhadi gewinnt mit *Nader und Simin – eine Trennung* in Hollywood den Oscar als bester ausländischer Film.

2013: Im März erobert die radikal-sunnitische Organisation »Islamischer Staat im Irak« (ISIS) Regionen im Norden Syriens und macht die Stadt Raqqa zu ihrem strategischen Zentrum. Im April eskaliert der Bürgerkrieg in Syrien.

Bei den Wahlen zum Staatspräsidenten am 11. April gewinnt Hassan Rohani als Kandidat der Reformkräfte 50,7 Prozent. Er ist

Geistlicher im Rang eines Hodschat-al-Islam (wie Rafsandschani und Khatami). Er ernennt Masoumeh Ebtekar zur Vizepräsidentin und Umweltministerin. Sie hat diese Ämter schon unter Staatspräsident Khatami von 1997 bis 2005 ausgeübt und war damals die erste Frau in der »Islamischen Republik« mit politischen Befugnissen.

Unter der Regierung Rohanis bekommen die zähflüssigen Verhandlungen über die Atompolitik des Iran mit den USA und anderen westlichen Staaten eine neue Dynamik. Ende November wird in Genf ein erster Durchbruch erreicht. Es werden Rahmenbedingungen vereinbart, dass der Iran unter internationaler Aufsicht die Uran-Anreicherung einschränkt und so der Bau einer Atombombe unmöglich wird.

2014: In der ersten Jahreshälfte erobert ISIS große Teile des nördlichen Irak, Anfang Juli schließlich Mossul, die zweitgrößte Stadt des Irak. Ende Juni nennt sich ISIS nur noch »Islamischer Staat« (IS), mit dem Anspruch, die ganze islamische und Teile der westlichen Welt zu unterwerfen. Am 29. Juni wird in Mossul das radikal-sunnitische Kalifat mit Abu Bakr al-Baghdadi als erstem Kalifen ausgerufen.

29. September. In Afghanistan siegt Aschraf Ghani in (umstrittener) demokratischer Wahl und wird in der Nachfolge von Hamid Karsai Präsident. Er regiert bis 2021.

Seit dem Frühjahr erlebt der Tourismus im Iran einen Boom. Erstmals kommen westliche Besucher in großer Zahl.

2015: Im Februar und März zerstört der IS im Museum von Mossul zahlreiche Statuen aus vorislamischer Zeit, ebenso vorislamische Monumente in den antiken Ausgrabungsstätten Nimrud und Hatra.

Frühjahr: Die schiitische Huthi-Bewegung im Norden des Jemen, die seit 2014 einen Krieg gegen die sunnitische Zentralregierung in Sanaa führt, schließt mit dem schiitischen Iran ein Abkommen über enge wirtschaftliche Zusammenarbeit. Daraufhin greift Saudi-Arabien auf Seiten der sunnitischen Kämpfer in den Krieg ein. Damit beginnt im Jemen ein Stellvertreterkrieg zwischen dem Königreich Saudi-Arabien und der Islamischen Republik Iran. Saudi-Arabien bemüht sich, eine von Marokko bis Indonesien reichende sunnitische Militärallianz gegen den schiitischen Iran aufzubauen.

Der iranische Regisseur Jafar Panahi gewinnt mit seinem Film *Taxi Teheran* den Goldenen Bären bei den Filmfestspielen in Berlin.

Am 20. März erobert der IS die syrische Oasenstadt Palmyra und beginnt im August mit dem Zerstörungswerk an musealen Tempeln aus spätantiker Zeit.

Das Atomabkommen mit dem Iran wird am 14. Juli in Wien abgeschlossen, nachdem der Iran zugestimmt hat, sein Atomprogramm zu reduzieren. Mit dem Iran verhandelten die USA, die fünf Vetomächte und Deutschland.

2016: Am 2. Januar wird in Saudi-Arabien der schiitische Prediger Nimr Baqir an-Nimr hingerichtet. Er ist der religiös-politische Führer der schiitischen Minderheit, die in Saudi-Arabien rund 10 Prozent der Bevölkerung ausmacht. Sein Tod löst bei den saudischen Schiiten heftige Unruhen aus. In Teheran stürmen iranische Schiiten die Botschaft Saudi-Arabiens.

Mitte Januar beginnen die europäische Union und die USA, die fast ein Jahrzehnt dauernden Wirtschaftssanktionen gegen den Iran aufzuheben. Die Atomenergiebehörde hat dem Iran bescheinigt, sein Atomprogramm massiv reduziert zu haben, so dass der Bau einer Atombombe unmöglich geworden ist.

Am 31. Januar sterben bei einem Attentat des IS in der schiitischen Zeynab-Moschee nahe Damaskus 60 schiitische Besucher, am 21. Februar folgt dort ein weiteres IS-Attentat mit 134 Toten.

Im Februar gewinnen die Reformer bei den iranischen Parlamentswahlen – trotz starker Manipulation durch den Islamischen Wächterrat – in Teheran alle 30 Abgeordnetensitze. Landesweit fallen die Konservativen mit ihrem bisherigen Anteil an Stimmen von 65 auf unter 50 Prozent zurück. Dies ist eine späte Reaktion auf die unterdrückte »Grüne Revolution« von 2009.

Ajatollah Mesbah Yazdi verliert durch Volkswahl seinen Sitz im Expertenrat. Damit ist auch hier der Einfluss des radikal-religiösen Flügels geschwächt. Aber die Revolutionsgarden der Pasdaran und Basidschi sowie der Justizapparat intensivieren ihre Unterdrückung der Bevölkerung. Die Zahl der Verhaftungen und Hinrichtungen steigt rapide. Staatspräsident Rohani hat auf diese radikalen Kräfte wenig Einfluss. Khamenei ernennt im Sommer Ajatollah Ebrahim Raisi zum Leiter der Imam-Reza-Stiftung in Mesched. Damit stärkt er die Position des ohnehin schon einflussreichen Sprechers der religiös-konservativen Gruppierungen.

Am 15. Juli scheitert in der Türkei ein Militärputsch gegen Staatspräsident Erdoğan. Daraufhin regiert dieser im Ausnahmezustand mit diktatorischer Vollmacht.

Im September verbietet Saudi-Arabien allen Iranern, zur diesjährigen Pilgerfahrt nach Mekka zu kommen. Der saudische Groß-Mufti bezeichnet die Schiiten als Nichtmuslime. Der Konflikt zwischen Iran und Saudi-Arabien, ohnehin schon belastet durch die Bürgerkriege in Syrien und im Irak, eskaliert.

2017: Anfang Januar beginnt die radikal-sunnitische Terrororganisation IS nach militärischen Niederlagen in Syrien und im Irak ein neues strategisches Zentrum in Afghanistan zu bilden, das durch den Bürgerkrieg politisch stark zersplittert ist. In Konkurrenz mit den radikal-sunnitischen Taliban verübt der IS in den folgenden Jahren zahlreiche Anschläge gegen Moscheen und Sozialeinrichtungen afghanischer Schiiten. Im Gegensatz zu den Taliban weitet der IS seine terroristischen Aktivitäten in andere Länder aus, so auch in den schiitischen Iran.

Rafsandschani stirbt am 8. Januar 82-jährig überraschend an einem Herzinfarkt in Teheran.

20. Januar: Donald Trump wird Präsident der USA. Er regiert bis 20. Januar 2021.

Der iranische Regisseur Asghar Farhadi erhält für seinen Spielfilm *The Salesman* zum zweiten Mal einen Oscar für den besten ausländischen Film und bei den Filmfestspielen in Cannes den Preis für das beste Drehbuch.

April: In Saudi-Arabien ernennt der greise König Salman al-Aziz seinen Sohn Mohammed bin Salman zum Kronprinzen und überträgt ihm weitgehende Machtbefugnisse. Der Kronprinz beginnt die Kompetenzen der Religionspolizei einzuschränken, ein erster Schritt, um Saudi-Arabien aus seinen religiös-politisch verkrusteten Strukturen zu lösen. Aber er verstärkt auch den Einsatz saudischer Truppen gegen die Huthi-Bewegung im Jemen, damit nimmt der dortige Bürgerkrieg an Härte erheblich zu.

Am 16. April findet in der Türkei eine Volksabstimmung über die Änderung der Verfassung statt: Die Macht des Staatspräsidenten soll auf Kosten des Ministerpräsidenten und des Parlaments ausgebaut werden. Die Abstimmung endet mit einem knappen Sieg Erdoğans, der nun seine absolute Macht vollends festigen kann.

Am 21. April hat der Islamische Wächterrat des Iran für die bevorstehende Präsidentschaftswahl am 19. Mai unter den 1636 Bewerbern nur fünf Kandidaten – neben dem Amtsinhaber Rohani – zugelassen. Dem ehemaligen Staatspräsidenten Ahmadinedschad wird eine nochmalige Kandidatur verweigert.

Anfang Mai: Die Terror-Organisation »Islamischer Staat«, die im letzten halben Jahr mehr als die Hälfte ihres Herrschaftsgebiets verloren hat, kämpft nun in ihren wichtigsten Städten Mossul (Irak) und Raqqa (Syrien) um das Überleben. Iranische Revolutionsgarden der Pasdaran sind neben irakischen und kurdischen Truppen an der (langwierigen) Eroberung der IS-Hochburgen beteiligt.

Staatspräsident Rohani gewinnt bei den Präsidentschaftswahlen am 19. Mai gegen seinen extrem konservativen Herausforderer Ajatollah Ebrahim Raisi mit 57 Prozent der Stimmen. Raisi erhält nur 38,3 Prozent. Die Reformpolitiker haben im Parlament die Mehrheit nach 13 Jahren zurückgewonnen. (Bei den Wahlen 2004 war ihnen die Mehrheit verloren gegangen, weil der Islamische Wächterrat einen Großteil ihrer Bewerber von der Kandidatur ausgeschlossen hatte.)

US-Präsident Donald Trump schließt bei seinem Besuch in Saudi-Arabien am 20. Mai einen Vertrag ab, der einen Verkauf von amerikanischen Waffen im Wert von 110 Milliarden Dollar vorsieht. Diese Aktion ist gegen den Iran gerichtet, den Trump beschuldigt, »die Speerspitze des globalen Terrorismus« zu bilden. Er knüpft mit einer derartigen Haltung an die Politik von George W. Bush an und distanziert sich von Barack Obama mit dessem erfolgreich ausgehandelten Atomabkommen. Die Rivalität zwischen Saudi-Arabien und dem Iran um die Vorherrschaft im Nahen Osten bekommt durch die radikal einseitige Parteinahme der USA eine neue gefährliche Dynamik.

Am 7. Juni verübt die Terror-Organisation »Islamischer Staat« ihr erstes Attentat im Iran. Bewaffnete dringen in das Parlament von Teheran und in das 20 Kilometer entfernte Khomeini-Mausoleum ein. Siebzehn Menschen sterben, einschließlich der fünf Terroristen, mehr als 50 werden verletzt. Das Attentat gilt als Antwort auf den militärischen Einsatz des Iran in Syrien sowie im Irak gegen den IS und andere radikal-sunnitische Milizen. Für den Iran ist es ein Alarmsignal, dass es dem IS gelingen konnte, Attentäter aus den Reihen iranischer Sunniten zu mobilisieren, die sich von der schiitischen Regierung unterdrückt fühlen.

Am Abend desselben Tages wird im Iranian Film Festival von Zürich der iranische Spielfilm *Inversion* (Regisseur Behnam Behzadi) mit dem Hauptpreis der Jury ausgezeichnet. Der Film hat die Emanzipationsprobleme iranischer Frauen zum Thema.

Am 21. Juni sprengt der IS in Mossul die al-Nuri-Moschee, in der im Juli 2014 al-Baghdadi mit einer dschihadistischen Predigt über Video sich als »Kalif« der Weltöffentlichkeit vorgestellt hat. Die Sprengung ist der letzte Zerstörungsakt des IS, bevor irakische Truppen in die Altstadt vordringen. Auch Raqqa ist nach zweimonatigem Kampf fast schon dem IS entrissen.

Am 24. Juni melden die Medien, dass der IS-Führer al-Baghdadi bei einem Angriff der russischen Luftwaffe nahe Raqqa getötet worden sei. Diese Nachricht erweist sich jedoch Wochen später als Irrtum.

Ab Juni: Das Golf-Emirat Katar, das als einziger Staat der arabischen Halbinsel wirtschaftliche sowie politische Kontakte mit dem Iran pflegt, wird von Saudi-Arabien, anderen Golf-Emiraten und Ägypten mit Sanktionen belegt. Katar erhält in der bedrängten Situation Hilfe vom Iran. Somit spitzt sich der Machtkampf zwischen Saudi-Arabien und dem Iran um Einfluss in der Region weiter zu.

Am 9. Juli wird Mossul, die Hochburg des IS, nach neunmonatigem Kampf endgültig von den irakischen Truppen erobert.

Mitte Juli: Zum ersten Mal leitet eine Frau die führende iranische Fluglinie Iran Air.

Mitte August: In seiner zweiten Amtszeit ernennt Rohani erneut Masoumeh Ebtekar zur Vizepräsidentin und Umweltministerin.

27. September: US-Präsident Donald Trump setzt bei einer Rede vor dem Sicherheitsrat in New York den Iran und Nordkorea als »mörderische Schurkenstaaten« gleich, außerdem bezeichnet er das am 14. Juni 2015 in Wien beschlossene Atomabkommen mit dem Iran als »schändlich«.

28. Dezember: In der Pilgerstadt Mesched brechen Unruhen aus, die sich rasch über das ganze Land verbreiten und bis 4. Januar dauern. Es sind Proteste gegen Korruption, rasant steigende Preise für Lebenshaltungskosten sowie gegen die kostspielige Unterstüt-

zung für die mit dem Iran verbündeten Gruppierungen in Syrien, Irak und Libanon. Die wirtschaftliche Krise ist enorm: Etwa 11 Millionen Menschen leben unter der offiziellen Armutsgrenze (bei rund 87 Millionen Einwohnern) und die Arbeitslosenquote für junge Leute liegt bei 24 Prozent.

2018: Januar: General Qasem Soleimani, der Kommandeur der al-Quds-Brigade, ist der wichtigste Politiker, um den Einfluss des Iran in Syrien, Irak, Libanon uns Jemen mit militärischer Hilfe zu stärken. Durch seinen großen Erfolg gerät er immer mehr ins Visier der USA, Israels und Saudi-Arabiens. Attentatspläne werden geschmiedet, aber wegen Bedenken vor großen politischen Unruhen wieder verworfen.

Vom Jahreswechsel bis Februar: Iranische Frauen protestieren in vielen Städten gegen den Kopftuchzwang. Die Unruhen werden unterdrückt.

Mitte Februar: Erstmals wird im Iran die Klimakatastrophe zu einem vieldiskutierten Thema. Der zunehmende Wassermangel durch steigende Hitze und Trockenheit wird ein Problem. Die Ursachen sind vielfältig. Die Zahl der Einwohner ist von 1980 bis 2018 von 35 auf 81 Millionen gewachsen, und die Landwirtschaft vervierfachte ihre Produktion, was einen Boom von Brunnenbohrungen auslöste. Die wachsende Industrie benötigte zusätzliches Wasser, der Grundwasserspiegel sank.

8. Mai: Präsident Trump verkündet den Ausstieg der USA aus dem Atomabkommen mit dem Iran. Die EU und China wollen aber weiterhin daran festhalten.

August: Europäische Großkonzerne wie Peugeot, Daimler und Siemens ziehen sich aus dem Iran zurück, weil sie den Druck der USA fürchten. Europäische Fluggesellschaften wie Air France, KLM und Britisch Airways stellen ihre Flüge nach Teheran ein. Dies bedeutet eine weitere Schwächung der iranischen Wirtschaft – und der Regierung Rohani.

September: In Saudi-Arabien ist Frauen nun erlaubt, Auto selbst zu fahren – im bisher noch einzigen islamischen Land, wo dies verboten war.

2019: Ende April: Die USA verschärfen die Wirtschaftssanktionen gegen den Iran mit dem Ziel, den Iran von seinen fünf wichtigsten verbliebenen Handelspartnern abzuschneiden: China, Indien, Japan, Südkorea, Türkei. Die EU passt sich den Vorgaben der USA an, denn sonst hätte sie starke Einbußen mit ihrem größten Handelspartner USA hinnehmen müssen.

8. Juli: Der Iran informiert die internationale Atomenergie-Kommission, dass es die im Atomabkommen festgelegte Quote von 3,67 Prozent der Urananreicherung überschritten hat und bei der unnachgiebigen Haltung der US-Regierung weiter überschreiten wird.

27. Oktober: Abu Bakr al-Baghdadi, der Führer des IS, wird in der syrischen Provinz Idlib (dem letzten Ort des radikal-sunnitischen Widerstand gegen das Regime von Baschar al-Assad) von einer US-amerikanischen Spezialeinheit getötet. Aber die Terroraktivität dieser Organisation geht in politisch sehr instabilen Staaten weiter, so in islamischen Regionen Afrikas, im Nahen und Mittleren Osten, vor allem aber in Afghanistan.

15. November: Im Iran brechen Unruhen nach Bekanntgabe einer starken Preiserhöhung von Benzin und Heizöl aus. Die Massenproteste quer durch das ganze Land dauern rund zwei Wochen. Demonstranten verbrennen Bilder des Staatsoberhaupts Khamenei. Der Aufstand wird niedergeschlagen, über 1600 Menschen werden getötet, unter den Toten sind rund 400 Frauen.

Dezember: Im jemenitischen Bürgerkrieg sind die Sunniten von der schiitischen Huthi-Bewegung in die Defensive gedrängt. Saudi-Arabien sowie der Iran sind wirtschaftlich und militärisch am Ende ihrer Kräfte, daher verliert der Bürgerkrieg nach sieben Jahren an Intensität, ohne dass der Jemen befriedet ist. Rund 100 000 Menschen wurden bisher getötet, davon 12 000 Zivilisten.

2020: 3. Januar: General Qasem Soleimani, der wie kein anderer iranischer Politiker dafür sorgte, dass der Iran seinen Einfluss in arabischen Staaten des Nahen Ostens militärisch und kulturell vergrößern konnte, wird durch eine US-amerikanische Drohne nahe dem Flughafen von Bagdad getötet. Das Attentat geschieht auf Befehl des Präsidenten Donald Trump.

Mitte November: Der Iran hat inzwischen das Zwölffache der vertraglich vereinbarten Menge an Uran erreicht, die im aufgekündigten Atomabkommen zugelassen waren.

2021: 1. Januar: Mesbah Yazdi, der maßgebende Förderer von Ahmadinedschad, stirbt in Teheran im Alter von 88 Jahren.

20. Januar: In den USA wird Joe Biden als Nachfolger von Donald Trump Präsident.

Januar: Narges Mohammadi, eine führende iranische Aktivistin für Menschenrechte, wird wegen »Handlungen gegen die nationale Sicherheit« zu 10 Jahren Gefängnis und 74 Peitschenhieben verurteilt.

Anfang Mai: Der saudische Kronprinz Mohammed bin Salman ist bereit, wieder diplomatische Beziehungen zum Iran aufzunehmen, nach dem Abbruch vor fünf Jahren. Die Ursache ist, dass die USA unter Trump sich politisch immer mehr aus dem Nahen Osten zurückziehen und der Krieg im Jemen gegen die mit dem Iran verbündeten Huthi-Rebellen nicht zu gewinnen ist. Nach Vermittlung der schiitischen Regierung des Irak kommen erste Vermittlungsgespräche zwischen Saudi-Arabien und dem Iran in Bagdad zustande.

25. Mai: Der Islamische Wächterrat trifft für die bevorstehende Wahl des iranischen Staatspräsidenten eine Entscheidung von bisher nicht praktizierter Radikalität: Die 12 extrem konservativen Mitglieder lehnen von den 592 Bewerbern mehr als 98 Prozent ab, übrig bleiben nur sieben Kandidaten stark konservativer Richtung, vier von ihnen treten noch vor der Wahl zurück. Abgewiesen wird auch Ahmadinedschad, der sich um eine erneute Kandidatur bewirbt. Aber sogar Ali Laridschani, einer der engsten Vertrauten von Khamenei, befindet sich unter den ausgeschiedenen Bewerbern. Dagegen steht Ebrahim Raisi an vorderster Stelle der zugelassenen Kandidaten. Dies bedeutet eine Provokation für Khamenei und zeigt, dass der Einfluss des unantastbaren Staatsoberhaupts sich zugunsten von radikaleren Kräften verringert hat.

18. Juli: Ebrahim Raisi, der nun aussichtsreichste unter den verbliebenen Kandidaten, gewinnt die Wahlen mit 72 Prozent der Stimmen und tritt am 5. August sein Amt als Nachfolger von Rohani an. Unter den zwei Gegenkandidaten bekommt Mohsen Rezani, Führer der Revolutionsgarde von 1981 bis 1997, mit 13 Prozent die meisten Stimmen.

15. August: Nachdem in Afghanistan die Taliban fast schon das ganze Land zurückerobert haben, marschieren sie in der Hauptstadt Kabul ein. Präsident Ghani flieht mit einem Koffer Geld in die Vereinigten Arabischen Emirate. Auf dem Flughafen Kabul entsteht unter den afghanischen Flüchtlingen ein Chaos.

17. August: Die Taliban proklamieren nach der kampflosen Einnahme von Kabul das »Islamische Emirat von Afghanistan« und

übernehmen die Macht im ganzen Land. Im September verbieten sie Demonstrationen und damit endet die vage versprochene Demokratie. Im Oktober erklären die Vereinten Nationen, dass mehr als die Hälfte der 41 Millionen Afghanen von akuter Nahrungsknappheit bedroht seien.

2022: Mitte März: 143 iranische Demonstranten werden hingerichtet, Hunderte zu jahrelangen Haftstrafen verurteilt.

16. September: Jina Mahsa Amini stirbt nach Misshandlungen durch die iranische Sittenpolizei wegen eines »nicht vorschriftsmäßig getragenen« Kopftuchs. Daraufhin bilden sich im ganzen Land Massendemonstrationen, die sich anfangs vor allem gegen die rigide Kleidervorschriften von Frauen richten, aber bald deutlicher als je zuvor gegen die theokratische Staatsordnung insgesamt. Durch die wachsende Verarmung nun auch der Mittelschicht findet ein derart radikaler Protest erstmals in allen Schichten der Bevölkerung statt. Aber besonders unter den Bewohnern der Städte plädiert nun ein Großteil der Bildungsschicht ausdrücklich für einen säkularen Staat anstelle des islamistischen Regimes. Die Massendemonstrationen sind bis März 2023 intensiv. Die Sicherheitskräfte töten mehr als 750 Demonstranten und inhaftieren rund 30 000.

22. Oktober: Der IS verübt von seinem afghanischen Stützpunkt aus einen Terroranschlag auf das Schah-Tscheragh-Mausoleum in Schiras, das drittwichtigste Pilgerzentrum des schiitischen Iran. Mehr als ein Dutzend Besucher sterben.

Anfang Dezember: Afghanistan belegt im weltweiten Demokratieindex den letzten Platz. Besonders radikal sind, entgegen allen offiziellen Ankündigungen, die Rechte der Frauen beschnitten worden. Ihnen ist wieder wie einst der Besuch einer Höheren Schule, erst recht einer Universität verboten, auch die Tätigkeit in vielen Berufen.

29. Dezember: In Israel wird die neue Koalitionsregierung unter Führung von Benjamin Netanjahu vereidigt. Die Partner der konservativ-nationalistischen Partei Likud sind die extrem nationalistische Partei »Jüdische Stärke« unter Führung von Itamar Ben-Gvir und die theokratisch orientierte Partei »Religiöser Zionismus« unter Führung von Belazel Smotrich. Kritiker befürchten, dass nun die Entwicklung zu einer antidemokratischen Theokratie mit dem Ziel eines »Groß-Israel« eingeleitet wird, was die ohnehin schon starken Spannungen zwischen Israel und den Palästinen-

sern erneut verschärft. In den nächsten Monaten demonstrieren große Teile der israelischen Bevölkerung gegen diese rechtsextreme Koalition. Noch nie zuvor ist der Staat Israel politisch derart gespalten und instabil gewesen.

2023: In Israel kommt es seit Anfang Januar viele Monate lang zu landesweiten Protesten gegen eine Justizreform, die durch die Regierungskoalition der konservativ-nationalistischen Partei Likud und etlichen radikal-religiösen Parteien durchgeführt wird. In Israel soll das säkulare Element geschwächt und durch einen mehr theokratisch orientierten Staat ersetzt werden. Israel ist gespalten wie nie zuvor in eine säkulare und eine radikal-religiöse Front.

22. April: Iran und Saudi-Arabien nehmen wieder diplomatische Beziehungen auf.

Mitte Juli: Im Iran ist die Sittenpolizei von Neuem im Einsatz gegen Frauen, die kein Kopftuch tragen wollen. Präsident Raisi weist alle Regierungsstellen an, den Kopftuchzwang wieder radikal durchzusetzen. Weil am 19. Juli der schiitische Trauermonat Muharram beginnt, rechnen die Machthaber damit, dass Frauen in dieser Zeit vor Rebellion zurückschrecken. Der Rückzug der Sittenpolizei, zunächst als größter Erfolg der Protestbewegung gefeiert, erweist sich als ein bloß taktisches Manöver.

6. Oktober: Narges Mohammadi erhält den Friedensnobelpreis für ihr politisches Engagement gegen die iranische Diktatur. Die Botschaft erreicht sie im Gefängnis. Sie ist die zweite Iranerin mit dieser Auszeichnung, 20 Jahre nach Shirin Ebadi 2003.

7. Oktober: Die sunnitische Terrororganisation Hamas, vom Iran ebenso mit Waffen und Geld unterstützt wie die Hisbollah im Libanon, beginnt einen Krieg gegen Israel. Die Hamas-Kämpfer töten im Süden Israels am ersten Tag über tausend israelische Zivilisten. Es beginnt ein verheerender Krieg, der auf beiden Seiten viele Opfer fordert. Ungewiss bleibt, ob auch die Hisbollah vom Norden aus mit ihrer noch viel stärkeren Kampfkraft nachhaltig in den Krieg eingreift – und ob sogar der Iran versucht, von dieser Situation zu profitieren. Weder die Machthaber in Teheran noch die Hisbollah führen kleinere Aktionen gegen Israel durch, mehr nicht, denn sie sind sich bewusst, dass sie bereits vor diesem Krieg durch innenpolitische Konflikte wirtschaftlich erheblich entkräftet waren. Eine intensive Teilnahme am Krieg könnte sie noch weiter schwächen.

14. Oktober: Dariush Mehrjui, einer der großen Pioniere unter den iranischen Filmregisseuren, wird zusammen mit seiner Gattin in Teheran ermordet. Die mutmaßlichen Hintergründe des Attentats sind: Wenige Tage zuvor hatte sich Mehrjui entschieden gegen das Kopftuchverbot ausgesprochen und eine regimekritische Haltung befürwortet.

Eine Bilanz Anfang Dezember 2023: Im Iran wurden fast 700 Menschen hingerichtet. Seit 2021 hat sich die Zahl der Getöteten mehr als verdoppelt. Dies hat mit der Amtszeit des Präsidenten Ebrahim Raisi zu tun, der mehr als seine Vorgänger hart gegen Kriminelle und gegen politische Gegner vorgehen lässt.

2024: Am 3. Januar verübt von seinem Stützpunkt in Afghanistan aus der IS einen Terroranschlag in der südostiranischen Stadt Kerman. Mit über 90 Toten und rund 280 Verletzten ist dieser Anschlag der bisher verheerendste seit dem 45jährigen Bestehen der Islamischen Republik Iran. Der Anschlag gilt den Schiiten, die sich am 4. Jahrestag des gewaltsamen Todes von General Qasem Soleimani vor dessen Grabmoschee in Schiras versammelt haben. Für den radikal-sunnitischen IS hat dieser Terrorakt eine besondere symbolische Bedeutung. Soleimani hat wesentlich dazu beigetragen, dass der IS in Syrien und dem Irak militärisch besiegt wurde. Nun aber will der IS demonstrieren, dass er erneut präsent ist und den schiitischen Iran weiterhin schwächen will.

24. Januar: Der Islamische Wächterrat verbietet dem Ex-Präsidenten Hassan Rohani, als Kandidat für den Expertenrat anzutreten. Die 86 Mitglieder des Expertenrats, die alle acht Jahre von der iranischen Bevölkerung gewählt werden, bestimmen nach dem Tod des Staatsoberhaupts einen Nachfolger. Weil jedoch Khamenei 2024 bereits 84 Jahre alt ist und man mit seinem Ableben in den nächsten acht Jahren rechnen muss, kommt der Wahl am 1. März eine besondere Bedeutung zu. Und da bei der letzten Volkswahl 2016 reformorientierte Kandidaten gut abgeschnitten haben, versucht der Wächterrat nun erneut, durch fragwürdige Ausleseverfahren die Zahl der reformorientierten Mitglieder im Expertenrat zu beschränken. Rohani verfügt immer noch über großem politischen Einfluss; er ist das bisher prominenteste Opfer dieser Taktik. Aber angesichts der ohnehin zahlreichen Krisen der Islamischen Republik Iran bleibt es trotz aller Manipulationen ungewiss, ob der extrem konservative Ajatollah Raisi als Nachfolger gewählt wird.

Literaturhinweise

Abid, Lise J.: Journalistinnen im Tschador. Frauen und gesellschaftlicher Aufbruch im Iran. Frankfurt a. M. 2001.

Abu Zaid, Nasr Hamid: Islam und Politik. Kritik des religiösen Diskurses. Frankfurt a. M. 1996

Amiri, Natalie: Zwischen den Welten. Von Macht und Ohnmacht im Iran. Berlin 2021.

Amirpur, Katajun: Iran ohne Islam. Der Aufstand gegen den Gottesstaat. München 2023.

Atai, Golineh: Iran. Die Freiheit ist weiblich. Berlin 2021.

Cahen, Claude: Der Islam. I. Vom Ursprung bis zu den Anfängen des Osmanenreiches. (Fischer Weltgeschichte, Bd. 14) Frankfurt a. M. 1968.

Dietl, Wilhelm: Heiliger Krieg für Allah. Als Augenzeuge bei den geheimen Kommandos des Islam. München 1983.

Doulatabadi, Mahmud: Der leere Platz von Ssolutsch. Zürich 1991.

Doulatabadi, Mahmud: Die Reise. Zürich 1992.

Doulatabadi, Mahmud: Kelidar. Zürich 1997.

Doulatabadi, Mahmud: Der Colonel. Zürich 2010.

Freely, John: Platon in Bagdad. Wie das Wissen der Antike zurück nach Europa kam. Stuttgart 2012.

Frye, Richard: Persien. Zürich 1962.

Gallas, Klaus: Iran. Kulturstätten Persiens zwischen Wüsten, Steppen und Bergen. Köln 1978.

Godard, André: Die Kunst im Iran. Berlin 1964.

Grunebaum, Gustave Edmund von (Hrsg.): Der Islam. II. Die islamischen Reiche nach dem Fall von Konstantinopel. (Fischer Weltgeschichte, Bd. 15) Frankfurt a. M. 1971.

Halm, Heinz: Der schiitische Islam. Von der Religion zur Revolution. München 1994.

Hicks, Jim: Die Perser. Die Frühzeit des Menschen. Reinbek bei Hamburg 1978.

Hottinger, Arnold: Die Araber. Werden, Wesen, Wandel und Krise des Arabertums. Zürich 1960.

Hunke, Sigrid: Allahs Sonne über dem Abendland. Unser arabisches Erbe. Stuttgart 1960.

Italiaander, Rolf (Hrsg.): Die Herausforderung des Islam. Ein ökumenisches Lesebuch. Göttingen 1987.

Kaempfer, Engelbert: Am Hofe des persischen Großkönigs. 1684–1685. Hrsg. v. Walter Hinz. Tübingen/Basel 1977.

Kerber, Peter: Iran. Islamische Republik und jahrtausendealte Kultur. 4. aktual. u. erw. Aufl. Berlin 2015.

Mazaheri, Ali: Der Iran und seine Kunstschätze. Meder und Perser. Die Schätze der Magier. Die Iranische Renaissance. Genf 1970.

Mottahedeh, Roy: Der Mantel des Propheten. Oder: Das Leben eines persischen Mullah zwischen Religion und Politik. München 1987.

Navai, Ramita: Stadt der Lügen. Liebe, Sex und Tod in Teheran. Zürich 2016.

Nirumand, Bahman/Daddjou, Keywan: Mit Gott für die Macht. Eine politische Biographie des Ajatollah Chomeini. Reinbek bei Hamburg 1987.

Nußbaumer, Heinz: Khomeini. Revolutionär in Allahs Namen. Biographie. München/Berlin 1979.

Nutting, Anthony: Von Mohammed bis Nasser. Wien/München 1965.

Popper, Karl: Die offene Gesellschaft und ihre Feinde (2 Bände). 8. Auflage. Tübingen 2003.

Pur Khassalian, Hossein: Unterschiedliche Handschriften in der Verfassung der Islamischen Republik Iran. In: Kölner Forum für Internationale Beziehungen und Sicherheitspolitik. Köln Juli 2014.

Rasoul, Fadil: Kultureller Dialog und Gewalt. Aufsätze zu Ethnizität, Religion und Staat im Orient. Wien 1991.

Religion und Politik im Iran; »mardom nameh« – Jahrbuch zur Geschichte und Gesellschaft des Mittleren Orients. Redaktion: Kurt Greussing. Hrsg. vom Berliner Institut für vergleichende Sozialforschung. Frankfurt a. M. 1981.

Renz, Alfred: Geschichte und Stätten des Islam von Spanien bis Indien. München 1977.

Richard, Yann: Die Geschichte der Schia im Iran. Grundlagen einer Religion. Berlin 1983.

Romein, Jan: Das Jahrhundert Asiens. Geschichte des modernen asiatischen Nationalismus. Bern 1958.

Sadrzadeh, Ali: Exiliranische Gelehrte rütteln an den Grundfesten der Schia. Internet: Qantara.de. Iran Journal 2016.

Said: Der lange Arm der Mullahs. Notizen aus meinem Exil. München 1986.

Schuckar, Monika: »Der Kampf gegen die Sünde«. Frauenbild und Moralpolitik in der Islamischen Republik Iran. Gießen 1983.

Schweizer, Gerhard: Ungläubig sind immer die anderen. Weltreligionen zwischen Toleranz und Fanatismus. 2., erw. u. aktual. Aufl. Stuttgart 2002.

Schweizer, Gerhard: Islam verstehen. Geschichte, Kultur und Politik. 3. aktual. Aufl. Stuttgart 2016.

Schweizer, Gerhard: Syrien verstehen. Geschichte, Gesellschaft und Religion. 12. aktual. u. erw. Aufl. Stuttgart 2024.

Schweizer, Gerhard: Türkei verstehen. Von Atatürk bis Erdogan. 3. aktual. u. erw. Aufl. Stuttgart 2024.

Stierlin, Henri: Isfahan. Spiegel des Paradieses. Zürich und Freiburg 1976.

Strohmeier, Gotthard: Avicenna. München 1999.

Taeschner, Franz: Geschichte der arabischen Welt. Stuttgart 1964.

Taheri, Amir: Chomeini und die Islamische Revolution. Hamburg 1985.

Tabatabei, Adnan: Morgen im Iran. Islamische Republik im Aufbruch. Hamburg 2016.

Tibi, Bassam: Der Islam und das Problem der kulturellen Bewältigung sozialen Wandels. Frankfurt 1985.

Tibi, Bassam: Die fundamentalistische Herausforderung. Der Islam und die Weltpolitik. München 1992.

Tibi, Bassam: Der wahre Imam. Der Islam von Mohammed bis zur Gegenwart. München 1996.

Weiss, Walter M./Westermann, Kurt-Michael: Iran. Land der Rosen und des Schleiers. Wien 2000.

Weiss, Walter M.: Iran. (Theiss Wissen Kompakt) Darmstadt 2015.

Weiss, Walter M.: Iran. Würzburg 2017.

Widengren, Geo: Die Religionen Irans. Stuttgart 1965.

Winkler, Kirsten: Kulturschock Iran. Bielefeld 1998.

Personenregister

A
Abbas, Abu al- (Kalif und Begründer der Abbasiden-Dynastie) 148–150, 275
Abbas I. (Schah) 315–328, 330, 332, 336, 738
Abbas II. (Schah) 332
Abbasi, Ali Reza 326
Abdallah (Vater Mohammeds) 136
Abraham (Prophet) 53, 138, 352, 542, 729
Abu al-Qasim Mansur (Firdausi). *Siehe* Firdausi
Abu Bakr, Abdallah (1. Kalif des Islam) 257 f., 263, 308, 732
Abu Muslim 148
Abu Said (Khan) 293, 737
Abu Yaqub Yusuf (Kalif) 207
Achämenes (Begründer der Achämeniden-Dynastie) 80, 100, 729
Achmed (Schah) 360, 362, 740 f.
Afghani, Dschamal ad-Din al- 345, 419 f.
Agathias 125
Aghadscheri, Haschem 576–581, 584, 597, 700–706, 758
Ahmadinedschad, Mahmud 21, 290, 525, 531 f., 599–606, 609–616, 619–623, 626–632, 636 f., 639, 641 f., 646, 649, 652, 658, 682, 743, 759, 762, 767
Aischa (3. Gattin Mohammeds) 257
Aischylos 111, 731
Ala ad-Daula 195–198, 210, 213
Alam-Alhoda, Ahmad 669, 680–682, 691
Alam-Alhoda, Jamileh 691
Alam, Asadollah 396
Albertus Magnus 209
Alexander der Große 50, 91, 96, 108, 112, 115 f., 731
Alexander II. (Zar) 354
Ali Ashgar (4. Imam der Schiiten) 273
Ali ibn Abi Talib (Schwiegersohn Mohammeds, 1. Imam der Schiiten, 4. Kalif des Islam) 256–263, 266 f., 270 f., 275, 297, 301, 306, 308, 310, 324, 351, 414, 417, 434, 733
Ali ibn Muhammad 277–280, 735
Ali Muhammad Schirazi. *Siehe* Bab
Ali Reza (8. Imam der Schiiten). *Siehe* Reza, Ali
Alp Arslan (Sultan) 211–213, 215
Amini, Mahsa 686 f., 705, 772
Amin (Kalif) 164 f.
Amirpur, Katajun 607, 692, 695, 708
Ammian 121
Anquetil-Duperron, Abraham 75, 738
Anuschirwan. *Siehe* Chosrau I.
Arafat, Jassir 673 f.
Archimedes 169
Ardaschir I. (Großkönig) 64, 116–119, 123
Arendt, Hannah 695

Aristoteles 28, 33, 111, 125, 164, 166, 168–171, 190, 201, 207, 209, 344, 659, 734
Artaxerxes I. (Großkönig) 63, 108, 731
Artaxerxes II. (Großkönig) 63
Assad, Baschar al- 616, 618, 716
Assad, Hafiz al- 616, 747
Atabay, Cyrus 572
Atatürk, Mustafa Kemal Pascha 362–364, 366 f., 371, 541, 549, 741
Augustinus 69
Averroes (Ibn Ruschd) 207–209
Avicenna (Ibn Sina) 33 f., 176, 189–210, 216, 218, 221, 308, 316, 344, 735, 747
Aziz, Salman al- 766

B
Bab (Ali Muhammad Schirazi) 348–352, 354, 357, 739
Babur (Mogul) 738
Baghdadi, Abu Bakr al- 555, 718, 763 f., 768
Baha'ullah (Mirza Husain-Ali Nuri) 352–354
Bahram I. (Großkönig) 69
Bajoghli, Narges 670
Bakr, Hasan al- 744
Banisadr, Abolhassan 447–449, 479, 565, 744, 746 f.
Banna, Hasan al- 741
Barth, Karl 695
Bayezid II. (Sultan) 303
Bazargan, Mehdi 447, 449, 746, 751
Beheschti, Mohammed 445 f., 449, 490, 744, 746 f.
Behzadi, Behnam 768
Biden, Joe 713
Bin Laden, Osama 555, 561, 762 f.
Biruni, al- 308
Borudscherdi, Husain 388–390, 452 f., 743
Brahmagupta 177, 734
Buddha 44, 68, 88, 141, 231 f., 352, 560, 756
Bush, George 552, 554, 749 f.
Bush, George W. 20, 554, 712 f., 757, 767

C
Calvin, Johannes 578
Camus, Albert 518, 524 f.
Carter, Jimmy 745
Ceaușescu, Nicolae 129
Chadidscha (1. Gattin Mohammeds) 154
Chalid ibn Barmak 157
Charrasi, Kamal 752
Chayyam. *Siehe* Omar Chayyam
Chosrau I. (Großkönig) 72, 123–125, 128, 165, 299, 367, 732
Chosrau II. (Großkönig) 123, 130
Chosroes. *Siehe* Chosrau I.
Christus. *Siehe* Jesus Christus
Chwarizmi (Abu Dschafar Muhammad ibn Musa al-Chwarizmi) 34, 175–179, 204, 308, 734
Clinton, Bill 713, 751
Curzon, George 358

D
Daniel (Prophet) 58, 60–62
Darayavahusch. *Siehe* Dareios I.
Dareios I. (Großkönig) 32, 58, 61, 63 f., 82, 88–95, 97, 100–105, 107, 110, 112, 121, 123, 262, 299, 344, 367 f., 729–731
Dareios II. (Großkönig) 731

Dareios III. (Großkönig) 108, 115, 119, 731
Darwin, Charles 660
Deiokes 729
Demokrit 114
Diba-Pahlevi, Farah 392
Diokletian 128
Dos Passos, John 518
Doulatabadi, Mahmud 514–528, 742, 744–746, 748, 750, 762
Dschafar as-Sadiq (6. Imam der Schiiten) 271, 274–276
Dschafar ibn Barmak 161
Dschannati, Ahmad 596, 600
Dschingis Khan 235–237, 248, 294, 736
Dschuneid 296–298
Dschurdschis 157

E
Ebadi, Shirin 620, 623 f., 691, 707, 759
Ebtekar, Masoumeh 497, 533 f., 537, 539
Elia (Prophet) 53, 138
Erdoğan, Recep Tayyip 617 f., 758, 762, 766
Eshkevari, Hassan Yusefi 565 f., 698 f., 706
Eshragi, Zahra 586
Esther 99
Euklid 166, 190
Euripides 111, 116

F
Fanon, Frantz 419 f.
Farabi, al- 191
Farhadi, Asghar 532, 763, 766
Fatemeh Masoumeh (Schwester des 8. Imams der Schiiten) 23, 25, 290, 323, 371, 385, 625, 653
Fath Ali (Schah) 347
Fatima (Tochter Mohammeds) 257 f., 270
Faulkner, William 518
Firdausi (Abu al-Qasim Mansur) 33, 179–181, 183–187, 189, 192 f., 212, 215, 220, 233, 239, 242, 250, 300, 308, 370, 517, 520, 735
Fitzgerald, Edward 222
Fozeil Ayaz 163, 224
Freud, Sigmund 201
Frye, Richard 54, 66, 112, 116

G
Gadamer, Hans-Georg 695
Galen 190, 199
Gehlen, Martin 618, 640
Gelpke, Rudolf 243
Ghani, Aschraf 764, 771
Ghazan (Khan) 247
Ghobadi, Bahman 531, 755
Godard, André 328
Goethe, Johann Wolfgang von 76, 242, 245 f., 568–571, 739, 755
Gorbatschow, Michail 203 f., 206

H
Habermas, Jürgen 695
Hachamanisch. *Siehe* Achämenes
Haddad-Adel, Gholam Ali 657–659, 661
Hafis 33, 220, 240–246, 308, 517, 568–575, 737, 739, 755
Haidar 297 f.
Hakim, Muhammad Baqir al- 552
Hamdan Qarmat 278–280, 296, 735
Hamedi, Nilofaar 687
Hammurabi 92, 729

Harun al-Raschid (Kalif) 158–165, 212, 220, 238, 250, 733 f.
Hasan-e Sabbah 281, 736
Hasan ibn Ali (Enkel Mohammeds, 2. Imam der Schiiten) 264 f., 271
Haschemi, Faezeh 542, 689, 707, 753
Heraklios I. 135
Heraklit 78
Herodot 81, 85, 90, 101, 106, 111, 731
Herzfeld, Ernst 368
Herzog, Roman 26
Hesekiel (Prophet) 56
Hippias 110
Hippokrates 169 f., 190, 199
Hodscha Ali 295 f., 737
Hormuz V. (Schah) 134
Hottinger, Arnold 208
Hülägü (Khan) 237, 239 f., 283
Humayun (Mogul) 251
Hume, David 659
Hunke, Sigrid 35
Huntington, Samuel 512 f.
Hussein ibn Ali (Enkel Mohammeds, 3. Imam der Schiiten) 22–24, 255–257, 265 f., 272–274, 308, 322, 324, 351, 399, 401, 420, 426 f., 446, 458 f., 472, 577, 601, 638, 733, 746

I

Ibn Musa (Bruder des 8. Imams der Schiiten) 323
Ibn Ruschd. *Siehe* Averroes
Ibn Sina. *Siehe* Avicenna
Ibn Wadih al-Yaqubi 267
Inönü, Ismet 367
Ismail I. (Schah) 38, 293, 298–306, 310–313, 315, 319, 332, 341, 737 f.
Ismail (umstrittener 7. Imam der Schiiten) 276–280, 283–285, 733

J

Jeremia (Prophet) 53
Jesaja (Prophet) 53 f., 56, 138
Jesus Christus 44, 48 f., 62, 68 f., 71, 76, 90, 105, 138, 140 f., 287, 352, 383
Justinian (oström. Kaiser) 123, 125, 128, 732

K

Kadivar, Mohsen 623, 625–627, 763
Kaempfer, Engelbert 309, 319, 330–336
Kalbani, Adel al- 618
Kambudschiya. *Siehe* Kambyses II.
Kambyses II. (Großkönig) 58, 88, 101, 730
Kant, Immanuel 28, 655–659, 661
Karbastschi, Gholam Hussein 748 f., 752 f.
Karim Aga Khan IV. 283
Karl der Große 160, 164, 211, 733
Karroubi, Mehdi 580, 621, 625, 627, 640 f., 762 f.
Karsai, Hamid 761, 764
Kavadh I. (Großkönig) 72, 123
Kemal Pascha, Mustafa. *Siehe* Atatürk
Khamenei, Ali 19, 21, 61, 476, 479, 481, 484, 488, 492–494, 498, 500 f., 503, 509–511, 513–515, 525, 530 f., 560, 562–565, 567, 576, 579 f., 582–587, 590 f., 604–607, 609–611, 614 f., 621–624, 626 f., 630, 634–636, 649, 651, 653, 658, 662, 666–671, 676, 678 f., 681–683,

685, 687–690, 693, 702 f., 709, 711, 721, 742, 747, 749 f., 752–756, 758 f., 763, 765
Khamenei, Mojtaba 622, 626, 658
Khassalian. *Siehe* Pur Khassalian
Khatami, Mohammad 20 f., 26, 233, 246, 487 f., 490–503, 505–510, 512–514, 520, 525, 527, 529–533, 535, 537 f., 546, 563–565, 567–571, 573, 575 f., 580, 584–591, 598 f., 603, 605–608, 610, 620, 623, 627, 629, 634, 640–642, 652, 655, 662, 678, 682, 684 f., 693 f., 702, 712, 742–748, 750–755, 757–760, 763 f.
Khatami, Mohammad-Reza 564, 586, 760
Khomeini, Ahmad 385, 466, 478 f., 752
Khomeini, Morteza 384
Khomeini, Mustafa 385, 424, 745
Khomeini, Ruhollah 19, 23 f., 26, 36, 39, 61, 164, 203 f., 206, 233, 246, 273, 287–289, 325, 338, 355 f., 381–390, 394, 396, 398–402, 408, 413–419, 421–429, 433–436, 439–456, 458–481, 483 f., 489–493, 499 f., 504, 508–510, 515, 518, 520 f., 525, 529, 534 f., 540, 542, 544 f., 547 f., 551–553, 562 f., 565, 567, 569, 571, 582 f., 587, 600, 602, 606–608, 613, 617, 623, 625–627, 629 f., 635, 637 f., 640, 647, 649, 652–654, 659, 664 f., 668, 677, 682–685, 688, 692 f., 709, 711, 721, 740–749, 752–754, 758, 767
Khschaijarscha. *Siehe* Xerxes
Kiarostami, Abbas 530, 752
Kierkegaard, Sören 28, 655, 657
Kindi, al- 172
Kisra. *Siehe* Chosrau
Kleisthenes 88, 110, 731
Konfuzius 88
Kopernikus 659 f.
Krischna 352
Küng, Hans 695
Kurusch. *Siehe* Kyros II.
Kyros II. (Großkönig) 32, 36, 45, 58, 60 f., 80, 82–85, 87 f., 93, 100, 102, 105, 107, 112, 117–119, 299, 367 f., 423, 730, 745

L
Leonardo da Pisa 178
Lessing, Gotthold Ephraim 76
Luther, Martin 185, 508, 578, 597

M
Mahdi (Muhammad al-Muntazar, 12. Imam der Schiiten, der *»Verborgene Imam«*) 278, 284–291, 326 f., 348 f., 390, 420, 427, 474, 478, 735, 743, 761
Mahmud von Ghazni (Sultan) 179–182, 184–186, 191 f., 220, 299, 735
Makhmalbaf, Mohsen 531, 748, 756
Makhmalbaf, Samira 537, 755
Maliki, Nuri al- 554 f., 763
Malik Schah (Sultan) 211, 216
Mamun, Abdallah al- (Kalif) 164–170, 172 f., 177, 187 f., 201, 238, 734
Mani 63, 67–70, 732
Mansur, Abu Dschafar al- (Kalif) 149–153, 156–158, 161, 164, 277, 733
Mansur, Hassan Ali 402
Mansur, Yaqub al- 207
Maroufi, Abbas 752
Marwan II. (Kalif) 146

Masudi, al- 158, 166
Masud (Sultan) 220
Maulana. *Siehe* Rumi, Dschelaleddin
Mazaheri, Ali 87
Mazdak 63, 67, 69–73, 124, 277, 280, 732
Mehmed II. (Sultan) 299, 737
Mehmed VI. (Sultan) 363, 741
Mehrjui, Dariush 531, 744 f., 757, 774
Milani, Mohammed 389
Miller, Arthur 28
Mirza Husain-Ali Nuri. *Siehe* Baha'ullah
Mohammad Chodobande (Schah) 315
Mohammadi, Narges 691 f., 771
Mohammad Reza Pahlevi. *Siehe* Pahlevi, Mohammad Reza
Mohammad Schamsaddin. *Siehe* Hafis
Mohammed Ali (Schah) 360, 740
Mohammed Kadschar (Schah) 739
Mohammed (Prophet des Islam) 38, 44, 48 f., 62, 73, 75, 130, 133–143, 145, 147 f., 153 f., 156, 171 f., 202, 220, 250 f., 255–257, 259–262, 266–274, 280, 286 f., 297, 308, 336, 343, 350, 352, 354 f., 368, 383, 388, 411, 415, 417, 421, 423, 434, 446, 454, 515, 566, 579, 732
Mohaved, Vida 675
Montaseri, Hossein Ali 466, 476–478, 499–501, 510, 568, 582–586, 623–627, 640, 653 f., 748 f., 753, 758, 763
Montesquieu, Charles de 491
Montessori, Maria 28, 645
Moradchani, Farideh 689
Moses (Prophet) 48, 53 f., 56, 138, 352, 729
Mossadegh, Mohammad 376–378, 410, 419, 447, 643 f., 742–744
Mozart, Wolfgang Amadeus 76
Muawiya (Kalif) 144, 262–265, 733
Muhammad al-Muntazar. *Siehe* Mahdi
Muhammad ibn Raiq 735
Müller-Funk, Wolfgang 660
Muntazar. *Siehe* Mahdi
Musa al-Kazim (7. Imam der Schiiten) 276, 294, 300, 323
Musawi, Mustafa 383 f., 386
Musawi, Ruhollah. *Siehe* Khomeini, Ruhollah
Mussawi, Mir-Hossein 491, 621 f., 625, 627, 640 f., 748, 763
Mustasim. al- (Kalif) 237, 734
Mutawakkil, al- (Kalif) 173
Muzaffar ad-Din (Schah) 359 f., 740

N

Nadir (Schah) 738
Naga, Al-Hassan ibn Muhammad ibn 203
Naser ad-Din (Schah) 343, 347, 350 f., 357, 359, 739 f.
Nasser, Gamal Abd an- 410
Nateq Nuri, Ali-Akbar 488, 496, 752
Nebukadnezar 59–61, 84 f., 730
Netanjahu, Benjamin 772
Nietzsche, Friedrich 28, 55, 75, 77 f., 655–657, 661, 740
Nikolaus I. (Zar) 341
Nimr, Nimr Baqir an- 765

Nizam al-Mulk 212–216, 281
Nur ad-Din Zengi (Emir) 206
Nuri, Abdullah 499, 568, 752 f., 755
Nutting, Anthony 160

O
Obama, Barack 630, 663, 762, 767
Ohnesorg, Benno 744
Oltschaitu (Khan) 737
Omar Chayyam 33 f., 176, 215–222, 224, 243, 316, 344, 735 f.
Omar ibn al-Chattab (2. Kalif des Islam) 258 f., 263, 308, 732
Omar ibn Ibrahim. *Siehe* Omar Chayyam
Omar, Mohammed (Scheich der Taliban) 560
Omayya (Begründer der Omayyaden-Dynastie) 145, 261
Ostad Ali-Akbar-i-Isfahani 327
Othman ibn Affan (3. Kalif des Islam) 259–262, 266 f., 308, 732
Özsoy, Ömer 696–699

P
Pahlevi, Cyros 379
Pahlevi, Mohammad Reza (Schah) 20, 27, 35, 178, 272, 355, 374–381, 387, 394–397, 400, 402 f., 405–409, 411, 418, 423–426, 428 f., 445, 455, 462, 465, 491, 527, 543, 569, 643, 740, 742–747, 757, 760
Pahlevi, Reza (Schah) 205, 222, 360–375, 379, 385–387, 389, 693, 695, 706 f., 709, 711, 740–742
Panahi, Jafar 530 f., 756, 765
Perikles 110, 731
Pirayech, Purandocht 572
Platon 33, 109, 111, 113, 125, 166, 169, 344, 416
Popper, Karl 695
Porushaspa 46
Preston, Samuel 463
Pur Khassalian, Abbas 26, 40
Pur Khassalian, Hossein 25, 437, 635, 641, 643–648, 650 f., 657, 677 f., 681, 683, 701, 703, 705
Pyrrhus (makedon. König) 591
Pythagoras 114, 166

R
Rabin, Jitzchak 674
Radschai, Ali 479, 747
Radschawi, Massud 445 f., 448 f., 743, 747
Rafsandschani, Ali-Akbar Haschemi 21, 233, 480–488, 490, 492–495, 498, 503, 506 f., 510–512, 525, 538, 542, 544–546, 571, 573, 603–609, 611, 614, 620, 623, 627, 629, 634–636, 642, 652, 655, 662, 667, 742, 748–753, 755, 762–764, 766
Raisi, Ebrahim 637–642, 666 f., 669, 671, 677, 679 f., 684–691, 709, 723, 748, 765, 767, 771, 773
Reagan, Ronald 747
Reza, Ali (8. Imam der Schiiten) 23, 322 f., 325, 734
Reza Khan. *Siehe* Pahlevi, Reza
Rezani, Mohsen 680, 771
Reza Pahlevi. *Siehe* Pahlevi, Reza
Rohani, Hassan 21 f., 533, 610, 629–642, 649, 652, 655, 662–666, 668–671, 676 f., 679 f., 704, 712, 723, 748, 763–765, 767, 769, 771
Rousseau, Jean-Jacques 491
Rudaki 220
Rumi, Dschelaleddin (Maulana) 33, 35, 176, 182, 189, 219, 222 f.,

225–234, 242–246, 294, 297, 308, 736
Rushdie, Salman 515, 659, 749

S
Saadawi, Nawal el 201
Saadi, Musliheddin 33, 220, 240–243, 308, 517, 568, 574, 736
Saad Zangi 241
Sabbah. *Siehe* Hasan-e Sabbah
Saddam Hussein 20, 425, 446, 448, 456–460, 469–474, 482, 550–555, 600, 611, 615, 738, 744, 746 f., 749 f., 758 f., 762 f.
Sadr, Muktada al- 761
Sadrzadeh, Ali 698
Safi ad-Din 292–294, 301, 313, 341, 737
Safi I. (Schah) 332
Salman, Mohammed bin 766, 771
Salomo 99
Saman (Begründer der Samaniden-Dynastie) 182
Sartre, Jean-Paul 524
Sassan (Schah und Begründer der Sassaniden-Dynastie) 119
Savonarola, Girolamo 474 f.
Schams ad-Daula 193
Schapur I. (Großkönig) 68 f., 118, 299, 367, 732
Schapur II. (Großkönig) 123
Schariati, Ali 418–423, 426 f., 446, 454, 538, 576–578, 742 f., 745, 758
Schariat-Madari, Kazem 389, 401, 408, 424, 450, 452–454, 477, 510, 568, 748
Schimmel, Annemarie 228, 234
Schönborn, Christoph 756
Seldschuk (Begründer der Seldschuken-Dynastie) 210
Seleukos 116
Selim I. (Sultan) 303 f., 306 f., 737 f.
Shakespeare, William 28
Sheik, Abdul-Aziz al- 618
Sistani, Ali al- 761
Smotrich, Belazel 772
Sokrates 33, 111
Soleimani, Qasem 672 f., 715–718, 769 f.
Sophokles 111, 116
Soraya 375, 757
Sorusch, Abdulkarim 508–514, 538, 577, 742, 746, 748, 750, 752 f.
Stalin, Josef 129, 473, 742
Stierlin, Henri 328 f.
Strohmaier, Gotthard 202 f.
Sufyan at-Tauri 163, 224
Sulaiman I. (Schah) 319, 330, 332 f., 336
Sulaiman (Seldschukenführer) 736
Süleyman I. (Sultan) 308
Sultan Hosein (Schah) 332
Sumerauer, Horst 521, 524

T
Tabrizi, Kamal 596, 761
Taeschner, Franz 288
Tahir 165
Tahmasp (Schah) 313, 316, 738
Taleghani, Azam 542
Taleghani, Mahmud 450–452, 454, 477, 510, 542, 568
Tamerlan. *Siehe* Timur Leng
Temudschin. *Siehe* Dschingis Khan
Ternier, Jean-Baptiste 325
Thales von Milet 114
Thomas von Aquin 209
Thukydides 111
Tillich, Paul 695

Timur Leng 248 f.
Togrul (Sultan) 210–212, 215, 736
Trump, Donald 663, 679, 712 f., 766–771

U
Ubaid al-Dschuzdschani 197 f.

V
Vahid-Dastdscherdi, Marzieh 537
Valerian (röm. Kaiser) 118, 732
Velayati, Ali-Akbar 752
Victoria (engl. Königin) 354
Vishtaspa 49 f., 730

W
Waldheim, Kurt 750
Walid II., al- (Kalif) 155, 733
Widengren, Geo 59, 113
Wilhelm I. (dt. Kaiser) 354
Wittgenstein, Ludwig 655, 657

X
Xenophon 83
Xerxes I. (Großkönig) 58, 63, 95, 99, 104–108, 121, 731

Y
Yahya ibn Khalid 161
Yazdi, Mesbah 601, 605–609, 622, 637, 658, 667, 682–684, 703, 722, 753, 762, 765, 770
Yazid (Kalif) 264–266, 273, 399, 426, 458, 733
Yezdegerd III. (Großkönig) 142, 732

Z
Zarathustra 33, 38, 43–60, 62–65, 68, 70, 73–78, 80, 84, 102, 109, 113, 139, 182, 184, 189, 226, 287, 352, 439, 520, 618, 657, 730, 732, 738, 740
Zardoscht. *Siehe* Zarathustra

Über den Autor

Gerhard Schweizer

Gerhard Schweizer, 1940 in Stuttgart geboren, promovierte an der Universität Tübingen in Empirischer Kulturwissenschaft. Heute lebt er als freier Schriftsteller in Wien, wenn er nicht gerade auf Reisen recherchiert und Material für neue Reportagen und Bücher sammelt. Seit 1960 ist Gerhard Schweizer im islamischen, indischen und chinesischen Kulturraum unterwegs. Viele seiner Veröffentlichungen konzentrierten sich auf den Kulturvergleich von Orient und Okzident. Als einer der führenden Experten der Kulturkonflikte zwischen Abendland und Orient gilt er als ausgewiesener Kenner der islamischen Welt. Über diese Themen hat Gerhard Schweizer mehrere Standardwerke veröffentlicht. Einem breiten Publikum wurde er vor allem durch seine Bücher über die Kulturräume Asiens, besonders den arabischen, türkischen und iranischen Raum, bekannt